国防科技图书出版基金

生物特征识别技术与方法

Biometric Technique and Method

胡德文　陈芳林　著

国防工业出版社

·北京·

图书在版编目（CIP）数据

生物特征识别技术与方法/胡德文，陈芳林著.—北京：国防工业出版社，2013.8

ISBN 978-7-118-08952-3

Ⅰ.①生… Ⅱ.①胡…②陈… Ⅲ.①特征识别－研究 Ⅳ.①O438

中国版本图书馆 CIP 数据核字（2013）第 179279 号

※

国防工業出版社出版发行

（北京市海淀区紫竹院南路 23 号 邮政编码 100048）

国防工业出版社印刷厂印刷

新华书店经售

*

开本 710×1000 1/16 **印张** 25 **字数** 480 千字

2013 年 8 月第 1 版第 1 次印刷 **印数** 1—2500 册 **定价** 86.00 元

国防书店：（010）88540777 发行邮购：（010）88540776

发行传真：（010）88540755 发行业务：（010）88540717

致 读 者

本书由国防科技图书出版基金资助出版。

国防科技图书出版工作是国防科技事业的一个重要方面。优秀的国防科技图书既是国防科技成果的一部分，又是国防科技水平的重要标志。为了促进国防科技和武器装备建设事业的发展，加强社会主义物质文明和精神文明建设，培养优秀科技人才，确保国防科技优秀图书的出版，原国防科工委于 1988 年初决定每年拨出专款，设立国防科技图书出版基金，成立评审委员会，扶持、审定出版国防科技优秀图书。

国防科技图书出版基金资助的对象是：

1. 在国防科学技术领域中，学术水平高，内容有创见，在学科上居领先地位的基础科学理论图书；在工程技术理论方面有突破的应用科学专著。

2. 学术思想新颖，内容具体、实用，对国防科技和武器装备发展具有较大推动作用的专著；密切结合国防现代化和武器装备现代化需要的高新技术内容的专著。

3. 有重要发展前景和有重大开拓使用价值，密切结合国防现代化和武器装备现代化需要的新工艺、新材料内容的专著。

4. 填补目前我国科技领域空白并具有军事应用前景的薄弱学科和边缘学科的科技图书。

国防科技图书出版基金评审委员会在总装备部的领导下开展工作，负责掌握出版基金的使用方向，评审受理的图书选题，决定资助的图书选题和资助金额，以及决定中断或取消资助等。经评审给予资助的图书，由总装备部国防工业出版社列选出版。

国防科技事业已经取得了举世瞩目的成就。国防科技图书承担着记载和弘扬这些成就，积累和传播科技知识的使命。在改革开放的新形势下，原国防科工委率先设立出版基金，扶持出版科技图书，这是一项具有深远意义的创举。此举势必促使国防科技图书的出版随着国防科技事业的发展更加兴旺。

设立出版基金是一件新生事物，是对出版工作的一项改革。因而，评审工作需要不断地摸索、认真地总结和及时地改进，这样，才能使有限的基金发挥出巨大的效能。评审工作更需要国防科技和武器装备建设战线广大科技工作者、专家、教授，以及社会各界朋友的热情支持。

让我们携起手来，为祖国昌盛、科技腾飞、出版繁荣而共同奋斗！

国防科技图书出版基金
评审委员会

前　言

随着通信、网络、金融技术的高速发展，信息安全显示出前所未有的重要性，人的身份识别技术的应用越来越广泛。生物识别技术是指利用生理特征（如人脸、指纹、掌纹等）或行为特征自动地识别个人身份的科学技术，正越来越受到人们的重视，在许多安全领域方面有着非常广泛的应用前景。

生物特征识别技术是模式识别和计算机视觉领域中的研究热点。生物特征识别技术对人类独一无二且相对稳定的生物特征（包括生理特征和行为方式）进行分析和描述，从而实现自动身份确认。生物特征具有唯一性和相对稳定性。常见的生物特征有人脸、指纹、掌纹、虹膜、语音、手形、笔迹等。相对于传统的身份识别方法，生物特征识别技术具有很大的优势。由于其具有唯一性和相对稳定性，并且与主体不可分离的特性，因而不必担心丢失或被盗用。近年来，在安全领域，利用生物特征识别技术进行身份验证受到高度重视和广泛应用，已经开始进入我们社会生活的各个领域。

任何人体的生理特征和行为特征，只要满足普遍性、唯一性、永久性、可采集性等条件都可以用来识别个人身份。但在实际应用中，还需要考虑多方面因素，如系统性能、设备价格、用户可接受程度等。目前应用广泛或研究较多的有人脸、指纹、掌纹等识别技术。

本书从模式识别的角度进行生物特征识别的方法学研究，主要探讨应用广泛的人脸、指纹、掌纹等相关的检测、识别技术。研究的方法均属于目前模式识别领域十分活跃的方法，包括流行学习理论、子空间学习方法、松弛标注、AdaBoost 以及支持向量机等机器学习方法。本书写作的目的不是介绍某一生物特征识别的基本原理和完整过程，而是着力于阐述生物特征识别的新理论和新技术。本书主要结合作者多年来承担该领域国家级项目的一些研究工作，在已发表的学术论文和研究生学位论文基础上整理而成。

本书的内容组织如下：

第 1 章概述，简要介绍各种常见的生物特征识别技术，并对其研究现状进行概述。

第 2 章研究视频序列图像中的人脸跟踪问题，包括正面人脸检测、跟踪问题，彩色图像中肤色检测问题，以及视频序列中头部背面跟踪问题。提出了一个基于 AdaBoost 训练算法的彩色图像中肤色分割的新方法。将 AdaBoost 应用于肤色检测，可以获得比较理想的效果。对于视频中不同模式的人脸要用不同检测器对其进行检测。本章提出将正面人脸检测和背面头部跟踪相融合的方法来检测视频序列图像中的人脸并进行跟踪。

第3章主要研究流形学习理论及在人脸识别中的应用。在局部线性嵌入(Locally Linear Embedding,LLE)算法的基础上引入了生长型神经气算法(Growing Neural Gas,GNG)模型,结合竞争Hebb(Hebbian)规则构建覆盖整个流形的稀疏图,提出了生长型局部线性嵌入(Growing Locally Linear Embedding,GLLE)算法,可以自动估计出流形的本征维数,实现节点邻域的动态选择,并显著降低算法复杂度,提高算法的自适应性。针对现有流形学习算法对噪声敏感的特点,结合局部主曲面算法,提出了一种新的噪声流形学习算法——邻域平滑嵌入算法。如何有效地利用已知的类别信息进行特征提取并分类,是流形学习切入应用的重要突破口。本章依据训练集中已知的类别信息建图,对空间进行划分,再对测试集进行分类与可视化,对人脸表情的仿真试验验证了有监督流形学习的有效性。

第4章主要开展多姿态人脸识别中特征提取与聚类算法的研究。在特征提取算法研究方面,分析了流形学习中的非线性算法及相应方法间的区别与联系,完善了算法理论体系;对非线性降维流形学习算法进行了样本外学习能力的研究,提出了基于保持数据近邻信息的增量学习算法;在聚类算法方面,重点研究自适应共振理论(Adaptive Resonance Theory,ART)算法体系,引进遗忘机制及一氧化氮(Nitric Oxide,NO)逆转录机制,提高了分类准确率和搜索速度,优化了权值记忆机制;在应用研究中,采用图像平均重构技术进行多姿态人脸识别,得到了鲁棒的人脸表述图和较高的识别准确率。

第5章将扩展特征应用到实际的指纹识别系统中,以提高系统的识别性能。主要内容包括:①针对现有系统不能很好地处理重叠指纹的缺点,提出一种分离重叠指纹的方法,将重叠指纹分离成独立的指纹,然后提取特征进行比对识别。该方法既方便人工标定,也利于自动提取特征,提高了系统对重叠指纹的处理能力。②为了更充分地利用细节点信息,提出了基于细节点的方向场重建及其应用的方法。本方法对细节点信息的应用更充分,提高了系统的识别率。③提出一种新的奇异点检测方法,同时利用指纹的局部信息和全局信息,从而增强了鲁棒性,提高了奇异点的检测率。④进行了多特征融合的比较研究,找到最优的特征组合以及组合的方式。为了减小计算的复杂度,提出一种分级结构的比对策略,加快了指纹辨认的速度。

第6章主要对掌纹识别和掌脉识别的相关算法及系统具体实现等方面进行研究。提出了基于摩尔(Moiré)特征的掌纹特征提取方法。将两幅掌纹图像的感兴趣区域进行交叠操作产生Moiré特征,通过对此Moiré特征进行评价度量得到匹配分数,由此来判别这两幅掌纹图像是否属于同一个人。在特征提取的基础上,提出了基于景象匹配技术的掌纹识别方法,采用了金字塔分层搜索算法和像素点跳跃加速搜索算法。

第 7 章对子空间方法目前的进展进行了跟踪研究，具体研究了两类问题：第一类是研究了三种新的流形学习导出的子空间学习新方法，将它们应用于人脸与掌纹特征提取；总结出了基于矩阵的图像特征提取算法的统一的图嵌入理论框架，并在这个框架意义下导出了一种新的图像矩阵特征提取算法——二维嵌入鉴别分析，并考察了其在人脸与掌纹特征提取中的应用。第二类是研究了基于两种常见的子空间方法（主成分分析与独立成分分析）的人脸与掌纹特征层融合的问题，提出一种新的利用人脸和掌纹的子空间特征融合来进行身份鉴别的策略，主要研究人脸和掌纹的子空间特征在特征层的融合，实验结果表明利用人脸和掌纹的多生物特征识别系统的性能有较大提高。

本书正式编写历时五年多，在课题组充分讨论的基础上，主要参考课题组历年的研究生学位论文、已公开发表的成果，以及同一研究领域的他人研究论文。对于他人研究成果在本书中的引用，在此表示感谢。

本书由胡德文、陈芳林组织撰写。第 1 章由胡德文、陈芳林执笔，第 2 章由毕远、胡德文执笔，第 3 章由尹俊松、周宗潭、胡德文执笔，第 4 章由贾鹏、胡德文执笔，第 5 章由陈芳林、周杰执笔，第 6 章由张环、胡德文执笔，第 7 章由冯贵玉、胡德文执笔。

本书是在国家自然科学基金项目（60675005、61203263、61020106004、61005084）等研究成果的基础上编写的。衷心感谢国家自然科学基金委员会和国防科技图书出版基金委员会的资助。本书总结了作者多年的研究成果，希望能够促进国内生物特征识别技术等相关领域的研究，并对从事相关领域的研究人员有一定参考价值。

作 者

2013 年 3 月于长沙

目　录

Contents

第1章　绪　论

在高度信息化的现代社会，随着交通、通信、网络技术的高速发展，信息安全显示出前所未有的重要性。在日常生活中以及金融、司法、安检、电子商务等很多场合都需要准确的身份识别以确保系统的安全，因此，人的身份识别技术的应用越来越广泛。传统的身份识别方法主要分为两种[1]，第一种是基于物品的方法，如使用钥匙、ID 卡等；第二种是基于知识的方法，如使用密码、口令等。这些传统的身份识别方法存在很多缺陷，基于物品的方法携带不便而且容易丢失、损坏、被盗用或伪造，基于知识的方法容易被遗忘、破解等[2]。因此，传统的身份识别方法受到了严峻的挑战，显得越来越不适应现代科技的发展和社会的进步。

人们希望能够使用一种更加方便、安全、可靠的办法来进行身份鉴定。生物特征识别技术给实现这一希望带来可能。生物特征识别技术是通过利用人类本身特有的生理特征和行为方式来进行身份确认的一种技术[3]。同传统的两类身份识别方法相比，利用生物特征进行身份识别的方法具有稳定、可靠、便捷、不易伪造等特点。人们可能会丢失他们的钥匙、卡片或者忘记密码，但是却不可能遗忘或者丢失自己的人脸、指纹、虹膜、掌纹等生物特征[4,5]。因此基于生物特征识别技术的个人身份识别系统具有更好的安全性、可靠性和有效性，正越来越受到人们的重视，在许多安全领域方面有着非常广泛的应用前景。

本书将从模式识别的角度进行生物特征识别的方法学研究，主要探讨应用最广泛的人脸、指纹、掌纹等相关的检测、识别技术与方法。本章将简要介绍各种生物特征识别技术，并对生物特征识别技术研究现状进行概述。

1.1　生物特征识别简述

随着计算机和网络技术的发展，信息安全显示出前所未有的重要性，而身份识别作为保证信息安全的必要前提，也越来越受到重视。生物特征识别(Biometrics)技术是根据每个人独有的可以采样和测量的生物学特征和行为学特征而进行身份识别的技术[6]。由于生物特征不像各种证件类持有物那样容易被窃取，也不像密码、口令那么容易被遗忘或破解，所以在身份识别上体现了独特的优势，近年来在国际公共安全上被广泛研究。

人的任何生理/行为特征只要满足以下要求均可作为生物特征：

（1）普遍性：单一个体均具有该特征；

（2）独特性：每两个人的该特征必须具有差异性；

(3) 稳定性:该特征至少在一定时间内(相对某种匹配准则)是不变的;

(4) 可采集性:该特征可以被定量测量。

在实际系统中还必须考虑性能、可接受性、防欺骗性等问题,即一个实际的生物特征识别系统必须满足特定的识别准确性、速度和资源要求,对使用者无害且能被受试人群接受,对各种欺骗和攻击手段有足够的鲁棒性[7]。

从生物特征识别本身来看,不同的方法所利用的生物特征、采用的具体模型和算法可能不大相同,但是基本过程是一致的。一个典型的生物特征识别系统包括样本输入、特征提取、模式匹配和系统数据四个模块(图1.1),可以在认证(Verification)或鉴别(Identification)两种决策模式下工作[8]。认证即通过比较获得的生物特征数据和数据库中储存的生物特征模板来验证用户是否为他所声明的身份,它是一对一的比较;鉴别是通过匹配获得的生物特征数据和数据库中储存的生物特征模板来确定用户的身份,它是一对多的比较[9]。

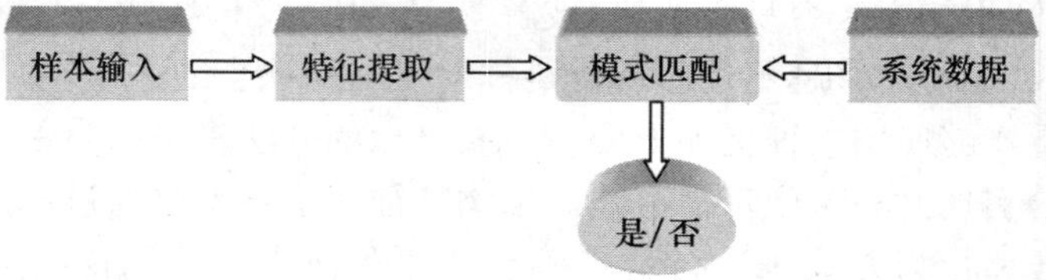

图1.1 生物特征识别系统框架

生物特征可分为生理特征和行为特征,人体所固有的生理特征包括面部特征、指纹、手型、掌纹、虹膜、视网膜、体味、耳廓、基因(DNA)、体热辐射以及手部/面部静脉血管模式等,这些特征不随客观条件和主观意愿而改变[10]。基于行为特征的识别包括击键动力学分析、签名识别、声音识别、步态识别等,这些都与后天环境养成的行为习惯有关[11,12]。为了更好地理解,下面就这些特征识别技术进行简单的描述。

1.1.1 常用的生物特征识别技术

1. 人脸识别

人脸识别技术是通过计算机提取人脸特征,并通过这些特征进行身份识别和验证的一种技术[13,14]。相对其他生物特征识别方法,人脸识别系统以其操作简单、隐蔽性强、非接触采集和可交互性强等优点,受到军事、商业、安全、信息等诸多应用领域的青睐,具有广泛的应用前景。

在诸多用于身份验证和识别的生物特征中,与指纹、虹膜等强烈依赖于参与者的配合来进行采集的生物特征相比,人脸是一种普遍性高、可以非接触式采集的重要生物特征,人脸识别系统对待测者的配合程度要求比较低,且具有安全卫生、可靠性高的特点,因而人脸识别被誉为最具吸引力的生物特征识别方法。但在实际应用中,采集得到的人脸图像往往具有不同姿态、光照、表情(Pose, Illumination,

Expression, PIE)，甚至存在头发、饰物的遮挡，同一个人的图像也会因采集时间不一致而不同，为了得到较高的识别准确率需要解决的问题还很多。

人脸识别技术从最初对背景单一的正面灰度图像的识别，经过对多姿态（正面、侧面等）人脸的识别研究，发展到能够动态实现人脸识别，目前正在向三维人脸识别的方向发展。在此过程中，人脸识别技术涉及的图像逐渐复杂，识别效率不断地得到提高。人脸识别技术融合了数字图像处理、计算机图形学、模式识别、计算机视觉、人工神经网络和生物特征技术等多个学科的理论和方法，具有很高的理论研究价值。而且，人脸自身及所处环境的复杂性，如表情、姿态、图像的环境光照强度等条件的变化以及人脸上的遮挡物（眼镜、胡须）等，都会使人脸识别方法的鲁棒性受到很大的影响。因此，人脸识别技术仍然是21世纪富有挑战性的课题。

人脸识别的研究开始于20世纪60年代末，早期的人脸识别主要是基于部件的，利用主要器官的特征信息及其之间的几何关系进行识别，对人脸图像的要求较高。它的发展大致可以分为三个阶段：第一阶段主要研究人脸识别所需要的面部特征，研究者用计算机实现了较高质量的人脸灰度图模型；第二阶段是人机交互式识别阶段，代表性工作是用几何特征参数来表示人脸正面图像，采用多维特征矢量表示人脸面部特征，并设计了基于这一特征表示法的识别系统；第三阶段是机器自动识别阶段，在某些约束或监督条件下，计算机可以自动执行检测[15]与识别。

20世纪90年代初，随着计算机硬件性能的迅速提高，以及对人脸识别能力的高要求，使发展更具鲁棒性的人脸识别方法成为时代的必然。于是基于整体的识别方法应运而生，并且很快成了研究的重点，如特征脸方法[16]和弹性图匹配方法[17]。基于整体的识别方法充分利用了人脸各个特征点之间的拓扑关系和各个器官自身的信息，可以避免提取面部局部特征的操作，使识别鲁棒性有所提高。

20世纪90年代中后期，人脸识别方法向着整体识别和部件分析相结合的趋势发展。研究人员逐渐认识到人脸识别算法必须能够充分地利用人脸的各种特征信息，融合人脸的形状拓扑结构特征、局部灰度特征和全局灰度分布特征等多种特征。因此，出现了很多新的算法，将原先单一的算法结合起来共同完成人脸的识别。

2000年后，人脸识别方法的性能虽然有了一定的提高，但与人们的要求还有一定的差距。研究人员开始关注算法对光照、年龄、表情、姿态、距离等条件变化的敏感性，努力寻找鲁棒的人脸识别算法。

人脸识别技术发展很快，并取得了丰硕的研究成果，但是仍然还有许多问题，如图像背景复杂，存在很多类似人脸的部分；人脸是非刚性物体，并且随着年龄的变化而变化，特征难以完全描述；人脸可能有很多遮挡物，如胡须、眼镜、帽檐等；环境的光照强度和观察人脸的角度发生变化；人脸表情差异等。这些问题也揭示了人脸识别的研究方向：

（1）动态人脸识别研究。现有的静态人脸识别技术无法满足某些特殊场合的需要，诸如海关监测等需要对视频中的人脸进行动态跟踪和识别。因此，如何有效地利用动态视频人脸序列构成的嵌入人脸子流形，构造出对姿态、光照、表情(Pose，Illumination and Expression，PIE)不敏感的鲁棒人脸识别算法，也是人脸识别的一个重要方向，有着特殊的应用价值和应用前景。

(2) 多数据融合的人脸识别研究。经过40年的研究，人脸识别领域的研究已经硕果累累，为深入研究提供了丰富的方法和经验。然而，到目前为止，任何一种方法都有其特定的应用条件和局限性，不能完全适应于多种情形。因此，将各种技术和方法进行有效的融合是将来人脸识别技术发展的合理途径之一。

(3) 人脸增量学习模型。统计模式识别目前已经成为人脸识别领域的主流方法，但实践表明，基于谱分析的统计学习方法往往会存在“泛化能力弱”的问题，尤其在待识别人脸属性未知的情况下，更难以确定采用什么样的训练图像来训练人脸模型。因此，在对统计学习进行研究的同时，还需要研究非统计模式识别。

(4) 3D 人脸识别研究。人脸识别技术发展到今天，许多成果仍然是在 2D 人脸信息基础上取得的，而真实世界中的人脸是 3D 的，三维信息特别是 3D 图像较 2D 图像更能提供完整而真实的内容，如何有效地利用人脸的三维信息进行识别，将是一个具有挑战性的研究课题。

现在的人脸识别基本上都是基于 2D 平面的，对现有人脸图片进行识别，所训练的人脸库也都是大量的平面图片，这些都没有将人脸的不同姿态作为一个连续的整体，导致识别率很低。已有的 3D 人脸模型建立算法却不知如何应用于 2D 图像的人脸识别[18]。在空间流形思想的启发下，不同 PIE 等不确定因素下的人脸图像被认为嵌入在高维空间中的流形；另一方面，人脸由面部、毛发、五官等组成，如果对人脸的骨骼、肌肉、毛发的变化建立动态模型，以多姿态视频图像为依据建立待识别人脸的 3D 数据，人脸识别效率将有本质的提高，不会受发型、表情与光照等众多不稳定因素影响。头部骨骼可以动的只有下颚骨，面部肌肉稍微多一些，但动作幅度都很小，建立模型与动态引擎将不会很难。因此，本书第 3 章以人脸序列(训练集或测试集)进行流形重构，依照图像序列建立人脸的 3D 模型和骨骼、肌肉模型并存储，识别时直接使用获得的 3D 人脸数据进行匹配，不仅在数据存储上省去大量人脸图片，而且具有很高的算法鲁棒性。

2. 指纹识别

指纹识别是使用最早也是最成熟的生物特征识别技术之一。指纹是指手指末端正面皮肤上的呈有规则定向排列的纹线。指纹识别主要包括指纹图像增强、特征提取、指纹匹配等步骤。

(1) 指纹图像增强。目的在于提高可恢复区域的脊线信息清晰度，同时删除不可恢复区域，一般包括以下几个环节：规格化、方向图估计、频率图估计、生成模板、滤波，其主要问题在于利用脊线的平行性设计合适的自适应方向滤波器和取得合适的阈值。Hong 等[19]采用同时具有频率选择和方向选择的 Gabor 滤波器来增强指纹图像，能在指纹图像质量很差的情况下取得很好的效果，并减少了计算局部区域方向图的开销。

（2）特征提取。用于指纹匹配细节的特征选择为脊线终点、分叉点、复合特征（三分叉或交叉点）以及未定义特征。目前最常用细节特征的定义是美国联邦调查局（FBI）提出的细节模型，它将指纹图像的最显著特征分为脊线终点和分叉点，每个清晰指纹一般有 40～100 个细节点。指纹特征的提取采用链码搜索法对指纹纹线进行搜索，自动指纹识别系统（AFIS）依赖于这些局部脊线特征及其关系来确定身份。

另外，指纹图像的预处理和特征提取也可采用基于脊线跟踪的方法[20]，其基本思想是沿纹线方向自适应地追踪指纹脊线，在追踪过程中，局部增强指纹图像，最后得到一幅细化后的指纹脊线骨架图和附加在其上的细节点信息。由于该算法只在占全图比例很少的点上估算方向并滤波处理，计算量相对较少，在时间复杂度上具有一定的优势。

（3）指纹分类与匹配。常见的有基于神经网络的分类方法[19]、基于奇异点的分类方法[22]、基于脊线几何形状的分类方法[23]、隐马尔可夫分类器的方法[24]、基于指纹方向图分区和遗传算法的连续分类方法[25]。

指纹匹配是指纹识别系统的核心步骤，匹配算法包括图匹配、结构匹配等，最常用的方法是用 FBI 提出的细节模型来做细节匹配，即点模式匹配。点模式匹配问题是模式识别中的经典难题，研究者先后提出过很多的算法，如松弛算法、模拟退火算法、遗传算法、基于 Hough 变换的方法等，在实践中可以同时采用多种匹配方法以提高指纹识别系统的可靠性及识别率。

3. 掌纹识别

掌纹识别是生物特征识别技术的一个较新的分支[26]。掌纹是指手掌的内部、手腕到五根手指根部的人手区域。掌纹位于手掌的内部，受到保护，因而不容易受到损坏，而且掌纹的区域比指纹的区域要大得多，信息量也更为丰富，可以作为指纹和手型等生物特征的重要补充，具有广阔的研究与应用前景。同其他生物特征识别技术相比，掌纹识别具有一些独特的优点：掌纹信息不涉及隐私问题；掌纹信息丰富，而且具有唯一性和稳定性；采集设备成本较低。

与指纹识别相比，掌纹识别的可接受程度较高、特征明显，但准确性较低。手掌上最为明显的 3～5 条掌纹线称为主线。在掌纹识别中可利用的信息有几何特征（包括手掌的长度、宽度和面积）、主线特征、褶皱特征、掌纹中的三角形区域特征以及细节特征，目前的掌纹识别主要是利用主线和褶皱特征。掌纹特征的提取和匹配可分为两大类：基于特征线的方法和基于特征点的方法，前者可用于低分辨率和有噪声的图像，后者的识别率较高。

掌纹识别作为一种新的生物特征识别方法，正日益受到人们的关注。相对于其他特征识别方法，掌纹识别具有方便、友好、容易被人们接受、识别率高等优点，因此，掌纹识别技术的应用范围非常广泛，比如对安全性能要求比较高的门禁系统，航空、港口的安检系统，网上电子商务交易的身份验证等。另外，在一些特殊行业的考勤系统，比如建筑业，由于其工作的性质，工人的手指磨损比较厉害，不能使用指纹识别,可以使用掌纹识别替代。

掌纹识别系统的基本流程:首先通过传感器(如 CCD 摄像头)采集到手掌图像;掌纹定位,找出掌纹部位;选择合适的特征提取方法对掌纹图像进行特征提取,得到低维的便于分类的有效特征;根据掌纹特征设计分类器做出决策分类。

(1)掌纹的采集与定位。手掌图像的采集要求将手掌摆放到指定位置,因此,外界环境对手掌图像的干扰很少,定位相对来说比较容易。目前,掌纹的采集主要有两种方法,第一种方法是在手掌沾上墨水,按在纸上得到掌纹的墨迹,然后通过扫描仪转化为数字图像,对转化后的数字图像进行识别验证[27~29],该种方法很容易得到手掌的二值灰度图像,而且纹理比较清晰,可以通过手掌的主线来确定进行识别验证所需的掌纹的区域;缺点是由于要沾墨汁,用户有抵触心理[30]。第二种方法是通过摄像头或者扫描仪直接得到手掌的彩色数字图像,包括部分的手指图像。可以根据手指的根部确定所需掌纹的区域[31~33]。这种方法需要对彩色手掌图像通过一些图像处理方法进行预处理,掌纹纹理没有第一种方法清晰、明显,自动掌纹定位也比较麻烦。但用户比较容易接受该种方法,已成为目前掌纹采集与定位的主要方法。

(2)掌纹的特征提取与识别。掌纹图像中有许多独特的性质可以用来进行个人身份验证。主线、皱纹、脊线、细小的节点、特别的节点等都可以作为掌纹描述的有用特征。这些不同的特征可以在不同分辨率的掌纹图像中提取出来,如细小的节点、脊线、特别节点,需要一个分辨率比较高的图像(至少 400dpi),而像主线和皱纹则可以使用小于 100dpi 的掌纹图像,一般情况下,一些应用场合如法律场合,需要高分辨率的图像,在民用和商业场合中,低分辨率的掌纹图像比高分辨率的掌纹图像更合适,因为图像文件比较小,图像处理和特征提取的时间比较短,比较适合实时掌纹识别。

自动掌纹识别系统可以分为在线的和离线的两类[29]:在线系统使用一个直接连接到计算机上的掌纹捕获装置采集掌纹,以便实时处理。离线系统先得到掌纹图像,一般是掌纹的墨迹,通过扫描装置转化为数字图像,然后对掌纹图像进行处理。

4. 虹膜识别

虹膜识别与 DNA 识别都是人体内部固有、不容易采集但是识别精度极高的识别方法,也是目前医学辨认与公共安全最主要的鉴别手段之一。

虹膜是位于眼睛黑色瞳孔与白色巩膜之间的圆环状部分,总体上呈现一种由里到外的放射状结构,包含有很多相互交错的斑点、细丝、冠状、条纹、隐窝等细节特征,这些特征在出生之前以随机组合的方式确定下来,一旦形成终生不变。虹膜识别技术是利用虹膜终身不变性和差异性的特点来识别身份的,其准确性是各种生物识别中最高的。虹膜识别算法中最具代表性的有 Daugman[34]、Wildes[35]和 Boles[36]提出的识别算法。虹膜识别算法主要包括虹膜定位、虹膜编码、匹配决策等部分。

（1）虹膜定位。这是虹膜识别的重要环节，为了识别的准确性必须准确定位虹膜的内外边界，检测并排除侵入的眼睑。典型的算法是利用虹膜内外边界近似环形的特性来搜索虹膜的内外边界。

（2）虹膜编码（模式表达）。目前主要是在变换域对虹膜进行编码。Daugman 利用二维 Gabor 子波将虹膜图像编码为 256 字节的"虹膜码"；Wildes 根据多尺度图像的相关性，利用 Laplacian - Gaussian 滤波器来提取图像信息；Boles 采用虹膜变形模型克服了瞳孔缩放带来的影响，并采用小波变换过零检测进行编码。

（3）匹配决策。Daugman 采用两幅图像虹膜码的 Hamming 距离来表示其匹配度，计算量较小，可用于大型数据库中的识别；Wildes 通过计算两幅图像模式表达的相关性来进行匹配决策，算法较为复杂，通常用于认证；Boles 等针对图像编码不等长问题，提出了基于有限变形的相似度算法。

5. DNA 鉴定

脱氧核糖核酸（DNA）分子里存在着生物的全部遗传信息，根据 DNA 具有不同个体的差异性和同一个体的一致性原理，可以利用 DNA 来进行身份识别。除了对某些双胞胎个体的鉴别可能失效外，这种方法具有绝对的权威性和准确性。DNA 模式在身体的每一个细胞和组织都一样，不必像指纹必须从手指上提取。DNA 识别的主要问题是使用者的伦理问题和实际的可接受性。DNA 识别必须在实验室中进行，实时性差、耗时长，这就限制了 DNA 识别技术的使用；另外，某些特殊疾病可能改变人体 DNA 的结构。

DNA 鉴定是目前为止最为精确、可信度最高的个人身份鉴定方法。但是，由于 DNA 鉴定周期较长、成本较高、专用性强、客户可接受程度低，因此，在极度必要并且其他个人生物特征无法提供鉴定依据的情况下，才会使用 DNA 鉴定，如亲子关系鉴定、罪案调查、遇难者身份确认等。

6. 其他生物特征识别技术

生物特征识别还包括视网膜识别、手型匹配识别、静脉血管识别、基于行为特征的识别（包括声音识别、签名识别、步态识别、击键分析）等。下面对主要的几种加以介绍。

（1）声音识别：声音识别被认为是最自然的利用生物特征识别进行身份鉴定的方式。声音是人所固有的特征，声音数据的获取具有非侵犯性，声音识别系统的价格也较低，这些原因促使声音成为人们愿意接受的一种生物特征。但是，如果应用于大范围人群，声音并不能提供足够的信息来进行身份鉴别，同时，声音会受人的身体状况等情况而改变，也容易被模仿；另外，环境噪声对声音识别的影响非常大。所以，基于声音的识别系统在很大程度上依赖于话筒、信道、数字化设备的精度，更需要说话人的配合。

（2）签名识别：签名识别历史较久，容易被大众接受，是一种公认的身份识别技术。签名识别的缺点是随着经验的增长、性情的变化与生活方式的改变，签名也会随之改变；而且签名可以被人模仿。

(3) 视网膜识别:视网膜也是一种用于生物识别的特征,有人甚至认为视网膜是比虹膜更唯一的生物特征,视网膜识别技术要求激光照射眼球的背面以获得视网膜特征的唯一性。其优点:视网膜是一种极其固定的生物特征,不磨损、不老化、不受疾病影响;使用者无需和设备直接接触;是一个最难欺骗的系统,因为视网膜不可见,所以不会被伪造。其缺点:激光照射眼球的背面可能会影响使用者健康,这需要进一步的研究;对消费者而言,视网膜技术没有吸引力,而且很难进一步降低成本。

(4) 步态识别:步态是指人们行走时的方式,这是一种复杂的行为特征。尽管步态不是每个人都不相同,但是它也提供了充足的信息来识别人的身份。步态识别的输入是一段行走的视频图像序列,因此其数据采集与人脸识别类似,具有非侵犯性和可接受性。但是,由于序列图像的数据量较大,因此步态识别的计算复杂度比较高,处理起来也比较困难,根据目前的研究结果看,识别结果的准确性较低。

(5) 红外温谱图:人的身体各个部位都在向外散发热量,而这种散发热量的模式就是每个人独特的一种生物特征。通过红外设备可以获得反映身体各个部位的发热强度的图像,这种图像称为温谱图。拍摄温谱图的方法和拍摄普通照片的方法类似,因此,可以用人体的各个部位来进行鉴别。目前,已经有温谱图身份鉴别产品问世,但是由于红外测温设备价格昂贵,使得该技术不能得到广泛的应用。

(6) 手型(手掌几何学识别):手型识别就是通过测量使用者的手掌和手指的物理特征来进行识别,高级的产品还可以识别三维图像。作为一种已经比较成熟的方法,手掌几何学识别不仅性能好,而且使用比较方便。它适用的场合是用户人数比较多,或者用户虽然不经常使用,但使用时很容易接受。一般认为,手型识别的准确性不高,容易模仿,只能用来做身份验证,不能用来做身份识别。

生物特征识别技术将会与手机、PDA(Personal Digital Assistant)等移动设备相结合,实现基于移动网络通信的嵌入式远程生物特征识别系统,价格也将更加平民化,极大地方便人们的日常生活。

在单生物特征未能获得更好识别率的情况下,多生物特征融合慢慢成为生物特征识别的一个新方向。在准确性和安全性的要求日益提高的今天,单生物特征识别无法满足要求,如果将两种或两种以上的生物特征结合,将会使识别系统的性能得到较大提高。Brunelli 最早提出了利用多个特征来进行个人身份认证的方法,并在匹配层次上融合了人脸识别和语音识别,取得较好效果[37];Bigun 提出了使用 Bayesian 方法在决策层次上融合了不同的生物特征[38];Hong 从理论上定量地证明了多生物特征认证系统相对于单生物特征认证系统在实现效率上的提高[19]。

为了提高生物特征识别系统的识别精度、防伪性能和鲁棒性,基于多模态的生物识别系统必将成为一种发展趋势,例如掌纹和人脸融合识别技术[42~44]、掌纹和掌脉特征融合识别技术[45]等。随着生物特征识别的进一步发展和应用,大型的多样化生物特征数据库的建立、维护和共享必然成为一个重要的问题,与此相关的数据挖掘、数据压缩、并行算法、数据库检索和生物特征的规范化也是以后生物特征识别技术的一些重要研究方向。

多生物特征识别技术(基于多模态的生物识别)就是结合多种生理或行为特征进行身份识别的技术,该系统基于多个生物特征在不同层次上进行融合,弥补了单生物特征不稳定、拒识率和误识率较高的缺陷,大大提高了生物特征识别率,具有很好的研究与应用前景[46]。但是也有很多问题亟待解决:①多生物特征识别系统到目前为止还没有一个统一的框架结构,也没有一个比较完善的评判标准;②多生物认证系统给用户带来了不便,让用户增加了负担;③多生物特征系统各个融合层次上具体的融合方法不是很完善,具体应该结合哪些生物特征以及结合的特征的数目尚需要进一步的研究与探索[47]。

1.1.2 各种常用生物特征识别技术的比较

能够用来进行身份确认的生物特征应该满足以下几点要求:

(1) 普遍性:每个人都有该特征。

(2) 唯一性:两个人之间不存在相同的特征。

(3) 稳定性:该特征不随时间变化。

(4) 可采集性:该特征可以定量采集。

在实际应用中,生物特征识别系统应该满足以下要求:

(1) 性能:根据应用需求的不同,生物特征识别系统必须能够满足识别精度和速度的要求。

(2) 可接受性:生物特征识别系统必须能够适用于应用环境,其使用方式必须能够被用户所接受。

(3) 防欺骗性:生物特征系统最重要的特征之一就是防欺骗性,精确地判定冒充者或者伪造的生物信息,是生物特征识别系统能够投入应用的重要前提。

各种常见生物特征识别技术在这几个指标上的比较如表1.1所列。从表中可以看出各种生物特征识别技术都有自己的优势和不足,没有一种技术能在所有方面胜过其他技术,所以在具体的应用中应该结合实际情况进行选择。例如指纹和虹膜识别在准确性和速度上都优于声纹识别,但在电话银行中,声纹识别却是一个好的选择,因为它能很好地集成到现有的电话系统之中[48]。

表1.1 各种生物特征识别技术的比较

生物特征	普遍性	独特性	稳定性	可采集性	性 能	可接受性	防欺骗性
指纹	中	高	高	中	高	中	中
虹膜	高	高	高	中	高	低	高
人脸	高	低	中	高	低	高	低
视网膜	高	高	中	低	高	低	高
手型	中	中	中	高	中	中	中
掌纹	中	高	高	中	高	中	中

（续）

生物特征	普遍性	独特性	稳定性	可采集性	性 能	可接受性	防欺骗性
DNA	高	高	高	低	高	低	高
签名	低	低	低	高	高	低	高
声纹	中	低	低	高	低	高	低
步态	中	低	低	高	低	高	中
击键	低	低	低	中	低	中	中

生物特征识别技术是基于个人独特的生理和行为特征进行自动身份验证的技术，不但在学术上有极大的研究价值，而且有着极广泛的应用领域，为信息化社会日益增长的保密和安全需求提供了很好的解决方案。近年来，其研究成果和应用产品的数量直线上升。随着生物特征传感器成本的不断下降和人们接受程度的不断提高，生物特征识别技术必然取代过时的、不安全的身份认证方法，成为保密、安全、方便的身份识别手段。

1.2 生物特征识别技术发展概述

1.2.1 生物特征识别技术的优势

在很多场合下，需要使用安全、鲁棒、不可否认、不可欺骗的个人身份鉴定识别机制，以判断个人身份是否合法。随着计算机与网络的普及，人类进入了网络信息时代，身份的数字化和隐秘化，已经成为保护信息安全、个人安全、军事安全和国家安全的重要问题。传统的身份鉴定手段有的基于特定持有物，如身份证、信用卡、钥匙、工作证等；有的基于特定知识，如口令、密码、暗语等。在很多场合需要将这两种方法相结合，如在 ATM 机取款时，不仅需要信用卡，还需要知道密码。但传统方法的缺点是：特定持有物或知识易丢失、被盗、遗忘或没有携带；使用特定知识又存在记忆上的问题。

现在尽管有各种各样的加密算法和手段来保证网络上数据传递的安全，但所有的加密算法都是基于密码的。因此在计算机和网络上，密码代表了几乎一切的权利。拥有了一个用户的密码，就拥有了他的全部权限。但密码最大的问题是它与用户并不唯一绑定，实际上根本无法知道密码输入者的真实身份。我们必须记忆越来越多的密码，如信用卡密码、开机口令、网络登录口令、E - mail 账户密码、电子交易密码等，这些密码的记忆成为一个问题：密码太复杂，容易遗忘；密码太简单，又容易被盗和破译，如常用口令（生日、电话号码、人名等）密码。这些密码的使用隐藏着极大的安全隐患，容易被破译和猜测。

生物特征识别技术的发展和实际应用水平的提高，为身份的认证和识别提供了一个先进的技术手段。与传统的身份鉴定手段相比，生物特征识别技术具有以下优点[5]：

（1）生物特征是人体所固有的特征，具有随身性，不易遗忘或丢失，使用方便；

（2）生物特征与人体是唯一绑定的，防伪性好，不易伪造或被盗；

（3）在很多应用场合，生物特征鉴定技术具有传统的身份鉴定手段无法比拟的优点，如指纹考勤，可防止代打卡的情况；又如身份证，如果嵌入指纹，可有效防止身份证的仿制和伪造问题。

世界各国政府和人民都深刻体会到了安全方便的身份鉴别技术的重要性和必要性。传统的身份鉴别手段在反恐方面显得力不从心，远远不能满足人们的需求，各国政府纷纷在生物特征识别技术研究和应用上开展了大规模的投资。随着生物特征识别算法的不断改进及生物特征传感器芯片的小型化和价格平民化，生物特征识别技术的主要应用领域从反恐和刑侦等政府化领域向平民化领域转移，例如作息考勤和门禁系统等。生物特征识别技术作为最有效的身份识别技术，其应用领域必将迅速扩大，将日益成为我们生活中不可或缺的一部分。

1.2.2 生物特征识别技术的市场发展概况

国际世界刚刚经历一场严峻的经济危机，油价不正常波动，行业信用缺失，通货膨胀的阴影亦挥之不去。在这样的背景下，生物特征识别研究及相关工程项目却在稳步发展，大量经费被投资在基于生物特征识别的公共安全领域的研究中[39]。据国际生物特征识别组织统计[40]，全球生物特征识别市场的增长趋势及预测如图 1.2 所示，2012 年全球生物特征识别技术的市场份额达到 65 亿美元，并以每年超过 10 亿美元的速度增长，到 2014 年可达到 94 亿美元的规模。指纹识别仍将占有最大的市场份额，并保持 16.3% 的年增长率，这其中很大一部分原因是指纹采集设备的价格降低，使得越来越多的个人和团体可以负担得起。市场份额的第二大占有者是人脸识别，其次是基于手部几何特征的识别技术，静脉、虹膜、声音等其他识别技术所占市场份额较小。

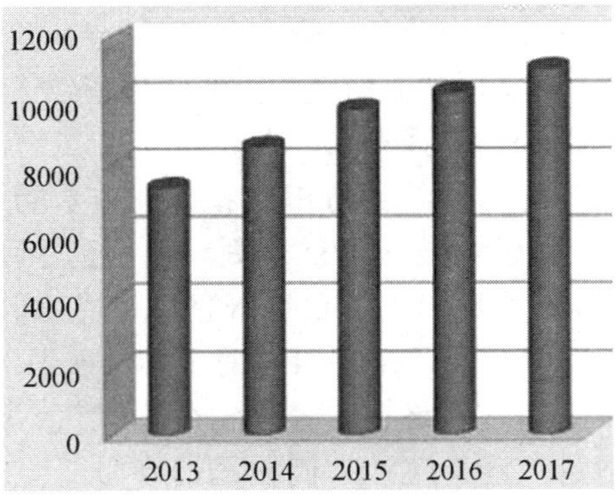

图 1.2　全球生物特征识别技术市场的增长趋势预测[41]：2013 年—2017 年

就区域而言，欧洲仍将主导生物特征识别市场，而最具发展潜力的则是亚洲技术发达国家（如韩国、日本）和正在迅速发展的国家（如中国、印度）。为打击恐怖主义、犯罪和非法移民，英国内政部规定从2008年开始，旅居英国的非欧洲联盟地区的外国人被强制申请保存指纹、瞳孔等生物特征信息的身份证；至2017年，英国将全面核发载有生物特征资料的身份证。阿拉伯联合酋长国政府计划采用先进的人脸识别技术作为保护关键基础设施安全系统的核心，并已将该系统应用于阿布扎比国际机场的安全防护中。中国商业银行将在用户使用电话办理业务中采用基于声音特征的识别系统以提高安全水平。韩国警察总署将采用Suprema公司提供的自动指纹识别系统来提高已有指纹库中的图像质量并升级指纹库的管理软件。

在应用领域方面，生物特征识别技术除了被门禁安全、POS（Point of Sale）、瘦客户机（Thin Client）等系统广泛采用外，也因半导体技术的演进和芯片价格的降低而开始进入消费性电子市场，诸如笔记本电脑、手机、PDA、键盘、鼠标、随身听等产品，均已有内嵌生物识别技术的成功案例。除了基本的安全防护外，生物特征识别亦提供诸如网站自动登录、权限管制、作业环境设定等个人化功能，并可作为未来电子认证服务的基础，进一步提高产品附加价值。

1.2.3 我国生物特征识别技术发展概述

一个有秩序的以人为本的社会，首先应该是作为个体的人感到安全的社会，如人身安全、财产安全与隐私安全。在诸种安全问题中，一个核心的问题是身份鉴别问题，即如何鉴别对方的身份和如何为自己的身份提供证明：让守法公民顺利地行使自己的权利或享受应有的服务，让犯罪分子或企图以不正当手段侵犯别人利益的人无法匿形。

采用生物特征识别技术，可不必再记忆和设置密码，对重要的文件、数据和电子交易都可以利用它进行安全的加密，有效地防止恶意盗用，使用更加方便。在公共安全、信息安全和军事安全等领域，生物特征识别技术得到了日益广泛的关注，展示了其巨大的应用潜力。身份的失窃与假冒不仅会造成巨大的经济损失，也直接威胁着国家安全。在保障国家公共安全方面，对社会危险分子、恐怖分子及违法犯罪人员进行及时、有效的监控和抓捕至关重要。以指纹、人脸和掌纹识别为代表的生物特征识别技术为此提供了强有力的保障。

我国深刻体会到了安全方便的身份识别和验证技术的重要性和必要性，2006年初颁布的《国家中长期科学和技术发展规划纲要》在谈到公共安全重点领域以及前沿信息技术的部署时，明确提出要重点研究生物特征识别。2008年北京奥运会和2010年上海世博会，都采用了准确可靠的生物特征识别技术来防止各种可能的恐怖与破坏等犯罪活动。在网络日益普及的今天，信息获取和访问的安全性问题已经引起了社会各界的广泛关注。人们在尽情享受网络所带来的快捷、方便的服务的同时，也经受着隐秘资料的安全性的挑战。生物特征识别技术可以为此提供快捷、方便和可靠的技术手段，人们在能够正常获取信息的基础上，保障信息访问的安全性。在军事安全领域,重要基地人员出入的身份认证、机密资料的管理、杀手锏武器特别是核武器的使用权限的控制等方面,生物特征识别技术也大有用武之地。

我国幅员辽阔、人口众多,是未来生物特征识别技术的应用大国,开展生物特征识别技术包括人脸、指纹与掌纹识别技术的研究对国家公共安全、信息安全和军事安全具有重要意义。因此,在包括人脸、指纹与掌纹识别的生物特征识别领域尽快形成具有我国自主知识产权的理论方法和技术手段势在必行。

参考文献

[1] Jain A K, Bolle R, Pankanti S (ed.). Biometrics: Personal identification in networked society. Kluwer Academic, Dordrecht, 1999.

[2] 苑玮琪,柯丽,白云. 生物特征识别技术 [M]. 北京:科学出版社,2009.

[3] 谭铁牛. 现代身份鉴别新技术——生物特征识别技术. 中国基础科学. 科学前沿,2000,9: 4-10.

[4] Stan Z. Li (ed). Encyclopedia of Biometrics. Springer, 2009.

[5] 田捷,杨鑫. 生物特征识别技术理论与应用 [M]. 北京:电子工业出版社,2005.

[6] Prabhakar S, Pankanti S, Jain A K. Biometric recognition: security and privacy and privacy concerns. IEEE Security & Privacy Magazine, 2003, 1(2): 33-42.

[7] Bmnelli R, Falavigna D. Person identification using multiple cues. IEEE Trans. on PAMI, 1995, 17(10): 955-966.

[8] Bigun E S, Bigun J, Duc B, et al. Expert conciliation for multimodal person authentication systems by Bayesian statistics. Proc. of the 1st Int. Conf. on Audio and Video - based Biometric Person Authentication, Switzerland, 1997.

[9] Hong L, Jain A K. Integrating faces and fingerprints for personal identification. IEEE Trans. on PAMI, 1998, 20(12): 1295-1307.

[10] Chellappa R, Wilson C L, Sirohey S. Human and machine recognition of faces: a survey. Proc. of the IEEE, 1995, 83(5): 705-740.

[11] Morales M. Geometric data fitting. Ph. D. thesis. University of Washington, 1998.

[12] Lee J M. Introduction to topological manifolds. Springer - Verlag, 2003.

[13] 刘青山,卢汉清,马颂德. 综述人脸识别中的子空间方法. 自动化学报,2003,29(6): 900-911.

[14] 张翠平,苏光大. 人脸识别技术综述. 中国图像图形学报,2000,11(5): 885-894.

[15] 马勇,丁晓青. 基于层次型支持向量机的人脸检测. 清华大学学报,2003,1.

[16] Turk M, Pentland A. Face recognition using eigenfaces. In: Proc. of IEEE Conf. on CVPR, 1991: 586-591.

[17] Laurenz W. Face recognition by elastic bunch graph matching. IEEE Trans. on PAMI, 1997, 19(7): 775-779.

[18] Murase H, Nayar S. K. Visual learning and recognition of 3 - D objects from appearance. International Journal of Computer Vision, 1995, 14: 5-24.

[19] Hong L, Wan Y, Jain A K. Fingerprint image enhancement: algorithm and performance evaluation. IEEE Trans. on PAMI, 1998, 20(8): 777-789.

[20] Maio D, Maltoni D. Direct gray - scale minutiae detection in fingerprints. IEEE Trans. on PAMI, 1997, 19(1): 27-40.

[21] Jain A K, Prabhakar S, Lin H. A multi – channel approach to fingerprint classification. IEEE Trans. on PAMI, 1999, 21(4): 348 – 359.

[22] Karu K, Jain A K. Fingerprint classification. Pattern Recognition, 1996, 29(3): 389 – 404.

[23] Chong M M S, NgeeT H, Jun L, et al. Geometric framework for fingerprint image classification. Pattern Recoginition, 1997, 30(9): 1475 – 1488.

[24] Senior A. A hidden markov model fingerprint classifier. In: Conf. Record of the 31st Asilomar Conference on Signals, Systems and Computers, 1997, 1: 306 – 310.

[25] Cappelli R, Lumini A, Maio D, Maltoni D. Fingerprint classification by directional image partitioning. IEEE Trans. on PAMI, 1999, 21(5): 402 – 421.

[26] 邬向前,张大鹏,王宽全. 掌纹识别技术[M]. 北京:科学出版社,2006.

[27] Zhang D, Shu W. Two novel characteristics in palmprint verification: datum point invariance and line feature matching. Pattern Recognition. 1999, 32: 691 – 702.

[28] Lu G M, Zhang D, Wang K Q. Palmprint recognition using eigenpalms features. Pattern Recognition, 2003, 24: 1463 – 1467.

[29] Zhang D, Kong W K, You J, Wong M. Online palmprint identification. IEEE Trans. Pattern Anal. Mach. Intell, 2003, 25: 1041 – 1050.

[30] Kong W K, Zhang D, Li W X. Palmprint feature extraction using 2 – D Gabor filters. Pattern Recognition, 2003, 36: 2339 – 2347.

[31] Wu X Q, Zhang D, Wang K Q. Fisherpalms based palmprint recognition. Pattern Recognition Letters, 2003, 24: 2829 – 2838.

[32] You J, Li W X, Zhang D. Hierarchical palmprint identification via multiple feature extraction. Pattern Recognition, 2002, 35: 847 – 859.

[33] Li W X, Zhang D, Xu Z Q. Palm identification by Fourier transform. International Journal of Pattern Recognition and Artificial Intelligence, 2002, 16: 417 – 432.

[34] Daugman J G. High confidence visual recognition of persons by a test of statistical independence. IEEE Trans. on PAMI, 1993, 15(11): 1148 – 1161.

[35] Wildes R P, Asmuth J C, Green G L, et al. A system for automated iris recognition. In: Proceedings of the 2nd IEEE Workshop on Applications of Computer Vision, 1994: 121 – 128.

[36] Boles W W, Boashash B. A human identification techique using images of the Iris and wavelet transform. IEEE Trans. on Signal Processing, 1998, 46(4): 1185 – 1188.

[37] Brunelli R, Falavigna D. Person identification using mutiple cues. IEEE Trans. on PAMI, 1995, 10: 955 – 966.

[38] Bigun E S, Bigun I, Due B, et al. Expert conciliation for multimodal person authentication systems by Bayesian statistics. In: Proc 1st Int. Conf. on Audio Video – based Personal Authentication, Crans Montana, Switzerland. 1997.

[39] Lockie M. Comment [J]. Biometric Technology Today, 2012, 16(6): 12.

[40] Zhang L, Zhang Lei, Zhang D, Zhu H. Online finger – knuckle – print verification for personal authentication [J]. Pattern Recognition, 2010, 43(7): 2560 – 2571.

[41] http://www.biiometric.com/solutions/state – of – biometrics.

[42] Yao Y, Jing X, Wong H. Face and palmprint feature level fusion for single sample biometrics recognition [J]. Neurocomputing Letters, 2007, 70: 1582 – 1586.

[43] Chu R, Liao S, Han Y, Sun Z, Li S, Tan T. Fusion of Face and Palmprint for Personal Identification Based on Ordinal Features [C]. IEEE Conference on Computer Vision and Pattern Recognition. 2007: 1 – 2.

[44] Feng G, Dong F, Hu D, Zhang D. When Faces Are Combined with Palmprints: A Novel Biometric Fusion

Strategy [C]. In Proceedings of ICBA,2004: 701 – 707.

[45] Wang J, Yau W, Andy Suwandy, Eric Sung. Person recognition by fusing palmprint and palm vein images based on "Laplacianpalm" representation [J]. Pattern Recognition,2008,41(5): 1514 – 1527.

[46] Dugelay J, Junqua J, Kotropoulos C. Rencent advances in biometric person authentication [C]. IEEE International Conference on Acoustics, Speech, and Signal Processing,2002,4(4): 4060 – 4063.

[47] Matyas V, Riha Z. Toward Reliable User Authentication through Biometrics [J]. IEEE Security & Privacy. 2003,1(3): 45 – 49.

[48] Jain A, Ross A, Prabhakar S. An Introduction to Biometric Recognition [J]. IEEE Transactions on Circuit and System for Video Technology. 2004,14(1): 4 – 20.

第 2 章　人脸检测与跟踪

2.1　概　述

人脸处理方面的研究包括人脸识别、人脸跟踪、姿势判断、表情识别等，研究的目的是希望能够从包含人脸的图像中提取出用户的身份、状态以及意图等信息，然后通过计算机根据这些用户的信息依次做出反应。早期的人脸处理算法都是在假设已经得到一个正面人脸的信息，或者假设人脸信息很容易获取的前提下进行的，并没有对人脸检测做过多的探讨。但是随着人脸处理研究的应用范围不断扩大以及开发实际系统的需求不断提高，这种假设下的研究已经不再能够满足现实的需求，人脸检测开始作为一项独立的研究内容发展起来了。

人脸检测(Face Detection)的目的是确定图像中是否有人脸，如果有人脸，则返回所有包含人脸的图像区域的位置和范围，而不管人脸的三维位置、方向和光照条件。作为人脸信息处理中的一项关键技术，目前人脸检测的应用背景已经远远超出了人脸识别系统的范畴，在身份验证、基于内容的图像检索和图像恢复、安全访问控制、视频监视系统、智能人机交互、视频会议和图像管理系统等方面都有着重要的应用价值，并且开始作为一个独立的课题受到研究者的普遍重视。

人脸检测技术受到如此的重视，其原因可以归结为以下四点[1]：

(1) 它是实现自动人脸识别系统的第一步。

(2) 它是实现智能视频监视系统的第一步。

(3) 人脸是一个典型的非刚体，在目标检测问题的研究中具有代表性。

(4) 它是跨向自动目标识别(Automatic Target Recognition)系统的一小步。

解决人脸检测问题目前有几个思路：

(1) 基于面部特征。通过人类对自己的面部特征的认识，总结出一些区别于其他物体的特征，通过对于这些特征的搜索来达到人脸检测的目的。人类的面部特征包括肤色、纹理、面部器官的分布、边缘等。基于面部特征的人脸检测操作简单，容易理解，但是对人脸特征的描述往往不够准确或者不足以区别于其他任何物体，因此有很大局限性，一般用于简单的人脸检测的实现。其中具有代表性的工作包括 Terrillon 等人提出的基于肤色模型的人脸检测方法[2]，Hsu 等人提出基于肤色模型和眼睛、嘴巴亮度的多特征人脸检测方法[3]。

(2) 基于模板匹配。人类的脸形近似椭圆形。尽管脸是一个非刚性物体，但是其正常情况下的形变范围是有限的，因此可以使用模板匹配的方法。模板的定义方式包括两种：固定模板和可变形人脸模板。通过人工事先定义或用函数参数化一个标准人脸模式,例如计算出人脸轮廓、眼睛、鼻子、嘴巴的标准模式的相关值,来描述人脸。这种方法的优点同样是执行起来很简单,但是这种模板定义不能有效处理人脸的姿势、形状等改变。其中具有代表性的工作包括 Craw 等人提出的基于形状模板的人脸检测方法[4],以及 Lanitis 等人提出的可变外观模板人脸检测方法[5]。

(3) 基于外观学习。人们总结的人脸特征并不足以准确描述人脸,区别于其他物体的特征远远比人们总结的要多。既然总结的不够准确,那么就让机器对人脸进行认识。通过大量的人脸样本和非人脸样本的训练,将面部特征自动提取出来,然后使用提取出来的面部特征进行人脸的检测。基于外观的学习方法依靠统计分析和机器学习技术来寻找人脸和非人脸的相应特征,然后使用分布模型或判别函数表达学习到的特征。使用的方法包括本征脸、神经网络、支持向量机、贝叶斯分类、隐式马尔可夫模型、信息理论法等。利用这种方法得到的人脸检测结果是比较理想的,其中具有代表性的工作包括 Schneiderman 和 Kanade 提出的基于统计模型的人脸检测算法[6],Rowley 和 Kanade 提出的基于神经网络的人脸检测方法[7],Osuna 等人提出的基于支持向量机的人脸检测方法[8],Viola 和 Jones 提出的基于 AdaBoost 的人脸检测方法[9]等。

尽管研究者发挥自身的智慧,不断对方法进行创新和改进,但是就目前的研究现状来看,人脸检测还没有达到人类视觉的高度。究其原因,大致可以归结于以下几点[10]:

(1) 姿态的变化。二维中的人脸图像会因摄像机—人脸之间相对位置的不同发生姿态的变化,包括正面、成 45°角、侧面、上下颠倒等。

(2) 面部特征。有些面部特征不是所有人都具有的,如胡子、眼镜等,而且它们在形状、颜色和大小方面也有很大的差别;或者图像中仅含有某些面部特征,如一只眼睛、鼻子部分或者全部被遮挡。

(3) 面部表情。人的外观直接受面部表情的影响,表情的变化是一种非刚性变化。

(4) 遮挡。人脸可能被其他物体遮挡,如某些含有大量人脸的图像,有些人的脸会被其他人的脸部分或完全遮挡。

(5) 图像方位。人脸图像直接受视频光轴的不同旋转角度影响。

(6) 成像条件。当图像形成的时候,光照(如光谱、光源分布、光密度)、摄像头特性(如感应器)、镜头等因素都会影响人脸的外观。

(7) 背景的变化。侧面人脸检测中,边缘信息是最重要的特征,但是这种边缘特征会受到背景的影响而很难进行确定。

目前对于人脸检测效果的评价还没有一个统一的标准,常用的评价参数主要包括以下四个方面:

(1) 检测率。指被正确检测到的人脸数目与原图像中包含的人脸数目的比值。检测率越高,表明检测系统对人脸的接受能力越强。但是单个的检测率不能反映系统对非人脸的排除能力，例如，所有人脸都被检测到，同时有很多非人脸区域也被误认为是人脸。

(2) 误检率。指被误检为人脸的非人脸子窗口数目与原图像中被检测的所有非人脸子窗口数目的比值。误检率可以衡量人脸检测系统对非人脸样本的排除能力，误检率越低，说明检测系统对非人脸的排除能力越强。

(3) 检测速度。很多应用领域都要求在线实时的检测人脸，所以在检测率和误检率达到满意的前提下，检测速度越快越好。

(4) 鲁棒性。指在各种条件下，检测系统的适应能力。如人脸由于旋转、遮挡、形变带来的检测误差，以及由于复杂背景干扰带来的检测误差，消除这种误差以提高系统的鲁棒性。

人脸跟踪(Face Tracking)技术是动态目标检测的一种。作为计算机视觉领域中的核心技术之一，人脸跟踪具有巨大的应用价值和市场潜力，已经成为目前计算机领域的热门课题之一。

人脸跟踪问题是指利用计算机对图像序列中的运动人脸进行检测、提取、跟踪，获得人脸目标的运动参数，如位置、大小以及运动轨迹，从而进行进一步处理和分析，运用在其他相关领域。由于视频序列图像中的人脸跟踪结果蕴含了大量时空信息，自 20 世纪 80 年代以来得到了极大的发展，涉及到计算机视觉、模式识别和人工智能领域的许多核心课题，是一个很有挑战性的问题。

视频序列中的人脸跟踪问题是以静态图像中的人脸检测为基础的，但是相比静态图像，动态视频中的可利用信息更多，包括两帧之间的差异、相同背景的去除，以及利用前一帧信息来减少搜索区域，因此算法的原理要比静态图像中的人脸检测更简单。同时，视频序列图像中的人脸跟踪相比静态图像的人脸检测要涉及到更多的问题，如实时性，人脸快速运动，跟踪丢失的恢复等，因此跟踪问题的工作量并不亚于静态图像中的人脸检测。

人脸跟踪技术可以应用于智能视频监视、智能武器系统、人机交互式接口、虚拟现实等，能够广泛应用于民用和军事的很多领域。其中智能视频监视系统可以应用于对安全要求比较高的场合，如军事基地、涉密场所等，可以应用于人口比较密集的地方，如海关、火车站、地铁站、飞机场、银行、大型超市等，可以用于对民宅、停车场等的监视；智能武器系统利用人脸跟踪技术将人脸目标进行定位，进而进行精确打击，如狙击枪的自动瞄准；人机交互式接口可以代替传统的键盘或鼠标输入模式，独立地提取周围环境的重要信息，可以结合面部表情进行人的识别和行为理解。

目前对于人脸的检测和跟踪都是由人来实现的，其效率和效果都不是很尽如人意。保安人员通过摄像头对某些区域进行监视，虽然可以在一定程度上达到监控的目的，但是考虑到人在长期单一工作中的视觉疲劳，以及人本身的心理因素、情感因素等，造成了目前的监控系统监控效率比较低、监控费用比较高。而人脸跟踪技术可以用计算机代替人的工作，自动监视区域内人的活动。狙击手通过光学瞄准镜对目标进行观察和瞄准,由于人本身心脏跳动造成的抖动,再加上击发时手扣扳机造成的振动,都会使枪体出现颤动。由于狙击枪与被射目标之间的距离是比较远的,一般狙击枪的有效距离是500m,某些大口径的狙击枪射程可以达到2000m,在这种距离上,枪体的非常微小的颤动都会造成很大的射击偏差。而使用人脸跟踪技术对狙击目标进行跟踪瞄准,就可以降低瞄准时人为造成的误差。

人脸跟踪技术与基于指纹、掌纹、视网膜、虹膜、DNA 等其他人体生物特征识别系统相比,更为直接、友好,不会对用户心理造成障碍。

目前具有代表性的人脸跟踪工作,包括 Mikolajczyk 等人提出的视频序列人脸检测方法[11],Schneiderman 和 Kanade 提出的利用两个检测器跟踪视频中的正面、侧面人脸[12]。

对于人脸检测、跟踪技术,许多国内外的科研机构展开了深入的研究。国外著名的研究机构有美国 MIT 的 Media lab、AI lab,CMU 的 Human – Computer Interface Institute,Microsoft Research,英国的 Department of Engineering in University of Cambridge 等。国内开展人脸检测研究的单位主要有清华大学、哈尔滨工业大学、北京工业大学、中科院计算所、中科院自动化所、复旦大学、南京理工大学等,都取得了一定的成果。清华大学的研究人员提出了一种多视角人脸检测方法,可以很好地检测出平面内和平面外旋转的人脸,具有很强的鲁棒性和应用价值[13]。

人脸检测和跟踪技术目前已经开始得到广泛应用,日本本田公司制造的类人型机器人 ASIMO 使用运动和颜色深度信息、基于梯度的跟踪器对目标区域内的人脸进行搜索,优化搜索区域,利用级联式人脸检测器对人脸进行动态跟踪。本实验室利用人脸跟踪算法设计了一套自动人脸目标搜索与跟踪狙击系统,并申请了专利。在2006年第四届北京国际社会公共安全产品与技术设备展览会中,展出了一套人脸检测系统,其检测的准确率达到96.83%。2008年北京奥运会的部分会场安装了人脸识别系统,将人脸图像作为身份鉴别的一项主要信息。

2.2 AdaBoost 学习算法

AdaBoost 是一种将简单的线性弱分类器按照规则组合起来构成强分类器的算法。它通过建立多学习机组合,使得弱学习机的性能得到提高,以达到分类的目的。由于其独有的对学习机性能的自适应性和对过学习现象的免疫,近年来引起了广泛的关注,并且集成在 Intel 公司的 Open CV 函数库中[14]。

2.2.1 AdaBoost 方法

AdaBoost 方法最初源于 PAC(Probably Approximately Correct)模型。PAC 是可学习理论的分支——计算学习理论中常用的模型,它是由 Valiant 于1984年首先提出的[15]。

PAC 模型中提出了弱学习和强学习的概念。如果一个假设能够稍微比随机猜测的正确率高,那么这个假设就是弱学习算法,得到这个算法的过程称为弱学习;如果一个假设能够显著地提高正确率,那么这个假设称为强学习。生成只比随机猜测好一点的弱学习算法比较容易,但是构造一个强学习算法却是一件非常困难的事情。

1989 年,Kearns 和 Valiant 研究了弱学习算法之间的等价性问题,即是否可以将弱学习算法提升为强学习算法[16]。如果两者等价,那么在学习概念时,只需要找到一个比随机猜测略好的方法就可以将它提升为强学习算法。Kearns 和 Valiant 得出并证明了一个令人吃惊且鼓舞的结论:只要有足够的数据,弱分类器就能通过某种集成的方式生成任意高精度的假设,即强学习算法[17]。这种可以将弱学习提升为强学习的训练方法被称为 Boosting。

1990 年,Schapire 最先构造出一种多项式级联算法,即最初的 Boosting 算法[18]。这种算法可以将弱分类规则转换成强分类规则。一年后,Freund 提出了一种效率更高的 Boosting 算法[19]。通过这种方法可以产生一系列神经网络,各网络的训练集取决于在其之前产生的网络的表现,被已有网络错误判断的样本将以较大的概率出现在新网络的训练中。这样,新网络将能够很好地处理对已有网络来说很困难的样本。另一方面,虽然 Boosting 方法能够增强神经网络集成的泛化能力,但是同时也有可能使得集成过分偏向于某几个特别困难的样本。因此,该方法不太稳定,有时能起到很好的作用,有时却没有效果。而且 Schapire 和 Freund 的算法存在一个重大缺陷——它们都需要事先知道弱学习算法的学习正确率下限,但是这在实际问题中很难得到。

1993 年,Drucker 和 Schapire 第一次以神经网络作为弱学习算法,应用 Boosting 算法来解决实际的 OCR 问题[20]。至此,作为一个解决两类问题的算法,Boosting 算法在分类、建模、图像分割、数据挖掘等领域开始得到有效而广泛的应用。

1995 年,Freund 和 Schapire 提出了 AdaBoost 算法[21]。AdaBoost 全称为 Adaptive Boosting,和以前的 Boosting 算法都不同,这个算法可以根据弱学习的反馈适应性地(Adaptively)调整假设的错误率,而以前的 Boosting 算法需要预先知道假设的错误率下限。AdaBoost 的这种不需要任何关于弱分类器性能的先验知识的特点,同时加上它和原来 Boosting 算法具有相同的效率,使其在实际问题中的应用非常广泛。

2001 年,Viola 和 Jones 提出了基于 AdaBoost 算法的人脸检测方法[9]。这种方法对正面人脸检测的效果具备很好的性能,而且从根本上解决了人脸检测的速度问题。Viola 的人脸检测方法包含积分图、级联检测器和 AdaBoost 算法三个组成部分,其基本思想是将大量的分类能力一般的弱分类器通过一定方法叠加起来,构成一个分类能力很强的强分类器,再将若干个强分类器串联成为级联分类器(Classifier Cascade)完成图像搜索检测。理论证明,只要每个弱分类器的分类能力比随机猜测要好，那么弱分类器的个数趋向于无穷时，强分类器的错误率将趋于零。

经过多年的发展，AdaBoost 算法也有多方面的改进，如 LPBoost[22]、BrownBoost[23]等，这些算法的差异主要体现在训练数据权值的不同和弱分类器的定义方式。

AdaBoost 方法发展至今，在文本分类[24,25]、人脸识别[26]、恶性肿瘤诊断[27]、语音识别系统[28]以及金融预测[29]等许多领域都有广泛的应用。

2.2.2 分类器训练思想

AdaBoost 学习算法的基本思想是：给定一系列弱分类器和一个训练集$\{(\boldsymbol{x}_1, y_1), \cdots, (\boldsymbol{x}_n, y_n)\}$，其中$\boldsymbol{x}_i$是输入的训练样本向量，$y_i$为类别标志。由于人脸检测的任务是判断某幅图像是否是人脸图像，因而可以视为两类区分问题，故可以取$y_i \in \{0, 1\}$，其中 1 和 0 分别表示正例和反例。初始化时对所有的正例和反例分别赋予一个相同的权重，然后用该弱分类器对训练样本集进行 T 轮训练。在每一轮训练结束后，对训练失败的样本赋予较大的权重，以便让学习算法在后来的学习中主要对比较困难的训练样本进行学习。这样就可以得到一个弱分类器序列$\{h_1, h_2, \cdots, h_T\}$，以及对应的权值，其中分类效果比较好的弱分类器的权重较大，这些弱分类器采用一种有权重的投票方式产生最终的分类器 H。

那么接下来就需要考虑实现 AdaBoost 算法需要解决的几个问题。

(1) 如何实现弱分类器。

Viola[9,30]使用了积分图和矩形特征解决了人脸检测弱分类器的构造，本章方法使用圆形分类器解决了肤色检测弱分类器的构造。具体的介绍安排在下一小节以及第 2.4.2 小节。

(2) 如何分布每一轮循环中训练集上的样本权重。

根据上一轮训练的结果改变当前轮训练样本的权值，是 AdaBoost 算法最核心的内容。首先给出训练过程中权值分布的模拟图，以直观显示权值的改变过程。如图 2.1 所示，其中深色点为正样本，浅色点为负样本，由于两类之间有重叠的点，用简单的分类器对其进行分类效果并不好。图 2.1(b) 显示了使用第一个简单分类器对样本进行分类，由于两类之间有重叠，其分类的结果造成了部分正样本、负样本的误分类。这些被错分的样本就视为比较困难的训练样本，那么这些样本将被赋予较大的权重，如图 2.1(c) 所示。在下一轮训练中，弱分类算法将其注意力集中到权重较大的分类困难样本上。对于每轮训练产生的困难样本，均赋予更大的权重，经过 T 轮循环训练，那些困难的样本权重就非常大，如图 2.1(d) 所示。权值的具体计算，将在第 2.2.5 小节的算法流程中做详细介绍。

(3) 如何将得到的弱分类器合并成为一条准确的预测规则。

AdaBoost 采用的方法是：使用各轮循环生成的弱规则进行预测，预测结果进行带权重投票。投票的具体方法和论证在下文中有详细的叙述。

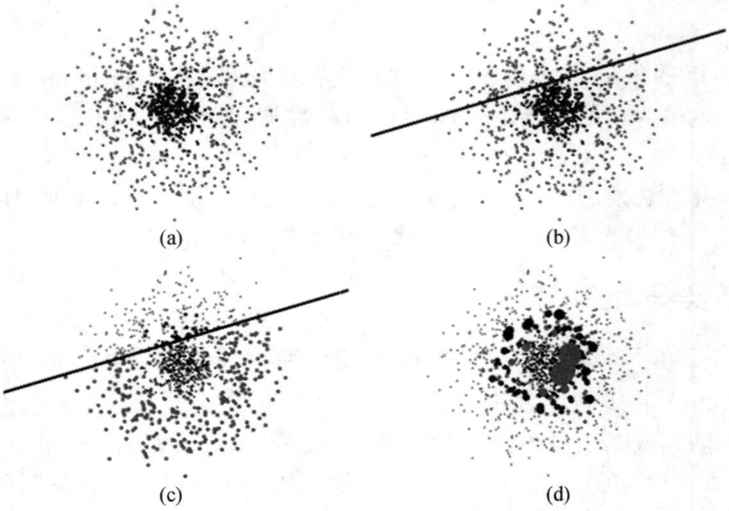

图 2.1　AdaBoost 分类权重分布示意图

(a) 样本分布,深色点为正样本,浅色点为负样本,大小表示权重;
(b) 用简单分类器对样本进行分类;(c) 用简单分类器对样本进行分类之后,样本点对应的权重;
(d) 经过 T 次循环之后样本点的权重分布。

2.2.3　构造弱分类器

AdaBoost 算法的特点就是将很多个带权重的弱分类器合并成为一个强分类器。那么怎样构造弱分类器就是训练算法首先要解决的问题。

一个弱分类器 $h(x,f,p,\theta)$ 由一个特征 f、阈值 θ 和指示不等号方向的 p 组成:

$$h(x,f,p,\theta)=\begin{cases}1, & pf(x)<p\theta\\ 0, & \text{其他}\end{cases} \tag{2.1}$$

弱分类器可以通过简单的线性分类器方法、神经网络方法等进行构造,Viola 在他的论文中提出了使用基于 Harr - like 的矩形特征作为弱分类器来描述人脸。Harr - like 特征库是由 Papageorgiou 等[31]提出的,2001 年,Lienhart 和 Maydt 在此基础上提出了扩展的 Harr - like 特征[32],同时还提出了一种利用积分图对扩展后的特征进行快速计算的方法。下面对描述人脸的一些矩形特征以及积分图做简单的介绍。

1. 矩形特征

特征一般是对需要分类的对象所拥有的知识进行编码得到的。在给定有限的数据情况下,基于特征的检测能够编码特定区域的状态。对于人脸图像而言,特征比单个像素更利于对人脸的表示,具体表现在以下几个方面:

(1) 特征所获取的知识从图像的原始像素中很难得到。

(2) 用特征进行检测可以包含更多的局部信息,而这些局部信息知识是很难通过有限训练数据得到的。

(3) 从模式识别的术语而言,使用特征对人脸图像进行建模,将有利于减小待分类对象的类内距离,同时可以增加待分类对象的类间距离,这样,将有利于建立更有效的判别函数,使得最终的分类结果更好。

(4) 由于特征更容易形式化,形式化了的特征计算更加快捷,有利于人脸检测速度的提高。

所以在人脸检测中,特征的设计始终扮演着重要的角色。

Harr – like 特征是人脸检测技术发展过程中所发现的一种对客观对象进行建模的方式。这种特征表示的形式很简单,有利于快速计算,同时形式多样。Viola 采用了部分 Harr – like 特征对人脸进行描述。

单个矩形特征对一些简单的图形结构,比如边缘、线段比较敏感,但是其只能描述特定走向(水平、垂直、对角)的结构,因此比较粗略。脸部一些特征能够由矩形特征简单地描述,图 2.2 表示了两种对于面部特征区分能力较高的矩形特征,例如,通常眼睛要比脸颊颜色更深,鼻梁两侧要比鼻梁颜色更深,嘴巴要比周围颜色更深。如果将这些有代表性的单个矩形特征组合起来成为检测窗口,即强分类器,那么对于人脸的检测就会获得很好的检测效果。

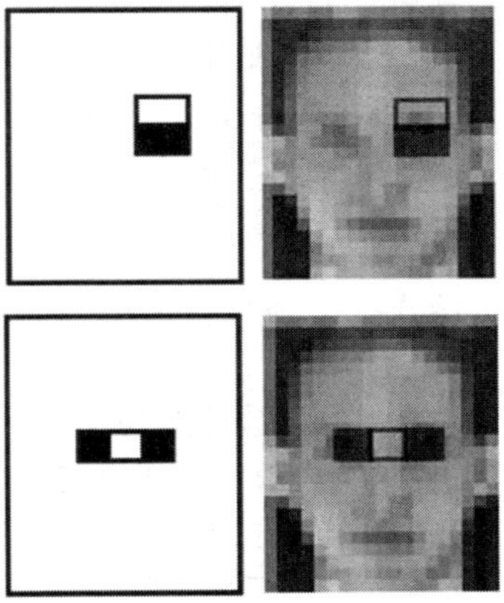

图 2.2　矩形特征在人脸上的特征匹配

将上述类似的区分能力较高的简单矩形特征组合成为强分类器,就是利用矩形特征进行人脸检测的基本点。这种区分能力较高的简单矩形分类器就是弱分类器,对应于式(2.1)中的特征 f,它们是从很多的矩形特征提取出来,是一系列误检率较低的人脸分类特征。构成这些矩形特征的特征模板如图 2.3 所示。这类特征模板都是由两个或多个全等的矩形相邻组合而成,特征模板内有白色和黑色两种矩形,定义左上角为白色,然后依次交错,并且将此特征模板的特征值定义为黑色矩形像素和减去白色矩形像素和。对于特征值计算的定义,反过来也是等价的。特征值对应于式(2.1)中的 $f(x)$。

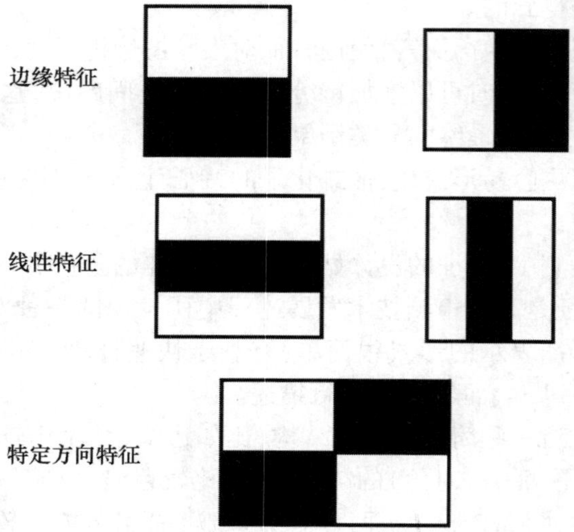

图 2.3　五个简单的矩形模板

特征模板可以在检测窗口内以任意尺寸任意放置，每一种形态称为一个特征，而找出检测窗口内所有特征，是进行弱分类训练的基础。

以 $n \times m$ 像素分辨率的检测窗口为例，其内部满足特定条件的所有矩形的总数可以这样计算：

如图 2.4 中所示对于 $n \times m$ 子窗口，只需要确定矩形顶点 $A(x_1, y_1)$ 和右下顶点 $B(x_2, y_2)$，即可以确定一个矩形；同时，假设矩形特征模板的横向和纵向分别由 s、t 个矩形组成，即矩形模板满足 (s,t) 条件，如图 2.5 所示，那么子窗口内的矩形还必须满足下面两个条件：

(1) x 方向边长必须能被自然数 s 整除（能均等分成 s 段）；

(2) y 方向边长必须能被自然数 t 整除（能均等分成 t 段）。

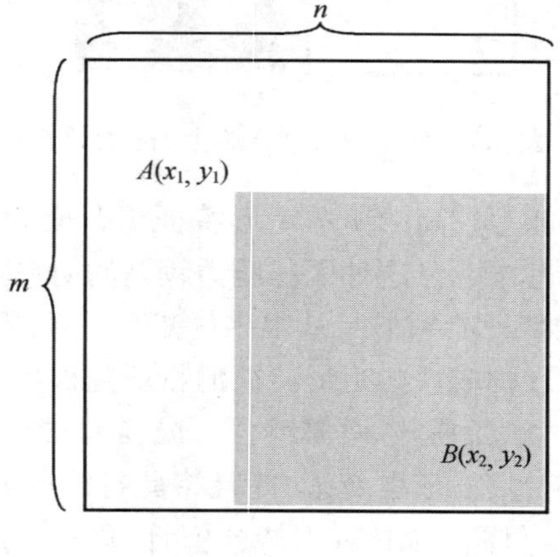

图 2.4　$n \times m$ 检测窗口内所有可能的矩形数量

特征模板	1. 	2. 	3. 	4. 	5. 
(s,t)条件	(1,2)	(2,1)	(1,3)	(3,1)	(2,2)

图 2.5 矩形特征模板的(s,t)条件

则这个矩形的最小尺寸为 $s\times t$ 或 $t\times s$,最大尺寸为$[m/s]\cdot s\times[m/t]\cdot t$ 或 $[m/t]\cdot t\times[m/s]\cdot s$,其中[ ]表示取整运算符。

那么定位一个满足条件的矩形首先确定 $A(x_1,y_1)$:

$$x_1 \in \{1,2,\cdots,n-s,n-s+1\},y_1 \in \{1,2,\cdots,m-t,m-t+1\} \tag{2.2}$$

然后在 A 点的阴影内确定 $B(x_2,y_2)$:

$$\begin{aligned} x_2 \in &\{x_1+s-1,x_1+2\cdot s-1,\cdots,x_1+\\ &(p-1)\cdot s-1,x_1+p\cdot s-1\},\\ y_2 \in &\{y_1+t-1,y_1+2\cdot t-1,\cdots,y_1+\\ &(q-1)\cdot t-1,y_1+q\cdot t-1\} \end{aligned} \tag{2.3}$$

其中,$p=\left[\dfrac{n-x_1+1}{s}\right]$;$q=\left[\dfrac{m-y_1+1}{t}\right]$。

2. 积分图

对于矩阵特征值的计算,如果只是按照原始的方法统计像素点然后计算区域之间的差值,其效率非常低。为了提高矩阵特征的计算效率,提出了“积分图”概念。积分图能够在多尺度下,使用相同的时间来计算不同的特征,因此大大提高了检测速度。

对于图像内一点 $A(x,y)$,定义其积分图 $ii(x,y)$为

$$ii(x,y)=\sum_{x'\leqslant x,y'\leqslant y} i(x',y') \tag{2.4}$$

其中,$i(x',y')$为点(x',y')处的灰度值,彩色图像则首先应该转换到灰度空间内。

为了使计算简化,积分图可以通过迭代的方式求出:

$$ii(x,y)=ii(x-1,y)+s(x,y) \tag{2.5}$$

$$s(x,y)=s(x,y-1)+i(x,y) \tag{2.6}$$

其中,$s(x,y)$为点(x,y)及其 y 方向上所有原始图像之和,称为“列积分和”,如图 2.6 所示,可以定义为

$$s(x,y)=\sum_{y'\leqslant y} i(x,y') \tag{2.7}$$

并定义 $s(x,0)=0$,$ii(0,y)=0$,即第一行的列积分和为 0,第一列的积分和为 0。

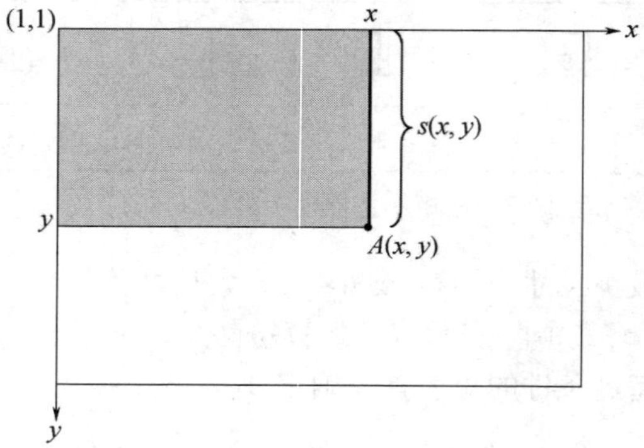

图 2.6　$A(x,y)$的积分图

（定义坐标点$A(x,y)$的积分图为其左上角所有像素之和（灰色阴影部分）。
$s(x,y)$表示$A(x,y)$及其y方向上所有像素之和，即列积分和（黑色粗线部分））

得到了积分图，那么对于图像中某个区域的像素和的计算变得简单高效。如图 2.7 所示，区域D的像素和可以用 1、2、3、4 点的积分图来计算。那么对于矩形特征模板的特征值的计算，用类似的方法可知，只与此特征端点的积分图有关，而与图像坐标点的灰度值无关。因此，不管此矩形特征的尺度如何，特征值的计算所耗费的时间都是常量，而且都只是简单的加减运算。正因如此，积分图的引入大大提高了训练和检测的速度。

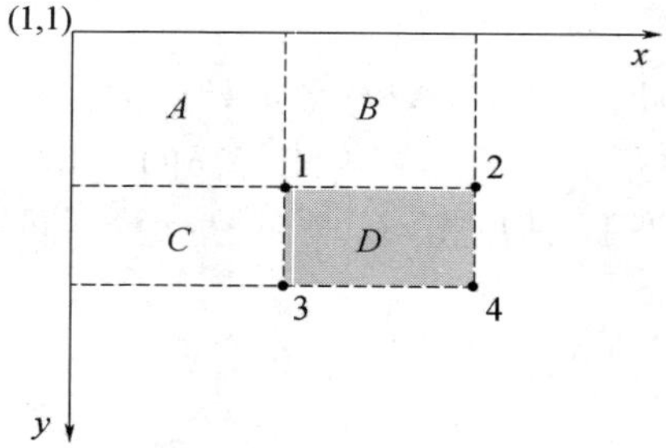

图 2.7　区域D的像素和可以用积分图计算：$ii_4 + ii_1 - (ii_2 + ii_3)$

3. 弱分类器选取

前面介绍了矩形特征和积分图，解决了特征值的计算问题，获得了弱分类器中$f(x)$的值。由于在训练的时候，所选择的训练样本集的尺寸等于检测子窗口的尺寸，检测子窗口的尺寸决定了矩形特征的数量，所以训练样本集中的每个样本的特征相同且数量相同，而且某一个矩形特征对某一个样本有一个固定的特征值。

对每一个矩形特征模板，可以计算得到其对所有的人脸和非人脸样本的特征值，那么，训练一个弱分类器就是在当前权重分布的情况下，确定特征值的最优阈值，使得这个弱分类器对所有训练样本的分类误差最低。选取弱分类器就是选择那个对所有训练样本的分类误差最低的矩形特征。

对于每一个矩形模板特征，计算所有训练样本的特征值，并将其排序。通过扫描排序之后的特征值，对应每个特征值计算下述值：全部人脸样本、非人脸样本的权重和 T^+、T^-，在此特征值之前的人脸样本、非人脸样本的权重和 S^+、S^-。那么可以计算出当前特征值作为阈值所带来的分类误差：

$$e = \min(S^+ + (T^- - S^-), S^- + (T^+ - S^+)) \tag{2.8}$$

其中，$S^+ + (T^- - S^-)$ 表示此特征值前面的人脸权重和加上后面非人脸权重和，如果这个值为较小值，那么说明将此特征值前面视为非人脸，后面视为人脸的误检率要小；同理，$S^- + (T^+ - S^+)$ 表示此特征值前面的非人脸权重和加上后面人脸权重和，如果这个值为较小值，那么说明将此特征值前面视为人脸，后面视为非人脸的误检率要小。比较两个值的大小即可以确定当前特征值作为阈值的情况下指示不等号方向的 p 的取值。

对于弱分类器 $h(x,f,p,\theta)$ 的选取，通过以下步骤完成：

(1) 计算每一个矩形特征模板对所有样本的特征值 $f(x)$ 进行排序。

(2) 从小到大对某一个矩形特征对应的所有样本的特征值 $f(x)$ 进行扫描，找到这些矩形特征模板的最小分类误差 e_i，i 表示第 i 个特征模板。

(3) 存储最小分类误差对应的矩形特征模板的长、宽和 (s,t) 条件，即为弱分类器的特征 f；存储最小分类误差对应的特征值，即为这个弱分类器的阈值 θ；判断最小分类误差是由是 $S^+ + (T^- - S^-)$ 提供的还是 $S^- + (T^+ - S^+)$ 提供的，如果是前者，则表示小于阈值的为非人脸，大于阈值的为人脸，那么 p 为 -1，反之 p 为 $+1$。

这样就确定了一个弱分类器，并且这个弱分类器对应的分类误差为 e_i。这个弱分类器也就相当于图 2.1(b) 和图 2.1(c) 中的那个线性分类器，它们都是由每一轮的循环得到的，由于每一轮循环之前，对于每一个样本点的权重都要根据之前的分类状况进行重新分配，因此每一轮训练出来的弱分类器都是不同的，这个不同包括具有不同的矩形特征及其对应的分类误差。

经过 T 次循环，训练出 T 个这样的弱分类器，那么怎样对这些弱分类器进行组合才能成为最终的强分类器呢，下面一节对这个问题进行了详细的阐述。

2.2.4 构造强分类器

经过 T 次循环，可以得到 T 个弱分类器 $h_1(x),\cdots,h_T(x)$ 及其对应的分类误差 $\varepsilon_1,\cdots,\varepsilon_T$，Viola 是按照下面的方式将这些弱分类器组合成一个强分类器：

$$C(x) = \begin{cases} 1, & \sum_{t=1}^{T} \alpha_t h_t(x) \geqslant \frac{1}{2}\sum_{t=1}^{T}\alpha_t \\ 0, & \text{其他} \end{cases} \tag{2.9}$$

其中，$\alpha_t = \log\frac{1}{\beta_t} = \lg\frac{1-\varepsilon_t}{\varepsilon_t} = -\lg\varepsilon_t$。

那么当这个强分类器对待一幅待检测图像时，相当于让所有弱分类器投票，然后再对投票结果按照弱分类器的误检率加权求和，将投票加权求和的结果与平均投票结果比较得出最终的结果。平均投票结果，即假设所有的弱分类器投“赞同”票和“反对”票的概率相同，求出概率平均，即

$$\frac{1}{2}\left(\sum_{t=1}^{T}\alpha_t\cdot 1+\frac{1}{2}\sum_{t=1}^{T}\alpha_t\cdot 0\right)=\frac{1}{2}x\sum_{t=1}^{T}\alpha_t \tag{2.10}$$

这样就完成了对强分类器的构造，对于图像中人脸的检测就可以利用训练得到强分类器来进行。

2.2.5 分类器训练流程

前文中已经将AdaBoost算法中关键的实现进行了详细的分析和讲解，下面就给出AdaBoost算法的具体流程，强分类器训练过程如下：

（1）设输入为N个训练样本：$(x_1,y_1),\cdots,(x_n,y_n)$，其中有$M$个人脸样本和$L$个非人脸样本，$x_i$表示训练样本数据，$y_i\in\{1,0\}$分别用于标识人脸和非人脸样本。

（2）初始化样本的权值$\omega_{1,i}$，人脸样本($y_i=1$)和非人脸样本($y_i=0$)的权值分别为$\frac{1}{2m}$、$\frac{1}{2l}$，其中m、l分别表示两种样本的个数。

（3）对于$t=1,\cdots,T$：

① 归一化权值：

$$\omega_{t,i}\leftarrow\frac{\omega_{t,i}}{\sum_{j=1}^{n}\omega_{t,j}}$$

② 选择最好的弱分类器，其对应最小误检率：

$$\varepsilon_t=\min_{f,p,\theta}\sum_i\omega_i\mid h_j(x_i,f,p,\theta)-y_i\mid$$

③ 定义$h_t(x)=h(x,f_t,p_t,\theta_t)$，其中$f_t$,$p_t$和$\theta_t$对应于最小错误率$\varepsilon_t$；

④ 更新每个样本所对应的权值：

$$\omega_{t+1,i}=\omega_{t,i}\beta_t^{1-e_i}$$

其中当样本点x_i被错误分类时$e_i=0$，否则$e_i=1$，$\beta_t=\frac{\varepsilon_t}{1-\varepsilon_t}$。

（4）经过t次迭代，得到最终的强分类器：

$$C(x)=\begin{cases}1, & \sum_{t=1}^{T}\alpha_t h_t(x)\geqslant\frac{1}{2}\sum_{t=1}^{T}\alpha_t\\0, & \text{其他}\end{cases}$$

其中，$\alpha_t=\lg\frac{1}{\beta_t}=\lg\frac{1-\varepsilon_t}{\varepsilon_t}=-\lg\varepsilon_t$。

2.3 多层级联分类器

AdaBoost 算法的一个优点就是对弱分类器的性能要求不高，只需要比随机猜测的性能稍好即可，这种弱分类器在实际情况下很容易获得。这些弱分类器按照规则组成强分类器，这个强分类器的性能随着弱分类器数量的增加逐步提高。那么反过来，要想获得一个分类效果较好的强分类器，就需要达到一定数量的弱分类器来构成。由于检测图像中人脸的时间复杂度是与强分类器的复杂度即弱分类器的数量成正比的，当使用由大量弱分类器构成的强分类器检测图像中的人脸时，其速度比较慢，远远不能达到实时性的要求。因此 Viola 根据决策树原理对检测的构架做了一个改进，提出了多层级联分类器。

2.3.1 多层级联分类器的分类方法

多层级联分类器(Cascade Classifiers)是一个退化了的决策树。对于一个检测图像，它首先被提取出所有的待检测子窗口，这些待检测窗口送到层分类器中进行判断，将被判别为非人脸的子窗口剔除，判别为人脸的子窗口继续进入下一层进行判断，依此类推，最终剩下的子窗口就是包含人脸的子窗口，如图 2.8 所示。

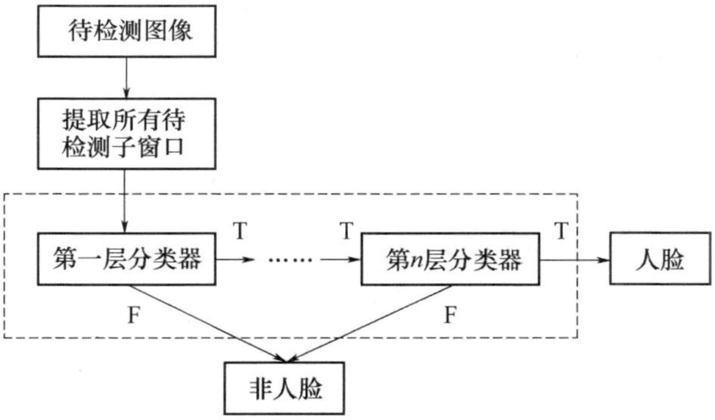

图 2.8 多层级联分类器的分类方式

在这样一个多层分类器结构中，每一层的强分类器都是通过 AdaBoost 方法训练得到的。最初几层强分类器相对比较简单，通常仅仅由一两个弱分类器所组成。但是这些由数目不多的弱分类器构成的强分类器对人脸和非人脸的区分性非常高，因此最初几层就将大量的非人脸子窗口剔除了。

每一层分类器都有接近 100% 的检测率和低于 50% 的误检率，使得整个多层分类器的检测率达到 90% 以上，误检率则要远远低于 50%。虽然这样的强分类器仍然不能满足人脸检测的要求，但至少它们可以在检测前期利用其自身简单的特点，快速筛选掉那些显然不是人脸的子窗口，从而大大减少需要后续处理的子窗口数量，其检测速度相比非级联分类器就可以大大提高。

多层级联分类器的检测率和误检率是由各层性能决定的。对于一个 n 层级联分类器，各层的检测率为 $d_1, \cdots, d_n$，误检率为 $f_1, \cdots, f_n$，那么其最终检测率 $D = \prod_{i=1}^{n} d_i$，最终误检率 $F = \prod_{i=1}^{n} f_i$。

级联分类器的特点就是具有分层的强分类器，假设每一层的最小检测率 $d_{\min} = 99\%$，最大误检率 $f_{\max} = 50\%$，那么如果系统为 10 层，则最终检测率大于90.4%，最终误检率小于 0.0977%。

2.3.2 使用级联分类器进行训练

多层级联分类器各层强分类器均为 AdaBoost 算法训练得到，但是使用上一节的 AdaBoost 算法得到的强分类器与级联分类器对每一层的要求是不同的。

AdaBoost 算法训练出的强分类器具有最小化的误检率，而不是很高的检测率，但是级联分类器的每层强分类器要求具备非常高的检测率，而对误检率的要求只需要低于 50%。要使得 AdaBoost 训练出来的强分类器满足多层级联分类器中各层强分类器的要求，需要对 AdaBoost 算法训练出来的强分类器的阈值进行调节，使其检测率和误检率达到级联分类器对每一层强分类器的要求。

作为一个系统，不可能达到既具备很高的检测率又兼具非常低的误检率，通常高检测率的代价是高误检率。要提高级联分类器中各层强分类器的检测率，一个简单而有效的办法是降低强分类器的阈值；而要降低各层强分类器的误检率，就要提高强分类器的阈值。由此看来，两者是相悖的。因此要找出一个合理的、在实验结果中可以接受的阈值。

1. 训练过程

构造多层级联检测器的训练算法：

(1) 自定义最大误检率 $f_{\max} = 50\%$，最小检测率 $d_{\min} = 99\%$（当然，这两个值是可以按照用户的要求改变的，一般可以设计最小检测率为更大一点的数值，达到 99.5%或者更大）；

(2) 设定系统最终的整体误检率 $F_{\text{target}} = 0.00001$；

(3) P：用于以 AdaBoost 学习训练算法筛选简单特征分类器的训练人脸样本集；

(4) N：用于以 AdaBoost 学习训练算法筛选简单特征分类器的训练非人脸样本集；

(5) 初始化误检率和检测率：$F_0 = 1.0, D_0 = 1.0$；

(6) 初始化当前层数：$i = 0$；

(7) 当 $F_i > F_{\text{target}}$（达到最终检测率 F_{target} 才能结束）

① $i \leftarrow i + 1$；

② 初始化第 i 层弱分类器个数 $n_i = 0$；

③ $F_i = F_{i-1}$；

④ 当 $F_i > f_{max} \cdot F_{i-1}$(第 i 层误检率达到 f_{max} 就结束对第 i 层的训练)

—— $n_i \leftarrow n_i + 1$;

—— 用 P 和 N 训练集,以 AdaBoost 训练一个有 n_i 个特征的分类器;

—— 用已训练好的多层分类器对验证集进行一次分类评估以得到当前训练好的多层分类器的 D_i 和 F_i;

—— 降低当前第 i 层强分类器的阈值,直到当前多层分类器的检测率至少大于 $d_{min} \cdot D_{i-1}$,即当前层检测率要大于 d_{min};

—— 计算降低阈值之后的误检率 F_i;

⑤ $N \leftarrow \varnothing$;

⑥ 当 $F_i > F_{target}$ 用当前的多层分类器对无人脸的图象集进行分类,分类正确的负样本排除,分类错误的负样本放到 N 集中用于后续的训练。

训练过程中有两个细节问题需要处理:

(1) 训练集中非人脸样本 N 个数的选取。

由于训练过程中要对负样本进行更新,将分类正确的负样本排除,只将分类错误的负样本放进后续的训练集中,因此非人脸的负样本是不断减少的,减少的个数与误检率有关,当误检率略小于 50% 时,每一层剩下的负样本也是小于上一层的 50%,那么要求最终误检率达到 $F_{target} = 0.00001$,最终剩下的负样本个数仅仅为训练之前的 0.01%。考虑到最后的训练样本至少剩下 1 个,那么所需的非人脸样本个数至少为 10 万个。当然,使用更大规模的非人脸样本进行训练可以得到更优秀的检测结果,但是由于训练的代价会随着样本个数的增加而增大,这种代价包括运算时间和内存空间,因此还需要考虑当前的实验环境来确定非人脸样本的个数。

(2) 各层强分类器的阈值的调整。

对 AdaBoost 算法训练得到的强分类器进行阈值调整,其本质是重新对阈值进行确定,使其首先满足 d_{min},满足 d_{min} 后再计算 F_i,如果不满足则再由 AdaBoost 训练出由 $n_i + 1$ 个弱分类器组成的强分类器。对于每个人脸样本 x_j,其弱分类器的加权和为

$$\mathrm{PD}[j] = \sum_{t=1}^{T} \alpha_t h_t(x_j) \tag{2.11}$$

对 PD[j]进行排序,选择满足 d_{min} 的阈值 Th[i]。由于其加权和有 2^{ni} 个,对于从小到大的 PD[j],阈值为

$$\mathrm{Th}[\mathrm{i}] = \mathrm{PD}[\mathrm{p} \cdot (1 - d_{min})] \tag{2.12}$$

其中,p 为人脸个数,即保证有 $p \cdot d_{min}$ 个人脸被检测出来。

2. 检测器的实现

人脸检测器是一个多层级联分类器,Viola 将训练得到的检测窗口的放大倍率设置为 1.25,在本实验中将其设置为自然数列顺序递增。用这些检测窗口对待检测图片进行特征值的遍历计算,每一层强分类器根据阈值判断来排除非人脸窗口,

最终得到为数不多的人脸窗口，从而得到检测的结果。

检测流程具体算法如下：

（1）假设待检测图像的大小为 width × height，先进行预处理，然后计算预处理之后的积分图。

（2）检测窗口大小为：detectwindowWidth × detectwindowHeight。

（3）for layer = 0，1，… ，T，layer 为层级联分类器的强分类器的层数，T 为总层数；

① for time = 1，2，… maxTime，time 表示检测窗口的放大倍率，maxTime 为最大放大倍率；

i. 使用放大倍率为 time 的第 layer 层强分类器对待检测图片人脸检测，将排除人脸可能的检测窗口标识为 0，将可能为人脸的检测窗口表示为 1；

ii. 当剩下的可能为人脸的检测窗口小于一定值时，表明使用前 layer 层分类器即可将人脸检测出来，则跳出检测程序，显示人脸检测结果；

② 检测到最后一层时，记录检测到的可能为人脸的检测窗口，如果两个检测窗口的中心位置差值不超过两者长、宽的均值，则认为检测出的是一个人脸，那么就将两者合并，取其均值；反之，就增加检测出人脸的个数，存储其位置信息。

（4）在检测图像上显示检测结果。

多层级联分类器在检测图片中人脸的时候，不需要一直检测到最后一层，一般来说当检测出的人脸个数小于 50 就可以认为这些检测出来的位置就是人脸，检测就可以结束了。

3. 选取训练样本

学习算法需要大量的训练样本进行训练，最终的人脸检测系统的构成的决定因素就是训练样本的选择和个数。训练样本的覆盖面越大，其训练出来的分类器的分类效果越好，鲁棒性越强。人脸图像数据库可以提供大量的数据用于这种训练。

在开始叙述如何选取人脸样本之前，首先介绍人脸库。这些早期为了人脸识别所建立的人脸库，现在当成人脸检测的训练样本，被应用于人脸检测的训练中。在详细叙述训练样本的选取之前，首先将训练样本的来源做一个介绍。

1）ORL 人脸数据库[33]

包含 40 个人的 400 张竖直正面人脸图片，取自不同的时间、光照、面部表情和面部细节特征。

2）UMIST 人脸数据库[34]

包含 20 个人的 564 张图片，每个人包括从侧面到正面的不同人脸姿态，取自不同的人种、性别和外貌。

3）Caltech101 图片库中的人脸数据[35]

包含 27 个人 450 张竖直正面人脸图片，取自不同的光照、表情和背景。

4）本实验室人脸库

每个人包括从侧面到正面的不同人脸姿态和俯仰角度，取自不同光照和表情。

在实验中选取的人脸样本，包括 ORL 人脸数据库的全部数据、UMIST 人脸数据库的部分正面人脸数据、Caltech101 图片库中的人脸数据，以及本实验室自己采集的正面人脸数据库，一共 1521 幅正面人脸图片。有些人脸库中的图片是没有进行人脸部分截取的，因此将大量图片进行了人脸的截取。

考虑到人脸不是规则的正方形，而是长宽比约为 1.2 的矩形，因此这里将人脸库中的图片转换为 19×23 像素大小，进行灰度平均之后写入数据文件中。数据文件中的灰度范围为 0～255，一个字节表示人脸数据的一个像素点，存储位置从人脸图片的左下至右上，每 19×23 个字节一幅图片。部分人脸数据如图 2.9 所示，其中第 1、2、3 行为 ORL 人脸数据，第 4、5、6 行为 UMIST 人脸数据，第 7、8、9 行为实验室采集的人脸数据，第 10、11、12 行为 Caltech 人脸数据。

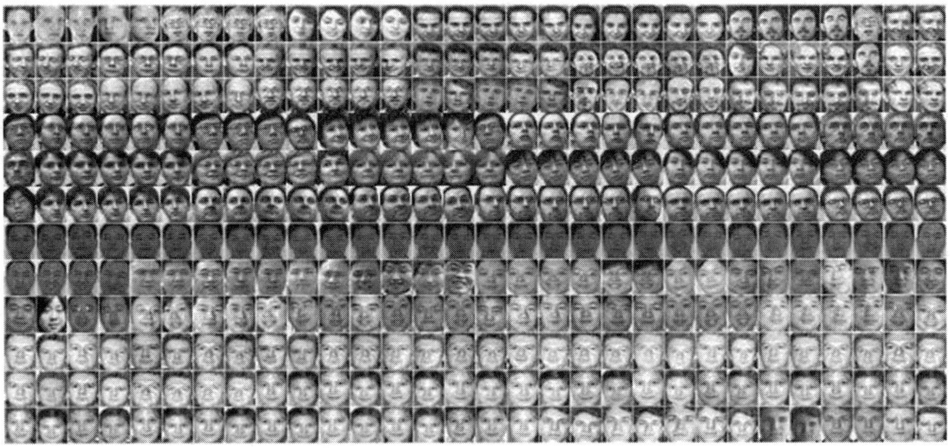

图 2.9　用于训练的部分正面人脸数据

关于正面人脸图片的选取有几种方式，可以是带头发、耳朵、下巴的截取比较完整的人脸，如图 2.10(a)所示；也包括没有头发等附属物的纯粹的人脸，如图 2.10(b)所示。

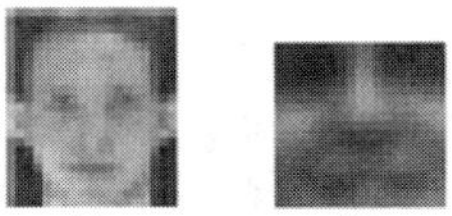

(a)　(b)

图 2.10　不同选取方式的正面人脸图片

(a) 附属物比较完整的人脸截图，ORL 人脸数据库；(b) 附属物不完整的人脸截图，MIT 人脸数据库。

对于不同方式的选取，会造成训练结果的不同，实验表明使用附属物比较完整的正面人脸截图作为训练样本，比使用附属物不完整人脸截图的作为训练样本的训练结果要好。这是由于比较完整的附属物很有可能也被视为检测人脸的特征，增加了训练样本的信息，包括整个人脸的边缘信息、具有耳朵特征的信息、头发与额头的灰度差信息、具有下巴特征的信息等，这些信息可以增加检测的准确度和检测效率。

非人脸的图片数据取自于 Caltech101 和 Caltech256 图片库中的不包含人脸的图片[35]，以及作者自己选取的图片，转换为 19×23 像素大小，共 10 万张。

要注意的是，为了减轻背景、光照等因素对训练结果的影响，在训练之前对这些图片数据都进行了直方图拉伸的预处理。

2.3.3 实验结果

1. 训练得到分类器的构造

上面介绍了构建多层级联分类器的训练过程，下面给出训练的结果。

所用的程序设计软件平台是 VC.net[36,37]，运行的机器主频为 P2.4GHz，内存为 512MB。经过大约 50h 的训练，最终得到了一个 12 层的级联分类器，其中包含 144 个特征矩形，即弱分类器，如表 2.1 所列。而相比 Viola 训练得到的由 6060 个特征组成的 38 层分类器，本方法所得到的分类器要简单得多。这是由于 Viola 选取了海量的训练样本，尤其是非人脸样本，共有 350 000 000 个，这样海量的非人脸样本基本上可以将自然界中非人脸的数据全部枚举出来。而本方法只选取了 10 万个非人脸样本进行训练，相比之下，本方法所使用的负样本可以用稀少来形容，造成了最终人脸检测的效果没有原始文献中的好。

表 2.1 级联分类器的详细数据构成

层数	特征个数	阈值 A 检测率/%	阈值 B 检测率/%	阈值 A 误检率/%	阈值 B 误检率/%
1	3	0.8984	0.9928	0.0846	0.4463
2	5	0.9599	0.9927	0.2616	0.3839
3	9	0.9320	0.9967	0.2556	0.4660
4	12	0.9064	0.9959	0.2459	0.4245
5	15	0.9184	0.9959	0.3357	0.4442
6	16	0.9168	0.9934	0.2826	0.4754
7	18	0.8928	0.9942	0.3079	0.4860
8	19	0.9184	0.9950	0.2500	0.4683
9	18	0.9104	0.9933		0.4478
10	14	0.9512	0.9924		0.4657
11	8	0.9416	0.9915		0.4705
12	5	0.9416	0.9948		0.3125
总体	144	0.6219	0.9312	1.0×10^{-5}	5.0×10^{-5}
注：阈值 A 为本章方法选取的阈值，阈值 B 为 Viola 选取的阈值					

由于样本数量上的差距，造成了训练出来的特征个数的差距，为了提高训练出

来的分类器能够在人脸检测过程中的性能,尝试对其中每一层的强分类器阈值做了一个改进。本方法提高了层分类器的阈值,使用 AdaBoost 学习算法中对强分类器的定义代替使用级联 AdaBoost 训练方法得到层分类器。

正如前面的叙述所提到的,检测率和误检率之间是矛盾的,不可能获得一个非常理想的高检测率、低误检率的系统。因此就需要在检测率和误检率之间做一个权衡,最终得到一个比较合适的阈值。这里增加阈值的代价就是检测率的下降。

从表 2.1 可以看出,使用改进的阈值其最终检测率为 62.19%,而使用原始文献中的阈值最终检测率为 93.12%,这个差距还是很大的。但是在实际检测中,前几层就能够将图片中的人脸进行准确定位了,一般是不会使用全部的特征进行检测的,因此这个最终误检率并不能否定人脸检测的效果。而改进的阈值的误检率是比较低的,第 8 层之前的总误检率就已经达到 1.0×10^{-5},仅为使用原始文献中阈值的 1/5。误检率越低,在检测初期排除的不是人脸的检测子窗口越多,检测效率也就越高。由于负样本个数较少的缘故,到第 8 层以后就已经没有负样本了,因此,第 8 层之后的误检率没有数值。

2. 人脸检测结果

人脸检测系统检测效果的衡量是学术界一直关注的问题,为了使得各种人脸检测系统之间的比较更加公平,目前已经建立了一些基准数据集。

Sung 和 Poggio 在 CMU 为人脸检测建立了两个数据库[38,39]。第一个是由 71 个不同的人的 301 幅正面或者接近正面的图片组成的,这些图片是有均匀光照变化的高质量数字图像。第二个是由含有 149 个人脸的 23 幅图片组成的,其中大多数有着复杂的背景,并且人脸只占据了整幅图像的小部分。

最常用的人脸数据库是由 Rowley 等在 MIT 建立的[7,40]。这个数据库共有包含 507 张人脸的 130 幅图片,并且它包含了 Sung 和 Poggio[39] 使用的有 23 张图片的第二个数据集合,大部分图片是在复杂背景下包含了多个人脸,所以这是一个非常适合评价检测正面人脸算法的检测集。Rowley 等还为检测正面有旋转角度的 2D 人脸建立了一个包含 223 个人脸的 50 幅图片[41],其中 210 个人脸的旋转角度大于 10°。

Kodak 建立了一个作为人脸检测和人脸识别算法基准的通用测试集[42]。这个数据库有 300 个数码照片,都是在多变环境下拍摄的,而且图像大小从 13×13 到 300×300 不等。

本实验还使用了 AR 人脸库进行人脸检测[43]。AR 人脸库是由 Purdue 大学的 Aleix 建立的包含 126 个人的超过 4000 张彩色图片,具有不同的表情、光照、遮挡,在不同的时间采集。

使用多层级联分类器对 MIT 和 CMU 的基准人脸检测测试图片库的检测结果如图 2.11、图 2.12 所示,对 AR 人脸库进行的人脸检测结果如图 2.13 所示。

图 2.11　多个人脸的检测

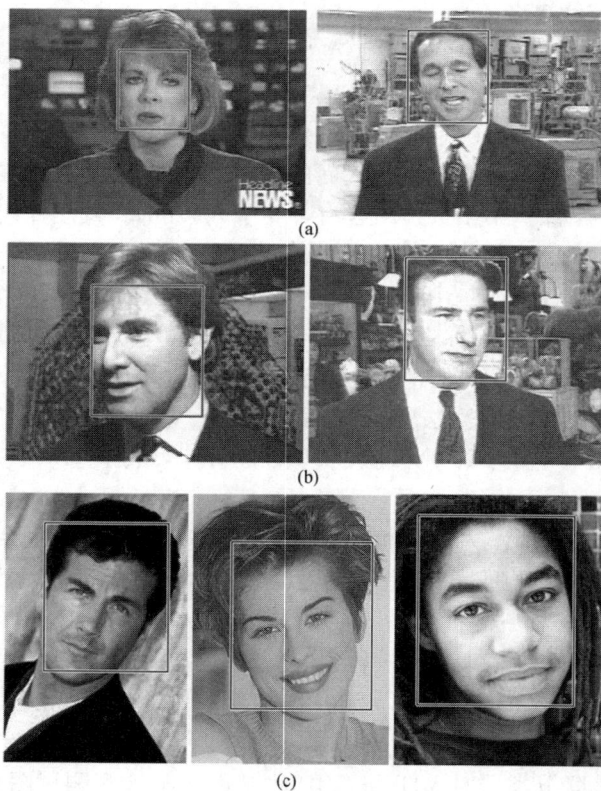

图 2.12　一幅图片中单个人脸在不同情况下的人脸检测
(a) 正面；(b) 小角度旋转；(c) 小角度倾斜。

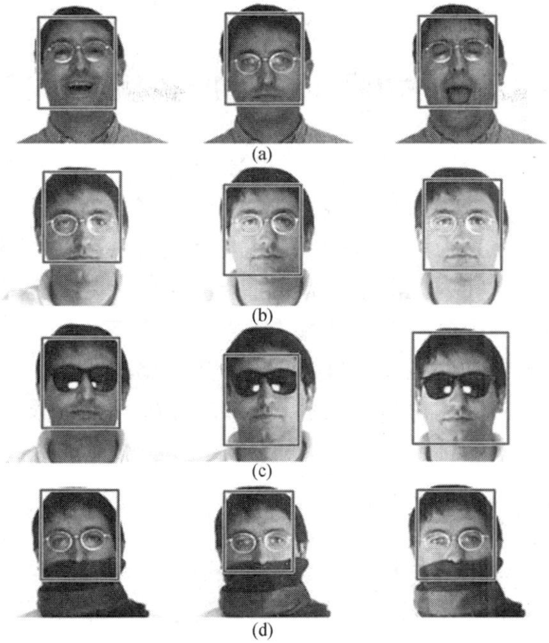

图 2.13　AR 人脸库中的人脸检测

（a）不同表情；（b）不同光照；（c）戴墨镜不同光照；（d）戴围巾不同光照。

3. 人脸检测效率

人脸检测系统的检测窗口按照自然数列 1、2、…、n 倍率放大，步长为 2 个像素。表 2.2 给出了人脸检测的效率。

表 2.2　人脸检测实验数据

图片大小/像素	待检测窗口个数	使用特征个数	检测时间/ms
92×112	3 112	2	1
180×119	9 116	10	16
384×288	125 632	62	125
448×296	160 336	142	172
675×506	708 862	142	735

Viola 的文献中提到其检测速度是很快的，在主频为 700MHz 的计算机上检测 384×288 像素的图像仅仅需要 0.067s，在实时检测中每秒可以检测 15 帧。主要是因为其检测过程中使用的特征数目非常少，平均为 8 个。其参数设置为：放大比例为 1.25，步长为 1.5。相比而言，本章训练得到的多层级联分类器检测速度是 Viola 的 1/2，但是考虑到两者特征数目的差异，这个检测速度在可接受范围之内。

在实验中也尝试了将放大比例设为 1.25，步长设为 1.5，但是考虑到检测的过程是面向像素点的，一个像素点即为最基本的单位，如果将放大比例和步长设为含有小数的数值，那么在计算过程中就会造成舍入误差，影响最终检测的结果。

2.4 基于 AdaBoost 的肤色检测新方法

为了尽量减少人脸检测的候选区域，提高级联分类器的检测效率，考虑首先使用肤色检测对被检测区域进行初步选取，将肤色区域从背景中分割出来。因此这里提出了一种利用 AdaBoost 方法构造分类器进行肤色检测的算法。

根据肤色在色度空间内的聚类性，通过大量肤色和非肤色样本将一系列弱分类器通过一定规则训练得到一个检测性能优异的肤色检测分类器。本节提出了使用圆形分类器作为弱分类器描述色度空间中的肤色分布，用 AdaBoost 学习算法对肤色样本点进行肤色的聚类分析。实验表明，该方法误检率低，效率高，鲁棒性好，对肤色检测有较强的实用性，在人脸检测的运用中能够适当提高人脸检测的效率。

2.4.1 肤色检测方法

颜色信息作为一种有效的特征，在复杂背景下的目标检测和跟踪中得到广泛的应用[44,45]。人类肤色具有区别于其他物体颜色的一致性，而且过滤迅速，不受拍摄角度、人体姿态的影响，因此可以将其作为人脸检测和跟踪算法的预处理，预估计人脸待检测的区域信息，提高人脸检测的效率。近年来，大量人脸检测方面的研究都是以肤色为基本检测线索[3,46~48]。

目前很多目标检测的算法都是基于灰度图像的，而随着影像获取成本的降低，所获得的图像基本上都是彩色的，对于这些算法，图像中的色彩信息没有充分利用。因此对于颜色空间的研究一直没有停止。

1994 年，Hunke 首先将颜色信息转换为归一化的颜色亮度空间内，提出了一种快速定位肤色区域的算法[49]。通过将红色分量和绿色分量除以亮度分量，得到归一化的颜色空间，然后使用单高斯模型对肤色样本进行训练。文献中指出，在亮度环境不变的情况下，不同人种之间的肤色信息在归一化颜色空间内的分布具有比较紧凑的聚类性质。

1998 年，Jones 和 Rehg 使用了大量网络上下载的肤色图片进行统计，分析表明，不同人种之间的肤色存在微小的种间差异，但是简单的直方图模型就可以对肤色的分布进行建模[50]。并且文献中指出，亮度不同会造成个体本身的肤色存在差异，但是肤色在色度空间上的分布是比较统一的。而且色度分量与其亮度分量之间是独立的，去除亮度后，不同人包括不同人种的肤色分布具有聚类性。

在实际应用中，皮肤色度与亮度是非线性相关的，通过对肤色的色度空间进行非线性分段变换，可以减小这种相关性[3]。目前分析肤色常用的色度空间包括：归一化 RGB、HSV、HIS、TSL、YIQ、YUV、YCrCb、YES、CIE - xy、CIE Lab 等[2,51,52]。由于实验环境的影响，不同文献中对各种颜色空间中的肤色检测性能的分析结果不尽相同，但是有两点比较一致：①颜色空间需要转换到 RGB 以外，常用亮度与色度分离或面向色调的颜色空间;②认为亮度分量对肤色检测有贡献[2,53~55]。

在颜色空间内对肤色区域建模方法通常有三种:肤色聚类、高斯密度函数估计和直方图统计。其中肤色聚类建模方法所构造的模型结构比较简单,可以获得很高的计算速度,但是是否可以取得优异的检测性能,关键在于选择合适的颜色空间和精确的模型参数[53]。Chai[56]用矩形对 C_rC_b 空间中的肤色聚类范围进行了描述,Hsu[3]用椭圆对坐标变换后的 YC_rC_b 空间中的肤色聚类范围进行了描述,由于肤色在色度空间内的分布不是规则的矩形或者椭圆,以上两种肤色检测算法均不能完整地描述肤色的聚类范围。

本节以肤色聚类建模方法为基础,选择 YC_rC_b 色度空间作为颜色空间,通过在 YC_rC_b 空间内用 AdaBoost 方法对肤色的色度分量分析建模来获取模型参数。YC_rC_b 是 CCIR 规定的基于硬件的颜色空间,RGB 转换到 YC_rC_b 是线性的,可以避免使用其他算法时通过非线性转换得到色调和饱和度,因此在 YC_rC_b 空间对肤色的色度分量进行分析是非常便利和高效的[57,58]。

2.4.2 肤色分布的分析

肤色在色度空间内的分布具有一致性和聚类性。如图 2.14 所示,经过色彩空间的转换,肤色在 C_rC_b 坐标上的分布类似椭圆形。式(2.13)给出了从 RGB 空间到 YC_rC_b 空间的转换方法。

$$\begin{cases} Y = 0.299R + 0.587G + 0.114B \\ C_r = 0.712(R - Y) + 128 \\ C_b = 0.564(B - Y) + 128 \end{cases} \tag{2.13}$$

那么,彩色图像中的肤色检测问题就可以转换为肤色在 C_rC_b 色彩空间内的聚类问题。对于肤色分布范围的聚类问题,Chai[56]、Hsu[3]分别使用矩形和经过了空间变换的椭圆对 C_rC_b 空间中的肤色聚类范围进行了描述,前者比较粗略,后者虽复杂但更为准确。

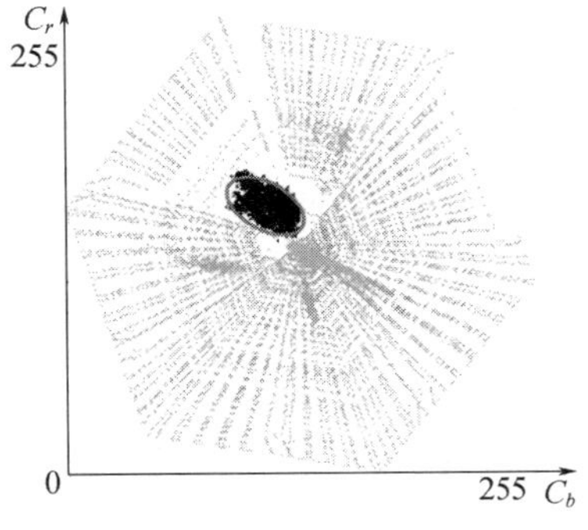

图 2.14　肤色在 C_rC_b 空间内的分布

(黑色区域为肤色分布,用椭圆标识,灰色区域为非肤色分布)

但是考虑到色度空间内的肤色分布只是类似的椭圆,仅仅由一个简单的分类器来描述并不合理。

从 AdaBoost 方法中获取了解决这个问题的启发。基于 AdaBoost 训练算法对弱分类器的性能提升特点,本方法构造了一系列的基本的特征模板,然后用 AdaBoost 算法根据大量肤色样本,将这些特征模板进行筛选,得到一个由多个局部最优的弱分类器组成的强分类器,将 C_rC_b 空间中的肤色区域从背景中分离出来。

1. 特征选择及分类器的构造

前文中 Viola 选择了部分 Harr – like 矩形特征作为基本的特征模板,本方法使用圆形作为基本的特征模板。这种选择是从以下两点进行考虑的:

(1) 尽管肤色在 C_rC_b 空间中是一个类似椭圆的分布,但是如果用单个椭圆来描述肤色分布,必然会使得有些肤色区域没有被检测到,而非肤色区域被检测为肤色区域,造成漏检和误检。

(2) 如果用多维线性分类器来描述,就很可能由于线性分类器对凹多边形的聚类实效,使得多维线性分类器只能将肤色分布区域描述为一个凸多边形,这样就必然会将非肤色区域检测为肤色,造成误检。

因此,本方法构造了一系列圆形作为基本的特征模板,用这些圆形分类器作为基础,使用 AdaBoost 方法将其训练为强分类器,如图 2.15 所示。

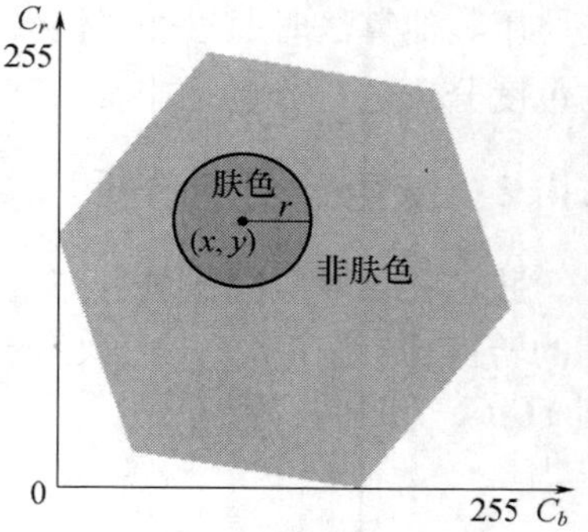

图 2.15 圆形分类器

圆形特征模板构造的划分肤色和非肤色的圆形弱分类器 h_j 如下所示:

$$h_j:\begin{cases}1, & (x_{C_b} - C_b)^2 + (y_{C_r} - C_r)^2 \leqslant r^2 \\ 0, & \text{其他}\end{cases} \tag{2.14}$$

其中,圆心 $x = C_b$, $y = C_r$;r 为半径;x_{C_b}、y_{C_r} 表示待检测的像素点;h_j 等于 1 则为肤色区域,等于 0 为非肤色区域。对圆心 C_r、C_b 和半径 r 进行不同的取值,构成了一系列的圆形弱分类器。

圆心 C_r、C_b 以及 r 的取值范围为[0,255],半径 r 的取值范围可以定义为大于 0 小于 127。但是考虑到其分布上的特点,没有必要在很大范围内进行遍历。

如图 2.14 所示,肤色分布范围并不是在整个 C_rC_b 空间上,而只是分布在一块较小的区域内。统计肤色样本在 C_rC_b 空间中的分布,得到 C_r、C_b 的大致分布范围:

$$\begin{cases}127 < C_r < 176 \\ 85 < C_b < 129\end{cases} \tag{2.15}$$

即所有的肤色样本点在 C_rC_b 空间中都是分布在上述的矩形区域内。因此,对于弱分类器中圆心的选择,只要在公式(2.15)的范围之内进行遍历就可以了。

同样,半径 r 的取值范围也没有必要在很大范围内进行遍历。这里设定半径 r 的取值范围小于肤色区域的1/2、大于肤色区域的1/10。肤色对应的最大矩形框约为50×45，那么半径r满足$5 < r < 33$，单位为像素。则弱分类器个数一共为$48 \times 43 \times 27 = 55728$。

2. 训练肤色分类器

肤色样本采自实验室构建的人脸库、网络上的图片以及 AR 人脸库[43]，共截取了 60 幅 100×100 的纯肤色 BMP 图像，包括 20 幅黄色人种，20 幅黑色人种，20 幅白色人种，共计 600000 个肤色样本点；非肤色样本采自数码照片和网络图片，130 幅 100×100 的 BMP 图像，即 1300000 个非肤色样本点。

由于选取的圆形分类器不能保证在训练过程中所有圆形分类器的分类误检率均小于 50%，而 AdaBoost 算法中假设所有分类器都比随机猜测要好。因此，在迭代过程中选取的最优弱分类器的误检率不一定能够达到小于 50% 的标准，故这里的迭代过程不能给出固定次数，而是将迭代停止的条件设为当分类器的误检率大于等于 50% 时。

鉴于训练过程与前面提到的 AdaBoost 方法有些细节上的差异，下面给出训练肤色检测强分类器的具体过程：

(1) 得到样本点的 C_r、C_b 值$(x_1, y_1), \cdots, (x_n, y_n)$，其中 $x_i: \{x_{C_{bi}}, x_{C_{ri}}\}$，$y_i \in \{1, 0\}$分别表示肤色和非肤色点。

(2) 初始化样本的权值 $\omega_{1,i}$，肤色样本$(y_i = 1)$和非肤色样本$(y_i = 0)$的权值分别为$\frac{1}{2m}$、$\frac{1}{2l}$，其中 m、l 分别表示两种样本的个数。

(3) 初始化迭代次数 $t = 0$。

(4) 当前迭代的最小误检率 $\varepsilon_t = 50\%$。

(5) 当 $\varepsilon_t < 50\%$，$t \leftarrow t + 1$。

① 归一化权值：

$$\omega_{t,i} \leftarrow \frac{\omega_{t,i}}{\sum_{j=1}^{n} \omega_{t,j}}$$

② 选择最好的弱分类器，其对应最小误检率：

$$\varepsilon_t = \min_{f,p,\theta} \sum_i \omega_i \mid h_j(x_i, f, p, \theta) - y_i \mid$$

③ 定义 $h_t(x) = h(x, f_t, p_t, \theta_t)$，其中 f_t，p_t 和 θ_t 对应于最小错误率 ε_t；

④ 更新每个样本所对应的权值：

$$\omega_{t+1,i} = \omega_{t,i} \beta_t^{1-e_i}$$

其中当样本点 x_i 被正确分类时 $e_i = 0$，否则 $e_i = 1$，$\beta_t = \frac{\varepsilon_t}{1 - \varepsilon_t}$。

(6) 经过 t 次迭代，得到最终的强分类器：

$$C(x) = \begin{cases} 1, & \sum_{t=1}^{T} \alpha_t h_t(x) \geqslant \frac{1}{2} \sum_{t=1}^{T} \alpha_t \\ 0, & \text{其他} \end{cases}$$

其中，$\alpha_t = \lg \frac{1}{\beta_t} = \lg \frac{1-\varepsilon_t}{\varepsilon_t} \approx -\lg \varepsilon_t$。

将得到的一系列局部最优的圆形分类器和相应的误检率存入文件中，形成一个肤色检测分类器。

2.4.3 实验结果

1. 肤色分类器的构造

使用肤色和非肤色样本点对圆形弱分类器进行训练，经过3次迭代得到一族由3个圆形分类器及其对应的误检率函数组成的强分类器，其详细的数据如表2.3所列。其中C_r、C_b表示圆形弱分类器的圆心坐标，α_t为弱分类器组成强分类器的权值。由于训练得到的肤色分类器的数据构成比较简单，参数构成不多，因此在实验中可以直接利用这组数据进行分类器的配置，而不需要再从文件中读取数据，这样可以适当地提高检测的效率。

表2.3　训练得到的肤色分类器的数据构成

弱分类器	半径	C_r	C_b	α_t
1	24	154	111	4.7474
2	21	158	106	1.2986
3	20	147	119	0.6611

2. 肤色检测效果

根据表2.3对肤色检测器进行数据配置，然后按照构造规则将三个具有权值的圆形弱分类器组合成强分类器，就得到了最终的肤色检测器。

将这个肤色检测器运用到肤色检测中，检测效果包括检测率、误检率以及检测速度都是比较理想的。

检测图片来自于网上图片，检测效果分别与Chai[56]、Hsu[3]的算法进行了对比，比较效果如图2.16所示，具体数据详见表2.4。

表2.4　对图2.16中检测结果数据统计

评价内容 \ 算法		本算法	Chai算法	Hsu算法
分类器种类		3个圆形	1个矩形	1个坐标变换的椭圆
上图369×544像素	检测率/%	98	76	48
	误检率/%	7	15	19
	检测时间/ms	31.6	12.8	50.5
下图298×458像素	检测率/%	100	98	100
	误检率/%	2	47	28
	检测时间/ms	20.2	7.5	28.2

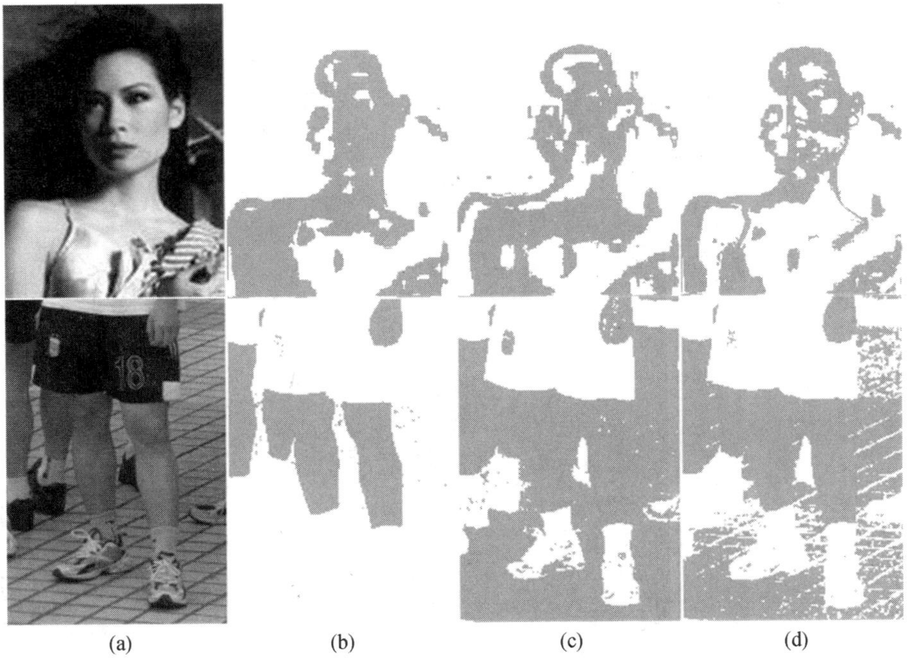

图 2.16　上身和腿部肤色检测结果比较
（a）原图；（b）本算法；（c）Chai 算法；（d）Hsu 算法。

通过数据的对比，可以发现：

（1）检测率很高。在上面两幅图片中基本将图片中的肤色区域完全检测出来，检测率高于另外两个算法。这说明由 AdaBoost 方法训练出来的肤色分类器覆盖了整个肤色的分布范围。

（2）误检率较低。相对其他两种算法，本算法的误检率是比较低的，尤其在对腿部的肤色区域进行检测的图片中，本算法仅仅是将背景中的一些像素点误检为肤色，而另外两种算法将背景中几乎所有的地面误检为肤色。说明这个肤色分类器更加准确地描述了肤色的分布范围，将一些非肤色区域排除在外。

（3）检测速度比较理想。检测时间基本上介于另外两种算法之间，为 Chai 肤色检测方法的 2.5 倍。这是由于使用 AdaBoost 对肤色和非肤色区域训练迭代了 3 次，得到的强分类器是由 3 个圆形分类器及其对应的误检率函数组成，尽管 Hsu 只用了 1 个椭圆分类器，但是其运算过程需要进行比较复杂的坐标变换，使其效率并没有因为检测器个数的减少而提高，Chai 仅使用了矩形分类器，因此效率优于前两者。

在之前的实验中，对肤色检测器的效率方面没有足够重视，没有对其计算过程进行优化，造成其检测时间要比另外两者都多。之后，由于优化了弱分类器的存储结构，以及肤色检测过程的复杂计算，在很大程度上提高了算法的效率。

由于检测时间比较短，仅仅使用一次循环并不能得到比较准确的时间统计。

因此表2.4中检测时间的数据是让每个检测器都检测运行100遍，然后计算平均运行时间，使得最终得到的运行时间更为精确。

尽管肤色具有区别于其他物体的一致性，肤色检测算法经常将与肤色相近的背景检测为肤色，这是基于肤色检测不可避免的问题，因此肤色检测只能作为人脸检测的基本检测线索，用于提高人脸检测的效率。

由以上的实验结果，发现对肤色空间用AdaBoost方法进行分析的效果是比较好的。AdaBoost这种可以将弱分类器转化为强分类器的思想，在很多问题的解决上都具有明显的优势。AdaBoost作为一种解决动态分配问题的算法在人脸检测和识别中都有很好的表现，可以拓宽其应用的范围，作为解决类似问题的关键。

2.5 人脸跟踪

前文中详细叙述了静态图像中的正面人脸的检测方法，从实验的结果来看，取得了比较理想的效果。但是静态图像中的人脸检测问题并不能等同于视频序列图像中的实时人脸跟踪，动态跟踪中的实时性要求、跟踪丢失问题等都是静态目标检测不需要考虑的问题。因此，这里需要结合动态目标跟踪中所涉及具体问题对人脸跟踪进行分析。

对于实时性问题，运用了第2.4节中提出的肤色检测方法对视频序列图像进行预处理，将待检测窗口的面积缩小，同时使用了"前一帧信息"对待检测窗口进行优化，然后再在缩小了的待检测窗口中使用多层级联分类器做人脸检测，基本上可以达到实时性的要求。

对于跟踪丢失问题，考虑了头部背向镜头的这种情况，将目标跟踪算法作为跟踪头部背后的方法，与人脸检测相结合，持续定位视频序列中的人脸。

下面首先介绍了一种基于*K*平均法(*K*均值)的智能像素聚类目标跟踪的方法，将目标跟踪的方法应用于背面的跟踪当中，然后对人脸跟踪系统的构成和跟踪的方式进行详细的叙述。

2.5.1 智能像素聚类目标跟踪算法

在文献[44,45,59,60]中，Hua提出了一种基于*K*平均法的智能像素聚类目标跟踪算法，对于视频序列图像中动态目标的跟踪有着积极的意义。这种方法使用了五维向量来描述目标物体，使用了变化椭圆模板来描述目标区域。下面首先叙述Hua目标跟踪的算法，然后提出了改进算法。

*K*平均算法是模式识别中比较常用、有效的聚类方法。该方法可以使聚类区域中所有样本到聚类中心的距离平方和最小，使其满足误差平方和准则下的最小误检率。对于固定种类问题的分类，其效果是比较理想的。

使用聚类算法对视频图像中的目标进行跟踪，涉及到以下几个问题：

（1）动态目标跟踪问题的归类。

对目标进行跟踪的过程中，序列图像中的目标和背景可以视为两类问题的聚类，这里用椭圆形来标识目标物体，椭圆中心即为目标区域聚类中心，1.25 倍椭圆上的点即视为背景点，如图 2.17 所示。

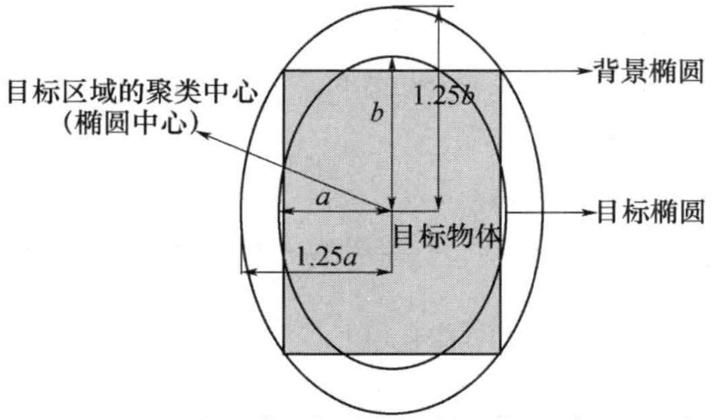

图 2.17　使用两个椭圆分布描述目标物体和背景区域

（内部椭圆用于标识目标，椭圆中心为目标的聚类中心，外部的 1.25 倍椭圆用于标识背景区域）

（2）初始点的选取。

在 K 平均法中，初始点的选取一般是随机的。由于 K 平均算法对于初始聚类中心的取值非常敏感，为了得到好的跟踪结果，这里是采用手动的方法进行初始化的。也就是用鼠标在目标物体上选取具有代表性的颜色，作为初期指定的目标聚类中心。

（3）目标和背景的分类空间。

文献[44]中是在色度空间和坐标空间合并构成的五维分类空间中对目标和背景进行描述的。五维空间(Y,U,V,x,y)内的向量为：$\boldsymbol{f} = [c,p]^{\mathrm{T}}$，其中 $\boldsymbol{c} = [Y,U,V]^{\mathrm{T}}$，$P = [x,y]^{\mathrm{T}}$，如图 2.18 所示。

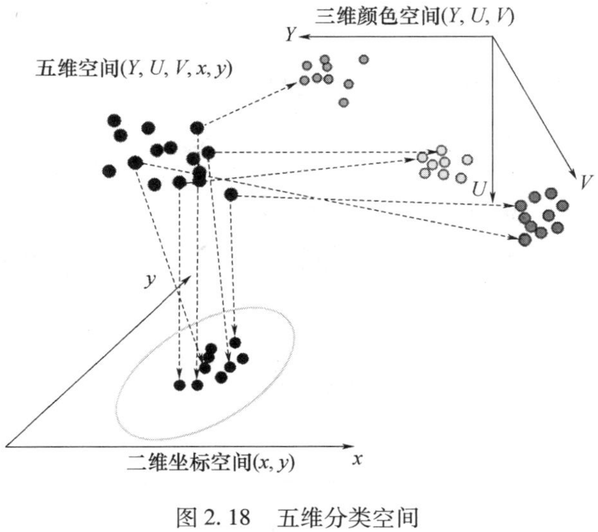

图 2.18　五维分类空间

定义五维空间内的距离为

$$d = \| \boldsymbol{f}_1 - \boldsymbol{f}_2 \|^2 = \| \boldsymbol{c}_1 - \boldsymbol{c}_2 \|^2 + \sigma \| \boldsymbol{p}_1 - \boldsymbol{p}_2 \|^2 \tag{2.16}$$

其中，σ 为色度空间与坐标空间的协调系数。

在五维空间内，椭圆中心为 $\boldsymbol{f}_T = [c_T p_T]^{\mathrm{T}}$，背景点聚类中心 $\boldsymbol{f}_B = [c_B p_B]^{\mathrm{T}}$，未知点为 $\boldsymbol{f}_U = [c_U p_U]^{\mathrm{T}}$，那么未知点到聚类中心的距离为 $d_T = \| \boldsymbol{f}_U - \boldsymbol{f}_T \|^2$，到背景的聚类中心的距离为 $d_B = \| \boldsymbol{f}_U - \boldsymbol{f}_B \|^2$。如果 $d_B > d_T$，就属于目标区域，反之属于背景区域，如图 2.19 所示。

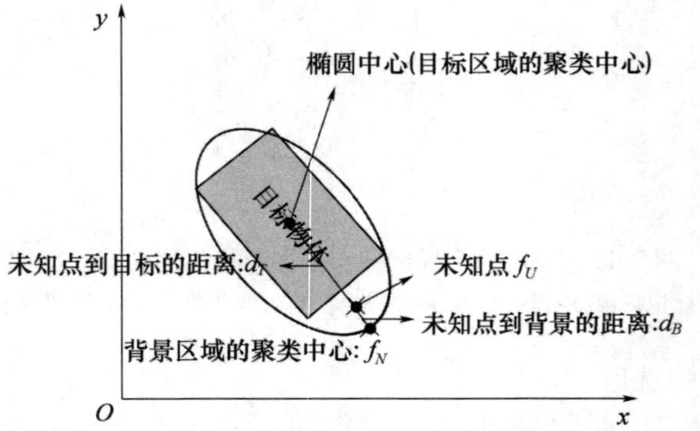

图 2.19　目标五维空间内对于未知点的判断

(4) 聚类中心的选取与更新。

聚类中心的选取与更新是 K 平均算法的核心。在这里，如图 2.20 所示，目标区域的聚类中心定义为椭圆中心点(m_x, m_y)，背景区域的聚类中心为未知点和椭圆中心连线与 1.25 倍原椭圆轴的新椭圆(背景椭圆)的交点，由于交点有两个，一个距离未知点较近，另一个较远，因此可以舍去较远的交点，将较近的交点定位为背景区域的聚类中心。

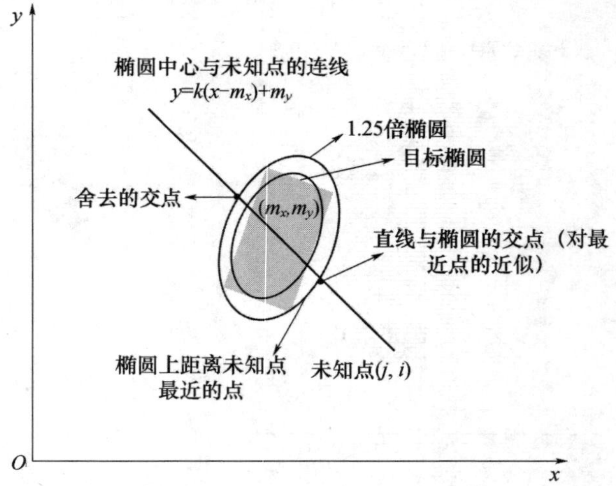

图 2.20　聚类中心的选取方法

下面将 Hua 的目标跟踪方法流程做一个详细的叙述：

(1) 初始化目标点和背景点，用鼠标选取视频中的目标物体中心点和周围的背景点；

(2) 利用鼠标选取得到的目标点和背景点，进行第一次聚类处理，得到目标区域，用椭圆标识目标区域；

(3) 用前面得到的椭圆中心作为目标聚类中心，未知点和椭圆中心连线与1.25倍原椭圆轴的新椭圆（背景椭圆）的交点，作为对应的背景点，然后进行后面帧的聚类。接下来的聚类就是根据椭圆中心点和这个交点分别作为聚类中心来分类的。

2.5.2 简单背景的目标跟踪

按照智能像素聚类算法原理，对该算法进行改进，实现了简单背景下的目标跟踪。

1. 构造目标椭圆

目标物体使用了椭圆进行标识，背景区域的描述使用的椭圆是目标椭圆轴长的1.25倍。那么这个椭圆的构造就要涉及到以下几个参数：椭圆中心坐标(m_x, m_y)，椭圆的长短半轴长 a、b，椭圆的偏转角度 α，下面对这几个参数分别求取。

1) 椭圆中心坐标(m_x, m_y)

椭圆中心坐标(x, y)为目标聚类中心。由聚类得到目标物体各个像素的坐标点，计算坐标点的均值即为椭圆中心：

$$m_x = E(X) = \frac{1}{N}\sum_{i=0}^{N} x_i \tag{2.17}$$

$$m_y = E(Y) = \frac{1}{N}\sum_{i=0}^{N} y_i \tag{2.18}$$

其中，(x_i, y_i)为目标各个像素的坐标值。

椭圆的轴长的更新是由马氏距离（Mahalanobis Distance）来实现的。

如果 $\boldsymbol{X}$ 是一 n 维高斯随机向量，即 $\boldsymbol{X} \sim N(m_x, \sum_X)$，则由高斯概论密度分布

$$\left\{\boldsymbol{x}: \frac{1}{(2\pi)^{n/2}\left|\sum\right|^{1/2}}\exp\left[-\frac{1}{2}[\boldsymbol{x}-\boldsymbol{m}_x]^{\mathrm{T}}\sum\nolimits_X^{-1}[\boldsymbol{x}-\boldsymbol{m}_x]\right] \geqslant K_1\right\} \tag{2.19}$$

可以得到

$$\left\{\boldsymbol{x}: [\boldsymbol{x}-\boldsymbol{m}_x]^{\mathrm{T}}\sum\nolimits_X^{-1}[\boldsymbol{x}-\boldsymbol{m}_x] \leqslant K\right\} \tag{2.20}$$

其中，K_1 为常数，$K = -2\ln((2\pi)^{n/2}K_1|\sum|^{1/2})$，定义 K 为马氏距离，$\{\boldsymbol{x}: [\boldsymbol{x}-\boldsymbol{m}_x]^{\mathrm{T}}\sum_X^{-1}[\boldsymbol{x}-\boldsymbol{m}_x] \leqslant K\}$ 为一 n 维椭球体，中心位于 m_X，当取等号时，就得到一等概率轮廓，这个轮廓为椭圆。

对于这里的跟踪问题，是在二维平面内，同时假设目标物体的像素坐标服从高斯分布，那么这些点的分布就是一个椭圆，并且可以由马氏距离得到椭圆的参数，如图 2.21 所示。

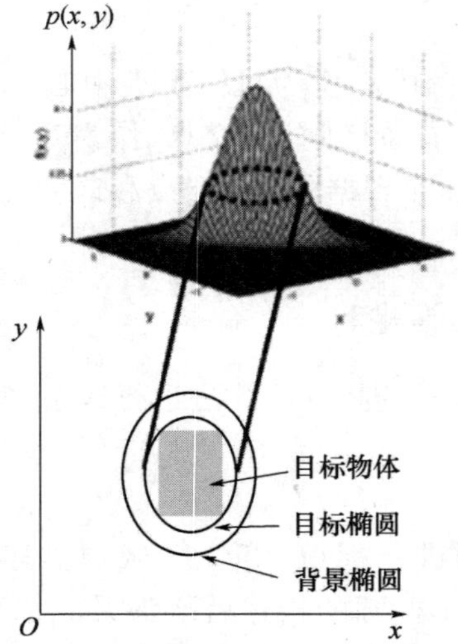

图 2.21　用马氏距离来确定目标椭圆，其中背景椭圆轴长为目标椭圆的 1.25 倍

假设二维平面内的高斯分布为 $\begin{pmatrix} x \\ y \end{pmatrix} \sim N\left(\begin{pmatrix} \mu_1 \\ \mu_2 \end{pmatrix}, \sum\right)$。

当相关系数 $\rho = 0$ 时，协方差矩阵 $\sum = \begin{bmatrix} \sigma_1^2 & 0 \\ 0 & \sigma_2^2 \end{bmatrix}$ 是对角矩阵，其中特征值 $\lambda_1 = \sigma_1^2, \lambda_2 = \sigma_2^2, \sigma_1$、$\sigma_2$ 为方差，$\sigma_1 = \sqrt{D(x)} = \frac{1}{N}\sum_{i=0}^{N}(x_i - E(x))^2, \sigma_2 = \sqrt{D(y)} = \frac{1}{N}\sum_{i=0}^{N}(y_i - E(y))^2$。

由此可以得到马氏距离：

$$K = \left[\begin{pmatrix} x \\ y \end{pmatrix} - \begin{pmatrix} \mu_1 \\ \mu_2 \end{pmatrix}\right]^{\mathrm{T}} \sum{}^{-1} \left[\begin{pmatrix} x \\ y \end{pmatrix} - \begin{pmatrix} \mu_1 \\ \mu_2 \end{pmatrix}\right] \tag{2.21}$$

展开得到

$$\frac{(x - \mu_1)^2}{\sigma_1^2} + \frac{(y - \mu_2)^2}{\sigma_2^2} = K$$

$$\Rightarrow \frac{(x - \mu_1)^2}{\lambda_1} + \frac{(y - \mu_2)^2}{\lambda_2} = K \tag{2.22}$$

则可以得到坐标变换之后的椭圆半轴长为 $a = \sqrt{\lambda_1 K}, b = \sqrt{\lambda_2 K}$。

当相关系数 $\rho \neq 0$ 时，协方差矩阵 $\sum = \begin{bmatrix} \sigma_1^2 & \rho\sigma_1\sigma_2 \\ \rho\sigma_1\sigma_2 & \sigma_2^2 \end{bmatrix}$ 不是对角矩阵，对其进行正交变换，得到 $\sum = \boldsymbol{TDT}^{-1}$，其中 $\boldsymbol{D} = \mathrm{diag}(\lambda_1, \lambda_2)$，则马氏距离可以表示成

$$K = \left[\begin{pmatrix} x \\ y \end{pmatrix} - \begin{pmatrix} \mu_1 \\ \mu_2 \end{pmatrix}\right]^{\mathrm{T}} \boldsymbol{T} \sum \boldsymbol{T}^{-1} \left[\begin{pmatrix} x \\ y \end{pmatrix} - \begin{pmatrix} \mu_1 \\ \mu_2 \end{pmatrix}\right] \tag{2.23}$$

令 $\begin{pmatrix} \omega_1 \\ \omega_2 \end{pmatrix} = T^{-1}\begin{pmatrix} x - \mu_1 \\ y - \mu_2 \end{pmatrix}$，代入上式可得

$$K = (\omega_1 \quad \omega_2)\begin{pmatrix} \lambda_1 & \\ & \lambda_2 \end{pmatrix}^{-1}\begin{pmatrix} \omega_1 \\ \omega_2 \end{pmatrix}$$

$$\Rightarrow \frac{\omega_1^2}{\lambda_1} + \frac{\omega_2^2}{\lambda_2} = K \tag{2.24}$$

同样可以得到坐标变换之后的椭圆半轴长分别为 $\sqrt{\lambda_1 K}$、$\sqrt{\lambda_2 K}$，这里的 λ_1、λ_2 分别为 $\lambda_1 = \frac{1}{2}\left[\sigma_1^2 + \sigma_2^2 + \sqrt{(\sigma_1^2 - \sigma_2^2)^2 + 4\sigma_1^2\sigma_2^2\rho^2}\right]$，$\lambda_2 = \frac{1}{2}\left[\sigma_1^2 + \sigma_2^2 - \sqrt{(\sigma_1^2 - \sigma_2^2)^2 + 4\sigma_1^2\sigma_2^2\rho^2}\right]$，其中 $\sigma_1 = \frac{1}{N}\sum_{i=0}^{N}(x_i - E(x))^2$，$\sigma_2 = \frac{1}{N}\sum_{i=0}^{N}(y_i - E(y))^2$，$\rho = \frac{\mathrm{cov}(x,y)}{\sqrt{D(x_1)}\sqrt{D(x_2)}} = \frac{E(xy) - E(x)E(y)}{\sigma_1\sigma_2}$。

注意到如果求取方差过程按照公式 $\sigma_1 = \sqrt{D(x)} = \frac{1}{N}\sum_{i=0}^{N}(x_i - E(x))^2$，那么首先就需要在计算过程中求得均值 $E(x)$，这样就造成两次遍历样本点，增加了计算成本。将方差公式继续推导，可以得到 $\sigma_1 = \frac{1}{N}\sum_{i=0}^{N}x_i^2 - E(x)^2$，这样只需要在遍历过程中计算 x_i^2，因此只需要一次遍历即可。

要得到椭圆的轴长还需要马氏距离 K，下面继续进行推导。

对于向量 $\begin{pmatrix} x \\ y \end{pmatrix} \sim N\left(\begin{pmatrix} \mu_1 \\ \mu_2 \end{pmatrix}, \sum\right)$，假设 $\begin{pmatrix} s \\ t \end{pmatrix} = \sum_X^{-\frac{1}{2}}\left[\begin{pmatrix} x \\ y \end{pmatrix} - \begin{pmatrix} \mu_1 \\ \mu_2 \end{pmatrix}\right]$，进行归一化处理之后可以得到

$$\left[\begin{pmatrix} x \\ y \end{pmatrix} - \begin{pmatrix} \mu_1 \\ \mu_2 \end{pmatrix}\right]^{\mathrm{T}} \sum_X \left[\begin{pmatrix} x \\ y \end{pmatrix} - \begin{pmatrix} \mu_1 \\ \mu_2 \end{pmatrix}\right] = (s \quad t)\boldsymbol{I}\begin{pmatrix} s \\ t \end{pmatrix} \tag{2.25}$$

其中，协方差矩阵被变换为单位矩阵 $\boldsymbol{I}$，此时马氏距离等于欧式距离，图 2.22 中椭圆上的每一个点到椭圆中心 (m_x, m_y) 的马氏距离相同，相当于圆周上的任意一点到圆心的距离。

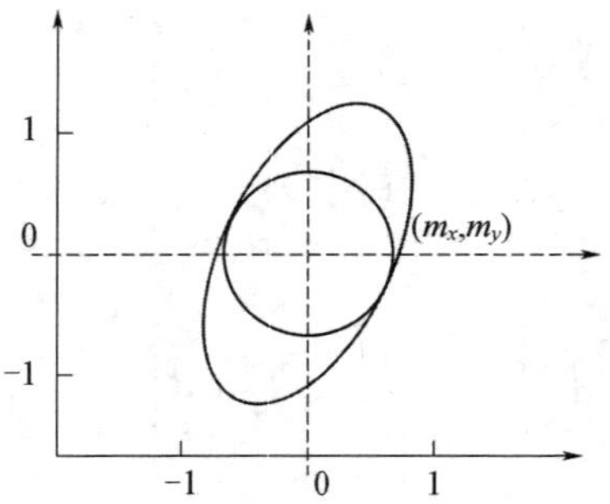

图 2.22　马氏距离与欧式距离相等的轮廓线

由于协方差矩阵为单位矩阵，那么$(s\quad t)$不相关，即$\rho=0$，而且方差都为1，所以对应的概率密度方程为

$$f(s,t)=\frac{1}{2\pi}e^{-\frac{s^2+t^2}{2}} \tag{2.26}$$

如果要使得目标点落在椭圆内的概率为M，也就是要使得概论密度在单位圆内的积分等于M，即$\int_{S_r}\frac{1}{2\pi}e^{-\frac{s^2+t^2}{2}}\mathrm{d}s\mathrm{d}t=M$，然后令$s=q\cos\theta,t=q\sin\theta$，代入上式可得

$$\int_0^{2\pi}\int_0^r\frac{1}{2\pi}e^{-\frac{q^2}{2}}q\mathrm{d}q\mathrm{d}\theta=M\Leftrightarrow 1-e^{-\frac{r^2}{2}}=M\Leftrightarrow r^2=-2\ln(1-M) \tag{2.27}$$

考虑到圆周上的点到圆心的马氏距离K等于欧式距离r^2，所以$K=-2\ln(1-M)$，M为椭圆能够覆盖范围的百分比。

2）椭圆的偏转角度α

椭圆的偏转角度α也可以由上面求轴长的式子推导出来。

因为上面的正交变换等同于坐标变换，如图2.23所示，即得到$\begin{pmatrix}x\\y\end{pmatrix}$、$\begin{pmatrix}s\\t\end{pmatrix}$两个坐标空间之间的变换矩阵，那么椭圆的主轴方向就是t的轴向，由坐标变换可以得到t在原坐标空间内的偏移角度：

$$\alpha=\frac{1}{2}\arctan\left(\frac{2\rho\sigma_1\sigma_2}{\sigma_1^2-\sigma_2^2}\right),\ -\frac{\pi}{4}\leqslant\alpha\leqslant\frac{\pi}{4},\sigma_1\neq\sigma_2 \tag{2.28}$$

也就得到了椭圆的偏转角度α。

2. 选取背景区域的聚类中心

目标区域的聚类中心很容易得到，就是椭圆的圆心(m_x,m_y)，背景区域的聚类中心如图2.20所示为未知点和椭圆中心连线与1.25倍原椭圆轴的新椭圆（背景椭圆）的交点。未知点的坐标是已知的，很容易得到未知点和椭圆中心连线的直线方程，椭圆的参数也由上文中求得，因此求取这个交点是可行的。

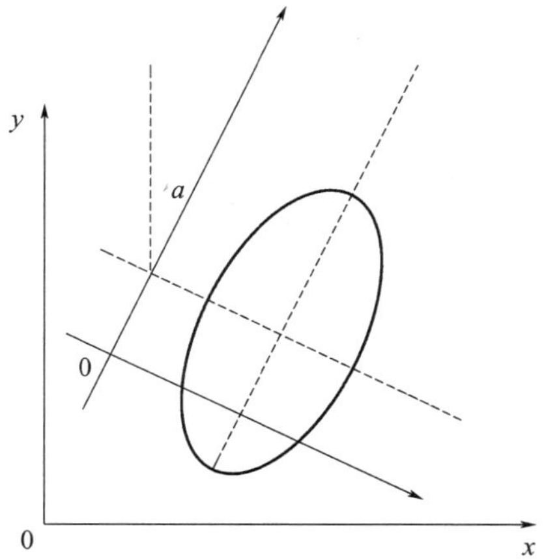

图 2.23　两个坐标空间的坐标变换

((x,y)为原坐标空间,(s,t)为变换后的空间)

由 $K=[x-m_x]^{\mathrm{T}}\sum_X^{-1}[x-m_x]$,得到在二维坐标空间内的表示:

$$\begin{pmatrix} x-m_x \\ y-m_y \end{pmatrix}^{\mathrm{T}} \sum{}^{-1} \begin{pmatrix} x-m_x \\ y-m_y \end{pmatrix} = K \tag{2.29}$$

其中,$\sum=\begin{pmatrix} \sigma_x^2 & \rho\sigma_x\sigma_y \\ \rho\sigma_x\sigma_y & \sigma_y^2 \end{pmatrix}$,$K=-2\ln(1-M)$,$\rho=\dfrac{\operatorname{cov}(X,Y)}{\sigma_x\sigma_y}$,所以可以得到椭圆方程:

$$\frac{(x-m_x)^2}{\sigma_x^2}+\frac{(y-m_y)^2}{\sigma_y^2}-2\rho\sigma_x\sigma_y(x-m_x)(y-m_y)=K(1-\rho^2) \tag{2.30}$$

又有,过未知点(j,i)与椭圆中心点(m_x,m_y)的直线方程为

$$y=k(x-m_x)+m_y \tag{2.31}$$

其中斜率 $k=(m_y-i)/(m_x-j)$,将其代入椭圆方程中得到

$$\frac{(x-m_x)^2}{\sigma_x^2}+\frac{k^2(x-m_x)^2}{\sigma_y^2}-2\rho\sigma_x\sigma_y k(x-m_x)^2=K(1-\rho^2)$$

$$\Rightarrow (x-m_x)^2=\frac{(1-\rho^2)(\sigma_x^2\sigma_y^2)K}{\sigma_y^2+\sigma_x^2k^2-2\rho k\sigma_x\sigma_y} \tag{2.32}$$

继而利用未知点与椭圆中心的未知关系舍去较远的交点,就可以得到 x,然后用直线方程计算出 y。

3. 算法的改进

用编程实现 Hua 的算法来对目标进行跟踪的时候,效果不是很理想,因此对原来的算法做了以下几个方面的改进:

1）目标聚类中心的选取

对于颜色比较明确的单色物体，目标聚类中心选在目标椭圆的中心是可以的，但是如果目标的色彩不是很均匀的目标，这样定位聚类中心就会带来不好的跟踪效果。因此增加了椭圆半轴中点的四个点作为目标聚类中心，未知点到目标聚类中心的距离取未知点到五个点中距离最小的一个。

2）椭圆长短轴的计算

由于使用的是即时计算出来的椭圆长短轴，而跟踪过程中计算出来的数据肯定是变化比较大的，跟踪过程中描述目标物体的椭圆变化是跳跃的而且变化很快，视频显示中的效果不是很好。考虑到目标物体不是大范围地发生位置的改变，将上一帧计算出来的椭圆轴长加权到即时计算出来的轴长中，降低了即时计算出来的轴长对视频中椭圆轴长变化的影响，同时尽可能地避免了背景聚类中心变化过快而造成聚类中心不准确的可能。

3）搜索区域的更新方式

既然对于物体的大小可以基本确定在目标椭圆框之内，那么对于运动不是非常快、形变不是非常大、与摄像头的距离变化不是非常迅速的情况，就可以认为目标区域在当前帧和下一帧的位置是相同的。因此对于目标的搜索就没有必要在整个视频区域内，只需要在轴长为目标椭圆 2 倍的椭圆范围内搜索即可。

4. 目标跟踪结果

图 2.24 所示为视频跟踪的示意图，显示了简单背景下单色彩目标的跟踪效果。本视频是 30 帧/s，共有 354 帧，程序处理速度为 57 帧/s，完全可以达到实时性的要求。跟踪时如果不控制播放速度，其速度大于视频的正常播放速度。

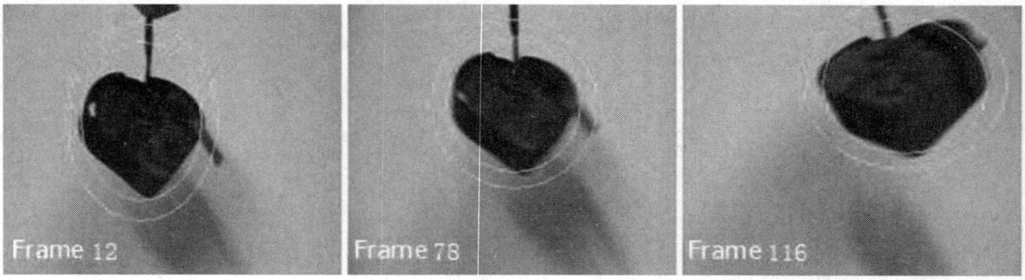

图 2.24　动态目标跟踪截图

2.5.3　人脸跟踪

1. 肤色滤波

第 2.4 节详细介绍了用 AdaBoost 方法训练肤色检测器的方法。本小节将得到的肤色检测器用于彩色视频图像的预处理中，将其中的人脸区域检测出来，作为下一步进行人脸跟踪的备选区域。

备选区域的面积是影响计算速度的一个非常重要的因素，其计算复杂度为

n^3,n 在这里表示检测器的最大放大倍率。如表 2.2 中所列,对于一幅 180 ×119 像素的图片,当检测器大小为 19 ×23、步长为 2 个像素点时,其最大放大倍率为 5,待检测窗口数目为 9116;而一幅 448 ×296 像素的图片,使用同样的检测器,其最大放大倍率为 12,待检测窗口数目为 160336。待检测窗口的数目越多,检测时间越长,因此要尽量减少待检测区域的面积,提高检测速度。

所以这里将肤色检测的结果作为人脸检测的预处理,划分出待检测的人脸窗口,可以在一定程度上提高人脸检测的效率。

由于检测出来的肤色区域不是连续的,里面会有很多噪声点。一般是采用领域滤波的方法将孤立的噪声点去除,然后利用矩形匹配对肤色区域进行矩形的近似。但是肤色滤波的目的是将待检测图像中人脸的位置大致进行定位,得到稍小一点的待检测图片,以提高人脸检测的效率。如果要对肤色位置进行一个精确的矩形定位,那么计算代价就必然升高,从而影响人脸检测的效率。因此,不对肤色滤波后的结果做一个非常精确的矩形匹配,只需要对肤色检测出的区域进行统计。

要注意的是,利用肤色滤波预处理原始的单帧图像,所得到的矩形肤色区域即为人脸检测窗口,因此只需要计算此窗口内的积分图,可以进一步提高计算速度。

利用肤色滤波预处理原始图像的步骤如下:

(1) 统计肤色检测后,被检测为肤色的像素点的横坐标、纵坐标的最小值和最大值,如图 2.25(b)所示;

(2) 利用得到的横纵坐标的最大、最小值计算检测出的矩形肤色区域在原图坐标中的坐标值,如图 2.25(c)所示;

(3) 更新人脸检测窗口,利用得到的矩形区域重新计算积分图。

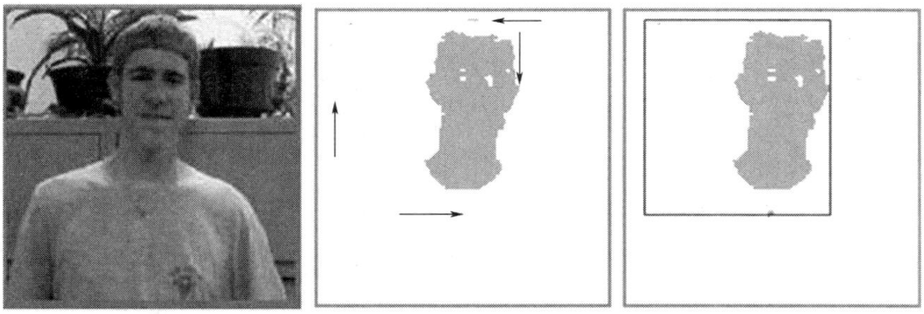

(a)　(b)　(c)

图 2.25　肤色滤波定位初始人脸区域

(a) 原始图像; (b) 箭头表示肤色像素点的最值; (c) 确定人脸检测窗口。

肤色滤波得到的待检测窗口是比较粗略的,它仅仅定位的是肤色区域。而且由于背景中可能含有类似肤色的像素点,就会造成肤色的误检,继而影响了对肤色范围的正确定义。尽管这种影响可以通过对肤色区域进行矩形匹配,或者滤波处理,将误检区域排除,但是考虑到程序运行的效率以及对视频序列图像的实时性要求，没有将肤色区域进行特别准确的定位。同时如果将肤色位置进行特别准确的定位，反而会相对缩小人脸检测时的待检测窗口，影响使用多层级联分类器对人脸的准确定位。

当然，以肤色检测作为人脸检测的预处理，只能应用于彩色图像中，那么对于彩色图像中的人脸检测经过肤色滤波之后，其检测效率是有所提高的。

2. 视频序列中的人脸检测

第2.3节详细介绍了多层级联分类器的构成、训练方法，以及检测方法，在静态图像中其检测效果是比较理想的。但是在静态图像中进行人脸检测效率不是很高，如果直接将上文中的多层级联分类器应用于视频序列的单帧图像中，那么人脸检测的实时性并不能很好地得到保证。

在本章提到视频序列图像中的目标检测比静态图像的可利用信息要多，本方法利用前一帧检测出来的人脸位置信息对当前帧的位置进行预测，缩小了待检测窗口面积，减少了搜索范围，降低了人脸检测的搜索时间。图2.26显示了从第一帧到第二帧检测窗口的变化，第一帧的检测窗口是整个视频序列图像，当获得人脸的位置、大小信息之后，将第二帧的检测窗口放大为第一帧获得的人脸窗口面积的2倍。

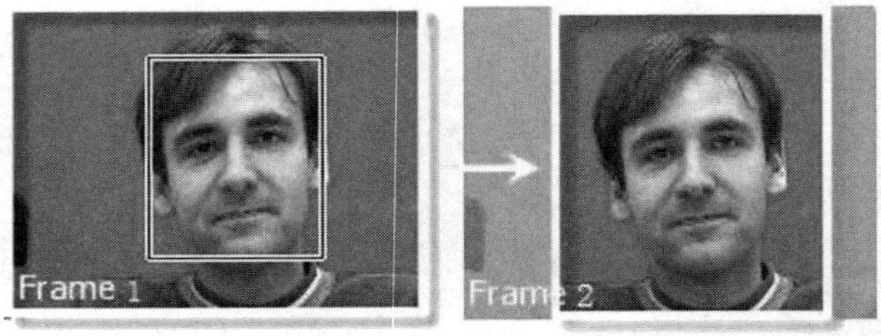

图2.26　检测窗口的变化

这样做的目的与肤色滤波预处理是相同的，就是尽量减小待检测区域的面积，对人脸出现位置做出一个最佳的预测。

下面给出具体的计算方法：

假设第一帧检测出的人脸窗口左下角坐标为(x_a, y_a)，右上角坐标为(x_b, y_b)，可以得到人脸窗口的长、宽分别为 $\text{FaceHeight} = y_b - x_b$、$\text{FaceWidth} = y_a - x_a$。按比例放大人脸窗口的长和宽，得到下一帧待检测窗口的左下角坐标为$(x_a - 1.4 \times \text{FaceWidth}, y_a - 1.4 \times \text{FaceHeight})$，右上角坐标为$(x_b + 1.4 \times \text{FaceWidth}, y_b + 1.4 \times \text{FaceHeight})$，待检测窗口的面积约为人脸窗口面积的2倍。后面帧的处理相类似，即将上一帧图像中的人脸窗口放大作为下一帧的待检测窗口。

3. 头部背后的跟踪

由于在实际应用中的人脸跟踪，不可能保证人脸总是面对着摄像头，恰恰相反，人脸朝向摄像头的机会并不多，而且还会出现背对摄像头的情况。在这种情况下，就会造成跟踪的丢失。尽管使用 AdaBoost 方法训练出来的多层级联分类器可以在人脸重新出现于视频中时重新确定人脸的位置，将人脸重新跟踪，但是在背对摄像头的过程中就丢失了目标，造成了检测过程中的不连续。

为了避免这种情况的出现，可以使用第 2.5.1 节提到的基于 K 平均法的智能像素聚类目标跟踪算法对头部的背面进行跟踪。

根据算法实现的机理，使此目标跟踪算法要满足两个条件：①目标的颜色具有聚类性；②目标区域的像素点位置具有聚类性。头部的背面无论是否有头发，其颜色一般是相同的，具有聚类性；头部的形状基本上可以用椭圆来近似表示，因此区域像素点的分布也具有聚类性。所以这里可以采用上一节提到的目标跟踪算法对其进行跟踪。

初始点的选取可以做简单的改变，不需要用鼠标进行选取，而是采用上一帧中的人脸位置信息来确定聚类的初始点。假设上一帧中人脸窗口左下角坐标为 (x_a, y_a)，右上角坐标为 (x_b, y_b)，可以得到人脸窗口的长、宽分别为 $\text{FaceHeight} = y_b - x_b$、$\text{FaceWidth} = y_a - x_a$，中心点坐标 centroPoint：$((x_a + x_b)/2, (y_b + y_a)/2)$。那么将这些信息应用到目标跟踪当中，目标椭圆的长短轴长分别为人脸窗口的长 FaceHeight 和宽 FaceWidth，椭圆中心即为中心点坐标 centroPoint。

进行初始点的选取之后，下面的跟踪过程就按照第 2.5.1 节所述的流程进行。

4. 系统实现和跟踪结果

对于视频中人脸的跟踪，有很多意外情况，如人脸运动到摄像头之外、长时间的遮挡等。对于这些意外情况下的跟踪问题，作为单一的算法不可能考虑到这么多的问题，因此在这里不做讨论。所探讨的情况仅考虑了正常情况下的视频中单个人脸的跟踪：基本是正面的人脸或是头部背后，由正面转到背面的时间较短，人脸部分无长时间的遮挡，头部只在视频序列图像中内运动。

系统的实现就是将上面所提到的肤色滤波、视频序列的人脸检测以及头部背后的跟踪算法结合在一起，将人脸在视频中准确定位。涉及到各种信息的融合以及相互利用，具体可以归述到以下两点：

(1) 肤色滤波信息与前一帧检测信息之间的融合——待检测窗口的确定。

由于背景中可能含有类似肤色的像素点，使得经过肤色滤波得到的待检测窗口是比较粗略的，如图 2.25 所示。但是这个信息是比较全面的，不会造成人脸区域的漏检。前一帧检测信息为当前帧提供了一个相对比较确切的人脸位置，如图 2.26 所示。如果仅仅使用前一帧的信息，从效率上来说是有利的，但是从检测率来说，是不利的。因为待检测窗口越大，就越能够保证视频中的所有人脸都被检测出来，检测率就越高，反之则不能保证。例如，在检测过程中有其他人脸从视频外移动到视频内，如果仅考虑前一帧信息，那么势必会漏检这个移入视频内的人脸。

因此这里将肤色滤波信息与前一帧检测信息两者进行融合，结合两者得出的待检测窗口，定义当前帧的待检测窗口的左下角坐标为两者左下角坐标最小值，右上角坐标为两者右上角坐标最大值。

(2) 正面人脸和头部背面的区分——两种算法的衔接。

要实现的跟踪效果是:不管是在正面人脸出现的时候还是背对摄像头的时候,都能够确定头部所在的位置。视频序列中正面人脸的跟踪,使用多层级联分类器,结合肤色滤波和前一帧信息,能够完成;视频序列中头部背面的跟踪,使用智能像素聚类的跟踪算法,也能够完成。现在问题的关键是,如何区分什么时候视频中出现的是正面人脸,什么时候人脸进行了转向而使得人背对着摄像头。

采取简易的方法进行判断:由于多层级联分类器对于图像中的人脸检测数目是可以确定的,当其检测出的人脸数目为 0 时,即认为人脸转向了。根据假设,这个转向时间是较短的,因此可以认为此时的人脸已经背对摄像头,启动基于聚类的目标跟踪算法。当目标聚类中的颜色值发生变化,只是初始值的 1/500 时,即认为头部又发生了转向,已经从背向摄像头转向正对摄像头,此时再让正面人脸检测程序接管,完成了两种算法的衔接。

完成各种信息之间的融合,容易将肤色滤波、视频序列的人脸检测以及头部背后的跟踪算法结合在一起,形成一个完整的系统实现视频序列图像当中的人脸跟踪。图 2.27 显示了部分视频序列人脸跟踪的结果,基本上达到实现预想的效果。

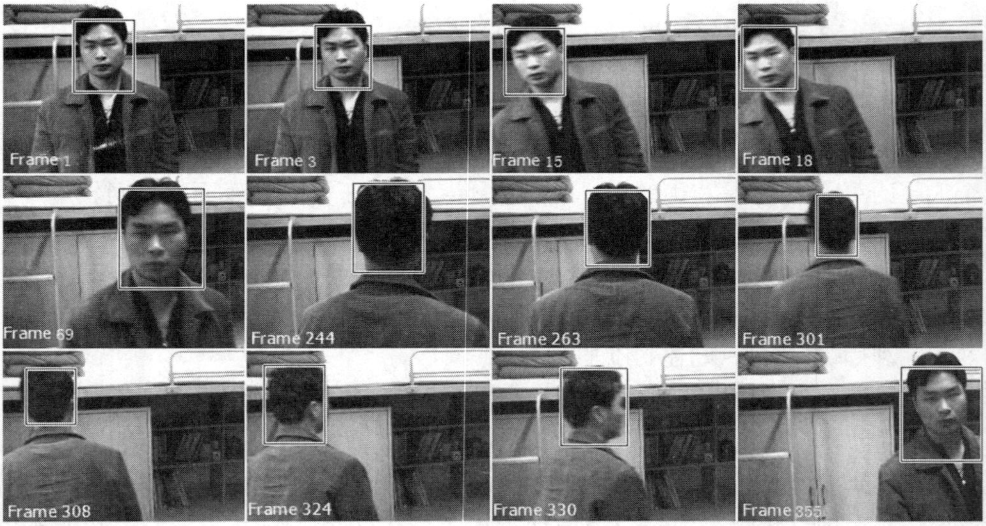

图 2.27 视频序列中的人脸跟踪结果截图

参考文献

[1] Yang M H. Recent Advances in Face Detection. International Conference on Pattern Recogenition,2004.

[2] Terrillon J C, Akamatsu S. Comparative Performance of Different Chrominance Spaces for Color Segmentation and Detection of Human Faces in Complex Scene Images. International Conference on Automatic Face and Gesture Recognition,PP54 - 61,2000.

[3] Hsu R L, Mottaleb M A, Jain A K. Face detection in Color Images. IEEE Trans. On Patten Analysis and Machine Intelligence, 24(5): pp696 - 706, 2006.
[4] Craw I, Tock D, Bennett A. Finding Face Features. Proc. Second European Conf. Computer Vision, 1992.
[5] Lanitis A, Taylor C J, Cootes T F. An Automatic Face Identification System Using Flexible Appearance Models. Image and Vision Computing, 13(5): pp393 - 401, 1995.
[6] Schneiderman H, Kanade T. A Statistical Method for 3D Object Detection Applied to Faces and Cars. Proc. IEEE Conf. Computer Vision and Pattern Recognition, 1: pp746 - 751, 2000.
[7] Rowley H, Baluja S, Kanade T. Neural network - based face detection. IEEE Trans. On Patten Analysis and Machine Intelligence, 20(1): pp23 - 38, 1998.
[8] Osuna E, Freund R, Girosi F. Training support vector machines: An application to face detection. Proc. IEEE Conf. Computer Vision and Pattern Recognition, pp130 - 136, 1997.
[9] Viola P, Jones M J. Rapid object detection using a boosted cascade of simple features. Proc. IEEE Conf. Computer Vision and Pattern Recognition, 1: pp511 - 518, 2001.
[10] Yang M H. Detecting Faces in Images: A Survey. IEEE Trans. On Patten Analysis and Machine Intelligence, 24(1): pp34 - 58, 2002.
[11] Mikolajczyk K, Choudhury R, Schmid C. Face detection in a video sequence - A temporal approach. Proc. IEEE Conf. Computer Vision and Pattern Recognition, 2: pp96 - 101, 2001.
[12] Schneiderman H, Kanade T, Probabilistic Modeling of Local Appearance and Spatial Relationships for Object Recognition. Proc. IEEE Conf. Computer Vision and Pattern Recognition, pp45 - 51, 1998.
[13] Huang C, Ai H Z, Li Y, Lao S H. High - Performance Rotation Invariant Multiview Face Detection. IEEE Trans. On Patten Analysis and Machine Intelligence, 29(4): pp671 - 686, 2007.
[14] Open Source Computer Vision Libraries. Inter Corporation, 1996.
[15] Valiant L G. A Theory of the Learnable. Communications of the ACM, 27 (11): pp1134 - 1142, 1984.
[16] Kearns M. The Computational Complexity of Machine Learning. Cambridge, Massachusetts, MIT Press, 1990.
[17] Kearns M, Valiant L G. Cryptographic Limitations on Learning Boolean Formulae and Finite Automata. In Proceedings of the 21 st Annual ACM Symposium on Theory of Computing, 41(1): pp67 - 95, 1994.
[18] Schapire R E. The Strength of Weak Learnability. Machine Learning, 5(2): pp197 - 227, 1990.
[19] Freund Y. Boosting a Weak Learning Algorithm by Majority. Information and Computation, 121(2): pp256 - 285, 1995.
[20] Drucker V, Schapire R E, Simard P. Boosting Performance in Neural Networks. International Journal of Pattern Recognition and Artificial Intelligence, 7(4): pp705 - 719, 1993.
[21] Freund Y, Schapire R E. A Decision - Theoretic Generalization of On - Line Learning and an Application to Boosting. Journal of Computer and System Sciences, 55(1): PP119 - 139, 1997.
[22] Demiriz A, Bennett K P, Taylor J S. Linear Programming Boosting via Column Generation. Kluwer Machine Learning, pp: 225 - 254, 2002.
[23] Freund Y. An adaptive version of the boost by majority algorithm. Machine Learning, 43(3): pp293 - 318, 2001.
[24] Schapire R E, Singer Y. Improved boosting algorithms using confidence - rated predictions. Proceedings of the 14th Workshop on Computational Learning Theory, 1: pp80 - 91, 1998.
[25] Schapire R E, Singer Y. Boostexter: A boosting - based system for text categorization. Machine Learning. 39 (2/3): pp135 - 168, 2000.
[26] Huang F J, Zhou Z H, Zhang H J, Chen T. Pose invariant face recognition. In Proceedings of the 4th IEEE International Conference on Automatic Face and Gesture Recognition, 1: pp245 - 250, Grenoble, France, 2000.
[27] Merler S, Furlanello C, Larcher B, Sboner A. Tuning cost - sensitive boosting and its application to melanoma

diagnosis. Proceedings of the 2nd Internationa Workshop on Multiple Classifier Systems MCS2001, 2096: pp32 - 42, Springer, 2001.

[28] Tur G, Schapire R E, Tür D H. Active Learing for Spoken Language Understanding. IEEE International Conference on Acoustics, Speech, and Signal Processing, 1: pp276 - 279, 2003.

[29] Audrino F, Büuhlmann P. Volatility estimation with functional gradient descent for very high - dimensional financial time series. Journal of computational Finance, 2002.

[30] Viola P, Jones M J. Robust Real - Time Face Detection. International Journal of Computer Vision, 57(2): pp137 - 154, 2004.

[31] Papageorgiou C P, Oren M, Poggio T. A General Framework for Object Detection. Proceedings of International Conference on Computer Vision. January 1998.

[32] Lienhart R, Maydt J. An Extended Set of Harr - like Features for Rapid Obiect Detection. Proc. IEEE Conf. Image Processing 1: pp900 - 903, 2002.

[33] Samaria F, Harter A. Parameterisation of a stochastic model for human face identification. 2nd IEEE Workshop on Applications of Computer Vision December, Sarasota (Florida), 1994.

[34] Graham D B, Allinson N M. Characterizing Virtual Eigensignatures for General Purpose Face Recognition. Face Recognition: From Theory to Applications, NATO ASI Series F, Computer and Systems Sciences, 1 (163): PP446 - 456, 1998.

[35] Fei L F, Fergus R, Perona P. Learning generative visual models from few training examples: an incremental Bayesian approach tested on 101 object categories. Proc. IEEE Conf. Computer Vision and Pattern Recognition, Workshop on Generative - Model Based Vision, 2004.

[36] Microsoft Visual Studio . NET Framework 1. 1, Microsoft Development Environment 2003, Microsoft Corporation.

[37] MSDN Library for Visual Studio . NET 2003, Microsoft Corporation.

[38] Sung K K. Learning and Example Selection for Object and Pattern Detection. PhD thesrs, Massachusetts Inst. of Technology, 1996.

[39] Sung K K, Poggio T. Example - Based Learning for View - Based Human Face Detection. IEEE Trans. Pattern Analysis and Machine Intelligence, 20(1): pp. 39 - 51, 1998.

[40] Rowley H. Neural Network - Based Face Detection. PhD thesis, Carnegie Mellon Univ., 1999.

[41] Rowley H, Baluja S, Kanade T. Rotation Invariant Neural Network - Based Face Detection. Proc. IEEE conf. Computer Vision and Pattern Recognition, 1: pp38 - 44, 1998.

[42] Loui A C, Judice C N, liu S. An Image Database for Benchmarking of Auto matic Face Detection and Recognition Algorithms. Proc. IEEE Int'l Conf. Image Processing, 1: pp146 - 150, 1998.

[43] Martinez A M, Benavente R. The AR Face Database. CVC Technical Report #24, June 1998.

[44] Li P H. A Clustering Based Color Model and Fast Algorithm for Object Tracking. Proceedings of the 18th International Conference on Pattern Recognition, 1: pp671 - 674, 2006.

[45] Hua C S, Wu H Y, Chen Q, Wada T. A Pixel - wise Object Tracking Algorithm with Target and Background Sample. Proceeding of the 18th International Conference on Pattern Recognition, 1: pp739 - 742. 2006.

[46] Zheng W M, Lu Z M, Xu X N. A Novel Skin Clustering Method for Face Detection. First International Conference on Innovative Computing, 1: pp166 - 169. 2006.

[47] Kong W Z, Zhu S A. A New Method of Single Color Face Detection Based on Skin Model and Gaussian distribution. The Sixth World Congress on Intelligent Control and Automation, 1: pp261 - 265, 2006.

[48] Vezhnevets V, Sazonov V, Andreeva A. A Survey on Pixel - based Skin Color Detection Techniques. Proc. of Graphicon '2007, Moscow, Russia, 1: pp174 - 177. 2007.

[49] Hunke H M. Locating and tracking of human faces with neural networks. Master's thesis, University of

Karlsruhe,1994.

[50] Jones M J,Rehg J M. Statistical Color Models with Application to Skin Detection. Technical Report Series, Cambridge Research Laboratory,46(1): pp81 -96,1998.

[51] Ford A,Roberts A. Color Space Conversions. Technical Report,Westminster University,London,1998.

[52] Manjunath B S,Ohm J R,Vasudenvan V V,Yamada A. Color and Texture Descriptors. IEEE Trans. on Circuits and Systems for video Technology,11(6): pp703 -715,2001.

[53] Jayaram S,Schmugge S,Shin M C,Tsap L V. Effect of Colorspace Transformation,the Illuminance Component,and Color Modeling on Skin Detection. IEEE Computer Society Conference on Computer Vision and Pattern Recognition,2: pp813 -818,2004.

[54] Brand J,Mason J S. A Comparative Assessment of Three Approaches to Pixel - level Human Skin - detection. International Conference on Pattern Recognition,1: pp1056 -1059,2000.

[55] Zarit B D,Super B J,Quek F K. Comparison of Five Color Models in Skin Pixel Classification. International Workshop on Recognition,Analysis,and Tracking of Faces and Gestures in Real - Time Systems,1: pp58 - 63,1999.

[56] Chai D,Ngan K N. Locating Facial Region of a Head and Shoulders Color Image. Third IEEE International Conference on Automatic Face and Gesture Recognition,1: pp124 -129,1998.

[57] Shi K W, Fu X T, Cai A N,Sun J G. Automatic Face Segmentation in YCrCb images. Fifth Asia - Pacific Conference on Communications, and Fourth Optoelectronics and Communications Conference,2: pp916 - 919,1999.

[58] Wang H L, Chang S F. A Highly Efficient System for Automatic Face Region Detection in MPEG Video. IEEE Trans. on Circuits and System for Video Technology,7(4): pp615 -628,1997.

[59] Hua C S,Wu H Y,Wada T,Chen Q. K - means tracking with variable ellipse model. Trans. Of Information Processing Society of Japan,46(SIG 15,CVIM 10): pp59 -68,2005.

[60] Hua C S,Wu H Y,Chen Q,Toshikazu Wada. K - means Tracker: A Failure Detectable and Recoverable Tracking Method against Interfused Background. MIRU,2: pp7 -12,2004.

[61] http://www. mathworks. com/products/matlab,Mathworks Inc. ,Natick,MA,USA.

[62] Population Divison of the Department of Economic and Social Affairs of the United Nations Secretariat,World Population Prospects: The 2006 Revision and World Urbanization.

第 3 章　基于流形学习的人脸识别

数据是对信息的量化符号,面对呈指数增长的各种类型的海量数据,如股票金融数据、全球气候模式、航天遥感数据、恒星光谱、人类基因分布、受光照影响的多姿态多表情人脸图像序列等,如何从中提取出所需要的信息,是人们一直渴望和追求的。这类数据的显著特点是:数据量大,维数高,增长快,非结构化以及难以直观描述等。显然,随着数据量的不断增大和维数的不断提高,一方面,人们获取的知识量更大,数据集能够提供更加丰富完整的信息,来帮助人们更深层地认识隐藏在纷繁芜杂表象下事物与现象的客观规律;另一方面,维数的不断膨胀会引发"维数灾难"(curses of dimensionality),即为达到预计的统计指标(期望与方差或估计精度),所需的样本数随维数的增加呈指数增长(或模型复杂度、模型表示长度呈指数增长),给数学和数据分析带来了重大挑战[1]。因此,如何从高维数据中合理有效地提取挖掘出所需要的信息,是人们不得不面临的艰巨难题。

3.1　生长型局部线性嵌入算法

局部线性嵌入算法(Locally Linear Embedding,LLE)是流形学习方法中最常用的算法之一,具有模型简单、参数预设少等优点;但是也存在参数难以估计且设定值对结果影响较大,算法计算复杂度高,容易受噪声影响等缺点。LLE 存在的这些先天缺陷(当然,这些缺陷在其他流形学习算法中也一样存在),严重阻碍了流形学习在高维数据处理中的应用。

本节基于生长型神经气算法(Growing Neural Gas,GNG),引入竞争 Hebb 学习(Competitive Hebbian Learning,CHL)规则形成拓扑结构,提出了新的生长型 LLE 算法(GLLE)[72]。GNG 是一种非拓扑保持自组织算法[73],该算法简单快速,具有很强的聚类效果与空间划分能力,对样本空间的概率分布具有很好的映射。在对传统 GNG 算法中加入拓扑连接后,不仅映射出输入空间的概率分布,而且可以很好地估计出输入空间的真实维数[33]。因此,在原始 LLE 算法中引入改进的 GNG,可以解决 LLE 存在的三个问题:①本征维数的估计;②邻域的动态选择;③在保证输入样本概率分布的同时显著降低算法复杂度,提高低维映射效果。

3.1.1　生长模型分析

作者前一阶段的工作,对一氧化氮(Nitric Oxide,NO)的扩散机制与逆转录信使特性进行了深入的研究,并将建立的扩散模型与生长模型应用于神经网络特别是自组织特征映射网络(Self - Organizing Maps,SOM)[74]与自适应共振理论(Adaptive Resonance Theory,ART)[75],取得了很好的结果。在转入流形学习的研究后,对 LLE 进行了深入的研究,发现 LLE 虽然保持了局部几何结构,但并没有涉及拓扑保持和图的概念,从而在计算邻域时耗费太多时间。因此将所提出的生长模型和扩散模型引入 LLE,提出了 GLLE 算法,通过 GNG 的生长形成覆盖流形的拓扑连接图,并根据图的边界连接统计意义下估计出流形的本征维数,同时依靠已经形成的连接图动态确定每个节点的邻域。

生长型神经气模型,由 B. Fritzke 于 1995 年提出[73,76],是一种无监督非拓扑保持生长型神经网络模型。该模型的突出特点是:不需要预先确定所需节点的数目,也无需预先确定网络的维数,节点及其之间的连接随着网络的调整动态地增减与更新,直至形成稳定的拓扑结构。GNG 是在神经气模型(Neural Gas,NG)[77]的基础上提出的,其主要思想就是依据数据集概率分布情况生长出新的节点而不是像神经气模型一样初始化固定的节点数,节点调节机制与神经气模型相似。

1. 神经气模型

考虑到自组织映射(Self - Organizing Maps,SOM)[15]拓扑保持模型在处理高维空间划分问题中的局限性,Martinetz 和 Schulten 提出了神经气(NG)自组织模型[77]。在 NG 模型中,各节点之间没有显式的拓扑结构,节点之间的邻域关系是通过输入空间的距离信息来表征的。对于每一个输入信号 x,计算网络中每一个节点到 x 的欧氏距离,并根据距离由近及远对节点进行排序,根据排序结果来确定哪些节点被调整以及调整幅度的大小。每次调整的节点数目和节点调整的幅度均随时间衰减。完整算法如下:

步骤 1. 初始化网络,包含 N 个节点,每一个节点 r 有一个参考向量 $\boldsymbol{w}_r$,其初始值根据输入空间的概率密度 $p(x)$ 选择;选择适当的全局常数参数 λ_i、e_i 和 λ_f、e_f;初始的训练步数 t 设为 0;确定最大的训练步数 t_{max}。

步骤 2. 根据输入空间的概率密度 $p(x)$ 随机生成一个输入信号 x。

步骤 3. 计算网络中所有的节点与输入信号 x 的距离,根据距离由近及远将节点排序,定义函数 $k_r(x) = k$,表示在网络中,与输入 x 的距离小于 $\| \boldsymbol{x} - \boldsymbol{w}_r \|$ 的节点数目为 k。

步骤 4. 调整节点的参考向量:

$$\Delta \boldsymbol{w}_r = e(t) \cdot h_\lambda(k_r(\boldsymbol{x})) \cdot (x - \boldsymbol{w}_r) \tag{3.1}$$

其中,学习率函数为

$$e(t) = e_i(e_f/e_i)^{t/t_{max}} \tag{3.2}$$

邻域函数为

$$h_\lambda(k) = \exp(-k/\lambda(t)) \tag{3.3}$$

$$\lambda(t) = \lambda_i(\lambda_f/\lambda_i)^{t/t_{max}} \tag{3.4}$$

步骤5. 训练步数加1：

$$t = t + 1 \tag{3.5}$$

步骤6. 如果 $t < t_{\max}$，返回步骤2。

NG模型是一个纯向量量化模型[78]，它没有显式的拓扑信息。由于调整时摆脱了拓扑保持的限制，使得NG模型对复杂输入分布的适应性提高，特别是能够较好地映射不连续的、非凸的区域。

NG模型也有其不足之处。在网络调整过程中，距离计算和节点排序使得运算的时间开销很大。由于参数随时间衰减，总的调节步数和节点的数目要事先确定，且节点数目在训练过程中保持不变。如果节点的参考向量初始值选择不好的话，NG模型有欠训练现象，即某些节点由于距离输入信号范围较远，总是没有机会获胜而无法进行调整，从而成为“死节点”。解决的办法是事先要充分估计输入空间的范围，使节点初始化时尽量在这个范围内，这样，NG模型能够取得比较好的效果，但是这又导致了网络对有关输入的先验信息的依赖。图3.1显示了NG模型对环形输入分布的映射结果。在图3.1(a)中节点的参考向量初始值选择得比较好，得到比较理想的映射结果，而图3.1 (b)中个别节点的参考向量初始值远离了输入分布范围，则不能得到充分的调整，从而无法进入到输入分布范围内，变成了“死节点”。NG模型也具有SOM模型中的模拟退火过程，因此，NG模型和SOM模型一样，网络的训练过程比较漫长。

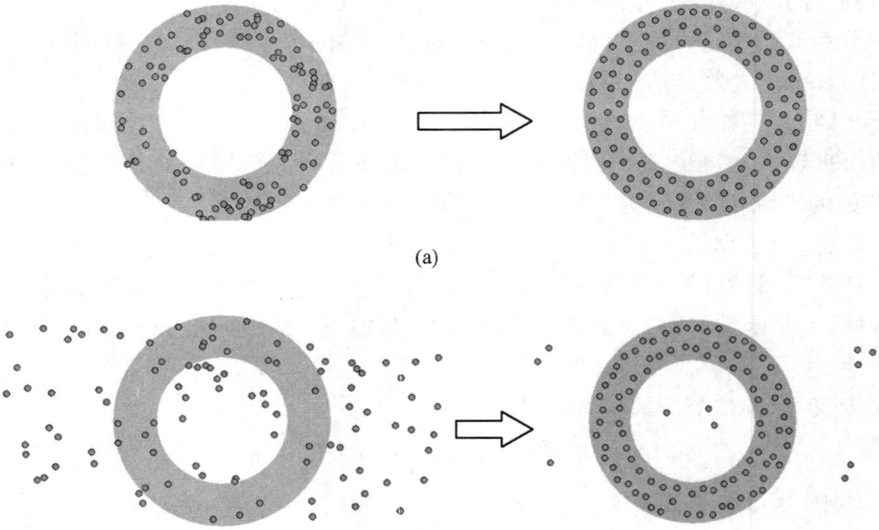

图3.1　NG模型对环形输入分布的映射结果

(a) 初始节点选择较好时的映射结果；(b) 初始节点不太理想时的映射结果。

2. 生长模型

为了获得理想的映射效果,NG 模型需要事先选择网络所需的恰当的节点数目,同时还要使各节点参考向量的初始值尽量位于输入分布的范围内。这就要求我们事先要对输入样本的范围、大致分布有所了解。但是在实际问题中,输入样本往往是高维的,分布也较为复杂,很难得到有关输入样本的先验信息或是先验信息很少,因此,使用 NG 模型往往不能有效地适应输入样本的统计信息。生长型网络的提出解决了上述问题。生长型网络的最大特点是不需要预先确定所需节点的数目,而是在网络的调整过程中动态地增减节点数目,直到网络达到预定的目标。因此,网络不需要有关输入的先验知识,通过这种动态的增删机制可以很好地覆盖输入空间。同时,网络具有一定的适应能力,即如果输入分布随时间的推移缓慢变化的时候,网络中的节点也会相应地移动以适应新的分布结构。可以说,这种生长型的网络较之前面提到的网络,有更大的灵活性及适应性。

生长型网络模型分为固定维数的模型和不固定维数的模型两种。固定维数的模型是指网络的维数在初始时就已经确定好,并在网络调整的过程中不发生变化,如生长型栅格(Growing Grid,GG)模型[79]和生长型胞元结构(Growing Cell Structure,GCS)模型[76],这样的模型具有维数压缩功能。不固定维数的模型是指节点之间的连接也随着节点的增长和网络的调整不断生成和更新,如生长型神经气(GNG)模型,这样的网络不具备维数压缩功能,但却可以更精确地反映出输入样本的概率分布。

在生长型网络中,每一个节点除了包含一个参考向量之外,还包含一个累积变量,在每一个调整步骤中,累积变量的信息要在获胜节点处累积,累积变量的选取因问题而异、因任务而异。累积变量用于决定节点插入的位置。每进行一次插入操作,累积变量就要重新分配一次。累积变量的物理意义是表示该节点所占有的某种资源的多少,也可以理解为节点覆盖输入空间的大小。累积变量重新分配的物理意义是如果新节点从学习过程一开始就存在的话,它所能获得的累积变量的估计值。

每一个输入信号进入网络,都会对网络的调节产生影响,这可以看作网络具有记忆功能。在调整一段时间以后,从直观上来理解,最近的一部分输入信号要比早先进入网络的输入信号对网络产生更大的影响,这样网络才能不断地接受新的信息、不断调整。为实现这一机制,在经过一段时间调整后,所有节点累积变量的值要减少一定的比例,使得早先进入网络的输入信号所产生的影响逐渐减弱。对于生长型网络,合适的节点插入策略和生长结束条件要预先确定。不同的节点插入策略,形成了不同的算法。

3. 竞争 Hebb 学习规则

竞争型 Hebb 学习(CHL)规则本身并不是神经网络模型,而是生长型网络中节点之间拓扑连接建立与更新的重要机制。因此,在讨论具有拓扑结构的生长型网络之前,我们先介绍一下 CHL 规则。CHL 规则是由 Martinetz 于 1993 年提出的[78],该规则并不改变参考向量的位置,仅仅是在网络的节点之间产生拓扑连接。CHL 规则的简单表述如下:对于每一个输入信号 x,计算各个节点与它的欧氏距离,找出距离 x 最近的和第二近的节点,在这两个节点之间建立拓扑连接。已经证明,最终形成的拓扑结构是广义最优的[78]。图 3.2 所示是 CHL 规则的示意图。图 3.2(a)为初始时节点随机分布于环形输入范围内,然后使用 CHL 规则在这些节点之间建立拓扑连接,图 3.2(c)为最后形成的网络结构。从图中可以看出,节点的位置相对于初始时并没有改变,只是节点之间多了拓扑连接。

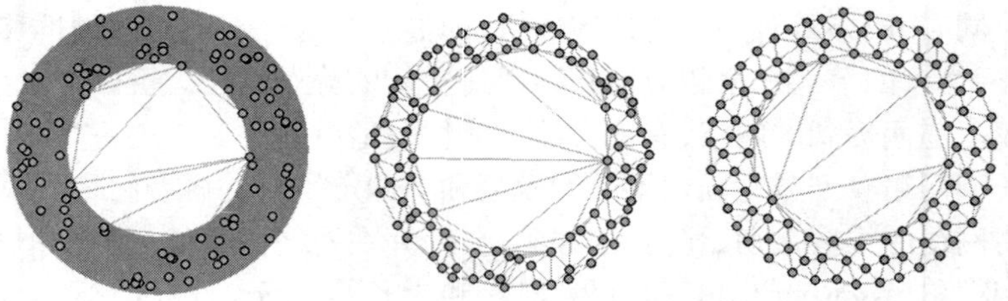

(a)　　(b)　　(c)

图 3.2　使用 CHL 规则对随机环形输入分布中的节点建立拓扑连接

(a) 初始化节点;(b) 200 步时的网络状态;(c) 最后映射结果。

CHL 规则很少单独使用,通常和其他模型结合在一起。NG 模型中加入 CHL 规则,就可以形成带有拓扑的 NG 网络。具体方法是在每一步 NG 调整的最后,在节点序列最前面的两个节点之间建立拓扑连接。在这种结合过程中,CHL 规则并不影响 NG 模型本来的运行调节过程,只是单纯的叠加拓扑结构。

4. 具有拓扑结构的 GNG 模型

GNG 模型是在 NG 模型的基础上发展的,产生的网络基本不需要有关输入的先验知识,通过动态的节点增删机制,网络可以很好地划分输入空间和聚类。但是 GNG 只能反映输入模式的概率分布,并不能体现嵌入样本空间的拓扑特征。我们对传统的 GNG 算法进行了改进,在 GNG 节点生长机制的基础上,引入竞争 Hebb 学习规则[78]与边界年龄增长机制作为节点之间拓扑连接建立与更新的主要机制,通过训练在节点间动态加入连接并计算其年龄,使映射结果形成拓扑结构,以体现输入空间的拓扑与维数特征[33,74]。

在节点更新的同时对与当前输入最近的两个节点加入连接,并引入 CHL 与年龄增长机制确保有续拓扑的形成。在图 3.3 左侧,拓扑连接 ih 和拓扑连接 jk 发生了交叠,通过 CHL 规则和年龄机制(给每一个拓扑连接赋予一个年龄参数,保留"年轻的"连接,删除"年老的"连接),删除了一条不合理的连接 ih,重新建立了新连接 ij,网络结构变得合理化。改进后的 GNG 算法流程如下:

步骤 1. 初始化:在空间中随机生成两个初始节点;

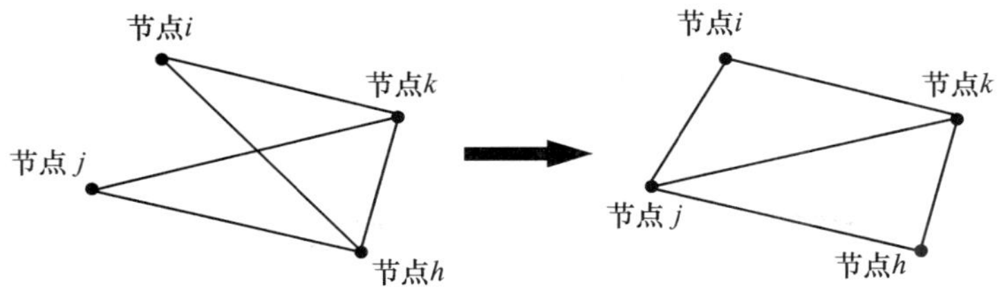

图 3.3　改进的 GNG 模型中节点之间拓扑连接更新示意图

步骤 2. 计算与当前模式 x 最近的获胜节点 s_1 和距离次近的节点 s_2：

$$s_1 = \{s_1 \mid \|x - w_{s_1}\| \leqslant \|x - w_r\|, \forall r\} \tag{3.6}$$

$$s_2 = \{s_2 \mid \|x - w_{s_2}\| \leqslant \|x - w_r\|, \forall r\ r \neq s_1\} \tag{3.7}$$

步骤 3. 更新 s_1 的获胜次数 N_{s_1}：$N_{s_1} = N_{s_1} + p$，其中 p 为随时间下降的步长；

① 若 $N_{s_1} > \mathrm{WIN}_{\max}$，在网络中插入新节点 q，新节点暂时不与其他节点建立拓扑连接，$\mathrm{WIN}_{\max}$ 为年龄上限，随着节点增多、学习的局部化适当降低。

② 如果 $N_{s_1} \leqslant \mathrm{WIN}_{\max}$，则调整网络节点的参考向量。

对于获胜节点 s_1

$$\Delta w_{s_1} = e_{s_1} \cdot (x - w_{s_1}) \quad e_{s_1} \text{ 是常数} \tag{3.8}$$

对于其他节点 r

$$\Delta w_r = e_r \cdot [(x - w_r) / \|x - w_r\|] \qquad \forall r \in \mathrm{Neighbor}(s_1) \tag{3.9}$$

步骤 4. 若 s_1，s_2 之间没有连接，则创建二者的连接，并设该连接的年龄为 0；若 s_1、s_2 之间有连接则将该连接的年龄置为 0；所有和获胜节点 s_1 相连的拓扑连接的年龄加 1。

步骤 5. 如果节点之间连接的年龄大于阈值 $\varphi_{\max}$ 则去掉这条连接线：

$$\varphi_{\max}(t) = \varphi_{\mathrm{i}} (\varphi_{\mathrm{f}} / \varphi_{\mathrm{i}})^{t/t_{\max}} \tag{3.10}$$

步骤 6. 训练步数 t 加 1，如果 $t < t_{\max}$，返回步骤 2。

GNG 模型不用预先确定节点数目，也不受拓扑的限制，使得模型对高维复杂样本具有更强的适应性。基于 CHL 规则生成的网络拓扑结构具有拓扑学习能力，能够反映出输入空间的本征维数。图 3.4 反映了 GNG 模型对环形输入分布的映射过程。其中图(a)为网络初始状态；图(b)为网络生长过程，深色的节点为新增长的节点；图(c)为最终的映射结果。从图中可以看出，网络很好地映射出了输入空间的分布形状以及输入信号分布的密度。

从前面的分析可以知道，GNG 模型不用预先确定网络维数和节点数目，也不受拓扑的限制，使得模型对高维复杂样本具有很强的适应性。由 CHL 规则形成的网络拓扑结构具有拓扑学习能力，能够反映出输入流形的本征维数。图 3.5 所示为传统 GNG 与带拓扑连接的 GNG 的映射比较，图 3.6 所示为 Swiss Roll 训练结果。

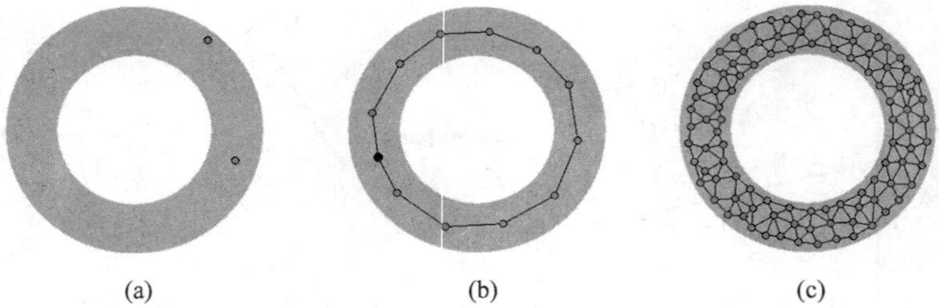

图 3.4　GNG 模型的生长过程及对环形输入分布的映射结果
(a) 初始化节点；(b) 训练 100 步时的网络状态；(c) 网络最终映射结果。

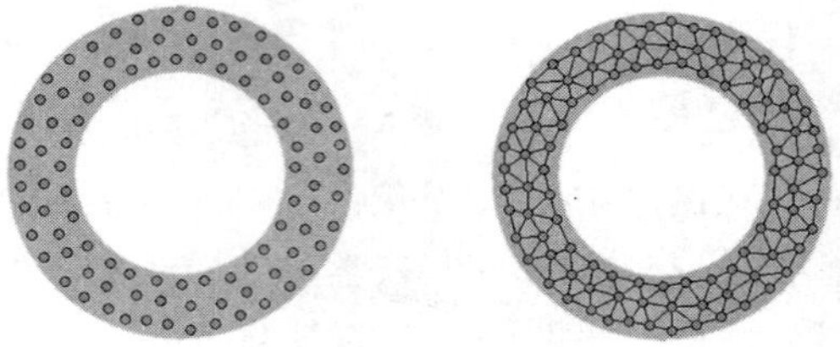

图 3.5　没有拓扑连接的 GNG 映射结果与带拓扑连接的 GNG 映射比较

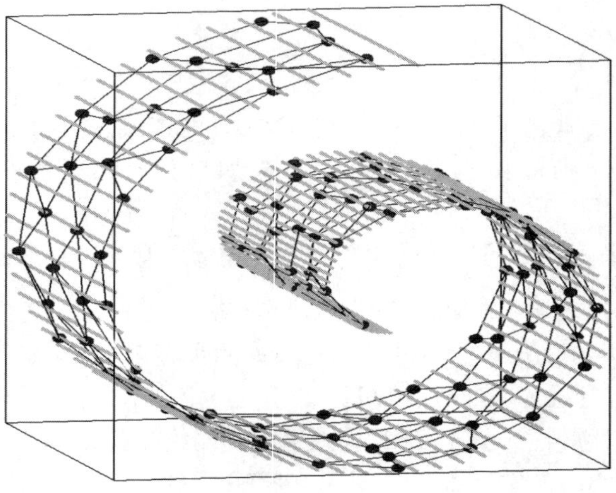

图 3.6　生长型神经气模型对 Swiss Roll 的映射结果

3.1.2　生长型局部线性嵌入算法

结合前期的工作，对 LLE 进行了改进。在原始 LLE 的基础上引入生长模型，以支撑向量与拓扑连接图代替原始数据集，提出了生长型局部线性嵌入算法(Growing Locally Linear Embedding，GLLE)，不仅可以预估计数据集的本征维数、自适应选择合适的邻域参数，还有效地降低了算法的复杂度，显著提高了流形学习在模式识别与数据处理中的应用。

1. 原始 LLE 算法描述

高维数据约简一直是模式识别与智能计算中重要的数据处理方式。通常来讲，高维数据之间总是具有一定的相关性，有的是线性的，有的是非线性的，如何发现这些关系是降维的主要途径。传统的降维方法大多是线性的，这些算法可以很好地处理线性问题，但是由于欧氏空间的线性特点，这些算法对高维空间中的复杂非线性数据很难进行有效的降维。局部线性嵌入算法（LLE）以保持数据局部邻域之间的关系（即局部几何结构），将高维数据映射到低维空间，可以很好地发现嵌入在高维空间中的低维子流形，达到降维的目的。

1）原始 LLE 算法

局部线性嵌入的基本思想是以局部线性嵌入式映射来实现全局的非线性流形展开[14]。作为一种无监督的学习算法，其保留了原流形中局部邻域间的相互关系（即在高维空间中邻近的点在低维空间中也是邻近的），将高维数据映射到一个低维全局坐标系中。设初始数据集为高维空间 R^D 中的 N 个实值向量 $\boldsymbol{X}=\{\boldsymbol{X}_1,\boldsymbol{X}_2,\cdots,\boldsymbol{X}_N\}$，映射到低维空间 $R^d(D>d)$，具体算法分为三步：

步骤 1. 局部邻域点搜索。选择向量 $\boldsymbol{X}_i$ 的邻域点 $\{\boldsymbol{X}_{ij}, j\in \text{Neighbor}(i), j=1,\cdots,K\}$（$K$ - 近邻或者以核函数选择邻域），并假定 $\boldsymbol{X}_i$ 及其邻域点构成线性超平面。

步骤 2. 在 $\boldsymbol{X}_i$ 的邻域中，计算重构每个 $\boldsymbol{X}_j$ 的权值 W_{ij}，使代价误差式（3.11）最小。

$$\varepsilon_I(\boldsymbol{W}) = \sum_i \left|\boldsymbol{X}_i - \sum_j W_{ij}\boldsymbol{X}_{ij}\right|^2 \tag{3.11}$$

重构权值 $\boldsymbol{W}_{ij}$ 满足条件：若 $\boldsymbol{X}_j$ 不属于 $\boldsymbol{X}_i$ 的邻域，$\boldsymbol{W}_{ij}=0$，且 $\sum_j \boldsymbol{W}_{ij}=1$，求取 $\boldsymbol{W}$ 的过程就是求解带约束的最小二乘问题（图 3.7）。

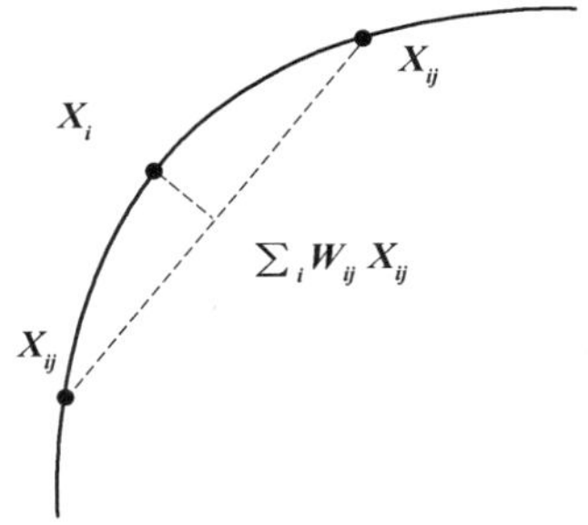

图 3.7　数据点 $\boldsymbol{X}_i$ 与邻域点 $\boldsymbol{X}_{ij}$ 及其局部线性重构 $\sum_j \boldsymbol{W}_{ij}\boldsymbol{X}_{ij}$

重构权值 $\boldsymbol{W}_{ij}$ 反映了空间流形在局部线性降维中的不变特征，因此重构 R^D 空间数据点的权值，也是重构对应嵌入拓扑空间 R^d 的权值（证明见定理 3.1）。

步骤 3. 映射到低维嵌入空间 R^d。

嵌入空间的代价误差定义为式(3.12),与前面定义的代价误差式(3.11)类似,都是基于局部线性重构误差,但这里是固定 $\boldsymbol{W}_{ij}$,优化 d 维坐标系下 $\boldsymbol{Y}_i$,使代价误差式(3.12)最小。对任何一个数据点 i,$\boldsymbol{W}_{ij}$具有旋转、尺度和平移变换不变性,因此对 $\boldsymbol{Y}$ 的求解是一定约束条件下求解稀疏矩阵的特征向量问题:

$$\varepsilon_{II}(\boldsymbol{Y}) = \sum_i \left| \boldsymbol{Y}_i - \sum_j \boldsymbol{W}_{ij}\boldsymbol{Y}_{ij} \right|^2 \tag{3.12}$$

其中,$\boldsymbol{W}_{ij}$可以扩展为 $n \times n$ 的稀疏矩阵 $\boldsymbol{W}$,仅 $\boldsymbol{W}_{i,N(j)} = \boldsymbol{W}_{ij}$。$Y$ 的约束条件为

$$\sum_i \boldsymbol{Y}_i = 0 \tag{3.13}$$

$$\frac{1}{N}\sum_i \boldsymbol{Y}_i^{\mathrm{T}}\boldsymbol{Y}_i = \boldsymbol{I} \tag{3.14}$$

其中,N 为邻域覆盖数,则映射后的代价误差可以写为

$$\varepsilon_{II}(\boldsymbol{Y}) = \sum_i \left| \boldsymbol{Y}_i - \sum_j \boldsymbol{W}_{ij}\boldsymbol{Y}_{ij} \right|^2 = \sum_i \left| (\boldsymbol{I} - \boldsymbol{W})\boldsymbol{Y}_i \right|^2 = \mathrm{tr}(\boldsymbol{Y}^{\mathrm{T}}\boldsymbol{M}\boldsymbol{Y}) \tag{3.15}$$

其中,$\boldsymbol{M} \in R^{n\times n}$,$\boldsymbol{M} = (\boldsymbol{I} - \boldsymbol{W})^{\mathrm{T}}(\boldsymbol{I} - \boldsymbol{W})$。由拉格朗日乘子法可以得到

$$\mathcal{L}(\boldsymbol{Y},\lambda) = \boldsymbol{Y}^{\mathrm{T}}\boldsymbol{M}\boldsymbol{Y} + \lambda(\boldsymbol{Y}^{\mathrm{T}}\boldsymbol{Y} - N \times \boldsymbol{I}) \tag{3.16}$$

求 Y 的极值就是梯度为 0,

$$\frac{\partial\mathcal{L}}{\partial\boldsymbol{Y}} = 0 \rightarrow 2\boldsymbol{M}\boldsymbol{Y}^{\mathrm{T}} - 2\lambda\boldsymbol{Y}^{\mathrm{T}} = 0 \rightarrow \boldsymbol{M}\boldsymbol{Y}^{\mathrm{T}} = \lambda\boldsymbol{Y}^{\mathrm{T}} \tag{3.17}$$

由此,将 LLE 问题转化为谱分析中求取 $\boldsymbol{M}$ 最小非零特征值的问题,获得邻域覆盖数据集在低维的同胚映射[80],算法示意如图 3.8 所示。

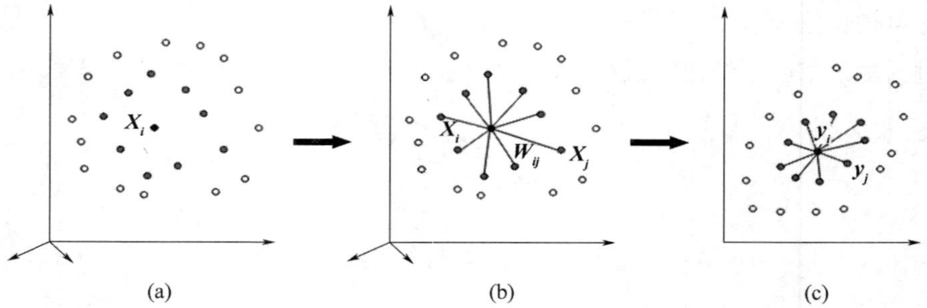

图 3.8 原始 LLE 算法实现示意图

(a) 领域点的搜索;(b) 权重的计算;(c) 低维空间局部嵌入。

定理 3.1 设 $\boldsymbol{X}$ 为高维数据, $\boldsymbol{Y}$ 为低维映射结果。存在 $\boldsymbol{X}_i = \sum_j \boldsymbol{W}_{ij}\boldsymbol{X}_{ij}$ 且 $\sum_j \boldsymbol{W}_{ij} = 1$,则 $\boldsymbol{Y}_i = \sum_j \boldsymbol{W}_{ij}\boldsymbol{Y}_{ij}$, $j \in \mathrm{Neighbor}(i)$。

证明:

设局部线性映射为 F_{ij},则有

$$\begin{aligned}
\boldsymbol{Y}_i &= F_i(\boldsymbol{X}_i), \boldsymbol{Y}_{ij} = F_i(\boldsymbol{X}_{ij}) \\
\boldsymbol{Y}_i &= F_i(\boldsymbol{X}_i) = \boldsymbol{A}\boldsymbol{X}_i + \boldsymbol{b} \\
&= \boldsymbol{A}\left(\sum\nolimits_j \boldsymbol{W}_{ij}\boldsymbol{X}_{ij}\right) + \boldsymbol{b} \\
&= \sum\nolimits_j \boldsymbol{A}(\boldsymbol{W}_{ij}\boldsymbol{X}_{ij}) + \sum\nolimits_j \boldsymbol{W}_{ij}\boldsymbol{b} \\
&= \sum\nolimits_j \boldsymbol{W}_{ij}(\boldsymbol{A}\boldsymbol{X}_{ij}) + \sum\nolimits_j \boldsymbol{W}_{ij}\boldsymbol{b} \\
&= \sum\nolimits_j \boldsymbol{W}_{ij}(\boldsymbol{A}\boldsymbol{X}_{ij} + \boldsymbol{b}) \\
&= \sum\nolimits_j \boldsymbol{W}_{ij}\boldsymbol{Y}_{ij}
\end{aligned}$$

因此,重构权值 $\boldsymbol{W}_{ij}$在保持局部线性特征不变的情况下将 R^D空间中的流形在低维 R^d空间中展开。

我们采用手旋杯数据来说明 LLE 的基本思想,如图 3.9 所示。手旋杯数据是由一个视频序列在等间隔采样中得到的,部分图像如图 3.9(a)所示。把手旋杯原始数据集作为观测数据,采用 LLE 算法对 481 幅图像约简至三维,如图 3.9(b)所示,不难发现流形为嵌套在三维欧氏空间的一维曲线,内在控制变量为水平旋转度,每个手旋杯的变化是通过内在一维变量的插值和重构一维模型来实现的。

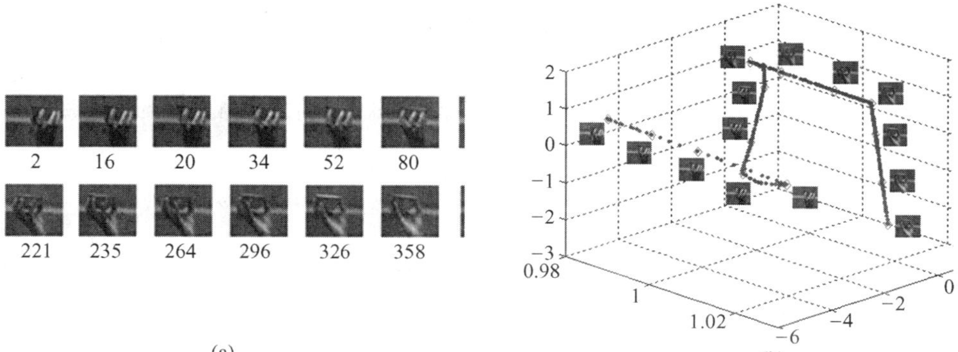

(a)　　　　　　　　　　　　(b)

图 3.9　LLE 用于手旋杯图像序列

(a) 手旋杯部分图像示例; (b) 经 LLE 映射到二维空间中的一维曲线。

2) 生长型局部线性嵌入算法

在原始 LLE 中,只有两个参数需要预先设定:随机点邻域值 K 和本征维数 d,但是,至今除了通过实验估计或重构误差判断这两个参数的方法外,还没有一种有效的确定方法,这些制约了 LLE 的广泛应用[80,81],并且 LLE 计算复杂度高也大大影响其适用性。基于此,我们在原始 LLE 中引入改进的具有拓扑结构的 GNG,提出了新的生长型局部线性嵌入算法(Growing Locally Linear Embedding,GLLE)。新算法不仅可以自动设定两个必要的参数,同时大大降低了算法的存储空间和时间消耗,增加了算法的自适应性与实用性。算法的基本描述如下:

(1) 将高维数据 X 作为 GNG 模型的输入，通过自组织网络的形成得到一个新的拓扑图 $G=(X^L,\boldsymbol{D})$，其中 X^L 为图的节点，节点数 $N^L<N$，$\boldsymbol{D}$ 为节点间的拓扑连接的距离矩阵。新的拓扑结构覆盖了原始流形的整个支撑域，同时，由拓扑连接的统计平均可以估计出流形的本征维数。

(2) 在 GNG 生成的网络结构中，节点的邻域关系由与之相连的拓扑连接自动确定，避免了原始 LLE 中对邻域值的人为设定，并且使邻域的选择更加合理。例如，如果一个节点和网络中其他四个节点有拓扑连接，则该节点的邻域值设为 4。这样，每个节点的邻域值都可以自动选择，而且不同节点的邻域值可能不相同，这与原始 LLE 中邻域值都固定不同。

(3) 与原始 LLE 中对权值的求解过程类似，也是由最小化重构误差求解权值矩阵 $\boldsymbol{W}'$。不同的是，在自组织局部线性嵌入算法中，权值矩阵 $\boldsymbol{W}'$ 是 $N^L\times N^L$ 维，而不是原始 LLE 中的 $N\times K$ 维。对权值矩阵 $\boldsymbol{W}'$ 的第 i 列，非零元素的个数等于网络中第 i 个节点的邻域值。

(4) 低维嵌入向量 $\boldsymbol{Y}^L$ 由最小化低维空间的代价误差得到。

作为一个新的无监督流形学习算法，GLLE 的具体算法流程如下。

生长型局部线性嵌入算法流程

已知：输入数据 $\boldsymbol{X}=\{\boldsymbol{X}_1,\boldsymbol{X}_2,\cdots,\boldsymbol{X}_N\}$，$N$ 为样本量；

输出：低维映射 $\boldsymbol{Y}^L$

步骤 1. 以 $\boldsymbol{X}$ 为训练数据通过 GNG 模型得到减少的节点 $\boldsymbol{X}^L$ 和距离矩阵 $\boldsymbol{U}^L$；

步骤 2. 计算重构权值，使得高维空间中重构误差最小：

$$\varepsilon(\boldsymbol{W}')=\sum_i\left|\boldsymbol{X}_i^L-\sum\nolimits_j\boldsymbol{W}'_{ij}\boldsymbol{X}_j^L\right|^2$$

步骤 3. 计算低维映射 $\boldsymbol{Y}^L$，使得低维空间中的重构误差最小：

$$\phi(\boldsymbol{Y}^L)=\sum_i\left|\boldsymbol{Y}_i^L-\sum_j\boldsymbol{W}'_{ij}\boldsymbol{Y}_j^L\right|^2=\mathrm{trace}((\boldsymbol{Y}^L)^{\mathrm{T}}\boldsymbol{M}'\boldsymbol{Y}^L)$$

其中 $\boldsymbol{M}'=(\boldsymbol{I}-\boldsymbol{W}')^{\mathrm{T}}(\boldsymbol{I}-\boldsymbol{W}')$，$\boldsymbol{M}'\in R^{N_L\times N_L}$，$N^L=\mathrm{rank}(\boldsymbol{X}^L)$ 为约简后的样本量；

步骤 4. 在约束 $\sum\nolimits_i\boldsymbol{Y}_i^L=0$ 与 $1/N\sum(\boldsymbol{Y}^L)^{\mathrm{T}}\boldsymbol{Y}^L=\boldsymbol{I}$ 将最小化问题

$$\arg\min_{Y^LY=NI}((\boldsymbol{Y}^L)^{\mathrm{T}}\boldsymbol{M}'\boldsymbol{Y}^L)$$

转化为最小二乘问题，使用拉格朗日乘子法得到

$$\mathcal{L}_2(\boldsymbol{Y}^L,\ \wedge)=\mathrm{tr}((\boldsymbol{Y}^L)^{\mathrm{T}}M'\boldsymbol{Y}^L)+\mathrm{tr}(\wedge(\boldsymbol{Y}^L)^{\mathrm{T}}\boldsymbol{Y}^L-N\times\boldsymbol{I})$$

步骤 5. 求取 $\boldsymbol{M}'(\boldsymbol{Y}^L)^{\mathrm{T}}=\wedge(\boldsymbol{Y}^L)^{\mathrm{T}}$ 的前 d 个特征值和对应的特征向量。为了使算法更鲁棒，并纳入流形学习框架，我们给出变换 $\widetilde{\boldsymbol{M}}=\boldsymbol{I}-\boldsymbol{M}'$（定义为拉普拉斯矩阵 $\boldsymbol{L}=\boldsymbol{U}-\boldsymbol{W}$）。则最小二乘方程转化为 $\widetilde{\boldsymbol{M}}(\boldsymbol{Y}^L)^{\mathrm{T}}=\wedge(\boldsymbol{Y}^L)^{\mathrm{T}}$，计算最大的 d 个特征值即可得到嵌入数据 $\boldsymbol{Y}^L$。

---

2. 算法性能分析

下面就 GLLE 的重构误差、维数估计、邻域选择以及计算复杂度进行详细的理论分析。

1）GLLE 重构代价分析

在生长型局部线性嵌入算法中，我们通过引入 GNG，得到一个新的带有拓扑连接的网络结构，能够较好地解决原始 LLE 算法存在的不足。新的网络结构中节点数比原始数据的个数显著减少，这些减少的节点是否还能覆盖原始数据空间的支撑域，并反映其本征流形分布，我们将对此给出证明和分析。

原始 LLE 算法求解过程其实就是一个约束最小二乘问题的求解，所以，GLLE 算法的重构误差计算也与之相似。我们给出定理 3.2。

定理 3.2 GLLE 中的高维重构误差 $\boldsymbol{\varepsilon}'$ 和低维嵌入误差 $\boldsymbol{\phi}'$ 与 LLE 的高维重构误差 $\boldsymbol{\varepsilon}$ 和低维嵌入误差 ϕ 相似。

证明：

已知条件如下：LLE 的重构误差为 $\varepsilon(\boldsymbol{W}) = \sum_i \left|\boldsymbol{X}_i - \sum_j \boldsymbol{W}_{ij}\boldsymbol{X}_{N(j)}\right|^2$，低维嵌入误差为 $\phi(\boldsymbol{Y}) = \sum_i \left|\boldsymbol{Y}_i - \sum_j \boldsymbol{W}_{ij}\boldsymbol{Y}_j\right|^2$，LLE 的约束条件 $\sum_j \boldsymbol{W}_{ij} = 1$，$\sum_j \boldsymbol{Y}_j = 0$，$\frac{1}{N}\sum_i \boldsymbol{Y}_i\boldsymbol{Y}_i^{\mathrm{T}} = \boldsymbol{I}$。GNG 的 $\overline{\varepsilon} = \sum_{i=1}^{N} |\overline{\boldsymbol{W}}_i - \boldsymbol{X}_{N(i)}|^2$，其中 $E[\,|\overline{\boldsymbol{W}}_i - \boldsymbol{X}_{N(i)}|^2] \to 0$。

使用矢量表示，$\boldsymbol{X} \in R^D$ 为初始数据集矩阵，$\boldsymbol{w}_j \in R^N$ 为扩展稀疏矩阵的第 j 行，$\boldsymbol{\eta}_j \in R^D$ 为 X_i 的单个邻域点，误差计算描述为

$$\varepsilon_i = \left|\boldsymbol{x} - \sum_j \boldsymbol{w}_j\boldsymbol{\eta}_j\right|^2 = \left|\sum_j \boldsymbol{w}_j(\boldsymbol{x} - \boldsymbol{\eta}_j)\right|^2 = \sum_{jk} \boldsymbol{w}_j\boldsymbol{w}_k\boldsymbol{C}_{jk} \tag{3.18}$$

其中，$\boldsymbol{C}_{jk} = (\boldsymbol{x} - \boldsymbol{\eta}_j)\cdot(\boldsymbol{x} - \boldsymbol{\eta}_k)$ 为局部协方差矩阵，$C \in K_{\mathrm{opt}} \times K_{\mathrm{opt}}$。同时，对于大样本的学习，嵌入流形经过改进的 GNG 统计映射后，可以假设：对于每一个节点其 Voronoi 区域 V_i 有

$$\overline{\boldsymbol{w}}_i = \frac{1}{n_i}\sum_{i \in V_i} \boldsymbol{x}_i \tag{3.19}$$

对于邻域 $\boldsymbol{\eta}$ 的所有点在统计上符合

$$\overline{\boldsymbol{\eta}} = \frac{1}{n_j}\sum_{j \in N(j)} \boldsymbol{\eta}_j \tag{3.20}$$

则有 $C_G \in K_{\mathrm{mean}} \times K_{\mathrm{mean}}$：

$$\begin{aligned}
\boldsymbol{\varepsilon}'_i &= \left|\overline{\boldsymbol{w}}_i - \sum \boldsymbol{w}'_j\overline{\boldsymbol{\eta}}\right|^2 = \sum_{jk} \boldsymbol{w}'_j\boldsymbol{w}'_k\boldsymbol{C}_{G_{jk}} \\
&= \left|\frac{1}{n_i}\sum_{i \in V_i} \boldsymbol{x}_i - \frac{1}{n_j}\sum \boldsymbol{w}'_j \sum_{j \in N(j)} \boldsymbol{\eta}_j\right|^2 \\
&= \left|x_i + \boldsymbol{\tau} - \sum \boldsymbol{w}'_j(\boldsymbol{\eta}_j + \boldsymbol{\tau}')\right|^2 \\
&= \left|x_i - \sum \boldsymbol{w}'_j\boldsymbol{\eta}_j + (\boldsymbol{\tau} - \boldsymbol{\tau}')\right|^2
\end{aligned} \tag{3.21}$$

由于 GNG 在统计上有 $E[|\overline{\boldsymbol{W}}_i-\boldsymbol{X}_{N(i)}|^2]\to0$，则 $(\tau-\tau')\to0$，所以有 $\varepsilon'_i\to\varepsilon_i$，同理可以证明 $\varepsilon'_{ii}\to\varepsilon_{ii}$。由此可知，在通过 GNG 对样本的概率分布进行映射后，仍然保持空间中嵌入流形的特征，保证了 LLE 算法展开的正确。

所以，虽然 GNG 自组织后节点数目较原始数据集少，但因为保留了原流形的结构特征信息，所以仍能很好地展开；相对的，如果我们取较小数目（如在 Swiss Roll 实验中取 $N=500$）的随机初始样本，则获得的展开很不理想。可以说，GNG 的引入也一定程度上克服了 LLE 对特征选择的不适应。

2）本征维数的估计

本征维数的估计是高维空间子流形展开所必须面对的问题。目前维数估计的方法基本上为后验式的，以查看残差曲线或者其他准则来判断流形的本征维数[71,82]。而在 GLLE 算法中，我们可以通过形成的拓扑结构估计出流形的本征维数。引入竞争 Hebb 学习后，GNG 将不再是简单地反映输入空间的概率分布，而对输入空间的拓扑结构也有了本质的体现，已经证明该方法可以产生最优的拓扑结构。由 Hebb 学习规则保证，对于一维网络，每个节点平均有两个节点与之存在拓扑连接；对于二维网络，每个节点平均有四个节点（GridTop 栅格）与之存在拓扑连接，因此，我们可以通过计算调整结束后网络中节点的平均连接节点数目来估计网络的维数。我们对 $0<d<6$ 的空间流形进行了大量的试验，从蒙特卡洛统计分析中可以看出，拓扑连接的引入使得网络可以估计输入模式的真实维数（整数维），如图 3.10 所示。图 3.10(c) 中菱形表示针对不同维数的数据映射得到的网络连接边界数目的平均值，竖线表示方差。可以看出，不同的维数下，平均连接边界数目相差很大；同一维数下，平均连接边界数目的方差值很小，证明根据平均连接节点数目来估计网络维数的方法是可行的。

因此，在数据流形通过 GNG 自组织后，可以看出邻域数与数据的本征维数成线性关系，对此我们给出一个简化的估计模型：

$$d=\frac{\sum_i K_i}{2N} \tag{3.22}$$

转换后就可以根据

$$K_{\text{mean}}=2d \tag{3.23}$$

方便地估计出该流形的本征维数，从而快速给出 LLE 中的维数参数。

我们验证了这一简化模型的有效性。当流形本征维数较低（$d<10$）时，模型可以正确给出流形的维数参数（整数维）；当流形维数较高时，由于计算复杂度太大，我们暂时没有给出验证结果。

3）节点邻域的动态选择

在 LLE 算法中，如果节点邻域数 K 值选得太大，将滤掉或消除小尺度结构的影响，平滑原有的细节，类似传统的 PCA，丢失了非线性特征；K 值选得太小，将把连续的拓扑空间划分为不相邻的小空间，不能反映全局特性。所以对于 K 值的选

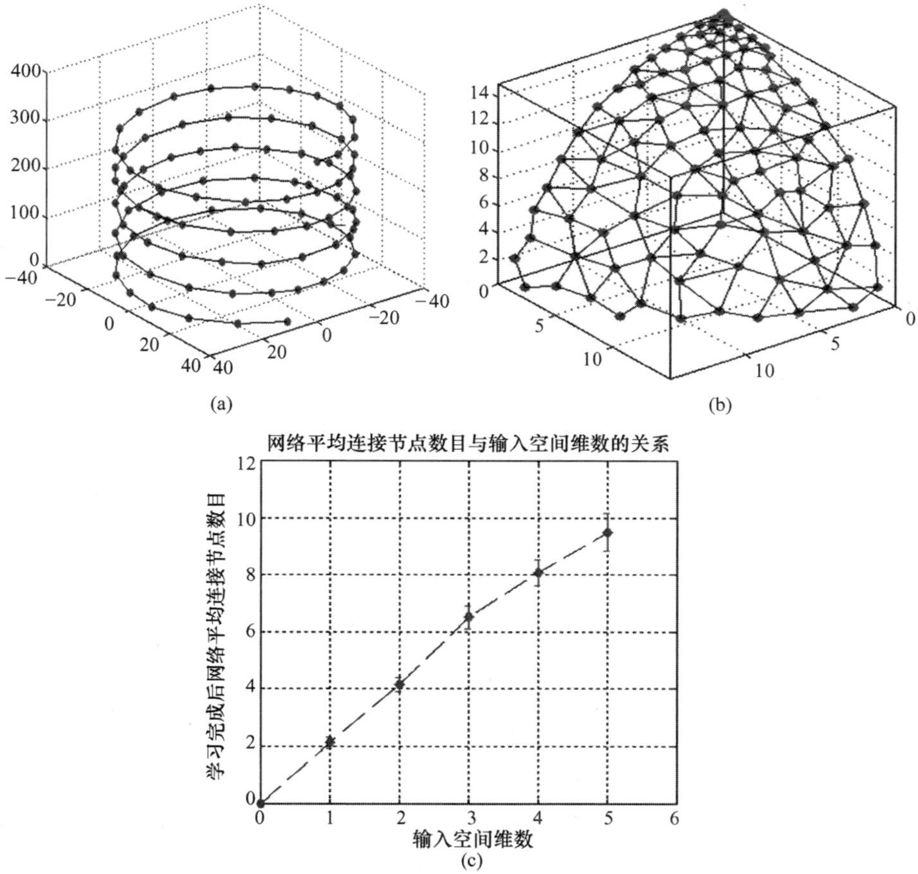

图 3.10　网络节点连接与输入空间维数的关系

(a) 二维空间的一维映射；(b) 三维空间的二维映射；(c) 关系图。

取是 LLE 成功的关键，已有诸多文献对如何确定最优 K 值给出了不同途径[71,83]。但是这些文献并未给出针对映射空间相应 K 值的选取，只是给出了大致的关系 $K>d$；更没有提到动态邻域的选择问题，包括内部与边界等不同情况的分析等。而在提出的 GLLE 算法中，由竞争 Hebb 规则 CHL 保证，给出了每一个节点对映射空间的最佳邻域[78]，在 K 值动态变化的过程中使得局部线性最优。

对于均匀分布情况下，节点邻域 K 的最优选择应使得残差最小：

$$K_{\text{opt}} = \arg\min_{K}(1 - \rho^2_{\boldsymbol{D}_X\boldsymbol{D}_Y}) \tag{3.24}$$

其中，$\boldsymbol{D}_X$ 与 $\boldsymbol{D}_Y$ 为 $\boldsymbol{X}$ 和 $\boldsymbol{Y}$ 的欧氏距离矩阵，而 ρ 为标准线性相关系数。理论上，残差越小，表明嵌入效果越好。但是由于欧氏距离的不可靠性，随着 K 值的变化，重构误差有升有降。

如对文献[71]中的人脸数据，在 $K<5$ 时有个全局最小值，这是因为对于大样本，

在 K 值比较小的时候均是其最佳邻域,所以邻域每增一其重构误差都会减小,一直到 $K=22$ 时才是最佳邻域,如图 3.11 所示。通过计算和统计实验,改进算法中总体平均邻域 K_{mean} 值(GNG 确定的拓扑邻域)基本上可以确保重构误差与 K_{opt} 保持一致。而且由于其邻域选择的自适应性,比固定 K_{opt} 值邻域的原始 LLE 算法具有更小的残差。

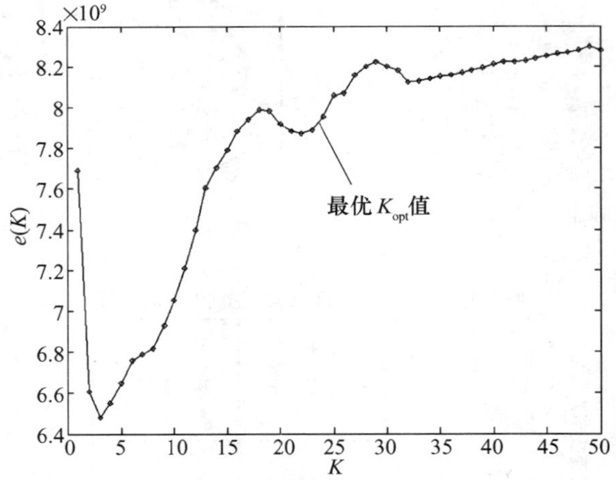

图 3.11　不同邻域残差曲线及最优残差值

4）降低算法复杂度

原始 LLE 算法中因为计算所有样本点的欧氏距离并排序,而初始样本点因为要均匀覆盖输入空间又不能太小(满足稠密性假设),不仅占用极大的存储空间,同时也消耗大量的时间,使得算法适应性降低。改进算法中首先对初始样本使用 GNG 自组织后,获得较少的但是保持原始流形特征的新的节点序列,大大降低了 LLE 过程的存储与时间消耗。

比较原始 LLE 算法与 GLLE 算法的时间消耗(表 3.1),由于 $N_w \ll N$, $K_{mean} \approx K_{opt}$,则可以看出 GLLE 算法时间消耗要远远小于原始 LLE 算法,特别是当初始样本 N 增大时,原始 LLE 算法的时间消耗呈指数上升,而改进 LLE 算法基本上是线性增加。图 3.12 所示为两者的时间消耗对比,横坐标为初始样本 N,纵坐标为时间(s),环境为 CPU：Athlon XP 2500 + ,Windows XP sp2 操作系统下 Matlab 6.5 计算的时间代价。

表 3.1　LLE 与 GLLE 算法复杂度比较

	LLE 算法复杂度	GLLE 算法复杂度
自组织时间	Na	$T_N \times O(N_w \lg N_w)$
寻找最近邻	$O(DN^2)$	$O(DN_w{}^2)$
计算重构权值	$O(DNK^4)$	$O(DN_wK^4)$
计算特征值	$O(K_dN^2)$	$O(K_{mean}dN_w{}^2)$
注:N 为初始样本数;D 为原始空间维数;k 为算法选择的邻域值;N_w 为改进算法的节点个数;K_{mean} 为动态邻域平均数;T_N 为训练循环次数,一般取 $T_N \leqslant 10$ 即可		

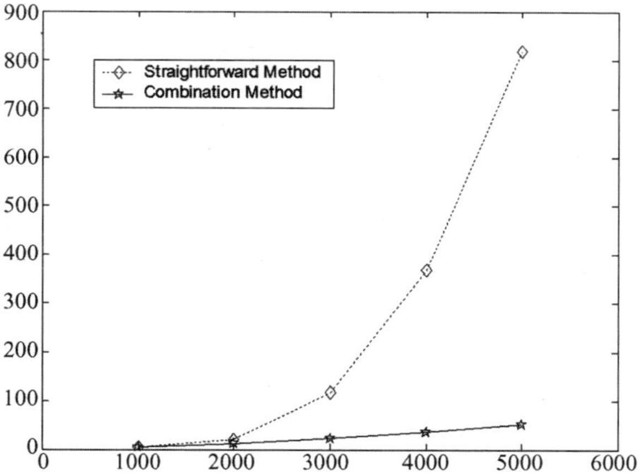

图 3.12　两种算法的时间代价比较

3. 仿真与性能比较

引入 GNG 与 CHL 规则后,GLLE 算法不仅能够自适应确定原始 LLE 所必须确定的两个参数,更大大缩减了算法的时间和存储空间消耗,提高了算法实用性。

1）三维空间嵌入流形的展开

在实验中首先以三维空间嵌入的光滑子流形 Swiss Roll 与 S 曲面输入作为展开对象,GLLE 自组织后覆盖原始数据的支撑域,展开效果相当理想,并克服了原算法因选择最小特征值所出现的收缩现象。作为对比,图 3.13 所示是原始 LLE 算法对 Swiss Roll 与 S 曲面的非线性展开,可以看出展开效果良好,但是某些部分出现收缩;图 3.14 分别为 $T_N=5$ 次的 GLLE 展开结果,可以看出展开效果明显优于原始 LLE 算法,流形得到充分展开。

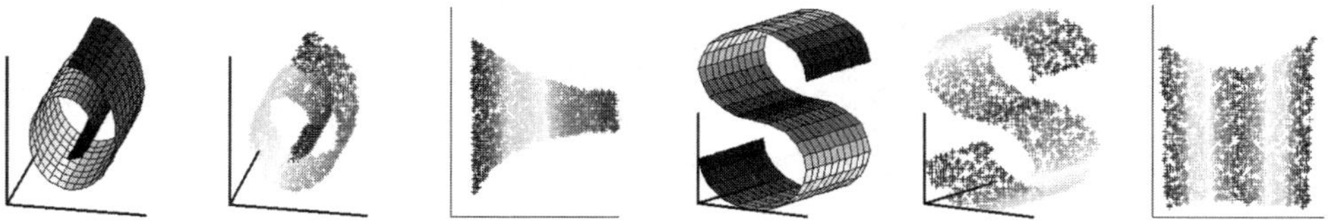

(a)　　　　(b)

图 3.13　三维空间中 Swiss Roll 与 S 曲线曲面的 LLE 展开结果($N=2000$)
(a) Swiss Roll 的 LLE 展开结果;(b) S 曲线的 LLE 展开结果。

同时,对 Swiss Roll 与 S 曲线曲面以小样本进行 LLE 展开。取随机样本 $N=500$,可以看出子流形上出现空洞或断裂,不满足稠密性和局部保距性的假设条件,原始 LLE 算法很难正确展开,如图 3.15 所示。而 GLLE 能够以带有拓扑连接的节点(图 $G=(X^L,D)$)覆盖了整个嵌套子流形的支撑域,并且给出合理邻域选择,所以能够正确展开,如图 3.16 所示。

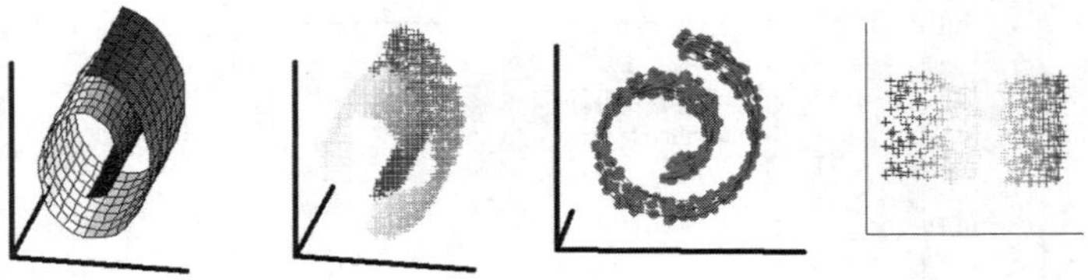

(a)

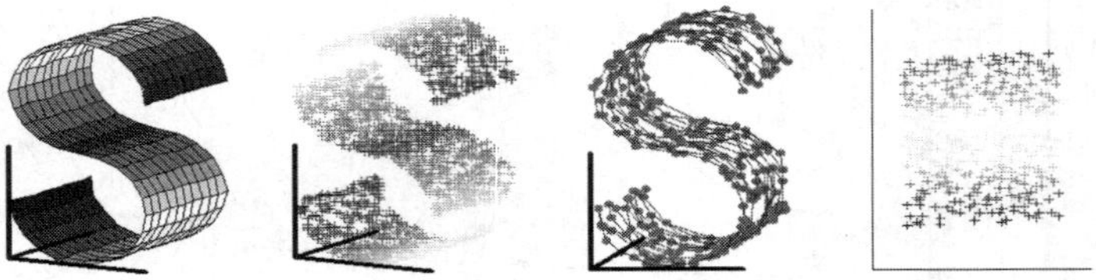

(b)

图 3.14　随机选取初始样本的 GLLE 展开结果($N_w=200, T_N=5$)

(a) Swiss Roll 的 GLLE 展开结果；(b) *S* 曲线曲面的 GLLE 展开结果。

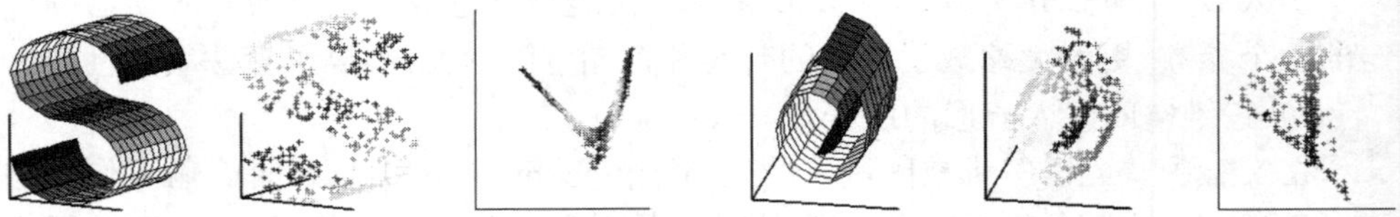

图 3.15　小样本条件下 Swiss Roll 与 *S* 曲线曲面的 LLE 展开结果($N=500$)

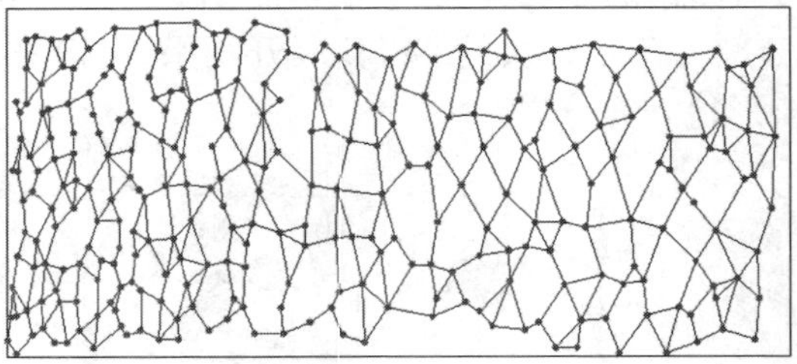

(a)

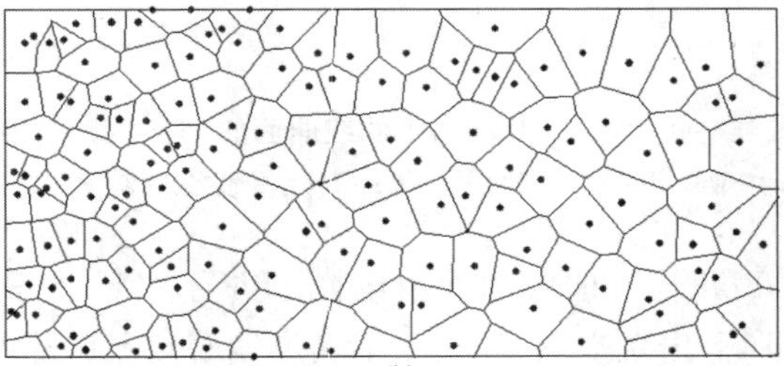

(b)

图 3.16　图 3.15 中 Swiss Roll 展开结果的拓扑结构图和 Voronoi 区域

(a) 2 - D 空间中的拓扑结构；(b) Voronoi 图。

2）高维数据可视化

使用流形学习的方法如 LLE 等，对多姿态人脸与视频人脸序列的跟踪与识别已经取得较好的结果[14,22,40,44,84]。但是原始 LLE 算法很难处理非凸流形的展开，对处理大容量不规则分布外观流形的可视化也存在较大缺陷。在人脸识别中，多姿态的人脸序列不可能均匀分布于高维流形上，且中间可能会出现多个孔洞，原始 LLE 很难充分展开，GLLE 对此做到了一定的改善。对比原始 LLE，为了验证 GLLE 算法的实用性，我们对一些真实数据进行了仿真。

选择 Frey Face 数据库，共 1965 幅 20×28 像素灰度图，图 3.17 所示为库中一些典型的人脸序列。将单一图像映射到高维空间（$D=560$），组成输入样本 X 后使用 LLE 与 GLLE 算法分别在二维空间展开，结果如图 3.18 所示。

图 3.17　Frey Face 典型人脸数据

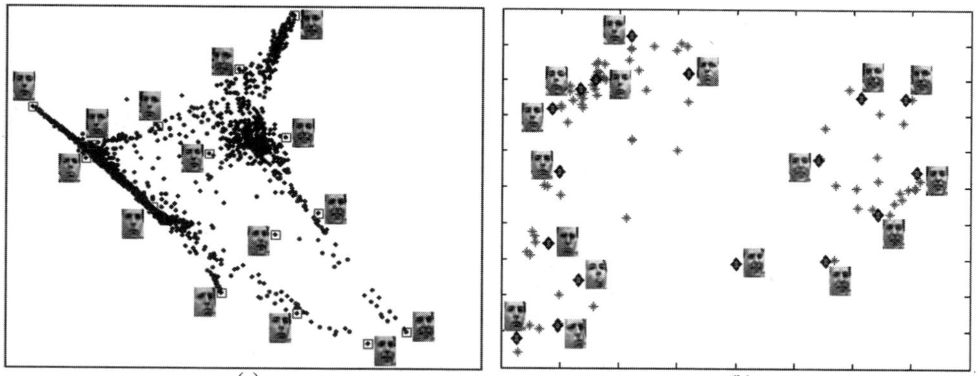

(a)　　(b)

图 3.18　Frey 人脸图像的 2-D 原始 LLE 与 GLLE 算法展开结果

（a）原始 LLE 算法展开结果；（b）GLLE 算法展开结果。

可以看出，原始 LLE 的展开很不规则，虽然反映了人脸在高维空间的大体分布结构，但是降维后的流形出现孔洞，且有大量重叠现象，即差别较大的人脸被映射在一起。而 GLLE 流形展开结果很好地反映了人脸数据在高维空间中的分布，映射结果也很好地反映了人脸的变化趋势。图 3.18（a）为整个 1965 幅人脸的 LLE 展开结果以及典型人脸的映射位置，图 3.18（b）为 GLLE 算法展开结果与逆映射人脸分布，GNG 学习后节点 663，训练次数为 5 × 1965，从展开图中可以明显看出人脸的姿态变化趋势和表情分离，且有效避免了重叠现象。

为了进一步说明拓扑保持在 GLLE 算法中的重要性，我们选择了一张百合花图像，转变为 23×19 的灰度图像后在一个噪声背景下移动，得到 480 张 46×38 维的样本。为样本加入拓扑连接后展开结果如图 3.19(a)所示，可以很清晰地看出展开结果仍然保持良好的拓扑结构，这是其他算法所不能得到的。

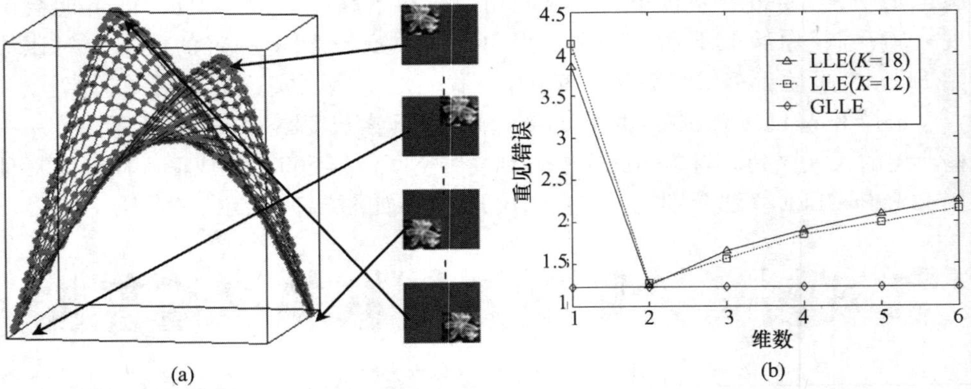

图 3.19　噪声背景下移动百合花图像的二维拓扑展开

(a) 二维空间中的拓扑展开，结果呈鞍形；(b) LLE 与 GLLE 的重构误差比较。

图 3.19(b)显示了该实验的重构误差比较。从图中可以看出当 $d=2$ 时 LLE 具有最小的重构误差，表明流形的真实维数是二维。同时也可以看出 GLLE 具有最小的重构误差，表明 GLLE 具有最优的拓扑嵌入。

3）应用仿真实验

(1) 手写数字识别。

选择 MNIST 手写数字数据库作为实验对象，该数据集为 NIST 数据库的子库，包含 60000 个训练样本和 10000 个测试样本，包含 0～9 等 10 个数字的 28×28 维灰度图像，部分样本如图 3.20 所示。

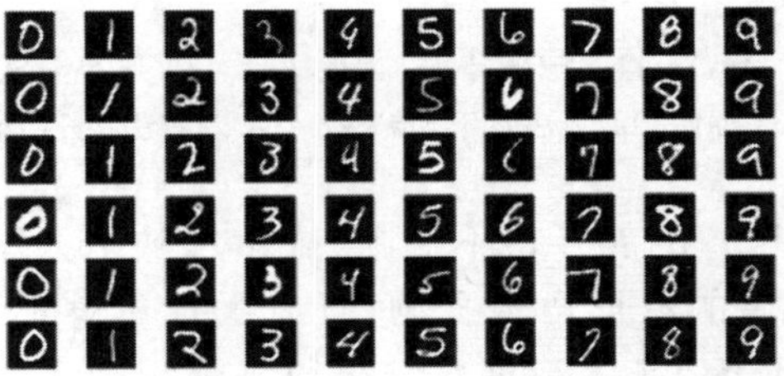

图 3.20　部分手写数字样本

实验中仅选择 4、7 和 9 三个数字的样本，从训练集中随机选取 1000 幅图像进行训练，测试数据为测试集中所有的三个数字样本。分类器选择 K-NN 分类器，K 值为 1、3、5、11 和 17。为了便于观察，我们将图像降维到二维空间，选择 $K=17$ 的 K-NN 分类器，空间划分情况如图 3.21 所示。

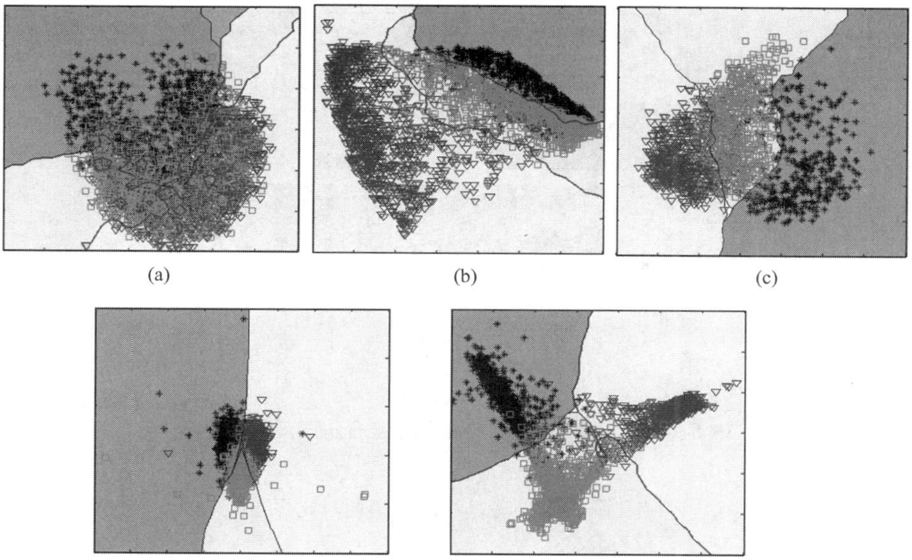

(a) (b) (c)

(d) (e)

图 3.21 数字分类的二维空间划分

(a) PCA; (b) LLE; (c) Isomap; (d) LPP; (e) GLLE。

* —4; ▽—7; □—9。

表 3.2 为每个算法运行 10 次得到的平均结果和标准偏差,时间消耗和错误率的比较结果如图 3.22 与图 3.23 所示。

表 3.2 手写数字识别精度与标准偏差

K - NN	PCA	LLE	Isomap	LPP	GLLE
1	49.45(0.99)	82.58(0.56)	92.83(3.85)	81.35(0.86)	93.00(0.58)
3	51.42(0.75)	85.43(0.43)	93.24(3.09)	83.24(0.66)	94.51(0.40)
5	53.42(0.67)	86.98(0.33)	93.59(2.50)	83.60(0.61)	94.82(0.45)
11	55.60(0.72)	87.57(0.33)	92.87(2.36)	86.86(0.52)	95.14(0.42)
17	55.93(0.53)	87.82(0.41)	93.64(2.57)	87.33(0.35)	95.29(0.40)

(2) ORL 人脸识别。

ORL 人脸库是最常用的人脸识别数据集之一,包含 40 个人共 400 张 92 × 112 的灰度图像,这些人脸图像已经经过中心化和标准化,所以这一数据集的识别率比较高。由于该数据集不涉及光照,所以实验的主要挑战就是 ORL 人脸库中的姿态和表情识别。本实验中我们将整个数据集划分为训练集和测试集,每个子集为 200 个互不交叠的样本,部分样本如图 3.24 所示。

该实验中我们发现 $K=1$ 时 K - NN 分类器给出最好分类结果,K 增加时分类正确率反而下降,所以我们选择 1 - NN 分类器,则不同维数的分类结果如表 3.3 所列,图 3.25 显示了各算法的错误识别率曲线。

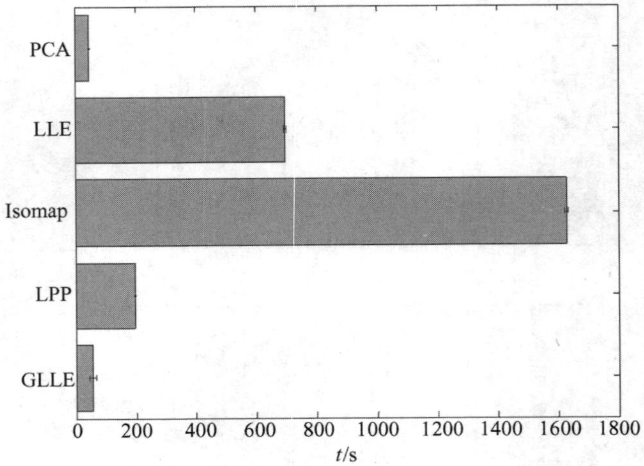

图 3.22　各算法时间消耗对比

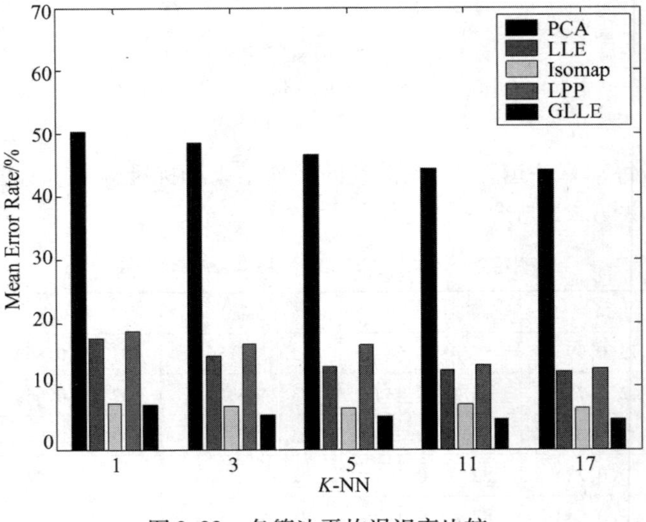

图 3.23　各算法平均误识率比较

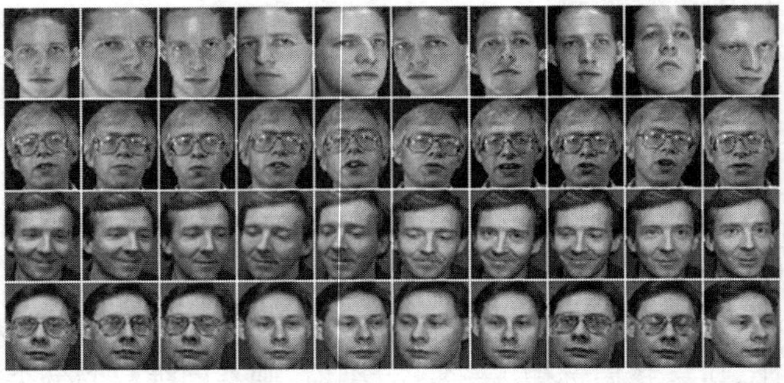

图 3.24　部分 ORL 人脸数据样本

表 3.3　各算法 ORL 人脸识别正确率比较

Dimension	PCA	LLE	Isomap	LPP	GLLE
2	30.50	35.50	43.00	31.50	48.00
5	82.00	70.00	79.50	80.00	81.50
10	92.00	83.50	85.00	91.50	88.50
15	93.00	89.00	89.50	93.00	91.50
20	93.50	90.00	91.00	92.50	92.50
25	93.50	90.00	92.00	92.50	92.50
30	94.00	93.00	92.50	93.00	93.00
35	94.00	92.00	93.50	93.50	94.00
40	94.50	91.00	94.00	94.50	95.50

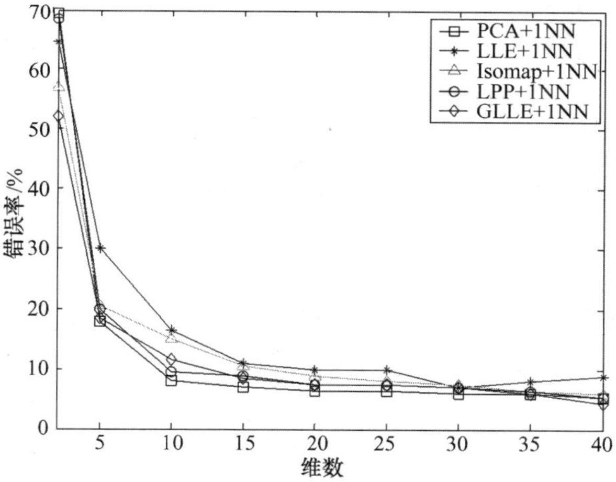

图 3.25　五种算法的错误识别率对比曲线

从表 3.3 中可以看出，在特征空间 40 维时 GLLE 算法的识别率最高，达到 95.5%，远远高于 LLE。我们在实验中发现，由于样本空间维数(400)远远小于图像空间维数(92 × 112)，所以流形学习算法中(包括 LLE、Isomap、LPP 与 GLLE)计算邻域矩阵的时间并不长，整体效率较高。相对地，PCA 却要计算一个 1030 × 10304 维的协方差矩阵，时间消耗远远超过其他算法，如图 3.26 所示。

从实验结果可以看出 GLLE 算法在高维数据可视化与特征提取领域的有效性，不仅识别率较 LLE 有所提高，计算时间也有显著降低。可以说，GLLE 作为一个新的有效的无监督非线性降维算法，必将推动流形学习的广泛应用。

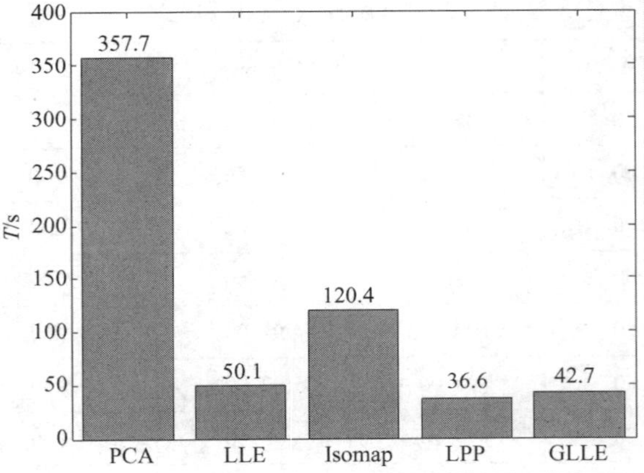

图 3.26　各算法时间消耗对比

3.1.3　GLLE 对 Isomap 算法改进的启发

等度规映射(Isomap)算法是目前最典型的流形学习算法之一。由于 Isomap 的距离矩阵是基于全局的测地距离,可以给出很好的流形展开结果,并给出流形本征维数的估计[3,5],如图 3.27 所示。

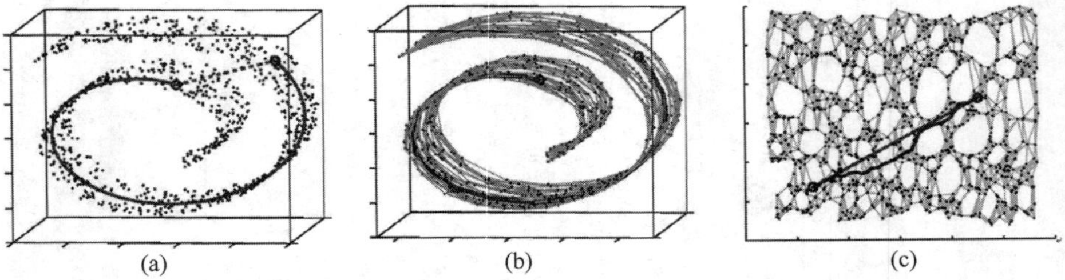

图 3.27　Isomap 中测地线示意图

但是,测地距离的计算需要耗费太多的时间(最短路径 $O(kN^2\lg N)$ + 特征值计算 $O(N^3)$),所以如何降低 Isomap 的计算量是该算法必须要面对的一个问题。Silva 等提出 L－Isomap 算法[21],即在输入数据中选择 n 个点作为地标,依据 n 个地标样本计算 MDS 结果,然后根据所有样本和地标之间的距离矩阵 $\boldsymbol{D}_{n\times N}$ 计算最后的展开结果。该算法可以显著地降低 Isomap 算法的计算量,且 $n=d+1$ 即可获得较好的降维效果,如图 3.28 所示。

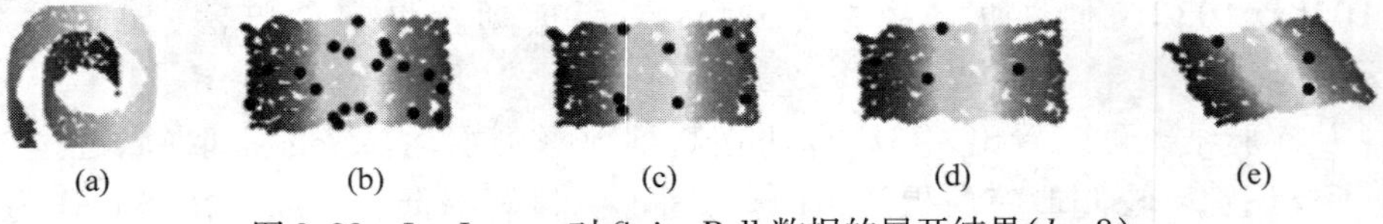

图 3.28　L－Isomap 对 Swiss Roll 数据的展开结果($k=8$)

(a) 数据集;(b) 地标数 20;(c) 地标数 10;(d) 地标数 4;(e) 地标数 3。

但是，L－Isomap 中仍然存在很多问题：地标数过多则效果不明显，地标数过少算法不是很稳定；地标分布差的话会导致透视投影（Foreshortening projection），所以如何选择地标个数、确定地标位置是 L－Isomap 必须面对的问题。现有的选择地标的方法基本上就是在输入样本中随机抽取，数量按输入样本量的百分比来确定，这样基本上忽略了输入样本的概率分布和几何特征。如果引入生长型神经气模型，就可以依据概率分布给出合适的地标数量与位置，很好地解决这一问题。具有拓扑结构的节点可以很好地标记出地标的位置。我们对 Swiss Roll 数据进行了仿真试验，新的结果如图 3.29 所示。

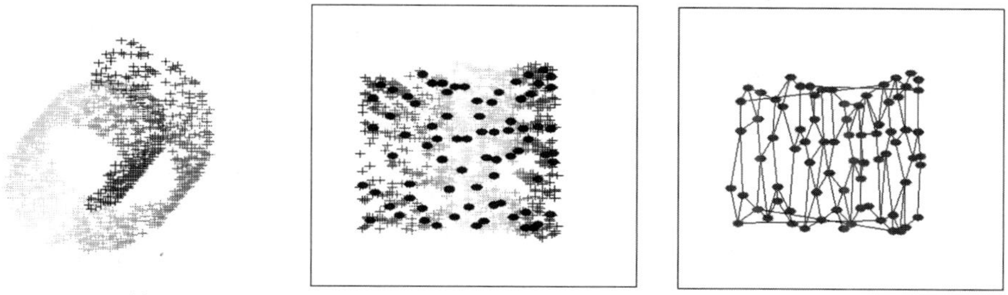

(a)　　(b)　　(c)

图 3.29　改进的 L－Isomap 在数据 Swiss Roll 上的映射结果

（a）原始数据；（b）映射结果（地标由 GNG 模型给出）；（c）地标所形成的拓扑结构。

改进后的 L－Isomap 算法不仅可以依据输入样本的概率分布自动确定地标的位置和数量，还形成了拓扑连接，可以提前估计出流形的本征维数。

3.2　噪声流形学习与分析

流形学习方法以其有效的降维能力成为目前机器学习和模式识别中的热点研究对象。近年来从 2000 年 Science 上发表了 LLE、Isomap 等流形学习方法以来，国内外学者对于流形学习的研究如雨后春笋，文献数据目前也是浩繁迭秩，从具体算法的改进[20,72,85,87]到总体的框架理论[25,37,61]，从黎曼几何理论[88]到概率统计方法[89]，从生理视觉研究[2]到神经网络模型[17]，都有很多深入的研究。虽然流形学习在高维数据处理、可视化与模式识别领域取得了良好的效果，但是在实际应用中却不得不面对噪声和奇异值敏感问题。关于噪声学习目前国内外研究较少，主要是因为难度太大。流形学习基本上均是基于局部几何保持的，而噪声对局部的影响很大，如果从数据的全局统计特性考虑或许可以轻松避免噪声的干扰，但在局部却很难克服。所以现有流形学习方法基本上是建立在局部光滑假设条件上，即所有的采样数据均落在该流形上。但是实际操作中由于噪声和测量的关系，样本数据很难完全落在该流形上，而是以一种正态分布的关系落在该流形周围。在本节，我们将重点讨论噪声流形学习问题，包括噪声对流形学习的影响、已有的解决方法，以及我们结合局部主曲面思想提出的局部平滑嵌入算法。

3.2.1 问题的提出

噪声流形学习是指针对有噪声的流形数据进行模式分析与降维,这些数据采样并不是完全落在光滑流形上,而是有一部分落在流形附近(噪声)或者零散分布在输入空间(奇异值)。由于现有流形学习方法大都基于局部几何结构,而噪声可能会改变流形的局部特征,所以现有的流形学习方法很容易受到噪声影响,出现不稳定的结果。如何有效地对噪声流形进行降维,是流形学习理论必须面对和解决的问题。这一节我们将深入分析噪声对流形学习的影响,并通过仿真和理论分析进行验证。

1. 噪声对流形的影响

由于噪声的存在,流形上的采样数据在局部上可能会失去流形的几何特征,从而导致不能正确地降维。而真实数据中基本上都是存在噪声的,或者说采样数据并不是完全落在流形上的,例如一段基于外观的连续视频,所有的图像帧本应该在高维空间中以流形方式分布的图像序列,但是由于拍摄过程中出现的各种问题,该图像序列总会偏离流形。

可见,虽然流形学习在维数约简中已经有了很好的应用,但是噪声问题普遍存在于各种基于流形学习的非线性降维方法中,对噪声敏感仍然是阻碍其广泛应用的主要因素。考虑 $\mathcal{R}^D$ 空间中的 d 维子流形 $\mathcal{M}$ 以及该流形上的采样数据 X,如果该数据被噪声污染,所获取的数据将可能偏离该流形,即 $X' = X + \varepsilon$。流形学习基于三个基本假设,即数据的稠密性假设、光滑性假设和非闭合假设。当原始采样点中引入噪声时,算法可能覆盖支撑域(本征流形)以外的空间,破坏了拓扑空间平滑的前提条件;另外,每个采样点的邻域可能不在一个超平面上,难以判断其局部几何结构,也不能用局部线性方法进行重构。所以,噪声的引入很可能破坏了流形学习的两个基本假设,得不到正确结果。以本征维数是二维的 S 曲面为例,图 3.30(b)是加入均值为 0、方差为 0.05 高斯白噪声的 S 曲面(从正面看),其中黑框标记的局部小区域放大如图 3.30 (c)所示,可以看出,引入噪声后的 S 曲面从局部上看已经失去了二维本征特性,而是一个三维空间,因此用局部线性重构不能得到原始 S 曲面的二维展开图。图 3.30(d)是引入噪声后运行 LLE 的二维映射图,由此可见引入噪声后的结果完全没有展开并发生严重交叠。

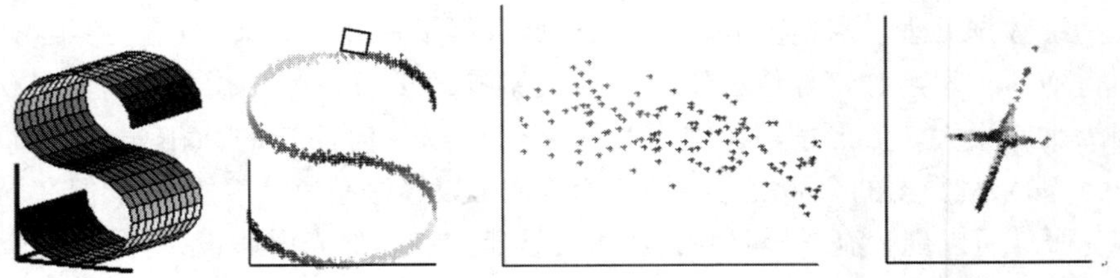

(a) (b) (c) (d)

图 3.30 加入噪声 S 曲面的 LLE 二维展开图($k=8$)

(a) 原始 S 曲面;(b) 噪声 S 曲面;(c)、(b) 中标记的局部放大图;(d) LLE 的二维展开图。

不同程度的噪声对流形的展开影响也不相同。下面对 S 曲面和 Swiss Roll 的流形数据(采样个数为 $N=1000$)加入不同强度的高斯噪声,然后给出各噪声流形的 LLE 展开。从结果可以看出,在 S 曲线中当噪声水平低于 0.1 时 LLE 基本上可以正确展开,当噪声水平超过 0.1 时展开结果出现重叠,如图 3.31 所示。对于 Swiss Roll 情况则严峻得多,LLE 基本上不能正确展开,这是因为 Swiss Roll 的非线性更强,添加的噪声很容易破坏流形的局部几何结构,展开结果如图 3.32 所示。此外,我们在研究中发现,当噪声水平较低时,适当增加邻域值可以得到更好的结果,这是因为当噪声水平较低时,选择较大邻域值可以体现出流形的局部几何结构。但是邻域太大会导致邻域连接图出现多连通,即连接图不能正确发现流形,如图 3.33 所示。

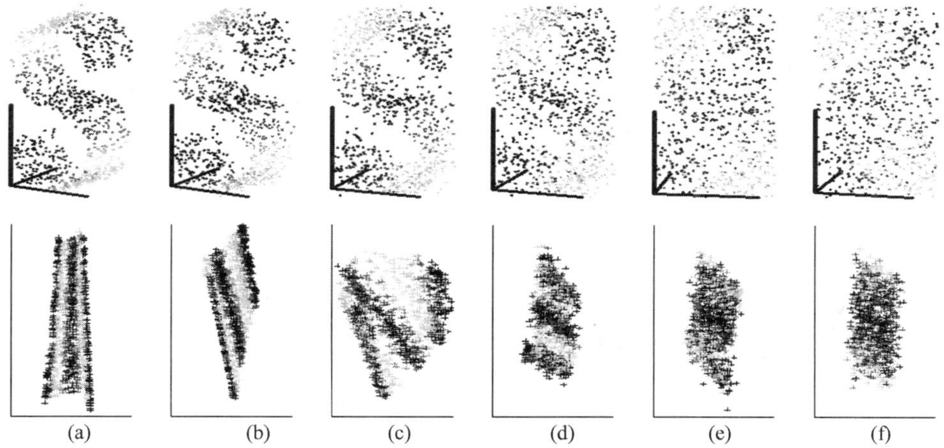

图 3.31 不同噪声水平下的 S 曲面展开结果

(a) $\sigma^2=0.05$; (b) $\sigma^2=0.1$; (c) $\sigma^2=0.2$; (d) $\sigma^2=0.3$; (e) $\sigma^2=0.4$; (f) $\sigma^2=0.5$。

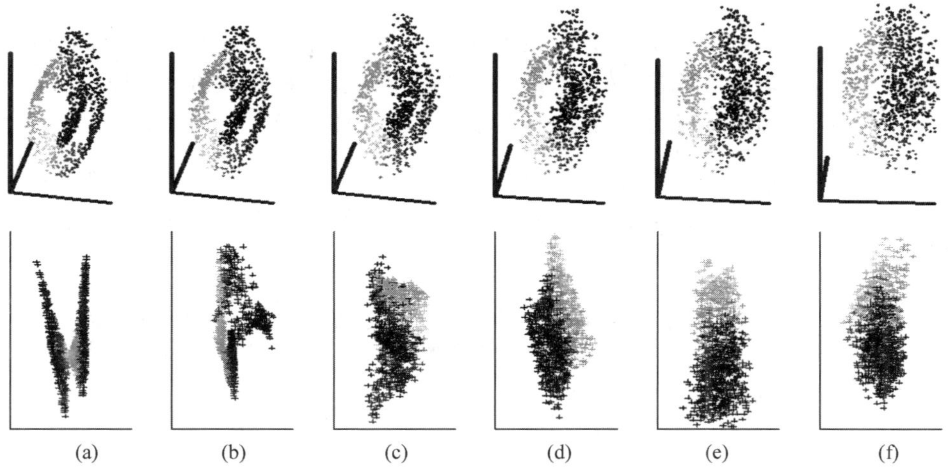

图 3.32 不同噪声水平下的 Swiss Roll 展开结果

(a) $\sigma^2=0.05$; (b) $\sigma^2=0.1$; (c) $\sigma^2=0.2$; (d) $\sigma^2=0.3$; (e) $\sigma^2=0.4$; (f) $\sigma^2=0.5$。

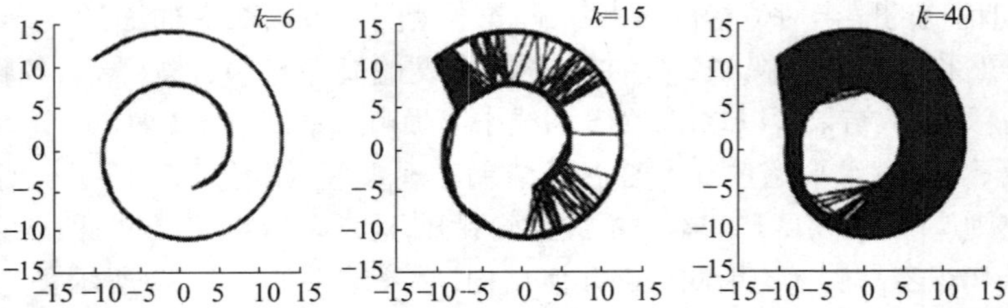

图 3.33　Swiss Roll 的邻域连接图

2. 噪声干扰的理论分析

下面我们在理论上分析噪声对流形学习的影响。不失一般性，我们针对局部线性嵌入算法进行分析。设在高维欧氏空间 $\mathcal{R}^D$ 中有数据集 $X=\{\boldsymbol{x}_1,\boldsymbol{x}_2,\cdots,\boldsymbol{x}_N\}$，对任意取定的点 $\boldsymbol{x}_0$，$U(\boldsymbol{x}_0)$ 代表点 $\boldsymbol{x}_0$ 的邻域，不妨设 $\boldsymbol{x}_1,\boldsymbol{x}_2,\cdots,\boldsymbol{x}_k\in U(\boldsymbol{x}_0)$，点 $\boldsymbol{x}_0$ 与其邻域点之间的权值为 $\boldsymbol{w}_i$，则

$$\boldsymbol{x}_0=\sum_{i=1}^{k}\boldsymbol{w}^i\boldsymbol{x}_i,\ \sum_{i=1}^{k}\boldsymbol{w}^i=1 \tag{3.25}$$

令

$$\boldsymbol{x}'_i=\boldsymbol{x}_i+\boldsymbol{\varepsilon}_i,(i=0,1,2,\cdots,k) \tag{3.26}$$

代表相应的受噪声污染的邻域点，以及相应的

$$\boldsymbol{x}'_0=\sum_{i=1}^{k}\boldsymbol{w}^{i'}\boldsymbol{x}'_i,\ \sum_{i=1}^{k}w^{i'}=1 \tag{3.27}$$

若再令 $\boldsymbol{X}^0=(\boldsymbol{x}_1,\boldsymbol{x}_2,\cdots,\boldsymbol{x}_k)$，$\boldsymbol{X}^{0'}=(\boldsymbol{x}'_1,\boldsymbol{x}'_2,\cdots,\boldsymbol{x}'_k)$，以及 $\boldsymbol{w}=(w^1,w^2,\cdots,w^k)^{\mathrm{T}}$，$\boldsymbol{w}'=(w^{1'},w^{2'},\cdots,w^{k'})^{\mathrm{T}}$，那么有

$$\boldsymbol{x}_0=\boldsymbol{X}^0\boldsymbol{w},\boldsymbol{x}'_0=\boldsymbol{X}^{0'}\boldsymbol{w}' \tag{3.28}$$

在上述记号下，若各个点噪声之间、不同维数之间，以及 w' 与噪声之间是相互独立的，各点噪声是同均值(0－均值)、同方差的。那么我们有如下定理：

定理 3.3　对于光滑流形 $\mathcal{M}$，X 为流形上的采样点，X^0 表示点 x_0 的邻域，σ 为加在流形上的噪声，$\boldsymbol{\sigma}^2=\sum_{i=1}^{D}\boldsymbol{\sigma}_i^2$，$\boldsymbol{\sigma}_i^2=\mathrm{Var}(\varepsilon^i)$，$(i=1,2,\cdots,D)$，$\boldsymbol{\varepsilon}^i$ 代表 $\boldsymbol{\varepsilon}$ 的第 i 个分量，$l=\mathrm{rank}(\boldsymbol{X}^0)$，$\lambda_{\min}$ 为 $\boldsymbol{X}^{0\mathrm{T}}\boldsymbol{X}^0$ 的最小非零特征值，$\boldsymbol{w}$ 为重构权值。对于 $\delta\boldsymbol{w}=\boldsymbol{w}'-\boldsymbol{w}$ 有如下估计：

$$E\ \|\delta\boldsymbol{w}\|^2\leqslant\frac{k(k+3)\sigma^2}{2\lambda_{\min}l}E\ \|\boldsymbol{w}'\|^2 \tag{3.29}$$

证明：

由 $\boldsymbol{x}'_i=\boldsymbol{x}_i+\boldsymbol{\varepsilon}_i,i=0,1,\cdots,k$ 可知

$$\boldsymbol{x}'_0=(\boldsymbol{x}'_1,\boldsymbol{x}'_2,\cdots,\boldsymbol{x}'_k)\begin{pmatrix}\boldsymbol{w}^{1'}\\ \vdots\\ \boldsymbol{w}^{k'}\end{pmatrix}=(\boldsymbol{x}_1,\boldsymbol{x}_2,\cdots,\boldsymbol{x}_k)\begin{pmatrix}\boldsymbol{w}^{1'}\\ \vdots\\ \boldsymbol{w}^{k'}\end{pmatrix}+\sum_{i=1}^{k}\boldsymbol{w}^{i'}\boldsymbol{\varepsilon}_i$$

$$\Rightarrow \boldsymbol{x}_0 = (\boldsymbol{x}_1,\boldsymbol{x}_2,\cdots,\boldsymbol{x}_k)\begin{pmatrix}\boldsymbol{w}_{1'}\\ \vdots \\ \boldsymbol{w}_{k'}\end{pmatrix} + \sum_{i=1}^{k} \boldsymbol{w}_{i'}\boldsymbol{\varepsilon}_i - \boldsymbol{\varepsilon}_0 \tag{3.30}$$

进一步有

$$(\boldsymbol{x}_1,\boldsymbol{x}_2,\cdots,\boldsymbol{x}_k)\begin{pmatrix}\boldsymbol{w}'_1 - \boldsymbol{w}_1\\ \vdots \\ \boldsymbol{w}'_k - \boldsymbol{w}_k\end{pmatrix} = \sum_{i=1}^{k} \boldsymbol{w}'_i(\boldsymbol{\varepsilon}_0 - \boldsymbol{\varepsilon}_i) \tag{3.31}$$

其中，$\sum_{i=1}^{k}\boldsymbol{w}'_i = \sum_{i=1}^{k}\boldsymbol{w}_i = 1$。即

$$(\boldsymbol{x}_1,\boldsymbol{x}_2,\cdots,\boldsymbol{x}_k)\delta\boldsymbol{w} = \sum_{i=1}^{k}\boldsymbol{w}_{i'}(\boldsymbol{\varepsilon}_0 - \boldsymbol{\varepsilon}_i) \tag{3.32}$$

由于噪声是独立的，则有

$$\begin{aligned} E(\delta\boldsymbol{w}^{\mathrm{T}}\boldsymbol{X}^{0\mathrm{T}}\boldsymbol{X}^0\delta\boldsymbol{w}) &= E\left[\sum\nolimits_i \boldsymbol{w}'_i(\boldsymbol{\varepsilon}_0 - \boldsymbol{\varepsilon}_i)^{\mathrm{T}}\sum\nolimits_i \boldsymbol{w}'_i(\boldsymbol{\varepsilon}_0 - \boldsymbol{\varepsilon}_i)\right] \\ &= \sum\nolimits_i E\boldsymbol{w}'^2_i\sigma^2 + \sum\nolimits_{j\neq i} E(\boldsymbol{w}'_i\boldsymbol{w}'_j)\boldsymbol{\sigma}^2 \\ &\leqslant \frac{k+3}{2}\boldsymbol{\sigma}^2\sum_{i=1}^{k}E\boldsymbol{w}'^2_i = \frac{k+3}{2}\boldsymbol{\sigma}^2 E\,\|\boldsymbol{w}'\|^2 \end{aligned} \tag{3.33}$$

记 $\boldsymbol{X}^{0\mathrm{T}}\boldsymbol{X}^0$ 的正交分解为 $\boldsymbol{X}^{0\mathrm{T}}\boldsymbol{X}^0 = \boldsymbol{A}^{\mathrm{T}}\boldsymbol{\Lambda}\boldsymbol{A}$，其中 $\boldsymbol{A}$ 为正交矩阵，$\boldsymbol{\Lambda} = \begin{pmatrix}\lambda_1 & \cdots & 0\\ \vdots & \vdots & \vdots\\ 0 & \cdots & \lambda_k\end{pmatrix}$。由于 $\mathrm{rank}(\boldsymbol{X}^{0\mathrm{T}}\boldsymbol{X}^0) = \mathrm{rank}(\boldsymbol{X}^0)$，则

$$E(\delta\boldsymbol{w}^{\mathrm{T}}\boldsymbol{X}^{0\mathrm{T}}\boldsymbol{X}^0\delta\boldsymbol{w}) = E(\delta\boldsymbol{w}^{\mathrm{T}}\boldsymbol{A}^{\mathrm{T}}\boldsymbol{\Lambda}\boldsymbol{A}\delta\boldsymbol{w}) \geqslant \lambda_{\min}\sum\nolimits_i E\delta\boldsymbol{w}_i^2 \tag{3.34}$$

通过对 A 进行行初等变换（改变两行的位置），然后计算相应的式(3.34)，将所得结果相加可得

$$E(\delta\boldsymbol{w}^{\mathrm{T}}\boldsymbol{X}^{0\mathrm{T}}\boldsymbol{X}^0\delta\boldsymbol{w}) = E(\delta\boldsymbol{w}^{\mathrm{T}}\boldsymbol{A}^{\mathrm{T}}\boldsymbol{\Lambda}\boldsymbol{A}\delta\boldsymbol{w}) \geqslant \lambda_{\min}\sum\nolimits_i E\,\|\delta\boldsymbol{w}\|^2\cdot\frac{l}{k} \tag{3.35}$$

其中，$\lambda_{\min} = \min\limits_{1\leqslant i\leqslant k}\{\lambda_i > 0\}$。结合式(3.33)可知

$$E\,\|\delta\boldsymbol{w}\|^2 \leqslant \frac{k(k+3)\sigma^2}{2\lambda_{\min}l}\sum\nolimits_i E(\boldsymbol{w}'^2_i\boldsymbol{\sigma}^2) \tag{3.36}$$

即

$$E\,\|\delta\boldsymbol{w}\|^2 \leqslant \frac{k(k+3)}{2\lambda_{\min}l}\sigma^2 E\,\|\boldsymbol{w}'\|^2 \tag{3.37}$$

从上面的证明可以看出，算法受三个因素制约：①噪声的影响，即 σ 的大小；②邻域大小，即 $\lambda_{\min}$ 和 l；③权值能量的影响，即 $\|\boldsymbol{w}'\|$ 的大小。

上面的证明过程仍然存在一些问题，分析如下：

(1) 式(3.26)表明引入噪声后，认为 $\boldsymbol{x}'_0$ 的邻域与 $\boldsymbol{x}_0$ 相同。而实际上，先前

没有加入噪声时的邻域点由于噪声的影响可能远离 $\boldsymbol{x}_0$ 点，而先前离 $\boldsymbol{x}_0$ 较远的点引入噪声以后可能变得接近 $\boldsymbol{x}_0$，这样，按照选取欧氏距离最小的 k 个点的邻域选择方法，引入噪声后 $\boldsymbol{x}'_0$ 的邻域与 $\boldsymbol{x}_0$ 很可能不相同。

(2) 认为引入噪声前后的比较是通过式(3.29)对 $\delta\boldsymbol{w}$ 的估计得到。虽然 $\boldsymbol{w}$ 的变化能够直接影响低维嵌入结果，但是对于噪声的影响还应该从最终结果推导，通过计算低维向量 $\|\boldsymbol{Y}_0-\boldsymbol{Y}'_0\|$ 的误差来得到。

(3) 对于 $D\times k$ 矩阵 $\boldsymbol{X}^0$，由于大部分高维数据存在 $D\gg k$，则 $\mathrm{rank}(\boldsymbol{X}^0)\leqslant k$，这里我们暂时假设 $\mathrm{rank}(\boldsymbol{X}^0)=k$。因此，对于式(3.29)，在其他参数确定的情况下，若 $\boldsymbol{\lambda}_{\min}$ 为 k 的高阶无穷小，则认为 $E\ \|\delta\boldsymbol{w}\|^2$ 与 k 近似成反比，即随着 k 值增加，低维嵌入结果受噪声影响将会减小。但是 k 值不能一直增加，而只能在一定范围内变化。如图3.33所示，当邻域数增加到一定程度就会出现串连而失去流形的几何特征。此外，我们不能证明 $\boldsymbol{\lambda}_{\min}$ 与 k 之间的关系。

另一方面，我们直接从分析 $\|\boldsymbol{Y}_0-\boldsymbol{Y}'_0\|$ 入手，寻找噪声对误差的影响因素。由于原始采样点的选取具有随机性，对 $\|\boldsymbol{Y}_0-\boldsymbol{Y}'_0\|$ 的分析转化为计算低维重构误差的差 $\boldsymbol{\phi}(\boldsymbol{Y})-\boldsymbol{\phi}'(\boldsymbol{Y}')$，$\boldsymbol{\phi}'(\boldsymbol{Y}')$ 为引入噪声后的低维重构误差。由 LLE 算法流程可知，$\boldsymbol{\phi}'(\boldsymbol{Y}')$ 由下式计算得出：

$$\begin{aligned}\boldsymbol{\varepsilon}'_{II} &= \sum_i \left|\boldsymbol{Y}'_i-\sum_j \boldsymbol{W}'_{ij}\boldsymbol{Y}'_{ij}\right|^2 \\ &= \sum_i |(\boldsymbol{I}-\boldsymbol{W}')\boldsymbol{Y}'_i|^2 = \mathrm{tr}(\boldsymbol{Y}'^{\mathrm{T}}\boldsymbol{M}'\boldsymbol{Y}')\end{aligned} \tag{3.38}$$

其中，$\boldsymbol{M}'=(\boldsymbol{I}-\boldsymbol{W}')^{\mathrm{T}}(\boldsymbol{I}-\boldsymbol{W}')$，低维嵌入向量 $\boldsymbol{Y}'$ 由矩阵 $\boldsymbol{M}'$ 谱分析中求取最小非零 d 个特征值对应的特征向量得到，且满足 $\sum\limits_i \boldsymbol{Y}'_i=0,\dfrac{1}{N}\sum\limits_i \boldsymbol{Y}'_i\boldsymbol{Y}'^{\mathrm{T}}_i=\boldsymbol{I}$。

令重构后的 $\boldsymbol{Y}$ 和 $\boldsymbol{Y}'$ 之间关系为 $\boldsymbol{Y}=\boldsymbol{Y}'+\boldsymbol{\eta}$，则

$$\begin{aligned}\boldsymbol{\varepsilon}_{II}-\boldsymbol{\varepsilon}'_{II} &= \mathrm{tr}(\boldsymbol{Y}^{\mathrm{T}}\boldsymbol{M}\boldsymbol{Y}-\boldsymbol{Y}'^{\mathrm{T}}\boldsymbol{M}'\boldsymbol{Y}') = \mathrm{tr}\{(\boldsymbol{Y}'+\boldsymbol{\eta})^{\mathrm{T}}\boldsymbol{M}(\boldsymbol{Y}'+\boldsymbol{\eta})-\boldsymbol{Y}'^{\mathrm{T}}\boldsymbol{M}'\boldsymbol{Y}'\} \\ &= \mathrm{tr}\{\boldsymbol{Y}'^{\mathrm{T}}(\boldsymbol{M}-\boldsymbol{M}')\boldsymbol{Y}'+\boldsymbol{Y}'^{\mathrm{T}}\boldsymbol{M}\boldsymbol{\eta}+\boldsymbol{\eta}^{\mathrm{T}}\boldsymbol{M}\boldsymbol{Y}'+\boldsymbol{\eta}^{\mathrm{T}}\boldsymbol{M}\boldsymbol{\eta}\}\end{aligned} \tag{3.39}$$

由于 $\boldsymbol{Y}'$ 与 $\boldsymbol{\eta}$ 不相关，则 $\boldsymbol{Y}'^{\mathrm{T}}\boldsymbol{M}\boldsymbol{\eta}=0$，$\boldsymbol{\eta}^{\mathrm{T}}\boldsymbol{M}\boldsymbol{Y}'=0$，式(3.39)可以简化为

$$\boldsymbol{\varepsilon}_{II}-\boldsymbol{\varepsilon}'_{II} = \mathrm{tr}\{\boldsymbol{Y}'^{\mathrm{T}}(\boldsymbol{M}-\boldsymbol{M}')\boldsymbol{Y}'+\boldsymbol{\eta}^{\mathrm{T}}\boldsymbol{M}\boldsymbol{\eta}\} \tag{3.40}$$

即对 $\boldsymbol{\varepsilon}_{II}-\boldsymbol{\varepsilon}'_{II}$ 的影响仅与 $\boldsymbol{M}-\boldsymbol{M}'$ 有关。令 $\delta\boldsymbol{M}=\boldsymbol{M}'-\boldsymbol{M}$，则

$$\begin{aligned}\delta\boldsymbol{M} &= (\boldsymbol{I}-\boldsymbol{W}')^{\mathrm{T}}(\boldsymbol{I}-\boldsymbol{W}')-(\boldsymbol{I}-\boldsymbol{W})^{\mathrm{T}}(\boldsymbol{I}-\boldsymbol{W}) \\ &= (\boldsymbol{W}-\boldsymbol{W}')^{\mathrm{T}}+(\boldsymbol{W}-\boldsymbol{W}')+(\boldsymbol{W}'^{\mathrm{T}}\boldsymbol{W}'-\boldsymbol{W}^{\mathrm{T}}\boldsymbol{W})\end{aligned} \tag{3.41}$$

即 $\delta\boldsymbol{M}$ 不仅与 $\delta\boldsymbol{W}$ 有关，还与 $\delta\boldsymbol{W}^{\mathrm{T}}\boldsymbol{W}$ 有关。

通过上面分析可以得出，噪声对误差的影响与 $\delta\boldsymbol{W}$ 和 $\delta\boldsymbol{W}^{\mathrm{T}}\boldsymbol{W}$ 均有关系，因此，可以通过改变邻域的选取方式来改变权值矩阵 $\boldsymbol{W}$，或者采用直接改进 $\boldsymbol{W}$ 的计算方法，使得引入噪声后，$\boldsymbol{W}$ 对误差的影响变为最小。

3.2.2 邻域平滑嵌入算法

针对流形学习算法对噪声敏感的特点，谭璐等从分析噪声影响入手，在引入正

则项的基础上提出了稳健局部线性嵌入方法[90]；张振跃等提出的局部切空间排列对噪声流形有一定的鲁棒性[41]；张振跃等引入局部加权 PCA 提出了局部平滑算法[18]，该算法为迭代算法，可以作为流形学习的预处理先对流形进行降噪；Chang Hong 等在张振跃工作的基础上引入鲁棒加权 PCA，提出了 RLLE 算法[54]；Matthias Hein 等基于图扩散过程重构出原始流形进行降噪，并分析了扩散过程对拉普拉斯图的收敛性[92]。这些方法都能在一定程度上降低噪声对流形学习的影响，提高流形学习方法对有噪模式的鲁棒性。

但是谭璐等提出的 RLLE *，噪声较大时很难再给出正确的流形描述；Chang 等提出的 RLLE 与张振跃的局部平滑算法类似，均基于局部 PCA 得到的预处理迭代过程；LTSA 是基于局部切线方向代替流形的局部几何结构，切方向的计算也受噪声影响。我们在研究了这些算法后，基于局部线性平面估计的思想构造出局部主流形，以计算投影在子流形上数据的重构权值矩阵发现噪声干扰下的流形最优嵌入，提出了新的噪声流形学习算法——邻域平滑嵌入算法(Neighborhood Smoothing Embedding, NSE)。该算法能够将局部线性平面估计的思想嵌入到重构矩阵的计算中，使得算法可以作为一个整体，同时并没有增加太多计算量，是一个较为成功的噪声流形学习方法。

1. 局部线性曲面估计

局部线性曲面估计算法(Local Linear Surface Estimator, LLSE)可以发现连续的流形曲面，主要是用来平滑图像的，在平滑噪声领域也得到了较多的应用。下面我们简单回顾一下该算法。假定一个曲面估计的二维回归模型如下：

$$\boldsymbol{Z}_i = \boldsymbol{M}(\boldsymbol{X}_i, \boldsymbol{Y}_i) + \boldsymbol{\varepsilon}_i,\ i = 1,2,\cdots,n \tag{3.42}$$

其中，$\boldsymbol{M}(\ \cdot\ ,\ \cdot\ )$是分布在空间 $\boldsymbol{I} = [0,\ 1]$ 中的真实流形曲面；$\boldsymbol{\varepsilon}_i$ 假定为独立同分布 0 均值方差为 $\boldsymbol{\sigma}^2$ 的噪声；$(\boldsymbol{X}_i, \boldsymbol{Y}_i)$为流形上的采样数据；$n$ 为数据样本量。曲面估计基于下面的局部线性平滑：

$$(\hat{a}_c(x,y), \hat{a}_{c,x}(x,y), \hat{a}_{c,y}(x,y)) = \arg\min_{a,b,c} \sum_i^n (\boldsymbol{Z}_i - a - b(\boldsymbol{X}_i - \boldsymbol{x}) - c(\boldsymbol{Y}_i - \boldsymbol{y}))^2 \cdot K_B((X_i - x),(Y_i - y)) \tag{3.43}$$

其中，$K_B(x,y) = K(\boldsymbol{B}^{-1} \cdot (x,y)^t) / \|\boldsymbol{B}\|$；$\boldsymbol{B}$ 为全局带宽矩阵，行列式为$|B|$；$K(x,\ y)$是$\{(x,\ y):\ x^2 + y^2 \leqslant 1\}$范围内的径向对称双变量核函数。实验中我们使用一个没有顶的 2D 高斯密度函数作为核函数：

$$K(x,y) = \begin{cases} (\mathrm{e}^{-(x^2+y^2)/2} - \mathrm{e}^{-0.5/(2\pi - 3\pi\cdot \mathrm{e}^{-1/2})}), & x^2 + y^2 \leqslant 1 \\ 0, & \text{其他} \end{cases} \tag{3.44}$$

则 $\boldsymbol{M}(\boldsymbol{X}_i, \boldsymbol{Y}_i)$在点$(x,\ y)$处的一阶泰勒展开为

$$\boldsymbol{M}(\boldsymbol{X}_i, \boldsymbol{Y}_i) = \boldsymbol{M}(\boldsymbol{x}, \boldsymbol{y}) + \frac{\partial \boldsymbol{M}}{\partial \boldsymbol{x}}(\boldsymbol{x}, \boldsymbol{y})(\boldsymbol{X}_i - \boldsymbol{x}) + \frac{\partial \boldsymbol{M}}{\partial \boldsymbol{y}}(\boldsymbol{x}, \boldsymbol{y})(\boldsymbol{Y}_i - \boldsymbol{y}) + \cdots \tag{3.45}$$

可以看出$(\hat{a}_c(x,y)、\hat{a}_{c,x}(x,y)、\hat{a}_{c,y}(x,y))$分别对应着$\boldsymbol{M}(\boldsymbol{x},\boldsymbol{y})$、$\frac{\partial \boldsymbol{M}}{\partial \boldsymbol{x}}(\boldsymbol{x},\boldsymbol{y})$和$\frac{\partial \boldsymbol{M}}{\partial \boldsymbol{y}}(\boldsymbol{x},\boldsymbol{y})$三项,这样我们就可以由点$(x, y)$的梯度$\nabla M(x,y) = \left(\frac{\partial \boldsymbol{M}}{\partial \boldsymbol{x}}, \frac{\partial \boldsymbol{M}}{\partial \boldsymbol{y}}\right)(\boldsymbol{x},\boldsymbol{y})$估计出曲面$\boldsymbol{M}(\boldsymbol{x},\boldsymbol{y})$。这就是局部线性曲面估计的基本原理,其平滑效果如图 3.34 所示。与其他曲面估计方法比较,该方法具有几个明显的优势:①该方法具有解析

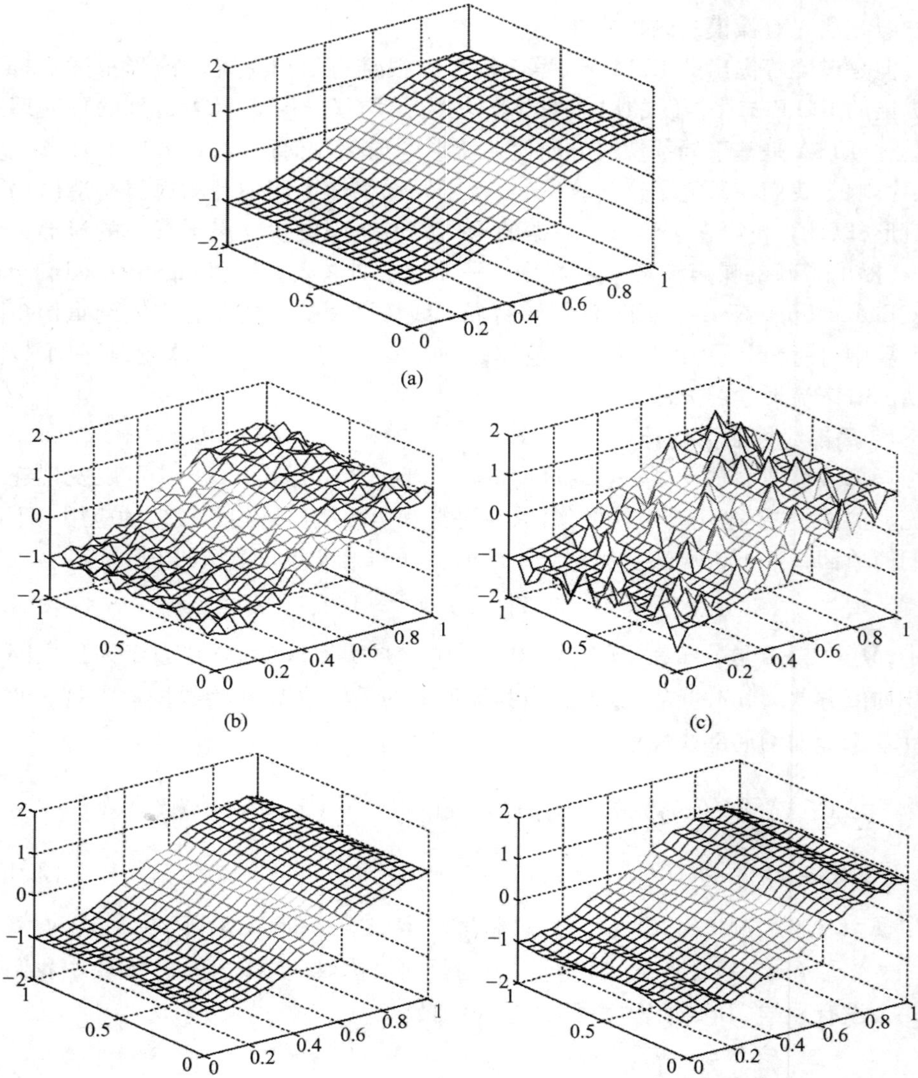

图 3.34　局部线性曲面估计

(a) 原始光滑曲面;(b) 加入高斯噪声;(c) 加入椒盐噪声;
(d) (b)的估计结果;(e) (c) 的平滑估计结果。

方程,这样无论是理论分析还是仿真计算都相对容易实现与理解;②只有两个变量参数需要设置,即带宽 B 和阈值参数。这两点启发我们将它结合到我们研究的噪声流形学习方法中作为局部子流形的估计。已经证明,该方法在光滑曲面上具有更好的估计效果,特别是在边界部分优于其他算法[11]。

2. 邻域平滑嵌入算法

邻域平滑嵌入算法(NSE)是一种基于局部线性曲面估计和 LLE 改进的流形学习算法,该算法可以有效地降低噪声对流形学习过程的干扰,正确地发掘隐藏在高维空间中数据的低维特征。主要思想是平滑邻域内的局部子流形,将被噪声污染的数据投影到该子流形上,然后计算新的数据的最优重构权值矩阵,从后得到低维空间中的最优嵌入。

算法描述:新算法 NSE 将局部线性平面估计嵌入到权值矩阵的计算中,保持低维空间中的流形拓扑。与原始 LLE 不同的是,NSE 在邻域选择后并不是直接计算最优重构权值矩阵,因为噪声的干扰,这样直接计算没有意义。NSE 是将邻域点投影到估计出的局部子流形上再计算最优重构权值矩阵,如图 3.35 所示。首先,搜索每个点的 k 个邻域(图 3.35(a)),估计出这 $k+1$ 个点组成的光滑子流形(图 3.35(b)),也可以选择 $k+r$ 个邻域以估计局部曲面。然后将噪声点投影到曲面上(图 3.35(c)),根据曲面上的投影点计算最优重构矩阵。最后,由得到的重构矩阵计算流形的低维最优嵌入。

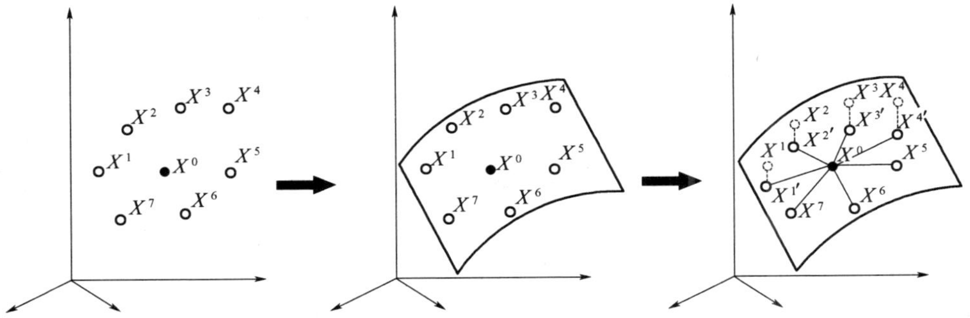

图 3.35 邻域平滑嵌入算法的平滑原理图

(a) 搜索 X^0 的邻域 $\{X^1, X^2, \cdots, X^7\}$;(b) 估计局部曲面子流形;(c) 将邻域点投影到曲面上。

邻域平滑嵌入算法的关键就是在选择邻域后不是直接计算重构权值,而是通过局部线性曲面估计方法得到这些点构成的子流形,并将这些噪声点投影到子流形上再计算最优重构权值矩阵。具体算法分为 4 步:

步骤 1. 用 K 近邻方法或 Sigmoid 函数搜索 X^0 的 k 个或者 $k+r$ 个邻域。

步骤 2. 估计这些点构成的局部子流形,并将噪声点投影到子流形上得到新的点 X'_i。如果在 Step 1 中选择的是 $k+r$ 个邻域,则在 $\boldsymbol{X}'_i$ 中重新选择 k 个邻域。

步骤 3. 计算新的权值重构矩阵 $\boldsymbol{W}'$。

步骤 4. 与原始 LLE 相似,计算低维最优嵌入 $\boldsymbol{Y}'$。

新算法具有很好的噪声抑制功能,如图 3.36 所示,我们给出了两个典型的带噪声数据的展开结果。我们在 Swiss Roll 和 S 曲线数据中加入了方差为 0.1 的噪声,NSE 可以成功地展开,而原始的 LLE 却不能。

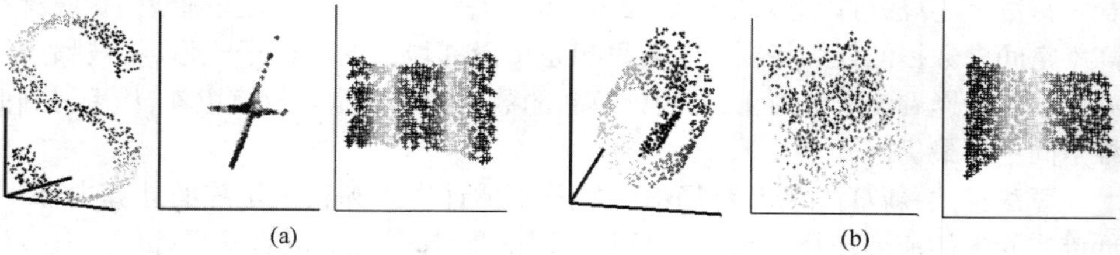

图 3.36 噪声数据的 LLE/NSE 展开结果

(a) 噪声 S 曲线以及 LLE/NSE 展开结果; (b) 噪声 Swiss Roll 以及 LLE/NSE 展开结果。

依据定理 3.3 可以看出,NSE 不仅减小了噪声(将噪声投影到局部子流形上),也降低了 $\| w' \|$ 的能量,确实能够有效地降低噪声对流形的干扰。比较该算法与局部平滑算法[18]可以看出两者的联系与差别。局部平滑算法也是结合 PCA 与 LLE,利用局部加权 PCA(Local Weighted PCA)为每个数据点加权,从而减小噪声点的影响,然后再将加权数据投影到低维空间。两个算法在思想上具有一定的相似性,就是减小噪声对计算重构矩阵的影响。两者的差别在于:①空间划分不同。局部平滑算法是人工划分平滑区域,而 NSE 选择邻域为平滑区域,具有较好的适应性。②算法结合方式不同。局部平滑算法采用 WPCA 进行迭代以降低噪声的影响,是一个预处理过程;而 NSE 通过投影到局部子流形上的数据计算重构权值矩阵,结合紧密;③计算复杂度不同。局部平滑算法每循环一次就需要计算所有点的最优加权,计算复杂度远远大于原始 LLE;而 NSE 由于估计局部子流形的规模很小,计算量也很小,所以整个算法的计算复杂度并不比 LLE 增加多少,这一点可以从后面的仿真实验中看出。此外,前面已经说明,由于迭代的权值选取方法较复杂,局部平滑算法的迭代过程可能会陷入局部极小值,而 NSE 不会。

3. 算法仿真与评估

本节将验证我们提出的 NSE 算法的有效性,同时探讨各算法对有噪声数据的展开能力。实验选择四个典型的流形数据,包括用于数据可视化实验的 FreyFace 数据集和 CMU 手旋杯数据集、用于模式识别与分类的 ORL 人脸数据集和 MNIST 手写数字数据集。加入到数据中的噪声有不同噪声强度的高斯噪声、椒盐噪声以及其他人工噪声。

1) 对比算法介绍

该设计实验平台选择了五种算法作为对比:PCA[10]、LLE、Manifold Denoising

(MD)[57]、局部平滑算法和我们提出的邻域平滑嵌入算法。LLE 算法即为 Roweis 提出的原始 LLE,局部平滑算法为 Park 等提出的。这五种算法均为无监督学习算法,都没有使用输入模式的类别信息。

由于 PCA、LLE 比较常见,所以这里再简单介绍一下局部平滑算法和 Manifold Denoising(MD)。该算法的主要思想就是利用加权 PCA 通过迭代找出数据的本征流形,可以作为流形学习方法如 Isomap、LLE 等的预处理过程。实验中我们使用局部平滑算法 + LLE 算法进行降维,也得到了较好的结果。考虑到计算复杂度问题,迭代次数设为 1 次。MD 算法为最近 Matthias Hein 与 Markus Maier 等提出的基于拉普拉斯图的噪声流形学习方法,该算法也是作为其他流形学习方法和模式识别的预处理过程。MD 首先通过半监督学习构造出流形上数据点的拉普拉斯图,然后根据图的收敛性消除噪声点和奇异点的影响,再进行流形学习。该算法具有一定的效果,但是当这一类的奇异值落在另一类附近,就可能会产生错分。事实上,该算法就是将所有数据样本投影到一个主流形上,但是主流形在局部几何结构上缺少可塑性[57],所以才会在局部出现错分现象。实验中我们采用 MD + 拉普拉斯特征映射算法进行分类与比较。

2) 数据集简介

该实验平台中我们采用了四种典型的数据集,并加入人工噪声。四个数据集分别是:

(1) FreyFace 数据集。数据集来自 http://www.cs.toronto.edu/~roweis/data.html,包括同一个人的 1096 幅人脸图像,每幅为 20×28 的灰度图。抽取一些样本(第 1 行)并加入噪声(第 2 行),如图 3.37 所示。

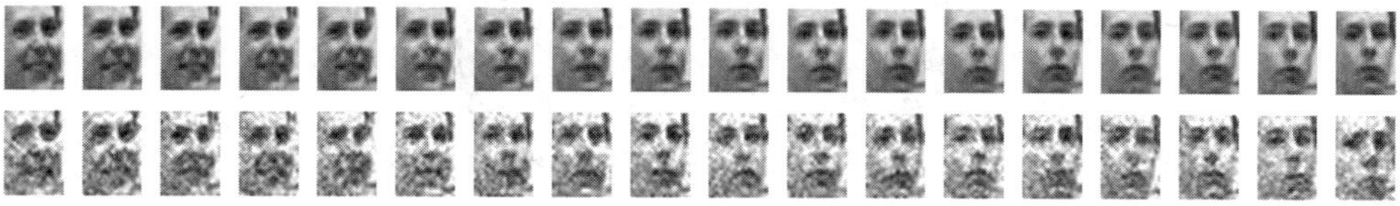

图 3.37　部分 FreyFace 图像和加入噪声后的图像

(2) CMU 手旋杯数据。该数据集为一视频序列共 481 张图片,为阴暗天空背景下的一只手持碗旋转 360°得到的。每幅图像为 480×512 大小的灰度图,为了便于计算,我们将之缩小到 30×32,则数据集为 960 维空间中的 481 个样本。数据来自 http://vasc.ri.cmu.edu/idb/html/motion/hand/index.html。

(3) ORL 人脸数据。该数据为验证人脸识别方法最为常用的数据集之一,包含 40 个人共 400 张已经中心化的图像,每个人 10 张 92×112 的灰度图,包括一定的姿态、表情和光照。

(4) MNIST 数据集。该数据集为一个大型的手写数字数据集,也是模式识别领域中常用的数据集之一,包含 60000 的训练样本和 10000 的测试样本,是 NIST 的子数据库,数据来自 http://yann.lecun.com/exdb/mnist/index.html。

3）仿真结果

（1）数据可视化。

数据可视化是高维数据处理的一种重要方法，将高维复杂数据投影到二维或者三维，可以依靠人的知识判断和分析数据。

① FreyFace 的可视化。

实验中，我们在 FreyFace 数据中加入了方差为 0.1 的高斯噪声，如图 3.37 所示，上面一行为原始图像，下面一行为噪声污染后的人脸图像，对应于图 3.38 中实线连接的每一个点。

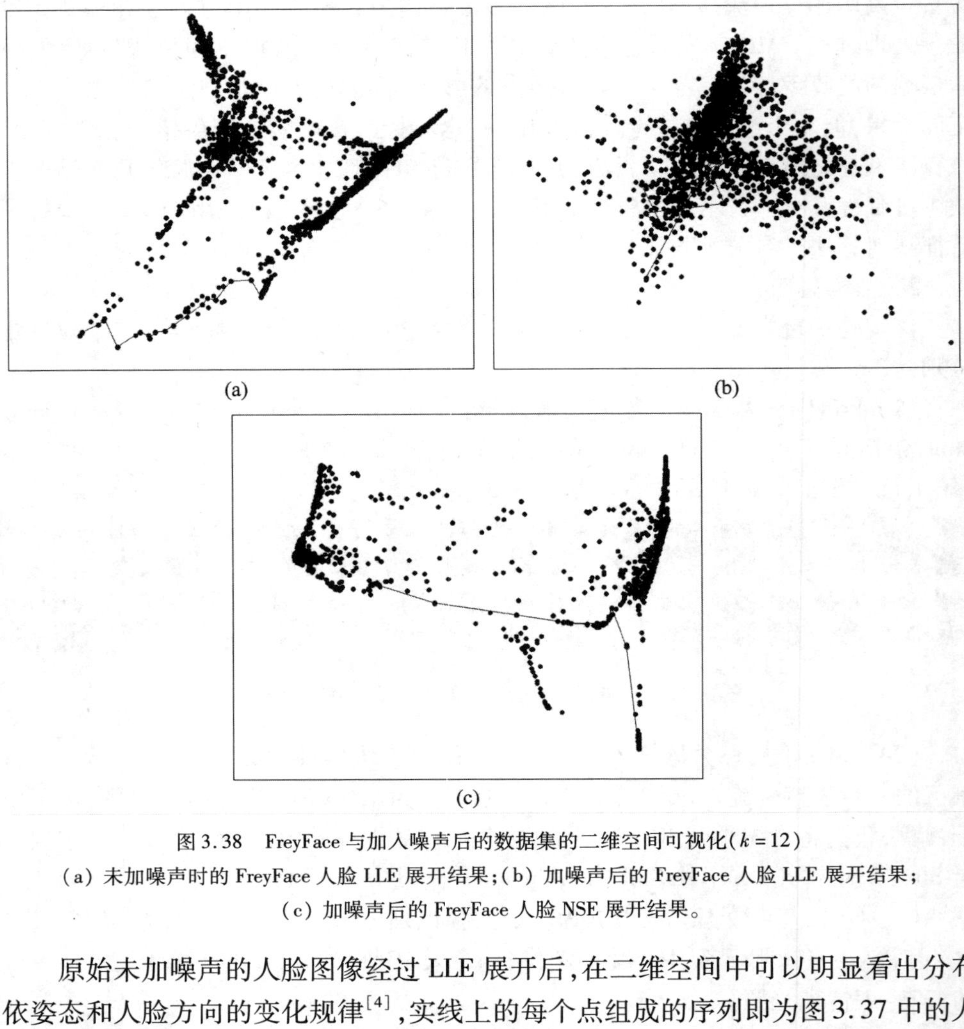

图 3.38 FreyFace 与加入噪声后的数据集的二维空间可视化（$k=12$）

（a）未加噪声时的 FreyFace 人脸 LLE 展开结果；（b）加噪声后的 FreyFace 人脸 LLE 展开结果；（c）加噪声后的 FreyFace 人脸 NSE 展开结果。

原始未加噪声的人脸图像经过 LLE 展开后，在二维空间中可以明显看出分布依姿态和人脸方向的变化规律[4]，实线上的每个点组成的序列即为图 3.37 中的人脸图像序列。图 3.38（b）为 LLE 展开加入噪声后的 FreyFace 图像，明显的图像序列出现了交叉和重叠，这是因为噪声的影响，人脸图像已经偏离流形，数据的局部几何结构发生了改变。图 3.38（c）为 NSE 对噪声 FreyFace 人脸图像的展开结果，可以看出仍然保持了数据的几何结构，没有发生交叠。

② CMU 手旋杯视频序列可视化。

我们知道手旋杯数据只表现了水平方向一个自由度，所以其本征维数是一维的。实验中我们加入了椒盐噪声。椒盐噪声破坏性很大，所以这些图像偏离一维流形较多，如图 3.39 所示，上一行是原始数据，下一行是加入噪声后的数据。

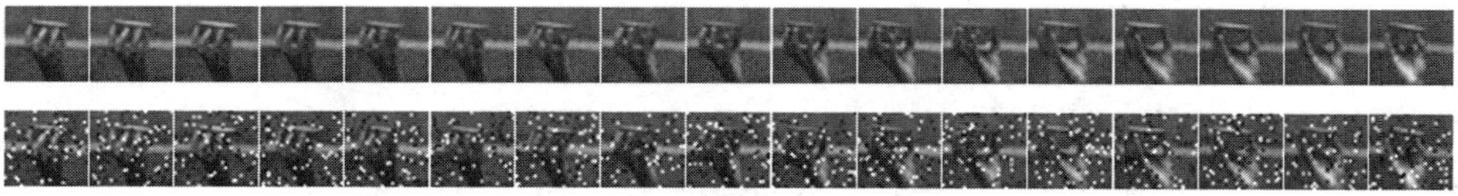

图 3.39　手旋杯数据样本

图 3.39 中的 17 幅图像序列为图 3.40 中实线连接的菱形数据点。可以看出原始手旋杯数据确实分布在一维流形上。当加入噪声后，有很多点已经落在一维流形之外了，图像序列也发生了交叠，如图 3.40(b)所示，而我们提出的 NSE 算法却给出了很好的可视化效果，如图 3.40(c)所示。

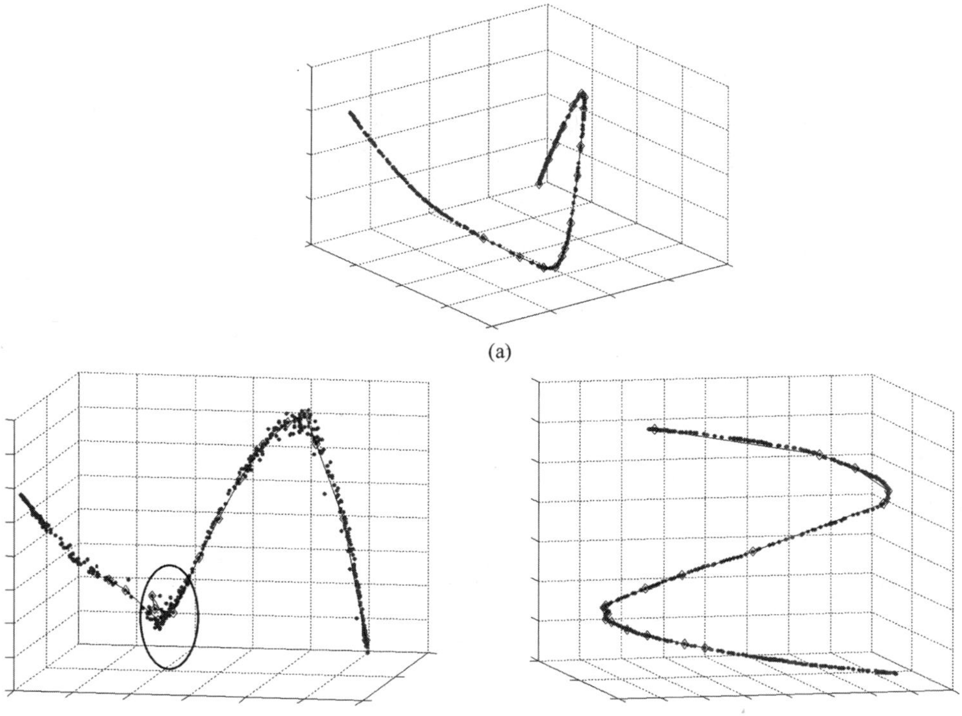

(a)

(b)　　(c)

图 3.40　三维空间中手旋杯数据的 LLE/NSE 展开结果($k=12$)

(a) 原始数据的 LLE 展开结果；(b) 噪声数据的 LLE 展开结果；(c) 噪声数据的 NSE 展开结果。

(2) 模式分类实验。

这里主要设计了两个实验来对比评测我们提出的 NSE 算法。数据集我们前面已经介绍,每个数据集又划分为训练集和测试集,分类器我们选择最近邻算法,因为既然是比较降维和特征提取能力,$\mathcal{L}_2$范式最近邻分类器简单适用,而不用去选择 SVM、HMM 或其他分类器了。

① ORL 人脸数据。

实验中将 ORL 人脸数据随机分为不重合的两部分,即 200 个训练集和 200 个测试集,部分样本如图 3.41 所示。

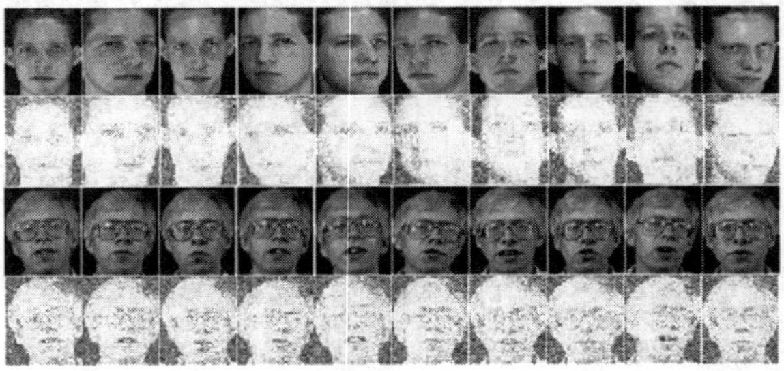

图 3.41　一些 ORL 人脸和添加强度为 0.4 的高斯噪声后的图像

实验中为了降低内存消耗,我们将原始的人脸图像从 92 × 112 压缩为 46 × 56,然后加入不同类型和强度的噪声形成噪声流形数据,再降低到 40 维的欧氏空间。实验中选择的 K 近邻分类器设置为 $K = 1$,则实验结果如表 3.4 所列。

表 3.4　加入不同噪声的 ORL 人脸识别率对比

	Algorithms				
	PCA	LLE ($k=12$)	Manifold Denoising ($k=20$)	Local Smoothing ($k=12$)	NSE ($k=12$)
Original Images	95.50(1.43)	92.00(1.31)	91.50(2.25)	95.50(1.57)	96.00(1.42)
Gaussian (variance =0.1)	94.25(2.06)	88.00(3.87)	89.25(2.43)	94.00(3.62)	95.00(2.38)
Gaussian (variance =0.4)	93.50(3.98)	84.25(3.48)	88.50(3.12)	93.50(2.53)	94.00(3.24)
Salt & Pepper (intensity =0.1)	83.50(5.03)	79.50(4.03)	85.25(3.74)	87.00(4.02)	89.50(3.81)
Salt & Pepper (intensity =0.2)	48.75(5.41)	44.00(4.87)	80.50(3.95)	73.50(4.65)	82.00(4.58)
Speckle (variance =0.05)	86.50(1.64)	87.00(1.87)	88.00(2.42)	88.00(1.38)	89.00(1.74)
注:表中为 10 次运行结果后的均值和偏差					

图 3.42 为表 3.5 的直方图形式,从中可以看出我们提出的 NSE 算法在处理该实验的分类上具有最高的识别精度。在原始图像数据上五种算法均表现良好,给出了很高的分类精度。由于椒盐噪声具有很强的破坏性,PCA 和 LLE 算法很难给出满意的结果。随着噪声强度的增加,原始 LLE 算法的识别精度急剧下降,也

就是说 LLE 是对噪声敏感的。在三种噪声流形算法的比较中可以看出,MD 算法由于重构数据流形的特点,不能精确定位每一个输入数据,识别精度相对较低。

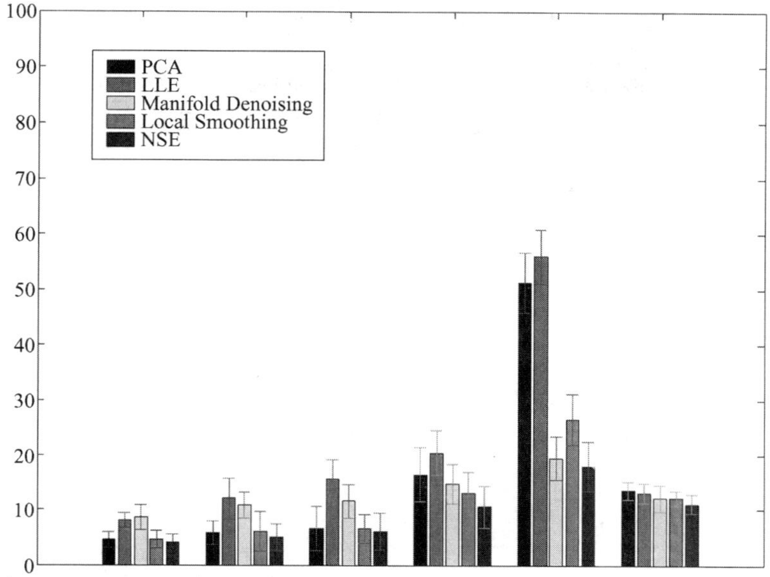

图 3.42　噪声 ORL 人脸识别误差率

表 3.5　加入噪声的 MNIST 手写数字分类比较

	Algorithms				
	PCA	LLE ($k=12$)	Manifold Denoising ($k=20$)	Local Smoothing ($k=12$)	NSE ($k=12$)
Original Images	65.93(0.53)	89.32(0.41)	88.79(0.64)	94.21(0.38)	95.36(0.35)
Gaussian (variance =0.1)	62.32(0.67)	83.47(0.57)	86.25(0.48)	92.50(0.41)	94.52(0.44)
Gaussian (variance =0.4)	60.82(0.75)	80.28(0.68)	84.54(0.60)	90.34(0.61)	92.87(0.74)
Salt & Pepper (intensity =0.1)	61.58(0.88)	76.6(0.64)	82.67(0.45)	87.62(0.40)	88.48(0.46)
Salt & Pepper (intensity =0.4)	45.63(0.92)	44.29(0.86)	74.83(0.82)	76.53(0.79)	85.64(0.73)
注:平均值与偏差为 10 次运行结果求得					

② MNIST 数据集。

实验中的训练数据为从数据库的训练集中每个数字随机选出 1000 幅图像,而测试集即为数据库测试集全体。

手写数字基于每个人的习惯而不同,该数据库中的数字图像均已经标准化为大小 28×28 的灰度图像(图 3.43)。实验也同前面一样进行了 10 次,平均分类精度如表 3.5 和图 3.44 所示。这里仍然选择 K 近邻分类器,其中 $K=2$,并将数据降到二维空间。

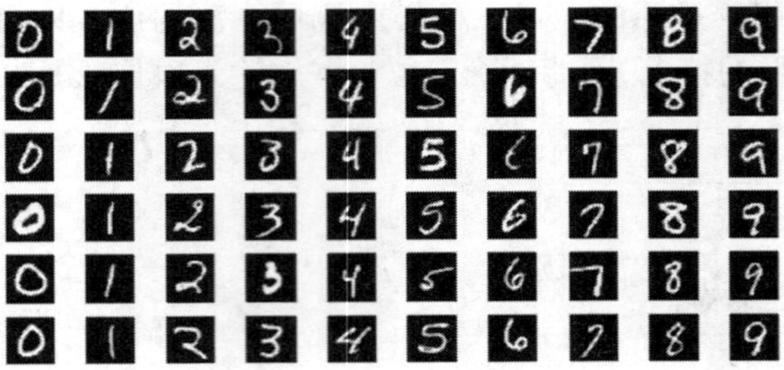

图 3.43　MNIST 数据库中的手写数字图像样本

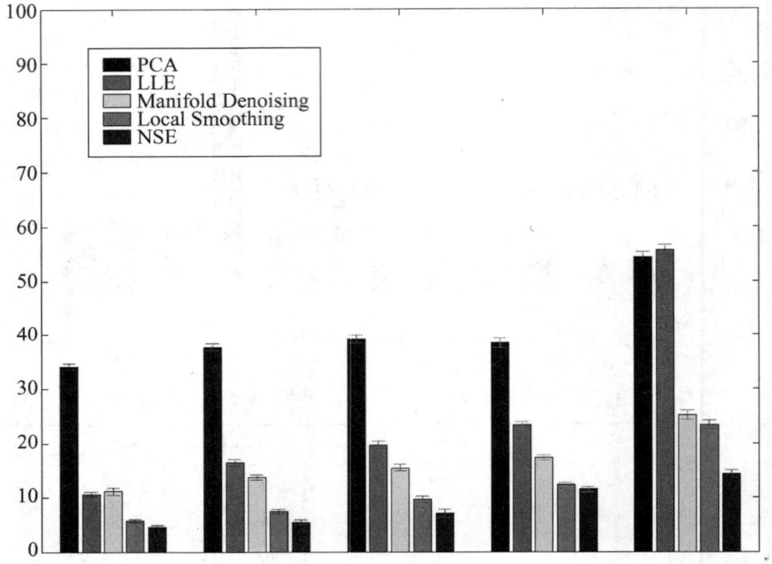

图 3.44　噪声 MNIST 数据集的误差率

由于我们特意将特征空间设为二维，PCA 所能保留的特征能量就相当少，所以很难给出满意的结果。但是其他流形学习方法均可以较好地给出分类结果，这一点也说明了流形学习方法的有效性和强大。我们提出的 NSE 算法在方差为 0.4 的高斯噪声时给出了 92.87% 的精度，在强度为 0.4 的椒盐噪声时给出了 85.64% 的精度，优于其他算法。

3.3　流形学习算法的应用

流形学习算法可以有效地发掘隐藏在高维数据中的特征信息，发现高维数据分布的内在规律，甚至找出产生数据集的隐藏变量。目前，各种流形学习方法已经在模式识别与数据处理方面有了成功的应用[22,43,80,81,86]，这些成功的应用说明，流形学习算法已经成为模式识别与数据处理领域一个重要的研究方向。本节将各流形学习算法应用到我们建立的多姿态表情光照人脸数据库与动态视频人脸序列图像数据上，并给出算法的分析与结果。

3.3.1 人脸序列数据库的建立与评测

人脸图像数据库是人脸识别算法研究、开发、评测的基础，具有重要的意义。人脸图像库在提供标准的人脸图像训练、测试集合的同时，还应该能对影响人脸识别性能的不同情况进行模拟，以方便研究人员针对不同的关键问题进行重点研究。当前，许多人脸数据库难以走向实用阶段，大多是因为其识别条件比较苛刻，现实生活中的情况比较复杂，难以达到其准确识别的条件，致使实际中识别的准确率相当低，远没有达到像指纹识别那么高的准确率。因此，建立复杂条件下，大规模的人脸数据库也是人脸识别走向实用的一个必然趋势。

1. 人脸数据库的设计

我们参考了国际著名的几个人脸数据库如 FERET、MIT 数据库、Yale 数据、PIE 人脸数据库、ORL、AR 数据库以及国内中科院计算所建立的 CAS - PEAL 人脸数据库，初步设计建立一个多姿态、光照和表情的人脸数据库。由于基本原理相似，可以省却饰物、背景、时间变化的采集工作；另一方面，为节约成本，我们巧妙地设计了单 CCD 多角度采集装置，可以方便地采集光学人脸图像，且避免多摄像头采集带来的色度差异。只是该装置对采集人员和被采集对象要求都比较高，这在实验环境下可以接受，但在实际应用中还是不能太考虑节约成本。

虽然我们目前也研究了一些有效的人脸检测方法[123]，但是人脸的自动定位仍然不是很令人满意，所以在实际操作中仍然采用人工标准化与定位。人脸图像以统一命名的 TIFF 格式存储。数据库的基本结构如图 3.45 所示。

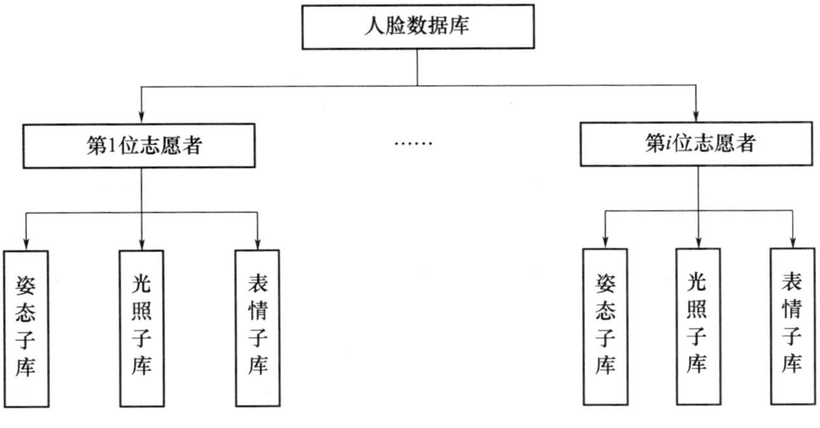

图 3.45 人脸数据库设计结构图

2. 采集环境

采集环境是建立人脸数据库所需要的基本硬件条件,包括摄像头和控制设备的布局、光照环境的建立等。这些硬件的组织和应用直接决定了人脸数据库的特性和质量的高低,以求在现有的硬件条件下,达到最佳的采集效果。采集环境主要包括了以下几点:

(1) 多角度摄像头图像采集系统。

为获得多角度的人脸面部图像,可以采用单摄像头被摄体旋转、单摄像头旋转与多摄像头并列的采集系统布局。最早的人脸采集系统基本上是单摄像头采集、被摄体旋转系统,因为该系统成本低、实现方便,是最直观的一种采集方式;缺点是采集的人脸图像角度变化难以控制,且对被采集对象要求较高,即在改变姿态的同时需要保持相同的表情等。在 CAS - PEAL 系统中人脸采集采用多摄像头并列采集,不同编号的若干摄像头在半圆形框架上成等角度分布,摄像头分布示意如图 3.46(a)所示。被采集对象位于半圆形摄影架的圆心位置,调整椅子高度以使被采集人正对中间摄像头。多摄像头同时拍摄获取多角度图像的方法与使用单个摄像头拍摄而由被采集者转动头部获取多角度图像的方法相比,很好地控制了图像之间的角度变化,能保持角度间隔的一致性,更有利于研究多视角人脸识别问题;缺点是构建成本较高,且容易引入因不同采集装置产生的色度差异。

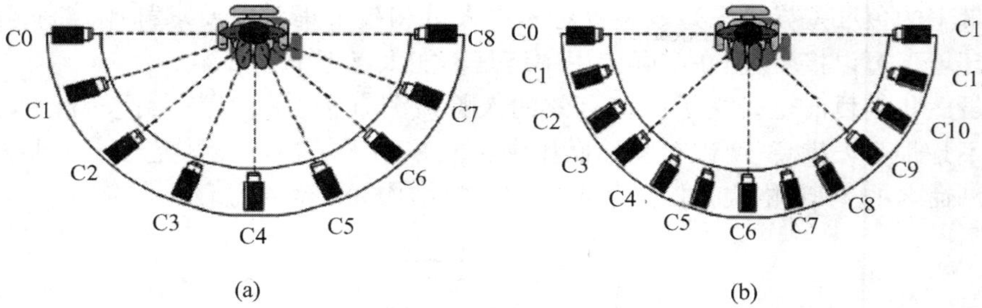

图 3.46 水平采集方位示意图

而我们设计的采集系统为单摄像头旋转采集模式,这在初步建立图像采集系统时可以有效地降低系统建设成本。该采集系统中被摄体保持不动,与多摄像头并列采集相似,拍摄过程中保持某一固定姿态不动即可。采集摄像头则通过改造后的专业摄影三脚架固定,改造后的支架具有两个自由度,也就是说采集摄像头可以在被采集对象面前的一个半球面上自由定位。这一点极大地提高了系统采集的灵活性和可扩充性。为了保证人脸采集的一致性,我们在支架上安装了卡槽,设定水平方向每 15°采集一张人脸(图 3.46(b)),垂直方向设定高、中、低(Up、Middle、Low)三个位置(图 3.47(a))。该采集装置具有简单有效、采集灵活、成本较低、能够保持采集角度的一致性等优点;缺点是需要设计满足需求的支架,且对采集者有较高的要求,采集时间相对较长。

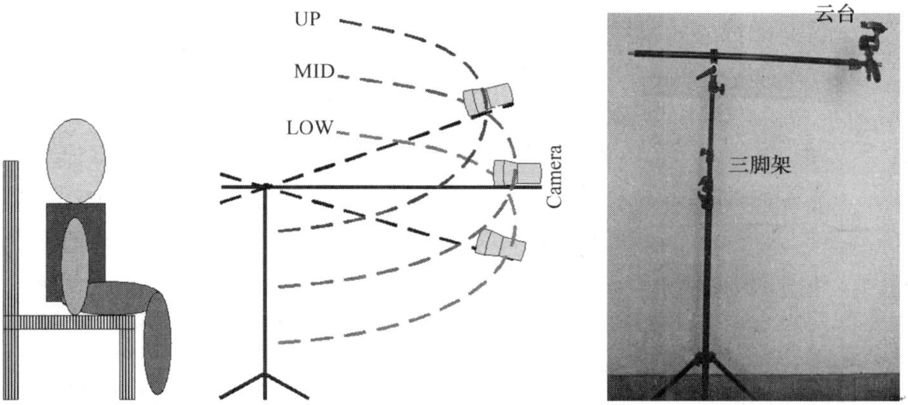

(a) (b)

图 3.47　垂直方向上的摄像头分布示意图与支架实物

（2）多光源分布环境。

人脸采集系统初步定位在一间较为封闭的房间，如图 3.48(a)所示。拉开窗帘时环境光源为窗口透进的自然光加上太阳灯照射粗糙的白色墙壁形成的漫反射光，可以在人脸上形成均匀的照射效果。同时，为了获取不同光照条件下具有阴影效果的面部图像，我们设计为拉上窗帘隔绝外部自然光源，采用与摄影棚类似的一个主光源和两个辅助光源进行布置，主光源为专业摄影大灯，可以最佳地还原皮肤的颜色。与摄像头类似，主光源可以在三个垂直方向（上、中、下）和每个垂直方向的若干个水平方向上移动。由于主光源具有很强的方向性，因此可以把主光源叫做方向光源。辅助光源为固定的专业漫反射柔光灯，以保留部分阴影下的脸部细节不至于完全变黑。光源的布置示意图如图 3.48 (b)所示。

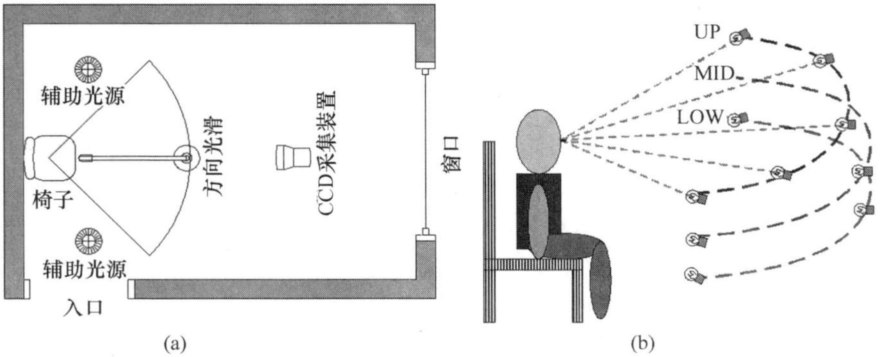

(a) (b)

图 3.48　人像采集系统中的光源分布示意图

多光源分布环境结合多角度的人脸采集系统，使得我们的光照变化图像更加丰富，可以形成较为完整的姿态光照人脸图像数据集。

（3）背景设计。

由于目前的数码相机均集成了自动白平衡功能，所以在不同光照和背景下图像色彩空间分布会有较大的变化，因此我们固定了人脸采集系统的背景，一定程度上使所采集的光学人脸图像尽量分布在相同的色彩区域。因为白色是最为均衡的一种颜色，是三原色的混合，不会造成色彩偏移，所以我们初步将背景色设置为白色。当然，后期为了增加图像数据的多样性、提高人脸识别算法对环境的适应性，我们拟采用红色、黑色、黄色、蓝色等不同背景条件再进行环境光照模式的图像拍摄。

3. 人脸数据库的组成部分

人脸数据库一般要包括姿态、表情、饰物、光照、背景、距离以及时间跨度等子库。我们的数据库主要研究不同姿态、光照、表情（Pose, Illumination and Expression, PIE）条件下的人脸图像在高维空间中的分布情况，所以初步设计为只包括姿态、表情、光照等三个子数据库。

（1）姿态子库。

在环境光照模式下，要求每个志愿者保持固定姿势，CCD 摄像头依次按照上、中、下三个高度水平旋转 180°进行采集，每间隔 15°采集一次，可获得 39 张环境光照模式下的标准姿态变化图像。姿态子库很好地模拟了低头、平视、抬头三种俯仰姿态的变化，部分图像如图 3.49 所示。

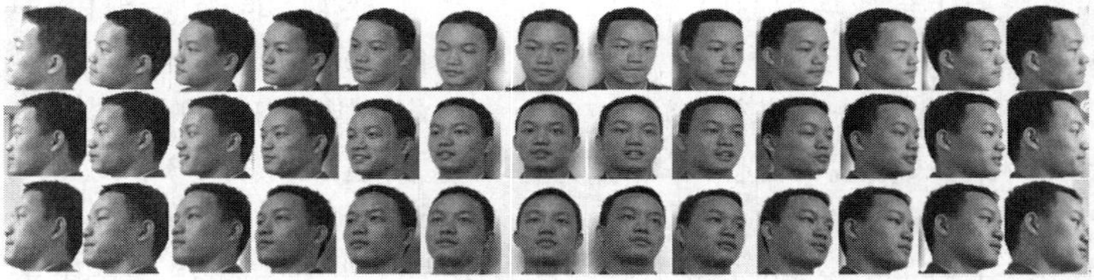

图 3.49　姿态子库中的部分图像

（2）表情子库。

人脸表情是人类对自身脸部行为姿态的一种主观定义。人脸表情千差万别，据心理学家研究表明，人脸能够产生大约 55000 种不同的表情，其中仅仅 30 多种具有代表性的人脸表情可以通过人类的自然语言进行定义和描述，大部分人脸表情是无法用语言表达的[59]。人类的表情大体上包括高兴、悲伤、惊讶、沮丧等 9 种表情。据此，在采集多表情人脸图像时，要求志愿者做出微笑、皱眉、惊讶、闭眼、张嘴等几种表情，这几种都是造成面部特征变化比较大的表情，有利于研究识别算法对表情变化的鲁棒性。采集时在环境光照条件下 CCD 摄像头变化上、中、下三个高度、左右变化 30°共采集 9 张同一表情图像。表情库没有细分（图 3.50），只按照编号命名。

（3）光照子库。

采集光照子库图片时，环境光源关闭，打开辅助光源，同时变换方向光源的位置进行图像采集。方向光源的变化如图 3.48（b）所示。

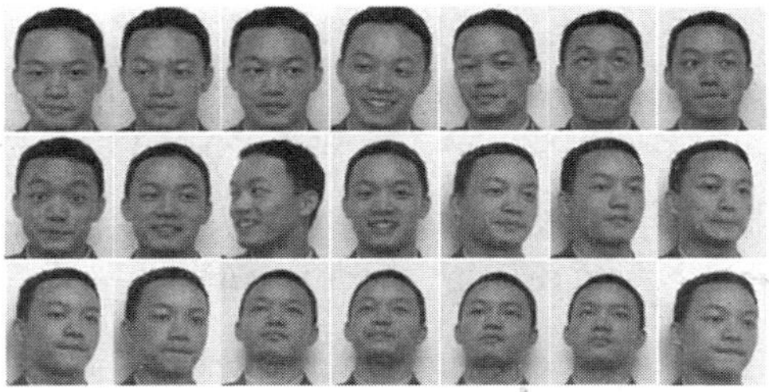

图 3.50 表情子库中的部分图像

目前的采集只限于姿态、表情和光照子库。在后续的研究中我们将进一步扩充 KDF 人脸数据库，包括饰物遮挡子库和距离子库。距离子库将更有利于我们研究人脸图像空间中的几何结构，而饰物子库可以让我们依据形成的几何结构进行重构，消除饰物引起的遮挡。

3.3.2 人脸序列中的流形结构

数据集的结构大体上分为两类，即统计结构和流形结构，其中统计结构包括正态结构等，而流形结构包括拓扑结构、几何结构、距离结构、光滑结构等。需要注意的是，不同结构之间不是不相关的，如拓扑结构和几何结构经常同时出现，共同反映数据集的内蕴特征。我们已经知道，同一个体的多姿态光照表情(PIE)人脸图像序列在高维空间中以流形的方式分布，那么，如果我们能够根据该图像序列构造出该个体的空间流形结构，再以流形之间的距离代替传统的欧氏距离和统计距离，则可以显著地提高人脸识别算法的鲁棒性，同时可以实现有监督学习与半监督分类以及高维人脸重构。本节将在建立的人脸数据库的基础上，进一步研究多 PIE 人脸图像序列在高维空间中的拓扑结构和几何结构，探讨在流形结构下的高维图像重构与鲁棒人脸识别算法。

1. 几何结构

流形结构中的几何结构反映的是流形的局部特征。通常来讲，几何是研究空间形体的各种性质的科学，它能把所有形体共有的东西划分出来，这是源于任意空间形体都必然具有一定的形式、大小以及相应于其他形体的位置等特性。从而我们将描述流形的一些特征量、特征算子或其他一些特征如拉普拉斯算子、局部线性关系等，统称为数据集的几何结构，即将数据集几何特性的数学描述统称为数据集的几何结构。

在 LLE 中，算法以权值的形式保持了数据集的局部线性关系，而这一局部线性关系给出了数据集局部邻域的一个线性坐标卡，所以说局部线性关系也可看作是一种几何结构。在拉普拉斯特征映射中，拉普拉斯算子用来描述流形的局部几何属性(其本征函数确定了流形的局部坐标卡)，从而它的离散形式——拉普拉斯矩阵可用来描述离散数据集的局部几何属性，故拉普拉斯矩阵也可以看作是数据集的一种局部几何结构。

下面我们给出一些实验结果。USF 的 3D 人脸生成的二维人脸图像序列是一个很好的研究对象，我们选择一组数据后采用 LLE 和拉普拉斯特征映射进行展开。同时我们也选择 KDF 数据集中的一个姿态子库进行展开。

例 3.1 USF 数据集为 3D 头像产生的二维人脸图像序列，包含 100 个人、每个人 181 张图像共 1810 个图像数据。采用 LLE 和拉普拉斯特征映射的结果如图 3.51 所示。

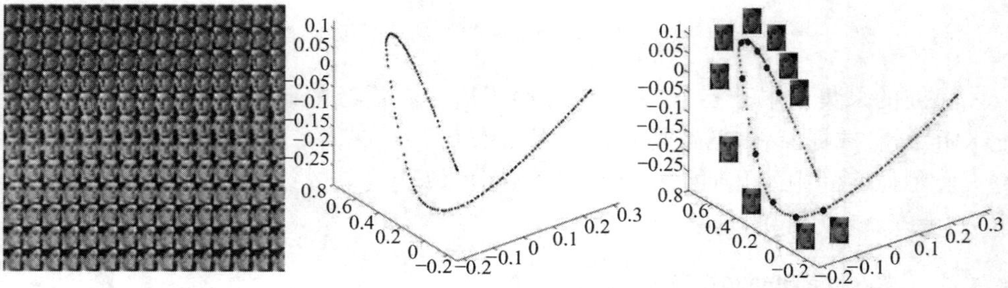

图 3.51 USF 数据集的 LLE 与拉普拉斯特征映射展开结果

2. 拓扑结构

拓扑性质指几何图形在拓扑变换（一一的、连续的变换）下保持不变的性质。形象地说，拓扑变换是既不破坏数据点之间的附贴关系，也不增加新的附贴关系的变换。因此几何形体在拓扑变换下既不会产生断裂，也不会产生粘合，特别是不同的点不会粘合为一点。若数据集可以看作是由每一点的邻域粘合而成的，那么称这种邻域全体为数据集的一种平凡结构。明显的这一结构在拓扑变换下是保持不变的，即这一结构是数据集的拓扑性质，从而我们称其为数据集的拓扑结构。

既然邻域反映了拓扑结构的性质，那么怎样的数据集合可以称为数据点的邻域呢？邻域是拓扑学中的一个基本概念，产生它的目的是用来刻画数据点之间的相邻程度的，可以由两种方法给出：

(1) 依据给定的“距离”度量选择最近邻；

(2) 根据集合的特性和研究目的人为确定（有监督）。

据此，当给定数据集合中点与点之间关系的描述后，数据集合的邻域也就相应地确定了，从而也就确定了数据集的拓扑结构。在实际处理中为了描述方便，我们常常将描述数据集邻域特性的向量或者矩阵统称为数据集的拓扑结构。

例 3.2 Isomap 算法中首先建立数据集的邻域图 $G=(V,E)$，其中 V 为数据集，E 为连接所有邻域数据对的边集合（一般选择 ε 邻域或 k 邻域）。则计算图 G 中任意两点的最短路径得到的测地距离矩阵即为该数据集的全局拓扑结构。

另外，根据图嵌理论和统一框架[25]的描述，我们知道几何结构反映了数据集的局部特征，拓扑结构反映了数据集的全局特征，而图 $G=(V,E)$ 的定义实际上是一种拓扑结构和几何结构的混合结构。几何结构与拓扑结构各有优缺点，如仅保持几何结构的算法容易受噪声干扰，而保持拓扑结构的算法计算量又非常繁重。如何将二者合理地结合起来，构造出合理的图 G，是流形学习的一个研究方向。

3. 流形重构

高维图像重构是模式识别领域的一个重要研究内容，特别是在有监督学习、体态跟踪与表情合成等方面具有重要的意义。重构就是如何从已知数据集的低维映射中重构出未知数据的原始高维图像，一般可分为线性重构与非线性重构两种。传统的线性方法一般有线性插值、小波变换、偏最小二乘拟合等方法，由于人脸序列形成的流形具有很高的非线性，所以传统的线性方法很难进行拟合。

例 3.3 高尔夫旋转(Golf Swing)是体态跟踪与估计常用的视频数据，图 3.52 为该视频生成的图像序列中的几帧。从图中可以看出线性重构出现重影，不能给出正确的图像重构内容。

(a)

(b)

图 3.52 Golf Swing 数据的线性重构

(a) 原始序列；(b) 线性重构。

基于流形的高维图像重构可以很好地解决这一问题。张长水等在 2003 年就提出基于 LLE 算法的高维图像重构[9]，给出基于流形的局部线性重构；孟德宇等给出了基于 Isomap 算法的流形结构重建方法[98]，该方法建立了低维到高维的显式映射关系，并具有二阶精度。前者近似于最小二乘拟合，后者相当于二次曲线拟合，都未能考虑流形的几何与拓扑结构。如何在正确估计出流形曲面后充分利用流形结构特征进行数据重构，需要进一步的研究与探索。

3.3.3 基于外观流形的动态视频人脸识别

目前提出的一些人脸识别算法在理想的条件(环境条件和识别对象表情姿态一定)下取得了相当不错的识别效果，如基于谱分析的特征脸方法[7]、Fisher 脸方法[105]、拉普拉斯脸方法[16]，基于模型匹配的弹性图匹配(EBGM)方法[8]、主动形状模型(Active Shape Model, ASM)方法[125]、基于特征结构的仿射结构(Affine

Structure)方法[126]、自组织映射(Self - Organizing Maps)方法[127],以及混合方法。国内人脸识别系统研究中已逐步进入产品阶段,其中,清华大学苏光大教授主持承担的国家"十五"攻关项目"人脸识别系统"已通过公安部专家鉴定,清华大学丁晓青、中科院研究生院高文、中科院自动化所李子青、微软亚洲研究院沈向洋等也均研制出识别率很高的人脸识别与认证系统,表明国内的人脸识别理论已经达到国际领先水平。

但是这些算法和系统对姿态、光照、表情等识别环境的变换较为敏感,其中一个主要的原因就是现有的识别方法大部分都是基于静态光学人脸图像。从信息论的角度看,单帧静态图像表达的信息是有限的,也容易因为环境的影响造成部分信息甚至是关键信息的缺失。另一方面,静态图像只能是整个人脸在某个侧面的投影,同一人脸的不同侧面投影可能会有较大差别,两张不同人脸也可能会在某些投影面具有相似的人脸特征。这些因素导致了基于静态图像的人脸识别很难提取表情、姿态和照度信息,影响了识别算法的准确性。另外,静态图像的人脸识别也不符合人的观察习惯,对识别对象和识别环境要求较高,丢失了部分人脸识别系统快捷友好非接触的优势,从而影响了人脸识别算法的推广应用。

为了解决静态人脸图像识别方法的局限性,近年来,基于动态视频图像序列的人脸识别方法的研究越来越受到研究者的关注。该方法与基于静态图像的人脸识别方法相比具有以下几个方面的优势:①可以利用人脸图像序列在时间上的相关信息来提高识别率;②可以通过视频图像序列得到诸如3D人脸模型、超分辨率图像等更有效的人脸表示方式;③基于视频图像序列的识别方法中可以实时地在原模型中引入学习和更新机制;④更符合人的学习与识别过程。依据是否考虑图像序列中各图像的时序关系,基于视频图像序列的人脸识别方法又可以分为两类:①各图像在时间上相互独立的识别算法;②各图像在时间上相关的识别算法。目前提出的大部分基于视频图像序列的识别算法都属于第一类[128]。总体说来,目前基于动态视频序列的人脸识别问题还处于起步阶段,研究对姿势、照度等不敏感的识别算法是引起广泛关注的热点问题。

上节已经提到,连续采集的人脸图像序列将分布在高维空间中以流形的方式存在,这为我们采用流形学习的方法来研究基于动态视频图像序列的人脸识别理论与方法提供了重要的依据。目前的研究又发现,在生理上,当人脸发生转动或者光照强度等发生变化时,其相应的特征变化以嵌入在高维空间中低维非线性子流形的方式存储在视觉感区,称为外观流形[2]。这种流形方式的视觉感知在人类的人脸识别过程中起到了关键作用。另外,最近的一些心理学的实验结果也表明人脸的动态信息在人类对人脸识别过程中起到了相当重要的作用。基于外观流形的识别算法将传统方法中对静态人脸图像空间孤立点的识别,扩展到对人脸特征的整个视觉流形上进行识别,极大地扩展了识别对象隐含的信息量。这些结论对于研究对姿态和照度不敏感的人脸识别算法具有很大的启发作用。

例3.4 数据集为将一幅 23×19 的百合花图像(Matlab 自带)在二维随机噪

声背景(46×38)中平移得到的480幅图像序列,分别采用GLLE(左)和PCA(右)映射到三维空间。

流形学习算法基于谱分析的局部拓扑保持思想,采用非正交的投影方式获得高维观测空间和低维结构在局部意义下的对应,为人脸识别建模提供了更大的灵活性。在对一些人工生成数据的仿真中,这些算法得到了一些令人满意的结果。如图3.53所示,可以看出GLLE映射后的流形结构清晰地展现了数据的本征维数与拓扑结构(马鞍形),而PCA映射后的流形结构发生了明显的扭曲和交叠。

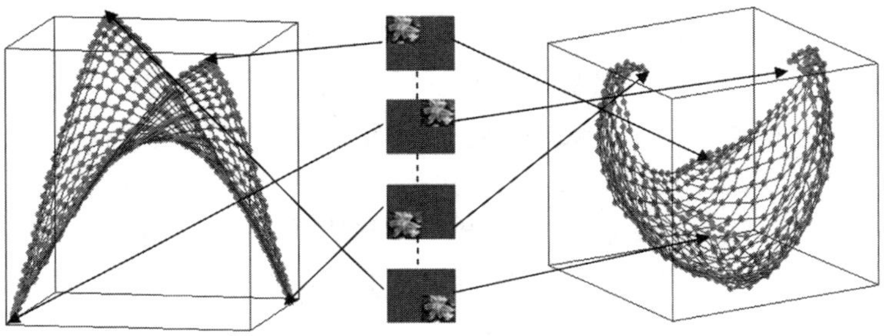

图3.53 GLLE(左)和PCA(右)对噪声流形在三维空间中的展开结果

总之,动态视频人脸识别可以获取比静态人脸图像识别更为丰富的识别信息,已经成为人脸识别领域发展的一个新方向。

3.3.4 基于流形重构的单图像人脸识别

有了流形结构、视频序列以及高维图像重构,我们就可以考虑基于视频序列的单图像人脸识别。单图像人脸识别是指训练样本为单样本时的问题。早期的人脸识别技术多是基于单训练样本,通过提取单张人脸图像的几何特征,如两眼间距、额头宽度等,以此作为模板进行识别。随着技术的发展,人们需要识别系统尽量智能化,即尽量少的人工参与。于是,以特征脸为代表的人脸识别技术开始兴起。它基本上无需任何人工的几何特征提取工作,而通过将人脸图像向量化后进行特征选择和特征提取等,最后依赖各种分类器给出识别结果。

但是,以智能计算为核心的人脸识别系统重要的特点就是对样本、特别是训练样本的依赖。训练样本是否具有代表性、训练样本的多少,直接关系到系统的泛化能力。另一方面,系统中人脸图像被直接向量化到一个维数很高的观测空间。A. K. Jain指出,要使智能系统有足够的泛化能力,样本个数至少要比样本维数高一个数量级。试想,一个100×100像素的人脸图像可以向量化到10000维空间,意味着至少需要100000幅图像进行训练,无论是采集难度还是计算难度都不言而喻。所以进行单训练样本人脸识别,可以显著降低采集难度和存储难度、减小计算复杂度、提高算法效率,具有很高的理论研究价值。同时,单训练样本问题也具有重要的现实意义，例如在身份证识别、护照识别、基于公安人脸数据库的犯罪分子识别等应用中，都是单训练样本识别问题。因此，单训练样本问题是人脸识别走向应用所必须面对和解决的，具有重大的现实意义和理论研究价值。国内杨静宇[111]、张福炎、周志华[112]等都已经开始关注单训练样本这一人脸识别的新方向。

本小节提出了基于流形重构的稀疏训练样本人脸识别方法，虽然较单训练样本增强了条件，但是在计算量和存储压力并不大的前提下可以显著提高算法的泛化能力。算法主要思想是：以几张人脸图像或者视频序列依据光照、姿态、表情等潜变量展开成人脸流形，再通过计算测试样本到流形的距离判断样本属性。

如图3.54所示，x1为测试样本图像，x2、x3、x4均为训练样本，M1、M2分别为训练样本展开的人脸流形。如果按照特征脸方法，在特征空间中x1距离最近的是x4，则应该分到M2类。但事实上我们可以看出，x1距离M1流形更近一些，所以应该属于M1类。很容易看出，该方法具有很好的泛化能力，因而具有很高的鲁棒性。表3.6列出了我们使用该算法在FERET人脸数据集上的识别结果。

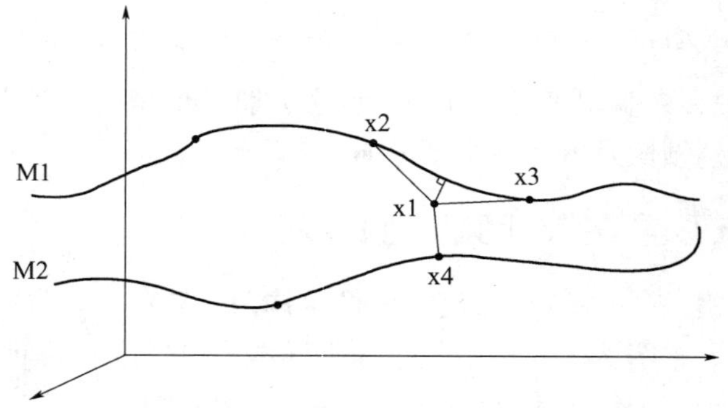

图3.54　系数样本训练示意图

例3.5　数据集为200个人的FERET子集（整库包含1196个人，每人最多5幅图像）。实验结果与特征脸算法、2DPCA、FLDA等进行对比。

表3.6　几种识别算法在FERET数据库上的识别性能比较

算法	识别精度/%
PCA	84.5
2DPCA	85.5
FLDA	86.5
Manifold - based	92.5

参考文献

[1] Bellman R E. Adaptive control processes: a guided tour. Princeton University Press, Princeton, 1961.

[2] Seung H S. The manifold ways of perception. Science, 2000, 290: 2268 – 2269.

[3] Tenenbaum J B, Silva V de, Langford J C. A global geometric framework for nonlinear dimensionality reduction. Science, 2000, 290: 2319 – 2323.

[4] Roweis S, Lawrence K. Nonlinear dimensionality reduction by locally linear embedding. Science, 2000, 290: 2323 – 2326.

[5] Balasubramanian M, Schwartz E L, Tenenbaum J B, et al. The isomap algorithm and topological stability. Science, 2002, 295: 7.

[6] Morales M. Geometric data fitting. Ph. D. thesis, University of Washington, 1998.

[7] Turk M, Pentland A. Face recognition using eigenfaces. In: Proc. of IEEE Conf. on CVPR, 1991:586 – 591.

[8] Laurenz W. Face recognition by elastic bunch graph matching. IEEE Trans. on PAMI, 1997, 19(7): 775 – 779.

[9] Zhang C S, Wang J, Zhao N Y, et al. Reconstruction and analysis of multi – pose face images based on nonlinear dimensionality reduction. Pattern Recognition, 2004, 37(2): 325 – 336.

[10] Jolliffe I T. Principal component analysis. Springer – Verlag, New York, 1986.

[11] Hyvarinen A, Oja E. Independent component analysis: algorithms and applications. Neural Networks, 2000, 13(4 – 5): 411 – 430.

[12] Balakrishnama S, Ganapathiraju A. Linear discriminate analysis. Institute for Signal and Information Processing, Mississippi State University, 1998. Available at http://www. isip. msstate. edu/publications/reports/isip_internal/1998/linear_discrim_analysis/lda_theory. pdf.

[13] He X F, Niyogi P. Locality preserving projection. Advances in Neural Information Processing Systems 16, NIPS, 2003.

[14] Lawrence K, Roweis S. An Introduction to locally linear embedding. Technical Report, Gatsby Computational Neuro – science Unit, UCL, 2001.

[15] Kohonen T. Self – organizing maps (2nd Ed). Springer,1995.

[16] He X F, Yan S C, Hu Y X, et al. Face recognition using laplacianfaces. IEEE Trans. on PAMI, 2005, 27(3): 328 – 340.

[17] Hinton G E, Salakhutdinov R R. Reducing the dimensionality of data with neural networks. Science, 2006, 313(5786): 504 – 507.

[18] Zhang Z Y, Zha H Y. Local linear smoothing for nonlinear manifold learning. CSE – 03 – 003, Technical Report, Penn State University, 2003.

[19] Cox T, Cox M. Multidimensional scaling. Chapman & Hall, London, 1994.

[20] Choi H, Choi S. Robust Kernel Isomap. Pattern Recognition, 2007, 40(3): 853 – 862.

[21] Silva V D, Tenenbaum J B. Global versus local methods in nonlinear dimensionality reduction. Neural Information Proceeding Systems: Natural and Synthetic. Vancouver, Canada, 2002.

[22] Zhang J P, Shen H X, Zhou Z H. Unified locally linear embedding and linear discriminate analysis algorithm for face recognition. Sino Biometrics. 2004: 296 – 304.

[23] Fu Y, Huang Thomas S. Locally linear embedded eigenspace analysis. IFP – TR, UIUC, January 2005.

[24] Kokiopoulou E, Saad Y. Orthogonal neighborhood preserving projections. IEEE Int. Conf. on Data Mining

(ICDM), 2005.

[25] Yan S C, Xu D, Zhang B Y, et al. Graph embedding and extensions: a general framework for dimensionality reduction. IEEE Trans. on PAMI, 2007, 29(1): 40 – 51.

[26] Kegl B. Intrinsic dimension estimation using packing numbers. Neural Information Proceeding Systems: Natural and Synthetic. Vancouver, Canada, December 2002.

[27] Verveer P, Duin R. An evaluation of intrinsic dimensionality estimators. IEEE Trans. on PAMI, 1995, 17 (1): 81 – 86.

[28] Fukunaga K, Olsen D R. An algorithm for finding intrinsic dimensionality of data. IEEE Trans. On Computers, 1971, C – 20: 176 – 183.

[29] Bruske J, Sommer G. Intrinsic dimensionality estimation with optimally topology preserving maps. IEEE Trans. on PAMI, 1998, 20(5): 572 – 575.

[30] Camastra F, Vinciarelli A. Estimating intrinsic dimension of data with fractal – based approach. IEEE Trans. on PAMI, 2002, 24(10): 1404 – 1407.

[31] Levina E, Bickel P. Maximum likelihood estimation of intrinsic dimension. In NIPS 17. Cambridge, MA, December 2005.

[32] Xiao J, Zhou Z T, Hu D W, et al. Self – organizing locally linear embedding for nonlinear dimensionality reduction. ICNC2005, LNCS3610, 2005: 101 – 109.

[33] Chen S, Zhou Z T, Hu D W. Diffusion and growing self – organizing map: a nitric oxide based neural model. ISNN 2004, LNCS3174, 2004: 199 – 204.

[34] Donoho D, Carrie G. Hessian eigenmaps: locally linear embedding techniques for high dimensional data. Applied Mathematics, 2003, 100 (10): 5591 – 5596.

[35] Lee J A, Verleysen M. Nonlinear dimensionality reduction of data manifolds with essential loops. Neurocomputing, 2005, 67: 29 – 53.

[36] Vlachos M, Domenicon C, Gunopulos D, et al. Nonlinear dimensionality reduction techniques for classification and visualization. Proc. of 8th SIGKDD. Edmonton, Canada, July 2002.

[37] Bengio Y, Paiement J F, Vincent P. Out – of – sample extensions for LLE, Isomap, MDS, Eigenmaps and Spectral Clustering. Technical Report 1238, University de Montreal, July 25, 2003.

[38] Ridder D de, Kouropteva O, Okun O, et al. Supervised locally linear embedding. In Proc. ICANN/ICONIP 2003, LNCS 2714, Springer – Verlag, 2003: 333 – 341.

[39] Kouropteva O, Okun O, Pietikainen M. Supervised locally linear embedding algorithm for pattern recognition. In Proc. IbPRIA 2003, LNCS 2652, Springer – Verlag, 2003: 386 – 394.

[40] Ridder D de, Duin R P W. Locally linear embedding for classification. Technical Report PH – 2002 – 01, Pattern Recognition Group, Dept. of Imaging Science & Technology, Delft University of Technology, Delft, The Netherlands, 2002.

[41] Zhang Z Y, Zha H Y. Principal manifold and nonlinear dimension reduction via local tangent space alignment. CSE – 02 – 019, Technical Report, Penn State University, 2002.

[42] Hull J J. A database for handwritten text recognition research. IEEE Trans. on PAMI, 1994, 16(5): 550 – 554.

[43] Lawrence K S, Roweis S T. Think globally, fit locally: unsupervised learning of nonlinear manifolds. Journal of Machine Learning Research, 2003, 4: 119 – 155.

[44] Kouropteva O, Okun O, Hadid A, et al. Beyond locally linear embedding algorithm. Technical Report MVG – 01 – 2002, Machine Vision Group, University of Oulu, Finland, 2002.

[45] Wang S J, Lai J L. Geometrical learning, descriptive geometry, and biomimetic pattern recognition. Neurocomputing, 2005, 67: 9 – 28.

[46] Belkin M, Niyogi P. Laplacian eigenmaps for dimensionality reduction and data representation. Neural Computation, 2003, 15(6): 1373 - 1396.

[47] Law M, Jain A K. Incremental nonlinear dimensionality reduction by manifold learning. IEEE Trans. on PAMI, 2006, 28(3): 377 - 391.

[48] Park J, Zhang Z Y, Zha H Y, et al. Local smoothing for manifold learning. CVPR, 2004, 2: 452 - 459.

[49] Choi H, Choi S. Kernel isomap on noisy manifold. The 4th ICDL, 2005:208 - 213.

[50] Zhang Z Y, Zha H Y. Principal manifolds and nonlinear dimension reduction via local tangent space alignment. SIAM J. Scientific Computing, 2005, 26(1): 313 - 338.

[51] Qiu P. The local piecewisely linear kernel smoothing procedure for fitting jump regression surfaces. Technometrics, 2004, 46: 87 - 98.

[52] Gijbels I, Lambert A, Qiu P. Edge - preserving image denoising and estimation of discontinuous surfaces. IEEE Trans. on PAMI, 2006, 28(7): 1075 - 1087.

[53] Kambhatla N, Leen T. Dimension reduction by local principal component analysis. Neural Computation, 1997, 9(7): 1493 - 1516.

[54] Chang H, Yeung D Y. Robust locally linear embedding. Pattern Recognition, 2006, 39(6): 1053 - 1065.

[55] Jolloffe I T. Principal component analysis. Springer - Verlag, New York, 1986.

[56] Wu F C, Hu Z Y. The LLE and a linear mapping. Pattern Recognition, 2006, 39(9): 1799 - 1804.

[57] Hein M, Maier M. Manifold denoising. Advances in NIPS 20, 8, Cambridge, MA, 2006.

[58] Lee T W. Independent component analysis: theory and applications. Kluwer Academic Publishers, Dordrecht, 1998.

[59] 杨剑，李伏欣，王珏. 一种改进的局部切空间排列算法. 软件学报，2005，16(9)：1584 - 1590.

[60] Fu Y, Huang Thomas S. Locally linear embedded eigenspace analysis. IFP - TR, UIUC, January 1, 2005.

[61] 尹峻松，肖健，周宗潭，等. 非线性流形学习方法的分析与应用. 自然科学进展,2007，17(8)：1015 - 1025.

[62] Yang L. Building *K* - connected neighborhood graphs for isometric aata embedding, IEEE Trans. on PAMI, 2006, 28(5): 827 - 831.

[63] Teknomo K. *K* - Nearest Neighbors Tutorial. http://people. revoledu. com\kardi\ tutorial\KNN\

[64] Burges C J C. A tutorial on support vector machines for pattern recognition. Data Mining and Knowledge Discovery, 1998, 2(2): 1 - 48.

[65] Rabiner L R. A tutorial on hidden Markov models and selected applications in speech recognition. Proceedings of the IEEE, 1989, 77(2): 257 - 286.

[66] Olga K, Oleg O, Matti P. Incremental locally linear embedding. Pattern Recognition, 2005, 38(10): 1764 - 1767.

[67] Lee J A, Verleysen M. How to project "circular" manifolds using geodesic distances? European Symposium on Artificial Neural Networks 2004, Bruges, 223 - 230, 2004.

[68] Coifman R R, Lafon S, Lee A B, et al. Geometric diffusions as a tool for harmonic analysis and structure definition of data: diffusion maps. Proceedings of the National Academy of Sciences, 2005, 102(21): 7426 - 7431.

[69] Einstein A. Creative Thinking and Problem Solving. 论科学，爱因斯坦文集(第一卷)，: 228.

[70] Grice J. Computing and evaluating factor scores. Psychological Methods, 2001, 6: 430 - 450.

[71] Kouropteva O, Okun O, Pietikäinen M. Selection of the optimal parameter value for the locally linear embedding algorithm. Proc. of the 1st International Conf. on Fuzzy Systems and Knowledge Discovery, Singapore, 2002: 359 - 363.

[72] Yin J S, Hu D W, Zhou Z T. Growing locally linear embedding for manifold learning. Journal of Pattern

Recognition Research, 2006, 1: 78 -93.
[73] Fritzke B. A growing neural gas network learns topologies. Advances in Neural Information Processing Systems 7, Cambridge MA: MIT Press,1995:625 -632.
[74] Yin J S, Hu D W, Chen S, et al. DSOM: a novel self - organizing model based on no dynamic diffusing mechanism. Science in China (Series F), 2005, 48(2): 247 -262.
[75] Jia P, Yin J S, Hu D W, Zhou Z T. Retrograde adaptive resonance theory based on the role of nitric oxide in long - term potentation. Journal of Computational NeuroScience, 2007, 23(1): 129 -141.
[76] Fritzke B. Growing cell structures - a self - organizing network for unsupervised and supervised learning. Neural Networks, 1994, 7(9): 1441 -1460.
[77] Martinetz T. M, Berkovich S. G, Schulten K. J. Neural gas network for vector quantization and its application to time - series prediction. IEEE Trans. on Neural Networks, 1993, 4: 558 -569.
[78] Martinetz T. M. Competitive hebbian learning rule forms perfectly topology preserving maps. In ICANN'93, Amsterdam, 1993:427 -434.
[79] Fritzke B. Growing grid: a self - organizing network with constant neighborhood range and adaptation strength. Neural Processing Letters, 1995, 2(5): 1 -5.
[80] Ridder D. de, Duin R P W. Locally linear embedding for classification. Technical Report PH -2002 -01, Pattern Recognition Group, Dept. of Imaging Science & Technology, Delft University of Technology, The Netherlands, 2002.
[81] Kouropteva O, Okun O, Pietikäinen M. Classification of handwritten digits using supervised locally linear embedding algorithm and support vector machine. Proc. of the 11th European Symposium on Artificial Neural Networks, Belgium,2003:229 -234.
[82] Hundley D, Kirby M. Estimation of topological dimension. the 3rd SIAM Int. Conf. on Data Mining, California,2003:194 -202.
[83] Marina M, Shi J B. Learning segmentation by random walks. Advances in NIPS 13 (NIPS2000), Cambridge,2001:873 -879.
[84] Hadid A, Kouropteva O, Pietikäinen M. Unsupervised learning using locally linear embedding: experiments with face pose analysis. Proc. 16th Int. Conf. on Pattern Recognition (ICPR'02), Quebec City, Canada, 1: 111 -114.
[85] Chen S B, Zhao H F, Kong M, et al. 2D - LPP: A two - dimensional extension of locality preserving projections. Neurocomputing, 2007, 70(4 -6): 912 -921.
[86] Duda R O, Hart P E, Stork D G. Pattern classification. New York: Wiley - Interscience, 2001.
[87] Hu D W, Feng G Y, Zhou Z T. Two - dimensional locality preserving projections (2DLPP) with its application to palmprint recognition. Pattern Recognition, 2007, 40(1): 339 -342.
[88] Belkin M, Niyogi P. Semi - supervised learning on Riemannian manifolds. Machine Learning, 2005 56: 209 -239.
[89] He X F, Cai D, Min W L. Statiscal and computational analysis of locality preserving projection. In: the 22nd Int. Conf. on Machine Learning (ICML 2005), Bonn, Germany, 2005: 281 -288.
[90] 谭璐，吴翊，易东云. 稳健局部线性嵌入方法. 国防科技大学学报, 2004, 26(6): 91 -95.
[91] 邵超，黄厚宽，赵连伟. 一种更具拓扑稳定性的 Isomap 算法. 软件学报, 2007, 18(4): 869 -877.
[92] Hein M, Maier M. Manifold Denoising. Advances in Neural Information Processing Systems 20, 8, MIT Press, Cambridge, MA, 2006.
[93] Zhang Z Y, Zha H Y. Principal manifolds and nonlinear dimensionality reduction via tangent space alignment. Jounal of Shanghai University (English Edition), 2004, 8(4): 406 -424.
[94] Zhang Z Y, Zha H Y. Nonlinear dimension reduction via local tangent space alignment intelligent data engi-

neering and automated learning. LNCS 2690, 2003: 477 - 481.

[95] Heckmann R, Klasing R, Monien B, et al. Optimal embedding of complete binary trees into lines and grids. Proc. of the 17th Int. Workshop on Graph - Theoretic Concepts in Computer Science (WG'91), LNCS 570, 1991, pp. 25 - 35.

[96] 张军平. 流形学习若干问题研究. 周志华,等. 机器学习及其应用(第6章). 北京:清华大学出版社, 2007.

[97] 张军平. 流形学习及应用[D]. 北京: 中科院自动化研究所, 2003.

[98] 孟德宇, 徐晨, 徐宗本. 基于 Isomap 的流形结构重建方法, 已投.

[99] Newsome J, Song D. GEM: graph embedding for routing and data - centric storage in sensor network without grographic information. Proceedings of the 1st Int. Conf. on Embedded Networked Sensor Systems, 2003.

[100] Feng G Y, Hu D W, Zhang D, et al. An alternative formulation of kernel LPP with application to image recognition. Neurocomputing, 2006, 69(13 - 15):1733 - 1738.

[101] Yu W W, Teng X L, Liu C Q. Face recognition using discriminant locality preserving projections. Image and Vision Computing, 2006, 24(3): 239 - 248.

[102] Cai D, He X F, Han J W, et al. Orthogonal laplacianfaces for face recognition. IEEE Trans. on Image Processing, 2006, 15(11): 3608 - 3614.

[103] Ma B P, Yang F, Gao W, et al. The application of extended geodesic distance in head poses estimation. Proceeding of International Conference on Biometrics (ICB2006), LNCS 3832, HongKong, 2006: 192 - 198.

[104] Evgeniou T, Pontil M, Poggio T. Regularization networks and support vector machines. Advances in Computational Mathematics, 2000, 13(1): 1 - 50.

[105] Belhumeur P, Hespanha J P, Kriegman D J. Eigenfaces vs. fisherfaces: recognition using class specific linear projection. IEEE Trans. on PAMI, 1997, 19(7): 711 - 720.

[106] Carpenter G A, Grossberg S. Fuzzy ARTMAP: A neural network architecture for incremental supervised learning of analog multidimensional maps. IEEE Trans. on Neural Networks, 1992, 3(5): 698 - 713.

[107] Rumelhart D E, McClelland J L. Parallel distributed processing. Exploitations in the Microstructure of Congenition. London: MIT Press, 1986.

[108] Wiering M, Schmidhuber J. Fast online Q(λ). Machine Learning, 1998, 33(1): 105 - 115.

[109] Phillips P J, Moon H, Rizvi S A, et al. The FERET evaluation methodology for face recognition algorithms. IEEE Trans. on PAMI, 2000, 22 (10): 1090 - 1104.

[110] Blanz V, Vetter T. Face recognition based on fitting a 3D morphable model. IEEE Trans on PAMI, 2003, 25(9): 1063 - 1074.

[111] 张生亮, 陈伏兵, 杨静宇. 对单训练样本的人脸识别问题的研究. 计算机科学, 2006, 33(2): 225 - 229.

[112] Tan X Y, Chen S, Zhou Z H, Zhang F. Recognizing partially occluded, expression variant faces from single training image per person with SOM and soft k - NN ensemble. IEEE Trans. on Neural Networks, 2005, 16(4): 875 - 886.

[113] Carslaw H, Jaeger J. Conduction of heat in solids. New York: Oxford UP, 1959.

[114] Lafon S, Lee A B. Diffusion maps and coarse - graining: a unified framework for dimensionality reduction, graph partitioning and data set parameterization. IEEE trans. on PAMI, 2006, 28(9): 1393 - 1403.

[115] Chang Y, Hu C B, Turk Matthew. Probabilistic expression analysis on manifolds. IEEE Computer Society Conference on Computer Vision and Pattern Recognition (CVPR 04), 2004, 2: 520 - 527.

[116] J. Costa and A. O. Hero. Manifold learning using euclidean K - nearest neighbor graphs. Proc. IEEE Int. Conf. Acoustic Speech and Signal Processing,2004. ,3:988 - 991.

[117] 赵连伟，罗四维，赵艳敞，等. 高维数据流形的低维嵌入及嵌入维数研究. 软件学报，2005，16(8)：1423－1430.

[118] Mordes M. Geometric data fitting. PhD thesis. University of Washington, 1998.

[119] Riemann B. Ueber die hypothesen, welche der geometrie zu grunde liegen. Habilitationschrift in the Collected Works of Bernhard Riemann, H. Weber Editor, Dover Publications, 1954.

[120] Reese C, Lochmüller C. Introduction to factor analysis. http://www.chem.duke.edu/~clochmul/tutor1/factucmp.html.

[121] Bourbaki N. Elements of Mathematics Integration. Springer, 2003.

[122] 李丽敏. 自相交流形学习方法[D]. 杭州：浙江大学，2006.

[123] 毕远，胡德文，沈辉，等. 基于 Adaboost 的肤色检测新方法. 计算机工程与科学，已录用.

[124] Zhu X J, Lafferty J. Harmonic mixtures: combining mixture models and graph－based methods for inductive and scalable semi－supervised learning. In the 22nd Int. Conf. on Machine Learning, 2005.

[125] Ginneken B, Frangi A F, Staal J J, et al. Active shape model segmentation with optimal features. IEEE Trans. on Medical Imaging, 2002, 21(8): 924－933.

[126] Reid I D, Murray D W. Active tracking of foveated feature clusters using affine structure. International Journal of Computer Vision, 1996, 18(1): 41－60.

[127] Lawrence S, Giles C L, Tsoi A C, et al. Face recognition: A convolutional neural network approach. IEEE Trans. Neural Networks, 1997, 8: 98－113.

[128] Zhao W Y, Chellappa R, Phillips P J, et al. Face recognition: a literature survey. ACM Computing Surveys, 2003, 35(4): 399－458.

第4章　多姿态人脸识别

人脸识别被誉为最具吸引力的生物特征识别方法之一[1]。但在实际应用中，采集得到的人脸图像往往具有不同姿态、光照、表情(PIE)，甚至存在头发、饰物的遮挡，同一个人的图像也会因前后采集时间不一致而不同，为了得到较高的识别准确率需要解决的问题还很多[2]。本章重点对多姿态人脸识别中的特征提取与聚类算法进行研究。

4.1　基于保持数据近邻信息的增量学习方法

增量学习是机器学习的一个重要内容，对于人脸识别具有重要的意义。在实际应用中，由于采集的代价或时间原因很难一次性获取全部样本，很多时候只能将获取的样本逐步输入到系统中进行学习与处理。而没有增量学习的时候，当新样本输入时，只能将已有的工作全部舍弃，对新样本加入后的数据集重新进行计算，这大大浪费了资源、降低了计算效率，尤其当样本数目较大或维数较高时，这样处理很不现实。

传统的非线性流形学习方法，由于其算法的非线性特点，无法得到从高维到低维空间的解析映射关系，所以很难实现新输入样本在低维空间中的学习与嵌入。

这一问题正是增量学习所面对的。我们将增量学习问题表述如下：令 $\boldsymbol{X}=[\boldsymbol{x}_1,\boldsymbol{x}_2,\cdots,\boldsymbol{x}_n]$，$\boldsymbol{x}_i\in R^{d_1}$ 表示输入数据集，假设 n 个训练样本 $\boldsymbol{x}_i$ 的低维嵌入坐标 $\boldsymbol{y}_i$ 已得，当有新样本 $\boldsymbol{x}_{n+1}$ 输入时，增量学习需解决如何将 $\boldsymbol{x}_{n+1}$ 准确地投影到低维空间并对已有样本点的低维嵌入坐标进行更新计算。

现有的增量学习算法大致可以分为如下两种类型：

(1) 不依赖于训练集的算法。该类算法能够对隶属于训练集中某个已有类别或训练集中不曾出现的一个崭新类别的输入样本给出准确的低维嵌入坐标，例如一些基于子空间方法的增量学习算法[14,15]。

(2) 依赖于训练集的算法。对于那些保持数据集局部邻近信息的批处理方法，其相应的增量学习算法一般利用新输入样本与已有样本之间的邻近信息来获得新输入样本的低维嵌入坐标，对全体数据邻近信息的更新是这些算法不可或缺的步骤[10,11,16,17]。

4.1.1　增量 Laplacian Eigenmaps(LE)算法

我们知道，当新样本 $\boldsymbol{x}_{n+1}$ 输入时，已有流形的局部分布和样本点的邻域信息将被改变。以 K 近邻法为例,如图 4.1 所示,$\boldsymbol{x}_{n+1}$取代 $\boldsymbol{x}_j$ 成为 $\boldsymbol{x}_i$ 的近邻点,改变了 $\boldsymbol{x}_i$ 的邻域信息。由此可知,在增量学习中有两点需要考虑:新样本 $\boldsymbol{x}_{n+1}$和由于 $\boldsymbol{x}_{n+1}$的输入近邻点发生变化的样本,记为 $\boldsymbol{x}_{N(1)},\cdots,\boldsymbol{x}_{N(m)}$。

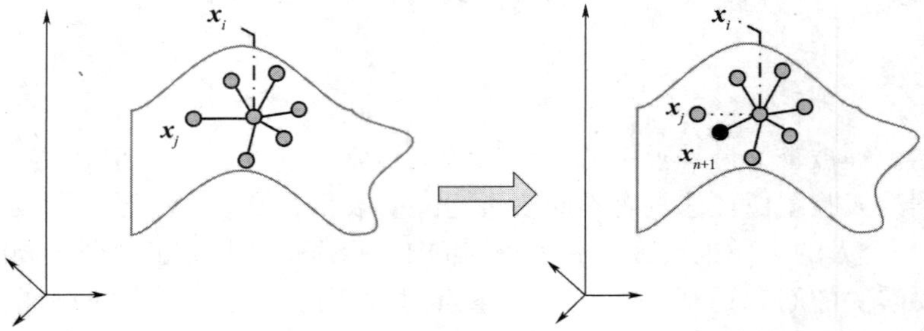

图 4.1　$\boldsymbol{x}_{n+1}$取代 $\boldsymbol{x}_j$ 成为 $\boldsymbol{x}_i$ 的近邻点

本节提出的增量学习算法考虑邻域点的 K 近邻选择法,ε 邻域选择法情况下的算法可同理推出。

1. 邻接权值矩阵的更新

对于权值矩阵 $\boldsymbol{W}$ 的更新,分以下两步进行:

步骤 1. 在 $\boldsymbol{x}_1,\boldsymbol{x}_2,\cdots,\boldsymbol{x}_n$ 中搜索 $\boldsymbol{x}_{n+1}$的 K 近邻点,并构建 $\boldsymbol{x}_{n+1}$与其近邻点间的权值,从而 $\boldsymbol{W}$ 的维度扩展为$(n+1)\times(n+1)$。

步骤 2. 寻找由于 $\boldsymbol{x}_{n+1}$的输入近邻点发生变化的样本点 $\boldsymbol{x}_{N(1)},\boldsymbol{x}_{N(2)},\cdots,\boldsymbol{x}_{N(m)}$,重新构建它们的邻域连接权值,其相应的低维坐标 $\boldsymbol{y}_{N(1)},\boldsymbol{y}_{N(2)},\cdots,\boldsymbol{y}_{N(m)}$需要更新计算。

2. 新输入样本的嵌入计算

针对 $\boldsymbol{x}_{n+1}$低维坐标的计算方法,本节首先给出一种由微分导出的线性方法,然后提出子流形分析法。

1) 由微分导出的线性方法

$\boldsymbol{x}_{n+1}$的低维嵌入坐标 $\boldsymbol{y}_{n+1}$应该满足:

$$\begin{aligned}&\sum_{i=1}^{n}\|\boldsymbol{y}_{n+1}-\boldsymbol{y}_i\|^2 W_{(n+1)i}\\ =&\sum_{i}(\boldsymbol{y}_{n+1}-\boldsymbol{y}_i)^{\mathrm{T}}(\boldsymbol{y}_{n+1}-\boldsymbol{y}_i)W_{(n+1)i}\end{aligned}\tag{4.1}$$

令式(4.1)对 $\boldsymbol{y}_{n+1}$求导,并令一阶导数为 0,有

$$-2\sum_{i}(\boldsymbol{y}_{n+1}-\boldsymbol{y}_i)W_{(n+1)i}=0\tag{4.2}$$

即

$$(\boldsymbol{y}_{n+1}-\boldsymbol{y}_1,\cdots,\boldsymbol{y}_{n+1}-\boldsymbol{y}_n)\begin{pmatrix}W_{(n+1)1}\\ \vdots\\ W_{(n+1)n}\end{pmatrix}=0\tag{4.3}$$

经过简单的代数运算得到

$$y_{n+1} = \left[(y_1, y_2, \cdots, y_n) \begin{pmatrix} W_{(n+1)1} \\ \vdots \\ W_{(n+1)n} \end{pmatrix} \right] \Big/ \sum_{i=1}^{n} W_{(n+1)i} \tag{4.4}$$

2）子流形分析法

首先寻找 $\boldsymbol{x}_{n+1}$ 的 K 近邻点 $\boldsymbol{x}_{S(1)}, \boldsymbol{x}_{S(2)}, \cdots, \boldsymbol{x}_{S(k)}$，如图4.2所示。令 $\boldsymbol{X}_S = [\boldsymbol{x}_{S(1)}, \boldsymbol{x}_{S(2)}, \cdots, \boldsymbol{x}_{S(k)}, \boldsymbol{x}_{n+1}]$ 表示由 $\boldsymbol{x}_{n+1}$ 及其 K 近邻点组成的子数据集，它们也构成了一个局部子流形。子流形分析法的计算步骤如下。

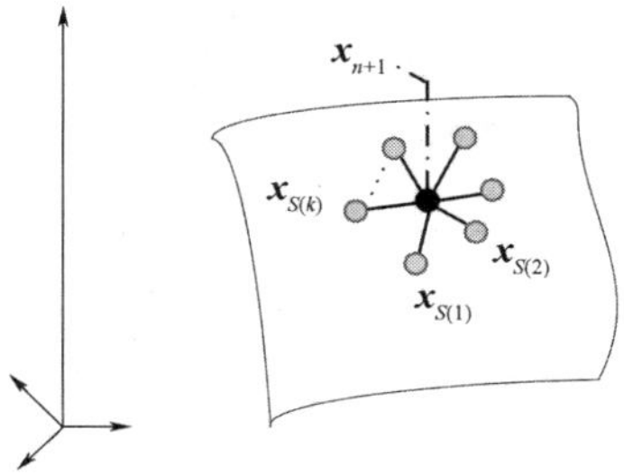

图4.2 $\boldsymbol{x}_{n+1}$ 及其 K 近邻点示意图

步骤1. 在子流形上应用LE算法。构建如下子邻接矩阵 $\boldsymbol{W}_S$：

$$\boldsymbol{W}_S(i,j) = \begin{cases} \exp(-\|\boldsymbol{x}_i - \boldsymbol{x}_j\|^2/t), & \boldsymbol{t} \in \boldsymbol{R}, \boldsymbol{x}_i \text{ 是 } \boldsymbol{x}_j \text{ 在子流形上的 } K \text{ 近邻点或 } \boldsymbol{x}_j \text{ 是 } \boldsymbol{x}_i \text{ 在子流形上的 } K \text{ 近邻点} \\ 0, & \text{其他} \end{cases}$$

$$\boldsymbol{x}_i, \boldsymbol{x}_j \in X_S \tag{4.5}$$

显然，在子流形上，每个点均与其他各点产生连接，我们得到了一个全连接子图。计算 $(k+1)\times(k+1)$ 规模的矩阵 $\boldsymbol{D}_S$ 和子拉普拉斯矩阵 $\boldsymbol{L}_S$：

$$\boldsymbol{D}_S(i,i) = \sum_j \boldsymbol{W}_S(j,i), \boldsymbol{L}_S = \boldsymbol{D}_S - \boldsymbol{W}_S \tag{4.6}$$

解决如下广义特征值问题：

$$\boldsymbol{L}_S \boldsymbol{v} = \boldsymbol{\lambda}_S \boldsymbol{D}_S \boldsymbol{v} \tag{4.7}$$

令方程(4.7)的解为 $v_0, v_1, \cdots, v_{d_2}$，并按相应的特征值由小到大排列 $0 = \lambda_S^{[0]} \leqslant \lambda_S^1 \leqslant \cdots \leqslant \lambda_S^{d_2}$。去掉特征值0对应的特征向量，使用其余 d_2 个特征向量作为在 d_2 维欧式空间的嵌入坐标，我们得到了子流形上 $\boldsymbol{x}_{S(1)}, \boldsymbol{x}_{S(2)}, \cdots, \boldsymbol{x}_{S(k)}, x_{n+1}$ 所对应的低维坐标：

$$\boldsymbol{x}_i \rightarrow (v_1(i), \cdots, v_{d_2}(i)), \boldsymbol{x}_i \in \boldsymbol{X}_S$$

步骤2. 计算 $\boldsymbol{x}_{n+1}$ 的全局低维坐标 $\boldsymbol{y}_{n+1}$。从局部低维坐标 $\boldsymbol{v}_{n+1}$ 到 $\boldsymbol{y}_{n+1}$ 可视为一个坐标转换问题，在转换中，我们保留 $\boldsymbol{x}_{n+1}$ 与其近邻点 $\boldsymbol{x}_{S(1)}, \boldsymbol{x}_{S(2)}, \cdots, \boldsymbol{x}_{S(k)}$ 之间的邻近信息。通过在子流形上运用LE算法，已探测出子流形的内部结构信息，用 $\boldsymbol{x}_{S(1)}, \boldsymbol{x}_{S(2)}, \cdots, \boldsymbol{x}_{S(k)}$ 相应的局部低维坐标 $\boldsymbol{v}_1, \boldsymbol{v}_2, \cdots, \boldsymbol{v}_k$ 重构 $\boldsymbol{v}_{n+1}$，重构权值 $\boldsymbol{C} = [c_1,$

$c_2, \cdots, c_k] \in R^k$ 应使如下重构误差最小：

$$\min_{c_i} \left| v_{k+1} - \sum_{i=1}^{k} c_i v_i \right|^2$$
$$\text{s.t.} \quad \sum_i c_i = 1 \tag{4.8}$$

通过求解一个最小二乘问题可得最佳权值 c_i，则 $\boldsymbol{y}_{n+1}$ 计算如下：

$$\boldsymbol{x}_{n+1} \rightarrow \boldsymbol{y}_{n+1} = \sum_{i=1}^{k} c_i \boldsymbol{y}_{S(i)}$$

其中，$\boldsymbol{y}_{S(1)}, \boldsymbol{y}_{S(2)}, \cdots, \boldsymbol{y}_{S(k)}$ 是 $\boldsymbol{x}_{S(1)}, \boldsymbol{x}_{S(2)}, \cdots, \boldsymbol{x}_{S(k)}$ 相应的全局低维坐标。

综上，与微分导出的线性方法相比，子流形分析法的计算复杂度较高。

3. 已有样本点低维坐标的更新

由于 $\boldsymbol{x}_{n+1}$ 的输入，有可能改变已有样本点的近邻点，设这些点为 $\boldsymbol{x}_{N(1)}, \boldsymbol{x}_{N(2)}, \cdots, \boldsymbol{x}_{N(m)}$，则其相应的低维坐标 $\boldsymbol{y}_{N(1)}, \boldsymbol{y}_{N(2)}, \cdots, \boldsymbol{y}_{N(m)}$ 需要更新。我们引入局部线性重构机制，假设流形可被局部线性化，则已有点的低维坐标更新按如下方法计算：

步骤 1. 对 $\boldsymbol{x}_{N(i)}, i = 1, 2, \cdots, m$，用其 K 近邻点 $\boldsymbol{x}^1_{N(i)}, \boldsymbol{x}^2_{N(i)}, \cdots, \boldsymbol{x}^k_{N(i)}$ 进行拟合，使如下重构误差最小化：

$$\varepsilon_k(\boldsymbol{w}^{(i)}) = \left| \boldsymbol{x}_{N(i)} - \sum_{j=1}^{k} w_j^{(i)} \boldsymbol{x}^j_{N(i)} \right|^2 \tag{4.9}$$

其中，$\sum_j w_j^{(i)} = 1$。

步骤 2. 基于求得的最优重构权值 $\boldsymbol{w}^{(i)}$ 求出 $\boldsymbol{y}_{N(i)}$：

$$\boldsymbol{y}_{N(i)} = \sum_{j=1}^{k} w_j^{(i)} \boldsymbol{y}^j_{N(i)} \tag{4.10}$$

需要注意的是，新输入的样本点有可能无法马上找到准确的低维嵌入坐标，但是随着增量学习和更新机制的进行，有关低维坐标将被调整，最终，能够得到反映原始流形内部结构的低维流形。

表 4.1 给出了本节提出的增量学习算法的计算步骤。

表 4.1 增量学习算法的计算步骤

输入：$\boldsymbol{x}_{n+1}$
输出：$\boldsymbol{W}^{\text{new}}, \boldsymbol{y}_{n+1}, \boldsymbol{y}^{\text{new}}_{N(i)}$
步骤 1. 更新权值矩阵，得到 $\boldsymbol{W}^{\text{new}}$；
步骤 2. 通过微分法或子流形分析法得到 $\boldsymbol{x}_{n+1}$ 的低维坐标 $\boldsymbol{y}_{n+1}$；
步骤 3. 如果存在由于 $\boldsymbol{x}_{n+1}$ 的输入而近邻点发生变化的样本，更新其相应的低维坐标 $\boldsymbol{y}_{N(i)}$，得到 $\boldsymbol{y}^{\text{new}}_{N(i)}$

4.1.2 仿真实验

1. 人工数据

本节给出增量 LE 算法对三维非线性流形 Swiss Roll、S 曲线数据集的降维结

果。权值矩阵定义为

$$W_{ij}=\begin{cases}\exp(-\|\boldsymbol{x}_i-\boldsymbol{x}_j\|^2/t), & t\in R,\text{节点 } i \text{ 是节点 } j \text{ 的 } K \text{ 近邻点或节点 } j \text{ 是节点 } i \text{ 的 } K \text{ 近邻点}\\ 0, & \text{其他}\end{cases}$$

$$i,j=1,2,\cdots,n$$

实验中近邻点数目 K 取为8。任意产生1500个样本点,前200个点作为训练样本,剩下的点为测试样本,用增量 LE 算法进行学习,具体结果如图4.3、图4.4所示。

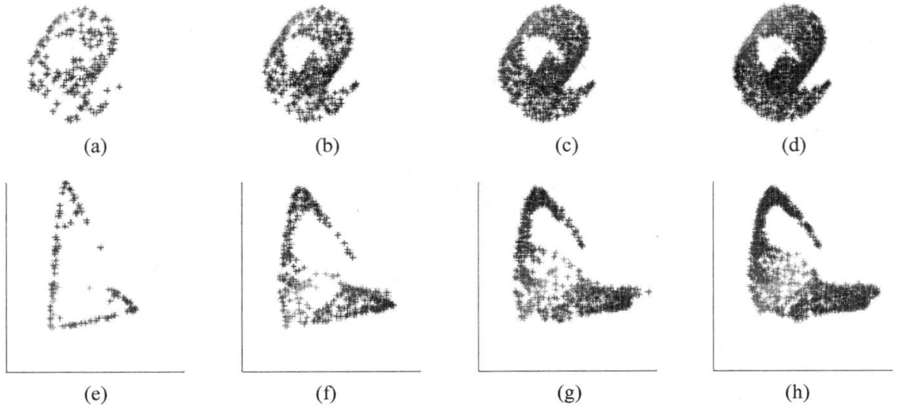

图4.3 采用微分法的 Swiss Roll 数据增量学习结果图

(a) 初始的200个样本点;(b) 500个样本点;(c) 1000个样本点;(d) 1500个样本点;(e) 初始训练样本展开图;(f) 500个样本点展开图;(g) 1000个样本点展开图;(h) 1500个样本点展开图。

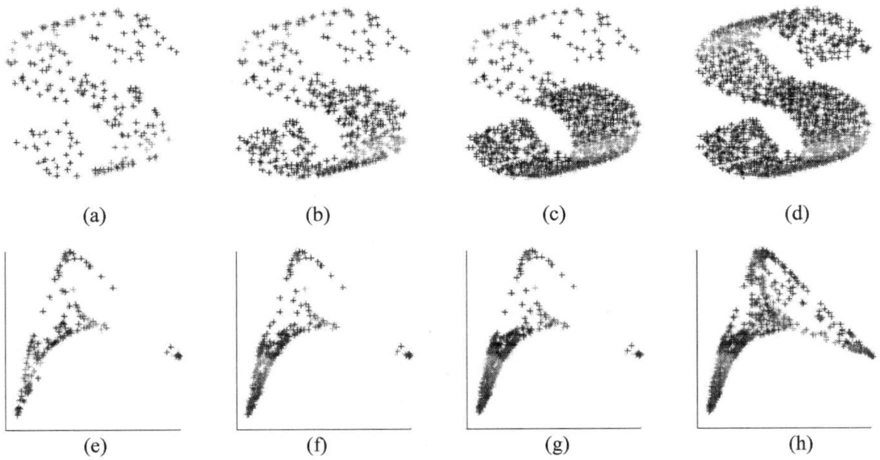

图4.4 采用子流形分析法的 S 曲线数据增量学习结果图

(a) 初始的200个样本点;(b) 500个样本点;(c) 1000个样本点;(d) 1500个样本点;

(e) 初始训练样本展开图;(f) 500个样本点展开图;

(g) 1000个样本点展开图;(h) 1500个样本点展开图。

由上面的仿真结果可以得出如下结论:①当训练样本能够覆盖整个样本空间时,微分法和子流形分析法均能给出准确的降维结果。因为经过训练,整个流形的大致分布已知,当有新样本输入时,其邻接信息可以被准确探知,故能得到准确的降维结果。②一个新输入样本可能无法立刻得到准确的低维坐标,如图4.4(e)中虚线圈中的样本点。但随着增量学习的进行,相应的低维坐标将被调整和更新,从而得到准确的结果。在图4.4(f)~(h)中,虚线圈中的样本点得到了更加准确的低维嵌入坐标。

2. 真实图像

1)FreyFace 人脸库

选择包含人脸多姿态的 FreyFace 数据库中的 600 个图像数据作为训练样本,另外400 个图像用增量算法进行学习,图4.5 给出了部分测试样本。使用 LE 对训练样本的低维展开结果如图 4.6(a)所示,使用子流形分析法增量学习后的全部样

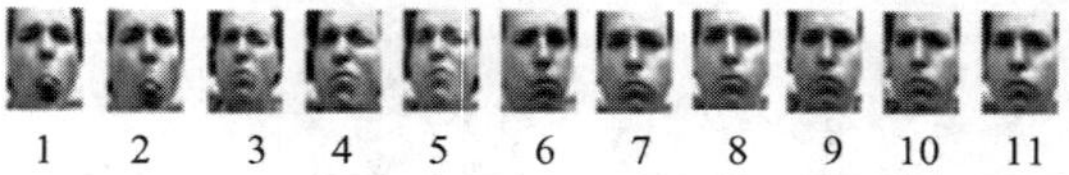

图4.5 部分测试样本

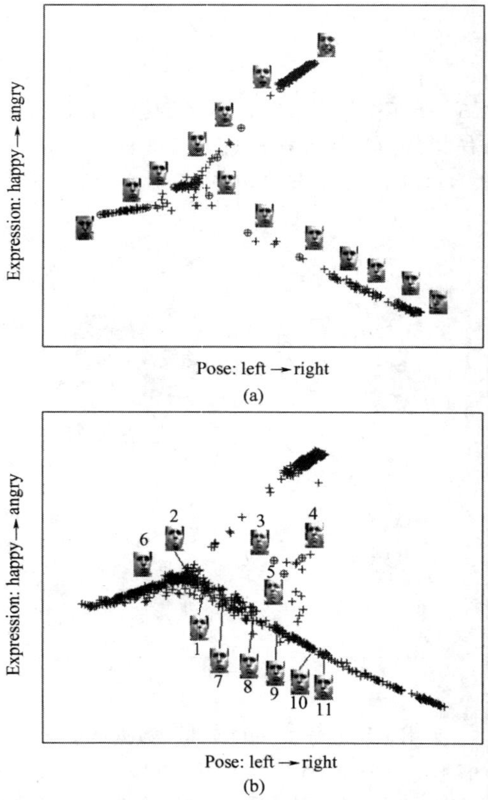

图4.6 训练样本的低维展开

(a) 训练样本展开图;(b) 使用子流形分析法进行增量学习后的全体样本展开图。

本低维展开结果如图 4.6(b)示,图中横坐标表示姿态由向左偏转到向右偏转渐变,纵坐标表示表情由高兴到生气渐变。虽然图 4.5 所示测试样本编号 1 ~5 中出现了不同于训练样本的新表情,但子流形分析法能够很好地探测和保持输入样本的内部结构,从而得到准确的降维结果。

2) ORL 人脸库

ORL 人脸数据库可从 http://www.uk.research.att.com/facedatabase.html 获得,包含 40 个人共 400 张 92 ×112 灰度规模的图片,每人 10 张,典型示例如图 4.7 所示。实验中,我们采用留一法,任选每人的一张图像作为测试样本,其余为训练样本,重复 10 次。对测试样本采用线性计算法和子流形分析法进行增量学习,实现降维。之后,采用最近邻分类法实现分类。图 4.8 给出了降至不同维度的低维空间后各算法的识别准确率比较。

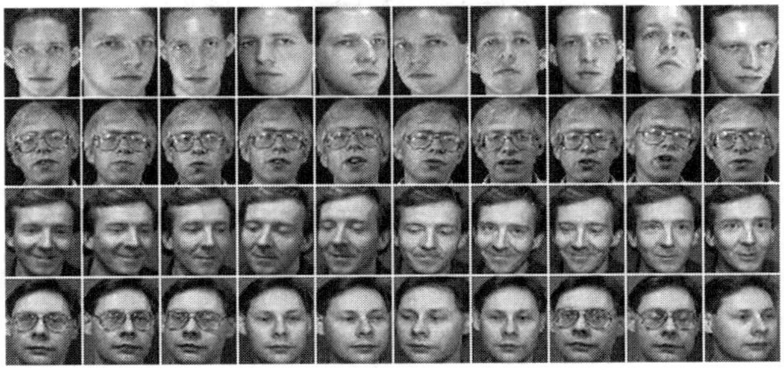

图 4.7　ORL 人脸库示例图

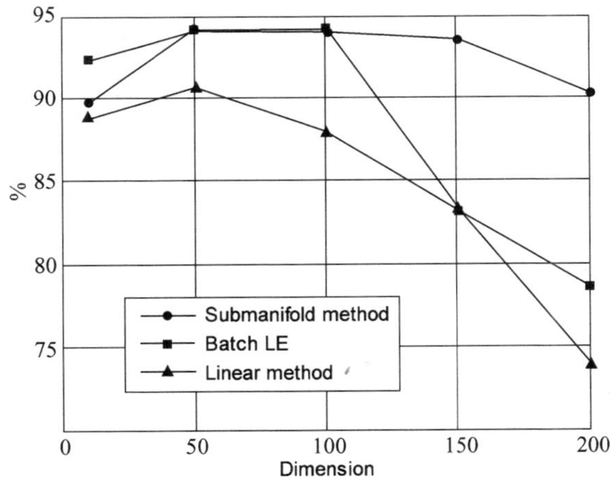

图 4.8　降至不同维数空间后,LE 与增量 LE 算法分类准确率比较图

可以看出,子流形分析法很好地保持了输入样本的内在结构信息,并得到了与批处理 LE 可比的分类准确率。我们知道,批处理 LE 在进行特征提取数据降维时,利用了全体样本点的邻接信息,而增量 LE 则只利用了部分样本的邻接信息来

建立输入流形的大致分布。然后随着新样本的输入，增量 LE 算法不断加入新的邻接信息并对已有样本点的低维坐标进行调整和更新，直至最终得到了与批处理 LE 相当的分类准确率。

3）二值手写数字图像库

二值手写数字图像库包含数字 0 ~ 9 的不同手写二值图像，每个数字 39 张 20×16灰度规模的手写图像。实验中我们选取数字 0、2、4、6 和 7 的手写图像，部分示例图像如图 4.9 所示。对每个数字，任选其 30 张图像训练，剩下的 9 张图像作为测试样本，使用子流形分析法和最近邻分类法。当低维嵌入空间维数不同时，未使用和已使用对已有点的更新机制以及批处理 LE 的识别率比较见表 4.2。

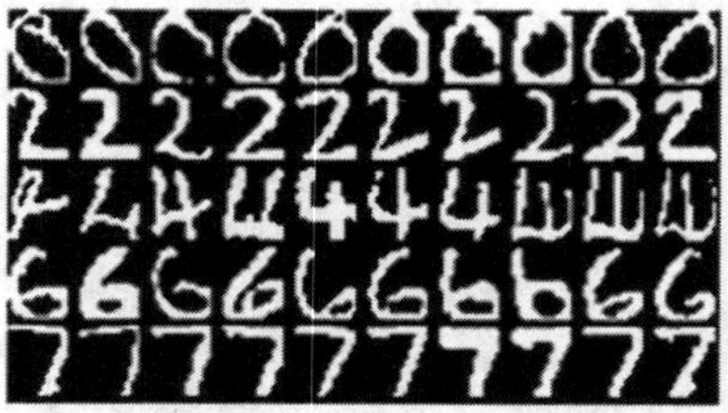

图 4.9　手写数字二值图像示例

表 4.2　未使用和已使用对已有点的更新机制以及批处理 LE 算法的识别率比较

维数		2	5	6	9	10	11	15	20	25
增量学习	无更新	80	84.44	91.11	91.11	88.89	88.89	86.67	88.89	86.67
	更新已有点坐标	86.67	91.11	91.11	91.11	91.11	91.11	93.33	93.33	93.33
批处理 LE		82.22	86.67	88.89	93.33	93.33	91.11	88.89	88.89	86.67

由表 4.2 可知，当使用对已有点的更新机制时，识别率得到了提高。对已有点的更新机制使得整个增量学习算法具有迭代计算的特性，低维嵌入结果更加准确。

3. 计算复杂度分析

除去邻接矩阵 $\boldsymbol{W}$ 的更新计算，我们提出的增量学习算法中，微分法只需要计算一些简单的加法和乘法。子流形分析法需要求解一个$(k+1)\times(k+1)$规模的特征值问题和一个简单的最小二乘问题，K 是近邻点个数。求解特征值的计算复杂度是 $O((k+1)^3)$[13]，求解最小二乘问题时，我们调用 Matlab 中的“fmincon”函数，计算复杂度满足在线学习的要求。

4.2　引入遗忘机制的 ART2 改进算法

聚类算法——自适应共振理论 ART 是由美国 Boston 大学 S. Grossberg 和 A. Carpenter提出来的[18]。他们多年来一直潜心于研究用数学来描述人的心理和认知活动，试图为人类的心理和认知活动建立统一的数学理论，ART 就是这一理论的核心部分。本节将就 ART 的提出、发展、运行机理及相关改进算法进行论述。

4.2.1 自适应共振理论简介

人可以在复杂、非平稳和有干扰的环境中对各种事物进行分类与识别，这种学习往往是自组织的。此外，人对于所学知识的积累和存储兼具稳定性（牢固地保存已学的知识）和灵活性（大量学习新知识）[19]。人脑还具有集中注意力于“有用”或“重要”事物而忽略“无关”或“次要”事物的能力。人脑能够根据外界对于自身判断和分类的结果所作出的“奖”或“惩”回应来调整学习策略等。自适应共振理论 ART 的提出正是基于对人脑上述功能的思考和研究。

ART 算法体系包含三种结构，即 ART1、ART2 和 ART3，可以对任意多和任意复杂的二维模式进行自组织、自稳定和大规模并行处理。ART1 处理二进制输入，即输入矢量的每个分量是二值的，只能取 0 或 1[20]。ART2 是 ART1 的扩展形式，用于模拟信号输入，即输入矢量的各个分量可取任意实数值，当然也可用于二进制输入。ART3 是分级搜索模型，除了兼容前两种结构的功能外，将两层神经元网络扩展为任意多层神经元网络，并在神经元的运行模型中纳入了人类神经元生物电——化学反应机制，因而具备了相当强的功能以及可扩展的能力[21]。

随后，学者们相继提出了多种改进算法：ARTMAP[22]、FuzzyART[23]、FuzzyARTMAP 等[24~31]。ARTMAP 是一种有监督的网络，包含两个 ART 模块（ARTa、ARTb），模块间通过一个映射域连接，针对二值输入有相应的二值输出。FuzzyART 是对 ART1 的扩展，通过模糊计算的引入，网络不仅可以处理二值输入，也可以处理模拟输入。将两个 FuzzyART 模块通过映射域连接，便形成了 FuzzyARTMAP 网络，可对二值及模拟输入进行快速、稳定的分类。

另外，结合不同的应用背景，研究者们亦提出了许多自适应共振理论的改进算法，Rajapakse 等人在 1990 年提出了一种基于 ART 1 神经网络、用于失真不变量识别（distortion invariant recognition）和自关联的实时处理系统；Kumar 等人在 1991 年提出了基于 ART 的神经控制器电极的自适应定位算法[32]；Grossberg 等人于 2004 年提出了用于声音场景分析和源分离的 ARTSTREAM 神经网络[33]，等等。

4.2.2 ART1 神经网络

ART1 网络模型是 ART 模型中最基础也是最简单的一种，用来处理二值输入，可用于模式识别中具有黑白二色的图形、文字、数字、符号、图表等的分类问题[34]。

ART1 网络是一种比较接近于实际神经系统的模型，它的记忆容量可以随学习样本的增加而增加，记忆形式也与生物中的记忆形式类似。ART1 网络的基本结构如图 4.10 所示，由两个子系统组成，一个称为注意子系统（Attentional Subsystem），一个称为取向子系统（Orienting Subsystem），也称调整子系统。另外，还有三种控制信号，即重置信号（Reset）及两种增益控制信号 G_1 和 G_2。

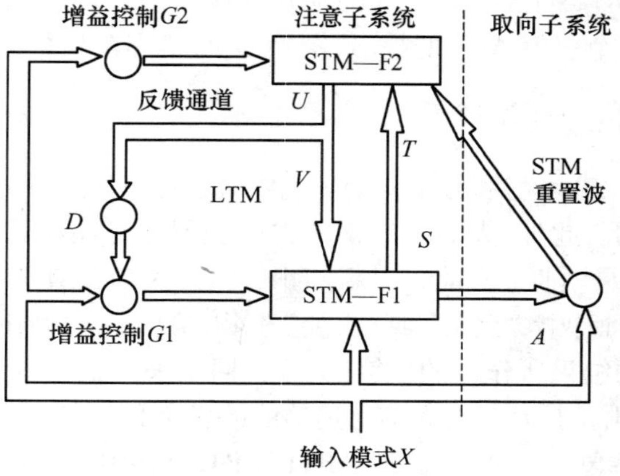

图 4.10　ART1 结构原理图

这两个子系统是功能互补的子系统。ART1 就是通过这两个子系统和控制机制之间的交互作用来处理熟悉或不熟悉的事件。在注意子系统中，有 F1、F2 这两个用短期存储单元(Short - Term Memory，STM)组成的部件，即 STM - F1 和 STM - F2。在 F1 和 F2 之间的连接通道是长期存储(Long - Term Memory，LTM)。

注意子系统的作用是对熟悉事件进行处理。在这个子系统中建立熟悉事件对应的内部表示，以便响应有关熟悉事件；这实际上是对 STM 中的激活模式进行编码。同时，在这个子系统中还产生一个从 F2 到 F1 的自顶向下的期望样本，以帮助稳定对已被学习了的熟悉事件的编码。

调整子系统的作用是对不熟悉事件产生响应。在有不熟悉事件输入时，孤立的一个注意子系统无法对不熟悉的事件建立新的聚类编码；因此设置一个调整子系统，当有不熟悉事件输入时，调整子系统马上产生重置波对 F2 进行调整，从而使注意子系统对不熟悉事件建立新的表达编码。实际上，当自底向上的输入模式和来自 F2 的自顶向下的引发模式即期望在 F1 中不匹配时，调整子系统就会发出一个重置波信号到 F2，取消 F2 原来所发出的输出模式，重新选择 F2 的激活单元。

简而言之，注意子系统的功能是完成自底向上向量的竞争选择，以及完成自底向上与自顶向下向量间的相似度比较。而调整子系统的功能是检验期望向量 $\boldsymbol{v}$ 和输入向量 $\boldsymbol{x}$ 的相似程度；当相似度低于某一给定警戒值时，取消该时刻的竞争优胜者，转而从剩余类别中选取优胜者。

ART1 模型就是通过注意子系统和调整子系统的共同作用，从而完成自组织过程的。

ART1 网络的学习算法包含以下步骤：

(1) 初始化。自上而下的连接权值表示为 $\boldsymbol{W}$，自下而上的连接权值取为 $\boldsymbol{B}$。$\boldsymbol{B}$ 赋予较小且相同的初值，可设

$$B_{ij}(0) < L/(L-1+n)，其中 L > 1 为常数 \tag{4.11}$$

如此设置保证输入向量 $\boldsymbol{X}$ 能收敛至其应属类别。W 赋初值 1，对模式进行相似性测量时能够正确计算其相似性。警戒值 $0<\rho<1$。ρ 的大小直接影响到分类精度，ρ 越大，分类越细致。

（2）输入 $\boldsymbol{X}=(x_1,x_2,\cdots,x_n)$。

（3）若 $\boldsymbol{X}\neq 0$ 则信息前送，由 F2 层的内星向量 $\boldsymbol{B}$ 进行加权，得到输出为 $T_j = CB_j, j\in\{1,2,\cdots,m\}$。

（4）F2 层竞争，按获胜者全得（Winner Take All，WTA）竞争机制得出获胜节点 $T_J=\max(T_j), j\in\{1,2,\cdots,m\}$。

（5）获胜节点送回自上而下的权向量 $\boldsymbol{W}$，与输入 $\boldsymbol{X}$ 匹配，可得 F1 层输出为 $C_i^* = W_{Ji}\cdot X_i$。

（6）警戒值检测：

$$\|x\| = \sum_{i=1}^{n} x_i,\ \|T\| = \sum_{i=1}^{n} W'_{ji}\times x \tag{4.12}$$

$\|T\|/\|x\|>\rho$ 时，接受 J 为获胜节点，转步骤(7)；否则，发重置信号置 J 为零，即不允许其再参与竞争，开始进入搜索阶段，转步骤(3)。

（7）权值学习（$l>1$）。

由于在 ART1 网络第一层中自底向上的权值矢量未进行规格化，所以当某个原型模式是另一个模式的子集时就会出现问题。如

$$\boldsymbol{B} = [1\ 1\ 1\ ;1\ 1\ 0]，输入\ \boldsymbol{X} = [1\ 1\ 0]，则\ \boldsymbol{B}\times\boldsymbol{X}' = [2\ 2]$$

解决办法是对自底向上的权值矢量进行某种意义上的规格化，即当一个模式具有很多非 0 项时，每个非 0 项的量值应该被减小。即令

$$\boldsymbol{B} = [1/3\ 1/3\ 1/3;1/2\ 1/2\ 0]$$

这样就有 $\boldsymbol{B}\times\boldsymbol{X}' = [2/3\ 1]$，避免了上述问题的出现。

因此，按下式修改权值 $\boldsymbol{W}$、B：

$$\boldsymbol{W}(t+1) = \boldsymbol{W}(t)\cdot\boldsymbol{X} \tag{4.13}$$

$$B(t+1) = l\times\boldsymbol{B}(t)/(l-1+\mathrm{sum}(W(:))) \tag{4.14}$$

恢复由重置信号抑制的节点，转步骤(2)接受下一个输入。

4.2.3 ART2 神经网络

在一系列 ART 网络模型中，ART2 适用于处理模拟输入信号，具有无监督学习功能；对时序信号进行实时学习和处理；并能对已经学习过的对象进行快速响应和自动识别。目前，ART2 神经网络已被广泛应用于模式识别、数据压缩等科学应用领域。

与 ART1 相似，典型的 ART2 网络结构主要包括注意子系统和调整子系统，如图 4.11 所示。然而与 ART1 不同的是，适用于处理模拟输入信号，ART2 在网络的输入层 F1 中对输入向量按照一定的法则进行运算。

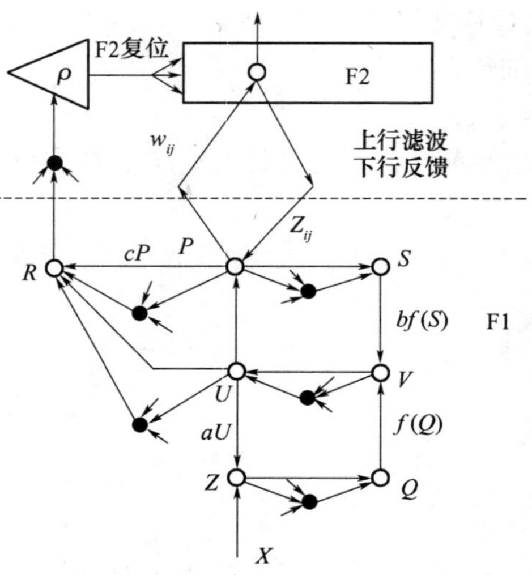

图 4.11　典型的 ART2 网络结构

1. 前处理层运算法则

网络前处理层通过向量归一化和非线性变换将网络输入模式 X 经迭代得到稳定的中层模式 U,并经顶层模式 P 将信息送入网络的上行滤波通道。

$$z_j = x_j + au_j \tag{4.15}$$

$$v_j = f(q_j) + bf(s_j) \tag{4.16}$$

$$p_j = u_j + z'_{Ij} \tag{4.17}$$

图 4.11 中实心圆表示求模运算;a、b 为网络常数,反映前处理层内部的反馈大小,影响中层模式向量 $\boldsymbol{U}$ 向输入模式向量 $\boldsymbol{X}$ 靠近的快慢;n 为输入模式向量 $\boldsymbol{X}$ 的维数;I 为当前竞争获胜节点序号;V 是 F2 层经下行反馈通道向 F1 层送回的反馈模式;$f(\cdot)$为非线性信号函数。

2. ART2 上行滤波和下行反馈过程

将前处理器的顶层模式 P 送入上行滤波通道,产生并行搜索编码模式 T,其第 i 个节点的活跃值为

$$t_i = \sum_{j=1}^{n} w_{ij}p_j, \quad i = 1,2,\cdots,m \tag{4.18}$$

在 F2 层中进行竞争选择:

$$t_I = \max[t_i], i = 1,2,\cdots,m \tag{4.19}$$

产生竞争获胜节点 I。若经过竞争选择、失配、复位的循环以后发现网络尚未记忆当前输入模式,则需在 F2 层中增加一个新节点。

3. ART2 调整子系统 R 控制复位

反馈模式 V 与输入模式 $\boldsymbol{X}$ 在 F1 层中的相似匹配取决于向量：

$$|r| = \left|\sum_{j=1}^{m} r_j^2\right|^{\frac{1}{2}} \tag{4.20}$$

$$r_j = \frac{u_j + cp_j}{e + |cp| + |u|} \tag{4.21}$$

$$|r| < \rho, (1 > \rho > 0) \tag{4.22}$$

其中,ρ 为相似测度警戒值;e 为趋于 0 的正数。若式(4.22)成立,则匹配失败,将模式 T 中的当前最大值置为零,且将竞争选择模式 Y 和反馈模式 V 复位,然后转到搜索过程。若$|r| > \rho$,匹配成功,则转到学习过程。

4. ART2 网络的记忆权值学习过程

当反馈模式 V 与输入模式 X 在 F1 层中匹配成功时,网络就进入无监督的学习过程,称此时的获胜节点 I 被唤醒。上行滤波通道学习方程(F1→F2):

$$\begin{cases} w_{ij}(k+1) = w_{ij}(k) + d(p_j(k) - w_{ij}(k)), i = I \\ w_{ij}(k+1) = w_{ij}(k), i \neq I \end{cases} \tag{4.23}$$

式中,d 为学习率。下行反馈通道系数 Z_{ij}学习方程同上。

4.2.4 ART2 网络存在的问题与改进

ART2 网络存在一定的缺陷与不足,如用于聚类与分类时仍存在丢失数据幅值信息、对渐变过程不敏感等,针对这些不足很多文献[35~37]提出了一定的改进算法。

尽管如此,在节点生长机制上,如果输入了尚未记忆的新模式,网络会开辟新节点进行记忆。倘若某类别样本数量有限或者是由噪声引起的错误信号,但系统仍分配一个存储单元对其进行记忆,而系统的存储空间有限,这势必造成系统无法存储更具代表意义的新类别,降低了系统学习的有效性。同时,记忆的节点越来越多,搜索匹配会花费更多的时间,降低了搜索效率。另外,网络节点一旦与当前输入发生共振就修改相应权值,无疑存在学习的随机偏移问题。本节引入了一种类似人脑的“遗忘”机制,对神经元的增减进行调整,很好地解决了上述问题。

1. 记忆权值的随机漂移

事实上,由于输入样本的随机性以及噪声的干扰,ART2 网络学习一段时间后,可能开辟两个不同节点记忆同一类别,或者对已经记忆的某一类别仅在当初开辟该节点时被学习过、以后从未被唤醒等问题,这无疑会造成系统存储资源的浪费,导致搜索效率的降低。

具体地,假设输入序列 $\boldsymbol{X}_1, \boldsymbol{X}_2 \cdots, \boldsymbol{X}_n$ 均属于同一类别 I,且系统未曾记忆过该类别,$\boldsymbol{X}_1$、$\boldsymbol{X}_2$ 间的欧式距离满足:

$$\frac{X_1 \cdot X_2}{|X_1| \cdot |X_2|} < \rho \tag{4.24}$$

但是 $\boldsymbol{X}_2,\cdots,\boldsymbol{X}_n$ 间两两相似度均大于等于 ρ，如图 4.12 所示。按照 $\boldsymbol{X}_1$ 至 $\boldsymbol{X}_n$ 的顺序依次输入数据，可知：输入 $\boldsymbol{X}_1$ 时，系统开辟新节点记忆 $\boldsymbol{X}_1$，并设置相应权值 $\boldsymbol{W}_1=\boldsymbol{X}_1$。之后输入 $\boldsymbol{X}_2$，由于 $\boldsymbol{X}_1$、$\boldsymbol{X}_2$ 之间相似度小于 ρ，则系统另辟节点记忆 $\boldsymbol{X}_2$，并设置相应权值 $\boldsymbol{W}_2=\boldsymbol{X}_2$。之后依次输入 $\boldsymbol{X}_3,\cdots,\boldsymbol{X}_n$，节点 2 均获胜，且经过学习，权值 $\boldsymbol{W}_2$ 接近于类别Ⅰ的中心模式。当 n 个数据都学习完后，系统共开辟两个节点记忆同一类别，这无疑浪费了系统的存储空间。

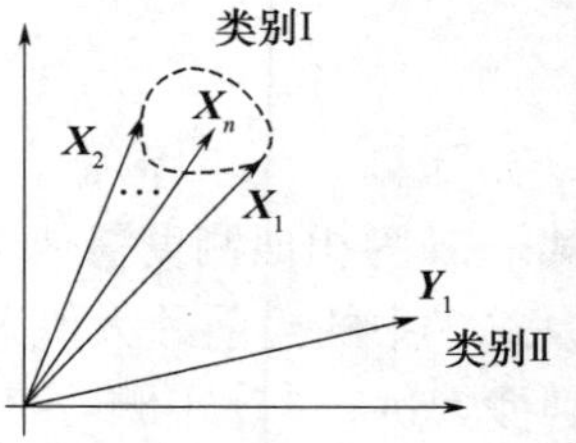

图 4.12　设计输入序列

而对于图 4.12 所示的类别Ⅱ，在输入样本中该类别只含一个模式向量 $\boldsymbol{Y}_1$，在整个学习过程中该节点只获胜了一次。这表明该类别在输入样本中不具有典型性或者是由噪声干扰产生的错误类别，但 F2 层中仍保留了一个节点记忆该类别，这降低了系统存储空间的有效利用率。

在对多姿态人脸的分类识别中，ART2 同样存在上述记忆权值的随机漂移现象。假设输入样本为一个从正面逐渐向左偏转的人脸图像序列，其流形分布如图 4.13 所示。当第一张图像输入时，系统开辟节点对当前输入的正面人脸进行学习记忆；之后，随着输入的人脸图像不断向左偏转，系统中记忆该人脸的 LTM 权值所反映的人脸信息亦将从正面姿态逐渐向偏侧姿态变化。学习结束后，最终的权值将是一个偏侧的人脸图像，无法准确记忆该人脸信息，在后续的识别中亦难以得到正确的结果。

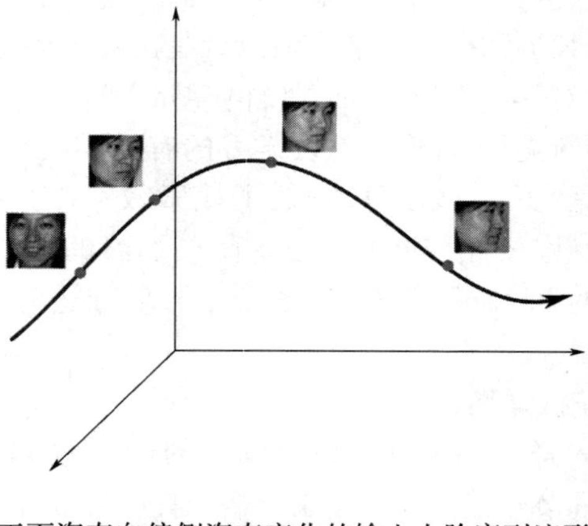

图 4.13　从正面姿态向偏侧姿态变化的输入人脸序列流形分布示意图

2. 改进方法

ART2 网络是开环、无监督的，尤其对于其权值修改机制，当输入矢量 $\boldsymbol{X}$ 经匹配后唤醒 F2 层内节点 $\boldsymbol{I}$ 时，则进行相应的权值修改；若输入 $\boldsymbol{X}$ 与 F2 层所有记忆节点的相似度均达不到警戒值 ρ，即开辟新节点以记忆当前输入。随着大量数据不断输入，网络将依据由欧式距离确定的类别归属不断学习记忆，这种无监督的学习将导致 F2 层内的节点越来越多，呈发散态势。其中，存在着诸如资源有效利用率、识别稳定性等问题。

我们知道，人脑的记忆容量是有限的，一个人不可能清楚地记得出生之后遇到的每一个人、每一件事。为了更好地记忆重要的人或事，同时也为了不断记忆有意义的、崭新的人或事，人脑选择遗忘那些无关紧要的、琐细的事情。受此启发，考虑到将人脑的遗忘机制[38]，文献[39]引入 ART2 中节点的生长与调整。具体地，经历一定时间间隔 T 后，扫描 F2 层所有节点，若存在彼此相似度达到警戒值 ρ 的节点则合并相关节点；若存在唤醒次数少于一定阈值的节点，说明该节点所代表的类别模式不典型，甚或是由噪声信号引起的，为提高资源有效利用率，将该节点从 F2 层剪掉，方便网络记忆其他更具典型性的类别模式。

引入遗忘机制，相当于对 F2 层节点进行了一种有监督的调整，有效提高了对存储空间的利用率，增强了算法的稳定性。具体来讲，对 ART2 网络进行如下改进：当输入样本数量较大时，对系统每个记忆节点的唤醒次数设置一个累积阵列 N，初始值为 0，以后每次对节点 i 进行唤醒学习都将该节点唤醒次数加一，即做如下处理：

$$N(i) = N(i) + 1 \tag{4.25}$$

每经历时间 T（称 T 为遗忘时间间隔），扫描唤醒次数阵列 N。

（1）记忆库中已记忆的两两节点间相似度满足

$$\frac{w_i \cdot w_j}{|w_i| \cdot |w_j|} \geqslant \rho \tag{4.26}$$

则合并 i、j 两节点成为一个节点，新节点相应权值做如下修改：

$$w = \frac{w_i N(i)}{[N(i) + N(j)]} + \frac{w_j N(j)}{[N(i) + N(j)]} \tag{4.27}$$

这样避免了系统对同一种类别模式用两个以上节点来记忆，即剪掉了重复记忆的节点。

（2）给定一个警戒值 n^*，如果

$$N(I) \leqslant n^* \tag{4.28}$$

则认为节点 I 所记忆的类别模式不够典型甚或是由噪声产生的错误模式，需要剪掉。其中，n^* 是一个大于 0 的整数，针对输入样本数目的不同可设为 1、5 等不同值，具体取值通过实验确定。

改进的 ART2 算法流程图如图 4.14 所示。

3. 仿真实验

实验中，输入向量为四类二维数据（第 3 类为噪声数据），数据分布如图 4.15 所示，各类别内数据相似度达到了 0.98。

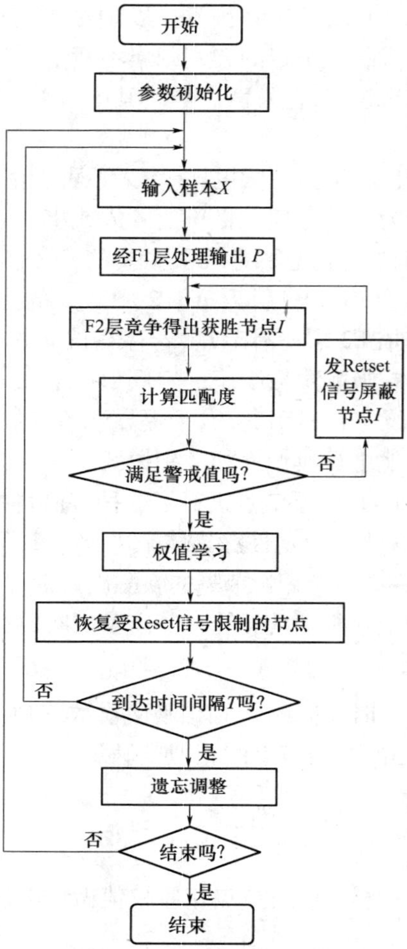

图 4.14　遗忘 ART2 流程图

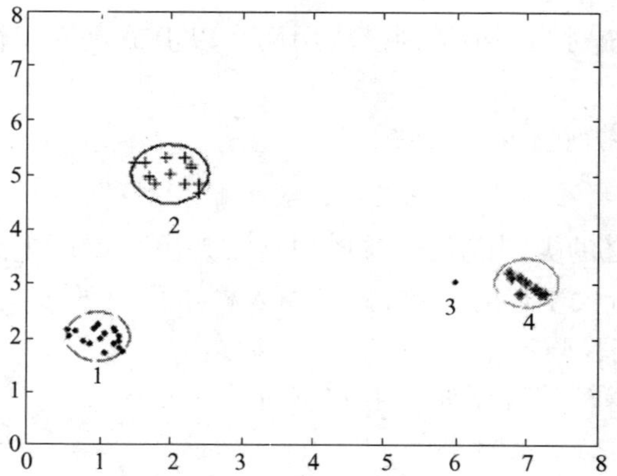

图 4.15　输入样本

网络常数设置为 $a=0.80, \theta=0.10$，在警戒值 $\rho=0.975$ 时，经反复迭代学习后原始 ART2 网络与遗忘 ART2 网络记忆节点情况如表 4.3 及图 4.16 所示。

表 4.3　网络记忆节点数目比较

—	F2 层内记忆各类别的节点数			
	类别 1	类别 2	类别 3	类别 4
原始 ART2	4	2	1	1
遗忘 ART2	1	1	0	1

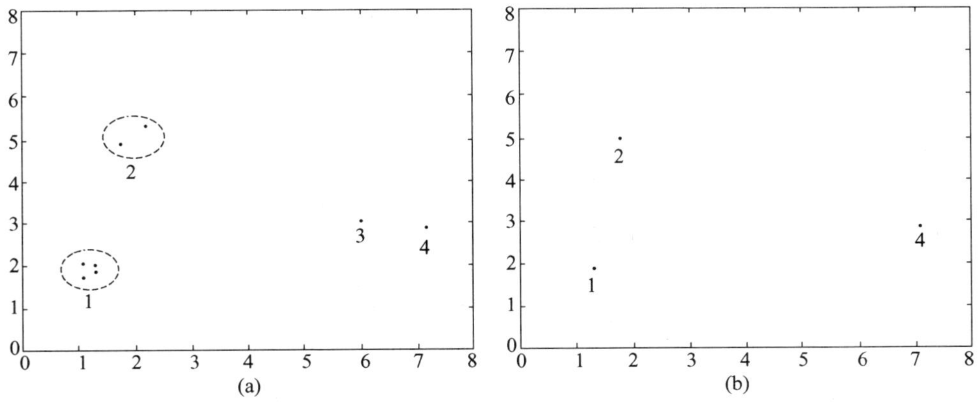

图 4.16　网络节点记忆情况对比

(a) 原始 ART2 记忆节点；(b) 遗忘 ART2 记忆节点。

可见，对同属类别 1 的输入样本原始 ART2 网络开辟 4 个节点（这 4 个节点完全可以归并为 1 个节点）记忆，这势必造成存储资源的浪费，而且随着迭代次数的增加，节点数目将不断增加，分类结果并不稳定；而遗忘 ART2 却只用一个节点对其进行记忆，分类结果准确稳定且节省空间。另外，类别 3 只含一个输入向量，该类别是由干扰引起的噪声，遗忘 ART2 网络剔除了该类别；而原始 ART2 仍开辟一个节点记忆，这占用了存储资源，导致其他类别数据无法存储，同时也无法避免噪声的干扰。

下面是对真实数据的分类。选择模式识别领域中的经典测试用例 IRIS 数据来说明引入遗忘机制的优越性。

IRIS 数据集[40]包含三种鸢尾属植物的花瓣与萼片的长度和宽度信息，具体如表 4.4 所列，即包含三个类别的样本，每个样本含四个分量（花片长度，花片宽度，萼片长度，萼片宽度）。数据集共 150 个样本，每个类别 50 个。其中一类是线性可分的，其余两类有交叠。这三类样本的聚类中心模式如图 4.17所示。

表 4.4　IRIS 数据集数值分布

名称	数值范围/mm
萼片长度	[43,79]
萼片宽度	[22,44]
花瓣长度	[10,69]
花瓣宽度	[1,25]

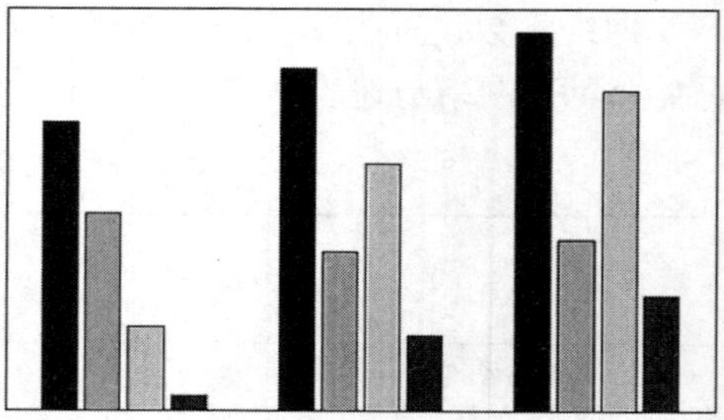

图 4.17　IRIS 数据类别模式

实验中我们取 ART2 相似度警戒值为 0.98,若激活次数小于 5 就剪掉该节点,网络循环运行 3 次。原始 ART2 与遗忘 ART2 网络记忆权值如图 4.18 所示。

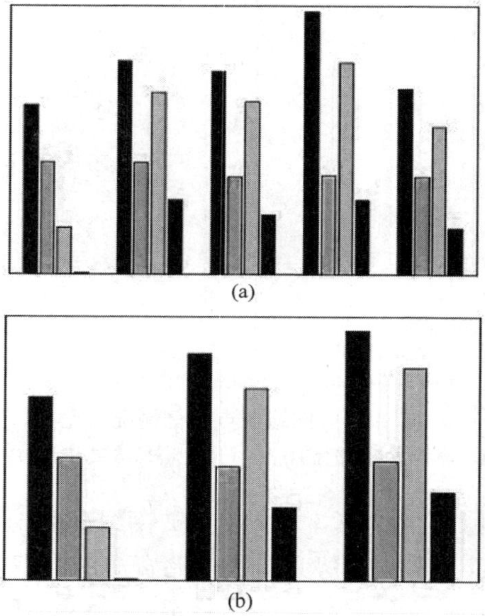

图 4.18　聚类仿真中各模式中心的对比

(a) 原始 ART2 记忆权值; (b) IRIS 遗忘 ART2 记忆权值。

可见,原始 ART2 网络缺乏有效的调整机制,致使节点冗余,分类结果不稳定。而引入遗忘机制的改进算法通过对冗余节点进行合理的归并和剔除,使得保留下来的节点准确记录了输入样本的类别模式,分类结果稳定可靠。

4.3　逆转录 ART3 算法

4.3.1　ART3 神经网络

神经网络的主要功能之一是能够通过学习由外界输入的模式信息建立识别码(或称为类别码),然后用一种简单的并行搜索方法对任何输入模式矢量进行可靠的分类,即找到与之相应的识别码。这种系统应该能够适应复杂多变的外部环境,即具有足够的鲁棒性。ART3 就是为了实现这一目标在 ART2 的基础上发展起来的。它的突出特点在于[21,41]:

(1) 便于在一个具有任意多个层次的复杂层次结构中嵌入按统一标准构成的 ART 模块,形成多层 ART,称为 ART cascade。图 4.19(a)为一个双向 ART 系统,在这种大系统中,每个层次不能严格地划分为输入层或输出层。每个层次都要起两个作用,即相对于较低一层为输出层,而相对于更高一层为输入层。因此,系统中每层结构应该是大致相同的。图 4.19(b)为一单向 ART 系统或称为级联 ART 系统。这种系统由多个 ART2 模块级联而成,每个模块内部的两层之间是双向交互作用的,其间的 LTM 系数是可学习的;但两个模块之间的信息传输是单向的,这些传输系数是不可学习的。简而言之,这种系统的每个 ART 模块还保持其相对独立性,且每个模块的重置活动也是独立进行的。当任何一个模块发生重置时,它会影响处于其上方的各 ART 模块的活动模式,但是对处于其下方的模块没有任何影响。

(2) 各层次的神经元活动模式,也就是码的表示方式,既可以是分布的(即有多个或多组神经元处于兴奋态),也可以是压缩式的(即只有一个或一组紧密协作的神经元处于兴奋态)。

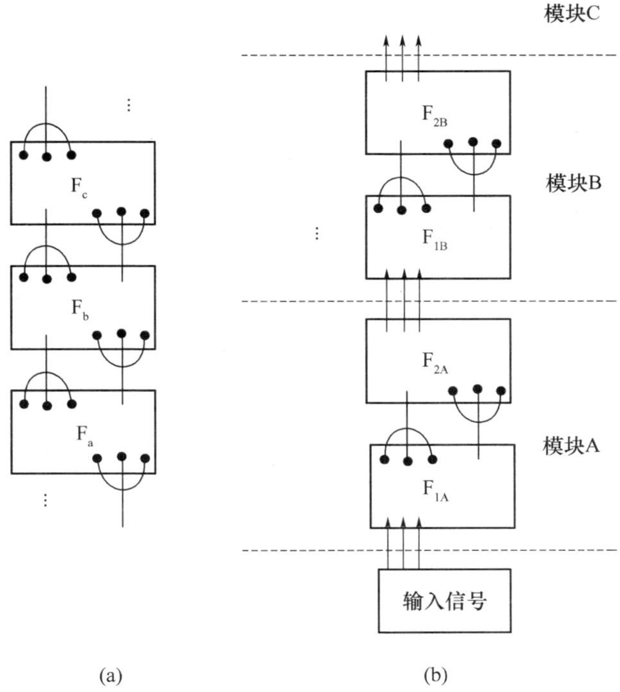

图 4.19 ART3 多层次结构
(a) 双向 ART 系统; (b) 单向 ART 系统。

（3）将人的神经元突触的生物化学运行原理用于人工神经网络，从而形成一种新的 ART 工作原理。

（4）任何 ART 系统的重置机制是一个难于处理的关键问题。ART3 系统的搜索—重置机构采用了一种特殊的码重置（code reset）方案从而可以实现更多的功能，包括：纠正错误的类别选择；依照外界对系统的运行结果所作出的反馈进行学习记忆；对不断变化的输入模式信息作出反映。

ART3 神经网络的构成取决于两个关键问题。第一是找到一种对各层（场）都适用的场结构，可称之为“同调”（homology）结构，第 4.2 节中 ART2 所具有的结构是一种非常适用的结构，只需对其略作变动就可以嵌在任何上下层（场）之间。第二是找到一种两个场的神经元之间信息传递的优良算法（包括自底向上和自顶向下的信息传输）。对于 ART3 系统，这一信息传递算法是依据人的神经元突触中进行信息交换时所发生的生物化学——电学过程来建立的。下面首先简要地讨论两个神经元之间信息传递的生物化学过程。

1. 生物神经元之间的信息传递机制

一个神经元的信息是通过轴突传出的，轴突的终端与接收信息的神经元的树突上的脊刺形成一个传递信息的窗口——突触，突触两侧的细胞膜互相靠得很近，整个结构如图 4.20 所示。在轴突中不断产生神经递质，所产生的神经递质中有一部分存储在轴突的终端，另一部分将穿透细胞膜进入突触间隙之中。如果递质因穿透细胞膜而流出轴突的速度低于递质产生的速度，则递质的数量将因积累而增多。但是递质的增加有一个上限，当递质的数量接近这一上限时将减缓或停止增加。递质增加的上限是一个 LTM 参数，它是可以通过学习而改变的。例如突触间隙的递质有几个去向。一部分束缚在树突脊刺细胞膜的表面并且与树突表面的受体相互作用，其后果是使树突的局部细胞膜的离子渗透度产生变化。一个神经元上许多树突细胞膜的离子渗透度变化的总和导致其进入兴奋或抑制态。流入突触间隙中的另一部分递质流回轴突终端，还有一部分流进各神经元细胞之间的空间，最后剩下的一部分被酶分解。如果束缚在脊刺表面的递质受到另一途径传来的生化物质影响，有可能失去活性，称为钝化（inactivation），这时它们不再会使细胞的离子渗透度发生变化。突触神经递质运行的动力学取决于两个关键因素：递质释放的速度和递质被钝化的速度。前者与神经元之间信息传递有关，而后者与重置有关。为了便于开发一种实用算法并且在计算机上进行仿真实验，可将图 4.20 中的神经元突触模型简化为图 4.21 所示形式。

2. ART3 中的动力学模型

突触的运行机制可用三个微分方程来描述。首先，轴突终端中神经递质的变化应满足微分方程：

$$\frac{\mathrm{d}u_{ij}}{\mathrm{d}t} = (z_{ij} - u_{ij}) - u_{ij}\xi \tag{4.29}$$

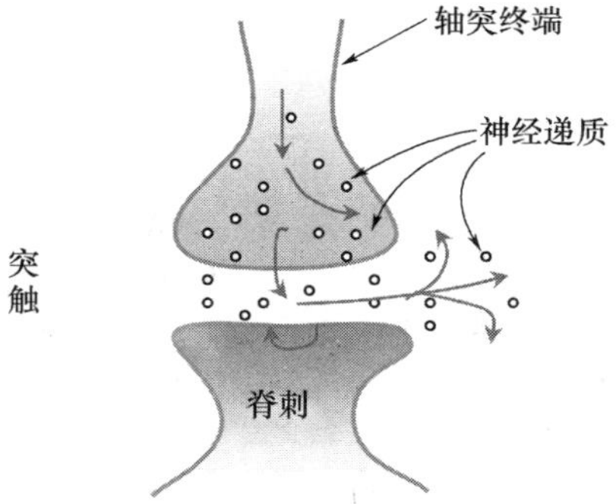

图 4.20　人工神经元突触的生物化学和电离子运行模型

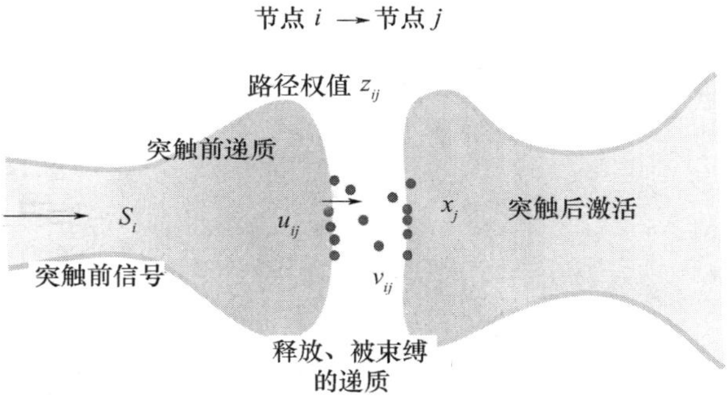

图 4.21　ART3 化学突触示意图

（突触的长期记忆权值为 z_{ij}，当有信号 S_i 输入时，递质 u_{ij}被释放，

v_{ij}表示游离在细胞间隙的递质，x_j 表示突触后细胞的激活水平）

其中，u_{ij}表示由第 j 号神经元伸向第 i 号神经元的轴突终端中所积累神经递质的数量；z_{ij}表示 u_{ij}所能达到的上限，它就是节点 j 至节点 i 的信息传输权重系数，是一种长期记忆，可通过学习改变；ξ 表示递质的释放速度。可以看到，当轴突终端中递质的数量远小于 z_{ij}时，u_{ij}总是向增大方向变化。

其次，束缚在树突脊刺细胞膜表面的神经递质所应满足的微分方程为

$$\frac{\mathrm{d}v_{ij}}{\mathrm{d}t} = -v_{ij} + u_{ij}\xi - v_{ij}\zeta \tag{4.30}$$

其中，v_{ij}是束缚在细胞膜表面的递质数量；ζ 表示束缚递质失去活性的速率，可称为“钝化速率”。可以看到，当 $\zeta=0$ 时，v_{ij}趋于与 $u_{ij}\xi$ 一致，即束缚递质的数量将等于每秒内释放递质的数量。如果 $\zeta\gg1$，则 v_{ij}将迅即趋于零。也就是说，钝化速率很高时，被束缚的大部分递质很快失去活性。在 ART 网络中，称 ζ 为重置速率，当系统进行重置时，$\zeta\gg1$；反之，$\zeta=0$。

再次，接收信息的第 i 号神经元的活动电平 x_i 所满足的微分方程为

$$\varepsilon \frac{dx_i}{dt} = -x_i + (A - x_i)J_i - (B + x_i)y_i$$
$$= -x_i + (A - x_i) \times \{\sum_j v_{ij} + \sum_l v_{il}\} - (B + x_i)\zeta \tag{4.31}$$

其中，J_i 表示加于第 i 号神经元的所有兴奋输入的总和；y_i 表示所有抑制输入的总和。此方程表明，在 J_i 作用下 x_i 将趋于 A（A 称为去极化电平），而在 y_i 作用下 x_i 将趋向于 $-B$（$-B$ 称为超极化电平）。此方程中 $\varepsilon \ll 1$，说明由这个方程决定的 x_i 变化速率远高于前面两方程确定的 u_{ij} 和 v_{ij} 变化速度。兴奋输入总和为

$$J_i = \sum_j v_{ij} + \sum_l v_{il} \tag{4.32}$$

式中，$\sum_j v_{ij}$ 表示非本场各神经元轴突终端送至神经元 i 树突细胞膜表面束缚神经递质之和；$\sum_l v_{il}$ 表示本场其他神经元轴突终端送至的束缚递质和，称为场内反馈信号。这里所说的每一个场均具有类似 ART2 的结构。

根据 $\varepsilon \ll 1$ 的假设，再考虑到有重置时 $\zeta \gg 1$，而无重置时 $\zeta = 0$，可得如下简化的式子：

$$\begin{cases} \frac{dv_{ij}}{dt} = -v_{ij} + u_{ij}\xi, & \text{无重置 } \zeta = 0 \\ v_{ij} = 0, & \text{有重置 } \zeta \gg 1 \end{cases} \tag{4.33}$$

$$\begin{cases} x_i = A(\sum_j v_{ij} + \sum_l v_{il})/(1 + \sum_j v_{ij} + \sum_l v_{il}), & \text{无重置} \\ x_i = 0, & \text{有重置} \end{cases} \tag{4.34}$$

3. ART3 的搜索—重置过程

关于 ART3 中的搜索与重置，首先有以下两个假设。

ART3 搜索假设 1　释放速率按下式计算：$\xi = S_i \cdot f(x_j)$，且

$$f(x_j) = \begin{cases} 0, & x_j \leqslant -\varepsilon_1 \\ \frac{\varepsilon_2}{\varepsilon_1} \cdot x_j + \varepsilon_2, & x_j > -\varepsilon_1 \end{cases} \quad \varepsilon_1, \varepsilon_2 > 0 \tag{4.35}$$

ξ 线性依赖于传向突触的输入 S_i，非线性依赖于从突触接收信息的神经元活动电平 x_j。非线性函数 $f(x_j)$ 说明，当 x_j 接近于超极化电平（即 $x_j \approx -B$）时，$f(x_j) \approx 0$；当神经元受到重置时，$x_j = 0$，而 $f(0)$ 是一个小正数。如果取为 $f(0) = 0$，在重置之后不可能有任何神经递质释放到突触间隙中去，v_{ij} 将永远保持为 0，因而神经元根本不可能"活动"起来。另外，$f(x_j)$ 随 x_j 的增大而迅速增大（图 4.22），这说明随着神经元活动电平的提高，递质释放速率将迅速增加。

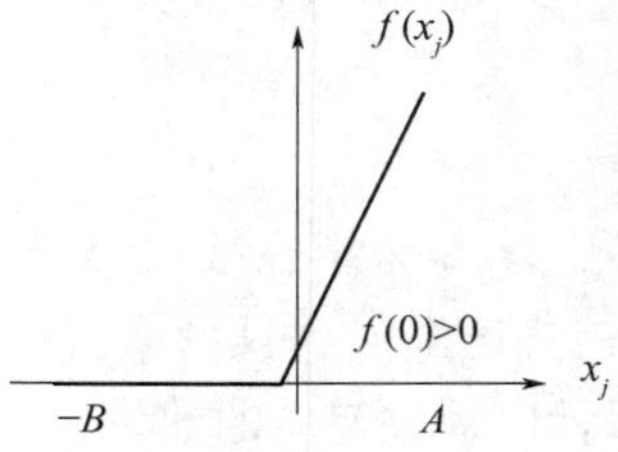

图 4.22　ξ 与 x_j 的关系示意图

ART3 搜索假设 2　重置信号到来时，x_i 迅速降为 0；重置信号保持期间 $x_i = 0$ 且释放到突触间隙中的神经递质 $v_{ij} = 0$。重置信号结束后，x_i、v_{ij}才开始变化。

假设系统的运行有一个时间起点 $t = 0$，在此起点以前来自外界的观察矢量尚未输入。可以认为在此时刻，由节点 i 至节点 j 的神经突触，其前方的递质 u_{ij}已积累至其最高值 z_{ij}，而且由于神经元之间尚无任何信息传送，即各传出神经元的活动电平 S_i 皆等于 0，所以各突触之间被束缚的递质 v_{ij}亦等于 0。此外，还假设所有神经元在此初始时刻都处于不活动状态，即其活动电平值为 $x_j = 0$。现在假设在 $t = 0^+$ 时信号 S_i 加到了突触上。由于此时 $x_j = 0$，递质释放速率将等于 $\xi = S_i \cdot f(x_j)$。而在此时刻 $u_{ij} = z_{ij}$且 $v_{ij} = 0$，因而 $t = 0^+$ 时的 u_{ij}、v_{ij}变化规律如下所列：

$$\frac{\mathrm{d}u_{ij}}{\mathrm{d}t}\Big|_{T=0^+} = -z_{ij}S_i f(0) \tag{4.36}$$

$$\frac{\mathrm{d}v_{ij}}{\mathrm{d}t}\Big|_{T=0^+} = -z_{ij}x_j f(0) \tag{4.37}$$

上式的导出还有一个不言而喻的假设，即认为在 $t = 0^+$ 以后的短时间内不可能有任何重置信号产生。原因在于只有当系统中存在若干神经元同时处于高活动电平时才需要并且才有可能发生重置，而在 $t = 0^+$ 时所有神经元的活动都处于低电平，因而不可能产生重置。这样，在 $t = 0^+$ 后一段短时间内突触间隙内被束缚的递质数量 v_{ij}随时间变化可由下式计算：

$$v_{ij} = z_{ij} \cdot x_j \cdot f(0) \cdot t, \quad t \ll 1 \tag{4.38}$$

在此情况下，各 v_{ij}值都是很接近于 0 的微小数，而且各 x_j 之值也都很接近于 0，因此可认为同一场内的神经元之间的互相作用很弱，又不存在重置。因此场内第 i 号神经元的活动电平 x_i 可用下式计算（因场内反馈部分很弱，忽略不计）：

$$x_i = \left(\sum_j v_{ij}\right)A = \left(\sum_j z_{ij}x_j\right)Af(0)t, \quad 0 < t \ll 1 \tag{4.39}$$

如果设 $X = [x_0, x_1, \cdots, x_j, \cdots]$，$Z_i = [z_{i0}, z_{i1}, \cdots, z_{ij}, \cdots]$，上式可写为下列点积形式：

$$x_i = (Z_i \cdot X)Af(0)t, \quad 0 < t \ll 1 \tag{4.40}$$

可以看到，当 t 非常接近于 0 时，神经元的输出与普通神经元的静态模型给出的结果没有什么差异。

随着 t 从 0^+ 开始增加，各神经元的活动电平随之增加，但是各神经元活动电平的变化规律不再服从上述简单的式子。假定各 x_i 属于某个 F_c 场，它的输入信号来自某个 F_b 场的各神经元，后者的活动电平为 x_j。在 $t = 0^+$ 附近各 x_i 值都非常小，而且与 $[Z \cdot X]$ 成正比。此情况如图 4.23(a) 所示。当 t 进一步增加时，有两方面原因改变了 x_i 的变化规律：①递质释放速率 ξ 正比于 $f(x_i)$，因此在 $t = 0^+$ 时活动电平较高的神经元所对应的 $f(x_i)$ 也高一些，x_i 的增加也要快一些。而 x_i 的快速增加反过来又使 $f(x_i)$ 增加得更多。这种正反馈作用使得与各 x_i 相应的非同场输入束缚递质 $\sum_j v_{ij}$ 的增加是大不相同的。对于 $t = 0^+$ 时幅度较高的各 x_i，相应的

$\sum_j v_{ij}$ 的增加占了明显优势,如图4.23(b)所示。②随着各 x_i 的增加,同场输入束缚递质 $\sum_j v_{ij}$ 也开始起作用,是强者更强、弱者更弱,即增加对比度。

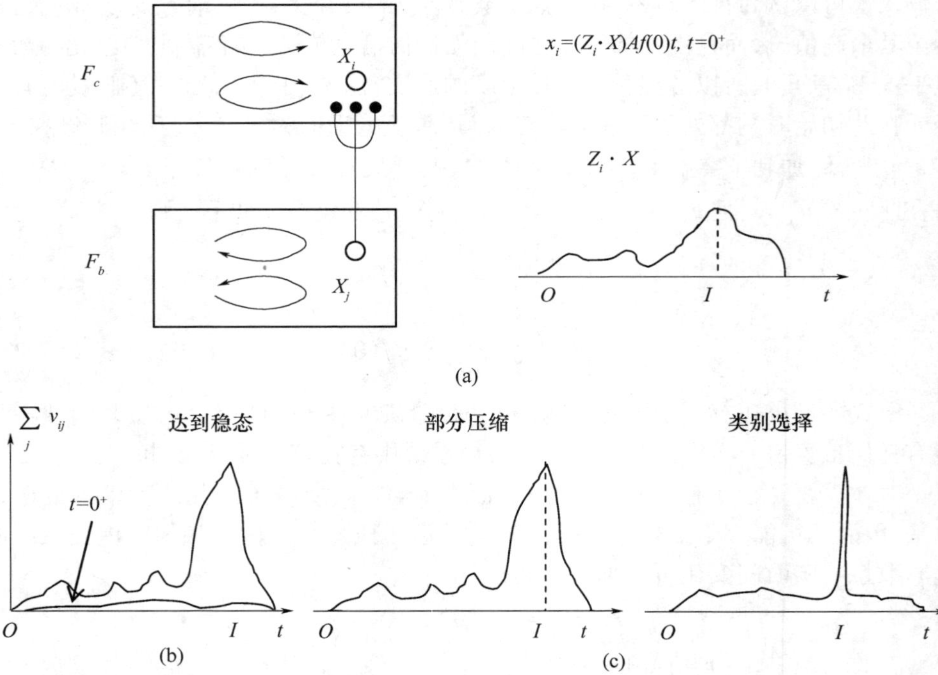

图 4.23　ART3 系统搜索—重置过程中 x_i 和束缚递质变化示意图

在上述两个因素作用下,在 $t=0^+$ 时幅度差异并不太大的各神经元活动电平随着时间的增加而差距迅速拉大,并且很快达到一种稳定状态,此时只有少数神经元处于高电平而其他神经元处于相对低电平(称为形成了部分压缩码),或者只有一个神经元处于高电平而其他神经元皆处于低电平(称为形成了全压缩码,或称为作了类别选择),如图 4.23(c)所示。

当各场的神经元活动电平达到稳定时,自底向上和自顶向下的模式矢量之间即进行匹配比较。如果匹配程度不够,将产生重置信号,匹配比较机制和重置信号的产生过程与前述 ART2 系统大致相同。当重置信号到达时所有神经元的活动电平皆降至 0,而且所有被束缚的神经递质因受到钝化其数量亦降至 0。重置信号结束后,v_{ij}、x_i 又开始随时间的增加而增加。但这时 v_{ij}、x_i 的增长起点与 $t=0^+$ 的增长起点不同。此时,z_{ij} 更确切地应该用 u_{ij} 替代,相应的有

$$x_i = [\boldsymbol{U}_i(0) \cdot \boldsymbol{X}]Af(0)t, \quad 0 < t \ll 1 \tag{4.41}$$

其中 $\boldsymbol{U}_i(0) = [u_{i0}\ u_{i1} \cdots\ u_{ij} \cdots]$,只是由于有 $(u_{ij}|_{t=0^+}) = z_{ij}$ 以及 $\boldsymbol{U}_i(0) = \boldsymbol{Z}_i$,所以才有式(4.40)成立。

假设 $[\boldsymbol{U}_i(0)\cdot\boldsymbol{X}]=[\boldsymbol{Z}_i\cdot\boldsymbol{X}]$ 随 i 的变化如图 4.24(a)所示。经过竞争以后，设达到稳态时只有一个编号为 I 的神经元处于高电平而其他神经元皆处于低电平，如图 4.24(b)所示。接着，由于失配重置，设时间起点变为 $t=t_1$，则由此新起点开始的 x_i 变化规律可以表示为

$$x_i=[\boldsymbol{U}_i(1)\cdot\boldsymbol{X}]Af(0)(t-t_1),\quad 0<t-t_1\ll 1 \tag{4.42}$$

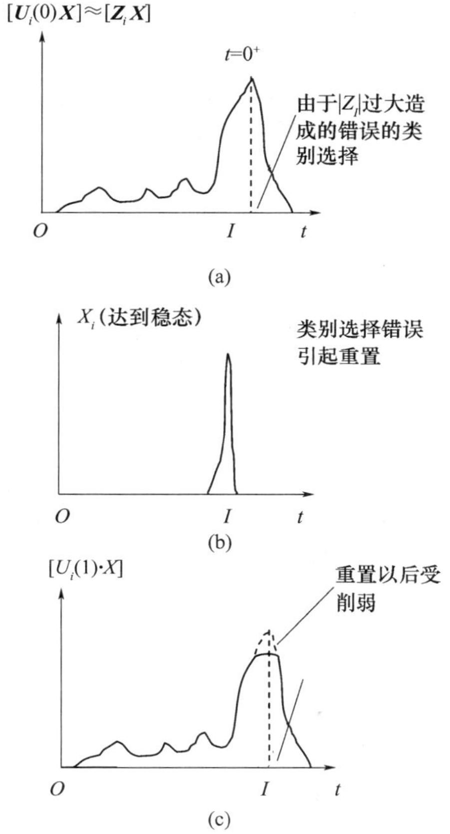

图 4.24　错误的类别选择造成重置

在 $t=t_1$ 开始的新一轮竞争中，除了神经元 I 因获胜而处于高电平外其他神经元的活动电平都极低。因此，这些神经元的递质释放速率也都处于很低水平。对这些神经元而言，突触前的递质很多没有释放出来，从而相应的各 u_{ij} 值仍约等于 z_{ij}。而对于神经元 I，其活动电平 x_I 很高，相应的递质释放率 ξ 也很高，因而相应的突触终端中所积累的递质释放的很多，这就使重置结束后 u_{ij} 值较 z_{ij} 值明显偏低，因此有

$$\begin{cases}\boldsymbol{U}_i(1)\approx\boldsymbol{U}_i(0)\approx Z_i, i\neq I\\ \boldsymbol{U}_I(1)\text{ 的各个分量值明显低于 } Z_I \text{ 的各个分量}\end{cases} \tag{4.43}$$

如图 4.24(c)所示，在第一次竞争中获胜的点，在失配重置后开始的新一轮竞争中处于被削弱的地位。如果这个削弱程度足够大，那么在新一轮竞争中有可能产生一个新的竞争优胜者；如果削弱程度不足以使其他竞争者获胜，那么它将再次获胜并再次引起失配重置，从而造成进一步的削弱，直至一个新获胜者出现。

综上所述，ART3 的搜索—重置过程示意图见图 4.25。

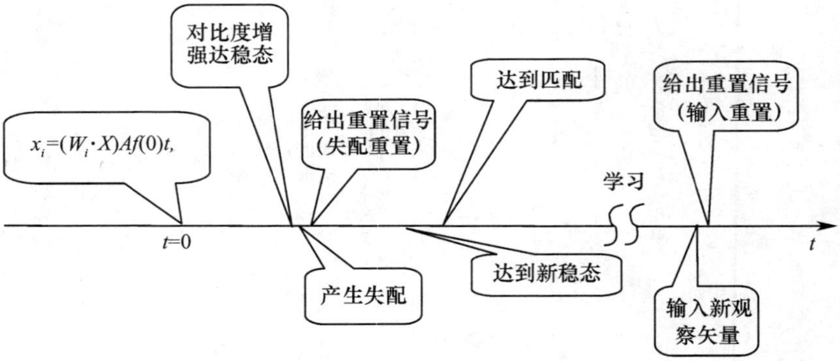

图 4.25　ART3 的搜索—重置过程示意图

4. ART3 存在的问题

1）最佳匹配模式的错失

在 ART3 的搜索过程中，会存在多个节点的 LTM 值 $\boldsymbol{Z}_i$ 与当前输入 S 的匹配度大于或等于警戒值，即

$$\cos(\boldsymbol{S},\boldsymbol{Z}_i) \geqslant \rho, \quad i = 1,2,\cdots,m \tag{4.44}$$

其中，m 表示系统中与当前输入样本匹配度满足警戒值要求的节点数目。但在 $\boldsymbol{Z}_1,\boldsymbol{Z}_2,\cdots,\boldsymbol{Z}_m$ 中，仅有一个值 $\boldsymbol{Z}_I$ 与 $\boldsymbol{S}$ 最匹配，即

$$\cos(\boldsymbol{S},\boldsymbol{Z}_I) \geqslant \cos(\boldsymbol{S},\boldsymbol{Z}_i) \geqslant \rho, \quad i \neq I \tag{4.45}$$

但第 I 个节点会因为 $\|\boldsymbol{Z}_I\|$ 较小而有

$$\boldsymbol{S}\cdot\boldsymbol{Z}_i \geqslant \boldsymbol{S}\cdot\boldsymbol{Z}_I \tag{4.46}$$

则与当前输入最匹配的节点无法首先获胜，反而是幅值较大的次优匹配节点获胜，这导致了最佳匹配节点的错失。

2）搜索—重置机制的重复进行

在 ART3 搜索过程中，若当前获胜节点 I 的 LTM 值与当前输入样本匹配度小于警戒值，系统将产生重置信号，减小 $\boldsymbol{S}\cdot\boldsymbol{U}_I$ 值，并重新开始搜索。但在新一轮的搜索中，有可能因为 $\boldsymbol{S}\cdot\boldsymbol{U}_I$ 值削弱的不够多而使节点 I 继续获胜，这样系统将进入重置—搜索—重置的循环之中，直到新的获胜节点出现。显然，搜索过程收敛的比较慢。

3）记忆权值的漂移现象

如前所述，ART3 同样存在记忆权值的随机漂移现象，在实际的模式分析中这是需要克服的。

4.3.2 ART3 改进算法——ReART

在 ART3 中,神经元之间的信息传递依据人的神经元突触中进行信息交换时所发生的生物化学过程。在人的神经系统中,有一种神奇的气体发挥着不可思议的信息传递作用。本节首先介绍这种气体,其次将该气体的作用机理引入 ART3,提出 ReART,以期克服 ART3 存在的一些问题。

1. NO 逆转录机制

1) 内源性 NO 简介

内源性 NO 作为神经系统细胞间的信号传递介质最初由 Garthwaite 等人发现[42]。它是一种极不稳定的生物自由基,分子小,结构简单,常温下为气体,微溶于水,具有脂溶性,可快速透过生物膜扩散,生物半衰期只有 3 ~5s,在神经活动中由一氧化氮合成酶(Nitric Oxide Synthase,NOS)产生。内源性 NO 存在于大多数活体动物中,主要由几种特殊类型的细胞(细胞质中含有 NO 合成酶)产生。内源性 NO 是一种携带信息的分子,我们称之为信使,它会告诉身体使血管松弛和扩展。当身体需要更多的血液时,这种生理上的反应是很重要的。

神经系统中发信号的分子叫做神经递质,但是 NO 是气体,并不符合传统的神经递质形式。神经递质在神经系统需要使用它时已经产生并储存好了,在使用之后,就被一种酶抑制或被产生它的神经元收回,因此不能再发出信号。这意味着它的影响只是持续很短的时间。按照传统的方式,一个神经递质被释放出来,只能影响以释放该神经递质的细胞为中心的很小范围。NO 则恰恰相反,它并不提前产生或存储,仅在需要时才产生,然后向三维空间的各个方向大范围扩散而不是只有局部效应。

传统的神经传输局限于一维时空,即从突触前神经元传到突触后神经元。换言之,传统的突触传输本质上是二维的,是属于点对点的作用。而 NO 扩散模型则不同:因为 NO 分子非常小而且没有极性,所以它会从一点向三维立体空间传播;同时 NO 合成酶 NOS 是一种可溶解酶,可以溶解在神经元的细胞质中,这样,神经元的整个表层均成为 NO 的潜在发散点,而传统的传输理论中只局限于突触区。NO 这些特性使它不需要突触前空间就能活动,其活动也不需要限制在紧邻的突触后神经元,开启了神经元间信息传递机制研究的新思路[43~50]。当大脑中的某一神经元兴奋后,就会散发出 NO,NO 扩散后将对高于一定浓度阈值的三维空间范围内的神经元起到调制作用(刺激或抑制)。特别在长时程增强(Long Term Potentiation,LTP)过程中,NO 还表现了学习、记忆等逆转录特性[51],实现突触后到突触前信息的逆行传递。

2) LTP 中的 NO

在神经科学中,LTP 指由持续强直高频电刺激诱导的突触传递持续性增强,兴奋性突触后电位(Excitatory Postsynaptic Potential,EPSP)幅度增高现象[52]。LTP 现象是 30 多年前在海马组织中发现的,最新的研究显示在对老鼠进行实验时,一种抑制学习对海马组织的谷氨酸盐接收器产生了与 LTP 现象中相同的感应作用,这说明学习引起了海马组织中 CA1 区域的 LTP 现象[53]。

LTP 的具体过程如图 4.26 所示。谷氨酸盐是中枢神经系统中最常见的兴奋性神经递质,NMDA 是一种谷氨酸盐接收器。研究揭示,通常情况下被 Mg^{2+} 关闭的 Ca^{2+} 通道在谷氨酸盐激活 NMDA 接收器时将打开,此时如果突触后神经元细胞膜是部分去极化的,则 Ca^{2+} 通道将依赖于神经递质和神经电位,并且会出现更多的谷氨酸盐的另一种接收器 AMPA。接着,合成新的蛋白质以改变细胞结构。极有可能是 Ca^{2+} 通道引发了蛋白质合成与 NO 的扩散。作为一种可溶性气体,NO 从突触后细胞膜表面扩散至突触前细胞,并与一种可产生谷氨酸盐的酶发生作用,提高谷氨酸盐的释放率。新近的研究还发现高频电刺激果蝇的神经腱结合处后,突触后的 Ca^{2+} 流经谷氨酸盐接收器和突触后囊泡,产生一种鲁棒的突触前递质释放的微弱增加量[54]。

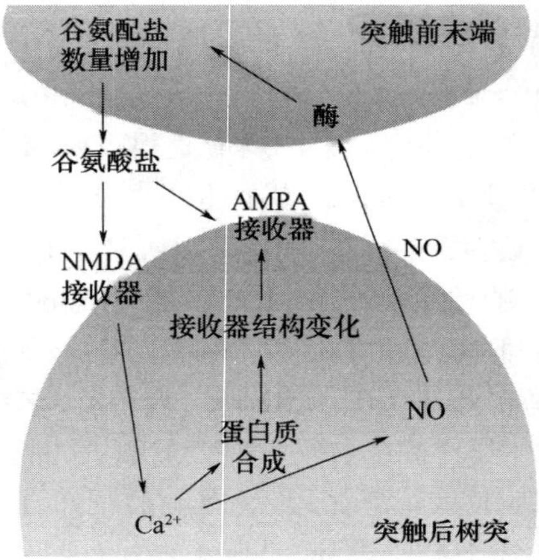

图 4.26　长时程增强机制示意图

(当谷氨酸盐激活 NMDA 接收器时,Ca^{2+} 通道打开。如果突触后神经细胞膜部分去极化,Ca^{2+} 通道将依赖于神经递质及相应电压大小,并且将出现更多的 AMPA 接收器。接着,合成新的蛋白质以改变细胞结构。研究表明,Ca^{2+} 通道极有可能引发蛋白质合成并激发 NO 的释放。作为一种可溶性气体,NO 从突触后细胞膜扩散至突触前末端,和一种与谷氨酸盐产生相关的酶相互作用,提高谷氨酸盐的释放量)

综上所述,在 LTP 中,NO 从突触后扩散至突触前,增加神经递质的释放量并改善了递质的释放机制。这种逆转录特性启发了我们对 ART3 神经网络进行改进。

2. ReART 的提出

本节中我们提出逆转录 ART(ReART)模型,首先给出一个新的搜索假设。

1) 一个新的搜索假设

ART 搜索假设Ⅲ:如果 $\boldsymbol{U}_i$ 不是当前输入样本 $\boldsymbol{S}$ 的最佳匹配模式,则在下一轮搜索寻优中由节点 i 向突触后释放的递质数量应减小。

我们知道向量 $\boldsymbol{S}=(s_1,s_2,\cdots,s_n)$ 与 $\boldsymbol{U}_i=(u_{i1},u_{i2},\cdots,u_{in})$ 之间的角度大小可以衡量二者的匹配度：

$$\cos(\boldsymbol{S},\boldsymbol{U}_i)=\frac{\boldsymbol{S}\cdot\boldsymbol{U}_i}{\|\boldsymbol{S}\|\cdot\|\boldsymbol{U}_i\|}$$

定义向量 $\bar{\boldsymbol{\sigma}}=(\bar{\sigma}_1,\bar{\sigma}_2,\cdots,\bar{\sigma}_n)$，其中

$$\bar{\sigma}_k=\frac{|s_k-u_{ik}|}{s_k+e},\quad k=1,2,\cdots,n \tag{4.47}$$

$e>0$ 并 $e\to 0$ 是为了避免被 0 除的情况。则 $\bar{\sigma}_k$ 的大小可以反映 s_k 与 u_{ik} 之间的相似程度。接下来，我们定义一个警戒值 ρ^*，$\rho^*\in(0,1)$，通常设 $\rho^*=0.5$。比较 $\bar{\sigma}_k$ 与 ρ^* 的大小，得到新向量 $\boldsymbol{S}^*$：

$$S_k^*=\begin{cases}S_k, & \sigma_k<\rho^*\\ 0, & \rho_k\geqslant\rho^*\end{cases} \tag{4.48}$$

如果 s_k 与 $u_{ik}(k=1,2,\cdots,n)$ 之间相似度较高，则我们认为 $\boldsymbol{U}_i$ 与 $\boldsymbol{S}$ 相似度也较高。反之，U_i 不是 S 的最佳匹配模式，由搜索假设Ⅲ可知，由节点 i 向突触后释放的递质数量应减小。

上述计算过程类似逻辑运算中的“与”操作。下面给出一个计算实例。设输入向量 $\boldsymbol{S}=[1.5,2.5,3.5,4.5,5.5]^{\mathrm{T}}$，系统中已记忆两个节点，其权值分别为 $\boldsymbol{U}_1=[1.1,2,3,4,5]^{\mathrm{T}}$，$\boldsymbol{U}_2=[5,6,7,6,8]^{\mathrm{T}}$，令 $\rho^*=0.5$，$e=0.001$，则有

$$\frac{|s_k-u_{1k}|}{s_k+0.001}<\rho^*=0.5,\quad k=1,2,\cdots,5$$

$$\frac{|s_k-u_{2k}|}{s_k+0.001}>\rho^*=0.5,\quad k=1,2,3\quad \frac{|s_k-u_{2k}|}{s_k+0.001}<\rho^*=0.5,\quad k=4,5$$

于是得到新输入向量 $\boldsymbol{S}^*=[0,0,0,4.5,5.5]$，如图 4.27 所示。

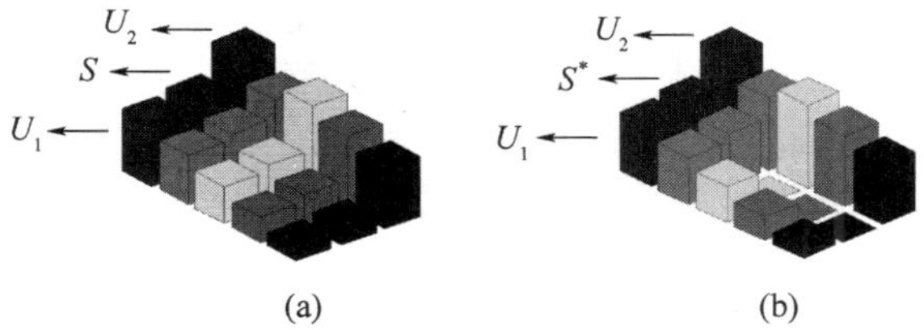

图 4.27　仿真实例示意图

(a) 向量 $\boldsymbol{U}_1,\boldsymbol{S},\boldsymbol{U}_2$；(b) U_1,S^*,U_2。

$\boldsymbol{S}^*$ 替换 $\boldsymbol{S}$ 作为突触前的输入信号，包含了更多的模式匹配信息。仿真实验验证了改进算法的有效性和准确性。

2）基于 NO 逆转录的递质释放机制

如前所述，在 LTP 中，NO 从突触后扩散至突触前，增加递质的释放量。基于

NO 的逆转录信使机制，我们将 ART3 的释放方程改进如下：

$$\frac{\mathrm{d}u_{ij}}{\mathrm{d}t} = (z_{ij} - u_{ij}) - u_{ij}\xi + u_{ij}x_j \tag{4.49}$$

方程(4.49)表明在 NO 逆转录信使作用下，每个时间间隔内有更多的递质释放并被突触后细胞吸收，如图 4.28 所示。其中，增加的递质数量 $u_{ij}x_j$ 与突触后神经元的活动性 x_j 成正比。所以如果出现重置，则不匹配的节点权值 u_{ij} 将被削弱更多，如图 4.29 所示。显然，ReART 的搜索过程将更快收敛于最佳匹配节点。

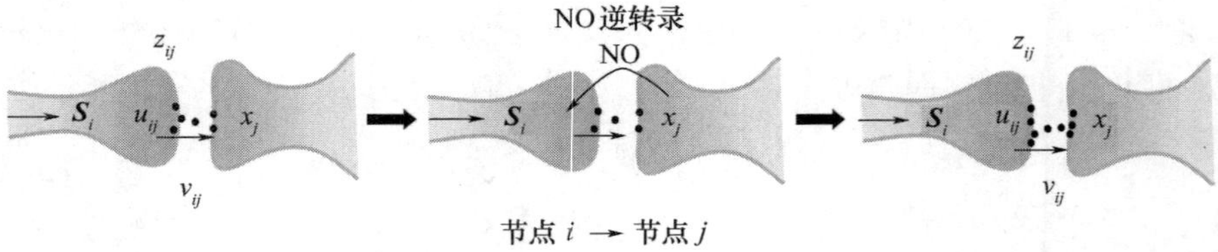

图 4.28　由 NO 逆转录引起的递质释放量的增加
(当突触前信号 $\boldsymbol{S}_i$ 输入突触时，递质积累并释放(左图)。束缚在突触后细胞的递质激发 NO 的产生。而 NO 扩散至突触前末端，增加递质的释放量(中图)，所以有更多的递质被积累和释放(右图))

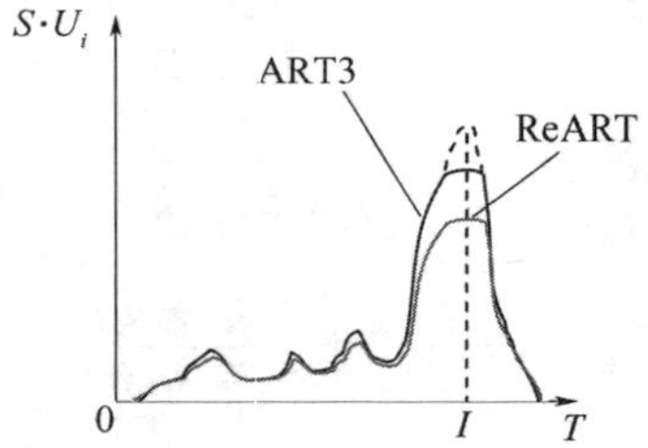

图 4.29　在重置中权值 $\boldsymbol{U}_i$ 的削弱曲线图，ReART 中 $\boldsymbol{U}_i$ 的削弱量大于原始 ART3 模型

同样引入前述的遗忘机制对记忆节点进行修剪，合并同类别节点，剪除多余、错误节点，最终得到了如下 ReART 算法：

输入：样本 X，警戒值 ρ，匹配度警戒值 ρ^*，节点激活次数警戒值 n^*

输出：LTM 权值 $\boldsymbol{W}$

(1) 数据预处理；

(2) 竞争产生获胜节点 I；

(3) 检验匹配度，确定是否需要重置；

(4) 如果当前获胜节点 I 权值与输入样本匹配度满足警戒值 ρ 要求，则更新其 LTM 权值，否则重置节点 I，返回(2)；

(5) 如果达到遗忘时间间隔 T，则对节点进行调整修剪，否则输入下一个样本返回(1)；

(6) 结束。

4.3.3 仿真实验

本节中我们给出了仿真实验来验证 ReART 算法的有效性。以下给出了实验中的参数设置。突触前释放递质 u_{ij} 与突触前输入信号 S_i 和突触后细胞活动水平 x_j 成比例关系。常数 e 为趋于 0 的正数，LTM 权值的更新学习率是 d。分别设置如下：

$$u_{ij}=\begin{cases}0, & x_j \leqslant -0.01 \\ S_i \cdot (3 \cdot x_j + 0.1), & x_j > -0.01\end{cases}$$

$$e = 0.001$$

$$d = 0.85$$

1. 分类准确率比较

选择 50 个模拟量，每个向量包含 25 个分量。样本按 1～50 的编号顺序重复输入直到系统得到稳定的分类结果。原始 ART3、ReART 的分类结果如图 4.30、图 4.31 所示。原始 ART3 将输入样本分为 17 类，而 ReART 分为 16 类，在图 4.31 中可以看到很明显的改进：样本 46 被分入第 2 类而不是第 3 类；样本 41、42 被分入第 12 类；样本 38 被分入第 9 类；第 3 类和第 5 类得到了更好的分类。也就是说，ReART 将输入样本进行了更准确的分类。

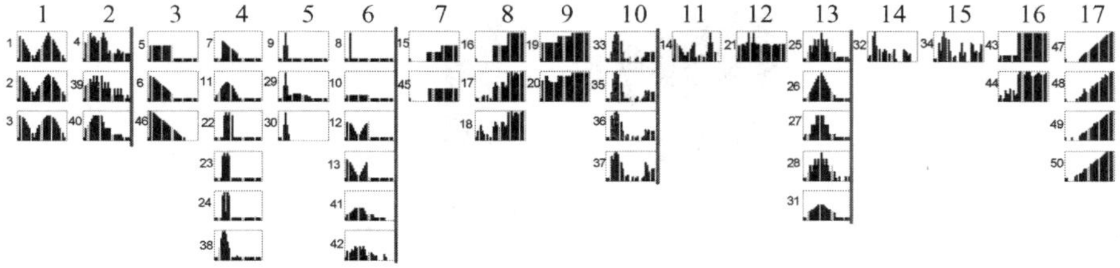

图 4.30 原始 ART3 分类结果

（$\rho=0.95$，输入样本被分为 17 类）

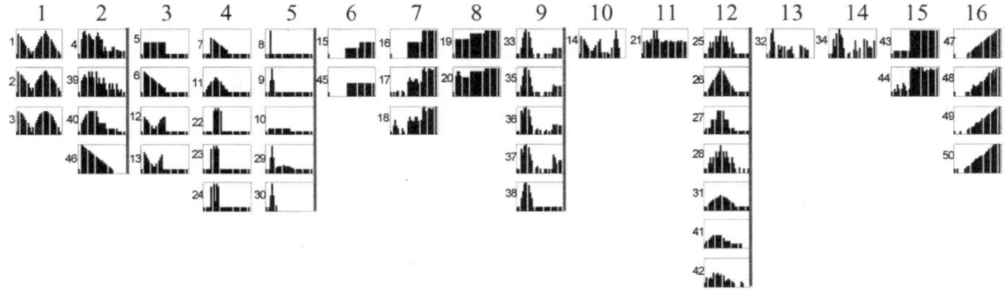

图 4.31 ReART 分类结果

（$\rho=0.95$，$\rho^*=0.5$）

ReART 得到了更好的分类是因为在相似度比较中引入了幅值信息。在搜索寻优过程中，当输入信号 $\boldsymbol{S}_i$ 到达突触后，由搜索假设Ⅲ知，$\boldsymbol{S}_i$ 先与 u_{ij} 比较相似度。如果 $\boldsymbol{S}_i$ 与 u_{ij} 的相似度达不到警戒值 ρ^* 要求，则 $\boldsymbol{S}_i$ 将被适当削弱。在接下来的递质释放环节，权值与 $\boldsymbol{S}_i$ 不匹配的节点释放的递质将减少，与 $\boldsymbol{S}_i$ 匹配最优的节点将在竞争中优先获胜。

应用自组织映射算法（Self - Organizing Maps，SOM）[55] 和 K - 均值算法将 50 个模拟输入量分成 16 类，表 4.5 给出了各算法的识别准确率。仿真中，运用 Matlab 语言编写程序。可以看出，ReART 得到了最好的分类结果，搜索假设Ⅲ的提出有效地提高了算法的准确率。

表 4.5　识别准确率比较

算法	SOM	K - means	ART 3	ReART
识别率	76.0%	80.0%	80.0%	88.0%

2. 计算时间比较

1）五维输入向量

实验中输入向量包含 5 个分量，在输入到达前系统已经记忆 5 个节点。输入向量及系统已记忆的自顶向下的 LTM 权值分别如图 4.32、图 4.33 所示[21]。

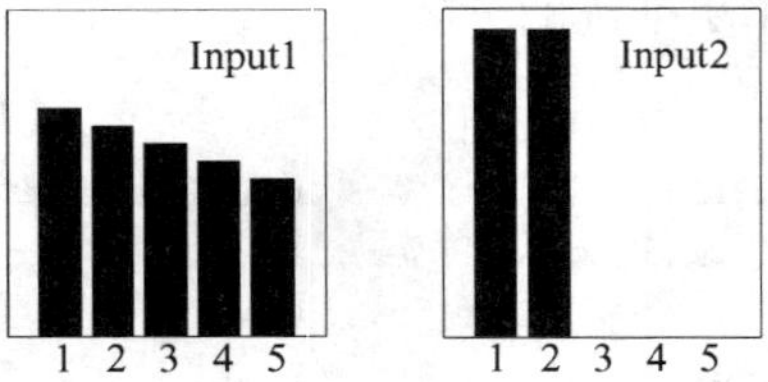

图 4.32　输入向量示意图

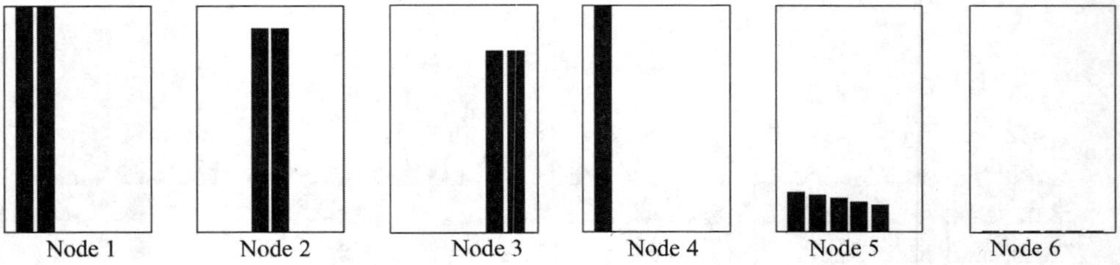

图 4.33　LTM 权值示意图

在分类中，我们忽略幅值信息。在每个搜索—重置循环中的获胜节点如图 4.34所示。显然，ReART 能更快地收敛于匹配节点，且系统已记忆节点均有获胜机会，这能保证找到与当前输入最匹配的节点。

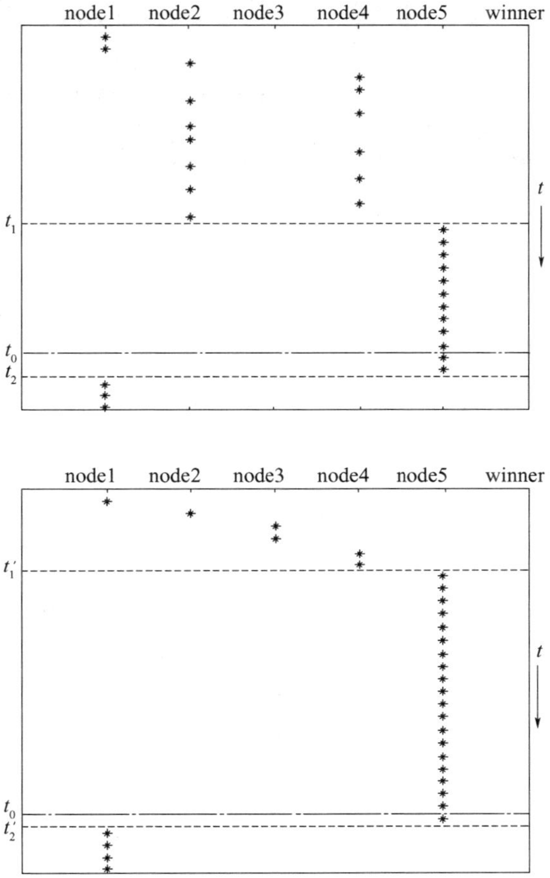

图 4.34　在每个搜索—重置循环中获胜节点示意图

($\rho=0.98$。经过一系列重置后,匹配节点最终获胜。原始 ART3 在 $t=t_1$ 时刻激活匹配节点(上图),ReART 则收敛较快,在 $t=t_1'$时刻即激活了匹配节点(下图)。在 $t=t_0$ 时刻第 2 个样本输入,显然,搜索时间$(t_2-t_0)>(t_2'-t_0)$)

2) MNIST 手写数字图像库

本节应用原始 ART3 与 ReART 对一组手写数字图像进行聚类。MNIST 手写数字图像库可在 http://www.cs.toronto.edu/~roweis/data.html 获得,它包含数字 0~9 的 28×28 规模的灰度图像,每个数字包括 6000 幅训练图像和 1000 幅测试图像。我们选择数字 1、6、9 各 200 幅图像共计 600 幅图像作为输入样本,典型例图如图 4.35 所示。

实验中,首先应用 LLE 将输入样本从 784 维降至 2 维,接着使用原始 ART3 和 ReART 进行聚类分析。识别准确率高达 98%,图 4.36 给出了时间曲线。显然,ReART 运行快于原始 ART3 算法。由于 NO 逆转录机制的引入,在每次重置中,不匹配的获胜节点可释放的递质数量被削弱更多,从而可以有效减少时间消耗。

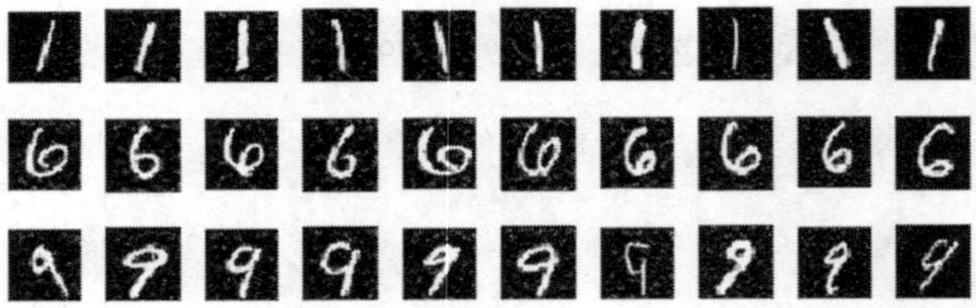

图 4.35　手写数字“1”、“6”、“9”图像示例

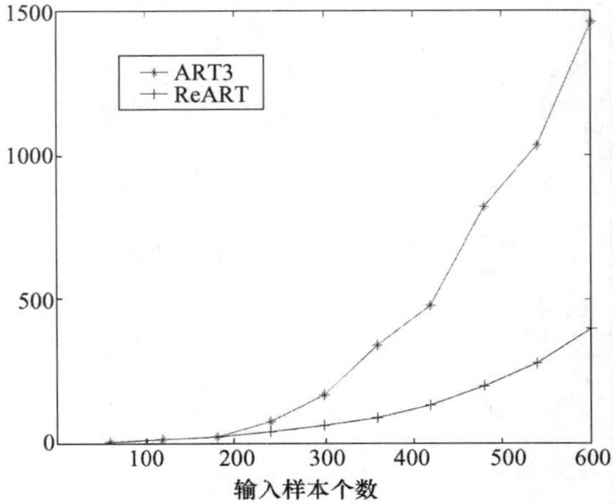

图 4.36　时间曲线图

（由于 NO 逆转录机制的引入，ReART 运行速度快于原始 ART3）

3）时间复杂度分析

本节给出 ReART 算法的时间复杂度分析。我们知道，突触前可释放递质量 u_{ij} 的释放率正比于 $\boldsymbol{S}_i f(x_j)$。假设 $t=0$ 时刻，u_{ij} 已累积到了其最大值 z_{ij}，突触后神经元活动水平 x_j 与突触后被束缚的递质 v_{ij} 均为 0，此时输入信号 $\boldsymbol{S}_i$ 到达。突触后被束缚的递质数量按下式计算：

$$\frac{\mathrm{d}v_{ij}}{\mathrm{d}t} = -v_{ij} + u_{ij}\boldsymbol{S}_i f(x_j) - v_{ij} \quad [\text{重置信号 } \zeta] \tag{4.50}$$

在 $t=0^+$ 时刻，有

$$\frac{\mathrm{d}v_{ij}}{\mathrm{d}t} \approx z_{ij}\boldsymbol{S}_i f(0) \tag{4.51}$$

在下一个时间间隔内，x_j 增长为一个小的正数值。由式(4.50)可知，NO 将被产生并作为逆转录信使扩散至突触前，增强递质的释放量。所以如果失配而产生重置，ReART 将使获胜的失配节点损失更多的可释放递质，减少不匹配节点获胜的次数，从而更快地找到最优匹配节点。而原始 ART3 算法将在重置不匹配节点上消耗较多的时间。

3. 记忆权值比较

本节使用IRIS数据集作为输入样本。图4.37给出了该数据集经PCA处理后的二维展开图。可以看出,第二、三类样本产生了明显的交叠。下面我们将验证遗忘机制的有效性。

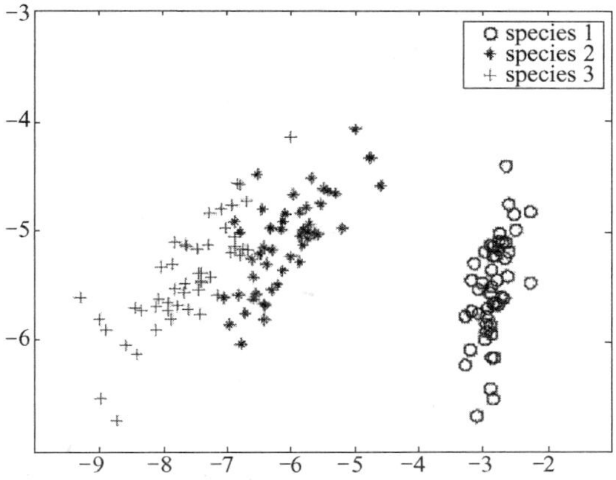

图4.37　经PCA处理后的IRIS数据二维展开图

在仿真中,令学习率 d 的值随时间的增加而减小。150个样本重复输入直至算法稳定。当 $\rho=0.98$ 时,原始ART3与ReART算法识别率均达到98.67%。每次迭代学习中系统记忆的权值数目如表4.6所列。

表4.6　每次迭代后系统记忆的节点数目

迭代次数		1	2	3	4	5	6	7	8	9	10
系统中记忆的节点数	ART 3	4	5	6	7	8	9	10	11	12	13
	ReART	3	3	3	3	3	3	3	3	3	3
注:随着学习的进行,原始ART3记忆的节点数目越来越多,而引入遗忘机制的ReART算法仅仅记忆3个节点,既很好地学习了输入样本,又节省了系统的存储空间											

表4.7　迭代3次后系统记忆的自顶向下的LTM权值

节点	ART 3	节点	ReART
1	0.6286 0.4263 0.1743 0.0000	1	0.6286 0.4263 0.1743 0.0000
2	0.7622 0.3484 0.5528 0.1632	2	0.7482 0.3423 0.5402 0.1600
3	0.6421 0.2932 0.4305 0.1263	3	0.8390 0.3709 0.7064 0.2492
4	0.7633 0.3493 0.5554 0.1646		—
5	0.7633 0.3493 0.5554 0.1646		—
6	0.8390 0.3709 0.7064 0.2492		—
注:原始ART3记忆的节点2、4、5拥有相似的权值,而ReART则不含任何冗余节点			

表4.7给出了迭代3次后系统记忆的自顶向下的LTM权值。可以看出,原始

ART3 记忆的节点 2、4、5 拥有相似的权值，而 ReART 则不含任何冗余节点。

ART3 神经网络进行无监督的学习，分别记忆不同类别样本的信息。随着对样本的不断输入，系统记忆的权值将被修改，这会使其偏离最初学习的样本，便产生了模式漂移现象。当样本重复输入时，同一类别中先输入的样本与该类别的记忆权值匹配度可能达不到警戒值 ρ 要求，从而促使样本开创新节点来记忆该样本，产生两个以上节点记忆同一类别的冗余现象。遗忘机制的引入，使 ReART 可以及时合并相似节点并剪除错误节点，节省了存储空间。

4.3.4 ReART 在多姿态人脸识别中的应用

ReART 作为聚类算法，具有收敛速度快、识别精度高等特点。本节首先测试 ReART 应用于多姿态人脸识别时的性能。

1. 识别实例

采用 ORL 人脸库中存在姿态变化的 10 人共 100 个图像数据作为测试集，首先进行特征提取，可以选用流形学习方法（如 LLE、LE）。这里采用 PCA 将原始数据维数降至 30，再利用 ReART 与原始 ART3 分别进行无监督的聚类学习。由于样本的类内相似度达到了 0.99 以上，故警戒值 ρ 的取值大于 0.99。当 ρ 由小到大变化时，ReART 与原始 ART3 得到的识别率如图 4.38 所示。

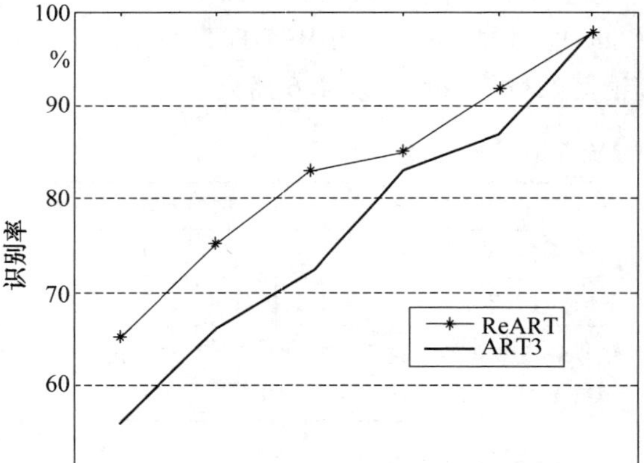

图 4.38 ReART 与 ART3 在 ORL 人脸库部分数据上的识别率比较

由图 4.38 可知，因为搜索假设Ⅲ的引入，ReART 能够在搜索匹配中综合幅值与角度信息开展节点的竞争，与当前输入向量最佳匹配的节点更容易胜出，进而在聚类中得到了高于原始 ART3 的准确率。当然，随着警戒值的升高，节点在竞争中获胜的门槛提高，系统将开辟新节点对当前输入向量进行学习记忆，而不是将它们与已有节点错分在一起，故二者的错分率均将降低，最终 ART3 会得到与 ReART 同等大小的识别准确率。

表4.8给出了警戒值取0.992时，算法在迭代过程中系统的记忆节点数目。可见，由于遗忘机制的调整，在迭代过程中，ReART中的节点在准确记忆输入样本的情况下，具有良好的一致性与稳定性。相反地，ART3中的记忆节点随着迭代次数的增加呈发散态势，LTM权值的漂移现象严重，系统开辟若干个节点记忆同一类别样本，造成了存储空间的浪费，导致了搜索效率的降低。

表4.8 迭代过程中系统的记忆节点数目比较

迭代次数	1	2	3	4	5	6
ReART	10	10	11	11	11	11
ART3	14	20	24	27	30	33

由于警戒值ρ的存在，ReART对输入样本的类内变化具有一定的容忍度，对已记忆类别能够进行快速准确的识别；同时，ReART兼具了ART3对新类别样本的学习能力。然而ReART的缺陷恰恰在于对警戒值的依赖。警戒值过小，无法正确实现分类；警戒值过大，又将导致同一类别样本被分为若干不同类别。ρ的取值大小与输入样本的类内（类间）相似度有关，一般通过多次实验来确定ρ的合适取值，亦有一些学者对ρ值的选取做了相关研究并取得了一定的成果[56]。

2. ReART对流形曲线的分布式学习

ReART继承了ART3的一个优良特性——分布式学习能力。外来输入样本激发系统的记忆节点进行竞争，一般采用获胜者全得即WTA机制产生获胜者。特别地，在分布式学习中，系统预先定义一个阈值，在竞争中活动值大于该阈值的所有节点均被视为获胜者，均产生自顶向下的期望样本[21]。如图4.39所示，在WTA机制下，竞争中获胜的节点仅为活动值最大的第I_1个节点；而在分布式学习中，第I_1、I_2与I_3个节点将同时获胜，因为它们的活动值大于所定义的阈值。

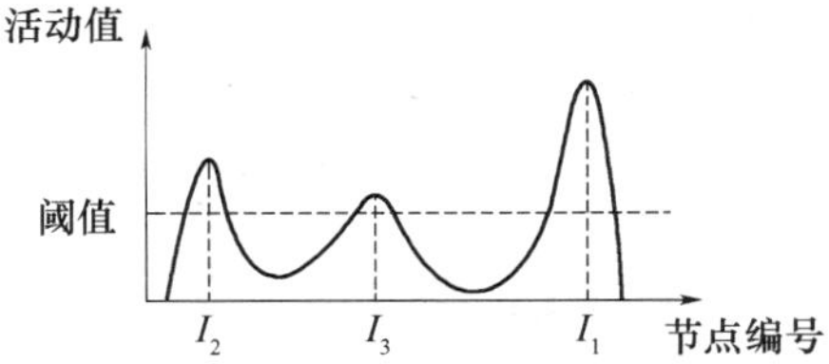

图4.39 节点获胜机制示意图

（横轴表示节点编号，纵轴表示节点在竞争中的活动值。在WTA机制下，竞争中获胜的节点仅为活动值最大的第I_1个节点；而在分布式学习中，活动值大于阈值的第I_1、I_2与I_3个节点将同时获胜）

我们知道，同一个人不同姿态的图像在低维空间中沿一条流形曲线分布，如图4.40(b)所示。整个流形曲线在ReART的学习记忆中显然不能仅仅用一个节点记忆，假设在训练阶段系统利用节点$i, i+1, \cdots, i+j$（j的取值不能太大，否则，系统内记忆节点数目过多,会导致搜索效率的降低)来依次记忆图 4.40(b)所示流形曲线上的人脸图像数据,如图 4.41 所示。当同一个人的其他图像输入系统时,通过分布式学习竞争,第 $i,i+1,\cdots,i+j$ 个节点中将产生若干个获胜节点输出自顶向下的期望样本与当前输入匹配,这相当于唤醒了对整个流形曲线的记忆。

(a)

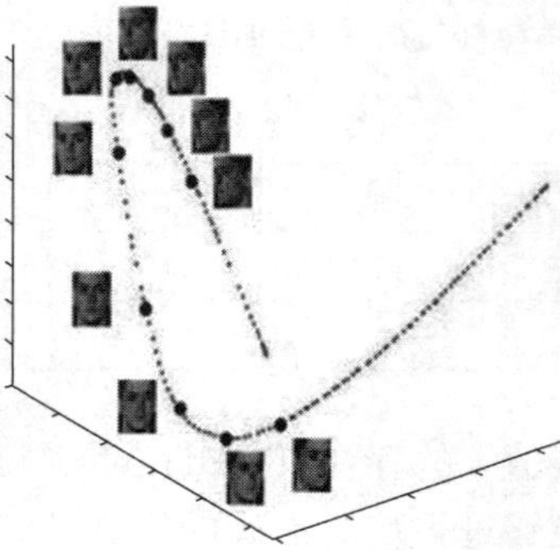

(b)

图 4.40　多姿态人脸图像低维流形分布示意图[12]

(a) 多姿态人脸图像序列(图像来自 USF 数据集,该数据集由 3D 头像产生的二维人脸图像序列构成,包含 100 个人的图像数据,每人 181 张图像);

(b) 使用拉普拉斯特征映射对人脸图像降维后的低维流形分布图。

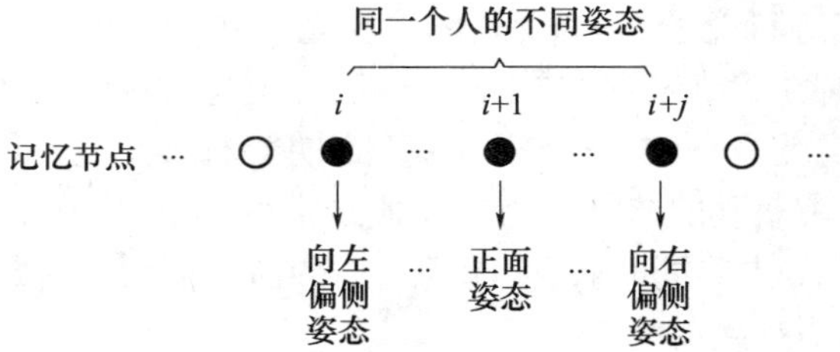

图 4.41　系统对流形曲线的记忆节点示意图

(在训练中,使节点 $i,i+1,\cdots,i+j$ 依次记忆人脸向左偏侧—正面—向右偏侧的姿态变化)

进一步研究 ReART 中的学习记忆机制,并结合流形学习思想不断提高对多姿态人脸及其他应用领域中的识别准确率,将是非常有意义的工作。

4.4　图像平均重构技术与多姿态人脸识别

在多姿态人脸识别中,人脸由于左右偏转存在信息丢失。如何从有限的训练样本中得到准确的人脸描述信息,提高识别准确率,是研究中的一个难点。图像平均技术就针对这一难点问题进行了有益的尝试,并取得了一定的效果。本节重点讨论了图像平均技术及其改进算法在多姿态人脸识别中的应用。

4.4.1 自动人脸识别中的图像平均技术

1. 图像平均技术概述

研究表明：无论采集得到的图像品质如何变化，人类总是可以很容易地实现对熟悉人脸的识别，然而对不熟悉人脸的识别能力却很差，这是因为人类对熟悉和不熟悉的人脸采用了本质不同的识别处理方法：对不熟悉人脸的识别主要基于总体信息，如脸形、发型；而对于熟悉人脸的识别更多地基于眼睛、鼻子、嘴等细节信息[57,58]。然而，随着人际交往的进行，不熟悉的人终究会慢慢变得熟悉起来。如何对熟悉过程中的人脸进行准确的描述呢？Burton 等人基于图像平均技术得到了鲁棒的人脸描述，他们在不改变训练集图像各种采集指标的情况下使用图像平均技术，生成平均脸来对人脸进行描述和记忆。具体地，首先将原始图像映射到一个标准正面模板，生成人脸纹理图和形状图，然后将得到的纹理图和形状图分别进行平均得到平均纹理图与平均形状图，最后将平均纹理图向平均形状图映射，就得到了平均脸图像。他们通过 PCA 证明由平均脸生成的特征脸在识别中的准确率优于由训练集图像生成的特征脸[59]。在应用宗谱网页 MyHeritage 对互联网上得到的 50 位名人人脸图像进行识别时，这种图像平均技术甚至得到了 100% 的识别准确率[60]。

其实，平均脸在人脸识别领域早有应用，Yasumoto 等人通过与平均脸模型进行比对来判断当前输入样本的性别和年龄[61]；Harguess 等人引入“半平均脸”（average－half－face）的概念，并在 3D 人脸库上的实验证明半平均脸的识别准确率高于正面脸[62]。

但有研究表示平均脸的识别准确性会受到不同处理算法的影响，比如使用局部二值模式（Local Binary Pattern，LBP）时平均脸的识别准确率反而降低[63]。尽管存在质疑的声音[64,65]，但应用图像平均技术得到平均脸确实提供了一种能够鲁棒地描述人脸结构特征的思路与方法。

2. 人脸图像平均法

设一幅图像用矩阵表示为 $\boldsymbol{G}=(g_{ij})_{m\times n}$，$g_{ij}$ 为图像每一点的灰度值大小。在进行图像平均之前，首先对人脸标记 34 个面部特征点（如眼角、鼻尖等），连接相关特征点构建一个标准的正面人脸栅格模板，如图 4.42（b）所示。用图像平均技术得到鲁棒的人脸描述的过程如下[59]：运用双线性插值法将每一幅输入图像映射到标准的正面栅格模板上，得到相应的纹理图和形状图；对所有得到的纹理图和形状图分别进行平均处理，得到平均纹理图 $\overline{\boldsymbol{G}}=(\overline{g}_{ij})_{m\times n}$（按式（4.52）计算得到，其中 k 为参加平均的原始图像数目）和平均形状图，如图 4.43（b）和（c）所示；最后，将平均纹理图向平均形状图映射，即得到了平均脸图像，如图 4.43（d）所示。

$$\overline{g}_{ij}=(g_{ij}^1+g_{ij}^2+\cdots+g_{ij}^k)/k \quad i=1,2,\cdots m,j=1,2,\cdots,n \tag{4.52}$$

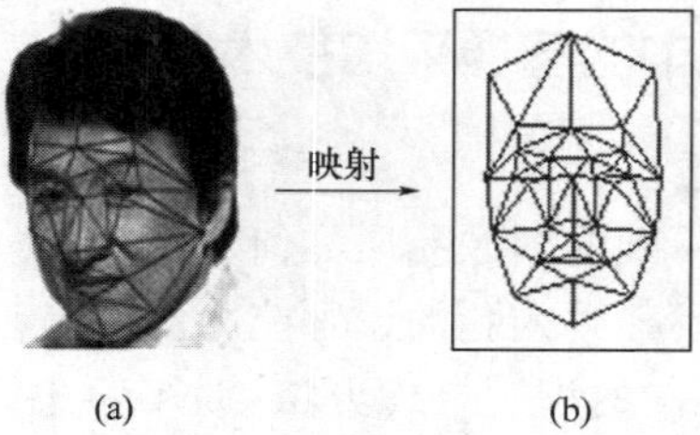

图 4.42　原始图像向标准正面模板映射处理示意图

（a）标记了特征点的原始图像；（b）标准正面人脸栅格模板。

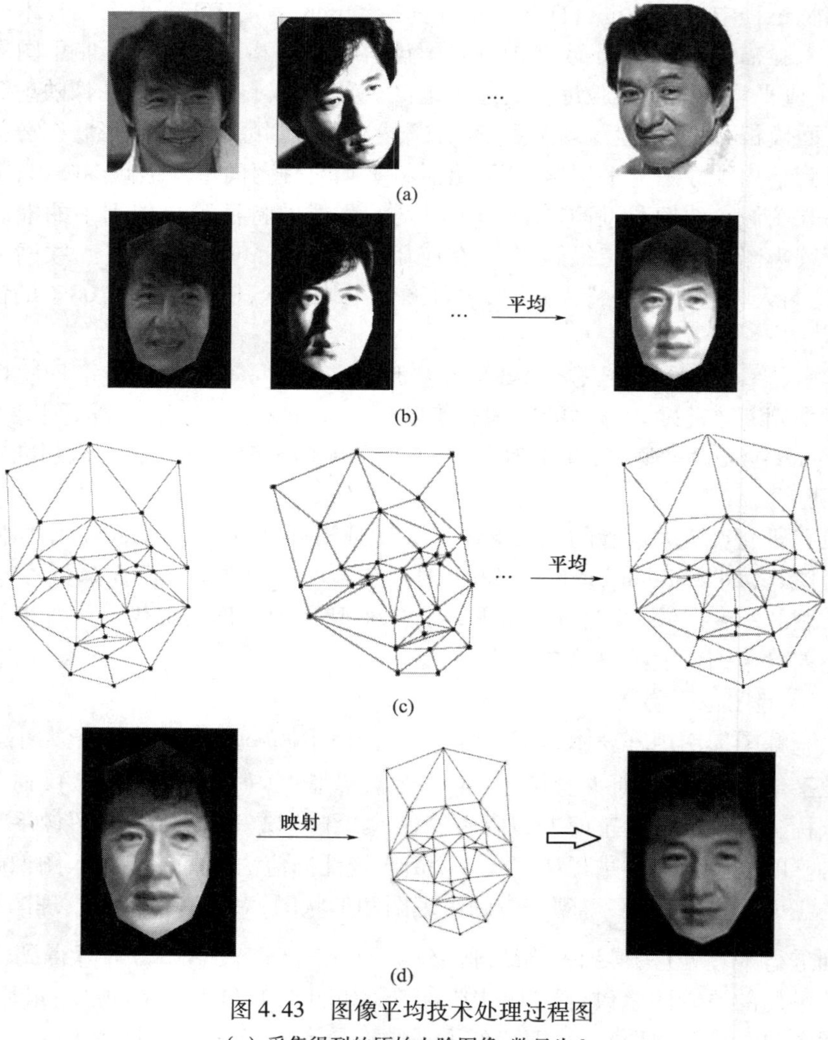

图 4.43　图像平均技术处理过程图

（a）采集得到的原始人脸图像，数目为 k；

（b）将每一幅原始图像向标准正面模板映射得到的相应纹理图，平均后得到平均纹理图；

（c）将每一幅原始图像向标准正面模板映射得到的相应形状图，平均后得到平均形状图；

（d）将平均纹理图向平均形状图映射，得到最终的平均脸图像。

4.4.2 从原始图像到平均脸:加权图像平均技术

在真实世界中得到的人脸图像的拍摄角度、光照条件各不相同,且包含不同姿态、不同表情、存在遮挡物等复杂情况,因此对每张图像进行人脸信息提取时存在不同程度的失真,不加区分地简单平均并不能得到准确的平均脸图像。本节首先介绍一种快速有效的图像插值算法,然后提出加权平均技术来处理人脸图像。

1. 一种快速线性插值算法

在由原始图像向标准正面模板映射时,一般采用双线性插值法[66]。双线性插值又称一阶插值,其原理是利用点(x,y)周围4个邻近点$(x,y-1)$、$(x,y+1)$、$(x-1,y)$及$(x+1,y)$上的像素值在x、y两个方向上作线性内插来确定点(x,y)处的像素值,该方法可以较好地保持图像的连续性和连通性。将原始图像向标准正面模板映射时,首先把原始人脸图像切分为若干三角形栅格,再把这些三角形区域向标准正面模板中对应的三角形区域进行映射。在插值计算中,为了更好地利用区域呈三角形的特性,本节提出一种快速线性插值算法,其基本思想为:找到原始图像和目标图像之间的映射关系,只要求解出目标三角形的各点在原始三角形中的相应位置,把目标三角形中点(x,y)上的像素值设置为原始三角形中相应位置点的像素值,即完成了图像插值计算。该方法同时完成了映射和插值操作,具体计算方法如下:

如图4.44所示,需要确定目标三角形ABC中任意一点P在原始三角形$A_0B_0C_0$中对应点P_0的位置。为了描述方便,在三角形ABC中,定义变量α为P点与B点到线段AC距离之比,β为P点与C点到线段AB距离之比。设A、B、C三点的坐标分别是(x_A,y_A)、(x_B,y_B)、$(x_C、y_C)$,则线段AC与AB的方程为

$$\text{线段}AC: x(y_C-y_A)+y(x_A-x_C)-x_Ay_C+x_Cy_A=0$$
$$\text{线段}AB: x(y_B-y_A)+y(x_A-x_B)-x_Ay_B+x_By_A=0$$

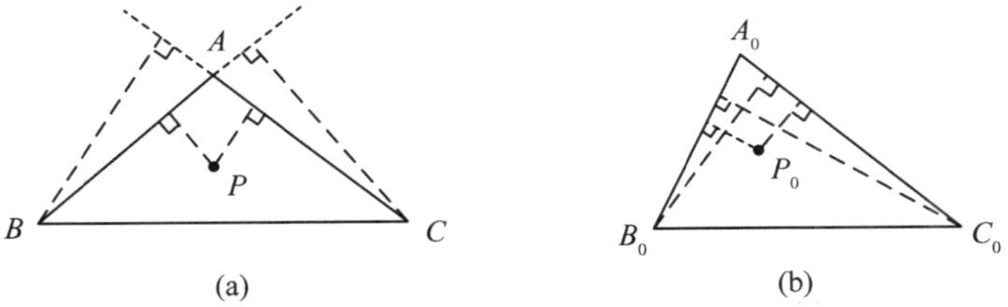

图4.44 图像插值计算

(a) 目标三角形;(b) 原始三角形。

根据线段方程,可以计算出α和β的值:

$$\alpha=\frac{x_P(y_C-y_A)+y_P(x_A-x_C)-x_Ay_C+x_Cy_A}{x_B(y_C-y_A)+y_B(x_A-x_C)-x_Ay_C+x_Cy_A} \tag{4.53}$$

$$\beta = \frac{x_P(y_B - y_A) + y_P(x_A - x_B) - x_A y_B + x_B y_A}{x_C(y_B - y_A) + y_C(x_A - x_B) - x_A y_B + x_B y_A} \tag{4.54}$$

由平面几何知识可得，当$0 \leqslant \alpha \leqslant 1$，$0 \leqslant \beta \leqslant 1$时，表示$P$点在三角形$ABC$内部；当$\alpha = 0$时，$P$点就在线段$AC$上；当$\beta = 0$时，$P$点就在线段$AB$上。同理可得三角形$A_0B_0C_0$中：

$$\alpha_0 = \frac{x_{P_0}(y_{C_0} - y_{A_0}) + y_{P_0}(x_{A_0} - x_{C_0}) - x_{A_0} y_{C_0} + x_{C_0} y_{A_0}}{x_{B_0}(y_{C_0} - y_{A_0}) + y_{B_0}(x_{A_0} - x_{C_0}) - x_{A_0} y_{C_0} + x_{C_0} y_{A_0}} \tag{4.55}$$

$$\beta_0 = \frac{x_{P_0}(y_{B_0} - y_{A_0}) + y_{P_0}(x_{A_0} - x_{B_0}) - x_{A_0} y_{B_0} + x_{B_0} y_{A_0}}{x_{C_0}(y_{B_0} - y_{A_0}) + y_{C_0}(x_{A_0} - x_{B_0}) - x_{A_0} y_{B_0} + x_{B_0} y_{A_0}} \tag{4.56}$$

又$\alpha = \alpha_0$，$\beta = \beta_0$，联立式(4.53)~式(4.56)可解得P_0点坐标(x_{P_0}, y_{P_0})。更进一步地，通过P_0点可以确定目标点P上的像素值，即

$$g_P = g_{P_0}$$

如果P_0落在实际某些像素点之间，如图4.45所示，我们首先找到P_0的四个最近邻点P_0^1、P_0^2、P_0^3、P_0^4，计算P_0与P_0^1、P_0^2、P_0^3、P_0^4之间的距离d_{01}、d_{02}、d_{03}、d_{04}，按如下公式确定P点像素值：

$$g_P = \left(\frac{1}{d_{01}} \cdot g_{P_0^1} + \frac{1}{d_{02}} \cdot g_{P_0^2} + \frac{1}{d_{03}} \cdot g_{P_0^3} + \frac{1}{d_{04}} \cdot g_{P_0^4}\right) \Big/ \left(\frac{1}{d_{01}} + \frac{1}{d_{02}} + \frac{1}{d_{03}} + \frac{1}{d_{04}}\right)$$

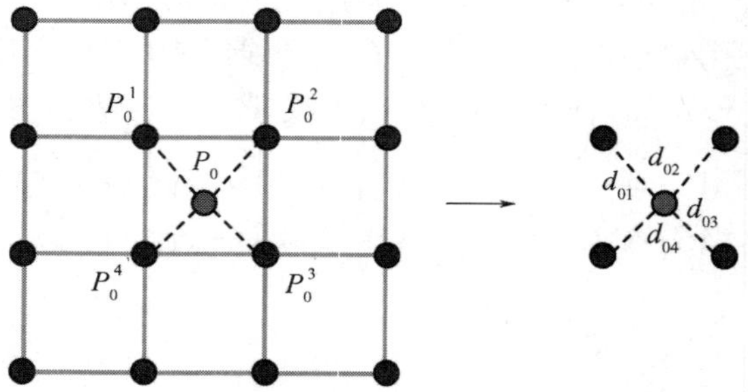

图4.45 P_0落在实际某些像素点之间位置关系示意图

（每个点代表一个实际像素点）

与传统的双线性插值算法相比，本节提出的快速线性插值算法只需要求解一个二元一次方程组，计算简单，快速有效。

2. 人脸图像信息提取中的失真现象

人脸识别中使用的通常是由摄像机（或照相机）拍摄得到的二维图像，由于摄像机参数未知或者不稳定，将导致成像过程的不稳定，从而存在量化误差及镜头畸变，所以拍摄对象表面各点在三维空间中真实的几何位置在二维图像中不可避免地将产生无法复原的扭曲和形变，存在信息失真。

同时，在真实世界的人脸识别中，采集得到的人脸图像 PIE 条件各不相同，甚至包含不同年龄、存在遮挡物（帽子、眼镜、耳环）等复杂情况，因此每张图像对人脸信息的包含程度亦各不相同，其向标准正面模板映射后得到的纹理图不可避免地存在信息失真现象。由于信息提取失真现象的存在，不加区分地简单平均并不能得到准确的平均脸图像。

3. 加权平均法

事实上，在多姿态人脸识别中，人脸的偏转共有三个自由度，即左右、俯仰偏转及竖直平面内的转动。这里特别强调左右偏转对图像平均的影响，因为在原始图像向标准正面模板映射的过程中，左右偏转的人脸会因遮挡而存在信息丢失。

针对偏侧人脸图像由于遮挡而产生的信息提取失真，本节首先给出一种确定人脸左右偏侧程度的方法。

1）人脸偏侧程度确定法

为了确定人脸的左右偏侧程度，首先在由原始图像向标准正面模板映射后得到的人脸形状图上确定人脸中轴线（过左右眼角中心点、鼻尖点）、左边界线（过面部最左端标记点与中轴线平行）、右边界线（过面部最右端标记点与中轴线平行），并定义 d_1、d_2 为左右边界线到中轴线的距离，如图 4.46 所示。人脸的左右偏转程度能够由 $d_1/(d_1+d_2)$ 的大小来确定。具体地，可知 $d_1/(d_1+d_2)\in[0,1]$；特别地，当 $d_1/(d_1+d_2)\in[0,0.5)$ 时，人脸向右偏转；当 $d_1/(d_1+d_2)=0.5$ 时，得到正面人脸无偏侧；$d_1/(d_1+d_2)\in(0.5,1]$ 时，人脸向左偏转。

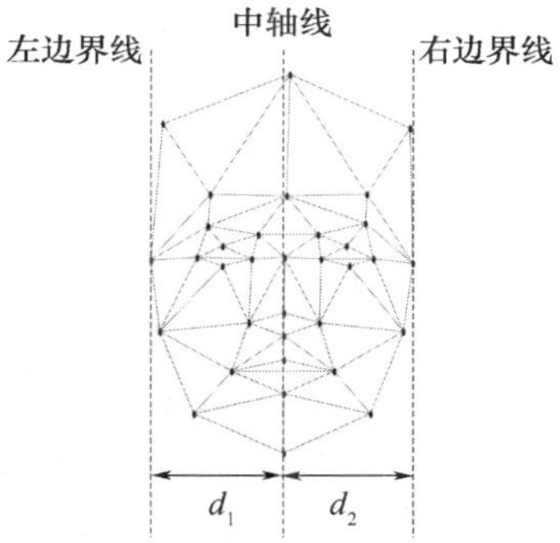

图 4.46　标记了中轴线、左右边界线的人脸形状图

2）权值设定

依据人脸偏转程度（由上一小节提出的方法自动判定），在平均处理时对每一张图像设置一个相应的权值 $w_i, i=1,2,\cdots,k$。权值设置的基本原则是加大正面姿态图像权值，减小偏侧姿态图像权值。具体地，令 $\gamma=d_1/(d_1+d_2)$，给出以下两种权值设置方法：

（1）线性权值。对第 i 幅图像，w_i 与 γ_i 之间的函数关系如图 4.47 所示，即按下式定义：

$$w_i=\begin{cases}2\gamma_i, & 0\leqslant\gamma_i\leqslant 0.5\\ -2\gamma_i+2, & 0.5\leqslant\gamma_i\leqslant 1\end{cases}$$

（2）高斯权值（图 4.48）。函数关系定义如下：

$$w_i=(\mathrm{e}^{-(\gamma_i-0.5)^2}-\mathrm{e}^{-0.25})/(1-\mathrm{e}^{-0.25})$$

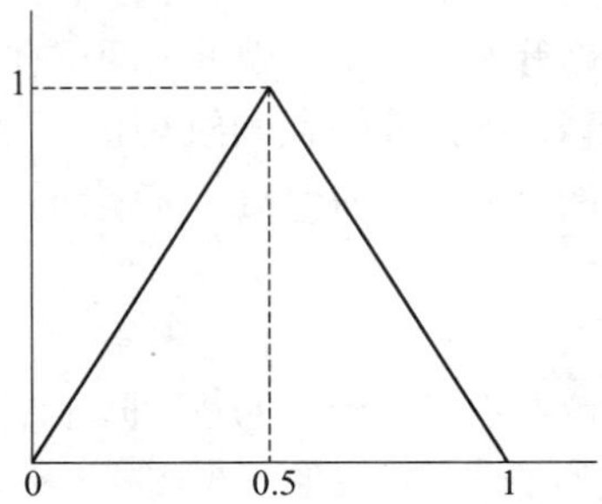

图 4.47　线性权值函数示意图

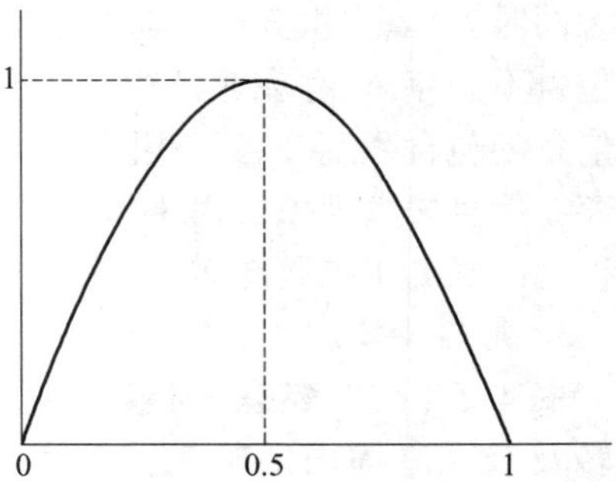

图 4.48　高斯权值函数示意图

此外,权值还可通过神经网络或遗传算法训练得到,以达到对目标人脸进行准确描述的目的。

值得注意的是,当 $d_1/(d_1+d_2)=0$ 或 1 时,并不意味着人脸向右或向左偏侧 90°。这是因为鼻子是人脸的凸出物,当人脸左右偏侧达到某角度(一般认为是 45°)时,鼻子将超出被遮挡的脸部区域,即鼻尖点超出人脸的左或右边界点,如图 4.49所示。此情况可由鼻尖点与左或右边界点的位置关系判定。由于此时被遮挡的半边脸部信息丢失过多,这里给出如下三种方法确定权值:

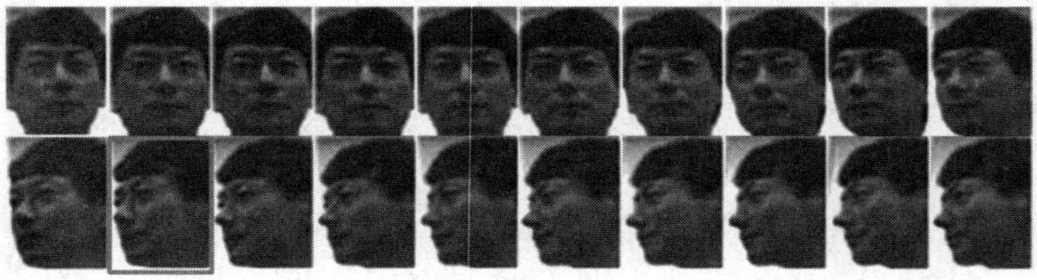

图 4.49　由正面逐渐向右偏转(从左到右,从上到下)的人脸序列图
(在粗线框标记的人脸图像之后的图像中,鼻子超出被遮挡的脸部区域)

(1) 舍弃被遮挡的半张人脸,仅利用未被遮挡的半张人脸参与生成平均脸,权值设为 0.5;

(2) 如果参与生成平均脸的训练图像数目足够多,舍掉向左或向右偏转较大的人脸图像,即该图像权值设为 0;

(3) 依据人脸的左右对称性,利用未被遮挡的半张人脸信息重构被遮挡的半张脸,并将该图像权值设为 0.5。

得到每一张图像的权值后,做如下归一化处理:

$$w_1 + \cdots + w_k = 1$$

从而公式(4.52)成为

$$\bar{g}_{ij} = w_1 g_{ij}^1 + w_2 g_{ij}^2 + \cdots + w_k g_{ij}^k \quad i = 1,2,\cdots m, j = 1,2,\cdots,n \tag{4.57}$$

使用加权平均法对原始图像的处理结果详见4.4.5节。

4.4.3 从平均脸到原始图像:重构脸的生成

真实世界中得到的2D人脸图像常常受到各种因素的影响,即使同一个人的图像也会因前后拍摄时间的不同而存在差异。如何从原始图像中得到鲁棒、准确的人脸描述来进行识别与验证,至关重要。受到平均脸能有效消除遮挡、光照阴影的启发,本节提出重构脸的概念。

在某种程度上,图像平均技术相当于一个低通滤波器,能够有效过滤图像中的噪声干扰信息,如遮挡物、光照引起的阴影等。因而生成的平均纹理图在保持人脸的主要结构信息的同时,剔除了影响识别与验证的某些不利因素。考虑由原始人脸图像得到平均脸的逆过程,也就是将平均纹理图向原始形状图映射,如图4.50所示,称得到的人脸图像为重构脸。一些原始脸与重构脸的比对如图4.51所示。可见,重构脸能够有效减小遮挡物、光照等因素对识别带来的不利影响。

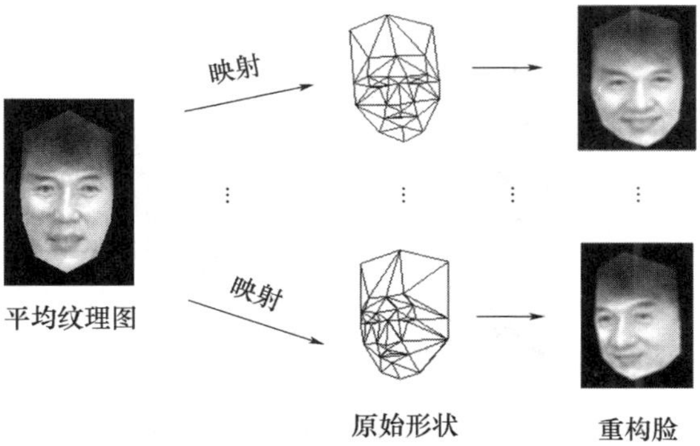

图4.50 重构脸生成示意图

图4.51 原始图像(第一行)与重构脸(第二行)比较
(原始图像从互联网获得;可见,重构脸可以减少遮挡物(第1、2、6列)、光照引起的阴影(第2列)等因素带来的不利影响)

重构脸可以作为训练集或测试集样本参与后续的识别与处理,下一节给出的仿真实验证明重构脸能够提高识别的准确率。

4.4.4 一个识别示例:视频人脸识别

视频人脸识别技术在社会安全领域得到了广泛的应用。视频人脸识别一般包括视频分割、视频追踪和分类识别三个步骤[67]。在第三步分类识别中,如何利用从视频序列中提取的各帧信息进行决策得到准确的识别结果至关重要。现有的识别决策方法主要有多数投票策略、概率投票策略[68]、隐马尔可夫模型(HMM,Hidden Markov Model)[69]等,并且已经产生了利用概率流形将视频追踪和分类识别两个独立的步骤合并成为一个框架进行视频人脸识别的方法[70]。

现有文献已经证明图像平均技术在2D静态人脸图像识别方面取得了较好的结果,其融合多幅图像产生平均脸的做法,为视频人脸识别中融合各帧信息进行识别决策提供了有益的借鉴。具体地,如图4.52所示,在完成视频分割与追踪后,将得到的人脸图像利用图像平均技术生成平均脸。对平均脸提取特征,并与已有的训练样本匹配实现分类识别。

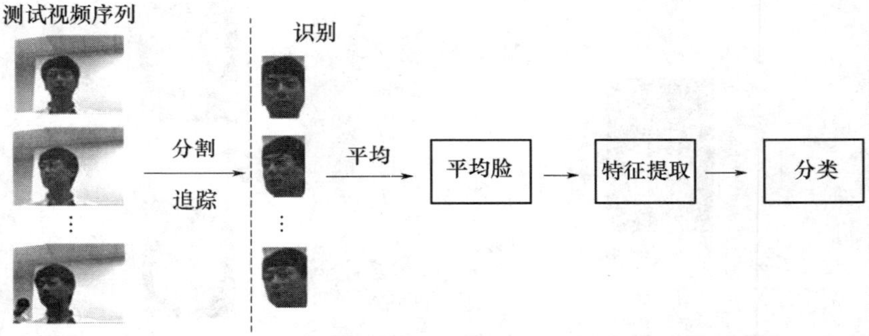

图4.52 引入图像平均技术的视频人脸识别过程示意图
(在完成视频分割与追踪后,利用得到的人脸图像生成平均脸来进行特征提取和识别)

使用Honda/UCSD视频人脸库(http://vision.ucsd.edu/~leekc/)进行仿真验证。该库包含被测者从正面姿态向左(右)偏转的完整视频序列。实验中采用19人的38个视频序列,每人2个,其中一个用作训练,另一个用作测试。为了在训练中尽可能准确全面地得到对目标脸的描述,故在每个训练视频序列中选取5张正面人脸图像作为训练样本;同时,为了测试算法在多姿态人脸识别中的性能,在每个测试视频序列中选取5张不同姿态的人脸图像作为测试样本,如图4.53所示。

首先,应用图像平均技术对训练集与测试集分别进行平均生成纹理图和形状图,仅使用纹理图进行分类识别。每个纹理图灰度大小为64×64,灰度值标准化到[0,255],并进行直方图均衡化。采用多数投票机制和图像(加权)平均技术进行识别决策、最近邻分类,使用LLE和PCA进行特征提取得到的识别结果分别如表4.9、图4.54所示。

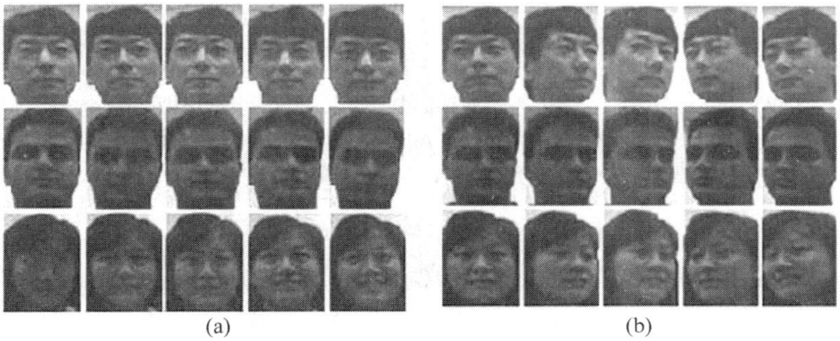

图 4.53　训练和测试样本

（a）训练样本由正面人脸图像组成；（b）测试样本包含不同姿态的人脸图像。

表 4.9　LLE 提取特征，多数投票策略和图像（加权）平均技术分别进行决策得到的识别率

维数	2	5	10	15	20	25	30	35	40
使用 5 张测试图像的多数投票策略	89.47	86.84	89.47	89.47	84.21	81.58	68.42	63.16	47.37
使用 3 张测试图像的简单平均技术	84.21	78.95	89.47	94.74	94.74	94.74	89.47	94.74	84.21
使用 3 张测试图像的线性加权平均技术	89.47	89.47	94.74	94.74	94.74	94.74	94.74	94.74	94.74
使用 5 张测试图像的简单平均技术	94.74	94.74	94.74	94.74	94.74	94.74	100	94.74	94.74
使用 5 张测试图像的线性加权平均技术	94.74	94.74	94.74	94.74	94.74	94.74	100	94.74	94.74

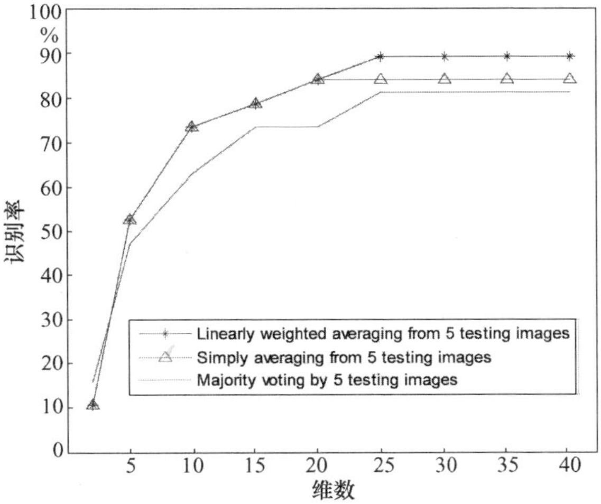

图 4.54　PCA 提取特征，多数投票策略和图像（加权）平均技术分别进行决策得到的识别率

在表4.9中，应用LLE提取特征，采用3或5张测试图像，加权平均技术均能给出不低于简单平均技术的识别准确率；采用的测试图像越多，简单平均或加权平均技术得到的识别率越高；采用5张测试图像时，加权平均和简单平均技术均能得到高于多数投票策略的识别准确率。由图4.54可以得到，应用PCA提取特征，采用5张测试图像，简单平均技术的识别率一般高于多数投票策略，而加权平均技术又得到了高于简单平均技术的识别准确率。

加权平均技术考虑了图像中人脸的偏侧信息，通过加权得到的平均脸比简单平均脸能够更加准确、全面地保持和描述目标脸的结构信息，得到较高的识别准确率。同时，在视频人脸识别中，采用简单平均与加权平均技术进行识别决策，能够较好地融合各测试图像中的人脸信息，识别结果优于简单的多数投票策略。

接着测试重构脸的识别性能。对训练集内对样本进行线性加权平均，生成线性加权平均纹理图，并向原始形状图映射得到重构脸。使用重构脸作为训练样本，与测试样本生成的平均脸进行匹配识别，采用PCA、LDA、LPP等方法进行特征提取，最近邻分类法得到的识别率比较见图4.55。

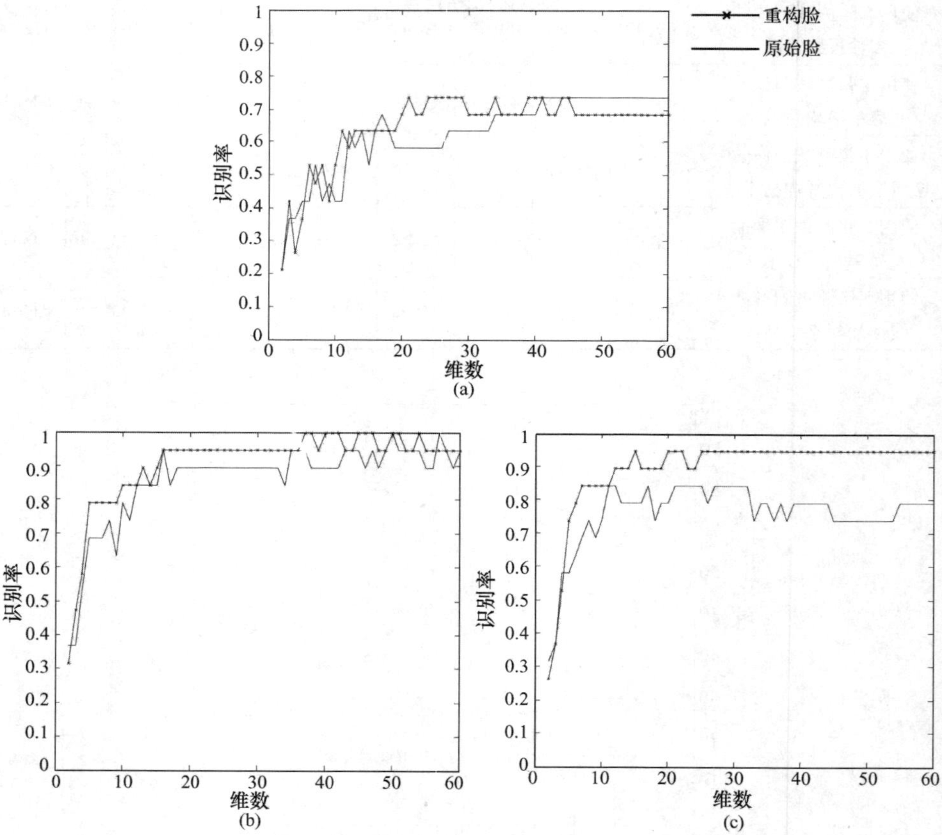

图4.55　使用重构脸、原始脸作为训练样本得到的识别率。
(a) PCA；(b) LDA；(c) LPP。

可见,采用不同的线性特征提取方法,重构脸作为训练样本都得到了优于原始脸的识别准确率。这是因为重构脸剔除了由光照、遮挡等因素引起的不利影响,对人脸信息的表述更加准确和稳定。同时,与无监督学习算法 PCA 和 LPP 相比,LDA 作为有监督的特征提取方法显然在识别中得到了更高的准确率。值得关注的是,在图 4.55(c)中,因为 LPP 在特征提取中保持了数据的邻近信息,故而类内样本差异较小的重构脸的识别率明显高于原始脸。

4.4.5 仿真实验

实验中对人脸面部的 34 个关键结构特征点的标记通过手工完成,然后利用上小节提出的快速线性插值法实现原始图像向标准正面模板的映射及平均纹理图向原始形状图的映射。

1. 图像插值

本节给出了 4.4.2 节提出的快速线性插值法与双线性插值法应用于图像差值时的性能比较。如图 4.56 所示,正方形区域的四个顶点表示预先定义的待插值点,分别采用最近邻插值法、双线性插值法及快速插值法进行插值计算。结果显示,快速插值法虽然计算简单,但得到了与双线性插值法可比的插值结果,较好地保持了图像的连通性和平滑性。

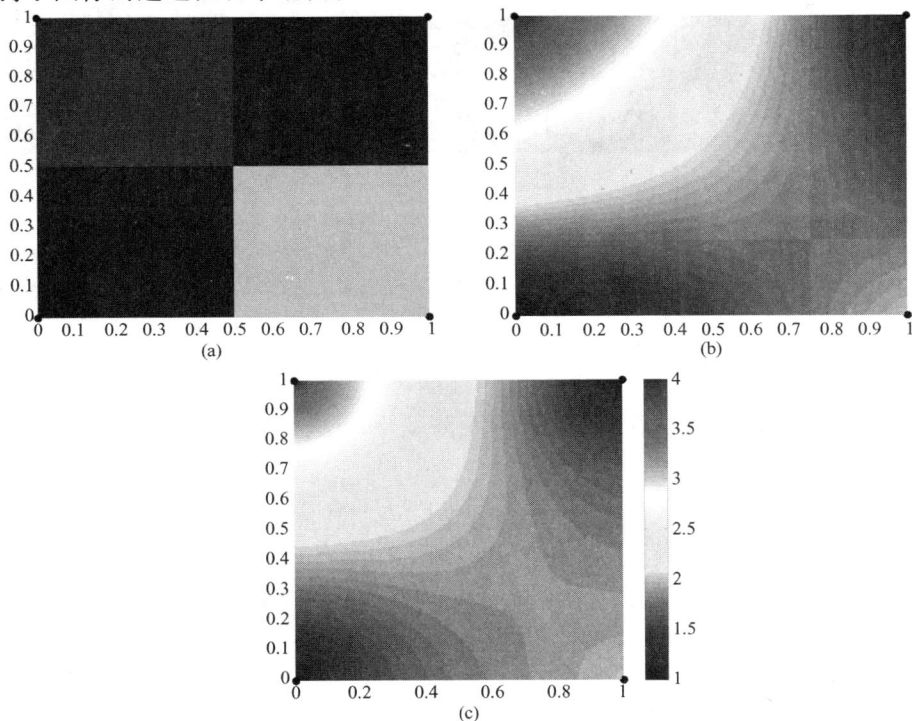

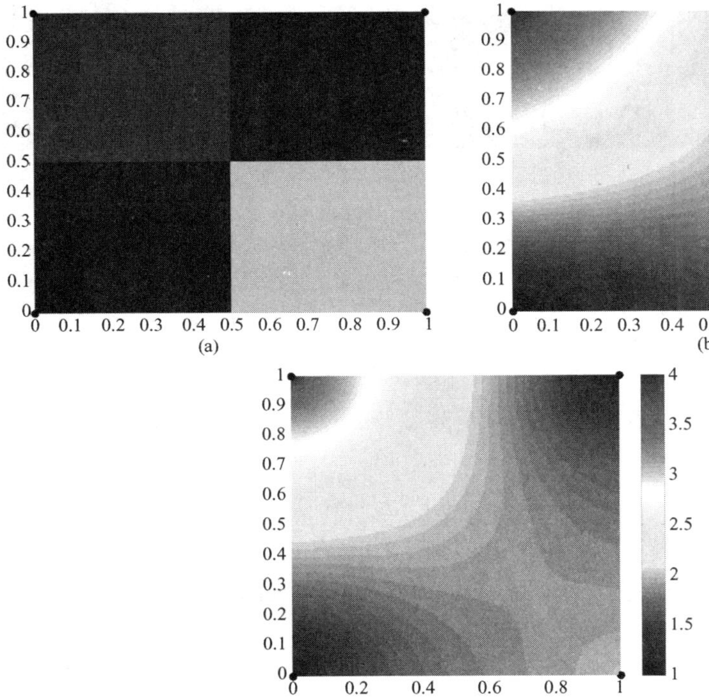

图 4.56 插值结果比较

(a) 最近邻插值法;(b) 双线性插值法;(c) 快速线性插值法。

2. 使用图像加权平均技术进行识别

1）人脸描述

图像加权平均技术在平均过程中考虑到了姿态信息，加大正面人脸的权值，减小存在左右偏侧的人脸的权值，从而生成的平均脸更加接近正面姿态，对人脸的结构信息保存得更为准确。

（1）互联网获得的中外名人图像。

在互联网上获得了10位中外名人的50张图像，每人5张。这些图像是在不同时间、由不同照相机拍摄得到的，图像的光照、姿态、表情各异，且有帽子、眼镜等遮挡物，符合真实世界人脸识别的要求。使用每一个人的5张图像作为训练样本进行简单平均与线性加权平均处理，得到的平均脸图像如图4.57所示。可以看到，与简单平均脸相比，加权平均脸图像克服了光照、遮挡物等带来的不利影响，对人脸关键结构部位如眼睛、鼻子、嘴等的描述更准确（如图4.57中第1、2和5列），且剔除了光照引起的局部阴影的影响（如图4.57中第1、2列），很好地描述了人脸的结构特征，结果更加可靠。

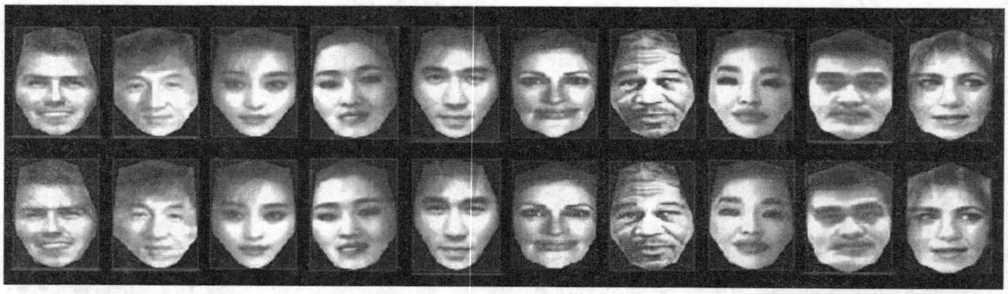

图4.57　互联网获得的名人图像线性加权平均脸（第1行）与简单平均脸图像（第2行）
（由左至右依次为：贝克汉姆、成龙、范冰冰、巩俐、梁朝伟、朱莉亚罗伯茨、摩根弗里曼、舒淇、姚明、詹尼佛安妮斯顿）

（2）ORL人脸库。

使用ORL人脸库中10人的50张图像进行实验，每人5张，生成加权平均脸和简单平均脸。为了衡量平均脸的左右偏侧程度，给出如下判定方法：按照4.4.2节中的定义，计算左边界点与中轴线的距离 d_1 和右边界点与中轴线的距离 d_2，按下式定义变量 μ：

$$\mu = \frac{\min(d_1, d_2)}{\max(d_1, d_2)}$$

易得，$\mu \in [0,1]$，且 μ 的值越大，即左、右边界点到中轴线的距离相差越小，人脸的左右偏侧程度越小。

图4.58给出了线性加权平均脸、高斯加权平均脸及简单平均脸的 μ 值比较图。利用图像加权平均技术生成加权平均脸时，对左右偏侧较大的原始图像赋予了较小的权值，因而与简单图像平均技术相比能够得到更加正面的平均脸，尽可能多地保留了原始人脸结构信息。更进一步地，线性加权平均脸的偏侧程度小于高

斯加权平均脸,这是因为随着人脸左右偏侧程度的增大,线性权值函数的下降速度要大于高斯权值函数。在具体应用中,使用什么类型的权值函数,一般通过多次实验来选定。

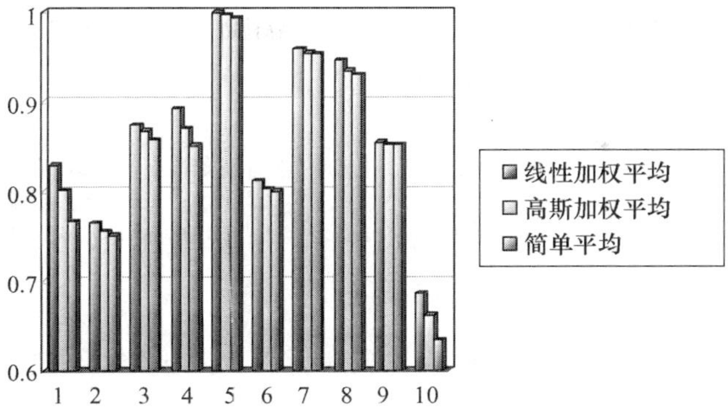

图 4.58 线性加权平均脸、高斯加权平均脸及简单平均脸的 μ 值比较图

2）识别结果比较

采用 ORL 人脸库,任选每人的 8 张图像作为训练样本,剩下的为测试样本。通过训练样本产生线性加权平均脸和简单平均脸,利用 PCA 对线性加权平均脸和简单平均脸分别进行特征提取,得到两组特征脸;接着将原始的训练和测试样本分别向上述两组特征脸进行投影,对所得到的低维结果进行匹配,采用最近邻分类法,识别率比较如图 4.59 所示。显然,线性加权平均脸可以得到对目标脸准确、稳定的描述,和简单平均脸相比具有较高的识别率。

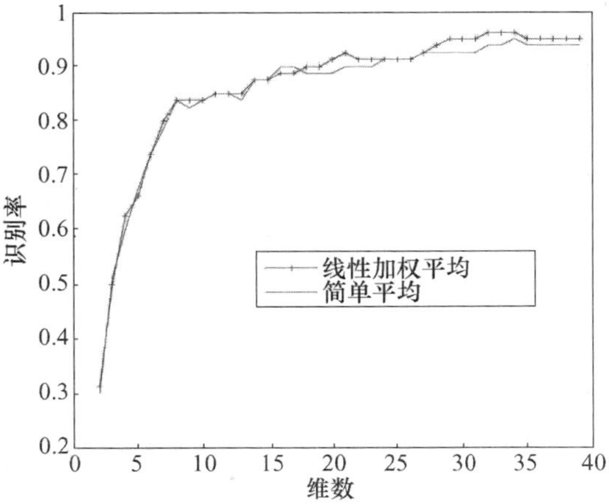

图 4.59 特征空间分别由线性加权平均脸和简单平均脸生成时得到的识别率比较图

3. 使用重构脸进行识别

本节利用 ORL 人脸库对算法进行测试,该数据库每张图像光照条件相似,且

经过了中心化对齐处理,所以该数据库主要包含姿态、表情方面的变化。任选每人的 5 张图像作为训练样本,其余图像为测试样本。

1）人脸描述

利用训练图像产生平均纹理图并将其向原始形状图映射得到重构脸,图 4.60 给出了一些重构脸示例。与原始脸比较,重构脸剔除了光照(图 4.60 中第 4、7 和 10 列)及遮挡物(图 4.60 中第 14 列)带来的不利影响。

图 4.60　原始脸与重构脸比较示例

图 4.61 绘出了由原始脸与重构脸得到的类内方差比较曲线。由于重构脸剔除了光照、遮挡物等因素带来的不利因素,从而具有较小的类内方差,同类各样本具有更好的集聚特性。

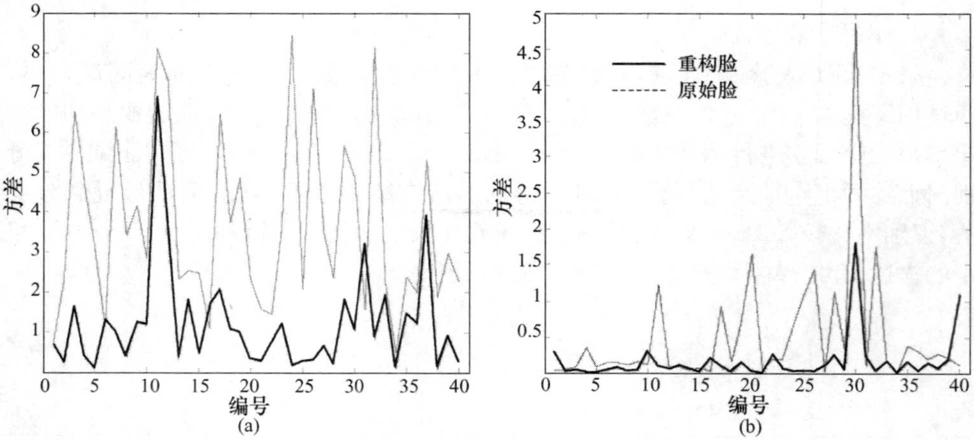

图 4.61　原始脸和重构脸的类内方差比较曲线。
（a）PCA；（b）LLE（$k=10$）。

2）识别结果比较

将训练样本与测试样本分别平均得到平均纹理图,并向原始形状图映射,生成训练重构脸与测试重构脸。使用 PCA 和 LLE 进行特征提取,采用最近邻分类法,当训练集与测试集均采用原始脸(或重构脸)时得到的识别率结果如图 4.62 所示。

由图 4.62 给出的结果,可以知道应用 PCA、LLE 提取特征,使用重构脸进行识别,准确率高于原始脸。这是因为重构脸在保留了人脸主要的结构信息之外,剔除了遮挡、光照阴影等影响识别准确率的冗余信息。

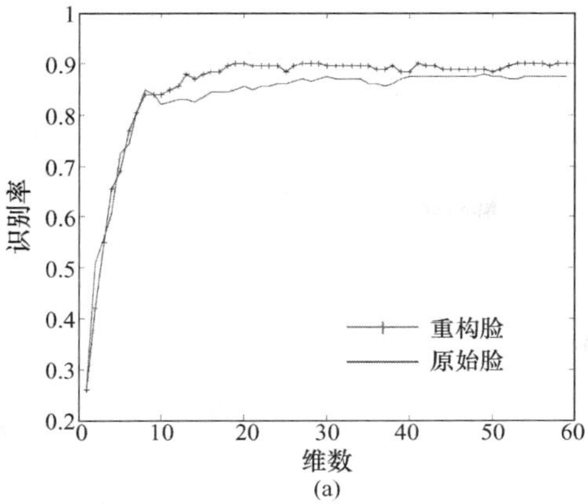

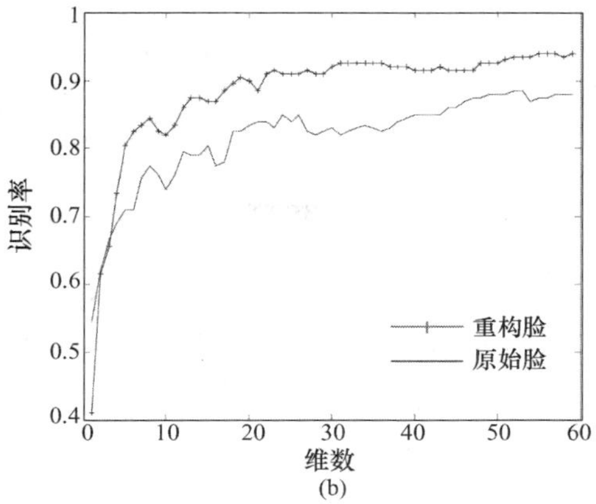

图 4.62 原始脸、重构脸得到的识别率比较图。

(a) PCA；(b) LLE。

参考文献

[1] Lockie M. Comment [J]. Biometric Technology Today,2008,16(6):12.

[2] Global Market Report Predicts $7.1b by 2012 [J]. Biometric Technology Today,2008,16(6):12.

[3] 赵丽红,刘纪红,徐心和. 人脸检测方法综述 [J]. 计算机应用研究,2004,9:1-4.

[4] Rowley H A, Baluja S, Kanade T. Neural Network - Based Face Detection [C]. CVPR'196, 1996: 203-208.

[5] Zheng W, Bhandarkar S M. Face Detection and Tracking Using a Boosted Adaptive Particle Filter [J]. J. Vis. Commun. Image R.,2009,20:9-27.

[6] Kirby M, Sirovich L. Application of the Karhunen - Loeve Procedure for the Characterization of Human Faces [J]. IEEE Trans. Patt. Anal. Mach. Intell.,1990,12(1):103-108.

[7] Turk M, Pentland A. Eigenfaces for Recognition [J]. J. of Cognitive Neuroscience,1991,3(1):71-86.

[8] Yang J, Zhang D, Xu Y, Yang J Y. Two - Dimensional Discriminant Transform for Face Recognition [J]. Pattern Recognition,2005,38(7):1125-1129.

[9] Tenenbaum J B, Silva V d, Langford J C. A Global Geometric Framework for Nonlinear Dimensionality Reduction [J]. Science,2000,290:2319-2323.

[10] Kouropteva O, Okun O, Pietikäinen M. Incremental Locally Linear Embedding [J]. Pattern Recognition, 2005,38:1764-1767.

[11] Liu X, Yin J, Feng Z, Dong J. Incremental Manifold Learning via Tangent Space Alignment [C]. LNCS 2006,2006:107-121.

[12] 尹峻松. 流形学习理论与方法研究及在人脸识别中的应用 [D]. 长沙:国防科学技术大学,2007.

[13] Golub G H, Loan C F V. Matrix Computations [M]. The Johns Hopkins Univ. Press,1996.

[14] Skočaj D, Leonardis A. Weighted Incremental Subspace Learning [C]. Proceedings of Workshop on Cognitive Vision, Zurich,2002.

[15] Ye J, Li Q, Xiong H, Park H, Janardan R, Kumar V. IDR/QR: An Incremental Dimension Reduction Algorithm via QR Decomposition [J]. IEEE Transactions on Knowledge and Data Engineering,2005,17:1208-

1222.

[16] Bengio Y, Paiement J - F, Vincent P. Out - of - Sample Extensions for LLE, Isomap, MDS, Eigenmaps and Spectral Clustering [C]. In Advances in Neural Information Processing Systems 16, MIT, 2004.

[17] Martin H C L, Anil K J. Incremental Nonlinear Dimensionality Reduction by Manifold Learning [J]. IEEE Trans. Patt. Anal. Mach. Intell., 2006, 28(3): 377 - 391.

[18] Carpenter G A, Grossberg S. Adaptive Resonance Theory [M]. The Handbook of Brain Theory and Neural Networks, second edition, 2002.

[19] Grossberg S. How Does a Brain Build a Cognitive Code? [J]. Psychological Review, 1980, 87: 1 - 51.

[20] Carpenter G A, Grossberg S. A Massively Parallel Architecture for A Self - Organizing Neural Pattern Recogniton Machine [J]. Computer Vision, Graphics, and Image Processing, 1987, 37: 54 - 115.

[21] Carpenter G A, Grossberg S. ART 3: Hierarchical Search Using Chemical Transmitters in Self - Organizing Pattern Recognition Architectures [J]. Neural Networks, 1990, 3: 129 - 152.

[22] Carpenter G A, Grossberg S, Reynolds J H. ARTMAP: Supervised Real - Time Learning and Classification of Nonstationary Data by A Self - Organizing Neural Network [J]. Neural Networks, 1991, 4: 565 - 588.

[23] Carpenter G A, Grossberg S, Rosen D B. Fuzzy ART: Fast Stable Learning and Categorization of Analog Patterns by an Adaptive Resonance System [J]. Neural Networks, 1991, 4: 759 - 771.

[24] Levine D S, Penz P A. ART 1.5 - A Simplified Adaptive Resonance Network for Classifying Low - Dimensional Analog Data [C]. International Joint Conference on Neural Networks, 1990: 639 - 642.

[25] Williamson J R. A Constructive, Incremental - Learning Network for Mixture Modeling and Classification [J]. Neural Computation, 1997, 9: 1517 - 1543.

[26] José L C, Wolfram S. A Predictive Reinforcement Model of Dopamine Neurons for Learning Approach Behavior [J]. J. of Computational Neuroscience, 1999, 6: 191 - 214.

[27] Chang H C, Kopaska - Merkel D C, Chen H C, Durrans S R. Lithofacies Identification Using Multiple Adaptive Resonance Theory Neural Networks and Group Decision Expert System [J]. Computers & Geosciences, 2000, 26: 591 - 601.

[28] Quah K H, Quek C, Leedham G. Reinforcement Learning Combined with a Fuzzy Adaptive Learning Control Network (FALCON - R) for Pattern Classification [J]. Pattern Recognition, 2005, 38: 513 - 526.

[29] Stephen J V, Gregory L H, Michael G. Boosted ARTMAP: Modifications to Fuzzy ARTMAP Motivated by Boosting Theory [J]. Neural Networks, 2005: 1 - 23.

[30] Feng R, José L C. Magnetoencephalographic Artifact Identification and Automatic Removal Based on Independent Component Analysis and Categorization Approaches [J]. J. of Neuroscience Methods, 2006, 157: 337 - 354.

[31] Amis G, Carpenter G. Default ARTMAP 2 [C]. International Joint Conference on Neural Networks, 2007: 777 - 782.

[32] Kumar S, Guez A. ART Based Adaptive Pole Placement for Neuralcontrollers [J]. Neural Networks, 1991, 4: 319 - 335.

[33] Grossberg S, Govindarajan K K, Wyse L L, etc. ARTSTREAM: a Neural Network Model of Auditory Scene Analysis and Source Segregation [J]. Neural Networks, 2004, 17: 511 - 536.

[34] 杨行峻,郑君里. 人工神经网络与盲信号处理 [M]. 北京:清华大学出版社,2003.

[35] 张明路,郭东. 用于模式识别的 ART - 2 神经网络算法的改进 [J]. 控制理论与应用,2000,17(1): 136 - 138.

[36] 艾矫艳,朱学锋. ART2 网络结构与算法的改进 [J]. 计算机工程与应用,2003,3: 110 - 113.

[37] 徐寅林,宁新宝,黄晓林. 有教师指导细化拟合的 ART2 神经网络的研究 [J]. 电子学报,2004,32: 1754 - 1756.

[38] Solan Z, Ruppin E. Similarity in Perception: A Window to Brain Organization [J]. J. of Cognitive Neuroscience, 2001, 13: 18 - 30.

[39] Ochsner K N, Bunge S A, Gross J J, Gabrieli J D E. Rethinking Feelings: An fMRI Study of the Cognitive Regulation of Emotion [J]. J. of Cognitive Neuroscience, 2002, 14: 1215 - 1229.

[40] Fisher R A. The Use of Multiple Measurements in Taxonomic Problems [J]. Annals of Eugenics, 1936, 7: 179 - 188.

[41] 郑君里，杨行竣. 人工神经网络 [M]. 北京：高等教育出版社，1992.

[42] Garthwaite J, Charles S, Chess - Williams R. Endothelium - Derived Relaxing Factor Release on Activation of NMDA Receptors Suggests Role as Interneurons Messager in the Brain [J]. Nature, 1988, 336: 385 - 388.

[43] Bredt D, Snyder S. Nitric Oxide, a Novel Neuronal Messenger [J]. Neuron, 1992, 8: 3 - 11.

[44] Malenka C R, Nicoll A R. Long - Term Potentiation - A Decade of Progress? [J]. Science, 1999: 285.

[45] Philippides A, Husbands P, O'Shea M. Four - Dimensional Neuronal Signaling by Nitric Oxide: A Computational Analysis [J]. J. of Neuroscience, 2000, 20: 1199 - 1207.

[46] Rosenberg P A, Li Y, Le M, Zhang Y. Nitric Oxide - Stimulated Increase in Extracellular Adenosine Accumulation in Rat Forebrain in Neurons in Culture Is Associated with ATP H ydrolysis and Inhibition of Adenosine Kinase Activity [J]. J. of Neuroscience, 2000, 20: 6294 - 6301.

[47] Smith T M C, Philippides A. Nitric Oxide Signaling in Real and Artificial Neural Networks [J]. British Telecom Technology Journal, 2000, 18: 140 - 149.

[48] Burette A, Zabel U, Weinberg R J, Schmidt H H H W, Valtschanoff J G. Synaptic Localization of Nitric Oxide Synthase and Soluble Guanylyl Cyclase in the Hippocampus [J]. J. of Neuroscience, 2002, 22: 8961 - 8970.

[49] Yang T. Multi - Layer Cellular Neural Networks: Theory and Applications to Modeling Nitric Oxide Diffusion in Nervous Systems [J]. International Journal of Computational Cognition, 2003, 1: 1 - 23.

[50] Ledo A, Barbosa R M, Gerhardt G A, Cadenas E, Laranjinha J. Concentration Dynamics of Nitric Oxide in Rat Hippocampal Subregious Evoked by Stimulation of the NMDA Glutamate Receptor [J]. J. of Neuroscience, 2005, 102: 17483 - 17488.

[51] Christelle L M B, Garthwaite J. On the Role of Nitric Oxide in Hippocampal Long - Term Potentiation [J]. J. of Neuroscience, 2003, 23(5): 1941 - 1948.

[52] Gladys Y K, Kelly T P. Nitric Oxide Acts as a Postsynaptic Signaling Molecule in Calcium/Calmodulin - Induced Synaptic Potentiation in Hippocampal CA1 Pyramidal Neurons [J]. J. of Neuroscience, 1999, 19: 6784 - 6794.

[53] Whitlock J R, Heynen A J, Shuler M G, Bear M F. Learning Induces Long - Term Potentiation in the Hippocampus [J]. Science, 2006, 313: 1093 - 1097.

[54] Yoshihara M, Adolfsen B, Galle K T, Littleton J T. Retrograde Signaling by Syt 4 Induces Presynaptic Release and Synapse - Specific Growth [J]. Science, 2005, 310: 858 - 863.

[55] Kohonen T. Self - Organizing Maps [M]. Springer, 1997.

[56] 黎明，严超华，刘高航. 具有自适应类警戒参数的模糊 ARTMAP 神经网络 [J]. 中国图像图形学报，1999, 4(5): 377 - 382.

[57] Megreya A M, Burton A M. Unfamiliar Faces Are Not Faces: Evidence from a Matching Task [J]. Memory & Cognition, 2006, 34(4): 865 - 876.

[58] Bonner L, Burton A M, Bruce V. Getting to Know You: How We Learn New Faces [J]. Visual Cognition, 2003, 13: 527 - 536.

[59] Burton A M, Jenkins R, Hancock P J B, White D. Robust Representation for Face Recognition: the Power of Averages [J]. Cognitive Psychology, 2005, 51: 256 - 284.

[60] Jenkins R, Burton A M. 100% Accuracy in Automatic Face Recognition [J]. Science, 2008, 319: 435.
[61] Yasumoto M, Hayashi J, Koshimizu H, Niwa Y, Yamamoto K. A Method of Estimating Gender and Age Using Averaging Face [R]. 2001: 1 - 6.
[62] Harguess J, Gupta S, Aggarwal J K. 3D Face Recognition with the Average - Half - Face [C]. ICPR, 2008: 1 - 4.
[63] Zhao S, Zhang X, Gao Y. A Comparative Evaluation of Average Face on Holistic and Local Face Recognition Approaches [C]. ICPR, 2008.
[64] Deng W, Guo J, Hu J, Zhang H. Comment on "100% Accuracy in Automatic Face Recognition" [J]. Science, 2008, 319: 435 - 435.
[65] Shamir L. Looking for Familiar Faces [J]. Science, 2008, 321: 912.
[66] Gonzalez R C, Woods R E. Digital Image Processing [M]. Englewood Cliffs, 2002.
[67] Hadid A, Pietikäinen M. From Still Image to Video - Based Face Recognition: An Experimental Analysis [C]. FGR, 2004.
[68] Stallkam P J, Ekenel H K, Stiefelhagen R. Video - Based Face Recognition on Real - World Data [C]. ICCV, 2007: 1 - 8.
[69] Liu X, Chen T. Video - Based Face Recognition Using Adaptive Hidden Markov Models [C]. CVPR, 2003: 340 - 345.
[70] Matta F, Dugelay J. Person Recognition Using Facial Video Information: A State of the Art [J]. J. of Visual Languages and Computing, 2009, 20: 180 - 187.

第5章　多特征指纹识别

5.1　概　述

5.1.1　指纹识别背景介绍

指纹是指人的手指末端皮肤的纹理，由于它具有唯一性和永久性，因而成为广泛使用的身份鉴别特征[1]。其中，唯一性是指世界上任何两个手指的指纹都是不同的，永久性是指一个人的指纹是终身不变的。除了以上两个优势外，指纹作为身份鉴别依据，还有不易被盗（钥匙容易被盗）、不会被忘记（密码容易被遗忘）等优点。相对于其他生物特征识别，指纹还具有容易采集（虹膜不易采集）、准确率高（人脸识别率不够高）等优点[2]。用生理特征进行身份辨认的方法称为生物特征识别（Biometrics），其中指纹识别是应用最广泛、最可靠的个人身份认证方法[3,5,4]。由于指纹具有终身不变性、唯一性和便利性，已几乎成为生物特征识别的代名词。

指纹识别有着较长而成果丰富的历史。从20世纪60年代，基于计算机的自动指纹识别系统就已面世，开始应用于刑事侦破中。近年来，指纹自动识别从刑事应用逐渐推广到出入海关、上班考勤、门禁、银行取款、社保领取等领域[6]，使得不需身份证件就能够方便地识别身份。美国911事件以来，各国对公共安全越来越重视，都大力发展指纹识别系统的研究及其应用。其中刑事侦破属于1对N（N是数据库中指纹的数目，通常非常大）的指纹识别应用，即在不知道测试者身份ID时识别其身份[7]。

随着公安部门将刑侦和出入境管理的指纹库进行联网和统一化，需要同时处理的指纹数量大幅增加，达到数亿枚的水平，这就对指纹识别水平有了新的更高的要求。民用市场的发展也对指纹识别技术提出了高速化、更高识别率的要求，以满足各种不同应用的需求。

指纹纹线有规律的排列形成不同的纹型。纹线的端点和分叉点称为指纹的细节点。目前指纹自动识别系统基本都是基于细节点比对的，即通过比较不同指纹的细节点来进行识别。近年来，大量研究工作都是围绕着如何更好更快地提取细节点和匹配细节点进行的[4,8~13]。随着社会对指纹识别性能要求越来越高，现有系统与方法的不足也越来越明显：一方面，由于现场指纹质量差，系统难以自动地提取细节点，特别是对于重叠指纹，现有系统无法很好地检测脊线、提取细节点；另一方面，现有方法可以满足1对1的指纹验证的需求（此时需要知道测试者的ID

号),但对于大人群下的 1 对 N 识别的应用效果很不理想[7]。Pankanti[9]、Jain[14]和 Tan[15]等人分析了传统的基于细节点的指纹识别方法中指纹唯一性的问题。他们的研究指出,在某些情况下任意两枚指纹比对上 12 个细节点的概率可以达到5.86×10^{-7},即约 171 万个手指中就有两枚指纹相同(匹配意义上)。因而当传统指纹识别方法应用于大人群的 1 对 N 查询和身份识别时,往往错误率较大,且实时性不能保证[16~18]。

出现以上问题的根本原因在于:①现有系统都基于一个假设,即指纹图像都已经得到很好的分割。但是,重叠指纹在实际应用中很常见,尤其是犯罪现场指纹,经常出现多个指纹重叠在一起的情况。②一些传统的指纹系统及嵌入式系统,为节省存储空间,往往只存储细节点特征,而没有存储指纹图像,对指纹信息应用不充分。③已有的方法在求取奇异点时,大多只利用指纹局部信息,而没有利用指纹的全局信息,漏检率与错检率比较高。④指纹数据库的增大使得实时的指纹比对难以实现,尤其当使用较多特征对指纹进行比对时,所需要的比对时间就更多。

为解决这些问题,本章从四个方面对这些问题进行深入探讨:

(1) 研究如何分离犯罪现场中常见的重叠指纹,然后提取特征进行识别;

(2) 针对只存储细节点信息的指纹识别系统(比如嵌入式指纹识别系统、某些早期的指纹识别系统),研究新的指纹表达特征,及这些特征的提取和匹配方法;

(3) 研究基于局部信息初检、全局信息筛选的奇异点(包括中心点和三角点)检测方法;

(4) 为了实现多特征在指纹识别中的应用,研究不同特征组合的识别精度,在此基础上建立指纹的统一特征表达模型;研究多特征指纹识别的快速比对方法,借鉴人脸快速检测中瀑布模型的思想,将指纹的多种特征进行分组,生成多个小比对器以实现指纹快速比对。

5.1.2 指纹识别综述

本节将对指纹识别领域进行文献综述,主要包括以下几个方面:指纹识别的基本概念、指纹识别的传统方法及其不足、当前的研究热点。

1. 指纹识别的基本概念

指纹识别的第一步是采集指纹图像,在自动指纹识别系统中,指纹图像通常是利用电容性或者光电取指器采集得到,一般是 256 灰度级的图像[11]。指纹图像中较暗的部分称为脊线(ridge),较亮的部分称为谷线(valley),如 5.1 所示,其中给出了用三种不同方式采集的指纹。本小节将从指纹识别主要研究问题、指纹识别算法性能评价两方面来介绍指纹识别的基本概念。

1) 指纹识别主要研究问题

指纹识别主要研究以下三个问题:

(1) 指纹验证(fingerprint verification)。对于给定的两幅指纹图像,判断它们

(a) (b) (c)

图 5.1 三种不同方式采集的指纹

(a) 捺印; (b) 活体; (c) 现场。

是否采集自同一个手指,给出一个"是"或"否"的二值判断。在指纹密码或门禁保安等民用系统中所用到的指纹识别技术,一般是指纹验证技术。

(2) 指纹辨认 (fingerprint identification)。对于输入的一幅指纹图像,在某个特定的指纹数据库中搜索其对应的手指 ID,给出的是一个排序的结果。在公安刑侦中所用到的指纹识别技术,一般是指纹辨认技术。

(3) 指纹分类 (fingerprint classification)。按纹型对指纹进行分类。Henry[19] 提出按照纹型,可以将指纹分成六类:弓形纹 (arch)、弓帐 (tented arch)、左箕 (left loop)、右箕 (right loop)、斗 (whorl) 和双箕斗 (twin loop)。将指纹按照纹型分成几大类,有助于提高在大型数据库中指纹辨认的速度[18,20~27]。

自动指纹识别系统研究的问题一般是指指纹辨认,其中也要用到指纹验证的方法。自动指纹识别系统由两大部分组成:注册模块和识别模块。其中注册模块从新用户的指纹提取特征,并将提取的指纹特征及相应的用户名 (ID) 存入数据库中。识别模块对给定的未知指纹进行身份验证或者辨认。

2) 指纹识别算法性能评价

衡量指纹识别算法的统计性能可以使用 ROC (Receiver Operating Characteristic) 曲线,它是由不同阈值下的错误接收率 (False Accept Rate) 和错误拒绝率 (False Reject Rate) 构成的曲线。对于任意两幅指纹图像的比对,如果这两幅图像来自同一手指,则称此次比对为真实比对 (genuine matching),否则称为虚假比对 (impostor matching)。错误接收率定义为匹配值大于给定阈值的虚假比对在全部虚假比对中所占的比例 (即将不同手指的指纹认为是同一手指指纹的比率),错误拒绝率定义为匹配值小于给定阈值的真实比对在全部真实比对中所占的比例 (将同一手指的指纹认为是不同手指指纹的比率)。

指纹识别问题可以看作是一个包含两类的分类问题。假设 ω_1 代表实际正确比对类,ω_2 代表实际错误比对类,这两类是互斥的。D_1 表示决策为真比对,D_2 表示决策为假比对。则错误拒绝率 FRR 和错误接收率 FAR 可以表示为

$$\mathrm{FRR} = P(D_2 \mid \omega_1) \tag{5.1}$$

$$\mathrm{FAR} = P(D_1 \mid \omega_2) \tag{5.2}$$

提高指纹识别系统的性能是指尽量减小 FAR 和 FRR。但这两个指标是相互矛盾的，对于某一确定的识别方法，FAR 的减小会导致 FRR 的升高，同样，FRR 的减小会导致 FAR 的升高。不同的应用对这两个指标的要求也不同。例如核设施的门禁系统，错误接收带来的损失极大，因此要求 FAR 非常低（如小于 0.001%），虽然这将致使 FRR 较高；但是对于注重用户便利的身份识别系统，这么高的 FRR 显然是不可接受的，这类的应用中应该选择相对较低的 FRR（如小于 0.5%），其代价是 FAR 会较高。

在实际系统的设计中，通常是在某一给定 FAR 的情况下，选择合适的参数使得 FRR 最小。

2. 指纹识别的传统方法

传统的指纹识别方法主要是基于细节点比对的[4,8~11,28]，即提取细节点作为特征来表征指纹图像，通过比对这些细节点进行识别。细节点指的是指纹脊线的端点和分叉点，如图 5.2 所示。端点是脊线终止的点，分叉点是一条脊线分为两条脊线的点。端点类的特征点主要是由脊线的端点产生，而当指纹图像质量较差时，脊线的分叉点也可能被提取为端点[29]。因此，实际的指纹识别应用系统中，一般不使用细节点的类型信息。

基于细节点的识别方法（如 Jain 等人在文献［14］中所述）分为两个主要过程（图 5.3）：处理过程和比对过程。其中处理过程主要包括有效区域估计、方向场估计、脊线提取、脊线细化和细节点提取。比对过程主要包括细节点配准和细节点比对。

图 5.2　指纹的细节点

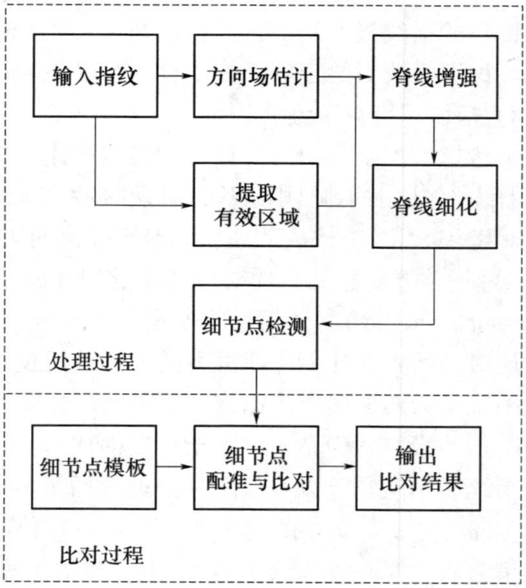

图 5.3　自动指纹识别系统组成

1）有效区域估计

指纹图像中有很大一部分是背景，对于指纹识别来说没有意义。因此必须首先提取出图像中含有指纹的部分，即一幅指纹图像中包含脊线的部分，这一部分称为有效区域。

有效区域的一般提取方法是利用图像处理的相关技术，去除图像边缘和灰度变化不大的部分，将指纹图像划分成大小为 16×16 的方格（块）。对每一个方格统计其灰度均值与方差，如果二者均满足一定条件，则当前方格被定为有效方格，将所有的有效方格组合起来并进行适当的后处理，如用数学形态学的方法进行开运算（先腐蚀后膨胀）等，就得到了指纹的有效区域。

2）方向场估计

指纹的方向场是一个对指纹进行全局表达的矩阵，其中的每个元素代表该坐标点处指纹图像中脊线的方向角度（范围是$[0,\pi)$）。如果每个图像像素处取一个方向，则方向场矩阵的大小将和指纹图像一样大。一般取 4×4 的块（包含 16 个像素点）为一个坐标单元，每个单元处的方向以及方向的置信度由图像处理的相关方法求取。有三种常用的计算方向场的方法。

第一种方法是基于图像的局部信息（灰度变化，即梯度信息）的方法[30,31]。由于指纹图像大多是黑白相间的条纹，脊线走向通常和灰度变化的方向相垂直，只要求出了灰度变化的方向（图像的梯度），就可以得到图像纹理的方向。实际计算时考虑噪声影响，在指纹图像某点的周围取点进行统计滤波。计算点(x,y)的方向$O(x,y)$及其置信度$\omega(x,y)$的公式如下[30]：

$$O(x,y)=\frac{1}{2}\arctan\frac{\sum_{\Gamma}2G_xG_y}{\sum_{\Gamma}(G_x^2-G_y^2)}+\frac{\pi}{2} \tag{5.3}$$

$$\omega(x,y)=\frac{\left(\sum_{\Gamma}(G_x^2-G_y^2)\right)^2+4\left(\sum_{\Gamma}G_xG_y\right)^2}{\left(\sum_{\Gamma}(G_x^2+G_y^2)\right)^2} \tag{5.4}$$

其中，Γ表示点(x,y)的邻域；(G_x,G_y)是横纵坐标方向上的梯度分量；$\arctan(\cdot)$的值域是$[-\pi,\pi)$（通过G_x、G_y的值及符号确定）。

上两式中，$O(x,y)$的值域是$[0,\pi)$，$\omega(x,y)$的值域是$[0,1]$，其值越高表示方向可信度越高。Bazen 和 Gerez[31]利用主成分分析（Principal Component Analysis），提出了等价的求取指纹方向场的方法。这种方法的优点是：简单实用，对于质量较好的指纹，可以得到比较准确的方向场及较高的置信度。其缺点是：对邻域的大小非常敏感。如果邻域取得太小，求取的方向场受噪声影响很大，置信度低；反之，如果邻域太大，会模糊不同点的方向的差异，得到的方向场不够准确；利用该方法得到的方向场易受噪声影响。

第二种方法是 Jain 等[28]对第一种方向场提取方法的改进，是一种基于梯度的多级平滑（hierarchical gradient method）的计算方向场的方法。该方法可以自适应地调整计算方向时邻域的大小,从而克服对邻域大小的依赖。这种方法通过在脊线方向变化快的奇异点附近采用小邻域,而在其他方向变化慢的区域采用较大的邻域,来得到比较连续且精度可靠的方向场。这种方法是一种较为鲁棒的方法。其缺点是,与第一种方法相比计算量大,当指纹的噪声严重时效果不理想。

第三种方法则利用不同方向的滤波器对指纹图像进行滤波得到方向场[4,20]。基于滤波器的方法,其基本思路是将图像划分成大小相同的小块,对每个小块用不同方向的滤波器进行滤波,将滤波器响应最大的方向作为这个小块的方向。通常采用偶对称的 Gabor 滤波器组。Gabor 滤波器空域表达形式为

$$G(x,y;f,\theta) = \exp\left\{-\frac{1}{2}\left[\frac{x'^2}{\delta_x^2}+\frac{y'^2}{\delta_y^2}\right]\right\}\cos(2\pi f x') \tag{5.5}$$

其中

$$\begin{cases} x' = x\sin\theta + y\cos\theta \\ y' = x\cos\theta - y\sin\theta \end{cases} \tag{5.6}$$

$\theta\in[0,\pi)$是与当前点的方向场垂直的方向;x、y 为掩膜中各点相对于掩膜中心点的坐标;f 表示沿着方向 θ 图像的频率,对于指纹图像,f 可以看成是沿着方向 θ 脊线变化的频率,通常设置为两条相邻脊线之间的距离的倒数;δ_x、δ_y 分别表示 x 轴和 y 轴高斯函数的标准差。

该方法求得的方向场是离散的,其精度和滤波器的总个数有关。这种方法有较强的抗噪声能力,但计算量会随着滤波器的总数增加而成倍增加。

实际应用中,一般采用第二种方法,而在精度要求高的情况下可采用第三种方法。

3) 脊线增强与提取

指纹中的脊线有很好的频率和方向特征[32,33],因而很自然地可以用频率分析的方法来进行脊线增强,例如傅里叶变换(Fourier Transforms)[34-37]、Gabor 滤波器[38~41]以及小波分析[42,43]。

脊线提取采用 Gabor 滤波器对指纹原始图像的每个点进行自适应滤波。首先计算 Gabor 滤波的结果:

$$F(i,j) = \frac{\sum_{x=-w}^{w}\sum_{y=-w}^{w} G(x,y;f,\theta) I(i+x,j+y)}{\sum_{x=-w}^{w}\sum_{y=-w}^{w} G(x,y;f,\theta)} \tag{5.7}$$

然后计算临时统计量:

$$f(i,j) = \frac{\sum_{x=-L}^{\frac{L}{2}-D} \left| F(i+x\cos\theta, j+x\sin\theta) - F(i+(x+D)\cos\theta, j+(x+D)\sin\theta)\right|}{\sum_{x=-L}^{\frac{L}{2}-D}\left(\begin{array}{l}\left| F(i+x\cos\theta, j+x\sin\theta) - F(i+(x+D)\cos\theta, j+(x+D)\sin\theta)\right| \\ \cdot F\left[i+\left(x+\frac{D}{2}\right)\cos\theta, j+\left(x+\frac{D}{2}\right)\sin\theta\right]\end{array}\right)} \tag{5.8}$$

上两式中,I 为指纹灰度图像;θ 为与点(i,j)脊线方向相垂直的方向;D 是一个常量;$G(x,y;f,\theta)$见式（5.5）。若 $F(i,j)>f(i,j)$,则点(i,j)位于谷线（背景),否则位于脊线（前景)。

4）脊线细化

分别对前一步求出的前景和背景进行细化,得到两张细化图,即脊线的细化图和谷线的细化图。细化方法一般采用经典的骨架细化算法[44]。

5）细节点提取

基于上一步求出的两张细化图提取细节点。脊线细化图中的端点对应谷线细化图中的分叉点;谷线细化图中的端点对应脊线细化图中的分叉点。每张细化图中的端点只与一条脊线连接,而分叉点与三条脊线相连。初检之后,对提取出的细节点进行后处理[45~48]:连接正对着的两个端点;连接成环的两个分叉点;去除短棒;去除一些分叉点附近的细节点;去除短小的分叉点及一些毛刺;去除有效区域边缘的细节点。

最终得到的细节点用如下结构存储:$M=\{x,y,\theta\}$,其中 x 是细节点的横坐标,y 是细节点的纵坐标,θ 是该点脊线的方向。每一枚指纹的细节点集可以表示为 $F=\{M_k \mid k=1,2,\cdots,n\}$,其中 n 是该枚指纹中细节点的个数。

6）细节点配准

细节点配准通常采用基于广义哈夫变换（Generalized Hough Transform）的方法[49]。哈夫变换将点集合的模式匹配问题转化为求取由变换参数构成的哈夫空间的峰值的问题。该方法是将注册指纹和申请指纹间的细节点对之间的变换参数离散化,然后对所有点对的变换参数作统计,出现次数最多的变换参数就是这两个点集的配准参数,包括旋转量和平移量。按照由哈夫变换确定的配准参数,将申请指纹中的细节点作旋转平移,以便进行下一步的比对。

7）细节点比对

将注册指纹和变换后的申请指纹的细节点进行比较。如果两个细节点的 x、y 坐标之间的差值小于给定的阈值 Δx、Δy,且它们的角度差值也小于给定阈值 $\Delta\theta$,则认为两者是匹配的。基于细节点的比对算法,一般先计算两幅指纹图像在其公共有效区域 Ω 内匹配上的细节点对数 N,再除以两幅指纹图像各自在公共有效区域内的细节点数的乘积,得到匹配得分[28,50],用公式表示为

$$S=\frac{N^2}{N_e\cdot N_c} \tag{5.9}$$

其中,N_e 表示注册(enroll）指纹在两幅指纹公共区域内的细节点个数;N_c 表示申请（claim）指纹在两幅指纹公共区域内的细节点个数。

式（5.9）没有用到细节点配准时的信息,可以用下式进行改进:

$$S=\frac{N}{\max(N_e,N_c)}\times\min\left(\frac{v}{T},1\right) \tag{5.10}$$

其中,T 为经验阈值;v 是哈夫变换中的峰值。按上式计算得出的比对分数表明了

申请指纹与注册指纹的相似程度,因此 $S \in [0,1]$ 也被称为相似度或置信度。

除了上面比较常用的指纹比对算法外,还有一种称为“自适应弹性匹配”的比对算法(adaptive elastic matching)[51]。这种比对方法将两个指纹的细节点转化为极坐标,然后按照幅角排序成为两个“串”,利用字符串的弹性匹配算法来做指纹比对。该方法能够克服指纹采集时的非线性形变。

3. 传统指纹识别方法的不足和当前的研究热点

1) 传统指纹识别方法的不足

随着指纹识别应用的推广,传统指纹识别方法的不足也越来越显现出来:传统方法可以满足1对1的指纹验证的需求(此时需要知道测试者的ID号),但对于大人群下的1对N识别的应用效果很不理想。当传统指纹识别方法应用于大人群的1对N查询和身份识别时,往往出现错误率较大和实时性不能保证的问题。事实上,也正是由于这些原因,指纹识别在大人群范围的应用受到了严重制约。而在刑事侦破中,由于指纹数据库的巨大,原有方法不能满足将嫌疑人锁定在很小范围的要求。

2) 当前的研究热点

针对传统方法遇到的这些问题,目前的研究主要集中在三个大的方向,第一个方向仍然基于细节点,改进细节点的提取方法,主要是在指纹图像增强[52,53]和细节点提取后的融合[54]这两个方面进行研究。研究者提出了在指纹注册阶段采集多幅图像,并将各图像的细节点进行融合的方法,提高了细节点的检测率。同时也将这种融合机制应用到在线(online)的指纹识别系统中,动态地增减数据库中指纹模板的细节点。其中的融合策略有特征级融合[55-57]、数据级融合[58,59]及决策级融合[54]。这些研究成果都在一定程度上增强了指纹识别系统的性能,但存在一个固有的缺点:基于细节点的比对算法对指纹方向信息的利用很不充分,因而对系统性能的提升有限。

第二个方向在引入新的指纹特征方面下功夫,利用更多的信息来表示指纹。Jain 等采用指纹的纹理特性加上细节点信息进行指纹识别[60],或利用滤波器的响应编码(Finger Code)来进行指纹识别[61],获得了一定的效果。针对指纹方向场这一重要的全局特征,Zhou[62,63]、Wang[64]、Huckemann[65]等提出了几种方向场模型,利用这些模型提出了一些新的指纹特征表示方法。除了方向信息外,断纹及脊线密度也是指纹的重要信息。Wu 和 Zhou 等[66,67]将断纹信息作为一种特征加入到指纹识别中。Tan 和 Bhanu[15]利用细节点以及细节点间的脊线个数作为特征进行指纹识别。Zhang 等[68]提出了基于相似度直方图的混合指纹匹配方法。Wan 等[69]提出能够反映指纹疏密程度的密度图。这些研究加入新的特征,提高了识别率,但同时增加了时间消耗。为了能够更好地综合利用这些特征,有必要对这些特征进行全面的分析,包括不同特征组合的对比分析,在此基础上建立指纹的统一特征表达模型。并针对这一特征表达模型,研究其对应的识别方法。

第三个方向对大样本指纹识别的快速算法方面进行研究。前人的研究主要集中在中心点、三角点的提取[31,70,71]和搜索技巧方面[72,73]。中心点、三角点检测方面的研究虽然很多,但目前大都不能满足比对的精度要求。搜索技巧的使用可以在一定程度上提高大样本下的指纹比对的效率,但提高程度很有限。单纯的搜索技巧难以将比对速度提高到实用程度,因而必须针对指纹表达的特征专门研究快速比对算法。

5.2 现场重叠指纹的分离与特征提取

5.2.1 问题阐述

在通常情况下每幅指纹图像只含一个指纹（例如捺印指纹）或者几个没有重叠的指纹（例如整个手掌）。重叠指纹的出现给传统的指纹识别系统带来了挑战,这是因为传统的指纹识别系统假设输入指纹都已很好地得到了分割。本章提出一种分离重叠指纹的方法,将重叠指纹分成若干个独立的互不重叠的指纹,然后提取特征进行比对识别。

大部分指纹比对器（无论是人工的还是自动的）都是通过检测和比较特征点（细节点）来进行的。因此,可靠的脊线检测对成功的指纹比对非常重要。当脊线清晰或指纹图像的噪声很小时,现存的脊线检测方法[74]能很好地检测出脊线。但是,仍然存在一些难以检测的情况,其中包括重叠指纹（图5.4(a)）。目前的算法都不能很好地检测重叠指纹的脊线。重叠指纹主要存在于从犯罪现场提取出来的指纹[75]。当取指器上有残存指纹时,也可能出现重叠指纹。

(a)

(b)

图5.4　重叠指纹及其细化图示例

（a）重叠指纹;（b）脊线细化图。

图5.4给出了一个重叠指纹及其脊线细化图。该脊线细化图是由一个著名的商用指纹识别算法 VeriFinger 6.2 SDK[76]提取的。如图5.4(b) 所示,VeriFinger不能成功地分离出两个独立的指纹,不能完成重叠区域的脊线检测。这个例子表

明重叠指纹对目前的指纹识别算法提出了挑战。而人工地在重叠指纹上标定特征,即便对指纹专家,也是一件相当困难的事情。虽然基于傅里叶变换的频域带阻滤波器[77,78]可以去掉重叠直线,但是分离重叠指纹面临的是脊线的分离,并且脊线不能保证总是直线,因而这种方法不适用于重叠指纹的分离。因此,研究一种能够自动分离重叠指纹的算法和技术,变得非常重要。

刑侦专家提出用纳米技术在指纹提取阶段对重叠指纹进行分离[79]。这是一个有趣的思路,但它应用起来很不方便,并且只对特殊的现场重叠指纹有效。更通用和方便的解决方案,是利用图像处理来进行分离。这类方法一方面可以提高指纹识别的正确率,另一方面可以帮助人工标定,减少人工标定的工作量。Fan 等[80]提出人工标注方向场,然后通过图像增强来分离重叠指纹。由于需要人工标注方向场,这种方法非常繁琐耗时。Geng 等[81]提出用形态学成分分析来分离重叠指纹,但这种方法只能分离出一个主要的指纹。重叠指纹的分离与自动语音识别中的鸡尾酒会问题相似[82]。Singh 等[83]提出用独立成分分析(ICA)来进行分离,但他们没有具体给出分离的方法。以上方法的一个共同局限是,它们都只在少数几幅重叠指纹上进行分离实验,而没有进行批量的比对实验,以分析分离算法是否能最终提高指纹识别的性能。

本节介绍一种分离重叠指纹的算法,并且既用仿真数据,也用实际的现场指纹数据做实验,对算法进行性能测试。本算法基于如下两点假设:

(1)一个重叠指纹最多包含两个独立指纹。因为由三个或三个以上指纹重叠在一起的指纹图像,即便对于指纹专家来说,也很难分离,例如图 5.5 所示的指纹。

图 5.5　一个由三个指纹重叠在一起的例子

(2)两个指纹在重叠区域的方向场存在差异,即具有可分性。

算法由三步组成(流程图见图 5.6):

(1) 用傅里叶变换[84,85]求取初始方向场。初始方向场 O_0 大小为 $m \times n \times 2$（$m \times n$是分块后的图像大小,通常对指纹图像的处理都是分成 $w \times w$ 的块处理的,例如 4 ×4,每个块包含最多两个方向）。

(2) 利用松弛标注[86,87]对初始方向场进行标定,分成两类。根据分类结果,初始方向场被分成两个独立的方向场 O_1 和 Q_2,大小为 $m \times n$。

(3) 使用两个方向场分别对原始重叠指纹图像进行 Gabor 滤波,得到两个独立的指纹。

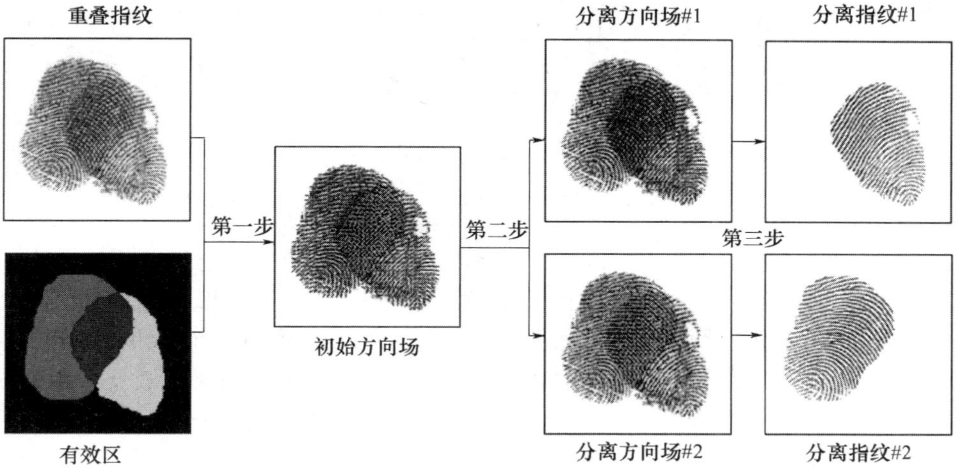

图 5.6　算法流程图

5.2.2 估计初始方向场

指纹的方向场是一个矩阵,其(x,y)处的值表示块(x,y)处脊线的方向[4]。重叠指纹的方向场与普通非重叠指纹的方向场不同。普通指纹的方向场在每个块只有一个方向,而重叠指纹的方向场在非重叠区每个块有一个方向,在重叠区每个块有两个方向。在本文中,人工标定两个独立指纹的有效区（这在现场指纹的处理中,是常用的方法[75]）。重叠区是两个有效区的交集。因此,初始方向场的估计问题变成在非重叠区每个块估计一个方向,在重叠区每个块估计两个方向。

传统的方向场估计算法[4,64,88]一般由两步组成:初始估计（例如基于梯度的方法）后,用简单的均值滤波器或复杂的全局模型方法进行滤波[64,88]。但对于重叠指纹的方向场,由于其在重叠区域每个块具有两个方向,用基于梯度的方法估计出的方向场将是两个独立指纹方向场的混合,因而无法用现有的滤波方法进行处理。为了检测两个独立指纹的方向场,本文采用傅里叶分析[84]的方法来估计初始方向场。重叠指纹图像 $I(x,y)$被分成互不交叠的 16 ×16 大小的块。由于每个块的脊线可以用一个二维的正弦波来近似,估计方向场的任务转变成估计每个块的正弦波的参数。计算分块图像的离散傅里叶变换（Discrete Fourier Transform）$F(u,v)$,并且将低频分量的幅值（在频域以中心点为中心,以 3 为半径的圆）赋值为 0。在频域,找到一个或两个(在非重叠区为一个,在重叠区为两个)幅值的极值点。每个极值点(都有一个对称点与之对应,这是因为傅里叶变换的对称性)对应一个二维的正弦波 $\omega(x,y)=a\cdot\sin(2\pi f(\sin(\theta)x+\cos(\theta)y)+\Phi)$,其中 a、f、θ 和 Φ 分别代表幅值、频率、方向和相位。图 5.7 给出了这些步骤的图示。

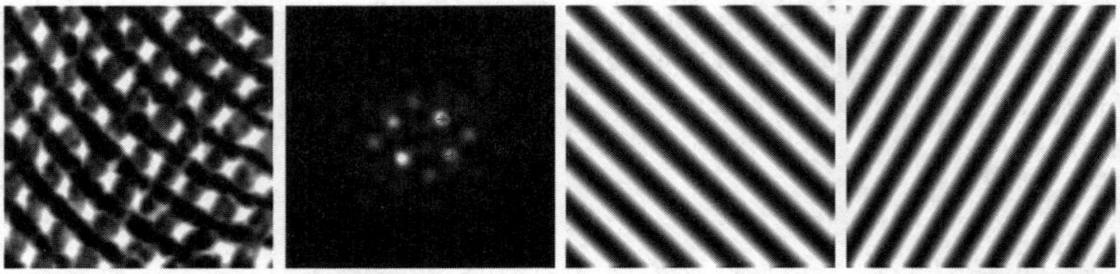

(a) (b) (c) (d)

图 5.7 检测两个最强的方向

(a) 指纹子块;(b) 频域图;(c) 第一个正弦波;(d) 第二个正弦波。

初始方向场在每个非重叠区域的小块包含一个方向,而每个重叠区域的小块包含两个方向(图 5.8)。在重叠区域,幅值大的方向用红色标出,幅值小的方向用绿色标出。而在非重叠区域,只标出了一个方向(红色)。通过正弦波的幅值直接将方向场分离的结果见图 5.9。从图中可以看出,仅通过正弦波的幅值来分离两个方向场,效果不好。这是因为在重叠区一个指纹的脊线不总是比另一个指纹的强。

(a) (b)

图 5.8 求取初始方向场

(a) 重叠指纹图像;(b) 初始方向场。

5.2.3 分离重叠方向场

初始方向场 O_0 在每个 16×16 重叠块中,含有两个方向。本节应用松弛标注[86,87]将初始方向场分离成两个独立的方向场,这两个方向场分别对应两个独立的指纹。

(a)

(b)

图 5.9 直接通过正弦波幅值的大小来分离图 5.8 所示的方向场
(a) 幅值较大的方向场；(b) 幅值较小的方向场。

1. 松弛标注

松弛标注是一类基于局部（邻域）信息，通过迭代求解优化目标函数的方法[89]。松弛标注广泛应用于各种领域，例如图像处理、模式识别及人工智能等[87]，详情请参见文献 [90,91]。

松弛标注是在计算机领域应用广泛，用以解决标注问题的一类方法[92]。松弛标注这类方法包含各种针对具体应用的不同方法（详细综述可见文献 [90]）。本书应用 Rosenfeld 等[93]提出的算法。

考虑一个含有 N 个对象 $O=\{o_1,o_2,\cdots,o_N\}$，及 M 个类别 $\Lambda=\{1,2,\cdots,M\}$ 的标注问题，标注就是一个从对象集合 O 到类别集合 Λ 的一个函数。对每一个对象 o_i，通过某种局部度量信息，可以决定一个与之相关的概率向量 $p_i=(p_{i1},p_{i2},\cdots,p_{iM})^{\mathrm{T}}$，其中 $0\leqslant p_{i\lambda}\leqslant 1$，$(i=1,2,\cdots,N,\lambda=1,2,\cdots,M)$，且 $\sum_{\lambda} p_{i\lambda}=1$，$(i=1,2,\cdots,N)$。这里，$p_{i\lambda}$ 代表对象 o_i 的标注类别为 λ 的概率。$p=(p_1,p_2,\cdots,p_N)$ 代表 N 个对象的标注概率矩阵。

假设各对象的不同标注彼此之间不是独立的，而是有某种相互关系。这种相互关系一般是一种邻域（局部）信息的度量，可以由一个特殊的兼容性函数集表示，记为 $\boldsymbol{R}_{ij}:\Lambda\times\Lambda\rightarrow R$，$(i=1,2,\cdots,N,j=1,2,\cdots,N)$。$\boldsymbol{R}_{ij}$ 是一个 $M\times M$ 的矩阵，定义如下：

$$\boldsymbol{R}_{ij}=\begin{bmatrix}\boldsymbol{R}_{ij}(1,1) & \boldsymbol{R}_{ij}(1,2) & \cdots & \boldsymbol{R}_{ij}(1,M)\\ \boldsymbol{R}_{ij}(2,1) & \boldsymbol{R}_{ij}(2,2) & \cdots & \boldsymbol{R}_{ij}(2,M)\\ \vdots & \vdots & \vdots & \vdots\\ \boldsymbol{R}_{ij}(M,1) & \boldsymbol{R}_{ij}(M,2) & \cdots & \boldsymbol{R}_{ij}(M,M)\end{bmatrix} \tag{5.11}$$

$\boldsymbol{R}_{ij}(\lambda_i,\lambda')$ 可以看成是“对象—标注”对 (o_j,λ) 和 (o_j,λ') 的相关性（局部信息）度量，这个值越大，表示相关性越强。所有 $\boldsymbol{R}_{ij}(i=1,2,\cdots,N,j=1,2,\cdots,N)$ 组

成一个 $N \times N$ 的相关性块矩阵,表示为

$$\boldsymbol{R}=\begin{bmatrix}\boldsymbol{R}_{11} & \boldsymbol{R}_{12} & \cdots & \boldsymbol{R}_{1N}\\ \boldsymbol{R}_{21} & \boldsymbol{R}_{22} & \cdots & \boldsymbol{R}_{2N}\\ \vdots & \vdots & \vdots & \vdots\\ \boldsymbol{R}_{N1} & \boldsymbol{R}_{N2} & \cdots & \boldsymbol{R}_{NN}\end{bmatrix} \tag{5.12}$$

松弛标注通过迭代计算标注概率矩阵 $\boldsymbol{P}$,直到收敛[94]。在第 t 步,对每个对象 o_i,都有一个标注向量 $p_i(t)$ 与之对应,其中 $i=1,2,\cdots,N$。其初值 $P(0)$ 一般选择随机分布或均匀分布(本文用均匀分布)。迭代更新的伪代码如下 。

算法 5.1　松弛标注算法

初始化:$t=0$,设置初始概率:$P(0)=(p_1(0),p_2(0),\cdots,p_N(0))$

while *true* **do**

　//选择标号:

　for $i=1,2,\cdots,N$ **do**

　　以当前的标号概率分布 $p_i(t)$,随机选择一个标号

　end

　//计算响应:

　for $i=1,2,\cdots,N$ **do**

　　令 $\boldsymbol{q}$ 是上一步中选择的 o_i 的标号,计算 o_i 的响应 β_{iq} 为

$$\beta_{iq}=(1/N)\sum_j R_{ij}(q,s_j)$$

　　其中 s_j 是在第一步中选择的 o_j 的标号

　end

　//更新标号概率密度:

　for $i=1,2,\cdots,N$ **do**

　　令 q 是第一步中选择的 o_i 的标号,$p_i(t)$ 更新如下:

$$p_{iq}(t+1)=p_{iq}(t)+\alpha\beta_{iq}(1-p_{iq}(t)),$$
$$p_{ir}(t+1)=p_{ir}(t)-\alpha\beta_{iq}p_{tr}(t),r\neq q$$

　end

　//迭代:

　if 概率密度收敛 **then**

　　break.

　end

　else

　　$t=t+1.$

　end

end

2. 分离算法

1）问题建模

初始方向场 O_0 是一个 $m\times n\times 2$ 的矩阵。将矩阵每一个元素 $O_0(i,j,k)$，看成一个对象 $O_{i\cdot n\cdot 2+j\cdot 2+k}(1\leqslant i\leqslant m,1\leqslant j\leqslant n,1\leqslant k\leqslant 2)$。因此对象集合为 $O=\{o_1,o_2,\cdots,o_{m\cdot n\cdot 2}\}$，标注集合为 $\Lambda=\{1,2\}$。为了分离初始方向场 O_0，需要对集合 O 中每一个对象给定一个 Λ 的标注。

2）建立相关性矩阵

松弛标注的性能很大程度上受相关性矩阵的影响。由于松弛标注是基于局部信息的，一个对象 $O(i,j,k)$（即 $o_{i\cdot n\cdot 2+j\cdot 2+k}$；为清晰起见，用 $O(i,j,k)$ 代替 $o_{i\cdot n\cdot 2+j\cdot 2+k}$）的标注受它的相邻对象的影响。对象 $O(i,j,k)$ 和 $O(i',j',k')$ 的相关性矩阵 $\boldsymbol{R}_{IJ}=\boldsymbol{R}_{(i\cdot n\cdot 2+j\cdot 2+k)(i'\cdot n\cdot 2+j'\cdot 2+k')}$ 定义为

$$\boldsymbol{R}_{IJ}=\begin{cases}\begin{bmatrix}0&0\\0&0\end{bmatrix}, & |i-i'|>D \text{ 或 } |j-j'|>D\\ \begin{bmatrix}s&1-s\\1-s&s\end{bmatrix}, & \text{其他}\end{cases}\tag{5.13}$$

其中，s 表示对象 $O(i,j,k)$ 和 $O(i',j',k')$ 具有相同标号的支持（可能性），而 $(1-s)$ 表示取不同标注的支持。也就是说，s 表示方向 $O(i,j,k)$ 和 $O(i',j',k')$ 来自同一指纹的支持度。显然，当 $O(i,j,k)$ 与 $O(i',j',k')$ 之间的角度差越小，s 应该越大。因此，s 可以按下式计算：

$$s=1-\frac{\delta(|O(i,j,k)-O(i',j',k')|)}{\pi}/2\tag{5.14}$$

其中，$O(i,j,k)$ 和 $O(i',j',k')$ 是脊线方向且已被归一化到区间 $\left(-\frac{\pi}{2},\frac{\pi}{2}\right]$，$\delta(\cdot)$ 定义如下：

$$\delta(x)=\begin{cases}x, & x\leqslant\dfrac{\pi}{2}\\ \pi-x, & \text{其他}\end{cases}\tag{5.15}$$

标注的目标是得到两个独立的方向场。因此 $O(i,j,1)$ 与 $O(i,j,2)(1\leqslant j\leqslant m,1\leqslant j\leqslant n)$ 应该具有不同的标注。令 $I'=i\cdot n\cdot 2+j\cdot 2+1,J'=i\cdot n\cdot 2+j\cdot 2+2$，则有 $R_{I'J'}=R_{J'I'}$，其定义为

$$R_{I'J'}=R_{J'I'}=\begin{bmatrix}0&1\\1&0\end{bmatrix}\tag{5.16}$$

式(5.16)表示对象 $O(i,j,1)$ 与 $O(i,j,2)$ 具有相同标注的支持度为 0，具有不同标注的支持度为 1。

下面讨论对象 $O(i,j,k)$ 对自己的支持。因为一个对象对自己具有哪个标注没有任何可用的信息，因此 $\boldsymbol{R}_{II}=\boldsymbol{R}_{(i\cdot n\cdot 2+j\cdot 2+k)(i\cdot n\cdot 2+j\cdot 2+k)}$，被设定为

$$\boldsymbol{R}_{II}=\begin{bmatrix}0&0\\0&0\end{bmatrix}\tag{5.17}$$

综上,式 (5.13)、式(5.16) 和式(5.17) 给出了相关性矩阵的定义。

需要提到的是,分离算法仅仅针对重叠区域进行,主要有以下两方面的因素:①在非重叠区域只有一个方向,不需要分离;②仅对重叠区域进行分离可以减小计算量。图 5.10 给出了初始方向场 (图 5.8) 应用松弛标注迭代的四个中间结果。这里仅给出了重叠区域的两个分离方向场,其中每列代表一个中间结果,图(a)、图(b)、图(c)和图(d) 的迭代次数分别为 60、80、100 和 120。第 1 行是分离的一个方向场,第 2 行是另外一个。从图中可以看出,随着迭代次数的增加,分离的效果越来越好。通过松弛标注,初始方向场被分离成两个独立的方向场(图 5.11(a)和(b))。

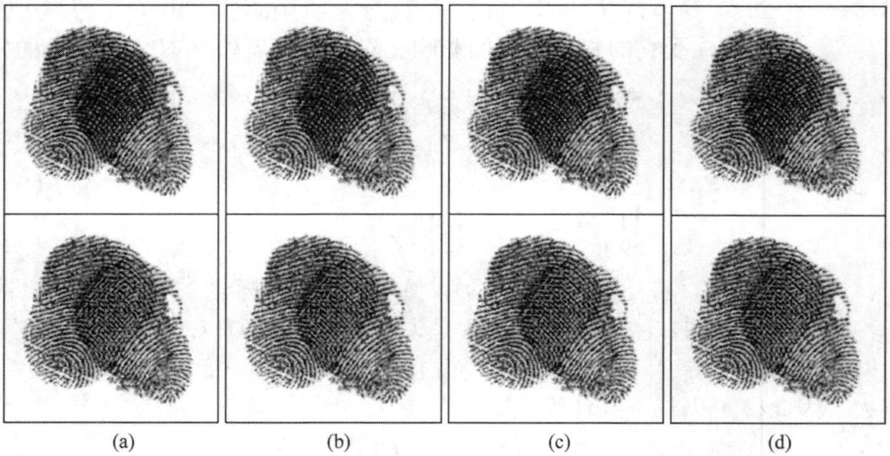

图 5.10 方向场 (图 5.8) 应用松弛标注分离的中间结果

(a) 60; (b) 80; (c) 100; (d) 120。

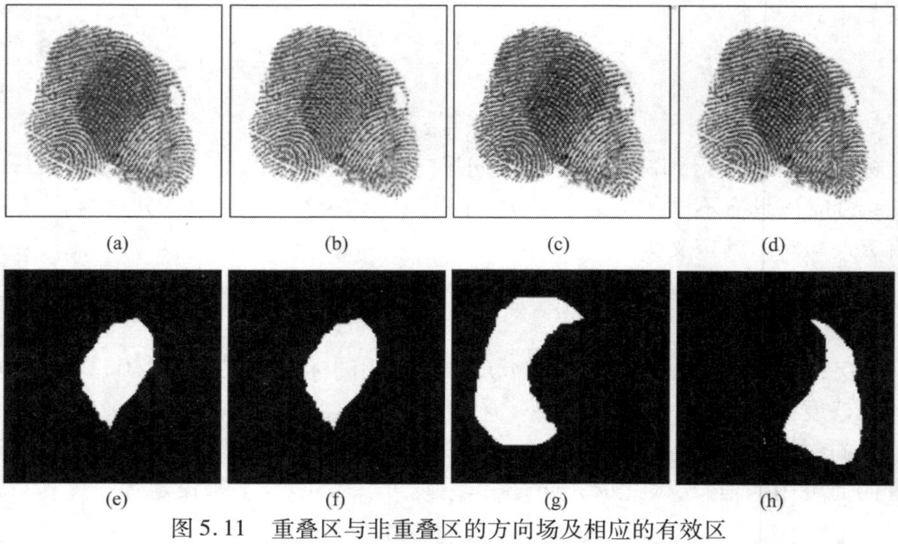

图 5.11 重叠区与非重叠区的方向场及相应的有效区

(a) $O_{o,1}$; (b) $O_{o,2}$; (c) $O_{n,1}$; (d) $O_{n,2}$; (e) M_o; (f) M_o; (g) $M_{n,1}$; (h) $M_{n,1}$。

3）合并方向场

两个分离出来的重叠区域的方向场，要与两个非重叠区域的方向场进行组合合并，以最终得到两个独立的方向场。图 5.11 给出了四个方向场及它们的有效区。假设两个重叠区域的方向场表示为 $O_{o,1}$（图 5.11(a)）和 $O_{o,2}$（图 5.11(b)），而相应的有效区为 M_o（图 5.11（e)和(f)）。这里下标"o"代表重叠(overlapped) 区域。令 $O_{n,1}$（图 5.11(c)）和 $O_{n,2}$（图 5.11(d)）代表两个非重叠区域的方向场，$M_{n,1}$（图 5.11（g)）和 $M_{n,2}$（图 5.11（h)）代表相应的有效区。这里下标"n"表示非重叠（non - overlapped）区域。通过考虑重叠区域 M_o 边界的方向场的连续性，将相关性强的两个方向场进行合并。M_o 和 $M_{n,j}$的边界 B_j，($j=1,2$）定义如下：

$$B_j(x,y) = \begin{cases} 1, & M_{n,j}(x,y) = 1 \text{ 且 } \\ & \exists -D < \delta x < D, -D < \delta y < D, \\ & M_o(x+\delta x, y+\delta y) = 1 \\ 0, & \text{其他} \end{cases} \tag{5.18}$$

其中，D 是控制边界宽度的一个参数。本实验中，$D=6$。图 5.12 给出了图 5.1(a)重叠区域的两个边界。

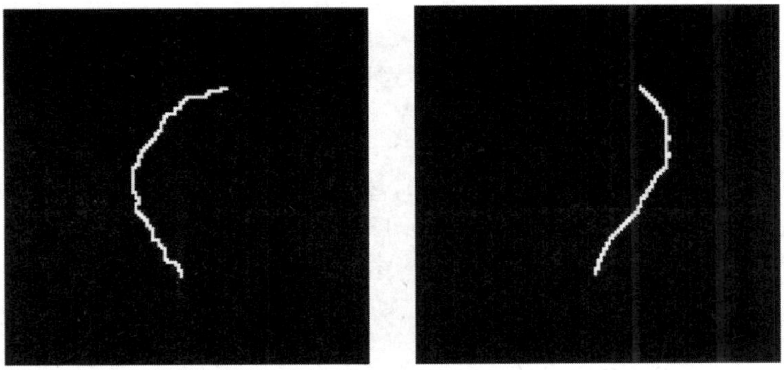

(a)　　　　(b)

图 5.12　图 5.1(a)重叠区域和非重叠区域的边界

(a) 一个边界；(b) 另一个边界。

需要从两种可能组合中找到最优的那个组合。这两个可能的组合是：①$O_{o,1}$ 与 $O_{n,1}$，$O_{o,2}$与 $O_{n,2}$；②$O_{o,1}$ 与 $O_{n,2}$，$O_{o,2}$ 与 $O_{n,1}$，如图 5.13 所示。对每种组合，计算其相似性如下：

$$c_1 = \frac{1}{2}\left[\frac{1}{N_1}\sum_x \sum_y \delta(|O'_{o,1}(x,y) - O_{n,1}(x,y)|) \cdot B_1(x,y) + \frac{1}{N_2}\sum_x \sum_y \delta(|O'_{o,2}(x,y) - O_{n,2}(x,y)|) \cdot B_2(x,y)\right] \tag{5.19}$$

和

$$c_2 = \frac{1}{2}\left[\frac{1}{N_1}\sum_x \sum_y \delta(|\ O'_{o,2}(x,y) - O_{n,1}(x,y)\ |) \cdot B_1(x,y) + \frac{1}{N_2}\sum_x \sum_y \delta(|\ O'_{o,1}(x,y) - O_{n,2}(x,y)\ |) \cdot B_2(x,y)\right] \tag{5.20}$$

其中，$O'_{o,1}$与$O'_{o,2}$分别从$O_{o,1}$及$O_{o,2}$通过膨胀[95]得到；$\delta(\cdot)$定义见式（5.15）；N_1与N_2定义为

$$N_1 = \sum_x \sum_y B_1(x,y) \tag{5.21}$$

和

$$N_2 = \sum_x \sum_y B_2(x,y) \tag{5.22}$$

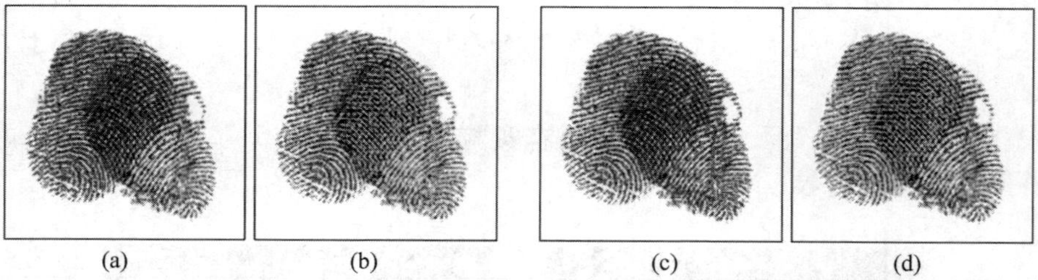

图 5.13　合并重叠区域的方向场与非重叠区域的方向场

（a）合并方式一；（b）合并方式一；（c）合并方式二；（d）合并方式二。

如果 $c_1 < c_2$，选择第一种组合；否则，选择第二种组合。在本例中，$c_1 = 0.58$，$c_2 = 0.19$，因此，选择第二种组合，如图 5.13（c）和（d）所示。得到两个独立的方向场后，一个均值滤波器被用来去除一些噪声，结果如图 5.14 所示。

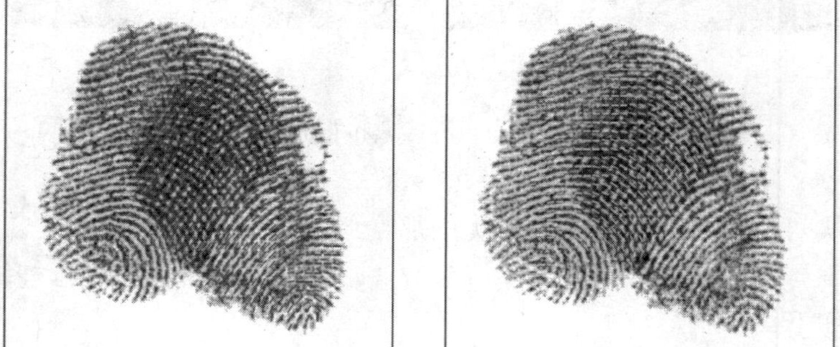

图 5.14　图 5.8（b）分离得到的两个独立方向场

（a）第一个方向场；（b）第二个方向场。

5.2.4 分离重叠指纹及特征提取

当得到方向场后,可以估计每个指纹的脊线频率图[96],本文应用文献[74]提到的方法。在求取获得方向场和脊线频率图后,通过 Gabor 滤波器[96]来连接断开的脊线,去除噪声,从而对图像进行增强。图 5.15 给出了成功分离出来的两个独立的指纹。更多现场重叠指纹的分离结果见图 5.16。其中每一行对应一个现场重叠指纹的例子,第 1 列是重叠指纹,第 2 和第 3 列是两个分离后的指纹。图中所有三个重叠指纹都得到了很好的分离。

(a) (b)

图 5.15 图 5.4(a)应用 Gabor 增强后得到的两个指纹
(a) 第一个指纹;(b) 第二个指纹。

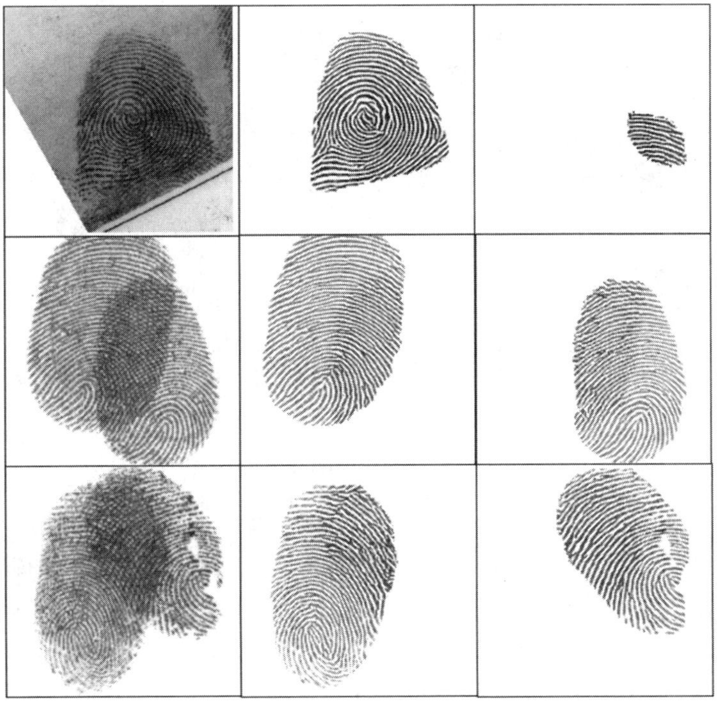

图 5.16 现场重叠指纹分离结果

分离得到独立的指纹图像后,可以提取细节点特征以用于指纹比对。分离指纹(图5.15)的细节点提取结果如图5.17所示,其中用到的细节点提取方法见文献[88]。

图5.17　分离指纹(图5.15)的细节点特征提取结果

(a)第一个细节点图;(b)第二个细节点图。

当指纹的奇异点出现在重叠区域时,分离算法的性能将会受很大影响,效果往往不好。图5.18给出一个例子说明了这种情况。造成这种情况的主要原因是松弛标注非常依赖于方向场的连续性。当指纹的方向场连续性很好时,其结果就很好。但当方向场变化剧烈,例如在指纹的奇异点附近,其结果就很不好。甚至有时候,在奇异点附近,一个指纹的方向场会与另一个指纹的方向场非常接近,不具区分性,从而使分离变得更具挑战性。

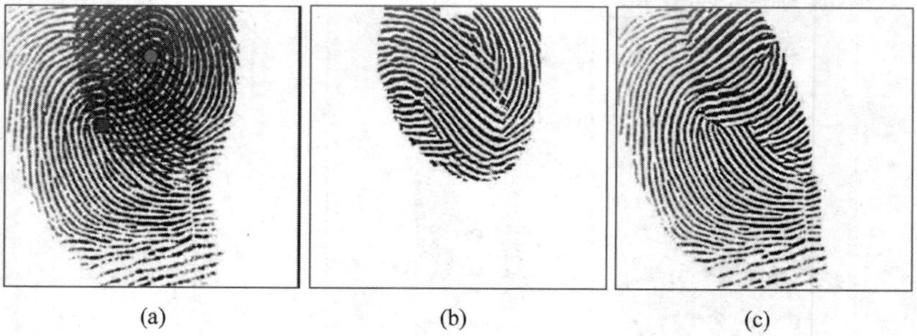

图5.18　一个受重叠区奇异点影响导致分离结果很差的例子

(a)重叠指纹;(b)分离的一个指纹;(c)分离的另一个指纹。

下节将讨论如何利用奇异点信息来改进分离的性能,提高算法的鲁棒性。

5.2.5　奇异点信息的应用

假设两个独立指纹的奇异点已人工标定好(人工标定奇异点在现场指纹处理

中非常常见[75])。一个指纹方向场可以分解成一个基于奇异点的方向场和一个连续方向场[97],如下式:

$$O_o = O_s + O_c \tag{5.23}$$

基于奇异点的方向场 O_s 由简化零极点模型[98]确定:

$$O_s = \frac{1}{2}\arg\left(\frac{\prod_{i=1}^{K}(z - z_{ci})}{\prod_{j=1}^{L}(z - z_{dj})}\right) \tag{5.24}$$

其中,$z_c,\cdots,z_{c_K},z_{d_1},\cdots,z_{d_L}$分别是 K 个中心点和 L 个三角点。由式(5.23)可得连续方向场 O_c 为

$$O_c = O_o - O_s \tag{5.25}$$

图 5.19 说明了方向场的分解情况。从图中可以看到,连续方向场是处处连续的。这表明应该用连续方向场来进行松弛标注,而不是原始的方向场。奇异点的信息应用到松弛标注中,主要是用来改变式(5.13)中的相关性矩阵。假设$O_s(1)$和 $O_s(2)$表示两个独立指纹的基于奇异点的方向场。那么,有四个可能的连续方

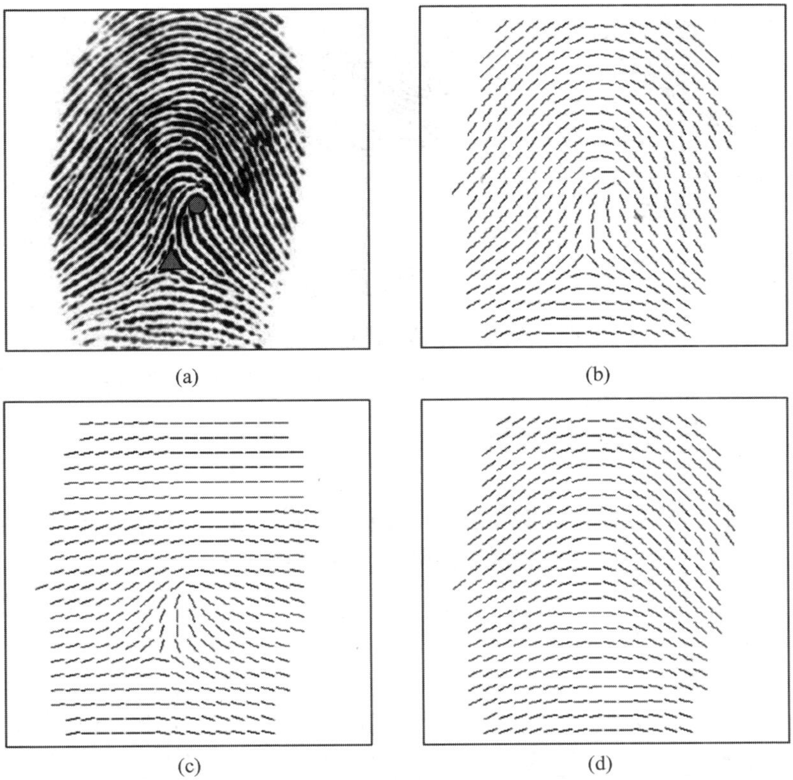

(a)　(b)　(c)　(d)

图 5.19　方向场分解

(a) 指纹及其奇异点;(b) 原始方向场;(c) 奇异点重建方向场;(d) 连续方向场。

向场 $O_c(k,l)$，$(k=1,2,l=1,2)$，如下：

$$O_c\{k,l\} = O_0(:,:,K) - O_s(l) \tag{5.26}$$

式（5.13）中的相关性矩阵变为

$$\boldsymbol{R}_{IJ} = \begin{cases} \begin{bmatrix} 0, & 0 \\ 0, & 0 \end{bmatrix}, |i-i'| > D \text{ 或 } |j-j'| > D \\ \begin{bmatrix} S_s(1,1) & S_s(1,2) \\ S_s(2,1) & S_s(2,2) \end{bmatrix}, \text{其他} \end{cases} \tag{5.27}$$

其中，$S_s(l,l')$ $(l=1,2,l'=1,2)$，定义为

$$S_s(l,l') = 1 - \frac{\delta(|O_c\{k,l\}(i,j) - O_c\{K',l'\}(i',j')|)}{\pi}/2 \tag{5.28}$$

其中，$\delta(\cdot)$的定义见式（5.15）；$O_c\{k,l\}(i,j)$和 $O_c\{k',l'\}(i',j')$是连续方向场，且已归一化到$\left(-\frac{\pi}{2},\frac{\pi}{2}\right]$。

经过如上的处理，松弛标注算法的性能得到较大提高，如图 5.20 所示。

图 5.20　应用奇异点信息而得到更好的分离结果

（a）重叠指纹，同图 2.15（a）；（b）一个分离指纹；（c）另一个分离指纹。

5.2.6　实验

分离重叠指纹的最终目的是为了在数据库中找到能与独立指纹相匹配的模板指纹。上一节已给出分离算法的图示效果。本节将在分离后的指纹上提取特征，进行比对实验，以验证分离算法确能提高比对的性能（指分离出来的指纹与模板指纹的比对得分，比直接用重叠指纹与模板指纹比对得分高）。

1. 仿真实验

用 FVC02[4] DB1 数据库中的两次捺印（第 3 次和第 4 次，每个指纹有 8 次捺印）来仿真重叠指纹，用第 1 次捺印当做数据库中的模板指纹。总共八个重叠指纹，分为两组。其中第一组，在重叠区域不含奇异点，或奇异点的影响很小。而第 2 组 4 个重叠指纹中，在重叠区含有奇异点，或奇异点的影响较

大。这两组例子及它们的两种算法（不用奇异点和用奇异点）的分离结果分别见图 5.21 和图 5.23。每 1 行对应一个重叠指纹的例子。第 1 列是仿真得到的重叠指纹。第 2 和第 3 列是不用奇异点的分离结果。第 4 和第 5 列是用奇异点的分离结果。

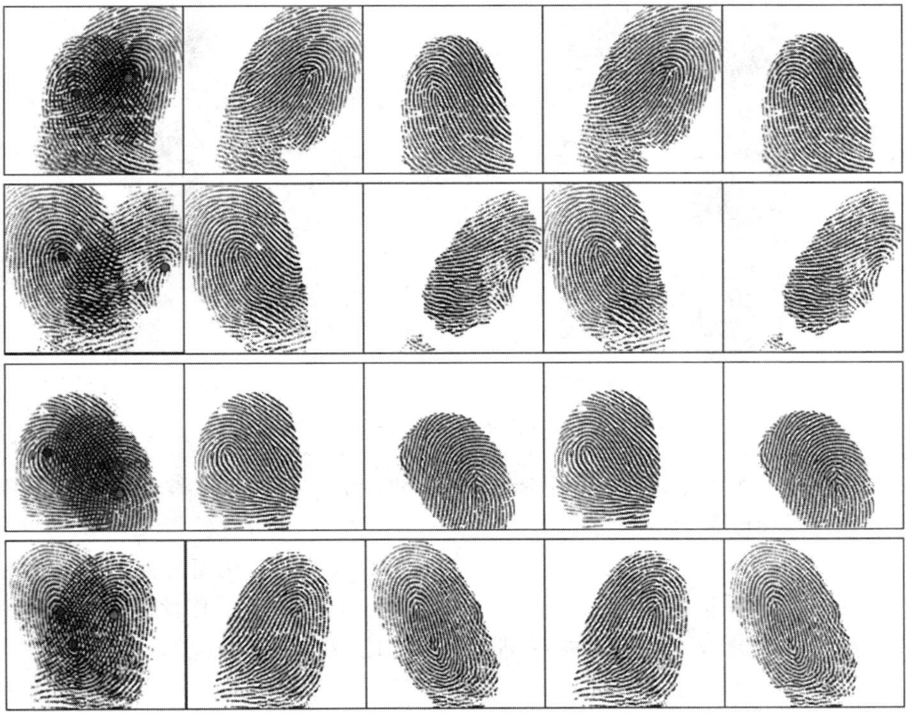

图 5.21　奇异点影响较小的四个仿真重叠指纹的分离结果

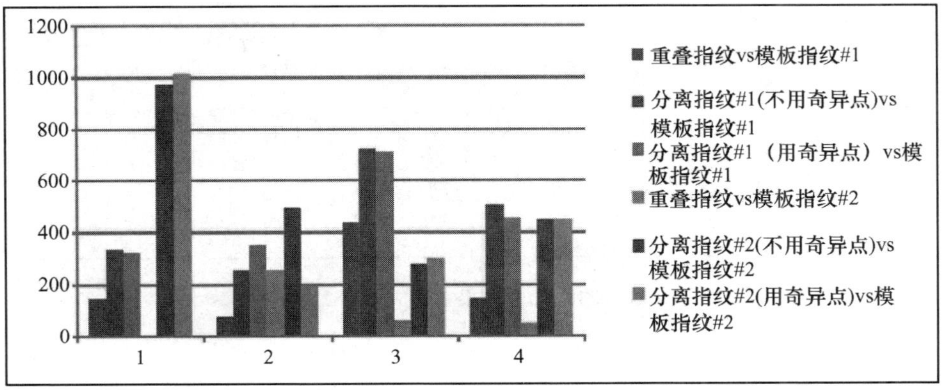

图 5.22　比对结果（对应图 5.21）

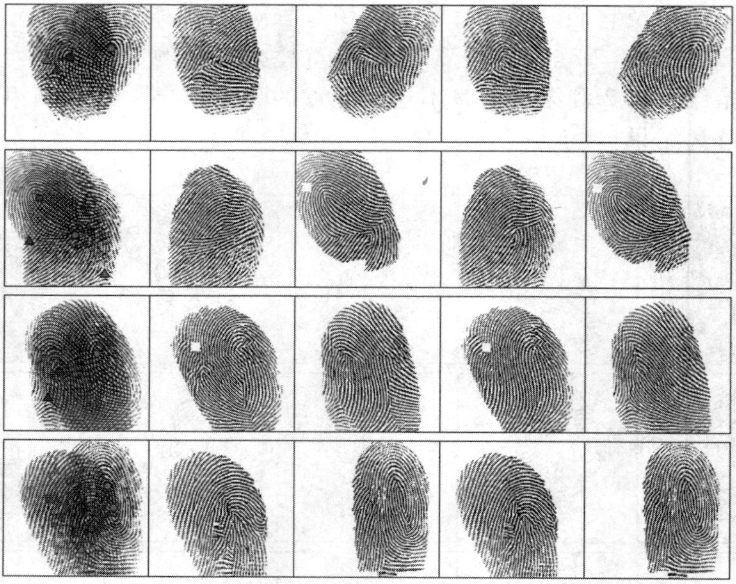

图 5.23　奇异点可以提高分离性能的例子

提取细节点特征，对上面两组指纹做比对实验。首先将分离出来的第一枚指纹（分离指纹 #1，不用奇异点和用奇异点）分别与对应的模板指纹（模板指纹 #1）比对，然后将分离出来的第二枚指纹（分离指纹 #2，不用奇异点和用奇异点）分别与对应的模板指纹（模板指纹 #2）作比对。同时，为了作比较，将重叠指纹分别与两个模板指纹做比对。两组例子的所有比对结果见图 5.22 和图 5.24。

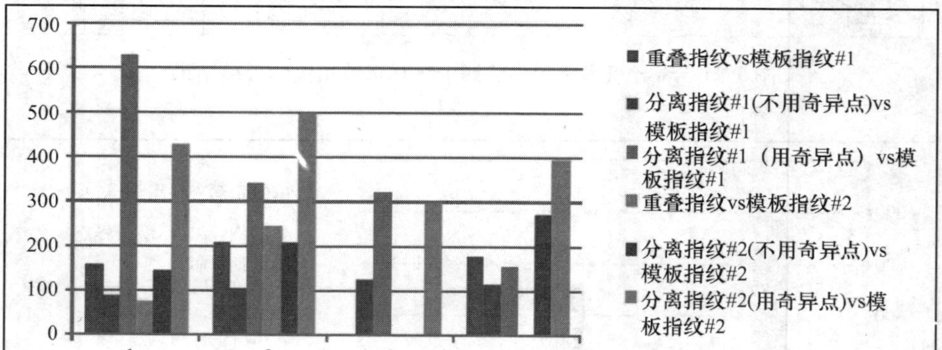

图 5.24　比对结果（对应图 5.23）

第 1 组指纹的比对结果（图 5.22：横坐标对应图 5.21 的 4 个重叠指纹，纵坐标是 VeriFinger 的比对得分）说明用分离出来的指纹，其比对得分通常（#2 例外）比直接用原始重叠指纹进行比对的得分高。这说明了本文分离算法的实用性。由于奇异点仅在重叠区的边缘，或不在重叠区，奇异点的影响较小。因此，两种分离算法（不用奇异点和用奇异点）的性能非常相似。

与第一组相比，第二组重叠指纹的分离更具挑战。不用奇异点的分离结果中（八个分离指纹），有四个的比对得分（图 5.24：横坐标对应图 5.23 的四个重叠指纹，纵坐标是 VeriFinger 的比对得分）提高了，但有四个分离指纹的比对得分反而降低了。而用奇异点的分离结果，其比对得分均有所提高，这说明了应用奇异点信息的有效性。但其中有一个例子，即例子 #4（图 5.23 中第 4 行），其结果不理想。这主要是因为在这个重叠指纹的某些重叠区域，两个独立指纹的方向场没有区分性，不满足本章前面提到的第二条假设。

2. 真实现场指纹上的实验

在四个现场重叠指纹上做了比对实验（数据由美国西弗吉尼亚大学（West Virginia University）的 Eric Widman 提供）。这些图像的质量比仿真图像的要差。用两种方法（不用奇异点和用奇异点）的分离结果见图 5.25。每一列对应一个现

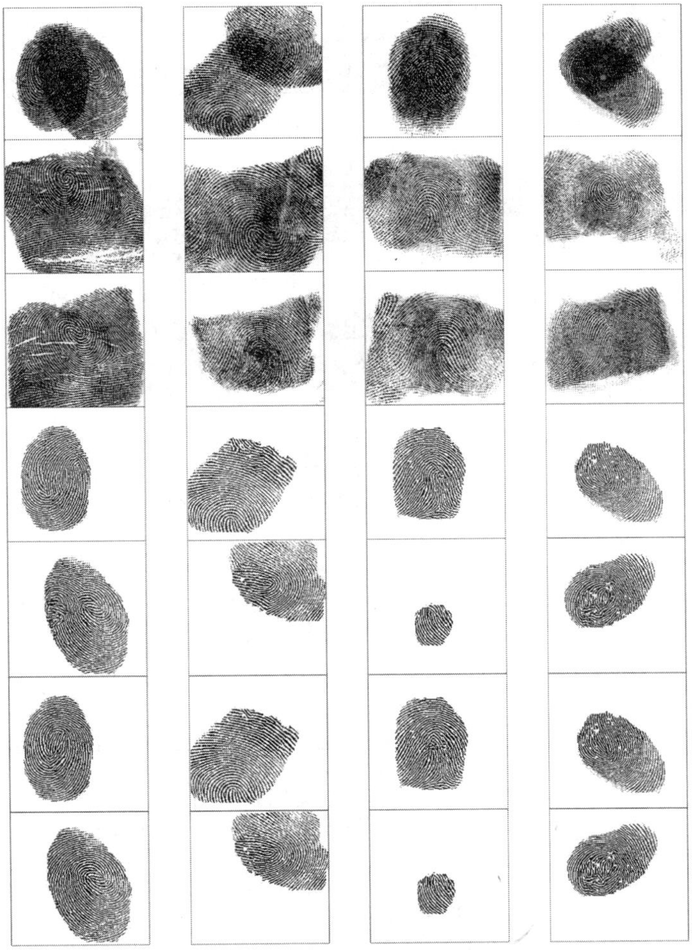

图 5.25　四个现场指纹的分离结果

场指纹的例子。第1行是现场的重叠指纹;第2和第3行是相应的模板指纹;第4和第5行是没有用奇异点的分离结果;最后两行是用了奇异点信息的分离结果。比对结果如图5.26所示,其中横坐标对应图5.25的四个例子,纵坐标对应比对得分(VeriFinger)。结果表明本算法可以提高比对得分。对于第三个例子,由于两个指纹在重叠区域区分性很小,只有一个指纹被成功地分离出来。

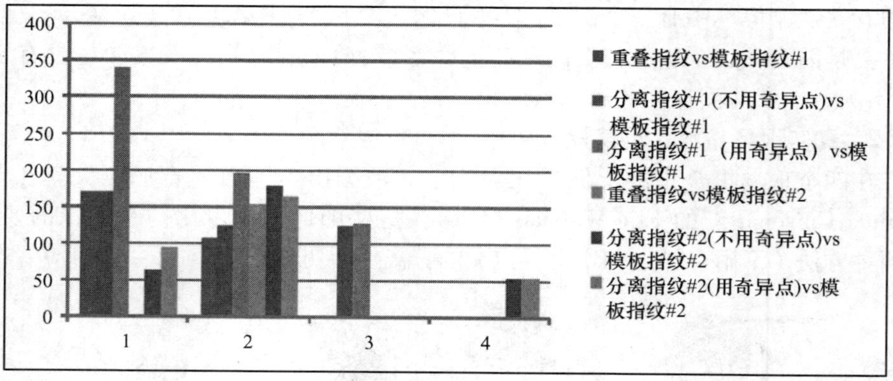

图5.26　比对结果(对应图5.25)

3. 统计实验

用FVC02 DB1_B仿真得到一个大的仿真重叠指纹数据库,然后在这个仿真数据库上测试算法的性能。DB1_B一共有80个指纹(包含10个手指,每个手指采集了8次)。用第3次和第4次采集合成重叠指纹,一共有100个重叠指纹①。在合成之前,对两个指纹做一定的旋转,以满足两个指纹在重叠区域存在差异性的假设。图5.27给出了三种比对的性能曲线:重叠指纹(Overlapped)、不用奇异点

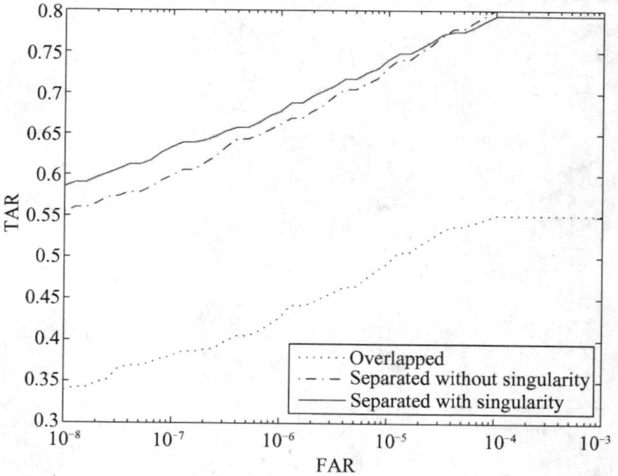

图5.27　统计实验结果

① 这些仿真重叠指纹可以在网站上获取:http://ivg.au.tsinghua.edu.cn/Datasets/Datasets.aspx.

的分离指纹（Separated without Singularity）、用奇异点的分离指纹（Separated with Singularity）。其中横坐标是错误接收率（FAR），纵坐标是正确接收率（TAR）。结果表明，分离算法可以很大程度地提高比对的性能。另外，用奇异点的信息可进一步改善算法在部分重叠指纹上的分离效果。

5.3 从细节点恢复方向场及其应用

方向场是指纹最重要的全局特征之一，但由于一些系统只存储了细节点的模板（这些系统包括多数传统的指纹识别系统、嵌入式系统，现场指纹识别系统往往也只有人工标定的细节点），没有存储指纹原始图像，因而只能从细节点恢复重建方向场。

传统的基于细节点的指纹识别算法一般由两步组成，即细节点提取与细节点匹配。在细节点匹配中，输入指纹的细节点与数据库中指纹的细节点进行比较，计算总共匹配上的细节点对数。如果比对的得分高于某个阈值，则认为这两幅指纹图像来自同一手指。这种匹配算法只应用了每个细节点独自的位置和方向信息（局部信息），而没有利用细节点之间的相互信息（全局信息）。因而，这种方法不具备充分的识别能力，尤其是在大规模的指纹辨认系统中[9]。研究如何更充分地应用细节点信息，变得越来越重要。本节提出从细节点重建方向场，再将方向场应用到指纹比对中。实验结果表明，将重建的方向场比对与细节点比对融合，提高了系统的识别性能。

5.3.1 基于模型的方向场表示

尽管方向场是指纹最为直观的特征之一，但由于方向场矩阵对于存储的要求高，方向场的提取对于噪声较为敏感，使得方向场在指纹识别中没有得到很好的应用。对于常见的指纹图像，如大小为 320 ×512 像素，即使按 4 ×4 大小采样，仍需约 10KB 来存储方向场矩阵。因而，对于大人群库的实际应用系统，为每个指纹存储整个方向场将需要非常大的存储空间，对系统要求是非常高的。

利用指纹方向场模型，一方面可以减少方向场存储所需的空间（只需存储方向场的模型参数），另一方面可以通过模型去除方向场中的噪声。

有关指纹方向场模型的研究工作很多，大致可以分为三种，下面分别加以阐述。

1. 零极点模型及其改进

第一种是零极点模型，由 Sherlock 和 Monro[98] 于 1993 年提出。他们指出，指纹图像中的每一点，$z = x + i \cdot y$，其方向由该指纹的中心点和三角点共同决定。中心点 z_c 的影响可以表示为$\frac{1}{2}\arg(z - z_c)$；三角点 z_d 的影响可以表示为 $-\frac{1}{2}\arg(z - z_d)$。因此，方向场的零极点模型可表示为

$$O(x,y;\Theta) = \frac{1}{2}\arg\left(e^{i\theta_0} \cdot \frac{\prod_{n=1}^{K}(z - z_{c_n})}{\prod_{m=1}^{L}(z - z_{d_m})}\right) \tag{5.29}$$

其中,$\Theta = \{z_{c_1},\cdots,z_{c_{K'}} z_{d_1},\cdots,z_{d_L},\theta_0\}$,$z_{c_1},\cdots,z_{c_{K'}} z_{d_1},\cdots,z_{d_L}$表示图像中 K 个中心点和 L 个三角点的位置矢量,θ_0 表示图像的整体偏移角度。由式(5.29)可以看出,零极点模型将奇异点(中心点和三角点)附近的方向用零极点模型刻画,远离奇异点的区域的方向由这些局部模型的影响叠加组成。由于这一模型仅仅取决于奇异点的位置,而很多指纹的奇异点位置相同,脊线方向却差别很大,因而这一模型不够精确,不能准确刻画指纹的方向信息。

为了解决零极点模型不够精确的问题,Vizcaya 和 Gerhardt[99] 提出了基于分片线性模型(piecewise linear model)的改进方法。中心点和三角点的影响分别用 $\frac{1}{2}\arg(g_c(z-z_c))$和$-\frac{1}{2}\arg(g_c(z-z_d))$表示,其中 $g_c(\cdot)$和 $g_d(\cdot)$是参数待定的线性变换函数,因而方向场模型可以表示为

$$O(x,y,\Theta) = \frac{1}{2}\arg\left(e^{i\theta_o} \cdot \frac{\prod_{n=1}^{K} g_{c_n}(z - z_{c_n})}{\prod_{m=1}^{L} g_{d_m}(z - z_{d_m})}\right) \tag{5.30}$$

其中,分片线性函数的参数可以在平方误差定义下,利用梯度下降法求解得到。

这种改进充分利用了原始方向场各点的位置和方向信息,因而提高了模型的精度。但这种模型也有不足:一方面,基于奇异点的模型不能处理检测不到奇异点的指纹图像(例如弓型纹[19]),并且依赖奇异点的检测精度;另一方面,这种模型没有考虑方向场中各点与奇异点之间的距离关系,仅利用了相对角度信息。在实际的指纹图像中,奇异点对方向场的影响局限在一个很小的范围,而要用其对整个指纹的方向场进行刻画,效果不够理想。

2. 多项式模型

第二种是 Zhou 等[88] 提出的多项式模型。由于指纹方向场除了在奇异点附近外,其变化是连续且光滑的,因此可以用一个简单的光滑函数来逼近表示。但指纹方向场的方向定义在区间$[0,\pi]$上,本身不连续。解决办法是在建模前,先将指纹的方向场映射为平面向量场[100,101]。定义 $\theta(x,y)$和 $\boldsymbol{U}(x,y)$分别为点(x,y)处的方向和变换函数,则方向值 $\theta(x,y)$可以用单位矢量 $\boldsymbol{U}(x,y)$表示为

$$\begin{aligned}\boldsymbol{U}(x,y) &= \mathrm{RE}(x,y) + i \cdot \mathrm{IM}(x,y) \\ &= \cos 2\theta(x,y) + i \cdot \sin 2\theta(x,y)\end{aligned} \tag{5.31}$$

其中,$\mathrm{RE}(x,y)$和 $\mathrm{IM}(x,y)$分别表示 $U(x,y)$的实部和虚部。由于方向场连续,$\mathrm{RE}(x,y)$和 $\mathrm{IM}(x,y)$对于 x,y 来说是连续的。式(5.31)是一个一一映射,且 $\theta(x,y)$可以很容易地从 $\mathrm{RE}(x,y)$和 $\mathrm{IM}(x,y)$中恢复出来。多项式模型利用了原始方向场每一点的信息,因而对指纹全局的刻画较好,并且可以更好地去除噪声。但多项式模型没有利用奇异点的信息,在奇异点附近方向场变化较快的区

域误差较大。

3. 组合模型

为解决多项式模型的不足，Gu 等[102,103]提出了第三种模型：组合模型。一个点 P 的方向，由一个和坐标有关的参数将多项式模型和点电荷模型[103]组合得到，这个参数保证在 P 远离奇异点时，其方向值主要由多项式模型刻画，而当 P 接近奇异点时，其值主要由点电荷模型刻画。这种模型考虑了指纹的全局信息，同时对奇异点周围进行了调整，对方向场的刻画能力更强。

方向场用模型刻画，如图 5.28 所示，比较可见，组合模型对于方向场的刻画是比较全面的，效果优于零极点模型和多项式模型。

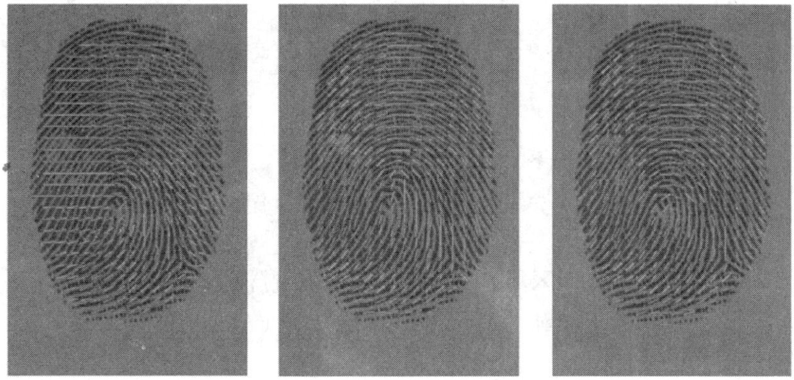

(a) (b) (c)

图 5.28 用不同模型刻画方向场

(a) 零极点模型；(b) 多项式模型；(c) 组合模型。

5.3.2 从细节点恢复方向场

细节点模板中存储了各细节点的坐标及其方向，最自然的想法就是利用插值的方法来恢复重建方向场。但这样插值得到的方向，受细节点方向的影响很大。由于指纹图像质量差或其他原因，而产生方向错检的细节点，将使它附近各点通过插值得到的方向出现较大偏差。

为了考虑指纹的全局信息，可以用基于模型的观点，把恢复方向场看成是一个拟合过程，将细节点置于方向场模型中，优化模型的参数使模型的方向场在细节点位置处与细节点的方向之间的误差之和最小，从而求出模型方向场。这种基于模型的方法综合考虑全部细节点的信息，因而将减小少数错检的细节点的影响。

插值的方法更注重局部特性，而模型的方法更注重全局特性，通过二者的综合，先插值再用模型拟合，可以综合两者的优点，使恢复的方向场更接近于真实方向场，使系统性能更佳。

综上，从细节点恢复方向场的方法分为三步：

(1) 从细节点模板估计有效区域；

（2）用插值的方法插值出“虚细节点”；

（3）利用这些插值出来的“虚细节点”和原始的“真细节点”，用模型拟合出方向场。

1. 有效区域估计

指纹的有效区域是指纹图像中包含脊线的部分。当有指纹原始图像时，可以利用指纹脊线的灰度信息来求有效区域。但当只有细节点模板，而没有指纹原始图像时，只能从细节点模板来估计有效区域。在这种情况下，可以选取能覆盖所有细节点的最小包络(envelope)所覆盖的区域作为有效区。如图5.29所示，为方便观察，这里同时给出了原始指纹图像。

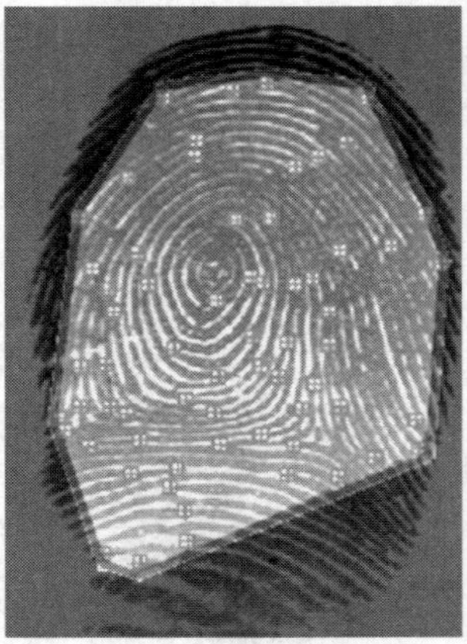

图5.29　从细节点估计有效区域

2. 插值

指纹的细节点通常分布不均匀，因而导致很多“稀疏”区域（这些区域细节点非常少）。如果直接用模型逼近拟合方向场，在这些“稀疏”区域效果将会很差。为了给“稀疏”区域的细节点以更高的权重，用插值的方法插值出“虚细节点”，然后再将模型应用于这些插值出来的“虚细节点”和原始的“真细节点”。

由于指纹的方向场变化平缓，可以通过分析某点附近区域的一些细节点的方向来估计该点的方向。可以将每三个细节点组成一个三角形，然后利用三角形顶点处细节点的方向来估计三角形内各点的方向。算法分为两步：①三角化：将指纹利用细节点划分为多个彼此不相交的三角形；②在面积大于某个阈值（一般可选为200像素）的三角形内部插值出“虚细节点”，直到其面积小于该阈值。

1）三角化

将指纹利用细节点划分为多个三角形，这些三角形彼此不相交[104,105]，因而每个点可以被一个三角形覆盖。

2）利用插值的方法生成“虚细节点”

令 $P(x,y)$ 为要生成的位于三角形 $\Delta M_1M_2M_3$ 内的“虚细节点”，$d_i = \| P - M_i \|$ 为这个“虚细节点” $P(x,y)$ 到三角形的第 i 个顶点（Vertex）M_i 的欧氏距离（Euclidean Distance），θ_i（已归一化到$[0,2\pi)$）为相应顶点 M_i 处细节点的方向。显然，离点 P 越近的顶点处的细节点对点 P 处的方向应该有更多的影响。因此，点 P 的方向 $\hat{\theta}_p$ 可以用式（5.32）~式(5.35）来计算：

$$\theta'_i = \begin{cases} \theta_i, & 0 \leqslant \theta_i < \pi \\ 2\pi - \theta_i, & \pi \leqslant \theta_i < 2\pi \end{cases} \tag{5.32}$$

不妨假设$\theta'_1 < \theta'_2 < \theta'_3$，

$$
\begin{cases}
\theta''_1 = \begin{cases} \theta'_1 + \pi, & \theta'_2 > \dfrac{\pi}{2} \text{且} \theta'_3 - \theta'_1 > \dfrac{\pi}{2} \\ \theta'_1, & \text{其他} \end{cases} \\
\theta''_2 = \theta'_2 \\
\theta''_3 = \begin{cases} \theta'_3 - \pi, & \theta'_2 < \dfrac{\pi}{2} \text{且} \theta'_3 - \theta'_1 > \dfrac{\pi}{2} \\ \theta'_3, & \text{其他} \end{cases}
\end{cases}
\tag{5.33}
$$

$$
\theta'_P = \frac{d_2 d_3}{d_1 d_2 + d_2 d_3 + d_3 d_1}\theta''_1 + \frac{d_3 d_1}{d_1 d_2 + d_2 d_3 + d_3 d_1}\theta''_2 + \frac{d_1 d_2}{d_1 d_2 + d_2 d_3 + d_3 d_1}\theta''_3 \tag{5.34}
$$

$$
\hat{\theta}_P = \begin{cases} \pi + \theta'_p, & -\dfrac{\pi}{2} < \theta'_p < 0 \\ \theta'_p, & 0 \leqslant \theta'_p < \pi \\ 2\pi - \theta'_p, & \pi \leqslant \theta'_p < \dfrac{3\pi}{2} \end{cases} \tag{5.35}
$$

插值一个点的计算过程如图 5.30 所示。整个插值过程如图 5.31 所示,其中图(b) 为三角化结果,图(c) 为插值结果 (红色表示“真细节点”,紫色表示“虚细节点”)。插值出“虚细节点”后,指纹的细节点 (包括“虚细节点”和“真细节点”) 的分布就变得更均匀。

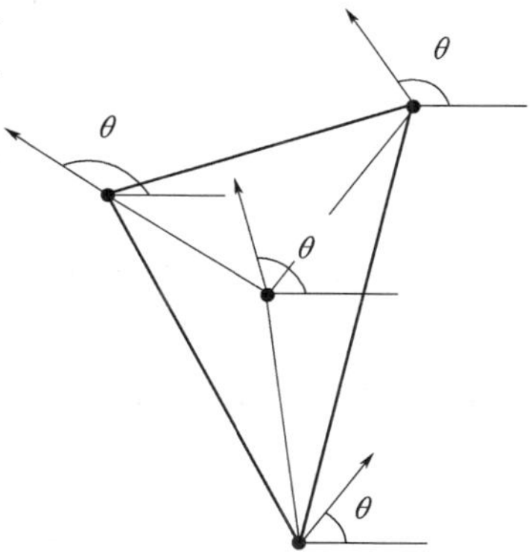

图 5.30 三角形内一点的方向的计算

3. 用模型拟合恢复方向场

很多模型被提出来用于方向场建模,如零极点模型、多项式模型、组合模型(见 5.3.1 节)。零极点模型基于奇异点,因而不能刻画无奇异点的指纹,如弓型纹。组合模型通过多项式模型与零极点模型的加权,因而也受奇异点的影响。当只有细节点模板时,多项式模型是最好的选择[102,103]。

1) 多项式模型

为了刻画式 (5.31) 中 $RE(x,y)$ 和 $IM(x,y)$,两个双变量 (bivariate) 的多项式被建立起来,分别是 $PR(x,y)$ 和 $PI(x,y)$。这两个多项式可以用公式计算如下:

$$
PR(x,y) = \boldsymbol{X}^{\mathrm{T}} \cdot \boldsymbol{P}_1 \cdot \boldsymbol{Y} \tag{5.36}
$$

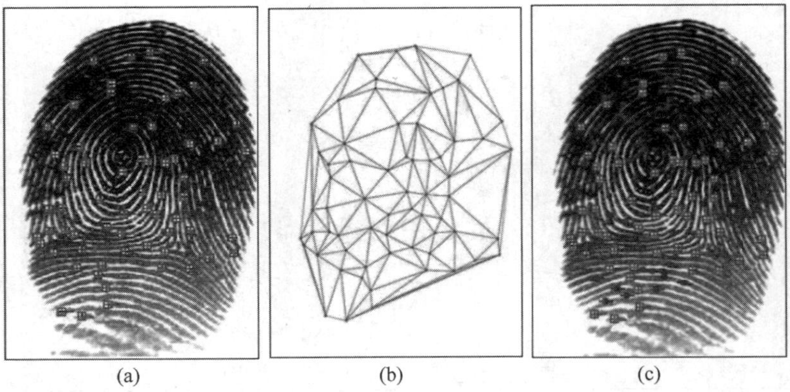

图 5.31　插值过程

(a) 细节点图；(b) 三角化图；(c) 插值结果。

和

$$\boldsymbol{PI}(x,y)=\boldsymbol{X}^{\mathrm{T}}\cdot\boldsymbol{P}_2\cdot\boldsymbol{Y} \tag{5.37}$$

其中，$\boldsymbol{X}=(1,x,x^2,\cdots,x^N)^{\mathrm{T}}$，$\boldsymbol{Y}=(1,y,y^2,\cdots,y^N)^{\mathrm{T}}$。在上两式中，$N$ 是多项式模型的阶数。$\boldsymbol{P}_1$ 和 $\boldsymbol{P}_2$ 各有 $(N+1)\times(N+1)$ 个参数需要估计。估计参数的过程是一个拟合的过程：找到最佳的 $\boldsymbol{P}_1$ 和 $\boldsymbol{P}_2$ 使得重建的方向场与原始方向场之间的误差最小。利用平方和误差(Square Sum Error)来计算，求取参数的公式可表示为

$$(\boldsymbol{P}_1^*,\boldsymbol{P}_2^*)=\arg\min_{\boldsymbol{P}_1\boldsymbol{P}_2}\sum_{(x,y)\in\Omega}[(PR(x,y,\boldsymbol{P}_1)-\cos2\theta_0(x,y))^2+(PI(x,y,\boldsymbol{P}_2)-\sin2\theta_0(x,y))^2] \tag{5.38}$$

其中，Ω 代表有效区域的集合；$\theta_o(x,y)$ 表示原始方向场在点 (x,y) 处的值。

2) 用多项式模型恢复方向场

当只有细节点模板时，参数的计算只能在有细节点的位置处，而不是在整个有效区域。因而，式 (5.38) 变为

$$(\boldsymbol{P}_1^*,\boldsymbol{P}_2^*)=\arg\min_{\boldsymbol{P}_1,\boldsymbol{P}_2}\sum_{(x,y)\in M}[PR(x,y,\boldsymbol{P}_1)-\cos2\theta_0(x,y))^2+(PI(x,y,\boldsymbol{p}_2)-\sin2\theta_0(x,y))^2] \tag{5.39}$$

其中，M 是细节点的集合。

在多项式模型中，模型的阶数 N 可以根据需要调整，N 越大，模型参数越多，拟合越精确；但同时计算量增加，增加了时间消耗。一般选择 $N=4$，即可满足拟合精度，取得较好的拟合效果，且计算量较小。图 5.32(b) 给出了利用多项式模型重建的方向场。

4. 性能分析

如前所述 (见 5.3.2 节)，插值也可重建方向场。为了比较插值、多项式模型及两者的结合这三种方法，可通过计算代表算法精确程度的平方和误差(SSE)来

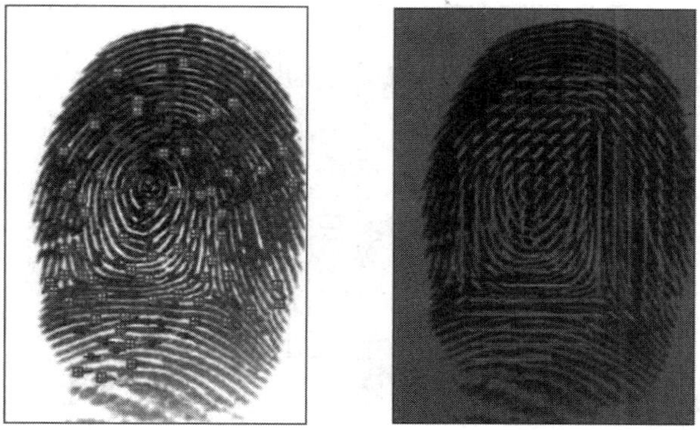

图 5.32　恢复出的方向场

(a) 插值结果；(b) 方向场。

比较。同时通过计算重建方向场与原始方向场之间的余弦值(CSE)来比较两者的相似程度。CSE 的计算如下：

$$\mathrm{CSE} = \frac{< \boldsymbol{v}_r, \boldsymbol{v}_o >}{\sqrt{\| \boldsymbol{v}_r \| \ \| \boldsymbol{v}_o \|}} \tag{5.40}$$

其中，$\boldsymbol{v}_r$ 和 $\boldsymbol{v}_o$ 分别是从重建方向场与原始方向场两个矩阵变形（一列接一列）得到的向量。

图 5.33(a)给出了 SSE 的直方图，同时图 5.34(a)给出了 CSE 的直方图，都是在数据库 FVC02[4] 上统计得到的。图 5.33(b)和图 5.34(b)分别是两个直方图的拟合，从中可以看出基于多项式模型的方法比插值的方法性能要好，而两者的结合（先插值后模型的方法）取得的效果最佳。用先插值后模型的方法恢复的方向场，有 70% 的重建方向场的 SSE 小于 0.05，有大约 80% 的 CSE 大于 0.97。这说明重建的方向场与原始方向场非常相似。

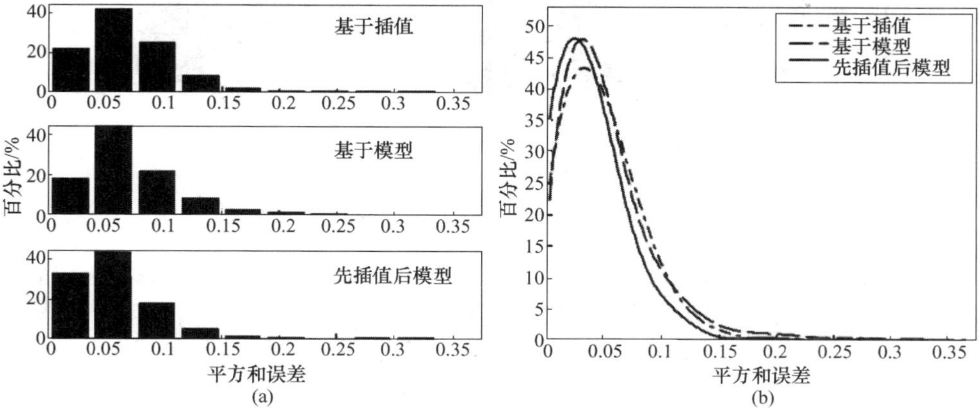

图 5.33　三种方法的 SSE 比较

(a) SSE 直方图；(b) SSE 直方图的拟合。

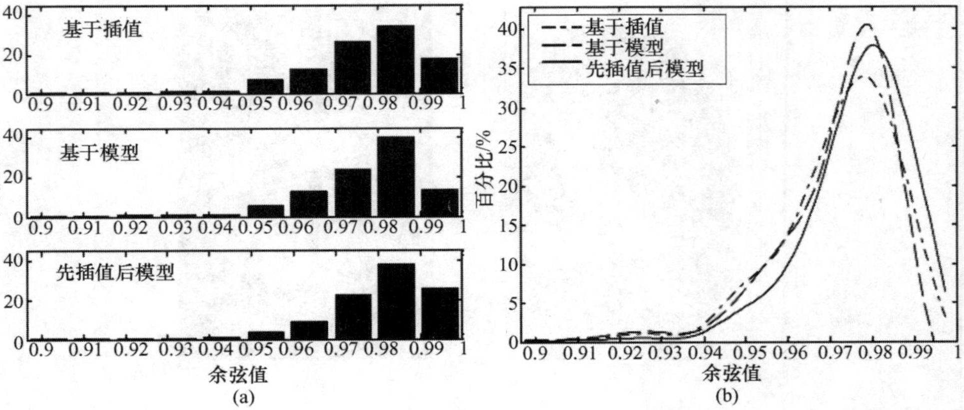

图 5.34　三种方法的 CSE 比较
（a）CSE 直方图；（b）CSE 直方图的拟合。

如果细节点方向都检测得很准确，插值的方法可以很好地重建方向场。但由于指纹图像在一些区域质量不好而导致细节点方向错检，在这种情况下，插值的方法结果很差。例如，在图 5.35(a) 中，有一个细节点 M（用椭圆标记）的方向检测有误，图 5.35(b)是用插值方法恢复出的方向场，在细节点 M 周围，估计出的方向场受 M 的影响而误差很大。

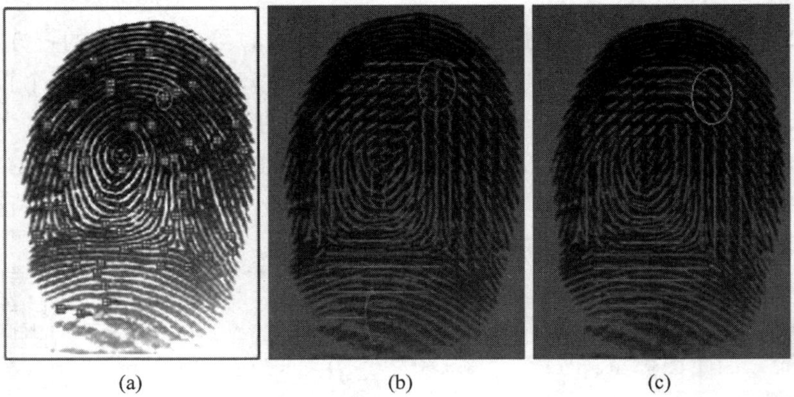

图 5.35　性能比较 I
（a）细节点图；（b）插值方法；（c）多项式模型方法。

多项式模型可以综合考虑所有细节点的信息，因此，由于点 M 的错检而造成的影响被其他的点削弱。用多项式模型重建方向场，可以通过其他的点发挥作用来克服点 M 产生的负面影响。图 5.35(c)给出了通过多项式模型的方法重建的方向场，从中可以看出这种方法可以克服由方向错检的细节点 M 带来的问题。

图 5.35 的结果表明，基于模型的方法比插值的方法有如下优点：①插值的方法只用了三个细节点的方向信息，而基于模型的方法利用了所有细节点的信息。

因此，在基于模型的方法中，一些错检的细节点的影响可以由其他的细节点来减弱。②多项式模型可以估计全局方向场，并且其采用全局近似的策略使得它对于噪声更具鲁棒性。

但是，基于模型的方法也有其局限性：细节点的分布对于整个重建结果影响较大。例如，在图 5.36(a) 中，有一个细节点稀疏的区域（用椭圆标记）。在细节点稀疏的区域，基于模型的结果往往较差（图 5.36(b)）。为了改善重建的方向场在稀疏区域的效果，将插值的方法与基于模型的方法相结合。在用插值的方法插值出一些“虚细节点”后，这些新的细节点（包括“虚细节点”和“真细节点”）的分布就变得更“均匀”了。然后再用基于模型的方法重建方向场，可以取得更好的结果。图 5.36(c) 给出了用先插值后模型方法重建的方向场，从中可以看出，这种方法可以克服由于细节点分布不均而带来的问题。

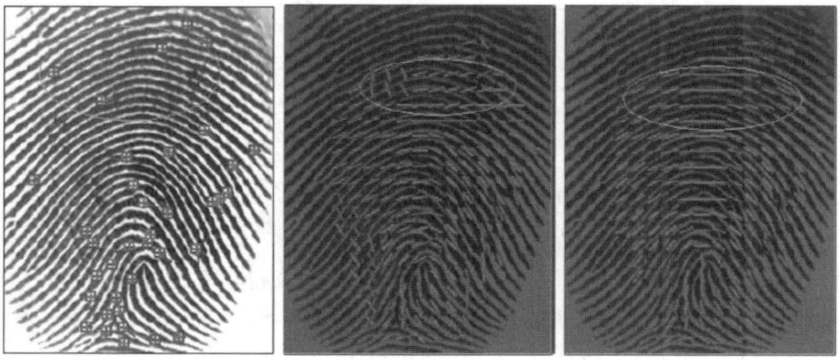

(a)　　　　(b)　　　　(c)

图 5.36　性能比较Ⅱ

（a）细节点图；（b）多项式模型方法；（c）先插值再模型的方法。

5.3.3　恢复方向场应用于指纹识别

本节介绍将恢复出的方向场应用于指纹比对，与传统的基于细节点的比对相融合，提高指纹识别的性能。

1. 基于方向场的比对

1）配准

在实际的自动指纹识别系统系统中，同一手指在不同时间采集的指纹图像，常常会有平移、旋转。因而在比对两枚指纹 F_A 和 F_B 之前，需要配准这两幅图像。假设平移和旋转的参数为 $(t_x, t_y, \phi)^{\mathrm{T}}$，则点 (x, y) 及其对应的方向值 $O(x, y)$ 在配准变换后为

$$\begin{pmatrix} x' \\ y' \end{pmatrix} = \begin{pmatrix} \cos\phi & \sin\phi \\ -\sin\phi & \cos\phi \end{pmatrix} \begin{pmatrix} x \\ y \end{pmatrix} + \begin{pmatrix} t_x \\ t_y \end{pmatrix} \tag{5.41}$$

及

$$O'(x',y') = O(x,y) - \phi \tag{5.42}$$

(1) 基于细节点的指纹配准。

传统的指纹配准算法是基于细节点的广义哈夫变换（Generalized Hough Transform）算法[49,50,106]。哈夫变换将配准问题转换为参数空间的极值问题。对于任意一对细节点,如果它们变换后匹配上（即变换后落在同一个邻域中),则对相应的那组变换参数在参数空间中投一票。参数空间中得票最多的那组参数即为最优的变换参数。这种方法的优点是简单实用,但也有两个方面的缺点:①虚假的细节点会影响配准的精度;②对于不完整的指纹,由于公共有效区域的面积很小,共有的细节点很少,因此很难找到正确的变换参数。

(2) 利用方向场和细节点的配准算法。

可以将方向场用在指纹配准中。首先用传统的基于细节点的广义哈夫变换方法进行配准,然后将参数空间中投票值靠前的 n 组参数, 综合考虑投票值与方向场的相似性（如乘积法),从中选择最优的配准参数。方向场的相似性,指两个指纹在进行旋转平移变换后,对应方向场之间的相似度,定义如下:

$$s(x) = k \cdot p(x \mid \mathcal{H}_1) = \exp(-x/\mu) \tag{5.43}$$

其中,x 是两个方向场之间的误差平均值;k 是一个常数,按照经验取为 300;μ 根据实验设置为 1/10。

实验表明,对于一些质量很差的指纹图像,基于方向场的配准算法比传统的基于细节点的算法效果好,但需要较长的时间。因此,这种算法可以用在半自动的指纹识别系统中（如现场指纹识别系统[55]),作为一种辅助方法,提高配准的准确性。对于常见的质量较好的指纹,由于这种算法的性能与传统的基于细节点的算法性能差不多,却需要更多的时间,因此很难适用于大规模的自动指纹识别系统。

虽然基于方向场的指纹配准,在一些质量差的指纹上要比传统的基于细节点的配准效果好,但需要较长的配准时间,且这种算法对于一般指纹的性能与传统的基于细节点的广义哈夫变换方法差不多,因而在比对前的配准仍然采用经典的广义哈夫变换的方法[49,50]。

2）比对

对于两个已配准的方向场 A 和 B,令 Ω 为它们的有效区域的交集,且 N 是 Ω 总的点数。则 A 和 B 的距离可以定义为

$$s(A,B) = \frac{1}{N}\sum_{(i,j)\in\Omega}\delta(i,j) \tag{5.44}$$

其中,$\delta(i,j)$是两个方向场 A 和 B 在点(i,j)处的方向值之差,按下式计算:

$$\delta(i,j) = \begin{cases} \delta_0(i,j), & \delta_0(i,j) \leqslant \dfrac{\pi}{2} \\ \pi - \delta_0(i,j), & \text{其他} \end{cases} \tag{5.45}$$

这里,$\delta_0(i,j)$定义为

$$\delta_0(i,j) = |\theta_A(i,j) - \theta_B(i,j)| \quad (5.46)$$

其中，$\theta_A(i,j)$和$\theta_B(i,j)$分别是两个方向场A和B在点(i,j)处的方向值。实际应用中，先对式（5.44）中的$s'(A,B)$进行归一化：

$$s(A,B) = \frac{\pi - 2s'(A,B)}{\pi} \quad (5.47)$$

如果两个方向场的匹配度$s(A,B)$高于某个给定阈值，则判定这两个方向场匹配上了。

2. 方向场比对与基于细节点比对相融合

由于分类器的融合可以在一定程度上缓合单个分类器所遇到的区分能力不足的问题，因而通过将基于方向场的比对与基于细节点的比对融合，可以改进整个系统的性能。

1）融合方法

分类器融合的方法，大致可以分为两类：①基于启发式规则的方法，如相加（SUM）、最小（MIN）、最大（MAX）、投票（Major Voting）等[107]；②基于分类器输出的概率密度分布的方法，Jain 等[61,108,109]指出通过 Neyman – Pearson 规则，可以提高融合的精度。因而本文采用基于 Neyman – Pearson 规则的方法。

令s_1和s_2分别为细节点和方向场比对的输出得分，ω_G为真比对集合，ω_I为假比对集合，$p(s_1,s_2|\omega_G)$是真比对集合的条件概率密度，$p(s_1,s_2|\omega_I)$是假比对的条件概率密度。则两类的错误率分别定义为

$$P_G(e) = \int_{RI} p(s_1,s_2 | \omega_G)\,\mathrm{d}s_1\mathrm{d}s_2 \quad (5.48)$$

和

$$P_I(e) = \int_{RG} p(s_1,s_2 | \omega_I)\,\mathrm{d}s_1\mathrm{d}s_2 \quad (5.49)$$

其中，R_G和R_I分别为ω_G和ω_r的分布区域。融合的目的是在给定ω_I的错误率（错误接收率）的情况下，最小化ω_G的错误率（错误拒绝率）。定义s_1和s_2的似然比（likelihood ratio）$s(s_1,s_2)$为

$$s(s_1,s_2) = \frac{p(s_1,s_2 | \omega_G)}{p(s_1,s_2 | \omega_I)} \quad (5.50)$$

对于给定的(s_1^0,s_2^0)，根据 Neyman – Pearson 规则，分类规则为

$$(s_1^0,s_2^0) \in \begin{cases} \omega_G, & s(s_1^0,s_2^0) > \lambda \\ \omega_I, & \text{其他} \end{cases} \quad (5.51)$$

其中，λ是一个阈值，在给定错误接收率 FAR 下，最小化错误拒绝率 FRR。

接下来，只需估计概率密度函数$p(s_1,s_2|\omega_G)$和$p(s_1,s_2|\omega_I)$。已有的研究成果表明，对指纹识别来说，采用非参数估计更能反映真实的概率密度分布[109]。本文利用 Parzen 窗密度估计方法进行估计。

2）非参数估计

非参数估计是指在不知道总体分布形式的条件下进行的估计。假设样本集为χ，估计样本空间任意一点 $\boldsymbol{x}$ 的概率密度用$\hat{P}_N(\boldsymbol{x})$表示，其中 N 为抽取样本数。若样本集来自某一类别（如这里的 ω_G、ω_I），则估计结果为类条件概率密度$\hat{P}_N(\boldsymbol{x}|\omega_G)$、$\hat{P}_N(\boldsymbol{x}|\omega_I)$。若样本集来自 c 个类别，且不知道每个样本来自哪一类，则估计结果为混合概率密度$\hat{P}_N(\boldsymbol{x})$。

设点 $\boldsymbol{x}$ 落到区域 R 概率 P 为

$$P = \int_R p(x)\,\mathrm{d}x \tag{5.52}$$

其中，$p(\boldsymbol{x})$为 $\boldsymbol{x}$ 的概率密度函数。如有 N 个样本 $\boldsymbol{x}_1,\boldsymbol{x}_2,\cdots,\boldsymbol{x}_N$ 是从概率密度为 $p(\boldsymbol{x})$的总样本中独立抽取出来的，则有 k 个样本落入区域 R 的概率 P_k 为

$$P_k = C_N^k P^k (1 - P)^{N-k} \tag{5.53}$$

其中，P 为样本 $\boldsymbol{x}$ 落入区域 R 的概率；P_k 为 k 个样本落入区域 R 的概率。

根据众数定义，抽取 N 个样本，$k=m$（m 为 k 的众数）个落入区域 R 的概率最大，因而有

$$k = m \approx (N+1)\,\hat{P} \approx N\,\hat{P} \tag{5.54}$$

于是，有

$$\hat{P} \approx \frac{k}{N} \tag{5.55}$$

设 $p(\boldsymbol{x})$连续，且区域 R 足够小，可以得到

$$P = \int_R p(\boldsymbol{x})\,\mathrm{d}\boldsymbol{x} = p(\boldsymbol{x})V \tag{5.56}$$

其中，V 为区域 R 的体积；$\boldsymbol{x}$ 是 R 中的点。由式（5.55）和式（5.56）可得

$$\frac{k}{N} \approx \hat{P} = \int_R \hat{P}(\boldsymbol{x})\,\mathrm{d}\boldsymbol{x} = \hat{P}(\boldsymbol{x})V \tag{5.57}$$

于是有

$$\hat{p}(\boldsymbol{x}) = \frac{k/N}{V} \tag{5.58}$$

上式即为 Parzen 窗估计的公式。用来估计 $p(s_1,s_2|\omega_G)$和 $p(s_1,s_2|\omega_I)$，那么相应的参数是：N 为训练样本个数，h_N 为窗宽，$\boldsymbol{x}_i$ 为第 i 个训练样本的比对结果(s_1,s_2)。

3）窗宽的选择

在样本数 N 有限时，窗宽 h_N 对估计量会有较大影响。若 h_N 过大，$\hat{p}_N(\boldsymbol{x})$相当于由 N 个变化平缓的函数叠加而成，使得 $\hat{p}_N(\boldsymbol{x})$是 $p(\boldsymbol{x})$的一个平均估计，导致分辨率降低。

反之，若 h_N 过小，$\hat{p}_N(\boldsymbol{x})$ 相当于由 N 个以样本为中心的类似于冲击函数的函数叠加而成，使得估计变动很大。

本文通过实验，选取大小为 0.02 ×0.02 的立方窗来进行估计。

5.3.4 实验

本节首先介绍实验所使用的数据库；接着介绍融合细节点和方向场的指纹识别系统的实验结果；最后，给出和前人相关工作的比较结果。

1. 数据库

在三个数据库上分别做实验，其中两个公共数据库：FVC02[4] DB1 和 DB2，第三个是本实验室建立的清华数据库（THUVLAB）[88]。

1）FVC02

FVC02 中，每个集合 DB1 和 DB2 各有 100 ×8 =800 幅指纹图像，即 100 个手指，每个手指采集 8 次。FVC02 指纹库有如下特点：①指纹采集是在两个不同时段进行的，两个时段之间至少相隔两周以上；②没有采取任何以提高图像质量的措施；③每个时段采集每个志愿者所有手指的 4 次按捺指纹；④在第一个阶段，志愿者被要求在采集的过程中平移（第 1、2 次采集）和旋转（第 3、4 次采集）；⑤在第二个阶段，志愿者被要求在采集的过程中干燥手指（第 5、6 次采集）和湿润手指（第 7、8 次采集）。

对于这两个数据库，其真实比对（Genuine Matching）数与假比对（Impostor Matching）数分别为 2800（$C_8^2 \times 100$）和 316800（$C_{100\times 8}^2 - C_8^2 \times 100$）。

2）清华数据库

清华数据库从 191 个志愿者中采集指纹，采集设备为 Digital Persona 公司的光电取指器。图像为 320 ×512 大小，500dpi，256 灰度级。在这些志愿者中，67.2% 小于 25 岁，25% 在 25 ~50 岁，其余 7.8% 的志愿者年龄大于 50 岁。数据库采集自 827 个手指，每个手指采集 8 次，因此有共计 827 ×8 =6616 幅指纹图像。在图像采集过程中，为了尽可能模拟实际应用的真实情况，指纹获取过程中没有对用户进行专门训练，用户随意按捺。因此，各次采集指纹之间的平移和角度变化较大。所采集的指纹质量变化很大，包含了各种不同类型和质量的指纹，其中约 30% 的指纹由于断纹、干燥、伤痕、模糊或者不完整等各种因素而使得质量较差。

本实验随机选择 400 个手指组成训练数据库，其他的 427 个手指组成测试数据库。测试数据库用来测试指纹识别系统的性能，并和前人的相关工作进行比较。对于每一个手指，它的 8 次采集图像两两作匹配，因此在训练库中，共有 11200（$C_8^2 \times 400$）次真实比对。考虑到计算量，从两个不同的手指之间的 8 ×8 次比对中，随机地挑选了 2 次比对，因此共有 319200（$C_{400\times 2}^2 - C_2^2 \times 400$）次假比对。测试库真实比对数与假比对数分别为 11956（$C_8^2 \times 427$）和 363804（$C_{427\times 2}^2 - C_2^2 \times 427$）。

2. 融合算法的实验结果

本节提出的系统是在传统的指纹识别系统中,由细节点模板恢复方向场,然后将恢复的方向场用于指纹比对,并与传统的基于细节点的比对相融合,系统框图如图 5.37 所示。

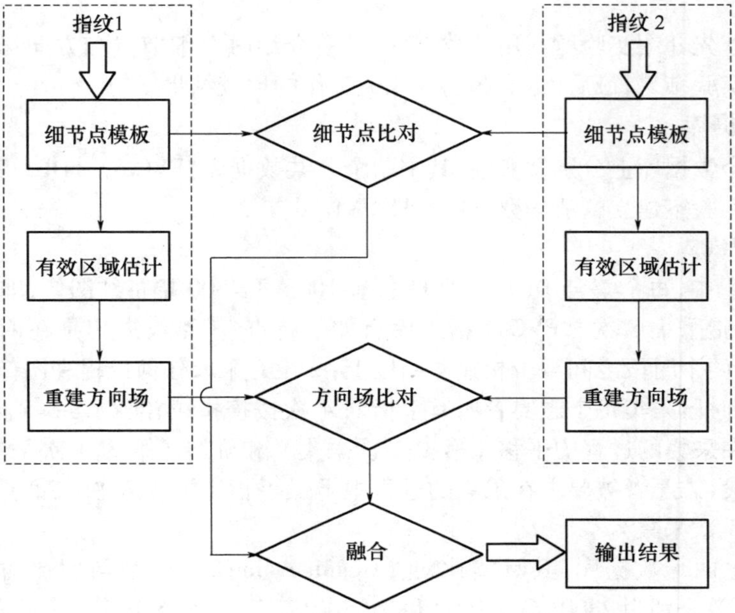

图 5.37　本文提出的系统的框图

由于最终的融合结果受细节点的提取算法影响,本文实现了两种细节点提取的方法。算法 Ⅰ 文献[88]中提到的,算法 Ⅱ 是类似于文献[28]的方法。

对于两种算法,分别比较两个指纹识别系统的性能,其中一个是传统的基于细节点比对的系统,另一个是本文提出的系统。在这两个系统中,细节点的信息是相同的,不同点在于本文提出的系统中,重建的方向场比对被融合进去。图 5.38 给出了两个系统在三个不同数据库上的 ROC 曲线,其中实线对应传统系统(细节点匹配算法),虚线对应本文提出的系统(重建方向场匹配与细节点匹配融合的算法)。图(a)、图(c)、图(e) 对应算法 Ⅰ,图(b)、图(d)、图(f)对应算法 Ⅱ。实验结果表明,不论是对算法 Ⅰ,还是算法 Ⅱ,通过融合恢复的方向场比对,本文提出的方法的性能都优于传统的基于细节点比对的方法。

3. 与前人相关工作的比较

Ross 等[110] 也提出了一种恢复方向场的方法,并将恢复的方向场应用到指纹分类中去。为了比较他们的方法与本文提出的方法,将用 Ross 的方法恢复的方向场用到本文提出的融合系统中,从而得到两个不同的系统,一个是用 Ross 的方法恢复的方向场与细节点融合,另一个是用本文提出的方法恢复的方向场与细节点

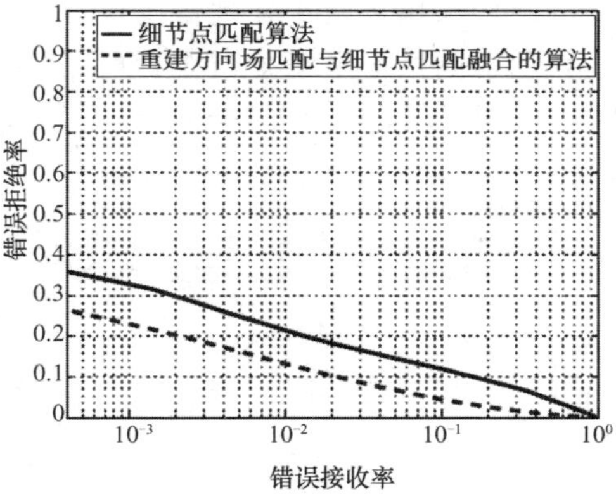

(a)

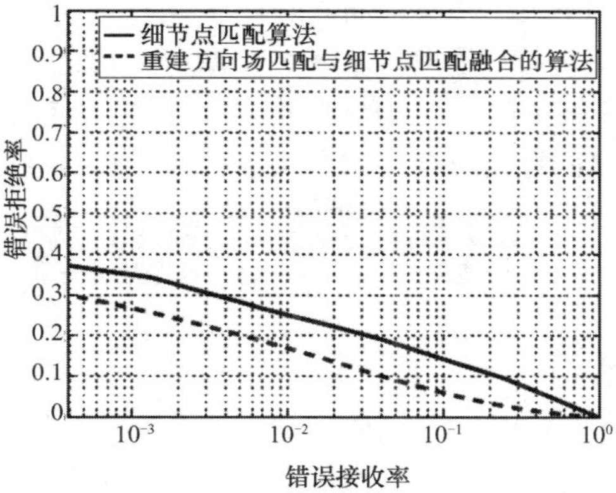

(b)

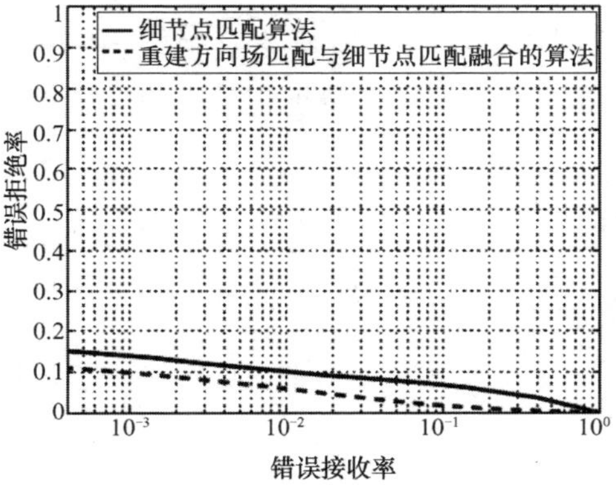

(c)

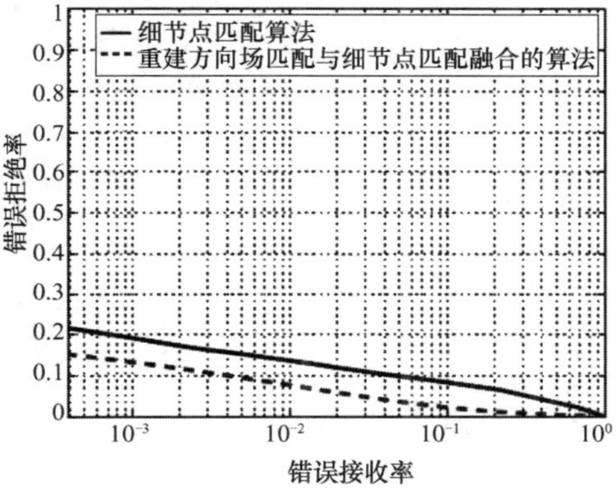

(d)

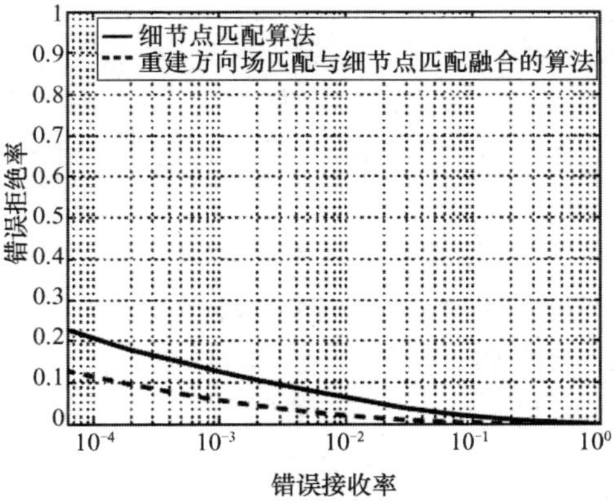

(e)

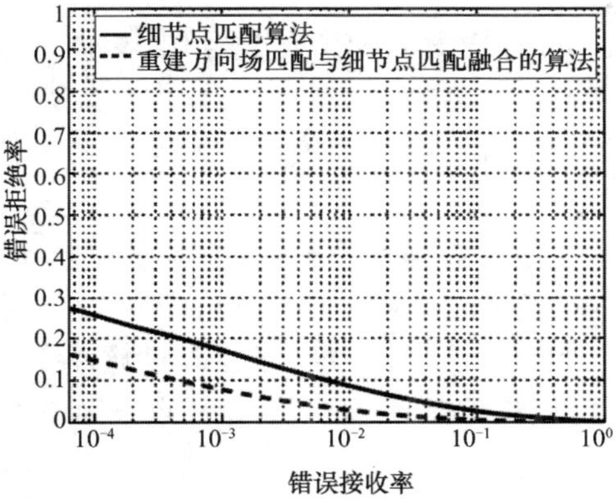

(f)

图 5.38　ROC 曲线:与传统方法的比较

(a) DB1,算法Ⅰ; (b) DB1,算法Ⅱ; (c) DB2,算法Ⅰ; (d) DB2,算法Ⅱ;
(e) 清华测试库,算法Ⅰ; (f) 清华测试库,算法Ⅱ。

融合。由图 5－39 知算法 Ⅰ 性能优于算法 Ⅱ，因而采用算法 Ⅰ 来进行比较实验。图 5－39 给出了 FVC02 DB1 和 DB2 上的 ROC 曲线，其中实线表示融合细节点与 Ross 的方法恢复的方向场[110]，虚线表示本文提出的方法。实验结果表明，本文提出的重建方向场的方法取得了更好的性能。

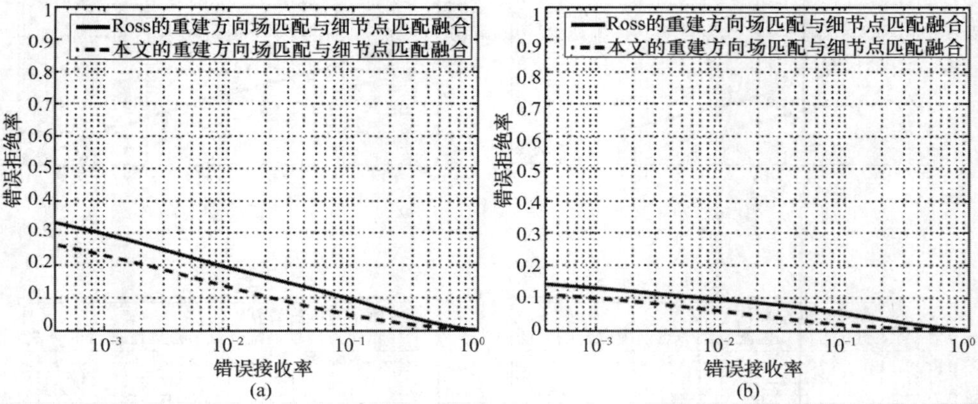

图 5.39　ROC 曲线：与 Ross 方法的比较

(a) DB1；(b) DB2。

5.4　指纹奇异点检测

5.4.1　问题阐述

指纹有两类奇异点：中心点与三角点，在这些点附件的脊线方向是突变或不连续的[4,111]。图 5.40 列出了六种主要类型的指纹并标出了它们的奇异点，其中中心点用圆表示，三角点用三角形表示。作为一种主要的指纹结构特征，奇异点可以应用于指纹检索（例如，进行指纹分类）[18,25,112]、指纹比对[113]及指纹方向场的建模[98,114]等。本章研究基于局部信息初检，全局信息筛选的中心点、三角点提取方法。

许多工作研究奇异点的检测方法，这些方法大致可以分为两类。第一类方法是基于 Poincaré 指数的方法，利用奇异点附近方向场的不连续特性来检测奇异点[4,18,20,31,115]。这类方法通过计算环绕一个点的某一封闭曲线上的脊线方向变化之和，来判断该点是否为奇异点。第二类方法利用概率分析、脊线分析、形状分析或模板匹配[22,70,116～121]。与第二类方法相比，基于 Poincaré 指数的奇异点检测方法通常对图像旋转更加鲁棒，并且易于计算，因此基于 Poincaré 指数的方法应用更加广泛。

基于 Poincaré 指数的方法通常会检测到许多虚假的奇异点（特别是在图像质量很差的情况下），即使在 Poincaré 指数算法之后，再做一些后处理，也不能完全排除这些虚假的检测点。这些虚假的点会严重影响这类算法的性能与实际应用。

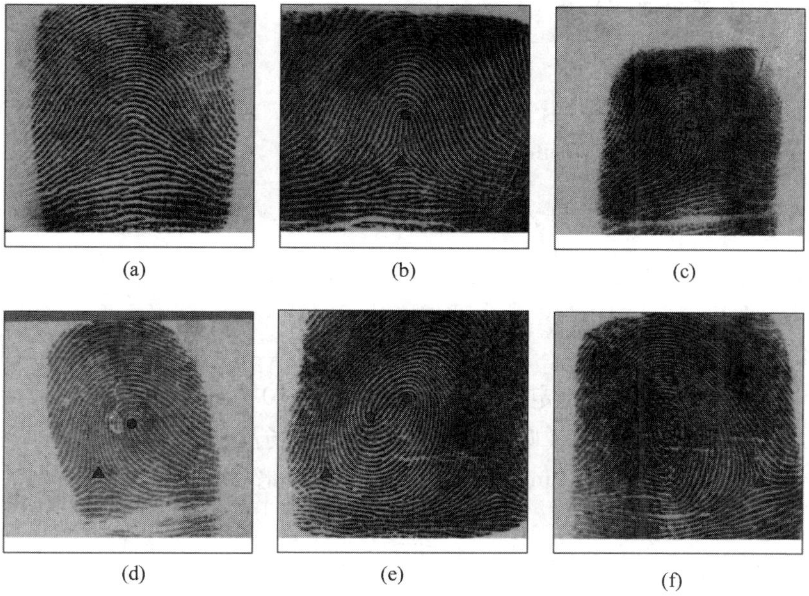

图 5.40　六种类型的指纹

(a) 弓形纹；(b) 弓帐；(c) 左箕斗；(d) 右箕斗；(e) 双箕斗；(f) 螺璇斗。

产生虚假检测点的原因有：①基于 Poincaré 指数的特征表示仅仅是一个标量，无法提供足够的信息来检测奇异点；②许多后处理步骤仅仅考虑一个点的局部特征，难以区分真实奇异点与虚假奇异点。这些虚假奇异点通常是由于断纹、疤痕、斑点及衰老等原因产生的。在这些点附近，虚假点的局部方向信息与真实奇异点的方向信息往往没有什么区别，难以通过局部特征来区分真实奇异点与虚假奇异点。因而将全局信息应用到奇异点的检测中来，变得尤为重要。在这方面，Perona 等提出了用方向散播[122]来检测奇异点，这种方法在动态散播中，隐含地利用了方向纹理的全局约束。

本节提出一种分级结构的奇异点检测方法。这种检测方法利用一种新特征 DORIC（Differences of the ORIentation values along a Circle[103]）及方向场全局约束。与前人的工作相比，本文算法的贡献主要在以下三个方面：①利用 DORIC 特征，可以提供更多的信息，用以排除虚假检测的奇异点；②基于二维拓扑分析，证明中心点与三角点的个数存在一定的关系；③利用这种约束关系，提出了一种基于全局方向场重建的奇异点的筛选方法。本方法在满足中心点与三角点的个数约束关系下，选取最优的中心点与三角点组合，以使从这组中心点与三角点恢复重建的方向场与原始方向场之间的误差最小。实验表明，通过利用 DORIC 特征及全局信息，对于各种类型的指纹图像，本奇异点检测算法更加准确与鲁棒。与其他几种算法相比，本算法提高了奇异点的检测率。

5.4.2 指纹的拓扑分析

1. 数学背景

定义：设 $V(x,y)=p(x,y)+i\cdot q(x,y)$是一个二维的连续向量场，则 $V(x,y)$上一条简单封闭曲线 γ 的 Poincaré 指数定义为[123]：

$$I(\gamma) = \frac{1}{2\pi}\int_{(x,y)\in\gamma} \mathrm{d}\phi(x,y) \tag{5.59}$$

其中，$\phi(x,y)=\arg V(x,y)$是点(x,y)的角度方向，且 $\phi\in[0,2\pi)$。积分沿着曲线 γ 顺时针方向进行。

Poincaré 指数通常是一个整数。通过计算环绕一个点 P 的封闭圆（或曲线）上的 Poincaré 指数 I，可以判定 P 是否为奇异点($I\neq0$) 或普通点($I=0$)。图 5.41 描述了两类典型低阶奇异点(圆环与鞍点）的向量场及其 Poincaré 指数，同时也给出了普通点的向量场及其 Poincaré 指数。更多细节请参考文献［124～127］。

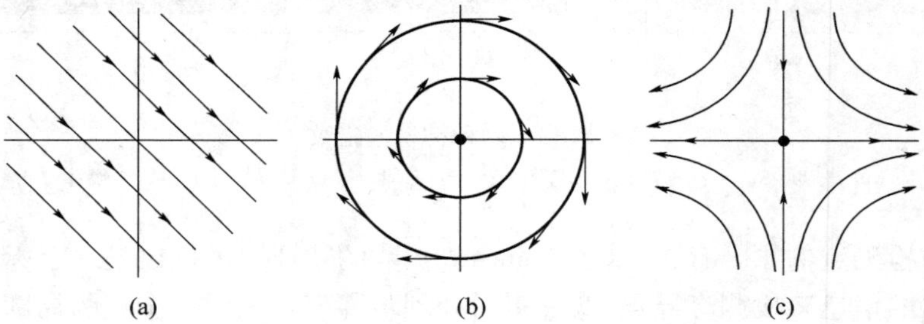

图 5.41 二维向量场中三种典型的点

(a) 普通点，$I=0$；(b) 圆环，$I=1$；(c) 鞍点，$I=-1$。

假设一个区域 Ω，其外边界为 Γ_E，内边界为 Γ_I，如图 5－42 所示。Ω 内的奇异点用圆表示，$\{\gamma_k \mid k=1,2,3,\cdots\}$。$C$ 是 Ω 内一简单封闭曲线。可以得到 Poincaré 指数的两个重要性质如下[128]：

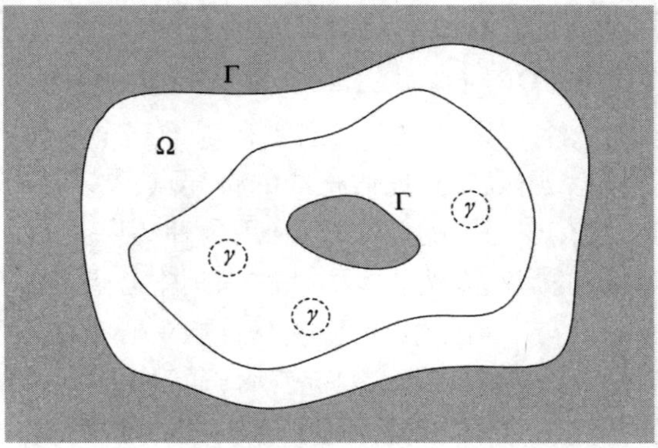

图 5.42 Poincaré 指数性质示意图

性质 1：一个区域沿着其边界所求得的 Poincaré 指数等于其内部所有奇异点的 Poincaré 指数之和，即

$$\sum_k I(\gamma_k) = I(\Gamma_E) - I(\Gamma_I) \tag{5.60}$$

性质 2：如果两条封闭曲线是拓扑同构的(homotopic)，且它们之间没有任何奇异点，那么它们的 Poincaré 指数相等。例如，在图 5.43 中有：$I(C) = I(\Gamma_E)$。

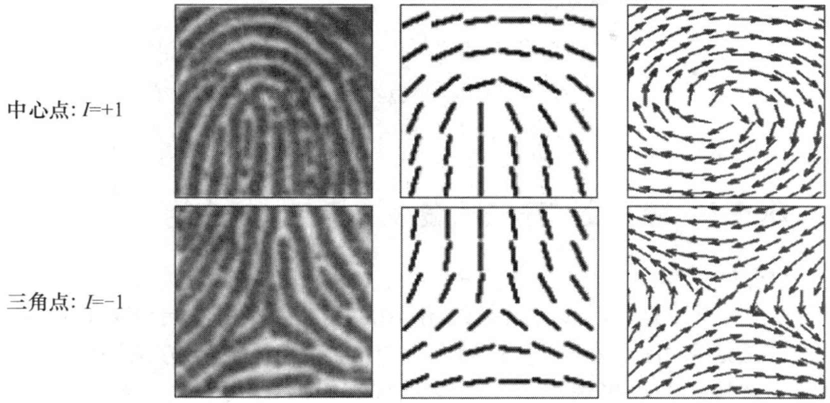

图 5.43　指纹的两类奇异点及其对应的局部方向场与向量场

2. 指纹图像上的分析

指纹及流体图等类型的方向性纹理图，与二维拓扑结构分析有直接的联系。利用计算得到的方向场 O(其中 $O(m,n) \in [0,\pi)$，代表像素(m,n)的脊线方向)，可以建立一个二维向量场 $V = \cos 2O + i \cdot \sin 2O$[31,114]，然后将上一小节中提到的定义和性质应用到这些图中去。指纹图像中的奇异点就相当于拓扑分析的奇异点。在图 5.43 中，分别给出两类指纹奇异点的纹理图、Poincaré 指数及其局部方向场 O 与向量场 V。

从性质 1 可以得到一个非常有用的结论：由于指纹图像通常不会有内边界 Γ_I，只有少数彼此分离的奇异点(中心点与三角点)，且它们的 Poincaré 指数已知(中心点：+1，三角点：−1)，因此，式(5.60) 可以写成

$$N_c - N_d = I(\Gamma_E) \tag{5.61}$$

其中，N_c 是中心点的个数；N_d 是三角点的个数；Γ_E 是指纹的外边界。

在图 5.44 中，给出了一个大拇指指纹的两个不同视角图，并且标出了其对应的中心点与三角点。如图中所示，如果一个指纹全部采集下来（即采集完整)，就可假设该指纹在上下左右边界上的脊线方向基本都接近于水平方向。因而对于简单封闭路径 Γ_E，其 Poincaré 指数 $I(\Gamma_E) = 0$，可以得到 $N_c = N_d$。

通过性质 2 可以得出结论：计算一个点的 Poincaré 指数可以沿着任何环绕该点的简单封闭路径，只要这些路径是拓扑同构的。有了这个结论，就可以自适应地选择一条路径，在这条路径上的点所求的方向置信度高。

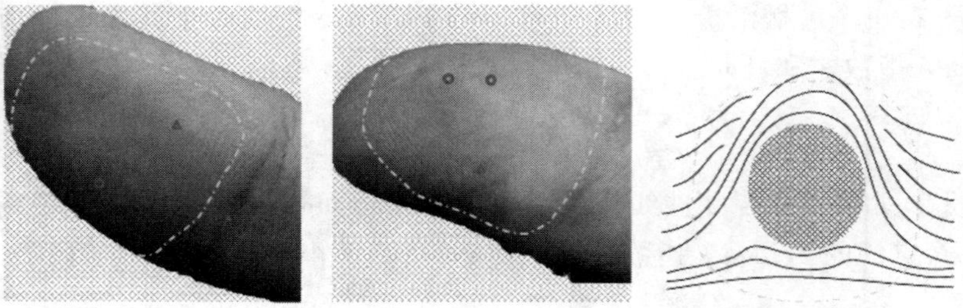

图 5.44　完整采集的指纹边界上脊线方向的示意图
（a）视角一；（b）视角二；（c）示意图。

5.4.3　DORIC 特征及其在去除虚假细节点上的应用

1. DORIC 特征

研究表明，当计算 Poincaré 指数的闭环路径比较小时，基于 Poincaré 指数的奇异点检测方法通常可以检测到所有的真实奇异点，但是这种方法同时会产生许多虚假检测的奇异点。如果选择更大的路径，真实细节点又容易被漏检[31]。为了保证真实奇异点的检测率，同时去除虚假奇异点，本文利用一种从 Poincaré 指数扩展得到的特征，这种特征可以提供比 Poincaré 指数更多的信息。这些信息可以用来验证 Poincaré 指数方法检测到的奇异点的真实性，从而达到去除虚假奇异点的目的。

Poincaré 指数定义为沿着某一封闭曲线 L 上的各点方向变化之和（在本文的实验中，取半径为 5 像素的圆）。对于一个给定的点 P，假设沿着 L 的点组成的集合为 $\{T_1, T_2, T_3, \cdots, T_{N-1}\}$，并且 o_i 是点 T_i 的方向，则点 P 的 Poincaré 指数按下式计算[18,98]：

$$\begin{aligned} I_p &= \frac{1}{\pi}\sum_{i=1}^{N-1} f(o_{i+1} - o_i) \\ &= \frac{1}{\pi}\sum_{i=1}^{N-1} f(\delta o_i) \end{aligned} \tag{5.62}$$

其中 $o_N = o_1$，函数 f 定义为

$$f(x) = \begin{cases} x, & |x| \leqslant \dfrac{\pi}{2} \\ \pi - x, & x > \dfrac{\pi}{2} \\ \pi + x, & x < -\dfrac{\pi}{2} \end{cases} \tag{5.63}$$

Poincaré 指数仅仅是 δo_i 的和，而没有利用 $\delta o_i (i = 1, 2, 3, \cdots, N-1)$ 更多的结构信息，不足以对奇异点进行完整的描述。当指纹图像由于断纹、疤痕、斑点及衰

老等原因而质量很差时,这种基于 Poincaré 指数的方法容易产生许多虚假检测的奇异点。一些后处理步骤变得非常重要。在本文的研究中,使用基于规则的两步法来进行后处理:①如果一个三角点离一个中心点距离太近(例如小于 8 个像素),则去除这样一对检测点;②在一个小邻域(例如半径为 8 的圆)内,如果有多于一个的中心点(或三角点),则取它们的平均得到一个中心点(或三角点)。假设有 N 个中心点(或三角点)在这样一个小邻域内,表示为 $\{(x_i, y_i)\}$ $(i = 1, 2, \cdots, N)$,那么求平均中心点(或三角点)(x,y) 的过程如下:

$$x = \frac{1}{N}\sum_{i=1}^{N} x_i \tag{5.64}$$

和

$$y = \frac{1}{N}\sum_{i=1}^{N} y_i \tag{5.65}$$

虽然两步法后处理步骤可以去除一些虚假的检测点,但是仍然有一些虚假点无法用这种基于规则的方法去除掉。图 5.45 给出了两个例子,由于指纹图像质量较差,基于 Poincaré 指数加两步法后处理的方法检测到了虚假的中心点和三角点,其中中心点用圆表示,三角点用三角形表示。

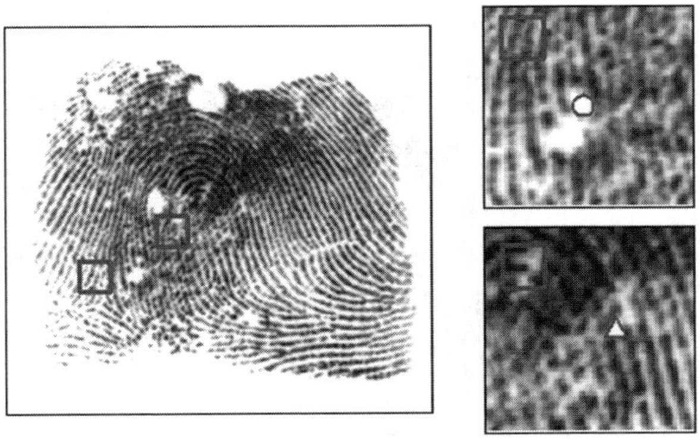

图 5.45　基于 Poincaré 指数方法检测奇异点出现虚假检测的例子

为了更进一步去除余下的虚假奇异点,本文利用一种新的特征,这种特征包含奇异点更多的结构信息。一个点 P 的这种特征是一个向量,由环绕点 P 一个小圆的所有点的方向差分组成(Differences of the ORIentation values along a Circle, DORIC[103]),即

$$\text{DORIC}(P) = [\delta o_1, \delta o_2, \cdots, \delta o_{N-1}] \tag{5.66}$$

由于 DORIC 特征包含了所有 δo_i 及其结构信息(排列顺序),因而对奇异点的描述更完整。Poincaré 指数可以看成是 DORIC 特征的和,而 DORIC 特征可以看成是 Poincaré 指数的扩展模式。图 5.46 给出了六个基于 Poincaré 指数的方法检测出的奇异点,并给出了相应的 DORIC 特征曲线,其中图(a)、(b)、(c)、(d) 是真实奇异点,而图(e)、(f)是虚假奇异点。

器，

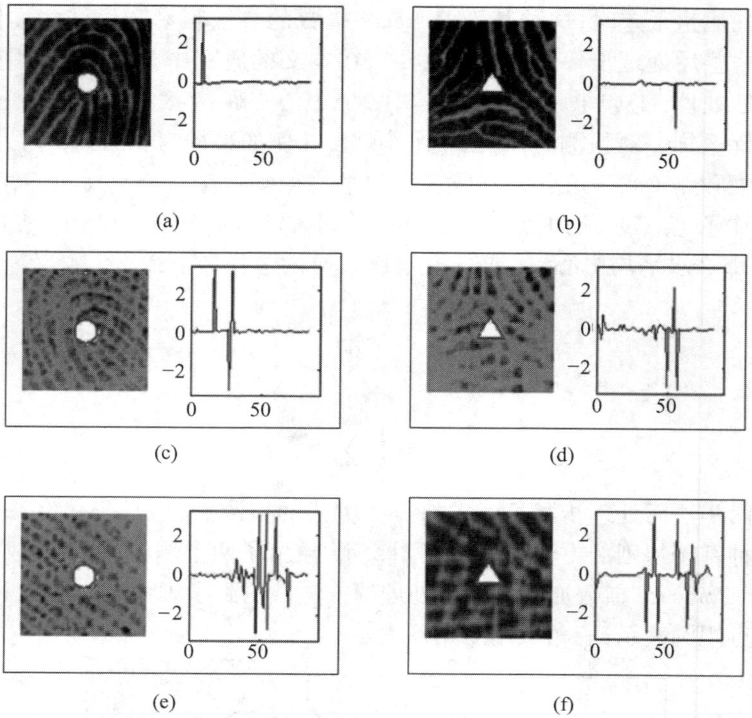

图 5.46　基于 Poincaré 指数方法检测到的奇异点及其相应的 DORIC 特征曲线
(a) 中心点，质量好；(b) 三角点，质量好；(c) 中心点，质量较好；
(d) 三角点，质量较好；(e) 中心点，质量差；(f) 三角点，质量差。

由于指纹方向场的方向定义在区间$[0,\pi)$上，因而当方向场信息完全正确时，对每一个奇异点，其 DORIC 特征曲线都会有一个脉冲峰值(中心点：正峰值，三角点：负峰值)，如图 5.46(a)、(b) 所示。即使由于噪声等因素，使得奇异点的 DORIC 特征曲线有所变化，但这些真实奇异点的 DORIC 特征曲线仍然与虚假奇异点的 DORIC 特征曲线有所区别，如图 5.46(c) ~ (f) 所示，这种现象可以很容易观察到。

在后处理步骤之后，检测到的奇异点分布比较稀疏，在一个较大的区域内最多只会有一个奇异点。因而可以很方便地沿着较大的路径来计算一个点的 DORIC 特征，从而使得式(5.66)中的 N 可以取得较大，DORIC 特征曲线变得更加连续光滑。在本实验中，这个半径取为 15 像素。

2. 去除虚假奇异点

为了区分真实奇异点与虚假奇异点，本文提出一个基于 DORIC 特征的分类器，这个分类器分为两步。

经过基于 Poincaré 指数初检及相应后处理，得到一个候选奇异点集合 S。对候选集合中的每个奇异点（其 Poincaré 指数为非零），计算其 DORIC 特征。如果 DORIC 特征曲线有且只有一个峰值（中心点：正峰值，三角点：负峰值），且其高度

接近 π,则认为该奇异点为真实奇异点,并将其保留在最终的检测奇异点集合 S 中。对于其他没有峰值或峰值多于一个的点,将其移至下一步要用到的次候选集 S'中。分类器第一步的伪代码如算法 5.2 所示。

算法 5.2　去除虚假奇异点分类器第一步的伪代码

```
Input:S,及峰值阈值 T
Output:S,S'
for 遍历 S 中的每个检查点 P do
  DORIC(P) = [δo_1,δo_2,…,δo_{N-1}];
  if ∃! k∈[1,N-1],且|δo_k| > T,then
    P 保留在 S 中:
  end
  else
    将 P 移至 S';
  end
end
```

次候选集 S'可能既包含真实奇异点,也包含虚假奇异点。在分类器的第二步,通过训练学习,利用 DORIC 特征来区分真实奇异点（图 5.46(c)、(d)）与虚假奇异点(图 5.46(e)、(f))。

由于标注真实奇异点与虚假奇异点是一件费时费力的事情,因而本文采用适用于小样本的学习算法,选择支持向量机（Support Vector Machine）来设计分类器。支持向量机通过某种变换,力图找到一个超平面对特征空间进行分割,以使在训练样本上的总体分类错误率最小[129,130]。在统计学习领域,支持向量机已经研究得非常成熟[129,131~133]。假设原始的数据空间是 L,特征空间用 H 表示(这里 L 隐含“低维”,H 隐含“高维”)。假设两个空间之间的变换函数为 $\boldsymbol{\Phi}$:

$$\boldsymbol{\Phi}:L \rightarrow H \tag{5.67}$$

又假设 N 是训练数据的样本总数,训练数据表示为 $\{\boldsymbol{x}_i,y_i\}$ $(i=1,2,\cdots,N)$,$\boldsymbol{x}_i \in L$,且 $y_i \in \{-1+1\}$,支持向量机通过计算函数 $f(\boldsymbol{x})$ 的符号来做出分类决策。$f(\boldsymbol{x})$ 计算如下:

$$f(\boldsymbol{x}) \sum_{i=1}^{N} a_i y_i K(\boldsymbol{x}_i,\boldsymbol{x}) + b \tag{5.68}$$

决策面的性质主要取决于核函数 $K(\boldsymbol{x}_i,\boldsymbol{x})$。应用较多的核函数有多项式核(Polynormial Kernel):$K(\boldsymbol{x}_i,\boldsymbol{x}) = (\boldsymbol{x}_i^t\boldsymbol{x}+1)^d$,其中 d 是一个决定多项式阶数的正数。另外还有高斯核(Gauss Kernel):$K(\boldsymbol{x}_i,\boldsymbol{x}) = \mathrm{e}^{-g\|\boldsymbol{x}_i-\boldsymbol{x}\|^2}$。核函数 $K(\boldsymbol{x}_i,\boldsymbol{x})$ 可以通过一个非线性变换函数的内积来计算[129]。

在奇异点检测实际应用中,漏检率（将真实奇异点分类为虚假奇异点的概率）必须非常小。分类超平面由参数 $a_i(i=1,2,\cdots,N)$ 和 b 决定。本文通过训练选择

一个合适的参数 b_0，让分类超平面有所偏移，以使小于2%的真实奇异点被错判为虚假奇异点，同时最小化虚警率（将虚假奇异点错判为真实奇异点的比率）。

从 DORIC 特征的定义，可以看出这个特征向量对于图像旋转非常敏感。为了克服图像旋转的影响，本文实验中，将训练数据做间隔为 10° 的旋转（最大旋转角度为 60°），从而得到一个更完备的训练数据集，所有数据（包括原始的数据及旋转后的数据）都用于训练分类器，从而使得分类器对于旋转不再敏感。

基于支持向量机的分类结果，可以决定一个次候选集 S' 中的点 P 是否为真实奇异点，以及是否移回到候选集 S 中。通过这个两步的分类器，许多虚假的奇异点被排除掉了。例如，图 5.46(e) 和(f) 可以成功地被判为虚假奇异点，而其他四个则被保留。

5.4.4 利用全局信息选择奇异点的最优组合

正如本章前面所述，仅利用局部信息难以区分真实奇异点与虚假奇异点，这是因为虚假奇异点的局部特征在图像质量不好、存在噪声的情况下往往与真实奇异点没有较大的可区分性。因而，需要借助指纹的全局信息来提高真实奇异点的检测率。本节将利用全局信息，从上节得到的候选集中选取最优的奇异点组合作为最终的检测结果。

1. 去除不可能的奇异点组合

5.4.2 节关于中心点与三角点个数关系的结论，可以用于选取最优的奇异点组合作为最终的检测结果。在实际应用中，许多指纹是通过光感或电容式取指器采集的，这些指纹采集通常是不完整的。因而这些指纹通常会缺失一两个三角点。在这种情况下，指纹的中心点个数与三角点个数就不相等了。然而，式 (5.61) 提供了一个全局的关于奇异点个数的限制条件。假设指纹的有效区域为 Ω，通过计算有效区域方向场的 Poincaré 指数 $I(\partial\Omega)$，可以得出结论，最终的奇异点组合需满足条件：这些奇异点的 Poincaré 指数之和等于 $I(\partial\Omega)$。因而可以得到表 5.1，其中列出了对于不同的 $I(\partial\Omega)$，可能的奇异点组合及其指纹纹型。

表 5.1　奇异点的可能组合

$I(\partial\Omega)$	中心点数	三角点数	可能纹型
0	0	0	弓型纹
	1	1	左箕，右箕，弓帐
	2	2	双箕斗，斗
1	1	0	左箕，右箕、弓帐
	2	1	双箕斗，斗
2	2	0	双箕斗，斗

在实际应用中，方向场 O 是直接从指纹图像中求得，由于指纹图像存在断纹、

疤痕、斑点等干扰因素，导致方向场检测存在许多噪声。如图 5.47(a) 所示，方向场 O 用基于梯度的多级平滑方法求得[28]。这种方法整体比较鲁棒，但仍然会有一些错检，如图中标记部分所示。这些噪声会影响 Poincaré 指数 $I(\partial\Omega)$ 的计算。为了平滑这种噪声，本文采用多项式模型对方向场进行建模[88]。通过两个二维的多项式 $p(x,y) = \sum_{i,j} p_{ij}x^i y^j$ 与 $Q(x,y) = \sum_{i,j} q_{ij}x^i y^j$，分别对 $\cos(2O)$ 及 $\sin(2O)$ 进行拟合。参数 $\{p_{ij}, q_{ij}\}$ 可以通过最小平方误差方法进行估计。经过这种近似，光滑的方向场可以按下式进行重建：

$$O_p(x,y) = \frac{1}{2}\arctan\frac{\sum_{i,j} q_{ij}x^i y^j}{\sum_{i,j} p_{ij}x^i y^j} \tag{5.69}$$

图 5.47(b) 给出了光滑后的方向场。虽然多项式模型重建方向场在指纹中心区域的奇异点附近不够精确，但它能对指纹边界区域进行较好的描述并去除噪声，从而保证整个指纹的拓扑结构。通过光滑方向场，使得 Poincaré 指数 $I(\partial\Omega)$ 的计算更加鲁棒。在图 5.47(c) 中，给出了指纹的边界和奇异点。在这个指纹中，$I(\partial\Omega) = 0$，因而其可能的奇异点组合（中心点数，三角点数）为(0,0)、(1,1) 或(2,2)。

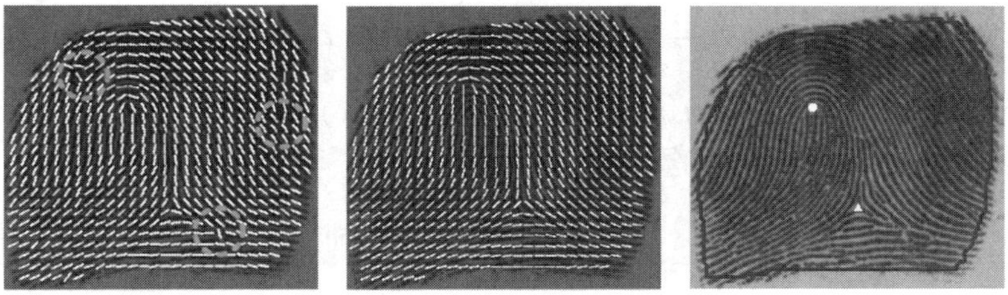

(a) (b) (c)

图 5.47　指纹方向场的平滑及用于计算 Poincaré 指数

(a) 方向场；(b) 平滑后方向场；(c) 计算 Poincaré 指数。

通过计算全局 Poincaré 指数 $I(\partial\Omega)$，可以很容易地排除许多不可能的奇异点组合。例如，当全局 Poincaré 指数 $I(\partial\Omega)$ 为 1 时，可能的奇异点组合（中心点数，三角点数）为 (1,0) 及 (2,1)，而其他组合就可以被排除，从而加速检测过程。

2. 选择奇异点的最优组合

奇异点可以用来确定指纹的整体走向与结构，一些方向场模型就是基于奇异点信息的[62,98,114]。在选取奇异点的最优组合时，最基本的思想就是选取一组奇异点的组合，以使从这组奇异点恢复重建的方向场，与原始从指纹图像中求得的方向场之间的误差最小。

假设从指纹图像求得的原始方向场为 O_0，基于方向场模型重建得到的方向场为 $O(x,y;\Theta,s)$，其中 Θ 是方向场模型的参数，s 为选择的奇异点组合。原始方向场 O_0 是通过基于梯度的多级平滑方法[28,134]求得。基于准确性与计算复杂度的双重考虑，本文选择应用 Sherlock 和 Monro 提出的零极点模型[98]，来重建方向场

$O(x,y;\Theta,s)$。这个模型是基于奇异点的,它将中心点视作复平面中的零点,三角点视作极点,可以建立如下的公式:

$$O(x,y;\Theta,s) = \frac{1}{2}\arg\left(e^{i\phi}\cdot\frac{\prod_{n=1}^{K}(z-z_{c_n})}{\prod_{m=1}^{L}(z-z_{d_m})}\right) \tag{5.70}$$

其中,$z=x+iy$;参数 $\Theta=\{z_{c_1},\cdots,z_{c_K},z_{d_1},\cdots,z_{d_l},\phi\}$ 中的 z_{c_n} 是第 n 个中心点;z_{d_m} 是第 m 个三角点;$\phi\in[0,2\pi)$ 是一个叫做整体偏移角度(Background Angle)的待估参数。在本文中,利用最小二乘方法(Least Square Meaning) 来估计参数 ϕ:

$$\phi^* = \arg\min_{\phi} J(\phi) \tag{5.71}$$

其中

$$(\phi) = \sum_{\Omega}(\sin(2O+\phi)-\sin 2O_0)^2+(\cos(2O+\phi)-\cos 2O_0)^2 \tag{5.72}$$

每一个奇异点由一个三维向量表示:$(x,y,t)^{\mathrm{T}}$,其中包括其位置信息及类型。所有的候选奇异点组成候选集 $S=\{(x_i,y_i,t_i)\}_{i=1}^{M}$。真实奇异点集合是候选集 S 的一个子集。最优的奇异点组合可以按下式选择:

$$s^* = \arg\min_{s\subset S}\|O(\Theta,S)-O_0\| \tag{5.73}$$

其中,误差函数 $\|\cdot\|$ 定义为 $J(\phi^*)$(参见式(5.71)和式(5.72))。选取奇异点最优组合的过程,其伪代码如算法 5.3 所示。

算法 5.3　选取奇异点最优组合的伪代码

Input:候选集 S

Output:选取的奇异点最优组合 s^*

利用多项式模型重建方向场 O_p

计算全局 Poincaré 指数 $I(\partial\Omega)$.

根据表 5.1 筛选可能的奇异点组合 C.

e = MAX(一个足够大的数).

for 遍历 C 的每种组合 c **do**

　根据零极点模型,利用奇异点组合 c 重建方向场 O

　计算 O 与原始方向场之间 O_0 的误差:$e_{tmp}=\|O_0-O\|$,其中 $\|\cdot\|$ 定义为 $J(\phi^*)$

　if $e_{tmp}<e$, **then**

　　$e=e_{tmp}$;

　　$s^*=c$.

　end

end

所提出的奇异点检测方法,其整体流程如图 5.48 所示。

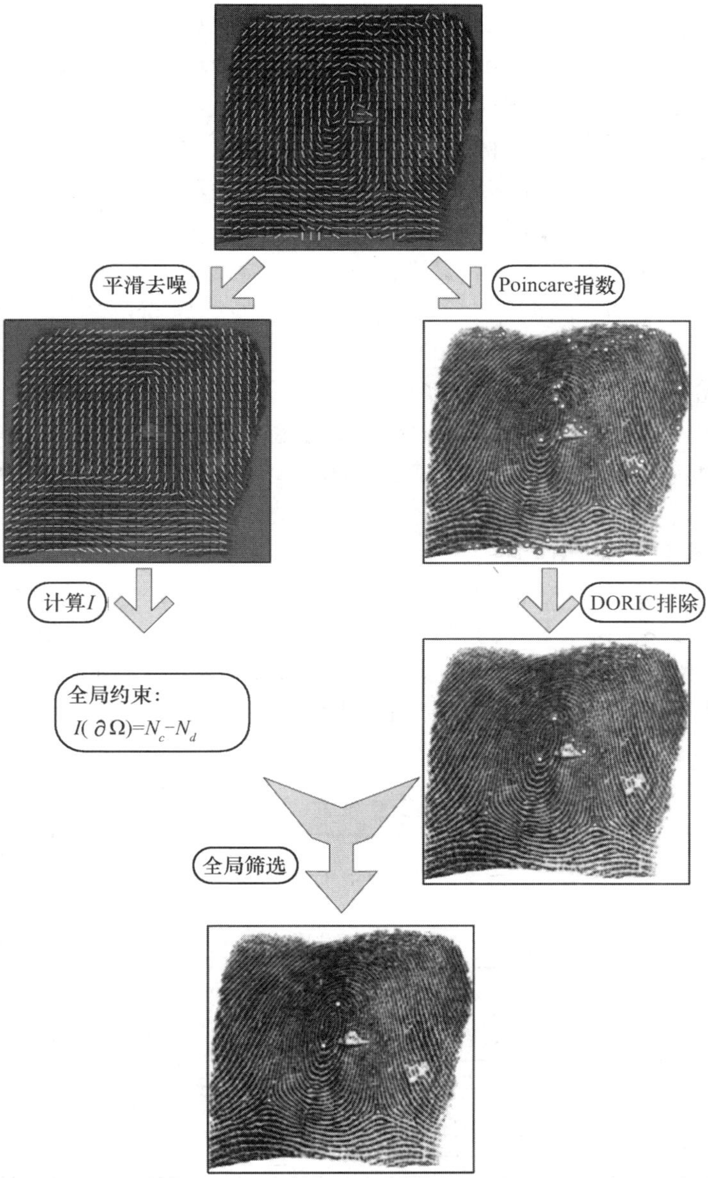

图 5.48　算法流程图

5.4.5　实验

本文的算法分别在数据库 NIST－4 (NIST Special Database 4)[135], FVC02[4,136] DB1 和 DB2 上进行了测试。

数据库 NIST－4 包含 2000 对(分别标记为 f 和 s)指纹图像,这些图像大小为 512×512,每个像素包含 8bit 数据。关于 FVC02 DB1 和 DB2 的介绍请见5.3.4节。

实验选取360个指纹做为训练数据集(其中40个来自NIST Special Database 14,320个来自FVC00 DB1_B、DB2_B、DB3_B和DB4_B),用于基于DORIC特征的支持向量机分类器的训练。

测试集数据库中的指纹的奇异点都经过人工标定,从而得到真实的样本集。对于一个真实的奇异点($x_0;y_0;t_0$),如果存在一个检测到的奇异点($x;y;t$),满足$t=t_0$,$|x-x_0|<5$,且$|y-y_0|<5$,则确定该奇异点为正确检测的奇异点(Truly Detected)。否则,确定该奇异点为漏检(Missed)。检测率(Detection Rate)定义为正确检测(Truly Detected)到的奇异点数与总的标定奇异点数之比。漏检率(Miss Rate)定义为漏检(Missed)的奇异点数与所有标定的奇异点数之比。可以看出检测率与漏检率之和为1。虚警率(False Alarm Rate)定义为错误检测到的奇异点数与所有标定的奇异点数之比。对于一枚指纹,如果所有标定的奇异点都检测到了,且不存在错误检测的奇异点,则认为该指纹是正确检测的(Correctly Detected)。

1. DORIC特征的性能

利用DORIC特征去除虚假奇异点的性能如表5.2、表5.3及表5.4所列。本文所提出的方法前两步分别为:Poincar指数方法(步骤一)初检测及利用DORIC特征去除虚假奇异点(步骤二)。在表中,分别给出了步骤一和步骤二的漏检率及虚警率。从结果可以看出,利用DORIC特征,可以排除很大比例的虚假检测的奇异点。

表5.2 DORIC特征在NIST4上的性能

步骤	百分比/%	中心点	三角点	中心点+三角点
1. Poincaré指数	漏检率 虚警率	3.50 2078.25	2.10 2129.54	2.81 2103.55
2. 用DORIC特征去除虚假点	漏检率 虚警率	3.94 994.60	2.55 1027.59	3.25 1010.87

表5.3 DORIC特征在FVC02 DB1上的性能

步骤	百分比/%	中心点	三角点	中心点+三角点
1. Poincaré指数	漏检率 虚警率	0.43 228.14	0.60 683.69	0.48 348.29
2. 用DORIC特征去除虚假点	漏检率 虚警率	2.16 99.13	1.21 311.48	1.91 155.14

表 5.4 DORIC 特征在 FVC02 DB2 上的性能

步骤	百分比/%	中心点	三角点	中心点+三角点
1. Poincaré 指数	漏检率 虚警率	0.56 938.63	0.57 2417.38	0.56 1357.55
2. 用 DORIC 特征去除虚假点	漏检率 虚警率	2.48 463.40	1.71 1275.50	2.26 693.46

2. 与其他基于 Poincaré 指数算法的比较

由于本文方法是基于 Poincaré 指数的,故选取 3 个应用广泛的基于 Poincaré 指数的方法,以做比较实验。它们分别是:基于规则的算法[4]、Tico 的算法[115]和 Ramo 的算法[116]。表 5.5~表 5.7 分别给出了不同数据库上的比较结果。实验结果表明,所提出的方法更加鲁棒。

表 5.5 不同检测算法在数据库 NIST4 上的结果比较

	百分比/%	本文方法	基于规则	Tico	Ramo
奇异点 (中心点+三角点)	检测率 虚警率	87.80 7.32	76.63 36.98	46.23 92.83	53.62 57.25
中心点	检测率 虚警率	86.13 8.47	75.91 48.32	43.07 65.69	68.76 47.30
三角点	检测率 虚警率	89.51 6.15	77.36 25.34	49.48 120.69	38.08 67.47
指纹	正确率	73.48	51.20	17.60	31.47

表 5.6 不同检测算法在数据库 FVC02 DB1 上的结果比较

	百分比/%	本文方法	基于规则	Tico	Ramo
奇异点 (中心点+三角点)	检测率 虚警率	96.10 4.30	77.09 29.72	76.53 30.67	86.75 15.28
中心点	检测率 虚警率	95.78 2.27	86.26 15.92	90.27 10.78	92.19 8.47
三角点	检测率 虚警率	96.98 9.97	55.24 81.04	55.49 80.20	68.42 46.15
指纹	正确率	88.88	50.00	58.50	53.54

表 5.7　不同检测算法在数据库 FVC02 DB2 上的结果比较

	百分比/%	本文方法	基于规则	Tico	Ramo
奇异点 （中心点+三角点）	检测率	94.51	58.78	50.81	71.03
	虚警率	9.60	70.13	96.83	40.79
中心点	检测率	95.95	73.86	65.38	80.72
	虚警率	8.45	35.40	52.94	23.88
三角点	检测率	90.88	37.61	34.75	37.50
	虚警率	12.54	165.85	187.80	166.67
指纹	正确率	81.25	56.57	32.32	49.49

3. 与非 Poincaré 指数方法的比较

除了基于 Poincaré 指数的方法外，还有许多其他方法用于检测奇异点。在这些方法中，基于模板匹配的方法具有最好的性能。Nilsson 等[119,120]提出用复数滤波的方法，这种方法利用中心点与三角点的方向场的抛物线状及三角对称性。Chikkerur 等[121]改进了这种方法，他们通过增加三个特定的映射函数，启发式地表达中心点与三角点的位置及方向信息。

为了全面地分析本文算法的性能，与 Chikkerur 的方法[121]进行比较实验。三个数据库上的比较结果分别列于表 5.8 ~ 表 5.10。结果表明，本方法具有更好的性能，本方法具有更高的检测率与更低的虚警率。

表 5.8　与 Chikkerur 的算法[121]在 NIST4 上的比较结果

	百分比/%	本文方法	Chikkerur
奇异点 （中心点+三角点）	检测率	87.80	86.02
	虚警率	7.32	9.32
中心点	检测率	86.13	85.40
	虚警率	8.47	9.93
三角点	检测率	89.51	86.66
	虚警率	6.15	8.70
指纹	正确率	73.48	71.33

表 5.9　与 Chikkerur 的算法[121]在 FVC02 DB1 上的比较结果

	百分比/%	本文方法	Chikkerur
奇异点 （中心点+三角点）	检测率	96.10	95.06
	虚警率	4.30	7.25
中心点	检测率	95.78	95.89
	虚警率	2.27	6.93
三角点	检测率	96.98	92.75
	虚警率	9.97	8.16
指纹	正确率	88.88	85.13

表 5.10 与 Chikkerur 的算法[121]在 FVC02 DB2 上的比较结果

	百分比/%	本文方法	Chikkerur
奇异点 (中心点+三角点)	检测率 虚警率	94.51 9.60	93.46 17.33
中心点	检测率 虚警率	95.95 8.45	93.23 13.87
三角点	检测率 虚警率	90.88 12.54	94.20 28.62
指纹	正确率	81.25	73.25

5.5 多特征融合与快速比对

5.5.1 问题阐述

指纹的特征有许多种,但大多数研究只求取其中的一种特征用于指纹识别,并与细节点识别相融合,以提高系统的性能。为了能更好地综合利用这些特征,本章首先进行多特征指纹识别的比较研究,对不同特征组合进行全面的分析,然后提出指纹多特征的快速比对,使多特征融合在大人群数据库中达到实用。

存在许多种特征用来表达指纹,其中应用最广的是细节点,包括脊线的端点和分叉点。几乎所有的指纹识别系统[3,8,10,11,28,137]都在数据库中存储了指纹的细节点模板(有时也会加上奇异点的信息),包括每个细节点的位置及方向信息。但是,基于细节点的算法没有充分利用指纹的全部信息。Pankanti 等[9]指出基于细节点的表达不能提供足够的分辨能力,尤其对于大型数据库的指纹识别任务。

已有一些研究,通过求取一些新的特征来改进指纹识别的性能。这些指纹特征大致可以分为两类:局部特征和全局特征。细节点(minutiae)[28,50,138,139]、基于方向场的细节点描述子(orientation - based minutia descriptor)[140]是应用广泛的局部特征。而 FingerCode[61]、脊线特征图(ridge feature map)[141]、方向场(orientation map)[63]、密度图(density map)[69]是全局特征。大多数研究只求取其中的一种特征用于指纹识别,并与细节点识别相融合,以提高系统的性能。

本节感兴趣的问题是:①通过融合更多的特征,系统性能是否会进一步得到提升?②在这么多的特征中,哪些是性能最好的选择组合?③如何控制特征数增加所需的时间消耗?这些问题对于实际指纹识别系统的设计非常重要。

5.5.2 多特征指纹识别的比较研究

本小节首先对指纹的各个特征做简单介绍,接着概述所选取的融合算法,最后做比较实验,给出实验结果,总结结论。

1. 指纹特征介绍

已有许多特征用来表达指纹,其中应用最为广泛的是细节点及基于纹理和脊线的特征。其他的特征,例如第 3 级特征 (level 3 features)[4,142,143]:汗孔、早期脊线、断纹,是非常难以检测和提取的特征,特别是对于中等质量或差质量的指纹。另外有一些特征是细节点、纹理或脊线的演变。考虑到用于融合的特征之间应具有相异性和互补性,选择了如下的特征:细节点、基于方向场的细节点描述子、FingerCode、脊线特征图、方向场和密度图。

1) 细节点

细节点是一种局部特征,它包括脊线的分叉点及端点。在本文实验中,采用 Jain 等[28]提出的方法检测细节点,其流程图如图 5.49 所示。提取细节点特征后,大多数匹配算法都是计算两个配准后的指纹在公共区域匹配的细节点对数,再除以两个指纹的细节点数以归一化得到匹配得分[28,50,63]。两个细节点(已配准)匹配的条件是:① 它们的位置差值分别小于阈值 Δ_x(x 轴方向)和 Δy(y 轴方向);②方向差值小于阈值 $\Delta\theta$。假设模板指纹(F_t)与申请查询指纹(F_q)在公共区域的细节点数分别为 M_t 和 M_q,匹配的细节点对数为 M,则匹配得分为

$$s_M = \frac{M^2}{M_t M_q} \tag{5.74}$$

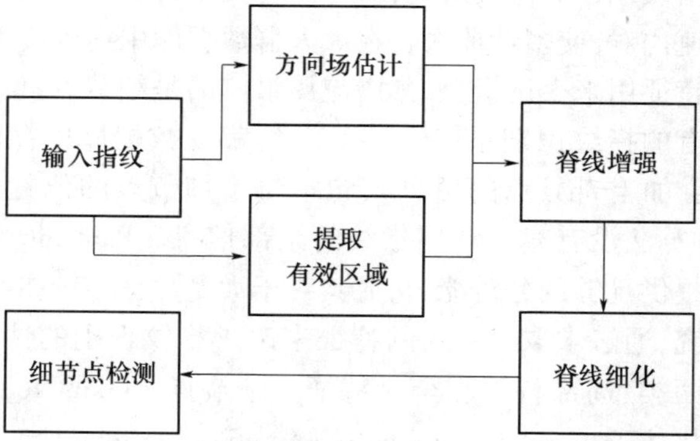

图 5.49　细节点提取流程图

2) 细节点描述子

Tico 和 Kuosmannen[140]建立起一个基于方向的细节点描述子,它由细节点及环绕细节点的一圈采样点的脊线方向组成。采样的点是环绕着细节点 $\boldsymbol{m}=[x,y]^{\mathrm{T}}$的,如图 5.50 所示。假设 $\theta_{k,l}$是采样点 $p_{k,l}$的方向,则细节点描述子表示如下:

$$f(m) = \{\{\lambda(\theta_{k,l},\theta)\}_{k=1}^{K_l}\}_{l=1}^{L} \tag{5.75}$$

其中,$\lambda(\alpha,\beta)$表示角 α 与 β 之间的角度差。比对时,假设 $\boldsymbol{a}$ 和 $\boldsymbol{b}$ 表示两个细节点,它们的细节点描述子(式(5.75))分别为$f(\boldsymbol{a})=\{a_{k,l}\}$和$f(\boldsymbol{b})=\{\beta_{k,l}\}$。定义它们

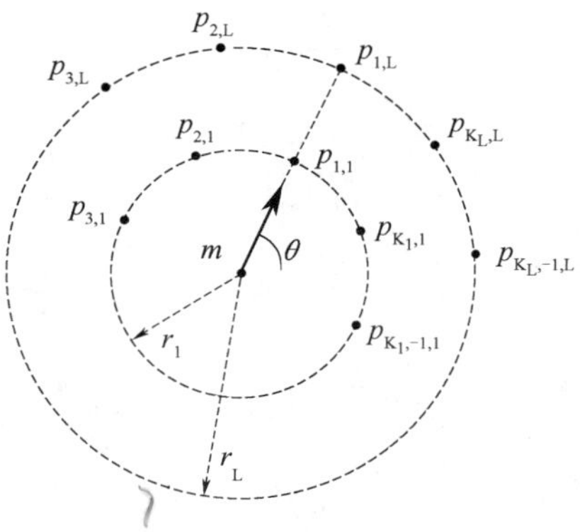

图 5.50　细节点描述子采样示例[140]

之间的相似度函数为

$$S(\boldsymbol{a},\boldsymbol{b}) = \frac{1}{K}\sum_{l=1}^{L}\sum_{k=1}^{K_l} s(x_{k,l}) \tag{5.76}$$

其中，$K = \sum_{l=1}^{L} K_l$，$x_{k,l} = (2/\pi)\lambda(\alpha_{k,l},\beta_{k,l})$，$s(x)$，定义[140]为

$$s(x) = \exp(-16x) \tag{5.77}$$

假设 $\boldsymbol{a}_i$ 与 $\boldsymbol{b}_j$ 是匹配上的细节点对，N_t 和 N_q 分别是两个指纹的细节点数，且 C 是所有匹配对的集合，则匹配得分计算如下：

$$s_D = \frac{1}{N_t N_q}\left(\sum_{(i,j)\in C} S(a_i,b_j)\right)^2 \tag{5.78}$$

3）FingerCode

FingerCode 由 Jain 等[61]提出。首先检测出指纹的参考点（通常是指纹的中心点），并提取出环绕中心点的感兴趣区域（分为若干个扇区），然后用一组 Gabor 滤波器在各个不同方向对指纹进行滤波。滤波结果被离散编码成一个特征向量，即 FingerCode，图 5.51 是其计算流程图。通过计算相应 FingerCode 编码的欧氏距离来比对两枚指纹。由于 FingerCode 不具有旋转不变性，因此在数据库中为每个指纹存储了 10 个特征模板，每个模板对应一个旋转角度。匹配的距离 d_c 取为输入指纹与 10 个模板特征的欧氏距离的最小值。最终的匹配得分归一化如下：

$$s_c = \exp(-d_c) \tag{5.79}$$

4）脊线特征图

为了避免 FingerCode 对于参考点敏感的缺点，Ross 等[141]提出利用整个指纹的滤波结果图来计算特征，称作“脊线特征图”（ridge feature map）。首先用 8 个不同方向的 Gabor 滤波器对整个指纹进行滤波。然后将滤波结果图划分为一个个小方格（图 5.52），每个小方格的特征由该小方格的方差得到。这样对应于 8 个方向，得到了 8 个特征图。比对时，由于没有参考点，需要先用细节点特征配准。比

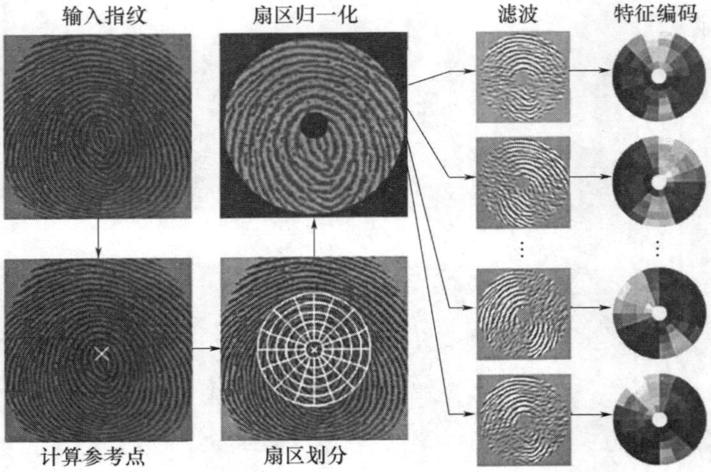

图 5.51 FingerCode 计算流程图[61]

对距离 $\boldsymbol{d}_F$ 取为两个指纹的 8 个特征图（可以看成是一个 8 维向量）相应方格的欧式距离之和。最终匹配得分归一化为

$$s_F = \exp(-\boldsymbol{d}_F) \tag{5.80}$$

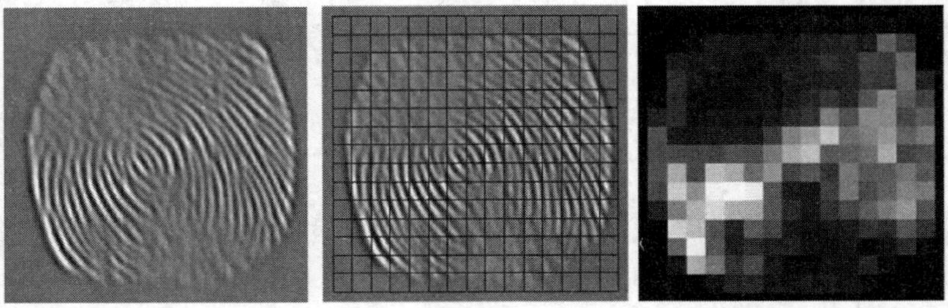

(a) (b) (c)

图 5.52 划分滤波得到的图像[141]

（a）Gabor 滤波图像；（b）划分；（c）特征。

5）方向场

另外一个非常重要的全局特征是方向场[63]。方向场可以直接描述指纹的全局结构。它是一个与指纹大小相同的矩阵,其中每个元素对应于相应像素处脊线的方向。方向场的比对见 5.3.3 节。

6）密度图

密度图是一个与指纹大小相同的矩阵,它由相应像素处的脊线距离组成。脊线距离定义为两根平行且相邻的脊线的中心连线的长度,该中心连线是与脊线相垂直的。密度图描述了指纹脊线的疏密程度。Wan 等[69]提出用多项式模型对密度图进行拟合,然后用于指纹比对。假设 R_t 和 R_q 分别表示两个已配准的模板指纹和申请查询指纹的密度图，Ω_R 是它们的公共有效区，且 N_R 是 Ω_R 总的点数。两个密度图之间的距离为

$$s_R = \frac{1}{N_R}\sum_{(i,j)\in\Omega R} | R_t(i,j) - R_q(i,j) | \tag{5.81}$$

其中，$R_t(i,j)$ 和 $R_q(i,j)$ 分别是指纹 F_t 和 F_q 在 (i,j) 处的脊线密度。最终比对得分归一化为

$$s_R = \exp(-s_R) \tag{5.82}$$

通过在大量指纹上进行测试（中央处理器：AMD2.0GHz，内存：2.0GB，语言：C++），统计了这些特征的计算代价和存储代价（表 5.11），其中每个特征是否需要用到细节点配准用 Y（是）和 N（否）标识在表中。

表 5.11　各个特征的总结

特征	细节点	细节点描述子	Finger Code	脊线特征图	方向场	密度图
特征提取/ms	417.33	107.89	545.45	309.28	128.65	191.08
特征匹配/ms	5.18	5.78(N)	0.05(N)	0.08(Y)	1.35(Y)	1.45(Y)
存储空间/KB	0.25	0.31	0.16	1.76	0.08	0.08

2. 融合算法

有许多融合算法[107,144]，例如乘积、取和、最大值规则、最小值规则、中值规则及多数投票等。这些融合算法可以对来自不同特征的匹配得分进行融合。这些启发式的融合策略及第 5.3 节采用的 Neyman－Pearson 规则在有两个以上分类器需要融合的情况下，性能往往不够理想[145]。许多研究表明支持向量机（SVM）[146~148]可以用来对多个分类器进行融合，是一种鲁棒的融合算法。因此在本实验中，采用支持向量机作为融合算法。

令 $s=(s_1,s_2,\cdots,s_n)$ 表示来自 n 个不同分类器的得分。经典的支持向量机在模式识别领域是一个二类分类器，它的决策由 $f(s)$ 的符号决定，其中 f 的定义见式(5.68)。对支持向量机做了一点修改，以得到一个融合后的得分，而不是一个二值的决策。融合得分通过对 $f(s)$ 进行归一化得到

$$s_f(s) = \frac{\tanh(f(s)) + 1}{2} \tag{5.83}$$

3. 实验与分析

本小节将报告不同特征组合的实验结果并进行分析。

1）数据库

虽然有公开的数据库，例如 FVC[149]、NIST－4[150]，但由于数据库大小的限制，这些数据并库不适合本比较实验。以 NIST－4 为例，该数据库有 2000 个手指，但每个手指只采集了 2 次指纹，真比对的数目是$((2\times1)/2)\times2000=2000$。这个数目对于多特征融合来说，用于训练和测试的样本过少。

基于以上考虑，本文选择在清华的数据库[88]上做实验。清华数据库的介绍见5.3.4节。本文从清华数据库中随机选取了3200（400×8）幅指纹图像作为训练数据集，剩下的指纹图像（包含427×8=3416幅指纹图像）作为测试集。

2）实验结果与分析

只用1个特征进行比对识别的ROC曲线见图5.53。用2、3、4或5个特征进行融合后的ROC曲线见图5.54，同时画出了等错误率（EER）曲线。ROC曲线的标签名称均为简写（用单个字母代表1个特征），其对应关系见表5.12。例如，MOR代表比对用到的特征为：细节点（Minutiae）、方向场（Orientation）及脊线特征图（Ridge Density Map）。

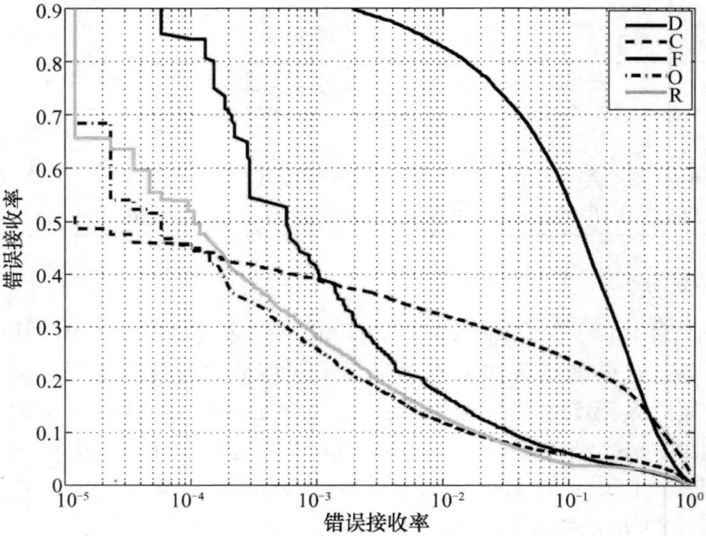

图5.53　用1个特征进行识别的ROC曲线

表5.12　每个特征的缩写表示

缩写	特征
M	细节点（Minutiae）
D	细节点描述子（Minutia Descriptor）
C	FingerCode
F	脊线特征图（Ridge Feature Map）
O	方向场（Orientation）
R	密度图（Ridge Density Map）

由于M的性能非常好，在图5.53中仅给出了其他特征的性能比较（没有给出M的ROC曲线）。结果表明特征O、R和D的性能比C和F的要好。

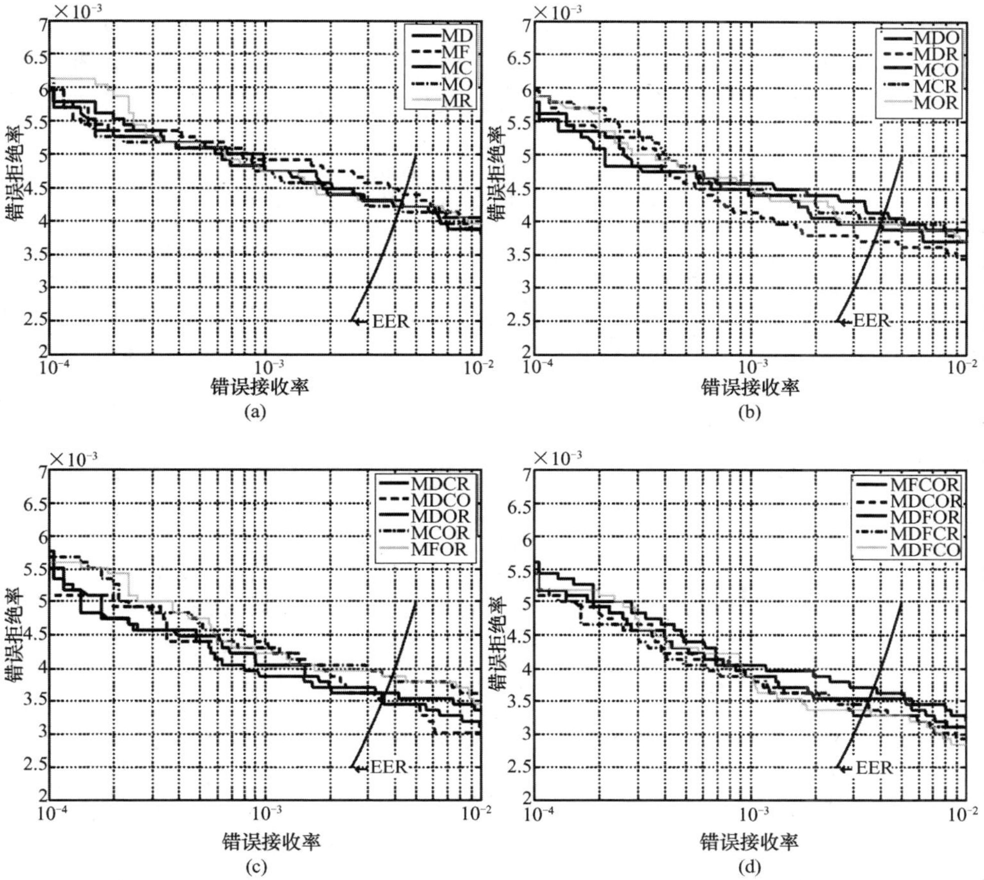

图 5.54 分别用 2、3、4 和 5 个特征的不同组合的 ROC 曲线
(a) 2 个特征；(b) 3 个特征；(c) 4 个特征；(d) 5 个特征。

为了更清楚地比较各种特征组合的性能，在图 5.54 中仅给出了性能最好的五种组合。在性能最好的五种组合中，均含有细节点的特征。这是因为细节点是指纹最为重要和最具区分能力的特征。当只用 2 个特征时，各个组合之间的性能差别不大。例如，MD 的性能与 MO 的性能几乎相同。一个有趣的现象是，单独用 D 性能不是很好，但组合 MD 的性能却很好。

正如以上提到的，MD 和 MO 的性能几乎相同，并且它们是所有 2 个特征的组合中性能最好的。因此，在多于 2 个特征的组合中，性能最好的组合中均含有特征 D。但是，为什么是 MDR，而不是 MDO 是 3 特征组合中性能最好的？这主要因为特征 D 与特征 O 都是关于脊线的方向，因此它们具有很强的相关性。

从图 5.54 可以看出各个最好的组合，见表 5.13。表 5.13 同时给出了各个组合的计算代价及存储代价。为了更好地理解不同数目特征下的最好的组合，将其 ROC 曲线（M、MD、MDR、MDCR、MDFCR 和 MDFCOR）画在同一图上，见图 5.55，并画出了等错误率（EER）曲线。从图中可以看出，当融合更多的特征时，性能得到提高。但并不是特征数越多越好。当特征数大于 4 时，性能的提高就非常有限。并且，特征数越多，相应计算及存储代价越大。因此，建议最多使用 4 个特征进行融合。

表 5.13　不同特征数目下的最好组合

特征数	最好组合	计算/ms	存储/KB
1	M	417.33	0.25
2	MD	525.22	0.56
3	MDR	716.30	0.64
4	MDCR	1261.75	0.80
5	MDFCR	1571.03	2.56
6	MDFCOR	1699.68	2.64

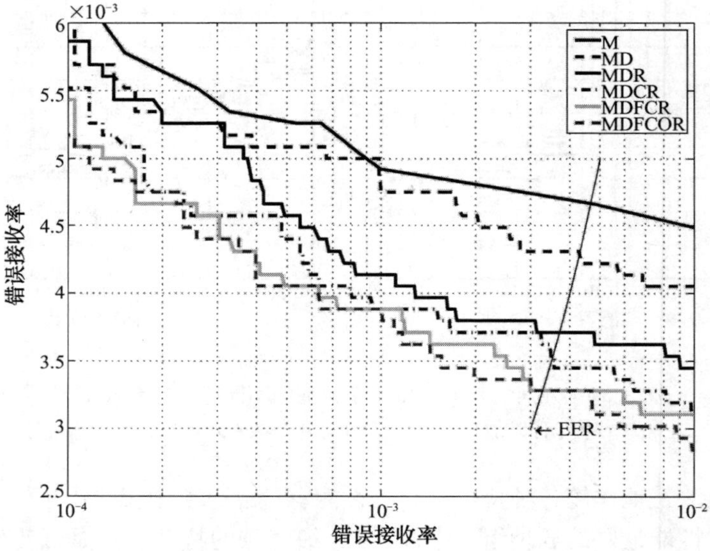

图 5.55　不同特征数目下最好组合的 ROC 曲线

5.5.3　基于分级结构的指纹多特征辨认

正如前文提到，在指纹识别中，特征越多，识别率提高，但同时所需时间增多。在指纹验证中，这是可以接受的，因为指纹验证是 1 对 1 的比对。由于自动指纹辨认系统（AFIS）是一个 1 对 N(N 是数据库中指纹的数目，通常非常大）的比对过程，特征的增加引起时间消耗的增大将是难以接受的。本节提出一种新的基于多特征的指纹辨认方法，通过引入分级的策略，融合多特征的同时，控制时间的消耗。本节同时提出了一种扩展的梯度下降法用以训练求取分级结构中每级的阈值。由于分级结构的每级对应使用一个特征，可以排除许多不匹配的指纹，因此，本方法可以减小计算量，同时保持较高的识别率。

1. 特征的选择

由上节的实验结果知，当超过4个特征时，识别率的提高非常有限，因而选择4个特征。由于细节点描述子也是一种基于细节点的特征，故选择只用细节点，以减少冗余。FingerCode与脊线特征图是属于同一类型的特征，虽然脊线特征图不需要计算参考点，但它的识别能力没有FingerCode强，所以选择FingerCode。最终，选取了4个特征：细节点（Minutiae）、FingerCode、方向场（Orientation Field）、密度图（Ridge Density Map）。这些特征的缩写表示见表5.12。

2. 算法描述

1）传统的多特征指纹辨认算法

上节实验结果表明支持向量机对多个分类器进行融合能够取得很好的效果。因此在本节中，仍然采用支持向量机作为融合算法。令$\boldsymbol{s}=(s_M,s_J,s_O,s_R)$代表来自4个基于不同特征的分类器的得分向量。$\boldsymbol{s}$作为支持向量机的输入，根据支持向量机的输出，可以做出分类决策（比较的两个指纹是否来自同一手指）。

除了支持向量机的计算时间外，1对1比对时间由4部分组成：t_M、t_J、t_O、和t_R。这4个时间分别对应4个特征。因此，1对1比对的总时间t_V为

$$t_V = t_M + t_J + t_O + t_R \tag{5.84}$$

一个指纹辨认系统，可以看成是N个1对1的指纹比对过程，因此，一个输入指纹在数据库中总的搜索时间T_S为

$$T_S = N \cdot t_V \tag{5.85}$$

在自动指纹辨认系统中，数据库中的指纹数N通常数量级非常大（例如，百万甚至千万级），因而时间消耗非常大。

2）分级结构算法

虽然多特征融合可以提高系统的识别性能，但正如前面提到的，这增加了时间复杂度，从而限制了实际应用。因此，提高多特征应用系统的速度变得越来越重要。模仿人脸识别中用到的瀑布模型[151~153]，将整个比对过程分为4级，其中每一级对应一个特征。这种分级结构的优点是：在前面的几级中，大多数与输入指纹$\boldsymbol{F}_r$不是来自同一手指的指纹将被排除掉，这样在后续的特征比对中，需要比对的指纹就越来越少。拒绝（排除）的原则是：在第h步（级），如果特征X_h的比对得分x_{X_h}比阈值T_h小，则这个模板指纹（数据库中的指纹）$\boldsymbol{F}_T$将被拒绝，即认为这个指纹$\boldsymbol{F}_T$和输入指纹$\boldsymbol{F}_I$不是来自同一手指。由于指纹比对是基于细节点的配准，故细节点比对放在第一级。

比对的整个过程是一个退化决策树（Degenerate Decision Tree），称为瀑布模型[154]。如果第h级的特征X_h的比对得分s_{X_h}大于阈值T_h，则继续进入到下一级

$h+1$的比对。在每一级比对中可以排除一批不匹配（与输入指纹不是来自同一手指）的指纹。整个比对的过程见图 5.56。

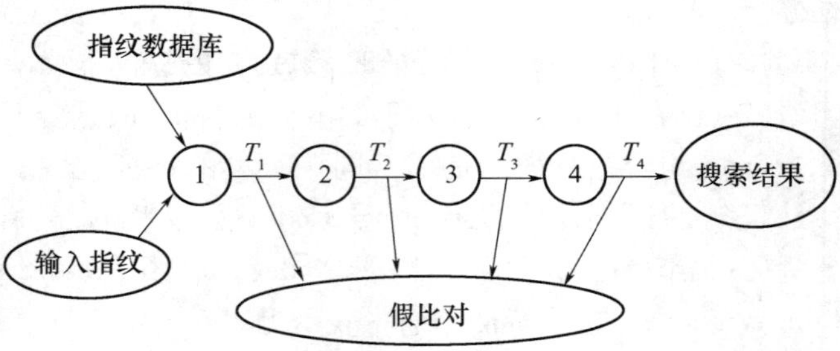

图 5.56　分级结构算法流程图

利用分级结构的优势，本方法可以在前面的每一级排除许多不匹配的指纹，从而可以节约时间。

3）通过训练学习获取阈值

本小节讨论如何在训练集中获取阈值，以使得错误率最低。通常来说，阈值越低，正确匹配的指纹获得通过的几率越大，但同时，不匹配指纹的通过率也会增大。采用梯度下降方法，并将其扩展以用于获取阈值参数。

（1）梯度下降法。

一个无约束优化问题：

$$\min \quad f(\boldsymbol{x}) \tag{5.86}$$

其中，$f: \boldsymbol{R}^n \to \boldsymbol{R}$ 是一个凸连续函数，并且是二次连续可微的。假设这个问题是有解的，即存在一个最优的点 $\boldsymbol{x}^*$。为求解这个最优解，梯度下降法计算出一个序列 $\boldsymbol{x}^0, \boldsymbol{x}^1, \cdots$，其中 $f(\boldsymbol{x}^k)wf(\boldsymbol{x}^*)$，当 $k \to \infty$。很自然地想到，可以选择负的梯度$\Delta\boldsymbol{x} = -\nabla f(\boldsymbol{x})$作为搜索的方向。算法总结见算法 5.4。迭代停止的条件为 $\|\nabla f(x)\| \leqslant \eta$，其中 η 是一个非常小的正整数。

算法 5.4　梯度下降法

Given 起始点 $\boldsymbol{x}$

Repeat

1. $\Delta\boldsymbol{x} = -\nabla f(\boldsymbol{x})$
2. 选择迭代步长 t
3. $\boldsymbol{x} = \boldsymbol{x} + t\Delta\boldsymbol{x}$

Until 满足停止条件

（2）扩展梯度下降法。

这里的优化目标是最小化搜索识别的错误率 r。给定训练数据集，r 是 $\boldsymbol{T}$ 的函数：$r(\boldsymbol{T})$，其中 $\boldsymbol{T}$ 是由各级的阈值组成的向量：

$$\boldsymbol{T} = [T_1, T_2, T_3, T_4]^{\mathrm{T}} \tag{5.87}$$

但是,$r(\boldsymbol{T})$不是显式函数,使得 $\Delta r(\boldsymbol{T})$很难计算。因而不能直接应用梯度下降算法来求阈值。梯度下降法每次迭代会更新 $\boldsymbol{x}$ 的每一个分量 x_h,($h=1,2,\cdots,n$)。$\Delta\boldsymbol{x}$ 的分量 Δx_h越大,则 x_h 更新越快。通过这个事实,可以在每次迭代中只更新一级的阈值。也就是说,每次只更新 $\boldsymbol{T}$ 的一个分量 $\boldsymbol{T}_h$,而不是更新整个 $\boldsymbol{T}$。h 由下式决定:

$$h = \arg\max_k \left| \frac{\partial r(\boldsymbol{T})}{\partial T_k} \right| \tag{5.88}$$

只需要改变 $\boldsymbol{T}_k$ 并计算相应的 $r(\boldsymbol{T})$,就可以通过数值计算来求$\dfrac{\partial r(\boldsymbol{T})}{\partial T_k}$。扩展的梯度下降法见算法 5.5。

算法 5.5　广义梯度下降法

Given 起始点 $\boldsymbol{T}$

Repeat

1. 计算 $\Delta T_K = -\dfrac{\partial r(\boldsymbol{T})}{\partial T_k}, k=1,2,3,4$
2. $h = \arg\max_k \left| \dfrac{\partial r(\boldsymbol{T})}{\partial T_k} \right|$
2. 选择迭代步长 t
3. $T_h = T_h + t\Delta T_h$

Until 满足停止条件

4）时间分析

本小节对算法的时间复杂度进行分析,为此做如下假设:

(1) 数据库中一共有 N 个指纹:$F_1, F_2, \cdots, F_N$。

(2) 在第 h 级,平均的 1 对 1 特征比对时间为 t_h,拒绝率(定义为被本级拒绝的指纹数除以到达本级的指纹总数)为 a_h,平均搜索时间记为 T_h。

(3) 输入指纹与数据库中第 n 个指纹 F_n 来自同一手指的概率为 p_n。简单起见,这里不考虑输入指纹不在数据库中出现的情况。不妨设 p_n 是均匀分布,则

$$p_n = \frac{1}{N}, (n = 1,2,\cdots,N) \tag{5.89}$$

(4) 输入指纹本属于第 n 个指纹 F_n(即输入指纹与 F_n 来自同一手指),且搜索结果属于第 m(若 $m=N+1$,表示没有搜索到结果,即所有指纹都被认为与输入指纹不匹配)个指纹的概率为 $q_{nm}(m=1,2,\cdots,N+1)$,则

$$\sum_{m=1}^{N+1} q_{nm} = 1 \quad (n = 1,2,\cdots,N) \tag{5.90}$$

假设当 $m=n$(即搜索结果正确)的概率为 σ:

$$q_{nn} = \sigma \quad (n = 1,2,\cdots,N) \tag{5.91}$$

又假设当 $m \neq n$ 时，q_{nm}是均匀分布，则

$$q_{mm} = \frac{1-\sigma}{N} \quad (m \neq n, n = 1,2,\cdots,N) \tag{5.92}$$

综上，有

$$q_{nm} = \begin{cases} \sigma, & m = n \\ \dfrac{1-\sigma}{N}, & m \neq n \end{cases} \quad (n = 1,2,\cdots,N) \tag{5.93}$$

考虑第 h 级，当输入指纹属于第 n 个指纹 F_n，且搜索结果属于第 m 个指纹 F_m 时，假设其搜索比对时间为 t_{nm}。由于输出结果是第 m 个指纹 F_m，所以这个输入指纹在每一级最多需要与 m 个指纹比对。通过前面 $h-1$ 级而没有被拒绝的指纹数是 $m\prod_{i=0}^{h-1}(1-a_i)$，其中 $a_0=0$，该输入指纹在第 h 级只需要与这个数目的指纹做比对，因而其在第 h 级的比对时间 t_{nm} 为

$$t_{nm} = \left(m\prod_{i=0}^{h-1}(1-a_i)\right)t_h \tag{5.94}$$

第 h 级的平均搜索时间 $\mathcal{T}_h$ 为

$$\mathcal{T}_h = \sum_{n=1}^{N} p_n \sum_{m=1}^{N+1} q_{nm} t_{nm} \tag{5.95}$$

将式 (5.89)、式(5.93)和式(5.94) 代入上式得

$$\begin{aligned}
\mathcal{T}_h &= \sum_{n=1}^{N} p_n \sum_{m=1}^{N+1} q_{nm}\left(m\sum_{i=0}^{h-1}(1-a_i)\right)t_h \\
&= \left(\prod_{i=0}^{h-1}(1-a_i)\right)t_h \sum_{n=1}^{N} p_n \sum_{m=1}^{N+1} q_{nm} m \\
&= \left(\prod_{i=0}^{h-1}(1-a_i)\right)t_h \sum_{n=1}^{N} \frac{1}{N}\left(\sum_{m=1,m\neq n}^{N+1} \frac{1-\sigma}{N}m + \sigma n\right) \\
&= t_h\left(\prod_{i=0}^{h-1}(1-a_i)\right)\frac{1}{N}\sum_{n=1}^{N}\left(\sum_{m=1,m\neq n}^{N+1} \frac{1-\sigma}{N}m + \sigma n\right) \\
&= t_h\left(\prod_{i=0}^{h-1}(1-a_i)\right)\frac{1}{N} \\
&\quad \sum_{n=1}^{N}\left(\frac{(1-\sigma)}{N}\frac{(N+1)(N+2)}{2} - \frac{(1-\sigma)}{N}n + \sigma n\right) \\
&= \frac{t_h}{2}\left(\prod_{i=0}^{h-1}(1-a_i)\right)\frac{N+1}{N}(N+1-\sigma)
\end{aligned}$$

$$\approx \frac{(N+1)}{2}\left(\prod_{i=0}^{h-1}(1-a_i)\right)t_h \tag{5.96}$$

在本文的实验中，一共有 4 级，各级加起来的总的平均搜索时间 $\mathcal{T}_s$ 为

$$\begin{aligned}
\mathcal{T}_s &= \sum_{h=1}^{4} \mathcal{T}_h \\
&= \sum_{h=1}^{4}\left(\frac{(N+1)}{2}\left(\prod_{i=0}^{h-1}(1-a_i)\right)t_h\right) \\
&= \frac{(N+1)}{2}(t_1 + (1-a_1)t_2 + (1-a_1)(1-a_2)t_3 + \\
&\quad (1-a_1)(1-a_2)(1-a_3)t_4)
\end{aligned} \tag{5.97}$$

拒绝率 $a_h(h=1,2,3,4)$ 通常在区间[0.6,1.0]，式 (5.97) 说明本文提出的分级结构与传统方法相比，可以节省大部分时间。

3. 实验

1）数据库

数据库包含 1422 个手指的指纹（每个手指采集了 8 次），其中 827 个来自清华数据库[63]，另外 595 个来自老年人指纹库[155]。所有指纹均由 Digital Persona 采集器采集（图像大小为 320 ×512 ）。图像采集时，没有对手指的位置和方向进行限制。这个数据库具有各种质量的指纹图像。其中有超过 40% 的指纹图像受断纹、伤痕及污迹的影响，或者由于手指干燥、模糊而造成图像质量很差。

随机选取 500 个手指的指纹作为训练集，用来学习求取每一级的阈值。剩下的指纹用作测试集。不是每个手指的 8 次采集图像都用于实验，因为指纹辨认是用一次捺印（采集）去验证另一次捺印（采集）。因此，只需用到每个手指的两幅捺印（采集）图像。

2）实验结果

（1）与传统的多特征指纹辨认方法的对比实验。

本文提出的方法基于分级结构，以节约时间。在这个分级策略中，对于一个模板指纹（数据库中的指纹），如果算法到达了最后一级，则算法结束并返回该指纹编号。如果返回的指纹编号，与输入的指纹编号相同，则称为“正确搜索”（Right - Searching）。正确搜索的比率（Right - Searching ratio）定义为：Right - Searching 的数目除以总的用于测试的输入指纹数。比较的结果见表 5.14，其中“m→o→j→w”代表本文提出的方法，而“m→o→j→w”代表 5.5.3 节提到的传统方法。结果表明，本文方法可以节约时间，同时不会牺牲太多的正确率。与基于细节点的方法相比，正确搜索的识别率有较大提高，同时时间的消耗增加不大。与传统的多特征指纹辨认方法相比，搜索的时间减少了近 50% ，同时识别率能够保持几乎不下降。

表 5.14 与传统方法的对比

方法	正确率/%	时间/s
基于细节点:m	92.1	6.13
传统融合:mojw	96.7	13.47
本文方法:m→o→j→w	96.2	6.81

(2) 不同顺序下的性能比较。

特征处在分级结构中的顺序不同,系统的性能也会不同。测试不同顺序下系统的性能,结果见表 5.15。从中可以得出结论:①顺序"m→o→j→w"和"m→j→o→w"下的性能最好,而顺序"m→o→w→j"和"m→w→o→j"的性能最差。②系统的性能主要由最后一个特征决定。当最后一个特征确定,系统的性能与前面两个特征的顺序关系不大。这主要是因为最后一个特征需要作出决策:输入指纹与模板指纹是否来自同一手指。而前面的特征主要用来排除那些不匹配的指纹。

表 5.15 不同顺序的对比

特征顺序	m→o→j→w	m→j→o→w	m→j→w→o
正确率	96.2	96.0	95.7
时间	6.81s	6.36s	6.35s
特征顺序	m→w→j→o	m→o→w→j	m→w→o→j
正确率	95.7	95.2	95.2
6.35s	6.35s	6.36s	6.35s

参考文献

[1] Khan M, Zhang J. Multimodal face and fingerprint biometrics authentication on space - limited tokens. Neurocomputing, 2008, 71(13 - 15):3026 - 3031.

[2] Jain A K, Hong L, Sharath P. Biometrics: Promising frontiers for emerging identification market. Computer, 2000, 33(2):91 - 98.

[3] Zhang D. Automated biometrics: Technologies and systems. Kluwer Academic Publishers, New York, 2000.

[4] Maltoni D, Maio D, Jain A K, et al. Handbook of Fingerprint Recognition (Second Edition). Springer, 2009.

[5] Chen S, Yu B. A New Method of Realizing Fingerprint Authentication on Smartcard. Proceedings of Image and Signal Processing, 2008. CISP'08. Congress on, volume 5, 2008. 616 - 620.

[6] 张逊, 杨鑫. 社会养老保险指纹身份管理系统的设计与实现. 计算机工程, 2005, 31(12):42 - 45.

[7] Legal challenges to fingerprints. http://onin. com/fp/daubert links. html.

[8] Jain A K, Bolle R M, Pankanti S. Biometrics: Personal Identification in Networked Society. Springer, October, 2005.

[9] Pankanti S, Prabhakar S, Jain A K. On the Individuality of Fingerprints. IEEE Transactions on Pattern Analysis and Machine Intelligence, 2002, 24(8):1010 - 1025.

[10] Hrechak A K, McHugh J A. Automated fingerprint recognition using structural matching. Pattern Recognition, 1990, 23(8):893 - 904.

[11] Jain A K, Hong L, Pankanti S, et al. An identity - authentication system using fingerprints. Proceedings of the IEEE, 1997, 85(9):1365 - 1388.

[12] He X, Tian J, Li L, et al. Modeling and Analysis of Local Comprehensive Minutia Relation for Fingerprint Matching. IEEE Transactions on Systems, Man, and Cybernetics, Part B, 2007, 37(5):1204 - 1211.

[13] Ratha N, Chen S, Jain A K. Adaptive flow orientation - based feature extraction in fingerprint images. Pattern Recognition, 1995, 28(11):1657 - 1672.

[14] Jain A K, Prabhakar S, Pankanti S. On the similarity of identical twin fingerprints. Pattern Recognition, 2002, 35(11):2653 - 2663.

[15] Tan X, Bhanu B. On The Fundamental Performance For Fingerprint Matching. Proceedings of CVPR, volume 2, 2003. 499 - 504.

[16] Asai K, Izumisawa H, Owada K, et al. Method and device for matching fingerprints with precise minutia pairs selected from coarse pairs, 1987. US Patent 4,646,352.

[17] Ciechanowicz C. Special issue on biometric technologies. Elsevier Information Security Technical Report, 1998, 3(1).

[18] Karu K, Jain A K. Fingerprint classification. Pattern Recognition, 1996, 29(3):389 - 404.

[19] Henry E R. Classification and uses of finger prints. Bibliobazaar, 2008.

[20] Jain A K, Prabhakar S, Hong L. A Multichannel Approach to Fingerprint Classification. IEEE Transactions on Pattern Analysis and Machine Intelligence, 1999, 21(4):348 - 359.

[21] Hong L, Jain A K. Classification of Fingerprint Images. Technical Report MSU - CPS - 98 - 18, Department of Computer Science, Michigan State University, East Lansing, Michigan, June, 1998.

[22] Cappelli R, Lumini A, Maio D, et al. Fingerprint Classification by Directional Image Partitioning. IEEE Transactions on Pattern Analysis and Machine Intelligence, 1999, 21(5):402 - 421.

[23] Wilson C L, Candela G T, Watson C I. Neural network fingerprint classification. J. Artif. Neural Network 1, 1994: 203 - 228.

[24] Yager N, Amin A. Fingerprint classification: a review. Pattern Anal. Appl., 2004, 7(1):77 - 93.

[25] Zhang Q, Yan H. Fingerprint classification based on extraction and analysis of singularities and pseudo ridges. Pattern Recognition, 2004, 37(11):2233 - 2243.

[26] Hong J H, Min J K, Cho U K, et al. Fingerprint classification using one - vs - all support vector machines dynamically ordered with naive Bayes classifiers. Pattern Recognition, 2008, 41(2):662 - 671.

[27] Liu W, Chen Y, Wan F. Fingerprint Classification by Ridgeline and Singular Point Analysis. Proceedings of Image and Signal Processing, 2008. CIS P'08. Congress on, volume 4, 2008. 594 - 598.

[28] Jain A K, Hong L, Bolle R M. On - Line Fingerprint Verification. IEEE Transactions on Pattern Analysis and Machine Intelligence, 1997, 19(4):302 - 314.

[29] 马丽红，余德聪，卢汉清，等. 基于特征融合的指纹质量评估算法. 华南理工大学学报（自然科学版），2007，35(5):20 - 24.

[30] Kass M, Witkin A P. Analyzing oriented patterns. Computer Vision, Graphics, and Image Processing, 1987, 37(3):362 - 385.

[31] Bazen A, Gerez S. Systematic Methods for the Computation of the Directional Fields and Singular Points of Fingerprints. IEEE Transactions on Pattern Analysis and Machine Intelligence, 2002, 24(7):905 - 919.

[32] Yager N, Amin A. Fingerprint verification based on minutiae features: a review. Pattern Anal. Appl., 2004, 7(1):94 - 113.

[33] 罗希平，田捷. 自动指纹识别中的图像增强和细节匹配算法. 软件学报，2002，13(5):946 - 956.

[34] Sherlock B, Monro D, Millard K. Fingerprint enhancement by directional Fourier filtering. IEEE Proceedings – Vision, Image, and Signal Processing, 1994, 141(2):87 – 94.

[35] Kamei T, Mizoguchi M. Image filter design for fingerprint enhancement. Proceedings of Computer Vision, Proceedings., International Symposium on, 1995. 109 – 114.

[36] Candela G, Grother P, Watson C, et al. PCASYS – A Pattern – Level Classification Automation System for Fingerprints. NIST Technical Report NISTIR, 1995, 5647.

[37] Willis A, Myers L. A cost – effective fingerprint recognition system for use with low – quality prints and damaged fingertips. Pattern Recognition, 2001, 34(2):255 – 270.

[38] Kim B, Kim H, Park D. New Enhancement Algorithm for Fingerprint Images. Proceedings of ICPR (3), 2002. 879 – 882.

[39] Saatci E, Tavsanoglu V. Fingerprint Image Enhancement Using CNN Filtering Techniques. Int. J. Neural Syst., 2003, 13(6):453 – 460.

[40] Yang J, Liu L, Jiang T, et al. A modified Gabor filter design method for fingerprint image enhancement. Pattern Recognition Letters, 2003, 24(12):1805 – 1817.

[41] Wang W, Li J, Huang F, et al. Design and implementation of Log – Gabor filter in fingerprint image enhancement. Pattern Recognition Letters, 2008, 29(3):301 – 308.

[42] Zhang W, Wang Q, Tang Y. A wavelet – based method for fingerprint image enhancement. Proceedings of Machine Learning and Cybernetics, 2002. Proceedings. 2002 International Conference on, volume 4, 2002. 1973 – 1977.

[43] Hsieh C, Lai E, Wang Y. An effective algorithm for fingerprint image enhancement based on wavelet transform. Pattern Recognition, 2003, 36(2):303 – 312.

[44] Pavlidis T. A thinning algorithm for discrete binary images. Computer Graphics and Image Processing, 1980, 13(2):142 – 157.

[45] Chen Z, Kuo C. A topology – based matching algorithm for fingerprint authentication. Security Technology, 1991. Proceedings. 25th Annual 1991 IEEE International Carnahan Conference on, 1991. 84 – 87.

[46] Xiao Q, Raafat H. Fingerprint image postprocessing: A combined statistical and structural approach. Pattern Recognition, 1991, 24(10):985 – 992.

[47] Hung D. Enhancement and feature purification of fingerprint images. Pattern Recognition, 1993, 26(11): 1661 – 1671.

[48] Farina A, Kovács – Vajna Z, Leone A. Fingerprint minutiae extraction from skeletonized binary images. Pattern Recognition, 1999, 32(5):877 – 889.

[49] Stockman G, Kopstein S, Benett S. Matching Images to Models for Registration and Object Detection Via Clustering. IEEE Transactions on Pattern Analysis and Machine Intelligence, 1982, 4(3):229 – 241.

[50] Ratha N K, Karu K, Chen S, et al. A Real – Time Matching System for Large Fingerprint Databases. IEEE Transactions on Pattern Analysis and Machine Intelligence, 1996, 18(8):799 – 813.

[51] Bazen A, Gerez S. Elastic Minutiae Matching by Means of Thin – Plate Spline Models. Proceedings of ICPR (2), 2002. 985 – 988.

[52] Cheng J, Tian J. Fingerprint enhancement with dyadic scale – space. Pattern Recognition Letters, 2004, 25 (11):1273 – 1284.

[53] He Y, Tian J, Luo X, et al. Image enhancement and minutiae matching in fingerprint verification. Pattern Recognition Letters, 2003, 24(9 – 10):1349 – 1360.

[54] 杨春宇. 多注册指纹融合方法研究[D]. 北京：清华大学, 2004.

[55] Jain A K, Ross A. Fingerprint mosaicking. Proceedings of IEEE International Conference on Acoustics, Speech, and Signal Processing, 2002. Proceedings. (ICASSP'02), volume 4, 2002. 4064 – 4067.

[56] Choi K, Choi H, Kim J. Fingerprint Mosaicking by Rolling and Sliding. Proceedings of AVBPA, 2005. 260 - 269.

[57] Choi K, Choi H, Lee S, et al. Fingerprint Image Mosaicking by Recursive Ridge Mapping. IEEE Transactions on Systems, Man, and Cybernetics, Part B, 2007, 37(5):1191 - 1203.

[58] Toh K, Yau W, Jiang X, et al. Minutiae data synthesis for fingerprint identification applications. Proceedings of ICIP (3), 2001. 262 - 265.

[59] 吴南南. 基于模型的指纹奇异点精定位方法研究. 北京: 清华大学, 2003.

[60] Jain A K, Ross A, Prabhakar S. Fingerprint matching using minutiae and texture features. Proceedings of ICIP (3), 2001. 282 - 285.

[61] Jain A K, Prabhakar S, Hong L, et al. Filterbank - based fingerprint matching. IEEE Transactions on Image Processing, 2000, 9(5):846 - 859.

[62] Zhou J, Gu J. Modeling orientation fields of fingerprints with rational complex functions. Pattern Recognition, 2004, 37(2):389 - 391.

[63] Gu J, Zhou J, Yang C. Fingerprint Recognition by Combining Global Structure and Local Cues. IEEE Transactions on Image Processing, 2006, 15(7):1952 - 1964.

[64] Wang Y, Hu J, Phillips D. A Fingerprint Orientation Model Based on 2D Fourier Expansion (FOMFE) and Its Application to Singular - Point Detection and Fingerprint Indexing. IEEE Transactions on Pattern Analysis and Machine Intelligence, 2007, 29(4):573 - 585.

[65] Huckemann S, Hotz T, Munk A. Global Models for the Orientation Field of Fingerprints: An Approach Based on Quadratic Differentials. IEEE Transactions on Pattern Analysis and Machine Intelligence, 2008, 30(9):1507 - 1519.

[66] Wu C, Zhou J, Bian Z, et al. Robust Crease Detection in Fingerprint Images. Proceedings of CVPR (2), 2003. 505 - 512.

[67] Zhou J, Wu C, Bian Z, et al. Improving Fingerprint Recognition Based on Crease Detection. Proceedings of ICBA, 2004. 287 - 293.

[68] 张堂辉, 田捷, 何余良, 等. 基于相似度直方图的混合指纹匹配方法. 计算机学报, 2005, 28(10): 1728 - 1733.

[69] Wan D, Zhou J. Fingerprint recognition using model - based density map. IEEE Transactions on Image Processing, 2006, 15(6):1690 - 1696.

[70] Wang X, Li J, Niu Y. Definition and extraction of stable points from fingerprint images. Pattern Recognition, 2007, 40(6):1804 - 1815.

[71] Fan L, Wang S, Wang H, et al. Singular Points Detection Based on Zero - Pole Model in Fingerprint Images. IEEE Transactions on Pattern Analysis and Machine Intelligence, 2008, 30(6):929 - 940.

[72] Liu M, Jiang X, Kot A C. Efficient fingerprint search based on database clustering. Pattern Recognition, 2007, 40(6):1793 - 1803.

[73] Tulyakov S, Farooq F, Mansukhani P, et al. Symmetric hash functions for secure fingerprint biometric systems. Pattern Recognition Letters, 2007, 28(16):2427 - 2436.

[74] Hong L, Wan Y, Jain A K. Fingerprint Image Enhancement: Algorithm and Performance Evaluation. IEEE Transactions on Pattern Analysis and Machine Intelligence, 1998, 20(8):777 - 789.

[75] Jain A K, Feng J. Latent Fingerprint Matching. IEEE Transactions on Pattern Analysis and Machine Intelligence, 2011, 33(1):88 - 100.

[76] Neurotechnology. Verifinger 6.2, 2010. http://www.neurotechnology.com/.

[77] Bramble S, Fabrizi P. Observations on the effects of image processing functions on fingermark data in the Fourier domain. Proceedings of SPIE, volume 2567, 1995. 138.

[78] Watling W J. Using the FFT in Forensic Digital Image Enhancement. Journal of Forensic Identification, 1993, 43(6):573 -584.

[79] Tang H, Lu W, Che C, et al. Gold nanoparticles and imaging mass spectrometry: Double imaging of latent fingerprints. Analytical chemistry, 2010, 82(5):1589 -1593.

[80] Fan X, Liang D, Zhao L. A scheme for separating overlapped fingerprints based on partition mask. Computer Engineering and Applications, 2004 (in Chinese), 40(2):80 -81.

[81] Geng R, Lian Q, Sun M. Fingerprint separation based on morphological component analysis. Computer Engineering and Applications, 2008 (in Chinese), 44(16):188 -190.

[82] Hyvärinen A, Oja E. Independent component analysis: algorithms and applications. Neural Networks, 2000, 13(4 -5):411 - 430.

[83] Singh M, Singh D, Kalra P. Fingeprint separation: an application of ICA. Proceedings of the SPIE, Mobile Multimedia/Image Processing, Security, and Applications, volume 6982, 2008. 69820L - 1 - 69820L -11.

[84] Jain A K, Feng J. Latent Palmprint Matching. IEEE Transactions on Pattern Analysis and Machine Intelligence, 2009, 31(6):1032 -1047.

[85] 赵衍运，蔡安妮. 指纹图像质量分析. 计算机辅助设计与图形学学报，2006，18(5):644 -650.

[86] Pelillo M, Abbattista F, Maffione A. Evolutionary Learning for Relaxation Labeling Processes. Proceedings of AI * IA, 1993. 230 -241.

[87] Pelillo M, Refice M. Learning Compatibility Coefficients for Relaxation Labeling Processes. IEEE Transactions on Pattern Analysis and Machine Intelligence, 1994, 16(9):933 -945.

[88] Zhou J, Gu J. A model - based method for the computation of fingerprints' orientation field. IEEE Transactions on Image Processing, 2004, 13(6):821 -835.

[89] Padró L. POS Tagging Using Relaxation Labelling. Proceedings of COLING (International Conference on Computational Linguistics), 1996. 877 -882.

[90] Kittler J, Illingworth J. Relaxation labelling algorithms - a review. Image and Vision Computing, 1985, 3 (4):206 -216.

[91] Stoddart A J, Petrou M, Kittler J. On the Foundations of Probabilistic Relaxation with Product Support. Journal of Mathematical Imaging and Vision, 1998, 9(1):29 -48.

[92] Rangarajan A. Self - annealing and self - annihilation: unifying deterministic annealing and relaxation labeling. Pattern Recognition, 2000, 33(4):635 -649.

[93] Rosenfeld A, Hummel R A, Zucker S W. Scene labeling by relaxation operations. IEEE Transactions on Systems, Man and Cybernetics, 1976, 6(6):420 -433.

[94] Thathachar M, Sastry P. Relaxation labeling with learning automata. IEEE Transactions on Pattern Analysis and Machine Intelligence, 1986, 8(2):256 -268.

[95] Haralick R M, Shapiro L G. Computer and Robot Vision. Addison - Wesley, 1992: 158 -205.

[96] Daugman J. Uncertainty relation for resolution in space, spatial frequency, and orientation optimized by two - dimensional visual cortical filters. Journal of the Optical Society of America A, 1985, 2 (7): 1160 -1169.

[97] Feng J, Jain A K, Ross A. Detecting altered fingerprints. Proceedings of 20th International Conference on Pattern Recognition (ICPR), 2010. 1622 -1625.

[98] Sherlock B G, Monro D M. A model for interpreting fingerprint topology. Pattern Recognition, 1993, 26 (7):1047 -1055.

[99] Vizcaya P R, Gerhardt L A. A nonlinear orientation model for global description of fingerprints. Pattern Recognition, 1996, 29(7):1221 -1231.

[100] Fisher N. Statistical analysis of circular data. Cambridge Univ Pr, 1996.

[101] Granlund G H, Knutsson H. Signal Processing for Computer Vision. Norwell, MA: Kluwer, 1995.

[102] Gu J, Zhou J, Zhang D. A combination model for orientation field of fingerprints. Pattern Recognition, 2004, 37(3):543 – 553.

[103] 顾金伟. 指纹特征表示的研究及应用. 北京: 清华大学, 2005.

[104] Guibas L J, Knuth D E, Sharir M. Randomized Incremental Construction of Delaunay and Voronoi Diagrams. Algorithmica, 1992, 7(4):381 – 413.

[105] Edelsbrunner H, Shah N R. Incremental Topological Flipping Works for Regular Triangulations. Algorithmica, 1996, 15(3):223 – 241.

[106] 谢晓辉, 蔡安妮. 一种鲁棒的指纹细节特征点匹配方法. 计算机工程与应用, 2005, 41(19):5 – 8.

[107] Kittler J, Hatef M, Duin R P W, et al. On Combining Classifiers. IEEE Transactions on Pattern Analysis and Machine Intelligence, 1998, 20(3):226 – 239.

[108] Jain A K, Prabhakar S, Chen S. Combining multiple matchers for a high security fingerprint verification system. Pattern Recognition Letters, 1999, 20(11 – 13):1371 – 1379.

[109] Prabhakar S, Jain A K. Decision – level fusion in fingerprint verification. Pattern Recognition, 2002, 35 (4):861 – 874.

[110] Ross A, Shah J, Jain A K. From template to image: reconstructing fingerprints from minutiae points. IEEE Transactions on Pattern Analysis and Machine Intelligence, 2007, 29(4):544 – 560.

[111] 苏菲, 孙景鳌. 基于分形模型的指纹图像中心三角区域的检测. 北京邮电大学学报, 2000, 23(02): 5 – 9.

[112] Su F, Sun J, Cai A. Fingerprint classification based on fractal analysis. Proceedings of Signal Processing Proceedings, 2000. WCCC – ICSP 2000. 5th International Conference on, volume 3. IEEE, 2000. 1471 – 1474.

[113] 高文静, 李立明, 张超, 等. 指纹比对法在双生子卵性鉴定中的准确性评价. 遗传学进步与人口健康高峰论坛论文集, 2007, 2:65.

[114] Gu J, Zhou J. A Novel Model for Orientation Field of Fingerprints. Proceedings of CVPR (2), 2003. 493 – 498.

[115] Tico M, Kuosmanen P. A multiresolution method for singular points detection in fingerprint images. Proceedings of ISCAS (4), 1999, 183 – 186.

[116] Rämö P, Tico M, Onnia V, et al. Optimized singular point detection algorithm for fingerprint images. Proceedings of ICIP (3), 2001. 242 – 245.

[117] Park C, Lee J, Smith M, et al. Singular point detection by shape analysis of directional fields in fingerprints. Pattern Recognition, 2006, 39(5):839 – 855.

[118] Nilsson K, Bigün J. Complex Filters Applied to Fingerprint Images Detecting Prominent Symmetry Points Used for Alignment. Proceedings of Biometric Authentication, 2002. 39 – 47.

[119] Nilsson K. Symmetry Filters Applied to Fingerprints. Chalmers University of Technology, Sweden, 2005.

[120] Nilsson K, Bigün J. Localization of corresponding points in fingerprints by complex filtering. Pattern Recognition Letters, 2003, 24(13):2135 – 2144.

[121] Chikkerur S, Ratha N. Impact of Singular Point Detection on Fingerprint Matching Performance. Proceedings of AutoID, 2005. 207 – 212.

[122] Perona P. Orientation diffusions. IEEE Transactions on Image Processing, 1998, 7(3):457 – 467.

[123] Scheuermann G, Hagen H, Krüger H, et al. Visualizing Critical Points of Arbitrary Poincaré – Index. Proceedings of Scientific Visualization, 1997. 277 – 283.

[124] Fulton W. Algebraic topology: a first course. Springer, 1995.

[125] Yawei M, Luo R. Topological method for loop detection of surface intersection problems. Computer - Aided Design, 1995, 27(11):811 - 820.

[126] Scheuermann G. Topological Vector Field Visualization with Clifford Algebra. University of Kaiserslaute, January, 1999.

[127] Scheuermann G, Krüger H, Menzel M, et al. Visualizing Nonlinear Vector Field Topology. IEEE Trans. Vis. Comput. Graph., 1998, 4(2):109 - 116.

[128] Saff E B, Snider A D. Fundamentals of Complex Analysis with Applications to Engineering, Science, and Mathematics. 3rd ed. Prentice Hall, 2002.

[129] Burges C. A Tutorial on Support Vector Machines for Pattern Recognition. Data Min. Knowl. Discov., 1998, 2(2):121 - 167.

[130] 谢晓辉，苏菲，蔡安妮. 一种基于支持模型和 SVM 的指纹匹配方法. 计算机工程，2006，32(15)：168 - 170.

[131] Cristianini N, Shawe - Taylor J. An introduction to Support Vector Machines. Cambridge: Cambridge University Press, 2000.

[132] Vapnik V. The Nature of Statistical Learning Theory. Springer, 2000.

[133] Chen Y, Councill I G. An Introduction to Support Vector Machines: A Review. AI Magazine, 2003, 24(2):105 - 107.

[134] Rao A. A taxonomy for texture description and identification. Springer, New York, 1990.

[135] Watson C, Wilson C. NIST Special Database 4. Fingerprint Database, National Institute of Standards and Technology, 1992, 17.

[136] Maio D, Maltoni D, Cappelli R, et al. FVC2002: Second Fingerprint Verification Competition. Proceedings of International Conference on Pattern Recognition, volume 16, 2002. 811 - 814.

[137] 段少雄，田捷，李恒华. 高效指纹考勤系统的研究与设计. 计算机工程，2003，29(9)：37 - 38.

[138] Germain R, Califano A, Colville S. Fingerprint Matching Using Transformation Parameter Clustering. IEEE Computational Science & Engineering, 1997, 4(4):42 - 49.

[139] Xie X, Su F, Cai A, et al. A Robust Fingerprint Minutiae Matching Algorithm Based on the Support Model. Proceedings of ICBA, 2004. 316 - 323.

[140] Tico M, Kuosmanen P. Fingerprint Matching Using an Orientation - Based Minutia Descriptor. IEEE Transactions on Pattern Analysis and Machine Intelligence, 2003, 25(8):1009 - 1014.

[141] Ross A, Jain A K, Reisman J. A hybrid fingerprint matcher. Pattern Recognition, 2003, 36(7): 1661 - 1673.

[142] Xie X, Su F, Cai A. Ridge - Based Fingerprint Recognition. Proceedings of ICB, 2006. 273 - 279.

[143] Zhao D, Su F, Cai A. Fingerprint Registration Using Minutia Clusters and Centroid Structure 1. Proceedings of ICPR (4), 2006. 413 - 416.

[144] Ross A A, Nandakumar K, Jain A K. Handbook of multibiometrics. Springer, 2006.

[145] Alexandre L A, Campilho A C, Kamel M S. On combining classifiers using sum and product rules. Pattern Recognition Letters, 2001, 22(12):1283 - 1289.

[146] Fiérrez - Aguilar J, Garcia - Romero D, Ortega - Garcia J, et al. Exploiting general knowledge in user - dependent fusion strategies for multimodal biometric verification. Proceedings of IEEE International Conference on Acoustics, Speech, and Signal Processing, 2004. Proceedings. (ICASSP'04), volume 5, 2004.

[147] Wang Y, Wang Y, Tan T. Combining Fingerprint and Voiceprint Biometrics for Identity Verification: an Experimental Comparison. Proceedings of the ICBA, Hong Kong, 2004. 663 - 670.

[148] Fiérrez - Aguilar J, Ortega - Garcia J, Gonzalez - Rodriguez J, et al. Discriminative multimodal biometric authentication based on quality measures. Pattern Recognition, 2005, 38(5):777 - 779.

[149] Doe R. Fingerprint Verification Competition, June, 2009. http://www. test. org/doe/.
[150] Watson C, Wilson C. NIST Special Database 4. Fingerprint Database, National Institute of Standards and Technology, 1992, 17.
[151] Schapire R, Freund Y, Bartlett P, et al. Boosting the Margin: A New Explanation for the Effectiveness of Voting Methods. The Annals of Statistics, 1998, 26(5):1651 - 1686.
[152] Viola P A, Jones M J. Robust Real - Time Face Detection. International Journal of Computer Vision, 2004, 57(2):137 - 154.
[153] Wu J, Brubaker S C, Mullin M D, et al. Fast Asymmetric Learning for Cascade Face Detection. IEEE Transactions on Pattern Analysis and Machine Intelligence, 2008, 30(3):369 - 382.
[154] Viola P, Jones M. Robust real - time object detection. International Journal of Computer Vision, 2002, 57 (2):137 - 154.
[155] Zhou J, Chen F, Wu N, et al. Crease detection from fingerprint images and its applications in elderly people. Pattern Recognition, 2009, 42(5):896 - 906.

第 6 章　掌纹掌脉及其融合识别技术

6.1 概　述

6.1.1 掌纹识别技术的研究现状

掌纹识别技术[1,2]是指根据人手掌上的有效信息来识别哪些掌纹图像是来自同一只手掌,哪些掌纹图像是来自不同的手掌。人类对掌纹的研究有悠久的历史,最初起源于手相学。根据现在印度各地的遗迹、壁画中所残留的古老记录及婆罗门教所传的口碑中,都可以了解到手相在古印度十分流行。在中国,远在周朝(约3000 多年前),手相学即已盛行,在西汉时代,就出现了比较完整的手相论著(许负《相法十六篇》)。同时,我国也是最早利用掌纹(掌印)进行侦察活动的国家,有文字可考,有实物可证的历史距今已有 2100 余年。在唐代,掌印就应用于文书契约上,到了宋代,手印已正式作为刑事诉讼的物证了。掌纹在中国古代的接待契约、买卖文凭、婚约休书、狱词供状、军队名籍等方面的广泛应用,反映了我国人民已经根据经验,认识到了掌纹可以代表一个人,而且是不变的。掌纹识别技术以其丰富的信息量、稳定且唯一的特征,近些年来受到了全世界很多研究团体的高度重视,与此相关的新技术和新方法不断出现。

1998 年,张大鹏教授首先提出了利用掌纹进行身份识别的课题并申请了国际专利,从而开辟了掌纹识别研究领域。张大鹏教授领导的香港理工大学生物识别研究中心在掌纹识别领域的研究一直处于世界领先地位,他们在掌纹采集装置的设计[3~5]、掌纹图像的预处理[4,8]、掌纹特征提取[20~28]、掌纹图像的分类、掌纹系统研制[5,18~20]等方面都取得了令人瞩目的成就。

在国际上,美国 Michigan 州立大学 Jain 教授领导的生物特征识别小组于 2001 年研究了掌纹匹配的问题,给出了一种摁捺掌纹图像匹配的方法[21],他们对残缺掌纹匹配方法也进行了相应的研究[22],还对掌纹与手形的融合问题进行了一些研究[23]。马来西亚 Multimedia 大学的 Tee Connie 等人研究了基于 PCA、ICA 和 LDA 等方法的掌纹特征的提取问题[24~26]。

在国内,台湾省中华大学的 Han 等人对扫描仪扫描得到的掌纹图像进行了研究,他们采用基于算子的方法提取掌纹图像感兴趣区域的特征,并用模板匹配和 BP 神经网络衡量掌纹图像的相似性进而完成身份验证[27],他们还提出了一种由粗到精的掌纹识别方法[28];台湾省台南工学院的 Lin 和他的同事们提出了一种基于层次结构分解的掌纹验证方法[29];哈尔滨工业大学王宽全教授领导的生物特征识别研究中心，和张大鹏教授的研究团队合作十分密切，也取得了不少成果[3~5,11,12,30~35]。除此之外，香港科技大学[23,36]、清华大学[37-40]、北京大学[41-45]、广东工业大学[46,47]、中科院自动化所[3,48]和国防科学技术大学[7,49~52]也分别在掌纹图像获取、掌纹特征提取和掌纹识别系统等方面进行了很多开创性的工作。

和其他生物特征识别技术相似，掌纹识别包括图像采集、预处理、特征提取和匹配识别这四个步骤。

根据使用的图像传感器不同，可以将掌纹采集方式分为 4 种类型：基于扫描仪，基于数码相机，基于 CCD 和基于视频摄像头。

按照特征提取方法可以将掌纹识别方法大致分为以下 3 类。

(1) 基于点线特征的方法：基于点线特征的方法主要检测和提取掌纹图像的纹线或者特征点，然后对这些纹线和特征点进行直接或者间接的匹配判别。如束为提出的基于方向投影的自动掌纹基准点检测方法[37]；张泽提出的基于褶皱的掌纹识别方法[39]；Nicolae Duta 提出的基于特征点的识别方法以及 Wu 提出的基于线特征描述和匹配的掌纹识别算法等[31,53,54]。

(2) 基于子空间的方法：子空间方法是多维数字信号处理的技术，它包括独立分量分析(ICA)、主分量分析(PCA)和 Fisher 线性判别式(FLD)等，将其应用在掌纹图像识别中，对输入掌纹图像样本数据进行分析和研究，利用输入数据在统计学关系上的本质特征来提取掌纹图像样本的内部特征。如 Wu 提出的基于 Fisherpalm 的掌纹识别方法[12]；Tee Connie 与 Andrew Teoh 等提出的基于 PCA 和 ICA 的掌纹识别方法[24~26]；Hu 和 Feng 提出了基于流形学习的掌纹识别方法[7,49~51]等。

(3) 基于统计特征的方法：掌纹具有丰富的纹理信息，直接提取难度较大，将掌纹图像转换到其他空间后，通过计算其统计特征进行比对和识别。常见的变换有 DCT 变换、傅里叶变换、小波变换、Gabor 变换等。如 Zhang 和 Li 提出的基于傅里叶变换的掌纹识别方法[13]；Wu 提出的基于小波变换的特征提取方法[30]；Zhang 提出的基于 Gabor 滤波器组的掌纹特征提取算法等[4]。

已经投入实际应用的掌纹识别系统有 NEC 公司的自动掌纹识别系统和 Motorola公司的 Omnitrack 系统。日本 NEC 公司研制的自动掌纹识别系统是在刑侦指纹识别技术的基础上发展起来的。据统计，在刑侦现场发现的残留痕迹中，一般而言有 60% 是未知痕迹，其中有 30% ~35% 是掌纹或者指纹痕迹。NEC 公司研制的自动掌纹识别系统通过犯罪分子在作案现场遗留下来的掌纹，并将其用扫描仪数字化到计算机中，与库中已存的掌纹记录进行比对，以确认是否是惯犯，或作为分辨犯罪嫌疑人的有效证据来出示[55](图 6.1)。Motorola 公司开发出 Omnitrak 系统，该系统能通过现场残留的一整套残缺指纹和掌纹采集、处理、识别等手段来有效的识别罪犯[56](图 6.1)。

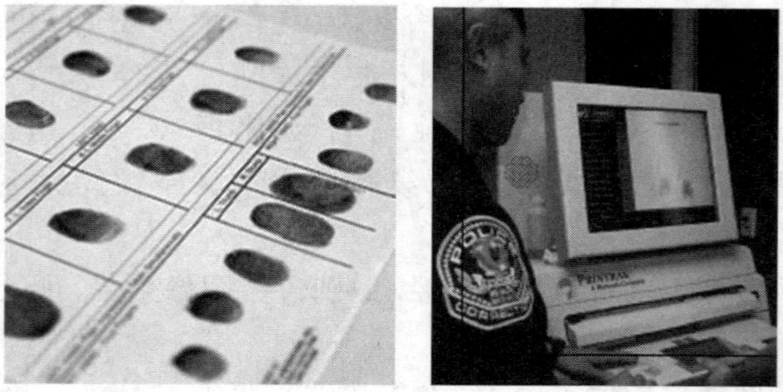

图 6.1 NEC 公司的自动指纹掌纹识别系统和 Motorola 公司的 Omnitrak 系统

6.1.2 静脉识别技术的基本原理

人体的静脉血管近红外成像在很早之前就是一项在医学上应用非常广泛的技术，一般用于临床应用、疾病检测和疾病预防中，但是直到 1992 年 K. Shimizu[57] 提出可将静脉识别技术作为一种新的非接触式生物特征识别技术，并且预测了它在 CT 扫描和光学人体成像中的广阔前景，静脉成像才作为一种生物特征识别技术得到了生物特征识别研究人员的普遍关注，从而迅速发展起来。静脉识别技术研究是模式识别领域中尤其是生物特征识别技术领域中的前沿课题，它在身份识别中有着非常广泛的应用背景，体现了自身的独特优越性，是对生物特征识别技术的一个重要补充和扩张，有人预言它是未来生物识别技术的主流之一。目前国内外研究静脉识别的机构非常少，静脉识别技术研究还处于起步阶段，其发展前景和发展余地极其巨大。

人们一般把 780nm ~ 1mm 这一段大约为可见光波段 3000 倍的范围含糊地通称为“红外线”，再概略分成近红外线（780nm ~ 3000nm 或 4μm）、中红外线（3μm ~ 40μm）、以及远红外线（40μm ~ 1000μm 或 1mm）。根据人体骨骼、肌肉生物组织的特点，当入射光波长在 0. 72 ~ 1. 104μm 时，能够较好地穿透骨骼和肌肉，凸现出血管结构，该波波长范围属于近红外光线。血液中血红蛋白吸收更多的近红外光，使得静脉血管看起来比较黑，而周围的生物组织则反射回近红外光到成像系统中成像，从而形成了静脉血管结构形状的图像。近红外线一般可以透视人体生物组织 3mm 左右，因此只有皮下组织的静脉血管是可见的[58]。

大多数 CCD 不仅可以接收可见光，还可以接收近红外线及近紫外线波段。根据中国国家医用红外检测光源的有关规定，红外光强处于峰值时波长范围在0.8 ~ 1.5μm，因此只要有较好的近红外 CCD，利用市面上现有的近红外光源就完全可以拍摄到满足我们实验要求的静脉图像。

据相关医学报告所述，所有人（包括双胞胎）的静脉几乎都不一样，而且绝大多数人的静脉血管图像不会随着年龄增长发生根本性变化，即静脉识别具有稳定性和唯一性的特征。

相较于其他生物特征识别技术，掌脉（手掌静脉）识别的优势体现在以下几个方面：

（1）防伪性能强。

静脉藏匿于身体表皮内部，仿制或失窃的风险非常小，掌脉特征不易伪造且不会因为外在环境而影响到识别率，另外只有活体才能识别，防伪造性非常高。相较于手指静脉识别，掌脉的图样更为复杂，增加了做假的难度，身份识别也表现得更为稳定，掌脉受温度和其他外部冲击干扰的影响也较小，识别的范围更大，准确率也比较高，安全性也相对要高得多；相较于手背静脉识别，掌脉特征受活体血液流量影响比较少，温度变化和活体血液流量增减情况对掌脉血管影响比较小，而对手背静脉血管影响则比较大。

（2）适用范围广。

在皮肤受伤、表面受到腐蚀或干燥的影响时，指纹登记和验证均无法成功完成，而掌脉受这些外部因素的影响程度可以忽略不计。富士通在开发掌脉身份识别技术时，从全球 75000 位个人身上采集了 150000 份掌脉图样的样本，并用于验证身份识别的准确度和适用率。在身份识别和验证的实验过程中，没有发生过任何一次未能成功记录和验证的事例。掌脉识别即使在手掌手指受到轻伤弄脏或者戴着手套的情况下都可以取得较为理想的识别效果，这些都是指纹或者掌纹特征识别难以做到的。

（3）可获得性高。

指纹识别有许多环境因子会影响到识别率，例如有人天生没有指纹，指纹因为外伤改变了无法识别，带着手套无法识别，手指脏了无法识别，感应器经常被触碰会降低寿命和灵敏度等，必须接触感应器还有个人卫生方面的问题以及增加传染病的概率等。掌脉识别就没有以上的这些问题。掌脉识别技术对于被其他物体覆盖、脱皮、有伤痕、一些手上老茧较多的皮肤以及无法辨识的毁伤肌肤识别起来不会受到干扰，不存在识别率低的问题。

（4）可接受度好。

掌脉识别不需要直接接触感应器，这种非侵入性的扫描过程既简单自然、卫生方便，又安全快捷，不会给用户带来不自在的感觉，减轻了用户由于担心卫生程度或使用麻烦而可能存在的抗拒心理，容易被大众接受，对使用者增加更多的亲和性，用户友好度非常好。在传染病流行的时间内，这种非接触性的掌脉图像采集方式是比较安全的，甚至在医院的手术室，外科医生都可以戴着外科手套通过采集到静脉特征实现身份认证，非接触式的采集方式还可以延长感应器的使用寿命。

6.1.3 静脉识别技术的研究现状

K. Shimizu 等于 1996 年对他们近年来在静脉识别方面的研究进行了综述，Cross 和 Smith[59] 对手背静脉识别技术进行了初步的研究。Taka 等[60] 对静脉识别技术进行了开拓性的研究。Kono Miyuki 等[61~63]在日立公司的资助下，首次研制出用于人员识别的手指静脉近红外识别系统，并且应用在门禁系统和汽车安全系统中。图6.2为日立公司的基于手指静脉识别的ATM系统和门禁系统。Naoto Miura 等[64]对手指静脉识别中的特征提取和特征判别关键技术进行了相应的研究。Mohamed Shahin[69]、Khan M[70]、Wang[71]、Ajay Kumar[72]和Lin[73]等对手背静脉识别算法和系统进行了一些相应的研究。汉城大学电子工程系的 Sang - Kyun Im 等[65~68]对手背静脉识别算法进行了系统的研究且取得了卓越的成果，他们通过对500个手背静脉样本图像进行试验，识别率达到了94.88%，韩国NEXTERN公司采用该技术，自1998年以来分别研制了4套手背静脉识别系统的成熟产品BK100、BK200、BK300、BK500，前3套已经陆续投入使用，其中2000年研制的较为成熟的BK300产品系统利用采集手掌静脉血管分布图，采用一对一的识别方式，采集和识别匹配响应时间仅为1s，在同行业中处于领先地位。图6.3为NEXTERN公司开发的BK系列手背静脉识别产品及其原理图。日本富士通公司[74,75]研制开发出掌脉识别系统，据富士通公司所称，他们对140000个手掌样本数据进行身份识别试验的结果表明，认假率(FAR)达到0.0008%，同时拒真率(FRR)达到0.01%，这样的识别效率和鲁棒性要比传统的指纹识别、人脸识别等生物特征识别方式高出很多，该系统已经广泛应用于日本多家医院、银行柜台窗口、ATM、密码箱和笔记本电脑系统中。图6.4为富士通公司的基于掌脉识别的银行窗口系统和笔记本身份验证系统。

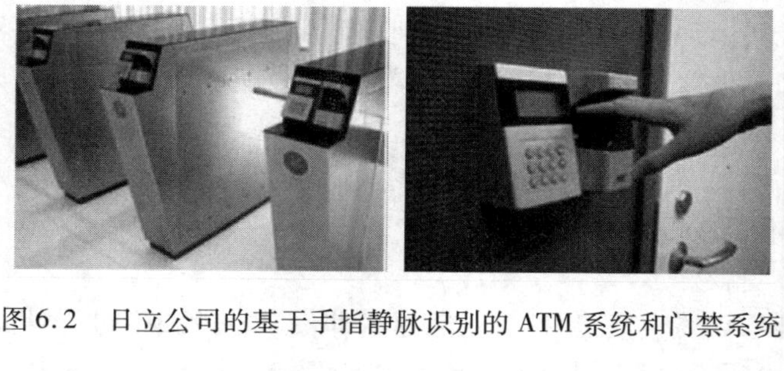

图6.2 日立公司的基于手指静脉识别的ATM系统和门禁系统

图6.3 NEXTERN公司的BK系列手背静脉识别产品

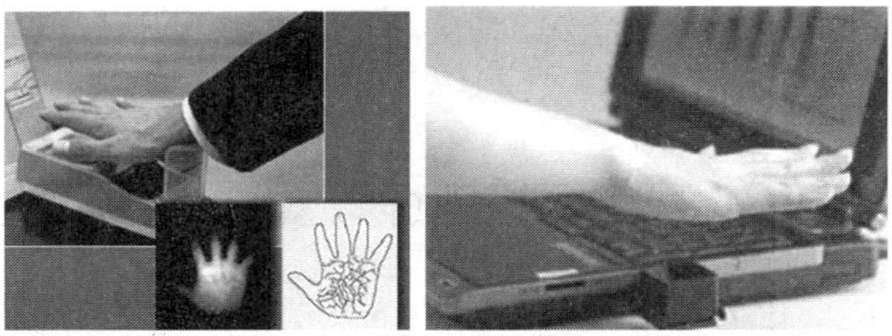

图 6.4　富士通公司的基于掌脉识别的银行窗口系统和笔记本身份验证系统

迄今为止，国内对静脉识别技术研究尚属于起步阶段，对静脉识别技术开展研究的院校和研究所也比较少，清华大学精密测试技术及仪器国家重点实验室和上海理工大学电气工程学院对手背静脉识别进行了开拓性的研究[76,77]，国防科技大学[80,81]和哈尔滨工业大学[78,79]等开始着手对静脉识别技术进行了一系列的研究工作，国内静脉识别的相关专利申请也很少。静脉识别系统在我国的一次大规模成功公开应用是第十一届世界女子垒球锦标赛作为北京奥组委确定的 42 场奥运测试赛首场比赛，任何人进出场馆安保中枢均需伸手接受手背静脉门禁系统检测，要想通过这个系统需要过三关：①检测手背上静脉的形状和走向；②要检测每条静脉的宽度；③要检测血管内血流的速度。据称该手背静脉门禁系统的出错率低于百万分之一，注册人员靠近感应区，上方的电脑屏幕立即能显示注册人的相关信息。五天的举办期间现场内外秩序良好，安保工作获得了观众、参赛队以及媒体的赞赏。

静脉识别在我国的实际应用也处于起步阶段，已生产的产品种类较少，体积比较大，但随着技术与工艺的提高，这一弊端将逐步解决。另外，静脉识别的应用主要集中在门禁领域，且集中在重要的高要求场所，但随着研发的深入，这项技术可以应用到更多不同的领域。由于人们了解程度不高，概念普及与产品推广需要一定的时间，市场还在开发阶段，产品初期成本价格较高。目前我国生产手指静脉识别系统的厂家有深圳市科安信有限公司，生产手背静脉识别系统的有深圳市中电视讯有限公司、上海道肯奇科技有限公司和北京中航昊天科技有限公司等。北科慧识公司推出了 WHOIS 系列非接触掌纹掌脉识别系统，利用双图像传感器和双波段光谱成像实现用户身份识别，据称其 FAR 达到 0.5%，同时 FRR 达到 0.0001%，识别时间小于 1.5s。图 6.5 所示为 WHOIS 系列型号 BS01 的单节点掌纹掌脉识别系统。

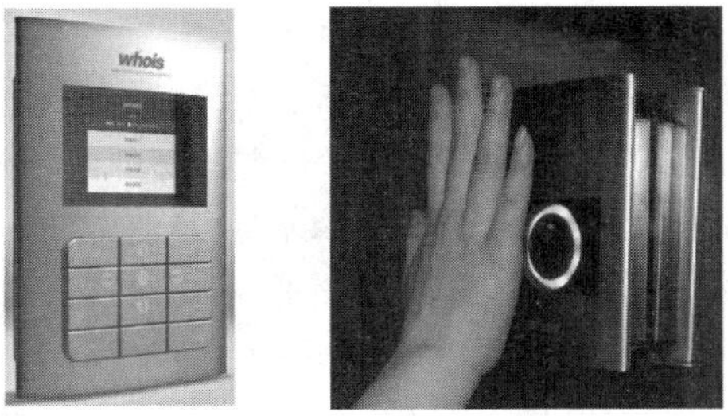

图 6.5　北科慧识公司的 WHOIS 系列非接触掌纹掌脉识别系统

随着静脉识别技术在我国的不断推广和普及，相关的研究和产品不断推出，识别精度越来越高，产品体积越来越小。

6.2 掌纹特征提取算法研究

本节主要提出了基于 Moiré 特征和景象匹配技术的掌纹识别方法。

由于手掌上也包含很多类似于指纹纹路的乳突纹，通过对采集到的较高分辨率掌纹图像分析发现，无名指根部和小指根部的乳突纹区域由于位置因素使得该区域的乳突纹纹路受到较好的保户，受到磨损的概率比较低，即使时间流逝或者用户使用手掌进行大量的体力劳动，此区域的纹路也几乎没有什么明显的变化，性能表现比较稳定，因此考虑将对此区域的乳突纹纹路进行特征提取来实现用户身份验证。

Moiré 特征是光学和度量学中的一个重要工具，最早由 Lord Rayleigh 于 1874 年提出，当两个具有相似明暗轮廓（宽度大致相等）的轮廓图相互交叠时便会产生 Moiré 特征。掌纹中的乳突纹区域具有类似于指纹纹路的谷线、脊线周期明暗交替的纹路结构，且呈现近似的环形回路结构，满足交叠产生 Moiré 特征的条件。

本节提出基于 Moiré 特征的掌纹特征提取算法流程：首先对原始掌纹图像进行预处理，提取出包含乳突纹的感兴趣图像块，对两幅感兴趣图像块进行特定的叠加产生 Moiré 特征向量，通过不变矩对 Moiré 特征向量进行度量，并通过加权和得到它们之间的匹配分数，从而实现掌纹身份验证。

景象匹配[99]是一项重要的图像分析与处理技术，它与掌纹识别的过程有一些相似之处：它们都可以看作是将预先获取的模板图像与不同光照条件、传感器不同位置或是不同类型传感器获得的样本图像进行匹配的过程。

我们搭建了一些实用化的掌纹识别原型样机，通过对用户使用情况和感受进行总结发现：用户在身份注册阶段一般都非常谨慎用心，采集到的掌纹图像质量效果比较理想；一般而言，注册阶段是在主服务器进行，有严格的流程规定或是有专业人士进行录入监督，很容易对模板图像进行特征提取并存储到对应用户 ID 的数据库中，因为注册过程一般只有一次，用户可以忍受较长时间的身份注册过程。但是在身份验证的阶段，操作只是在终端节点实现，且在实际应用中用户可能要经常进行身份验证，这样他们对于实时性的要求就比较高，手掌的放置也较为随意，不可避免会出现难以提取甚至无法提取 ROI 的情况，示例情况如图 6.11 所示。考虑到以上因素，我们提出了应用景象匹配的掌纹识别方法，具体流程为：在注册阶段，为了提取用户掌纹模板图像中的较好图像区域，与传统的掌纹识别方法相同，依然进行 ROI 提取的操作。希望所提取的 ROI 图像要体现用户的独特性，具有较大的类间差异和较小的类内差异，并将其存储为模板图像到用户 ID 标志的数据库中。在识别阶段，则不需要对实时掌纹图像进行 ROI 提取操作，直接利用景象匹配技术将模板图像与实时掌纹样本进行匹配判别，大幅度减少用户在识别阶段所耗费时间；且用户的手掌放置自由度也很大，只要采集到的掌纹图像中包含有模板图像块，即使只拍摄到手掌的一部分亦可将此次掌纹图像采集就视为有效，可以进行身份验证的过程，这样就大大提高用户手掌放置的舒适性和自由性。如果样本掌纹图像和模板图像块来自同一个人，甚至模板图像块在样本图像上的准确位置都能够确定出来。根据采集到的掌纹图像的实际特点，本节主要应用了两种成熟有效的景象匹配方法，即 SIFT 和 Fractal Code 方法，并将其应用到了掌纹识别过程中，最后在公开 Polyu 掌纹数据库和自行搭建的 NUDT 数据库中验证了所提出方法的优越性。

6.2.1 基于 Moiré 特征的掌纹特征提取算法

1. Moiré 特征简介

Moiré 特征是由两个周期或者准周期的光栅结构信号通过叠置而产生的一种干涉条纹特征[90]。根据韦伯通用词典第二版的解释，Moiré 是一个法语词汇，意思为波纹或者波浪形状，它与中国的传统织布技术有关。两层丝绸图案叠置可以产生 Moiré 特征的图案，不同的叠置方式和叠置结构产生不同的 Moiré 特征图案。Moiré 特征与全息成像技术和干涉测量技术紧密相关，干涉测量法、全息成像技术和 Moiré 特征有时几乎没有界限可言。它们的最大区别在于 Moiré 特征主要是由非相关光照获取，而干涉往往是通过图像渐变产生的。

Moiré 的概念最早是由 Lord Rayleigh 于 1874 年提出，他提出将 Moiré 作为一种分析光栅不完整性的工具，并且用来测试重复衍射光栅。Righi 在 1888 年、Ronchi 在 1925 年、Giambiasi 在 1927 年和 Brewer 在 1941 年等相关工作，都对 Moiré 技术在测量小位移和内平面张力等方面进行了一些先驱性的研究[91]。在 20 世纪末期，Moiré 边缘特征技术发展迅速并成为一个重要的度量工具。大尺度的空间、时间相干性和激光技术的飞速发展促进了 Moiré 技术在干涉测量学、光学校正和地形学等领域的广泛应用[92~95]。

一般而言，当两个具有相似明暗轮廓（宽度大致相等）的轮廓图相互交叠时便会产生 Moiré 特征。通过交叠产生的 Moiré 特征典型实例如图 6.6 所示。

下面对 Moiré 特征的数学描述进行阐述。不失一般性，对两个相同光栅叠加产生 Moiré 特征的特定情况进行讨论，两个光栅之间相交倾斜一个较小角度，在交叠区域所产生的 Moiré 特征呈现为宽大的明暗交界边缘，与两个光栅之间的倾斜角相交。为了计算方便，假定光栅为周期的正弦波信号而并非方波脉冲信号，因为所用的光源一般是非相关的，因此可以将光源传输函数作为光强传输函数，这样就可以避开复杂繁琐的光源发射场分布的乘法运算。根据文献[90]所述，可以将两

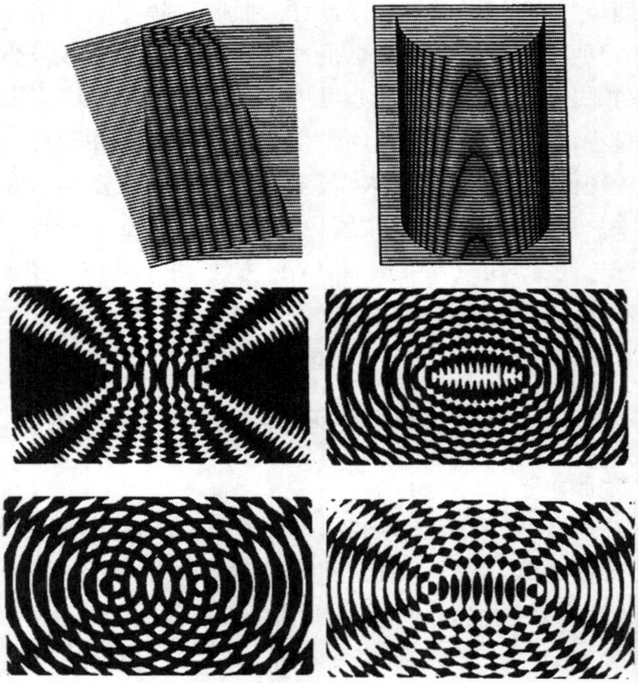

图 6.6　通过交叠产生的 Moiré 特征典型实例

个光栅信号以简单的正弦波信号方式表示为

$$\tau_1(x,y) = 1 + \sin\frac{2\pi}{L}x \tag{6.1}$$

$$\tau_2(x,y) = 1 + \sin\frac{2\pi}{L}(x\cos\delta + y\sin\delta) \tag{6.2}$$

$$M(x,y) = \tau_1(x,y)\tau_1(x,y) = 1 + \sin\frac{2\pi}{L}x + \sin\frac{2\pi}{L}(x\cos\delta + y\sin\delta) + \sin\frac{2\pi}{L}x\sin\frac{2\pi}{L}(x\cos\delta + y\sin\delta) \tag{6.3}$$

$$\begin{aligned} M(x,y) &= \cos\frac{2\pi}{L}[(1-\cos\delta)x - y\sin\delta] \\ &= \cos\frac{2\pi}{L}(2\sin\frac{\delta}{2})(\sin\frac{\delta}{2}x - \cos\frac{\delta}{2}y) \end{aligned} \tag{6.4}$$

上述等式表达了一个正弦波光栅 Moiré 特征，其方向与两个原始光栅信号大致成直角。Moiré 光栅周期 L_{eq} 要比原始光栅信号周期明显大很多，为原始光栅信号周期的 $2\sin\delta/2$ 倍。

2. 预处理

Moiré 特征是光学和度量学中的一个重要工具，Carlos[96] 对 Moiré 特征在指纹识别中进行了初步的研究和探讨，但是 Moiré 特征在掌纹识别中的应用尚未有研究。在本节中,我们对 Moiré 特征在掌纹特征提取和匹配判别中的应用进行相应的研究和讨论。

由于手掌上也包含很多和指纹上一样的乳突纹,所以和指纹识别一样,在掌纹图像上也可以提取出这些乳突纹的特征并用于识别。通过对第 6.3.1 节所述的基于数码相机的掌纹识别系统采集到的样本掌纹图像分析可以发现,由于数码相机拍摄到的掌纹图像分辨率比较大、质量高,无名指和小指根部中间的乳突纹区域拍摄得非常清晰,完全可以用于身份验证。该区域的环形纹路与指纹纹路非常类似,可以参考非常成熟的指纹特征提取和识别方法,此时参考了 Carlos[96] 的指纹 Moiré 特征提取的工作,将 Moiré 特征应用到掌纹识别中来,预处理工作的目标是从原始掌纹图像中提取出类似指纹纹路的图像块。

基于 Moiré 特征的掌纹识别算法的预处理详细步骤如下:

步骤 1. 原始图像二值化。

数码相机得到的原始掌纹图像为彩色 JPG 图像(图 6.7(a)),首先将其转换为灰度图像。采集到的掌纹图像中含有不同程度的噪声,运用高斯低通滤波器对图像进行平滑滤波,滤去一些噪声。高斯平滑滤波器可以通过高斯核函数来生成,其二维空间的分布方程为

$$\boldsymbol{G}(\boldsymbol{x},\boldsymbol{y}) = \frac{1}{2\pi\sigma^2}\mathrm{e}^{-(x^2+y^2)/2\sigma^2} \tag{6.5}$$

$$\text{Gauss} = \begin{bmatrix} 1 & 2 & 3 & 2 & 1 \\ 2 & 7 & 11 & 7 & 2 \\ 3 & 11 & 17 & 11 & 3 \\ 2 & 7 & 11 & 7 & 2 \\ 1 & 2 & 3 & 2 & 1 \end{bmatrix} \tag{6.6}$$

通过对灰度图像进行整体阈值化得到二值化图像(图 6.7(b)),即为

$$\boldsymbol{B}(\boldsymbol{x},\boldsymbol{y}) = \begin{cases} 255, & I(x,y) * G(x,y) > T \\ 0, & \text{其他} \end{cases} \tag{6.7}$$

步骤 2. ROI 提取。

为了从掌纹图像中提取出 ROI,有必要建立一个统一的坐标系,需要在掌纹图像中确立两个特征点来定义一个统一的坐标系。

首先通过应用 Canny 算子对二值化图像进行边界跟踪,提取出边界线之后,通过角点检测得到小指右下角点 K_2 和无名指左下角点 K_1。连接 K_1 和 K_2 为掌纹统一坐标系的横轴,以 K_1 和 K_2 的中点为坐标系原点,建立起统一的坐标系。而我们所感兴趣的乳突纹区域在距离坐标系原点不远处,即可以在坐标系中的预定义位置上提取特定大小的图像区域作为 ROI(图 6.7(c))。所提取到的 ROI 图像如图 6.7(d)所示。

步骤 3. ROI 图像二值化。

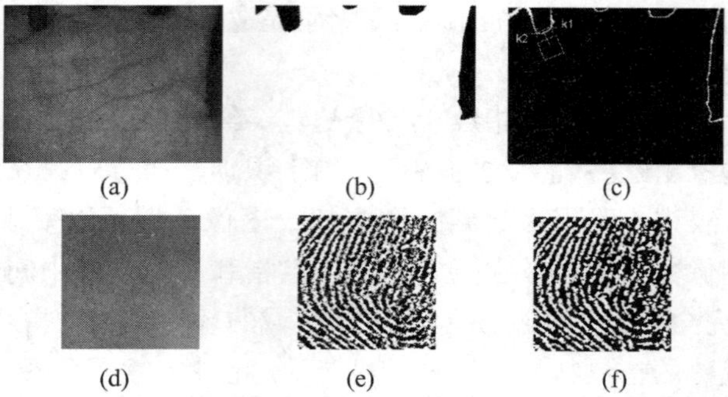

图 6.7　预处理主要步骤

（a）原始掌纹图像；（b）二值化图像；（c）ROI 提取；（d）ROI ；（e）二值化处理；（f）平滑增强处理。

通过对实际提取到的 ROI 图像进行分析，采用局部阈值法对其进行二值化处理。局部阈值法中每一个像素点的阈值由该点像素值和周围点的局部像素值特性共同决定。

首先将原始图像平均分割为若干个 $n \times n$ 图像块（n 为奇数），计算出每一个图像块的均值 m：

$$m = \frac{\sum_{i=1}^{n} \sum_{j=1}^{n} f(i,j)}{n \times n} \tag{6.8}$$

假设图像块中心点的灰度值为 p，比较图像块灰度均值 m 与中心点灰度值 p 来进行像素点二值化，具体可以表示为

$$\boldsymbol{B}(x,y) = \begin{cases} 1, & p > m \\ 0, & \text{其他} \end{cases} \tag{6.9}$$

根据 Nyquist - Shannon 采样定律，当将模拟信号转换为数字信号时，采样频率必须要大于输入信号的最大频率的 2 倍，这样才能保证从采样后的数据重建原始信号时不会发生失真。由于 ROI 图像的主要特征为环形周期交替的脊线和谷线结构，图像块边长 n 的选取取决于脊线和谷线的周期性宽度距离 w，我们经验地取边长 $n = 2 \times w + 1$。

如果图像块边长选择的很大，不仅窗口边缘的像素点与图像块中心的关系不大，而且计算量也很大；如果边长选择的很小，则图像块可能完全落在 ROI 图像的脊线或谷线上，会引起脊线的中断或相连。根据对我们所采集到的 ROI 图像分析，由于脊线和谷线的宽度一般不超过 5 个像素，所以本节取参数 $w = 5$，$n = 11$，即采用了大小为 11×11 的图像块进行二值化。

由于该算法的运算量还是较大，因此对该算法进行改进。当图像块向右移动一个像素时，计算新图像块的中值只需去掉原图像块最左边的一列，再加上新图像块最右边的一列。同样，当图像块向左、向下移动一个像素时，也有同样的性质。

由此，该算法可大大减少计算次数，达到了加速二值化的目的。

步骤 4. 平滑增强处理。

所得到的二值化处理后图像如图 6.7(e)所示，可以看出二值化之后的图像上有很多的毛刺，有些脊线和谷线有断裂和相交的现象，必须要进行平滑增强等操作。

平滑后，使用形态学的开启算子进行处理，对脊线谷线断裂和空洞进行修复；通过区域连通方法计算出各个连通区域的面积，毛刺噪声一般而言面积比较小，可以直接通过经验阈值法去除。由于皮肤表面限制、采集条件和采集设备等因素的影响，难免会遇到质量较差的图像块，例如脊线连接模糊、连接脊线断开和并行脊线被桥接起来等现象，需要进行图像增强，本节采取的是田捷[97]等人提出的基于傅里叶滤波的低质量指纹增强算法，最终效果如图 6.7(f)所示。

3. Moiré 特征提取

对预处理之后的 ROI 图像进行 Moiré 特征提取，并实现身份判别。在身份注册阶段定义两个 Moiré 特征，第一个 Moiré 特征由模板 ROI 与它的水平对称图像进行卷积得到，另一个则由模板 ROI 与它的竖直对称图像进行叠加得到。从数学描述而言，卷积操作可以简单地通过图像矩阵乘法来实现：

$$\begin{cases} \boldsymbol{I}_r\_LR(x,y) = \boldsymbol{I}_r(x,y).*\boldsymbol{I}_r(-x,y) \\ \boldsymbol{I}_r\_UD(x,y) = \boldsymbol{I}_r(x,y).*\boldsymbol{I}_r(x,-y) \end{cases} \tag{6.10}$$

ROI 主要纹理特征为类似指纹纹路的乳突纹，脊线和谷线周期交替的两极纹理结构，因此上述操作所得到的两个模板 Moiré 特征分别具有与水平轴和竖直轴相对应的反对称性。根据这样的一个有趣特点定义出 Moiré 特征的度量特性。

在用户识别阶段，同样要进行 Moiré 特征提取操作，与注册阶段的主要不同点在于：待识别 Moiré 特征是通过将待识别 ROI 的水平方向和竖直方向翻转图像与模板 ROI 进行卷积得到，即将待识别 ROI 分别左右翻转和上下翻转后与模板 ROI 的对应图像进行矩阵乘法操作：

$$\begin{cases} \boldsymbol{I}_t\_\boldsymbol{LR}(x,y) = \boldsymbol{I}_r(x,y).*\boldsymbol{I}_t(-x,y) \\ \boldsymbol{I}_t\_\boldsymbol{UD}(x,y) = \boldsymbol{I}_r(x,y).*\boldsymbol{I}_t(x,-y) \end{cases} \tag{6.11}$$

这样所得到的待识别 Moiré 特征不会复制模板 Moiré 特征，除非待识别 ROI 与模板 ROI 完全相同。即使是在待识别掌纹图像和模板图像都是采集于同一个用户的情况下，待识别 Moiré 特征也不会与模板 Moiré 特征相同，因为平移、旋转和光照变化等因素都会使得待识别 ROI 与模板 ROI 有或多或少的差异。当待识别掌纹图像和模板掌纹图像都是采集于同一个用户时，待识别 Moiré 特征与模板 Moiré 特征相似度很大；而当它们是采集于不同用户时，它们之间相似度很小甚至没有相似度。模板 Moiré 特征和待识别用户的不同 Moiré 特征如图 6.8 所示。

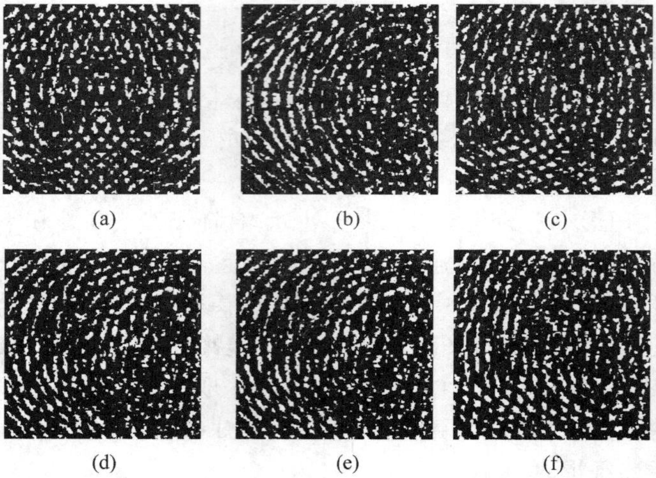

图 6.8　模板 Moiré 特征和待识别 Moiré 特征

（a）水平的模板 Moiré；（b）竖直的模板 Moiré；（c）同用户的水平 Moiré；
（d）同用户的竖直 Moiré；（e）不同用户的水平 Moiré；（f）不同用户的竖直 Moiré。

4. Moiré 特征判别

掌纹特征判别的主要任务是计算出待识别掌纹图像特征和模板图像特征之间的相似度，并判断它们是否属于同一个用户。在本节中，我们对得到的 Moiré 特征进行匹配和用户判别，具体的 Moiré 特征匹配可以借助图像平面不变矩的帮助。

不变矩在当图像处理的性能主要取决于整体形状纹理特性而不是图像的具体纹理细节的时候，表现出的特征选择性能较佳。比较常用的典型不变矩是 Hu 不变矩，它对于图像平移、旋转和尺度变换具有非常好的鲁棒性。

综合考虑计算量和掌纹图像 ROI 的纹理特征性，我们选取了前三个不变矩，它们分别可以表示为

$$\begin{cases} S_1 = u_{20} + u_{02} \\ S_2 = (u_{20} - u_{02})^2 + 4u_{11}^2 \\ S_3 = (u_{30} - 3u_{12})^2 + (3u_{21} - u_{03})^2 \end{cases} \tag{6.12}$$

对于水平方向的 Moiré 特征，对它的左半部分和右半部分分别计算不变矩，而对于竖直方向的 Moiré 特征则计算其上半部分和下半部分，从而最终得到一个 12 维的特征向量：

$$f(i) = (LS_1, LS_2, LS_3, RS_1, RS_2, RS_3, TS_1, TS_2, TS_3, BS_1, BS_2, BS_3) \tag{6.13}$$

对于模板 Moiré 特征而言，它们具有对应的水平和竖直方向上的对称性，因此根据旋转不变性的特点，每个对称位置的不变矩向量是相等的，即有

$$LS_1 = RS_1, LS_2 = RS_2, LS_3 = RS_3, TS_1 = BS_1, TS_2 = BS_2, TS_3 = BS_3 \tag{6.14}$$

然而，待识别用户的 Moiré 特征则不具有这种特点，相应对称位置的不变矩则可能不会相等。正是由于这样一种差异，该特点可以用于作为 Moiré 特征的一种几何度量手段。

在 Moiré 特征匹配判别中，以简单的向量权值距离来作为相似性度量，对训练样本统计分析得到权值。

假设 $\boldsymbol{f}(r)$ 和 $\boldsymbol{f}(t)$ 分别为模板 Moiré 特征向量和用户 Moiré 特征向量，$\boldsymbol{f}(r)$ 和 $\boldsymbol{f}(t)$ 的向量权值距离定义如下：

$$\mathrm{Dis}(r,t) = a_1 \times | f_1(r) - f_1(t) | + a_2 \times | f_2(r) - f_2(t) | + \cdots a_{12} | f_{12}(r) - f_{12}(t) | \tag{6.15}$$

$$a_1 = 5,\ a_2 = 6,\ a_3 = 50,\ a_4 = 3,\ a_5 = 0,\ a_6 = 10,\ a_7 = 2,\ a_8 = 3,\ a_9 = 20,\ a_{10} = 3,\ a_{11} = 5,\ a_{12} = 40 \tag{6.16}$$

5. 实验数据分析和性能评价

通过本章 6.3.1 节所述的基于数码相机的掌纹采集系统，我们建立了一个包含 1500 样本的掌纹数据库，其中采集对象为 150 个志愿者，每个人一次性采集 10 个样本掌纹图像，没有采集周期间隔。志愿者大部分为高校的在读本科生，少部分为教师和研究生，性别分布上男性占 89%，女性占 11%，年龄分布上大部分为 18 ~26 周岁。

在这个掌纹数据库中，我们对基于 Moiré 特征的掌纹特征提取算法进行实验数据分析和性能评价。实验环境为：Pentium IV 台式机（CPU 2.8GHz，内存 DDRII 512MB），Windows XP 操作系统，编程环境为 Visual C + + 。

在具体的实验过程中，所截取的 ROI 大小为 256 ×256，局部阈值二值化所平均分成的图像块大小为 11 ×11，即参数 $n = 11$。在掌纹数据库中，每个用户的第一幅掌纹图像选取为其模板图像，因此可以得到 $C_{10}^2 * 150 = 6750$ 个类内匹配结果和 $1490 * 150 = 223500$ 个类间匹配结果。根据这些匹配结果可以得到类内和类间匹配结果分布图，如图 6.9 所示。

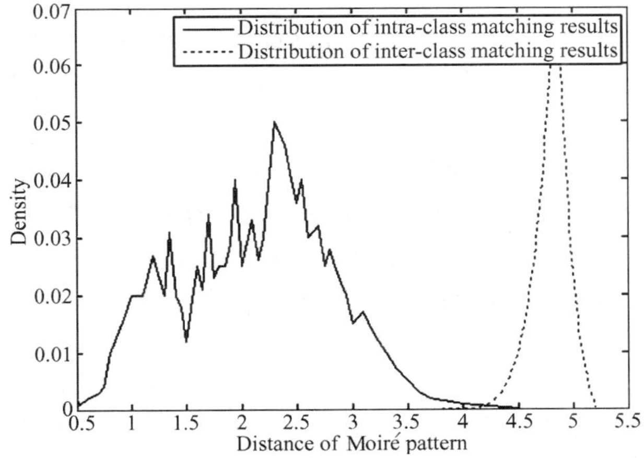

图 6.9　Moiré 特征提取算法的类内和类间匹配结果分布图

从类内和类间匹配结果分布图可以看出，Moiré 特征权值距离分布曲线分别有两个相距较远的峰值，一个峰值位于 Moiré 特征距离为 2.4 处，对应于类内曲线分布；另一个峰值位于 Moiré 特征距离为 4.8 处，对应于类间曲线分布。由图像可以看出，类内和类间分布曲线相交区域很小，且峰值分布得很开，充分说明我们提出的基于 Moiré 特征的掌纹特征提取算法的识别性能很好，即可以有效地把不同用户的掌纹图像区分开。

通常采用以下两个参数来对生物特征识别系统的性能进行评价：错误拒绝率(False Rejection Rate，FRR)和错误接收率(False Accept Rate，FAR)。其中 FRR 是指系统在特征识别时将已注册的合法用户错误地识别(或验证)为非法用户的概率，而 FAR 是指系统在特征识别时将未注册的非法用户错误地识别(或验证)为合法用户的概率。FRR 和 FAR 的具体定义如下：

$$FRR = \frac{NFR}{NGA} \times 100\% \tag{6.17}$$

$$FAR = \frac{NFA}{NIA} \times 100\% \tag{6.18}$$

式中，NFR 为错误拒绝的个数(Number of False Reject)；NGA 为同类之间的匹配个数(Number of Geniun Attempts)；NFA 为错误接收的个数(Number of False Accept)；NIA 为不同类之间的匹配个数(Number of Imposter Attempts)。

对于一个理想的生物特征识别系统来说，希望 FRR 和 FAR 尽量小，而实际应用中，FRR 和 FAR 是相互制约的，不可能同时降低，拒识率 FRR 的减小总会导致误识率 FAR 的增加，反之，拒识率 FRR 的上升总会导致误识率 FAR 的下降。根据系统实际应用的需求，寻求二者之间的某种平衡。对于安全性要求高的系统，比如军事系统、安检等部门，应尽量降低误识率 FAR；对于安全性要求不高的系统，比如很多的民用系统，易用性较重要，应尽量降低拒识率 FRR。为了更好地反映 FRR 和 FAR 之间的关系，并将不同阈值下的 FRR 和 FAR 绘制成曲线，即 ROC (Receiver Operating Characteristic) 曲线，ROC 曲线表现的是通过对匹配分数进行一系列不同阈值匹配判别而得到的一系列对应 FRR 和 FAR，它是评价生物特征识别系统的重要标准。

与类内和类间匹配结果分布图的统计工作类似，总共进行了 $C_{10}^2 * 150 = 6750$ 个合法尝试和 $1490 * 150 = 223500$ 个非法尝试。为了证明本节所述算法的优越性，我们还在相同数据库上测试了比较成熟实用的 2D Gabor 特征提取算法，并与本节的 Moiré 特征提取算法进行了比对。考虑到算法比对的公平性，两种算法的预处理步骤都相同，即都对预处理之后得到的 $256 * 256$ 的 ROI 图像分别进行相应的特征提取和匹配判别，最终得到的 ROC 曲线图如图 6.10 所示。

从 ROC 曲线图可以清晰地看出，相较于传统 2D Gabor 算法，本节所述的 Moiré 特征提取算法的 ROC 曲线处于更低的 FRR/FAR 区域。2D Gabor 算法在掌纹数据库中的 EER 大约为 0.52%，而我们所提出的基于 Moiré 特征算法的 EER

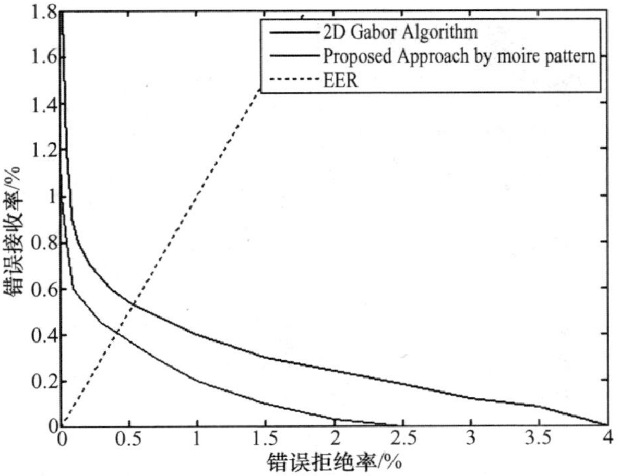

图 6.10　2D Gabor 和 Moiré 特征提取算法的 ROC 曲线

大约为 0.4%。实验结果表明，对于类似指纹纹路的乳突纹结构而言，本节所述算法的识别性能比 2D Gabor 算法要好很多。

实时性也是评价一个生物特征识别系统的重要指标。本节所述算法的预处理、特征提取和匹配判别步骤的平均响应时间如表 6.1 所列。系统的总体响应时间仅为 0.665s，可以满足生物特征识别系统的实时性需求。

表 6.1　基于 Moiré 特征的掌纹识别系统的平均响应时间

主要步骤	预处理	特征提取	匹配判别	总体响应时间
时间/ms	540	100	25	665

6.2.2　应用景象匹配的掌纹识别方法

传统的掌纹识别技术主要可以分为 3 个步骤：ROI 提取、特征提取和匹配判别。ROI 提取技术是掌纹识别技术中一个首要环节，它可以粗略消除可能存在的平移、旋转和尺度变换等误差。现有的 ROI 提取技术可以大致分为矩形区域提取方法[4]和最大内切圆区域提取方法[110]。现有的这些 ROI 提取技术都要求掌纹图像中的有效手掌区域必须是全部可见的，手掌的边缘以及手指之间的关键点很容易得到。然而，当待测用户不够配合或是掌纹采集过程中用户手掌没有固定好，这些都会使得拍摄到的掌纹图像质量很差，很难甚至无法从它们中提取出 ROI 来。在本章 6.3.2 节所述的基于视频摄像头的掌纹采集设备中，为了用户手掌放置的舒适性，并没有放置固定销来对用户手指和手掌的放置进行固定和限制，因此用户手掌放置的自由度很大，经常会出现无法提取 ROI 或者手掌放置超出界限的情况，如图 6.11 所示。因此在本节我们应用了较为成熟的景象匹配技术到掌纹识别中，在识别阶段避开 ROI 提取步骤。

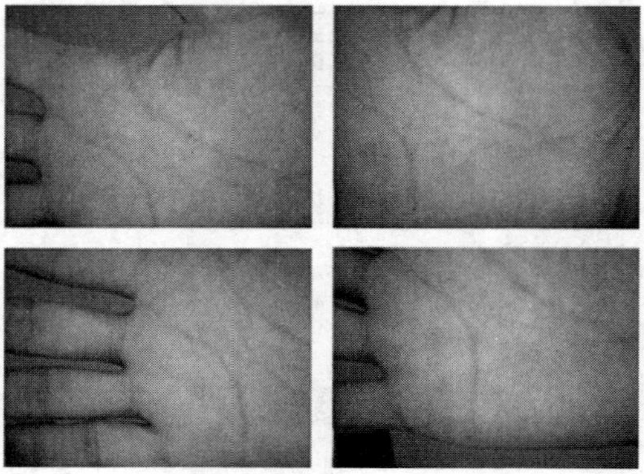

图 6.11 很难甚至无法提取 ROI 的样本掌纹图像

1. 景象匹配的相关技术

景象匹配[99]是一项重要的图像分析与处理技术,它指的是将一个图像区域从别的传感器摄取的另一个相应景象区域中确定出来或找到它们之间对应关系的一种重要的图像分析与处理技术。当图像由不同的传感器或者不同的时间、不同的视角获取时,往往首先要进行景象匹配的处理。景象匹配在导航、地图与地形匹配、自然资源分析、天气预报、环境研究、变迁检测、生理病变、文字识别、指纹识别等许多领域有重要的应用价值,它也是其他一些图像分析技术,如立体视觉、运动分析、数据融合等的基础。

景象匹配技术的数学描述:假设 $I_1(x,y)$ 为景象区域的成像,$I_2(x, y)$ 中不仅包含景象区域,还包含与该景象区域相连的其他景象区域,则景象匹配是两幅图像之间的空间位置和灰度的映射,记为

$$\boldsymbol{I}_2(x, y) = g(\boldsymbol{I}_1(f(x, y))) \tag{6.19}$$

$$\begin{pmatrix} x' \\ y' \end{pmatrix} = \begin{pmatrix} a_{11} & a_{12} \\ a_{21} & a_{22} \end{pmatrix} \begin{pmatrix} x' \\ y' \end{pmatrix} + \begin{pmatrix} c \\ d \end{pmatrix} \tag{6.20}$$

$$\begin{pmatrix} a_{11} & a_{12} \\ a_{21} & a_{22} \end{pmatrix} = \begin{pmatrix} \cos\theta & \sin\theta \\ -\sin\theta & \cos\theta \end{pmatrix} \begin{pmatrix} S_x & 0 \\ 0 & S_y \end{pmatrix} \begin{pmatrix} 1 & \delta_x \\ 0 & 1 \end{pmatrix} \begin{pmatrix} 1 & 0 \\ \delta_y & 0 \end{pmatrix} \tag{6.21}$$

景象匹配算法大致分为基于区域的算法和基于特征的算法,本节主要对 SIFT (Scale Invariant Feature Transform)和 Fractal code 方法进行简要介绍:

1) SIFT

Lowe[100]使用 DOG(Difference of Gaussians)滤波器在尺度空间寻找极值并得到一个新的特征描述,即 SIFT 变换,它具有旋转不变性和尺度变换不变性,对应图像的局部变形(如三维视角点变化等)也具有一些不变性。SIFT 主要是通过对原始图像进行依次下采样得到一系列尺度空间,并应用 DOG 滤波器于这些尺度空间,选取局部极大值和局部最小值的特征点位置,具体步骤如下:

步骤 1. 子空间极点检测。

通过 DOG 滤波器对输入图像 $\boldsymbol{I}(x,y)$ 建立尺度空间 $\boldsymbol{L}(x,y,\sigma)$：

$$\boldsymbol{L}(x,y,\sigma) = (G(x,y,k\sigma) - G(x,y,\sigma)) \times \boldsymbol{I}(x,y)$$

$$\boldsymbol{G}(x,y,\sigma) = \frac{1}{2\pi\sigma^2}\mathrm{e}^{-(x^2+y^2)/2\sigma^2} \tag{6.22}$$

DOG 尺度空间的三个相邻尺度如图 6.12 所示。在检测尺度空间极值时，图 6.12 中标记为叉号的像素需要跟包括同一尺度的周围邻域 8 个像素和相邻尺度对应位置的周围邻域 9×2 个像素总共 26 个像素进行比较，以确保在尺度空间和二维图像空间都检测到局部极值。

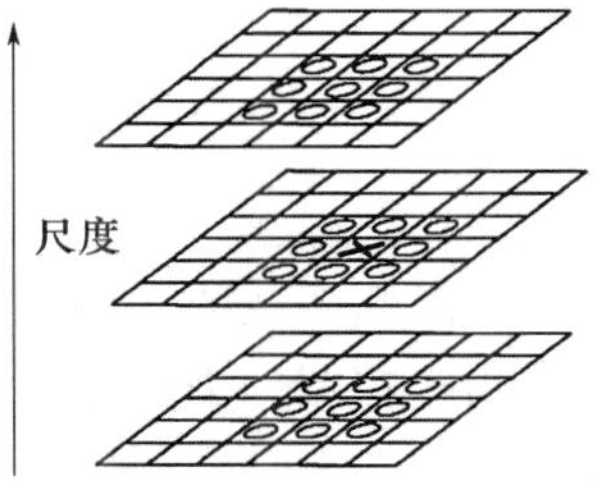

图 6.12　DOG 尺度空间极值检测

步骤 2. 关键点表达和检测。

通过拟和三维二次函数以精确确定关键点的位置和尺度，同时去除低对比度的关键点和不稳定的边缘响应点（因为 DOG 算子会产生较强的边缘响应），以增强匹配稳定性、提高抗噪声能力。利用关键点邻域像素的梯度方向分布特性为每个关键点指定方向参数，使算子具备旋转不变性。

$$m(x,y) = \sqrt{(L(x+1,y) - L(x-1,y))^2 + (L(x,y+1) - L(x,y-1))^2}$$

$$\theta(x,y) = a\tan2((L(x,y+1) - L(x,y-1))/(L(x+1,y) - L(x-1,y))) \tag{6.23}$$

图像的关键点检测完毕，每个关键点有三个信息：位置、所处尺度、方向。由此可以确定一个 SIFT 特征区域。

步骤 3. 剔除不稳定点，生成 SIFT 特征向量。

剔除那些对比度小和对噪声非常敏感的关键点，在关键点处计算极值：

$$L(\hat{x}) = L + \frac{1}{2}\frac{\partial L^{\mathrm{T}}}{\partial x^2}\hat{x} \tag{6.24}$$

如果这个值的绝对值小于等于一阈值那么将被舍弃，本节实验中经验取该阈值为 0.008。

由关键点邻域梯度信息生成特征向量，首先将坐标轴旋转为关键点的方向，以确保旋转不变性。接下来以关键点为中心取 8×8 的窗口。图 6.13(a) 中央黑点为当前关键点的位置，每个小格代表关键点邻域所在尺度空间的一个像素，箭头方向代表该像素的梯度方向，箭头长度代表梯度模值，图中圆圈代表高斯加权的范围（越靠近关键点的像素梯度方向信息贡献越大）。然后在每 4×4 的小块上计算 8 个方向的梯度方向直方图，绘制每个梯度方向的累加值，即可形成一个种子点，如图 6.13(b) 所示。此图中一个关键点由 2×2 共 4 个种子点组成，每个种子点有 8 个方向向量信息。这种邻域方向性信息联合的思想增强了算法抗噪声的能力，同时对于含有定位误差的特征匹配也提供了较好的容错性。

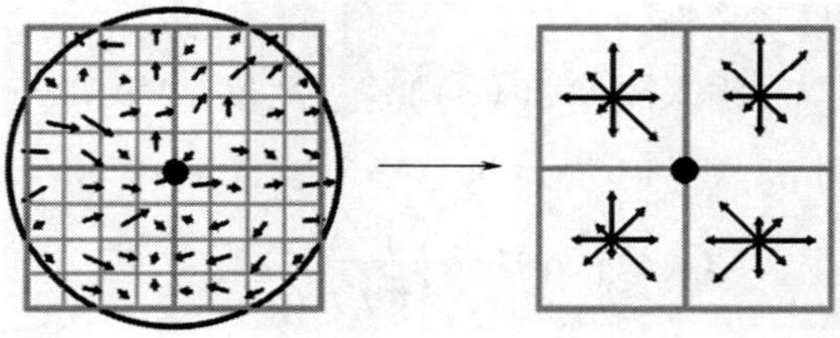

图 6.13　由关键点邻域梯度信息生成特征向量

（a）领域梯度方向；（b）关键点特征向量。

当两幅图像的 SIFT 特征向量生成后，下一步采用关键点特征向量的欧式距离来作为两幅图像中关键点的相似性判定度量。取图像 1 中的某个关键点，并找出其与图像 2 中欧式距离最近的前两个关键点，在这两个关键点中，如果最近的距离除以次近的距离少于某个比例阈值，则接受这一对匹配点。降低这个比例阈值，SIFT 匹配点数目会减少，但更加稳定。

2）Fractal code

Sloan 最早提出了分形编码在基于内容的图像检索中的可能应用，他把查询图与目标图的 Range 块与 Domain 块分别并起来做联合分形编码，与图像检索中的交叉相关类似，计算量较大。Zhang[101] 进一步对目标图像做 Nona 树分解，在得到的每个子图像内独立进行分形编码，把得到的分形编码去掉全局位置信息，保留相对位移信息作为特征，并与查询图的分形编码做比较得到相似性度量。李强[102] 提出了一个直接利用像素灰度值的特征编码方法 Fractal code，在图像检索和匹配过程中，只要进行特征值的相等比较，计算复杂度大大降低，快速匹配使得实时性也有了较大的提高。

Fractal code 编码方法如下所述：

首先将整幅图像平均划分为 $k*k$ 尺寸且互不重叠的图像块（参数 k 的选择根据具体图像和具体需要来确定），并定义这些图像块为 R 块。如果图像的边长不是 k 的整数倍，则可以将底部和最右边剩余的几行几列裁剪掉。

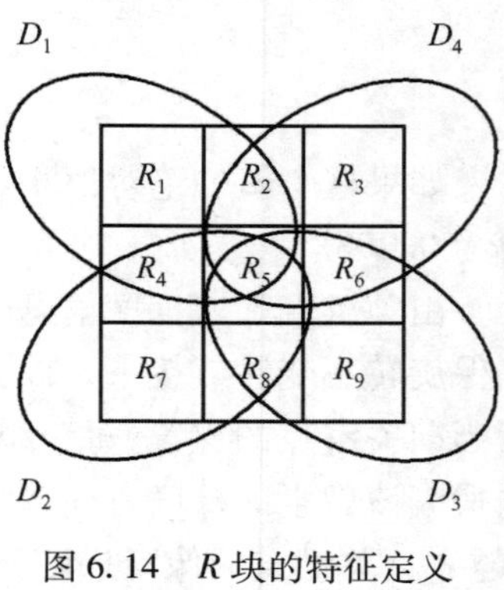

图 6.14　R 块的特征定义

定义某个特定 R 块 R_i，与其周围 8 个相邻的 R 块 R_1、R_2、R_3、R_4、R_6、R_7、R_8、R_9 组成 R 块的邻域。将 R 块的邻域分为 4 个部分 D_1、D_2、D_3、D_4，如图 6.14所示，并将其定义为 R 块的 D 邻域。D 邻域的表达如下所示：

$$D_1 = R_1 \cup R_2 \cup R_4 \cup R_5, D_2 = R_4 \cup R_5 \cup R_7 \cup R_8$$
$$D_3 = R_5 \cup R_6 \cup R_8 \cup R_9, D_4 = R_2 \cup R_3 \cup R_5 \cup R_6 \quad (6.25)$$

每个 D 邻域包含 4 个 R 块，规定一个顺序后（顺时针或者逆时针），对 4 个 R

块的各个像素灰度值和进行排序:如果 4 个 R 块的像素灰度值和互不相同,则可以得到$4!=24$ 个可能的排序结果;如果只有 2 个 R 块的像素灰度值和相同,则可以得到 36 个可能的排序结果;如果有 3 个 R 块的像素灰度值和相同,则可以得到 8 个可能的排序结果;如果 4 个 R 块的像素灰度值和相同,则可以得到 1 个可能的排序结果。总共可以得到$4!+36+8+1=69$ 个排序结果,每个排序结果都可以依次用 7 位的二进制编码来表示:

$$P(D_j) \in (0000000, 0000001, \cdots, 1000101) \qquad (6.26)$$

R 块的 Fractal code 由它所在的 4 个 D 邻域编码进行串拼接来得到:

$$F(R_i) = (P(D_1 \ll 21) + (P(D_2) \ll 14) + (P(D_3) \ll 7) + P(D_4) \qquad (6.27)$$

2. 景象匹配在掌纹识别中的应用

掌纹识别的过程和景象匹配技术有一些相似点:它们都可以看做是将预先获取的模板图像与不同光照条件、不同位置传感器或是不同类型传感器获得的样本图像进行匹配的过程。掌纹识别与景象匹配技术也有一些区别:掌纹识别的模板图一般为实时图的一个子图像,而景象匹配的实时图一般为模板图的一个子图像;掌纹识别只需要判别模板图和样本图是否属于同一个人,而景象匹配技术要求更为严格,它需要准确得到实时样本图在模板图中的位置,而且获得实时图和模板图的传感器往往是不同的,未知和不稳定因素也更多些,图像分辨率大多数情况下也是不同的,因此相较于掌纹识别技术,景象匹配技术要求更高更为复杂,难度更大,匹配时间一般也要更长。

在注册阶段,为了提取用户掌纹模板图像中的较好图像区域,ROI 提取操作依然需要。我们希望模板图像要体现用户的独特性,具有较多的类间差异和较小的类内差异。在注册阶段的实际操作,我们一般采用较为成熟稳定的 ROI 提取方法从训练样本中提取出包含较多主线特征等纹理信息的感兴趣区域,并将其存储为模板图像。在识别阶段,则不需要对实时掌纹图像进行 ROI 提取操作,直接利用景象匹配技术将模板图像与实时掌纹样本进行匹配判别。如果样本和模板图像来自同一个人,模板图像在样本图像上的准确位置都能够确定出来。

将景象匹配技术应用到掌纹识别中后,识别阶段将不再需要 ROI 提取操作,复杂度和耗费时间都会减低。

1) SIFT 在掌纹识别中的具体应用

Badrinath[103]直接将 SIFT 特征技术应用于掌纹 ROI 图像的匹配判别。Chen[104]将 SIFT 技术和 2D SAA (Symbolic Aggresste Approximation) 技术融合后应用于掌纹识别。然而,他们的工作都是应用 SIFT 特征于掌纹 ROI 图像,通过对模板 ROI 和样本 ROI 进行 SIFT 特征点匹配来获得相似性度量。

在本节方法中的识别阶段,我们直接应用 SIFT 技术到模板图像和实时样本图像中,避开了 ROI 提取环节。另外,还对 SIFT 特征点进行了约束,只有当特征点与其最近邻的距离远远大于它与次近邻的距离时,才认为该特征点是有效的。

本节方法的模板注册阶段有些不同,模板图像的截取不是通过传统的基于矩形区域或者最大内切圆的方法,而是从训练样本中的手掌区域中选取包含最多有效特征点的图像区域作为模板图像。一般而言,用户在注册阶段比较友好比较有耐心,且往往有工作人员进行指导,所得到的训练掌纹样本一般质量较好,可以通过手掌边缘和手指角点很容易地得到有效手掌区域。在有效手掌区域中,可以得到若干个子图像,通过 SIFT 技术提取出各个子图像的有效特征点信息,并选取包含最多有效特征点的子图像为模板图像。可以看出,这种提取模板图像的过程较为复杂且非常耗时,不过在实际操作中,由于注册阶段用户一般很有耐心,时间多一些影响不大,这种方法可以被接受。

在识别阶段,模板图和实时图的 SIFT 特征点信息都相应得到。假设 I 和 T 表示实时图像和模板图像,它们的有效 SIFT 点序列表示为

$$\boldsymbol{I} = (I_1, I_2, \cdots, I_m) \tag{6.28}$$

$$\boldsymbol{T} = (T_1, T_2, \cdots, T_n) \tag{6.29}$$

它们的匹配分数可以表示为

$$\text{Score} = \sum_{i=1}^{m} \sum_{j=1}^{n} \text{Matched}(I_i, T_j) \tag{6.30}$$

$$\text{Matched}(I_i, T_j) = \begin{cases} 1, & \| I_i - T_j \| < T_d \\ 0, & \text{其他} \end{cases} \tag{6.31}$$

2) Fractal code 在掌纹识别中的具体应用

在本节中,Fractal code 方法被应用于匹配实时图和模板图。考虑到掌纹识别的特定需求,我们采用了 R 块的概念对模板图和实时图进行编码。

假设模板图为 $m \times n$ 而实时图为 $M \times N$,将模板图平均分为 $\text{Num}W \times \text{Num}H$ 个 R 块,R 块大小为 $k \times k$:

$$\text{Num}W = \text{floor}(m/k) \tag{6.32}$$

$$\text{Num}H = \text{floor}(n/k) \tag{6.33}$$

边缘 R 块的 Fractal code 没有定义,内部 R 块的 Fractal code 通过式(6-25)和式(6-27)来计算出。模板图像的 Fractal code 可以定义为 $fr(i, j)$, $i=1,2,\cdots,\text{Num}(W-2)$, $j=1,2,\cdots,\text{Num}(H-2)$。

根据景象匹配技术,模板图像假定位于实时图某个位置的一部分。对于每个可能的位置(l_x, l_y),从实时图中截取出一个固定大小的 $m \times n$ 子图像,它的 Fractal code 可以表示为 $\text{FR}(l_x+i, l_y+j)$。$\text{FR}(l_x+i, l_y+j)$ 和 $\text{FR}(i, j)$ 之间的匹配分数 $\text{Score}(l_x, l_y)$ 定义为它们之间匹配上(即具有相同 Fractal code)的 R 块数量和:

$$\text{Score}(l_x, l_y) = \sum_{i=1}^{\text{Num}W-2} \sum_{j=1}^{\text{Num}H-2} (fr(i,j) == \text{FR}(l_x+i, l_y+j))$$
$$l_x = 0,1,\cdots,M-m, \quad l_y = 0,1,\cdots,N-n \tag{6.34}$$

模板图和实时图之间的相似性度量可以表示为在实时图所有可能位置(l_x,l_y)中搜索出 Score(l_x,l_y)最大值,并通过它来判定模板图和实时图是否来自于同一个人。

直接在实时图中的所有可能位置进行搜索匹配会非常耗时且效率低下,所有可能的位置数量为$(M-m)*(N-n)$,计算量非常大。一个常用的加速搜索策略是由粗到精的金字塔分层搜索方法,它可以减少不必要的搜索位置和计算量。将原始模板图与实时图称为金字塔结构的 0 级(底层),第 1 级影像是通过对零级影像进行低通滤波并降低一级分辨率而得到的,第 2 级影像则是通过对第 1 级影像进行同样的处理得到的,如此逐层递推,从而构成了影像金字塔,如图 6.15 所示。实际中常常简单使用 2×2 邻域平均模板对图像进行低通滤波实现降低一级分辨率。

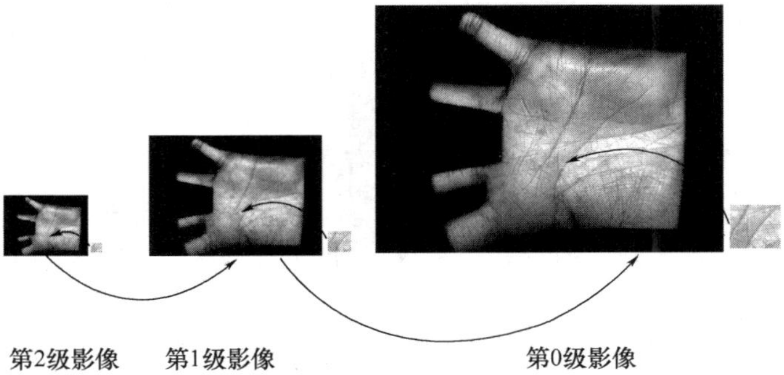

图 6.15　金字塔分层搜索示意图

首先从影像金字塔的最高级(顶层)开始图像匹配,由于顶层影像图像尺寸小,包含信息少,图像匹配速度非常块;通过图像缩放的知识,用上层的匹配结果可以确定下一层匹配的近似范围,可以提高下一层图像匹配的速度,依此类推,直到匹配到达 0 级(底层)就实现了模板图在实时图中的准确定位。

金字塔分层搜索也存在一些问题:金字塔层数的确定非常关键,过多或者过少的层数都会直接影响到图像匹配的速度和精度,需要根据图像大小等因素综合考虑选取。由于分辨率增加的误差放大作用,上层的匹配误差会导致下层更大更多的匹配错误,所以上层匹配的可靠程度需要加强和保证。层数过多一方面会降低匹配精度,另外一方面误差放大有时候很难控制,综合考虑一些实用性因素,在我们的实验中,经验取为 3 层金字塔结构,每层通过 2 倍的简单下采样得到下一层的图像数据。

另外,为了提高算法的实时性,我们还采用了像素点跳跃加速的匹配算法[105]。对于匹配函数 Score(l_x,l_y)进行数学分析:纵向像素点跳跃加速,固定 l_x,分析 Score(l_x,l_y)、Score(l_x,l_y-2)和 Score(l_x,l_y-1)之间的关系,可以发现 Score(l_x,l_y)的最大值不可能处在该函数斜率为 0 或者负数的附近,即在这些位置可以考虑进行像素点跳跃加速,可以勇敢地大幅度加大搜索的步长,而在该函数的斜率为正值的情况下必须保守地进行较小的步长进行遍历搜索；横向像素点跳跃加速，固定 l_y，分析 $\mathrm{Score}(l_x, l_y)$、$\mathrm{Score}(l_x-2, l_y)$ 和 $\mathrm{Score}(l_x-1, l_y-1)$ 之间的关系，具有类似的规律。

综合考虑匹配精度和匹配速度，跳跃加速幅度一般取实时图尺寸的1/4 左右，跳跃像素点幅度一般取大于 10，以达到像素点跳跃加速的效果。在我们实验中，跳跃像素点幅度取为

$$N_{\text{jump}} = \min(m/k, n/k)/4 \tag{6.35}$$

3. 实验与分析

1) PolyU 数据库上的实验

为了测试我们本节所提出方法的鲁棒性，在公开的 PolyU 掌纹数据库[106]上进行了一系列实验来测试该方法对旋转、平移、尺度变换和光照变化等因素的鲁棒性。公开的 PolyU 掌纹数据库是香港理工大学张大鹏教授率领的生物特征识别团队建立，版本 1 中包括来自 50 人、100 只手掌的 600 个掌纹图像样本。所有图像分两次采集得到，每次对每只手掌采集 3 幅图像。版本 2 中包括 193 人、386 只手掌的 7752 幅图像。所有图像分两次采集得到，每次对每只手掌采集约 10 幅图像。在两次采集过程中，研究人员更换了设备的光源并对其照明系统进行了改造，因此部分掌纹在不同阶段采集的图像会有较为明显的亮度差异。

从任意一名用户的注册掌纹图像中提取出一个 ROI 图像作为该用户的模板图像，通过对原始掌纹图像进行简单的图像处理操作后，分别得到平移后、旋转后和缩放后的图像，另外我们还选取了不同光照下采集的该用户掌纹图像和其他用户的掌纹图像。

首先通过 SIFT 方法将模板图像分别与原始掌纹图像、平移后图像、旋转后图像、缩放后图像、不同光照图像和其他用户图像进行了匹配判别，性能测试结果如图 6.16 所示。在具体的 SIFT 方法实验过程中，匹配分数 Score 由式(6－30)得到，模板图像具体大小选取为 64 * 64。从实验结果可以看出，我们所提出的应用于掌纹识别的 SIFT 方法对于掌纹图像的平移、旋转、缩放和光照变化具有一定的鲁棒性。

同样的做法，将 Fractal code 也应用于掌纹识别方法中，匹配分数 Score 由式(6－33)得到，为了便于比较，模板图像大小同样选取为 64 * 64，本实验中的参数 k 取为 4。与 SIFT 方法类似，同样将模板图像分别与原始图像、平移后图像、旋转后图像、缩放后图像和其他用户图像进行匹配判别，性能测试结果如图 6.17 所示。从实验结果可以看出，该方法对掌纹图像的平移、旋转、缩放也具有一定的棒性。

我们在 PolyU 版本 1 数据库中对本节所提出的应用景象匹配的掌纹识别方法进行了实验验证，并与目前比较流行的掌纹特征提取算法（2D Gabor[4]、Fusion code[107] 和 Ordinal code[48]）进行了性能比较。

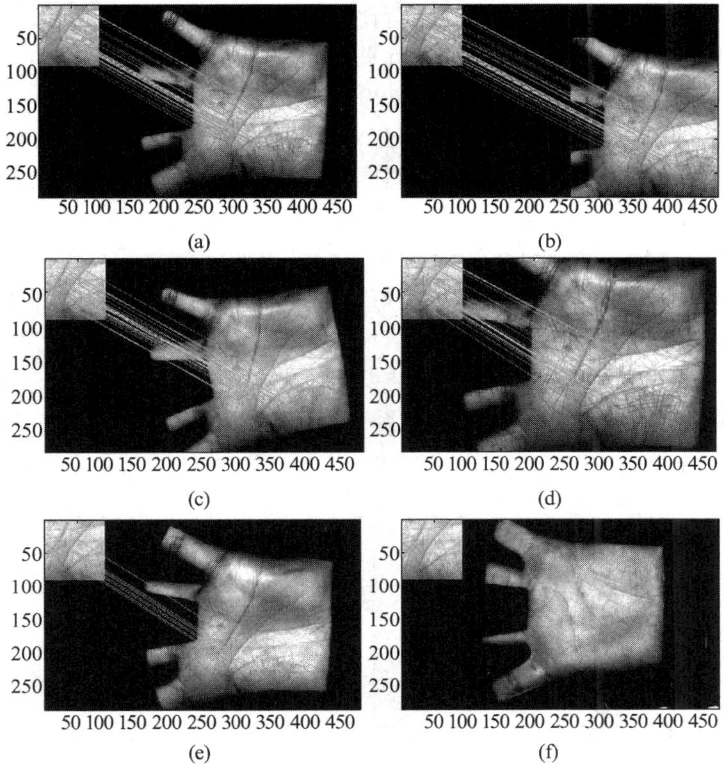

图 6.16　SIFT 方法的性能测试

（a）原始掌纹图像，Score = 30；（b）平移后图像，Score = 30；（c）旋转后图像，Score = 24；（d）缩放后图像，Score = 20；（e）光照不同的图像，Score = 8；（f）其他用户的图像，score = 0。

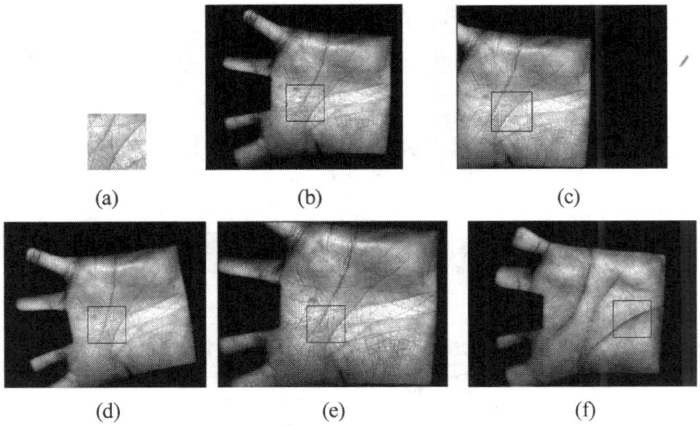

图 6.17　Fractal code 方法的性能测试

（a）模板图；（b）原始图像，Score = 39；（c）平移图，Score = 34；（d）旋转图像，Score = 24；（e）缩放图像，score = 26；（f）其他图像，Score = 15。

为了与其他掌纹特征提取算法进行比较,统一将模板图像(ROI 图像)的尺寸取为 128 × 128,数据库为 100 类每类 6 张样本图像。总共可以得到 $C_6^2 \times 100 = 1500$ 个类间匹配结果和 594 × 100 = 59400 个类内匹配结果。

根据这些匹配结果,得到了景象匹配方法的类内和类间匹配结果分布图,如图 6.18 所示。由 SIFT 方法的类内和类间匹配结果分布图可以看出,类内匹配结果曲线的峰值处于匹配分数为 0 的位置,类间匹配结果曲线的峰值处于匹配分数为 28 的位置,两个峰值分布得比较开,类间匹配结果曲线和类内匹配结果曲线相交区域很小,充分说明该方法识别效果很好。Fractal code 类内匹配结果曲线的峰值处于匹配分数为 17 的位置,类间匹配结果曲线的峰值处于匹配分数为 27 的位置,相较于 SIFT 方法,该方法的类间匹配结果曲线和类内匹配结果曲线相交区域要大一些,峰值相距远一些,识别效果稍差些。

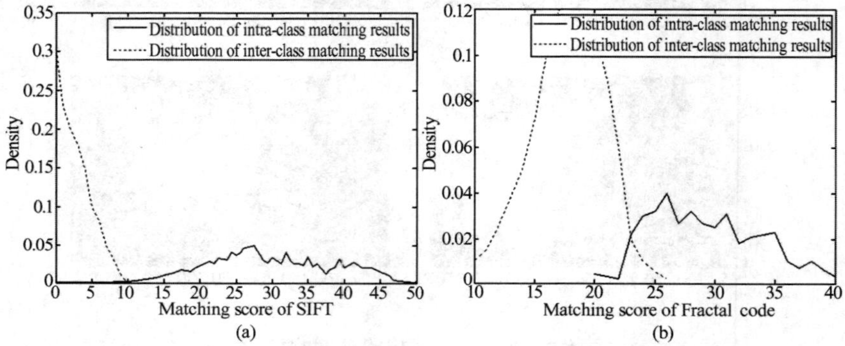

图 6.18 景象匹配方法在 PolyU 数据库上的类内类间匹配分布图

(a) SIFT 方法;(b) Fractal code 方法。

景象匹配方法、2D Gabor、Fusion code 和 Ordinal code 的 ROC 曲线如图 6.19 所示。从图上可以看出,Fractal code 和 SIFT 方法的 EER 分别为 0.6% 和 0.4%,而 2D Gabor、Fusion code 和 Ordinal code 的 EER 分别为 0.54%、0.18% 和 0.1%。

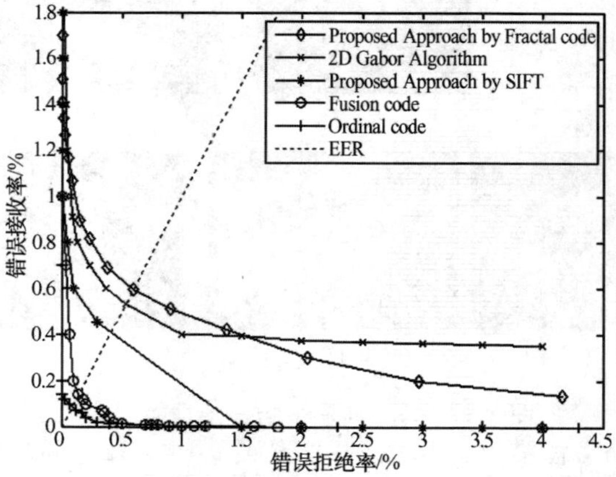

图 6.19 景象匹配方法、2D Gabor、Fusion code 和 Ordinal code 在 PolyU 数据库上的 ROC 曲线图

实验环境为：Pentium IV 台式机（CPU 2.8GHz，内存 DDRII 512M），Windows XP 操作系统，编程环境为 Visual C + +。对上述几种算法进行性能比较，比较结果如表 6.2 所列。

表 6.2　算法在 PolyU 数据库上的性能对比

算法名称	特征大小	预处理时间/ms	特征提取和匹配时间/ms	EER/%
Fractal code	4096 字节	0	20	0.6
SIFT	4096 字节	0	510	0.4
2D Gabor	552 字节	620	68	0.54
Fusion Code	256 字节	620	300	0.18
Ordinal Code	384 字节	620	120	0.1

在景象匹配方法中，识别阶段不再需要对样本图像进行预处理和 ROI 提取等操作，系统响应时间只是特征提取和匹配判别的时间。从表 6.2 可以看出 Fractal code 的总体响应时间仅为 20ms，比其他几种耗时都少很多，主要是因为 Fractal code 分块和编码耗时极小可以忽略，主要耗时在搜索匹配上，而采用了金字塔分层搜索策略和像素点跳跃加速的匹配算法使得搜索匹配时间大为减少。而 SIFT 方法总体响应时间高达 500ms，主要原因是尺度空间极值检测、特征点描述和消除不稳定点等操作较为耗时。本节所提出的应用景象匹配的掌纹识别方法在 PolyU 数据库上的识别性能要比 Fusion code 和 Ordinal code 方法差，特征模板存储量也非常大，因为景象匹配技术需要将整个图像像素点的数据矩阵都存储下来。

2）NUDT 数据库上的实验

我们通过本章 6.3.2 节所述的基于摄像头的掌纹采集设备建立了一个包含 800 幅掌纹样本图像的 NUDT 数据库，它是通过对 100 个用户每人采集 8 张样本图像组成。该掌纹采集设备没有采取固定销等措施来限制用户手掌的放置，因此该掌纹数据库中用户手掌放置的自由度很大，并且在采集样本过程中要求用户手掌进行较大幅度的平移和平面旋转等操作，因此图像质量比公开 PolyU 掌纹数据库差很多，识别的难度也较大，同一用户的几幅样本掌纹图像如图 6.11 所示，明显看出该掌纹数据库的图像质量不高，识别难度非常大。

为了比对的统一性起见，将模板图像（ROI 图像）的尺寸也取为 128×128，数据库为 100 类每类 8 张样本图像，即总共得到 $C_8^2 \times 100 = 2800$ 个类间匹配结果和 $792 \times 100 = 79200$ 个类内匹配结果。景象匹配方法在 NUDT 数据库上的类内和类间匹配分布图如图 6.20 所示，可以看出景象匹配方法的类内和类间匹配曲线依然分布比较开，相交区域也很小，即它在 NUDT 数据库上识别性能依然比较良好。

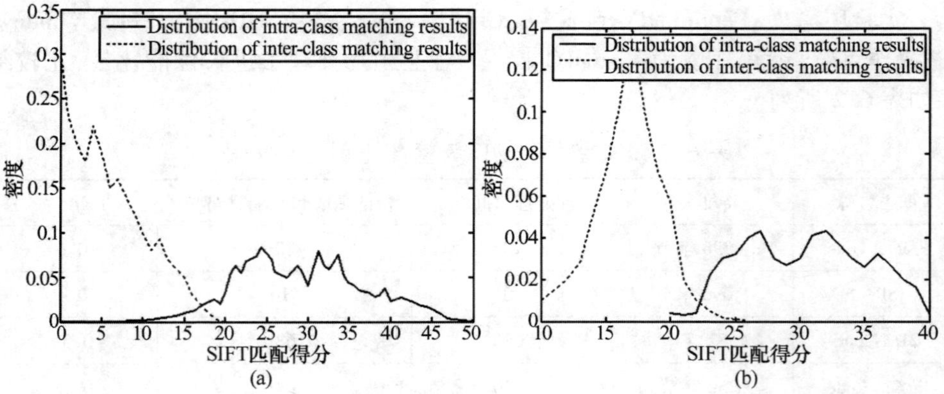

图 6.20　景象匹配方法在 NUDT 数据库上的类内类间匹配分布图
(a) SIFT 方法；(b) Fractal code 方法。

景象匹配方法、2D Gabor、Fusion code 和 Ordinal code 在 NUDT 数据库上的 ROC 曲线图如图 6.21 所示，由图可以看出，相较于 PolyU 数据库上的结果，2D Gabor 的 EER 从 0.54% 涨到了 1%，Fusion code 的 EER 从 0.18 涨到了 0.65%，Ordinal code 的 EER 则从 0.1% 涨到了 0.68%。而 SIFT 和 Fractal code 的 EER 分别为 0.46% 和 0.62%，仅比 PolyU 数据库上结果多一点点，充分说明所提出的景象匹配方法对于低质量的掌纹图像识别性能依然较好，主要原因在于 NUDT 数据库的图像质量不高，预处理难度较大，传统的 ROI 提取步骤有时难以奏效，造成 2D Gabor、Fusion code 和 Ordinal code 算法的性能大幅度降低。而本节所提出的景象匹配方法在用户识别阶段避开了预处理步骤，低质量掌纹图像对其性能影响不大。

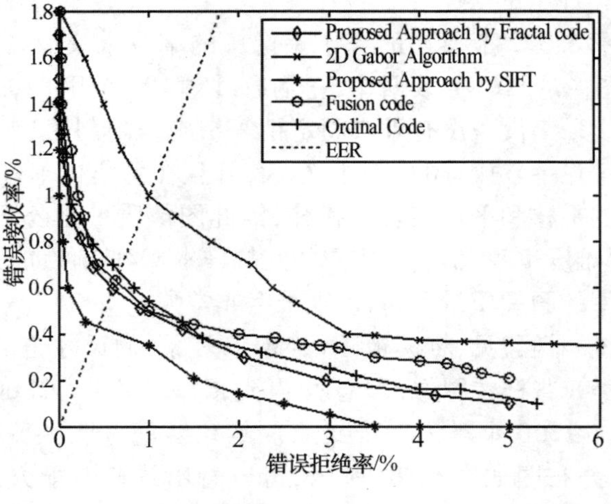

图 6.21　景象匹配方法、2D Gabor、Fusion code 和 Ordinal code 在 NUDT 数据库上的 ROC 曲线图

6.3 掌纹识别系统的设计和实现

对于一个实用的掌纹识别系统而言,需要满足以下一些条件:

(1) 能够实时获取高质量的掌纹图像。

(2) 用户交互界面友好。

(3) 设备体积小,集成度高,价格低。

(4) 系统响应时间短,识别精度高。

(5) 系统鲁棒性和稳定性好,设备及各子模块可维护性高。

掌纹识别研究的最终目标是在解决关键技术和提高算法性能的基础上,设计出高性能的、面向实际应用的自动掌纹识别系统。根据使用的图像传感器不同可以将掌纹识别系统分为4种类型:基于扫描仪,基于数码相机,基于CCD和基于视频摄像头。

Guo等[82]对他们课题组多年来在掌纹识别系统的光源设计方面的工作进行了总结。Wong等[3]对基于CCD的掌纹识别系统具体设计提出了一些主要准则,即镜头、摄像机和光源部分的选取。J. Doublet等[83]对非接触式的掌纹识别系统设计进行了阐述。

在多年研究和探索的基础上,我们团队设计并实现了一系列基于数码相机、视频摄像头、ARM开发板和扫描仪的自动掌纹识别系统,它们都可以实时采集用户的掌纹图像并且实现用户身份自动鉴别。

这些实验室原型样机系统有些已经具备了商业化和实用化的条件,期望能够与相关的厂家商谈合作,加快推进掌纹识别系统的产业化和民用化。本节对这些掌纹识别原型样机系统的总体设计、用户界面设计、实时性和演示程序等方面进行阐述。

6.3.1 基于数码相机的掌纹识别系统

近些年来,数码相机已经非常普及,价格便宜、成像清晰且体积很小的数码相机在市面上也比较常见。利用数码相机可以获得很高质量的掌纹图像,且数码相机中的卡片机体积非常小,可以使整个系统体积做得较小。由于市面上数码相机的技术比较成熟,稳定性和维护性都比较好。基于上述考虑,我们建立了一个基于数码相机的掌纹识别系统。

1. 实验装置的硬件设计

基于数码相机的掌纹识别系统的原理图如图6.22所示。

综合考虑数码相机的价格、成像质量和体积,我们选取了Minolta公司生产的DiMAGE Xt型号相机,它的变焦镜头的焦距范围为5.7~17.1mm,属于卡片机系列,因此体积也比较小,仅为66mm×86mm×20mm。

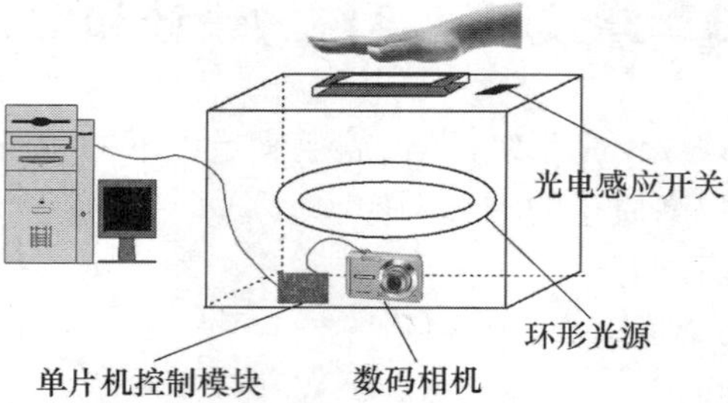

图 6.22　基于数码相机的掌纹识别系统的原理图

为了实现掌纹图像的自动采集和存储，把数码相机的快门部分和电源拆开，将快门线和电源线等与单片机控制模块相连，这样就可以通过单片机来控制数码相机的开机、关机、拍照等操作。单片机控制模块通过串口与 PC 机相连，这样就可以通过 PC 机中使用 VC（Visual C + +6.0）对串口编程来实现掌纹图像的采集和存储等操作，并将后继的预处理、特征提取、匹配判别和数据库操作等都整合到一个 VC 程序中。

箱体为大小 186mm × 206mm × 106mm 的长方体结构，数码相机、环形光源和单片机开发板都放置在箱体底部，环形光源围绕在数码相机四周，箱体正上方开了一个 88mm × 88mm 区域来引导用户放置手掌，数码相机所拍摄的掌纹区域即为该部分手掌区域。为了减少光的反射，箱体内壁都涂上了黑色的亚光漆，用户手掌放置到箱体上方矩形开口区域后形成了一个封闭的黑箱结构。

光源系统使用的是市面上的环形日光灯管，它由 220V 交流电供电并通过镇流器来镇流。由于该环形日光灯管功率高发热量比较大，为了降低系统的发热量和功率损耗并增加环形日光灯管的使用寿命，我们采用光电感应开关来控制环形日光灯管的亮灭：当用户放置手掌到箱体上方时，光电感应开关开启并控制环形日光灯管点亮；当数码相机拍摄手掌完成，用户手掌离开箱体时，光电感应开关自动感应且关闭环形日光灯管。

2. 系统的整体实现

基于数码相机掌纹识别系统的实验室原型样机如图 6.23 所示。

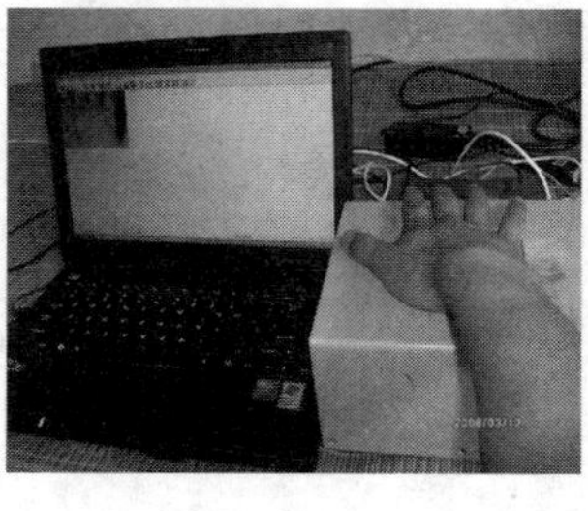

图 6.23　基于数码相机掌纹识别系统的实验室原型样机

相机拍摄到的原始样本掌纹图像为 2046 × 1536 的 32 位真彩色 JPG 图像，为了减少不必要的计算量，首先将它缩放为 341 × 256 的图像，然后进行灰度化和高斯平滑等初步预处理操作。通过对样本掌纹图像分析可见，即使在白天拍摄，由于环形光源照射手掌，且手掌后面的背景距离数码相机镜头比手掌距离镜头要远很多，因此数码相机拍摄到的掌纹成像比较清晰且背景为纯黑色，这给预处理工作带来了很大的方便。由于拍摄到的掌纹图像质量比较理想，因此在预处理操作中的二值化和手指边缘跟踪可以很容易实现，二值化只需要使用经验确定的一个固定阈值来实现，手指边缘线跟踪则可以使用 Canny 算子来简单实现，具体的 ROI 提取算法可以参看文献[4]。

整个掌纹识别系统都是由 VC 环境下开发的软件来控制和实现的。首先通过 VC 自带的 ActiveX 控件对串口读写相应的指令来操作单片机的对应 I/O 口，各个 I/O 口通过继电器控制实现数码相机的开机、关机和拍摄照片等一系列操作，并通过控制与数码相机数据口相连的 USB 端口来实现所拍摄图像的传输、存储和删除等操作。当对读取的掌纹图像进行预处理和特征提取之后，各个用户的掌纹模板图像和 ROI 图像都存储到 PC 机上的指定位置，而模板特征向量则存储到 PC 机中预先搭建好的小型 Access 数据库中。对数据库的存储、添加、删除和查找等维护操作也是由 VC 通过 ODBC 数据源操作来实现。

基于数码相机的掌纹识别系统基本流程如图 6.24 所示。

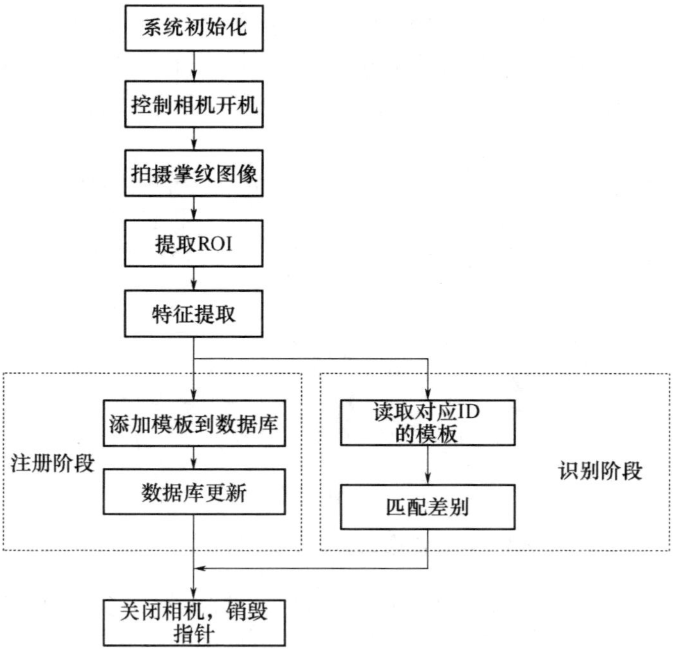

图 6.24　基于数码相机的掌纹识别系统基本流程图

整个基于数码相机的掌纹识别系统的 demo 程序的软件主界面如图 6.25 所示。

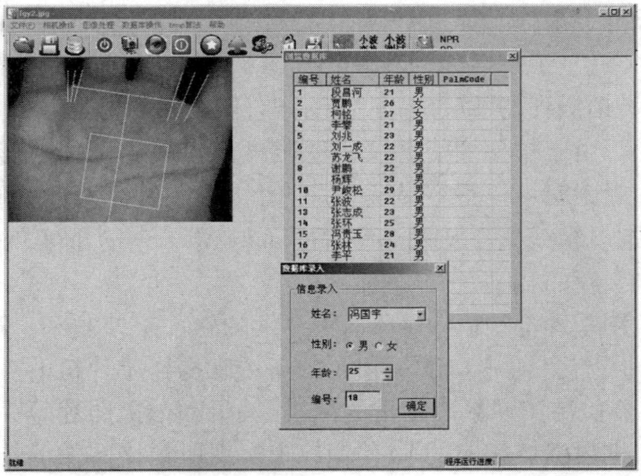

图 6.25　基于数码相机的掌纹识别系统软件主界面

6.3.2　基于视频摄像头的掌纹识别系统

随着网络即时通讯的飞速发展，作为网络视频工具的视频摄像头如雨后春笋般快速增长，现在已经几乎和键盘一样成为台式电脑和笔记本电脑的标准配件。市面上的 USB 接口视频摄像头种类繁多且价格低廉，一般都在 100 元以内，视频摄像头的体积做得越来越小且成像质量越来越高。通过一个廉价视频摄像头和一个特定大小的封闭长方体箱体，我们实现了一个基于视频摄像头的掌纹识别系统。

1. 系统的硬件构成

所建立的基于视频摄像头的掌纹识别系统的硬件结构图如图 6.26 所示。

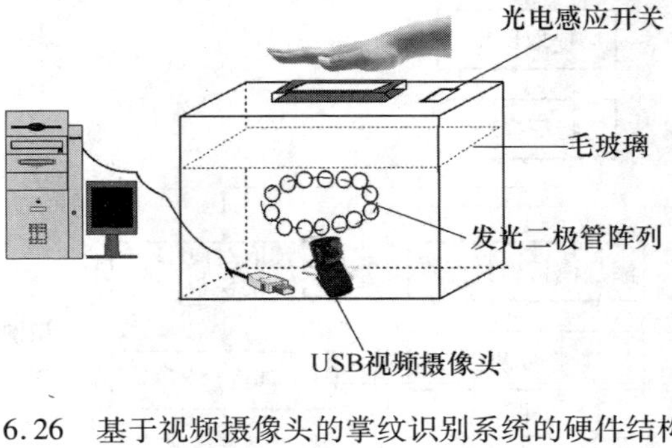

图 6.26　基于视频摄像头的掌纹识别系统的硬件结构图

由硬件结构图可以看出，它与基于数码相机的掌纹识别系统比较类似。它的光源模块由 220V 的环形日光灯管改进为额定电压为 5V 的若干发光二极管阵列，这些发光二极管相互并联且排列成环形均匀围绕在视频摄像头周围。由于发光二极管的额定电压也为 5V，因此为了简便起见，发光二极管阵列同 USB 视频摄像头一样共同由一根 USB 线供电，这样也减少了系统的整体体积。相较于环形日光灯管，发光二极管阵列更为廉价，且发光稳定，直流供电无频闪，光强也比较容易控制(可以通过改变并联的发光二极管数目来简单控制光强)。上方放置一块毛玻璃的主要作用是使得照射到手掌表面的光为漫反射光，光照更为均匀可靠，它还可以挡住可能落到视频摄像头上的大部分灰尘。光电感应开关的作用依然是感应用户的手掌的放置来开启或者关闭发光二极管阵列。

基于视频摄像头的掌纹识别系统的原型样机和样本掌纹图像如图 6.27 所示。

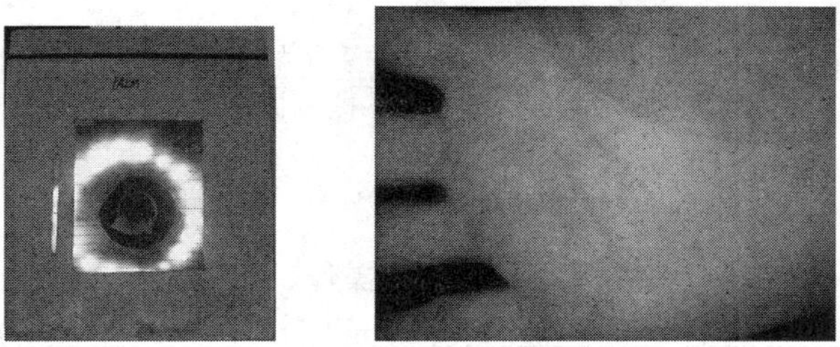

图 6.27　基于视频摄像头的掌纹识别系统的原型样机和样本掌纹图像

2. 系统的软件具体实现

在 VC 中利用 DirectShow 来控制和使用摄像头。DirectShow 通过一种捕获过滤器(Capture Filter)来支持对摄像头的捕获，一个捕获过滤器有多个插口(Pin)，其中的预览(Preview)插口可用来进行显示摄像头的帧图像。

视频摄像头采集掌纹图像的图像过滤管理器如图 6.28 所示。

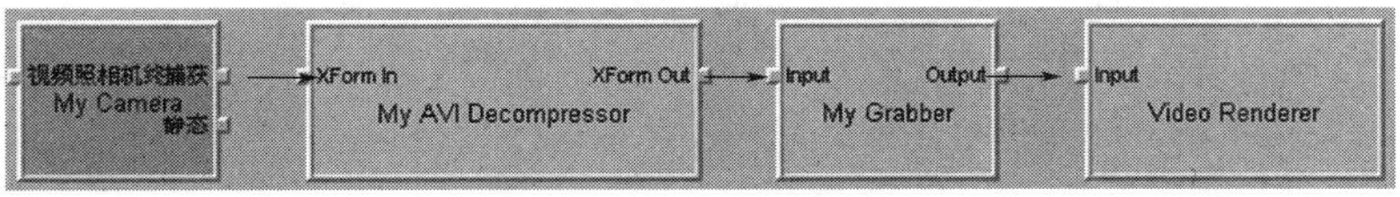

图 6.28　视频摄像头采集掌纹图像的图像过滤管理器

摄像头拍摄的原始掌纹图像为 320×240 的 32 位真彩色位图图像。我们通过 DirectShow 设置摄像头的属性页，对摄像头的亮度、对比度、色调、饱和度、清晰度和白平衡等参数进行实时的软件调整，以期获得最佳掌纹纹线对比度的掌纹图像。设置摄像头属性页界面如图 6.29 所示。

为了实现自动掌纹识别系统，尽可能减少其他不必要的人工参与和操作，提高用户的自由度。在整个程序启动后，通过实时检测摄像头拍摄到的图像是否为掌纹图像(用户手掌放置与否，摄像头所拍摄的图像的整体均值方差等基本参数相差非常大，可以设定一定的阈值范围来检测当前摄像头拍摄的图像是否为掌纹图像)。一旦用户手掌放置之后，则自动进行掌纹图像拍摄并对拍摄的掌纹图像进行性能评价，并启动掌纹识别进程进行相应的预处理和 ROI 提取操作。若用户手掌放置位置不当，ROI 提取过程无法完成，则程序通过 Windows 语音合成引擎进行相应的语音提示用户把手掌放置到正确位置。ROI 提取过程之后，自动进行后续

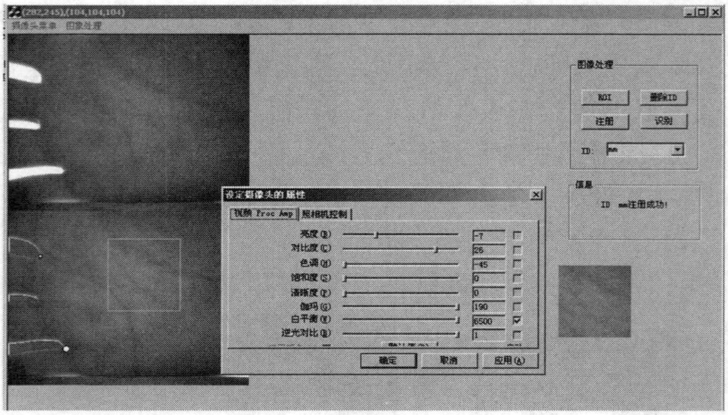

图 6.29 摄像头设置属性页

的特征提取、模板存储和数据库匹配判别等操作,语音播报识别结果之后将识别结果实时显示到程序右侧的动态信息框,并提示用户手掌移开。系统自动关闭掌纹识别进程,并检测用户手掌是否移动,具体依然通过实时检测摄像头拍摄到的图像是否为掌纹图像。整个识别系统的软件开发流程如图 6.30 所示。

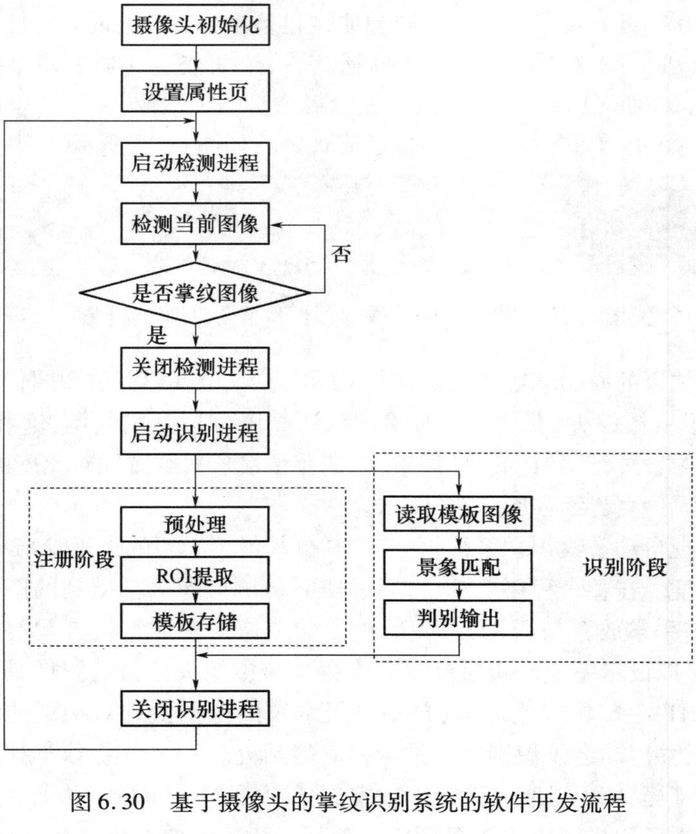

图 6.30 基于摄像头的掌纹识别系统的软件开发流程

6.3.3 基于 ARM 开发板的嵌入式掌纹识别系统

基于 ARM 开发板的嵌入式掌纹识别系统的具体设计目标包括：

(1) 在嵌入式平台上实现掌纹识别系统的所有功能，使得掌纹识别系统微型化、平民化和实用化。

(2) 系统能够与宿主机进行通信，又可以脱离宿主机独立工作，形成一个灵活组合的便携掌纹识别设备，它可满足移动数据采集、存储的需要，根据具体环境具体需求构建特定的掌纹识别系统，在不同的场合中实现掌纹实时识别和数据库的管理。

(3) 系统所用光源应具有自动触发功能，而且在无操作的时候使整个嵌入式设备处于节电休眠状态，从而减少移动环境下电池供给的困扰。

1. 系统的总体模块设计

基于 ARM 开发板的嵌入式掌纹识别系统的总体模块设计如图 6.31 所示。

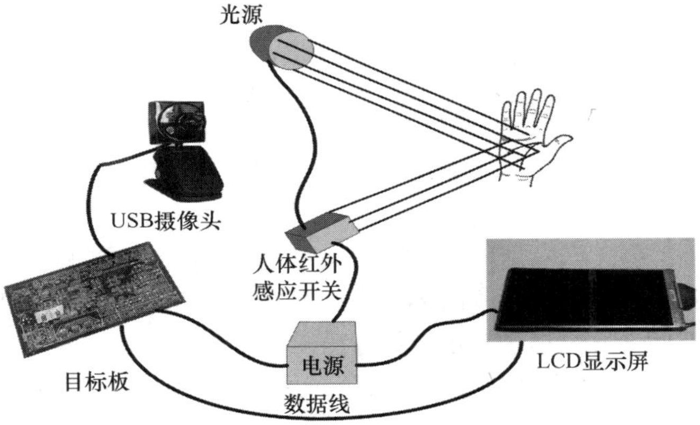

图 6.31 嵌入式掌纹识别系统的总体模块设计

当用户手掌位于图像采集的位置时，红外开关对手掌进行红外探测，当探测到手掌时触发红外开关内置电流并点亮光源，为掌纹采集提供光源成像环境；通过与目标板连接的 USB 摄像头采集图像，把采集到的图像在 LCD 屏上显示，同时把掌纹数据存入目标板的存储器中，实现掌纹的显示与采集功能。

本节所设计的开发平台选用杭州立宇泰电子有限公司生产的 ARMSYS2410 开发板，其平台能够满足系统的需要。ARMSYS2410 开发板主要性能参数包括：S3C2410A 处理器、64MB SDRAM、64MB Nand Flash。

交叉编译环境的硬件结构示意图如图 6.32 所示。宿主机上安装 RedHat9.0 操作系统，在宿主机中建立的 Qt/Embedded 平台[84]上交叉编译目标板上的引导程序、内核、文件系统和应用程序。通过 JTAG 将引导程序固化在 Nand Flash 上，使用串口以及以太网接口下载内核、文件系统、应用程序到目标板上。图形交互界面及掌纹识别算法的设计也主要在宿主机上完成，通过在宿主机上调试和运行后，再移植到 ARM 开发板中。

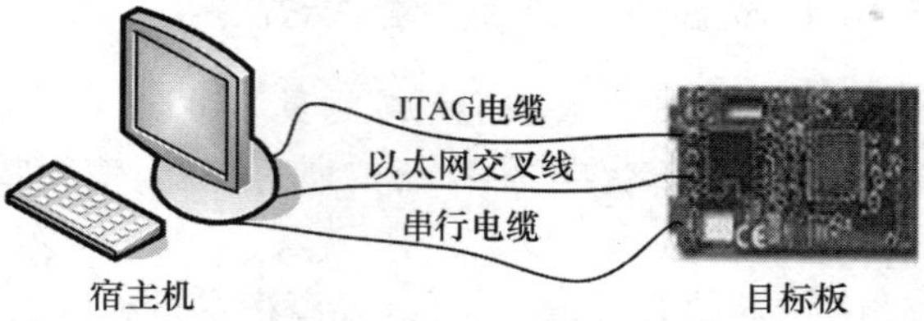

图 6.32　交叉编译环境硬件结构图

2. 模型样机的设计

设计一个友好且人性化的用户界面是获取高质量掌纹图像的前提，目前已有的掌纹识别系统采集装置都对手掌进行了较多固定，然而对手自由度限制过多势必会影响使用的舒适度，而不对自由度进行限制又必然会影响高质量掌纹图像的获取，增大后续预处理和特征提取的难度，并且无法保证系统运行的可靠性与稳定性。因此，必须协调好自由度与舒适度、识别精度之间的关系。参考目前已有的系统样机，设计了两套嵌入式掌纹识别系统模型样机。

嵌入式掌纹识别系统模型样机 1 的结构图和实物图如图 6.33 所示，该样机成像环境受外界因素干扰非常小，能够保证稳定的成像；用户手掌采用竖直方式放置，手掌呈竖直状态且掌心向左，手掌不与任何物体接触并与摄像头保持一定的成像距离。定位槽对手腕进行定位，掌心向左手掌竖直成自然伸直状态即可，手掌自由度较大；光源由红外开关对手的感应来控制开启与关闭，光源垂直照射手掌心保证了光照的均匀和强度，摄像头水平放置直接对掌纹进行非接触式采集。其优点是手掌活动的自由度大，用户使用舒适；不足之处在于操作的直观性稍差，而且对掌纹图像预处理要求相对较高。

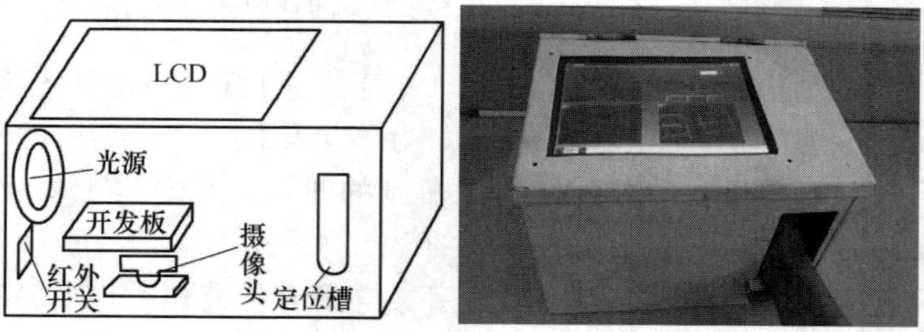

图 6.33　嵌入式掌纹识别系统模型样机 1 的结构图和实物图

嵌入式掌纹识别系统模型样机 2 的结构图和实物图如图 6.34 所示。用户手掌水平放置于采集口且掌心向下，手掌和箱体组成一个封闭的黑箱；仅使用一个长方体的定位导条将用户的拇指和食指卡住，定位导条具有一定的高度使得除拇指和食指以外其余手指不能左右移动只可以前后移动，对手掌并没有完全限制自由度，手掌可以前后移动和上下移动；光源同样通过红外感应开关进行控制；摄像头水平放置，镜头朝右，通过与水平面成 45°的镜子来反射采集掌纹图像。嵌入式掌纹识别系统模型样机 2 的优点是用户直观性好,掌纹图像的采集比较稳定,后续的掌纹图像预处理非常容易;不足之处在于用户手掌活动的自由度较小,采集口玻璃介质表面的清洁度要求很高,会影响长期使用的舒适性。

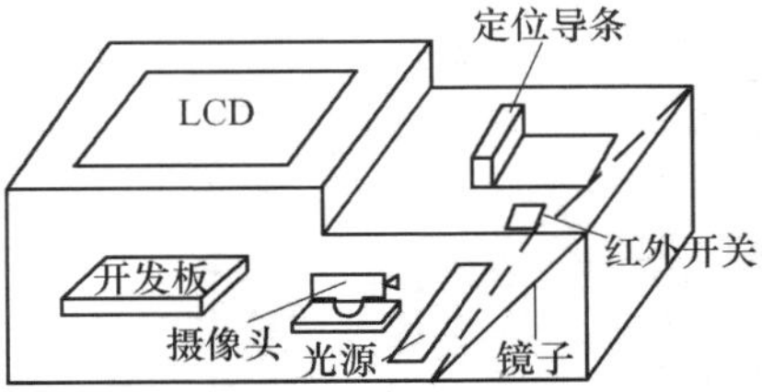

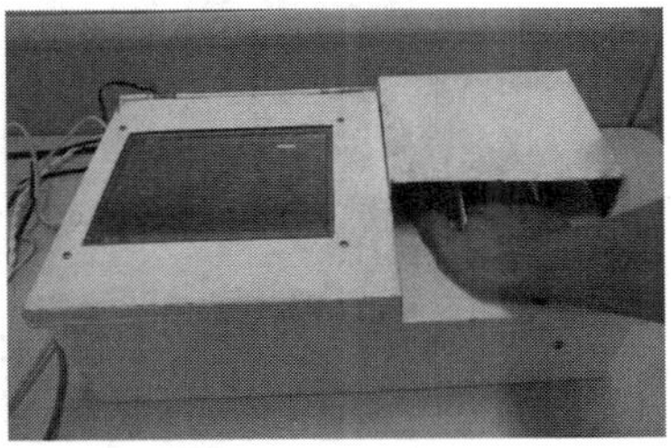

图 6.34　嵌入式掌纹识别系统模型样机 2 的结构图和实物图

3. 系统的程序实现

在宿主机中采用 Qt/Embedded 软件平台上开发系统的图形用户界面和掌纹识别算法。由于 Qt/Embedded 类库完全采用 C + + 封装,虽然程序开发比较简单,但其 C + + 接口体积庞大,对显示设备有较高的要求且需要较大的存储空间。在宿主机中的 Qt Designer 开发环境中设计图形用户界面[85-87]。

完成了图形用户界面设计、掌纹识别算法代码的编写之后,把程序在宿主机的开发平台上进行了调试和运行,并移植到嵌入式系统的目标板中,使嵌入式系统能够独立地执行掌纹图像的实时采集、存储、识别等功能。嵌入式系统的目标板预装了 Linux 系统,LCD 显示屏为触摸屏,Linux 系统启动运行后,用户直接触摸显示屏实现程序的启动和按钮点击等操作,用户 ID 的输入主要通过点击软键盘来实现,比较方便、直接。

注册阶段:待注册用户手掌放置到采集口之后,红外开关感应并触发点亮光源,为掌纹成像提供适合的光照环境,同时用户还可以借助图像实时显示窗口观察手掌是否位于图像采集窗口的合适位置,进一步保证能够采集到高质量掌纹图像,接着点击 Extract 按钮调用采集模块程序与预处理模块程序实现掌纹图像的采集和预处理功能,然后用户手掌离开采集口。重复上述操作 3 次,根据采集到的 4 个 ROI 样本图像,通过特征提取、平均化等操作确定出该用户的模板特征。然后输入该用户的 ID 到右上角的组合框中,点击 Register 按钮将该用户的模板特征存储到现有的掌纹特征数据库中,掌纹特征数据库预先建立在 ARM 开发板的 Flash 内存中。注册阶段的程序演示界面如图 6.35 所示。

识别阶段:待识别用户手掌放置到采集口之后,与注册阶段类似,红外开关感应并触发点亮光源,为掌纹成像提供适合的光照环境。在“一对一”的工作模式下,需要在下拉组合框中选择待识别用户的 ID 再点击 Identity 按钮进行用户的身份验证;在“一对多”的工作模式下,需要保证组合框内容为空,然后点击 Identity 按钮,通过遍历掌纹特征数据库来寻找与待识别掌纹图像最相似的掌纹模板特征,

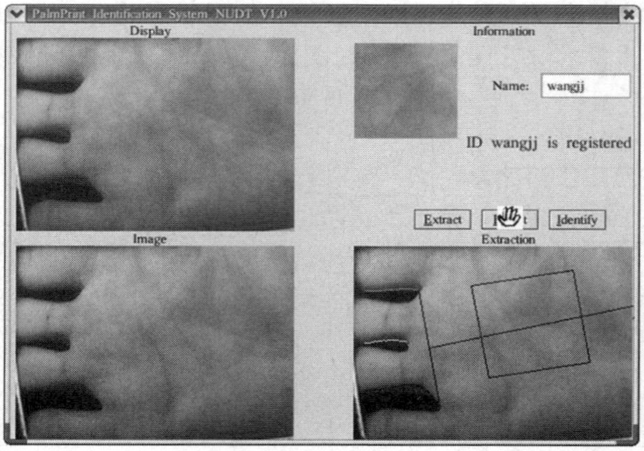

图 6.35　注册阶段的程序演示界面

并判定它们之间的相似度是否在给定的范围之内,如果相似度在给定范围之内则判定待识别用户为掌纹特征数据库中的已注册用户,并给出相关的用户信息,否则判定待识别用户为未注册用户。识别阶段的程序演示界面如图 6.36 所示。

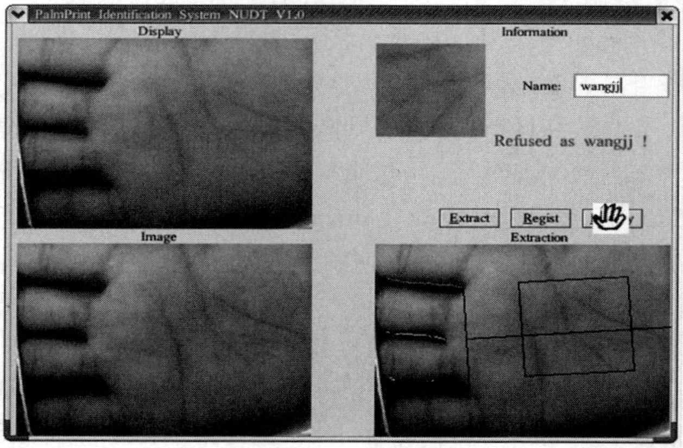

图 6.36　识别阶段的程序演示界面

6.3.4　基于扫描仪的嵌入式掌纹识别系统

基于扫描仪的掌纹采集方式已经具有很长历史,但是实时性差、体积庞大等瓶颈限制了它的应用和推广。扫描仪的成像清晰和光源系统成熟稳定等优点促使我们对现有的扫描仪采集方式进行改进,充分发挥其优点而改进其实时性差和体积庞大等劣势。

1. 系统分析和设计

传统的基于扫描仪的掌纹采集方式获取一幅掌纹图像耗时很长,一般需要耗费 10s 左右,不能满足实时掌纹识别系统的需求;而且用户手掌直接放置在扫描仪的玻璃面上,手掌和玻璃面的接触会使得手掌受挤压变形。上节所叙述的基于

ARM 开发板的嵌入式掌纹识别系统在实际推广应用中具有体积庞大、价格昂贵的缺点。根据上述分析和实际应用的调研工作,我们设计了一款基于扫描仪的嵌入式掌纹识别系统,其结构图和实物图分别如图 6.37 和图 6.38 所示。

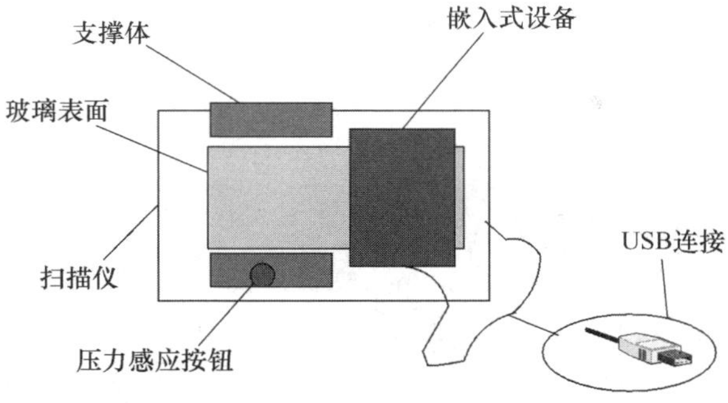

图 6.37 基于扫描仪的嵌入式掌纹识别系统结构图

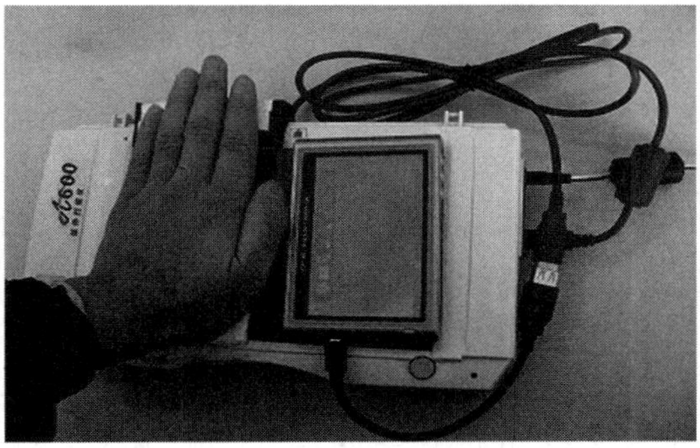

图 6.38 基于扫描仪的嵌入式掌纹识别系统实物图

所选取的扫描仪为虹光公司的 A600 证件扫描仪,它的尺寸仅为 283mm × 160mm × 55mm,重量仅为 1.6kg,扫描仪的顶盖被拆掉。为了方便用户放置手掌提高用户的舒适度,在左侧玻璃面的上下两端分别设计了两块支撑体,上端的支撑体上设计了 4 个凹槽来引导用户放置除大拇指外的 4 个手指,减轻后续的掌纹图像预处理的难度。支撑体具有一定的高度,使得用户的手掌不会接触到扫描仪的玻璃面,防止手掌与玻璃面接触而使得手掌受挤压变形,另外非接触式的掌纹采集方式可以防止玻璃表面弄脏而影响采集的掌纹图像质量。

在具体的掌纹图像采集过程中,用户将手掌放置到支撑体上,4 个手指自然而然地放置到支撑体的 4 个凹槽中,后侧的支撑体下方安装了一个压力感应按钮,它感应到用户的手掌压力而启动扫描仪扫描图像。在统计调查了成年人手掌尺寸的大致范围之后,我们编程设置感应按钮启动扫描仪后,控制步进电机的前进距离为 72mm,即扫描尺寸为 105mm × 72mm,以保证绝大部分成年人手掌区域都被扫描到。而小的扫描尺寸极大提高了扫描速度,因为扫描仪的扫描图像时间大部分耗费在启动步进电机和控制电机前进后退上,CCD 成像和图像传输的时间相比较而言可以忽略不计。对现有扫描仪的电路结构进行了改装和优化，通过 PWM (Pulse Width Modulation)技术来提高步进电机转速以提高扫描速度。最终我们所设计的掌纹识别系统采集一幅掌纹图像的平均时间仅为 2.4s，与传统的基于扫描仪的掌纹采集方式相比采集时间大大缩减，基本可以满足实时采集的需求，所采集得到的原始掌纹图像为 376×259 像素 24bit 的 BMP 图像，样本掌纹图像如图 6.39 所示。

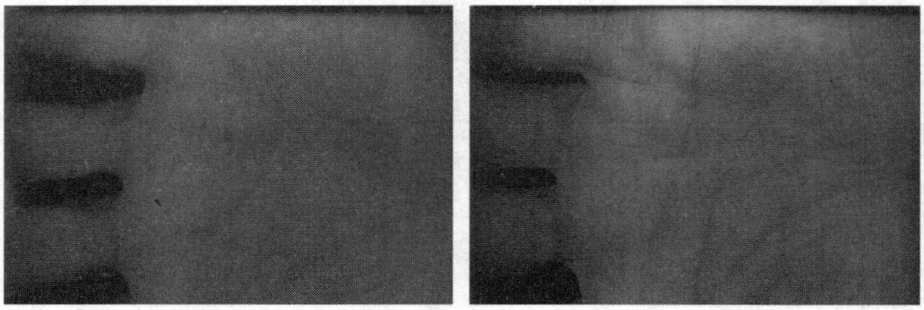

图 6.39　基于扫描仪的嵌入式掌纹识别系统所采集的样本掌纹图像

扫描仪所得到的掌纹图像通过 USB 连接传输到嵌入式设备中，所选取的嵌入式设备为智器公司的 SmartQ V5 MID (Mobile Internet Device)[88]，它的处理器为主频 600MHz 的 ARM11，内存为 256MB DDR II RAM，完全可以满足掌纹识别算法的运算需求和实时性需求，它内置了 2GB Flash 且支持 SD 扩展卡，完全可以满足建立大规模掌纹数据库的存储需求。该 MID 的具体尺寸为 119mm×78mm×14mm，放置在扫描仪的玻璃面右侧，当用户放置手掌到支撑体时，用户手掌和 MID 共同覆盖了扫描仪的整个玻璃表面，扫描仪采集到的掌纹图像通过采集程序控制由 USB 连接线传输到 MID 的预定义存储位置中。

2. 掌纹图像采集的分辨率分析

掌纹图像具有丰富的纹理特征，纹线结构大致分为 3 类：主线、皱褶和乳突纹。主线和皱褶比较容易获取，因为它们的沟纹比较粗大，相对容易获取；而乳突纹则比较细小，类似于指纹的脊线谷线纹路，分辨率低则难以清晰成像。大部分指纹图像传感器需要使用 300dpi 或者更高的分辨率才能采集到较为理想的指纹图像，这就意味着如果我们要很清晰地得到掌纹图像中的乳突纹结构，可能也需要使用 300dpi 或者更高的分辨率来采集掌纹。

图 6.40 为不同分辨率下采集到的掌纹图像中大小固定、位置固定的图像块，由图可以看出，分辨率为 200dpi 和 300dpi 都可以采集到掌纹图像的 3 类纹线，而 100dpi 和 150dpi 则只能采集到掌纹图像的主线和皱褶，乳突纹几乎看不到。

通过对基于扫描仪的掌纹采集设备所采集到的 600 幅不同的掌纹图像进行统计分析，并将得到的掌纹图像采集分辨率分析结果列表，如表 6.3 所列。

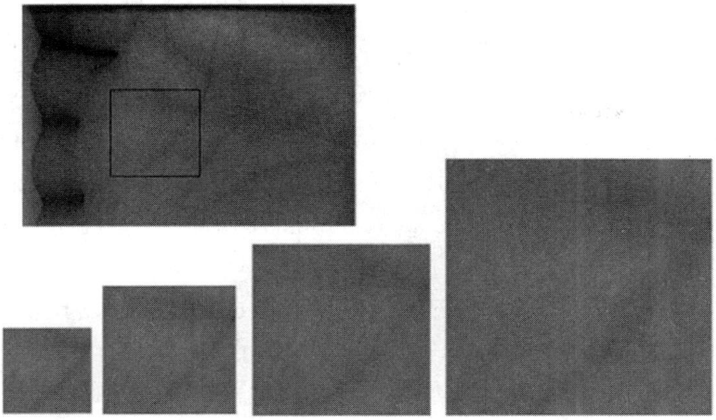

图 6.40 不同分辨率所采集的掌纹图像块

表 6.3 掌纹图像采集分辨率分析

分辨率/dpi	100	150	200	300
图像尺寸	356×259	564×388	753×518	1130×777
文件大小	286KB	642KB	1.11MB	2.51MB
采集时间/s	2.5	5.8	6.5	8.1
采集的纹线特征	主线	主线	主线	主线
	粗大皱褶	粗大皱褶	粗大皱褶	粗大皱褶
		细小皱褶	细小皱褶	细小皱褶
			乳突纹	乳突纹

我们的目的是设计实用化的掌纹识别系统，因此需要综合考虑各方面的要素，根据定序测量特征提取方法，只需要采集到掌纹图像中的主线和粗大皱褶已经足以实现身份识别，因此为了提高图像采集速度和减少数据存储量，我们选择采用 100dpi 的分辨率来采集掌纹图像。

3. 实现细节与性能评价

所选取的 A600 扫描仪是 Twain 接口，Windows 自带 Twain 接口 API 函数，扫描仪的 Windows 驱动程序厂家一般都会提供，在 Windows 下对扫描仪进行操作和控制比较简单；然而在 Linux 环境下操作扫描仪则比较困难，一般而言，特定扫描仪的 Linux 驱动程序厂家不会提供，需要自己编写相应的驱动程序，开发难度大且开发周期长。比较幸运的是，SANE(Scanner Access Now Easy)支持虹光公司的 A600 证件扫描仪，并且 Ubuntu Linux 已经预装了带 GUI 的 SANE。SANE 提供了专门访问和控制扫描仪等图像设备的标准 API 接口，通过 SANE 我们可以非常容易地访问到扫描仪的底层驱动，调用扫描仪插件以及前端程序(Frontends)和后端程序(Backends)。实际操作中先使用命令“sane - find - scanner”查找并检测 USB 接口的目标扫描仪,然后使用命令"scanimage"操作扫描仪来扫描图像。

与上一节的基于 ARM 开发板的嵌入式掌纹识别系统类似,依然在宿主机中建立的 Qt/Embedded 平台[84]上交叉编译目标板上的引导程序、内核、文件系统和应用程序,然后通过 SD 卡复制到嵌入式设备 MID 中,在 MID 的 Ubuntu Linux 操作系统中运行相应的掌纹采集和识别程序,扫描仪通过 USB 连接将采集到的用户掌纹图像输入到 MID 中,MID 处理之后给出相应的识别结果,并生成声音文件,通过其内置喇叭报出识别结果。

评价一个生物特征识别系统的性能指标有识别率、等误率(EER)、存储量、系统响应时间、稳定性、重量尺寸等。为了不失一般性,我们选取定序测量掌纹识别算法[48]来对所建立的基于扫描仪的嵌入式掌纹识别系统进行性能评价。预处理步骤中的 ROI 提取方法采用的是文献[4]中的 ROI 矩形区域提取方法,所截取的 ROI 图像块大小为 128×128,特征模板大小为 4096B,即需要为每个注册用户提供 4096B 的存储空间。MID 内置了 2GB Flash 且支持 SD 扩展卡,Flash 用来存储采集识别程序,用户特征模板和所建立的小规模掌纹数据库样本图像都存储在 SD 卡中。随着电子产品的飞速发展,存储介质的价格越来越低廉,8GB 的 SD 仅为人民币 100 元左右,因此在 MID 上建立一个大规模的掌纹数据库是完全可行的。

系统响应时间是衡量一个生物特征识别系统的重要指标。系统的运行环境为:Ubuntu Linux 操作系统,Qt/Embedded 开发平台,主频 ARM 11 600MHz,内存 256MB DDR II RAM。掌纹识别系统的平均响应时间如表 6.4 所列。

表 6.4　基于扫描仪的嵌入式掌纹识别系统的平均响应时间

主要步骤	掌纹图像采集	预处理	特征提取和匹配	总体响应时间
时间/s	2.5	0.4	0.13	3.03

所建立的基于扫描仪的嵌入式掌纹识别系统主要由市面上应用比较成熟的扫描仪和 MID 构成,它们都已经在市面上应用了很多年,通过时间和用户的实际应用考验,性能比较稳定且用户易于使用,可接受度高,而且系统的可维护性也较好。系统的总体重量大约为 1.8kg,尺寸仅为 283mm×160mm×60mm,体积小巧,完全可以符合民用生物特征识别系统的需要,便于以后的推广和实际应用。整个实验室原型系统的成本约为人民币 3000 元,如果我们联系相应的扫描仪和 MID 生产厂商,定制出符合我们特定需求所对应扫描仪和 MID,去除那些不需要的功能和部件,则系统成本可以进一步降低,系统的低成本可在实际推广和平民化中起到极其重大的作用。

6.3.5 实验

综合本节内容,将本节所述的这些掌纹识别系统进行相应的性能比对,具体的参数比对结果如表 6.5 所列。

表 6.5 几种掌纹识别系统的性能比较

掌纹识别系统	价格	重量和尺寸	图像采集时间	图像质量
基于数码相机	高	中	中	高
基于视频摄像头	低	小	短	低
基于 ARM 开发板	高	较大	短	低
基于扫描仪	中	小	中	高

对于自主通关、军事基地人员准入等应用领域,设备的重量、体积和价格问题可以忽略不计,对系统的响应时间和精度要求比较高,比较适合采用基于高性能 CCD 或者基于扫描仪的掌纹识别系统;对于银行 ATM 登录、门禁考勤控制和电子商务口令等领域,系统的集成度要求尽量高,一般需要采用嵌入式开发板实现,图像传感器可以选用适合开发板的 CCD 摄像头;对于普通民用的门禁控制和个人 PC 登录而言,设备体积和价格要求尽量低,基于廉价视频摄像头的掌纹识别系统则非常适合。

6.4 掌脉采集系统及识别算法

掌脉识别即手掌静脉识别,它是静脉识别技术中的一种。与其他几种典型静脉识别技术(手背静脉识别和手指静脉识别)相比,掌脉的识别效果最高(日本富士通所称在其对 140000 个手掌的实验中,FAR = 0.00008%,FRR = 0.01%)。不同肤色的人手背颜色虽然相差很大,但是手掌心都是淡黄色的,掌脉识别也不会像手背静脉识别那样受到有些人手背上长有浓密手毛情况的影响。此外,在天气寒冷的情况下,手掌血液流动性也要比手指和手背好很多,手指静脉识别和手背静脉识别有可能会在寒冷温度下因血管宽度和流动性发生变化而发生误判。

虽然日本富士通公司已经做出了商业化的掌脉识别产品,但是由于商业机密等因素,目前掌脉预处理和识别算法的相关技术文档和文献都非常少,尤其在国内,掌脉识别还处于起步阶段。本节主要对自行设计的掌脉采集设备的具体搭建细节进行阐述,以本设备所采集到的掌脉图像作为样本建立小型掌脉数据库,并且借鉴较为成熟的视网膜血管提取算法和指纹识别算法,对掌脉图像的预处理和匹配识别算法进行初步研究和探讨,最终在该小型掌脉数据库上对所研究的掌脉识别算法进行性能评价。

6.4.1 掌脉采集系统的设备选取

掌脉图像采集的原理是:通过特定波长范围的近红外光源发射近红外光束照射到用户的手掌上,由于静脉血管中的血色素比周围其他生物组织吸收更多的近红外光,近红外光线反射回图像传感器形成静脉血管形状的掌脉图像。

根据红外采集原理可知,当近红外入射光线的波长范围在 720 ~ 1100nm 时,才能获得清晰的静脉血管结构,故本系统所用的近红外光源必须能够发射720~1100nm 波长范围内的近红外光。我们选取了欧思朗公司的型号 SFH4231 的大功率红外发光二极管,额定功率为2W,发射区域为1mm×1mm,发射角度为0°~120°,最大电流为1A,它的发射波长与输入电流的关系图如图6.41所示。

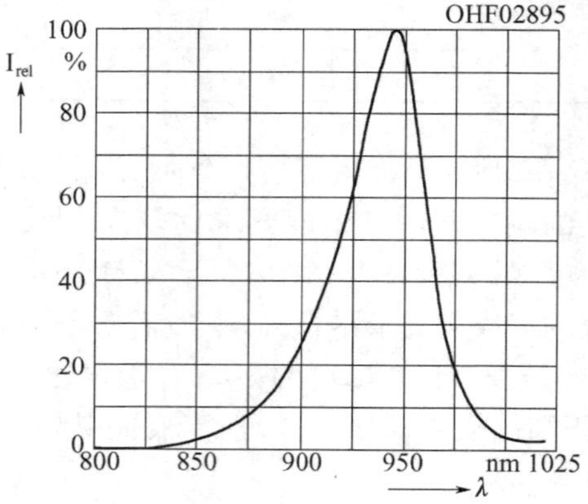

图6.41 发光二极管的发射波长与输入电流的关系图

单一的红外发光二极管发光强度、稳定性和均匀性等条件并不能符合掌脉采集系统的要求,因此必须采用二极管发光阵列的结构。二极管发光阵列一般有三种结构,即二维的单线或双线阵列、矩形阵列和环形阵列。

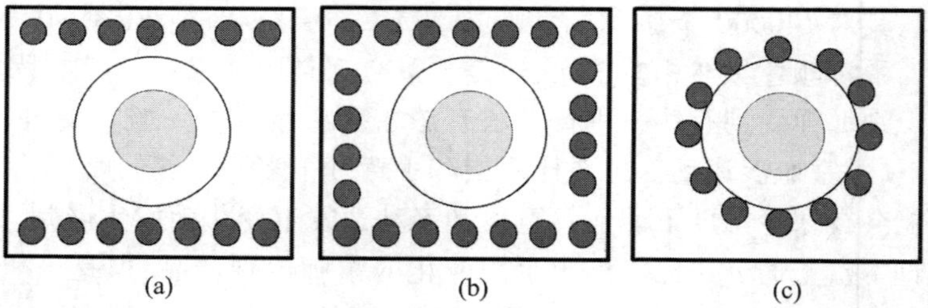

图6.42 二极管发光阵列的几种结构
(a) 双线型; (b) 矩形; (c) 环形。

由于本系统采用的是散射型近红外二极管,其发射角度为0°~120°,并非全角度,而且在每个角度的光强分布并不完全相同,因而,二维的单线或双线阵列和矩形阵列结构的光源发射的近红外光不能均匀地覆盖整个手掌,强度分布明显不够均匀,周围的光强,中间的光明显较弱。而环形阵列结构的近红外光源发射的近红外光可以比较均匀地覆盖整个手掌,强度分布比较均匀。

为了进一步改善光的强度分布,可以通过在光源前面加散射片来获得分布均匀的光。散射片将分散近红外二极管阵列发射的光,同时降低光的强度。大功率的近红外二极管阵列光源因其发射的光强过大而发生手掌表面反光,降低了掌脉图像的对比度,对实验产生不利影响,因此在光源前加多层散射片不仅能获得分布均匀的光，同时可以更为方便地通过加减散射片的数量来控制照射到手掌上的光的强度，获得采集掌脉图像的最优光照条件。

考虑到建立掌纹和掌脉融合识别系统的需要，成像设备选取 JAI 公司的 AD080CL 型号的双 CCD 多光谱摄像机，近红外部分 CCD 为 SONY 公司的 ICX204AL 型号的 1/3 英寸 CCD，有效像素为 1024 × 768，具有较高的灵敏度和噪声等级，波长响应曲线如图 6.43 所示。根据摄像机的特性选用 DALSA 公司的 X64 - CL iPro 图像采集卡，通过 Camera Link 接口与摄像机通信。镜头选取维视公司的 VS - 04510M 镜头，焦距范围为 4.5 ~ 10mm，相对孔径为 1∶1.6。

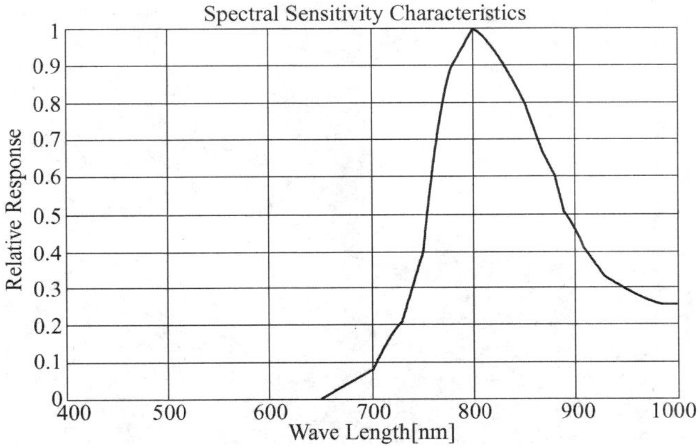

图 6.43　近红外 CCD 的波长响应曲线

6.4.2　掌脉采集系统设计

所设计的掌脉采集系统结构图如图 6.44 所示。仪器箱体为长方形盒体结构，箱体一边开了一个定位槽。箱体内壁均匀涂有黑色吸光材料，对光有很高的吸收率。长方形支撑体用于支撑手掌，采用柔软材料制成，且它的表面成一定的弧形，与人的手掌侧面相似，使得用户手掌放置上去较为舒适。仪器箱体、长方形支撑体以及待测手掌一起组成了暗箱的效果。

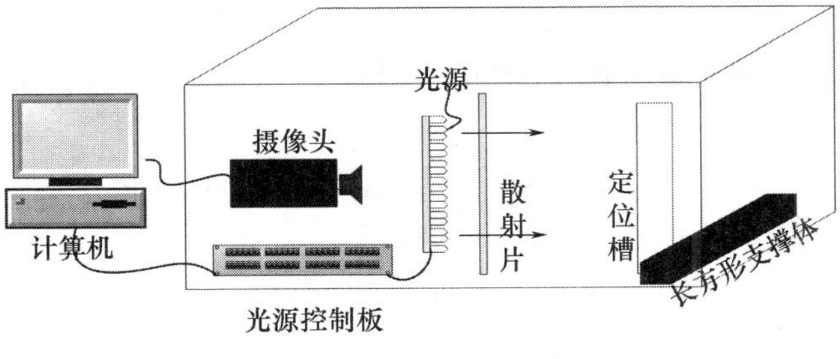

图 6.44　掌脉采集系统结构图

近红外光源采用环形 LED 阵列,环形阵列的内直径应足够大,以保证不会阻挡摄像头的视野,环形光源中心点与摄像头的镜头中心点重合,环形光源的平面与箱底平面垂直,前面放置多层散射片。C51 单片机和继电器组成的控制电路板放置在箱体底部,C51 单片机的一个 I/O 口与继电器相连后再与环形光源相连,用来控制近红外光源的亮灭。单片机和计算机之间通过串口实现通信。图像采集卡放置在计算机主板 PCI 插槽中,计算机与图像采集卡通过 PCI 总线进行数据传输,图像采集卡与摄像机通过 Camera link 连接线相连。掌脉采集系统的实物图如图 6.45所示。

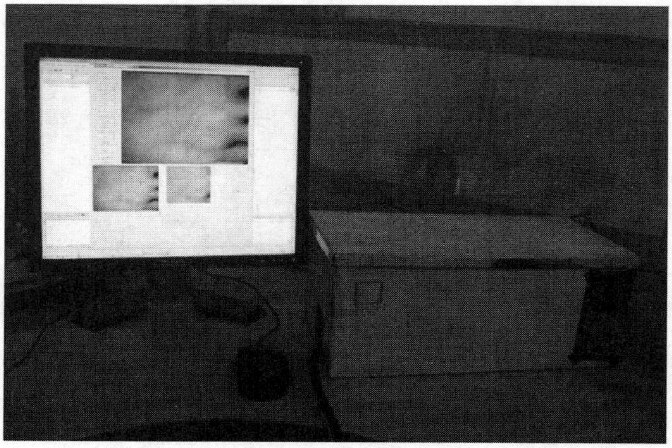

图 6.45　掌脉采集系统实物图

掌脉图像采集程序在 Visual C + +6.0 环境下通过 DALSA 公司的 Sapera LT 类库来编写,该类库文件的封装类可以非常简单方便地实现用软件程序操作与控制图像采集卡和摄像机。

掌脉图像采集程序主要用到 SaperaLT 类库中的四种派生类,即 SapAcquisition 类、SapBuffer 类、SapView 类和 SapAcqToBuf 类。SapAcquisition 类用于获取图像设备,用 SapBuffer 类储存图像数据, SapAcqToBuf 类把图像设备和 Buffer 连接起来, SapView 类用于显示图像。

掌脉图像采集步骤如下:

(1) 通过预定的设备配置文件和采集卡通道参数,获得预定采集设备到 SapAcquisition 类对象;

(2) 使用 SapBuffer 类在内存中创建一个图像 Buffer,用来存储 SapAcquisition 类对象所获得的数据图像;

(3) 根据该 SapBuffer 类对象和显示图像的窗口句柄分配一个 SapView 类对象,用来在预定窗口中显示图像;

(4) 创建 SapAcqToBuf 类对象,连接 SapAcquisition 类对象与图像 Buffer,并设置和声明回调函数;

(5）对创建过对象的类进行分配资源等初始化操作；

(6）用 SapAcqToBuf 类的 Grab 函数显示并采集图像。

所设计的掌脉图像采集程序软件界面和样本掌脉图像如图 6.46 所示。

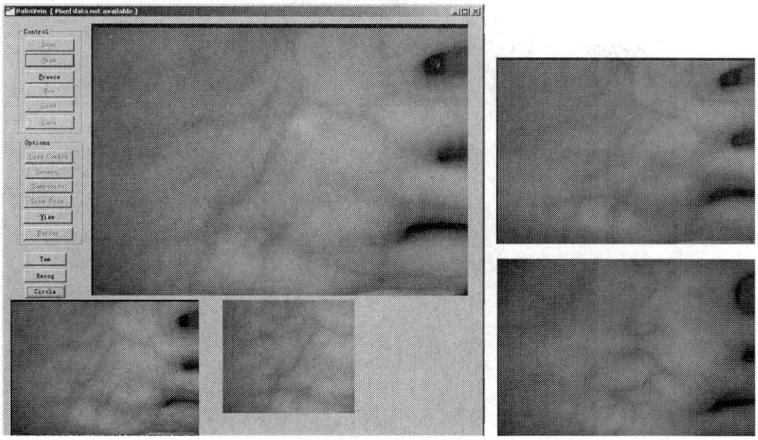

图 6.46　掌脉图像采集程序软件界面和样本掌脉图像

6.4.3　掌脉识别算法研究

本节将对掌脉识别算法进行研究，通过比较与分析上一节所述掌脉采集设备所得到的样本掌脉图像，确定了一套适合的预处理与识别算法。掌脉识别算法具体分为预处理、特征提取和特征匹配 3 个步骤。

1. 掌脉血管提取的前期尝试

虽然日本富士通公司已经做出了商业化的高识别率掌脉识别产品，但是由于公司机密等因素，掌脉图像预处理的相关文献数量极其少，尤其在国内掌脉识别还处于起步阶段。为此，我们借鉴手指静脉血管提取[108]和视网膜血管提取[109]的相关算法对掌脉图像血管提取进行了前期尝试，样本掌脉图像为香港理工大学张大鹏教授的生物特征识别课题组所提供。

利用手指静脉血管跟踪方法进行掌脉图像的血管提取，该算法中两个重要参数为向右遍历搜索的步长 step 和预测静脉血管宽度的半值 wid，改变这两个参数得到掌脉图像的血管提取效果图如图 6.47 所示。

由图 6.47 可知，参数选择 step = 3，wid = 8 时效果要稍微好一些，预测血管宽度值过低会将很多细小的噪声误认为血管，而预测血管宽度过高则会丢失一部分静脉血管，且血管纹路断裂现象非常严重。总体而言，该静脉血管跟踪方法通过预测血管宽度和血管像素灰度差来跟踪血管脉路，原理比较简单；但是对原始掌脉图像质量要求非常高，不能处理血管断裂的情况且对噪声非常敏感。

借鉴较为成熟的视网膜血管纹路增强提取算法[109]，对掌脉图像进行了相应的血管纹路增强和提取处理，得到的效果如图 6.48 所示。

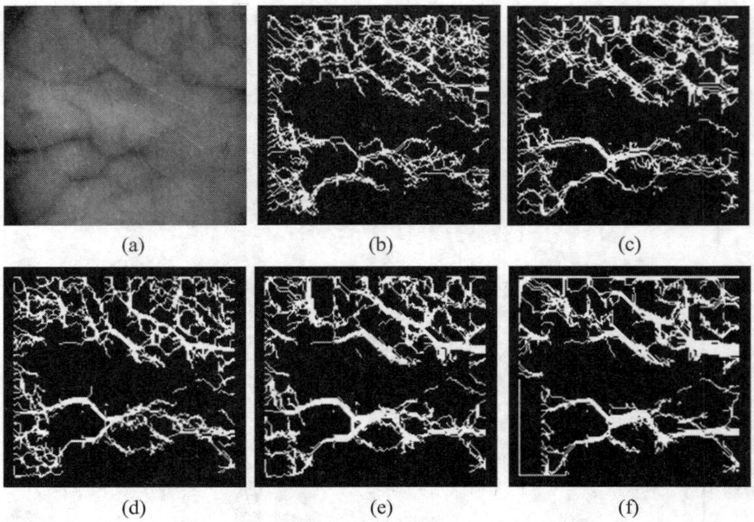

图 6.47　静脉血管纹路跟踪方法效果图

(a) 原始掌脉图像；(b) step = 1, wid = 5；(c) step = 1, wid = 7；
(d) step = 2, wid = 5；(e) step = 3, wid = 8；(f) step = 4, wid = 10。

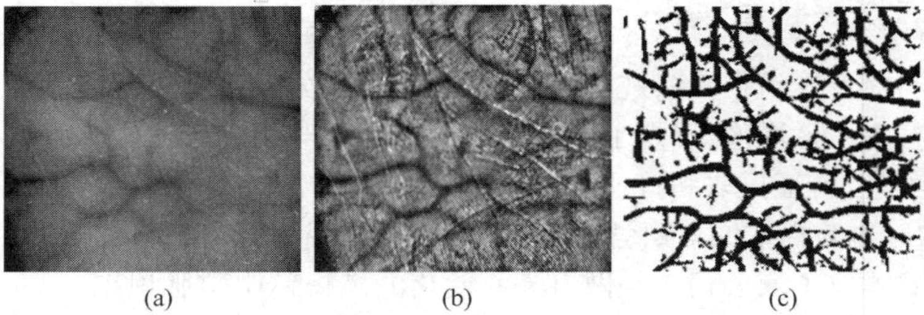

图 6.48　应用视网膜血管纹路增强提取算法的效果图

(a) 原始掌脉图像；(b) 增强处理；(c) 血管提取。

由图 6.48 可见，视网膜血管纹路增强提取算法能够较好地保持原有的掌脉血管纹路，且能将原始图像中不清晰的血管连接处进行加强，但是依然存在较大的噪声干扰，即产生较多的虚假静脉纹路，这些虚假静脉纹路利用预期掌脉血管长度、宽度、面积等先验知识很难去除。

根据对我们设备所采集到的掌脉图像进行实际分析，借鉴较为成熟的视网膜血管增强提取和指纹预处理匹配判别等算法，总结出适合的掌纹图像预处理、特征提取和匹配识别方法。

2. 掌脉图像预处理

掌脉图像是由近红外 CCD 摄像机拍摄而采集到的，在图像采集的过程中，由于受到采集时间、光强、手掌倾斜度及手掌薄厚等因素的影响，采集到的掌脉图像在灰度分布图上存在一定程度的差异，这些都为掌脉的特征提取和匹配带来了困难。因此，为了提高后续的特征提取的速度、匹配识别算法的有效性和鲁棒性，去掉不必要的噪声干扰，降低后续工作的复杂度，有必要在特征提取之前对手掌静脉图像进行定位和归一化等一系列的预处理。掌脉图像预处理是掌脉识别工作的必要准备和前提，同时也是掌脉识别中的难点问题。

1）掌脉图像 ROI 提取

考虑到掌脉与掌纹采集方式的相似性，掌脉图像 ROI 的提取可以借鉴掌纹 ROI 提取的方法。根据所采集到的掌脉图像特点，选用了最大内切圆的方法[110]提取掌脉 ROI，实验中 ROI 大小取为 224×200，效果如图 6.49 所示。

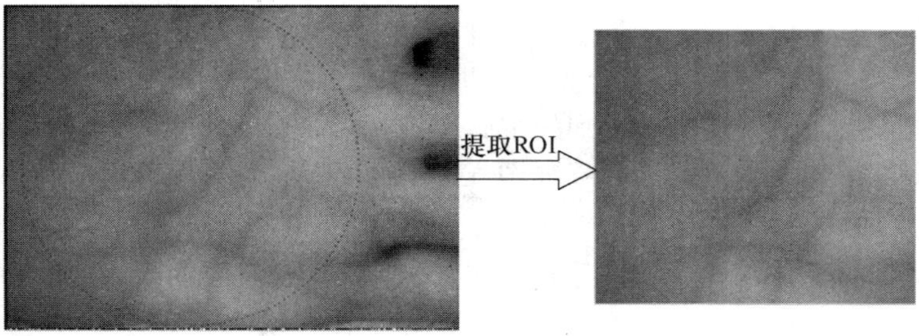

图 6.49　掌脉图像 ROI 提取

2）平滑和增强处理

采集到的掌脉图像中含有不同程度的噪声和毛刺，运用高斯低通滤波器对图像进行平滑滤波，滤去一些噪声和毛刺。高斯低通滤波器的标准方差取为 0.625。

平滑后掌脉图像中的静脉血管比较模糊，不利于后续处理，因此必须对平滑后掌脉图像进行图像增强。本节采用自适应局部对比度增强算法[111]对掌脉图像进行增强，具体实现如下：取一个 $M \times M$ 的邻域窗口（M 取 49），中心像素点的坐标为 (i,j)，则按下述公式进行灰度增强：

$$f(i,j) = 255 \times \left[\frac{[\Psi_W(f) - \Psi_W(f_{\min})]}{[\Psi_W(f_{\max}) - \Psi_W(f_{\min})]} \right] \tag{6.36}$$

$$\Psi_W(f) = \left[1 + \exp\left(\frac{\langle f \rangle_W - f}{\sigma_W} \right) \right]^{-1} \tag{6.37}$$

3）二值化

二值化是掌脉识别系统中的一个重要环节，二值化的准确性直接影响后续处理的有效性，具有重要的意义。

选用 Niblack 算法[112]及其改进算法[113]对增强后的掌脉图像进行二值化。Niblack 算法是一种简单有效的局部动态阈值算法，该算法的基本思想是对图像中的每一点，在它的 $r \times r$ 邻域内，计算整个邻域像素点的均值和方差，然后通过公式计算出该点的局部阈值从而实现二值化。

假设图像为 $\boldsymbol{f}(x,y)$，则均值 $\boldsymbol{m}(x,y)$ 和方差 $\boldsymbol{s}(x,y)$ 的计算公式为

$$m(x,y) = \frac{1}{r \times r}\sum_{i=x-r/2}^{x+r/2}\sum_{j=y-r/2}^{y+r/2} f(i,j) \tag{6.38}$$

$$s(x,y) = \sqrt{\frac{1}{r \times r}\sum_{i=x-r/2}^{x+r/2}\sum_{j=y-r/2}^{y+r/2}(f(i,j) - m(x,y))^2} \tag{6.39}$$

邻域窗口的大小 r 是一个非常敏感的值，r 取值太大则图像的细节无法保留，太小则图像的噪声无法抑制。

Sauvola[113] 提出了基于 Niblack 算法的改进算法，在 $r \times r$ 邻域中，中心像素的阈值由下面的式子确定：

$$T(x,y) = m(x,y) + \left[1 + k \times \left(\frac{s(x,y)}{R} - 1\right)\right] \tag{6.40}$$

在实际的实验中，根据采集到的掌脉图像特点，选用 31×31 的邻域窗口，参数 $k=5$，$R=64$，得到的二值化后效果如图 6.50(c)所示。

4）滤波去噪

二值化后的图像不够平滑，毛刺较多，且存在较大范围的噪声，采用中值平滑滤波去除血管旁边的毛刺和噪声。另外采用连通区域标记法标记相连通的像素点，把相连通的像素点标记为相同 ID 的图像块，再根据先验知识使用阈值滤波处理来消除小图像区域(一般为离散噪声点)，利用目标图像块的面积、外接矩形高度、宽度和位置信息等先验信息来滤去这些噪声。一般而言，我们感兴趣的手掌静脉的这些先验信息是在一定范围内的，利用经验值相对应设定一些阈值便可以滤去大部分的噪声和毛刺干扰。图 6.50(d)为中值滤波之后的效果图，图 6.50(e)为连通区域标记法去噪之后的效果图。

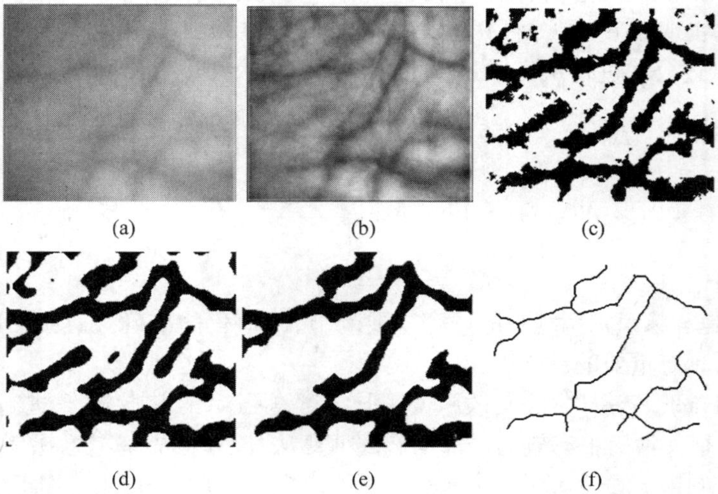

图 6.50 掌脉图像预处理步骤

(a) ROI；(b) 平滑后图像；(c) 二值化；(d) 中值滤波；(e) 去噪；(f) 细化。

5）细化

细化处理是在不影响纹线连通性的基础上删除纹线上的冗余信息直到纹线为单像素宽度为止，理想状态时，细化后的纹线骨架应该是保留的原始纹线的中间位置，应该保持原有图像的拓扑结构、形状和连通性。

对于细化问题，国内外已经提出了多种细化算法[114,115]，各有特点和不足，各种细化算法的主要问题都在断点、毛刺、缩短和中心偏移上。根据掌脉图像中静脉纹线特性，本节采用基于8邻域的细化算法，主要根据一个点的8个相邻点来判断其是否能去掉。细化之前做出一张表，根据某点的8个相邻点的情况查表，若表中元素为1，则表示该点可以删除，否则保留。

每次先在水平方向对整幅图像进行逐行扫描，通过查表判断每个点是否应该被删除，再在垂直方向逐列扫描，对于每个点计算它在表中对应的索引，若为0，则保留，否则删除。若这次扫描没有一个点被删除，循环结束，剩下点为骨架点；如果有点被删除，则进行新一轮扫描，反复进行直到没有点被删除。细化结果如图6.50(f)所示。

3. 掌脉图像特征提取和匹配识别

根据掌脉图像的纹线特征，借鉴现今非常成熟的指纹识别相关算法和经验，采用提取掌脉图像细节点的方法和点模式匹配算法，即提取出静脉纹路的关键细节点相关信息并用于身份识别。

1）关键点提取

对于细化后图像上的任意点 p_1（p_1 为像素点的灰度值），在8邻域图中其交叉数和8邻域纹线点数分别定义为

$$c_n(p_1) = \frac{1}{2}\sum_{i=2}^{9} | p_i - p_{i+1} | \tag{6.41}$$

$$S_n(p_1) = \sum_{i=2}^{9} p_i \tag{6.42}$$

遍历细化后图像中的每一个像素点，计算其 $c_n(p_1)$ 和 $s_n(p_1)$，根据下面的条件判据即可得到所有的端点和分支点：

（1）当 $p_1 = 1$、$c_n(p_1) = 1$ 且 $s_n(p_1) = 1$ 时，细节特征点 p_1 为端点。

（2）当 $p_1 = 1$、$c_n(p_1) = 3$ 且 $s_n(p_1) = 3$ 时，细节特征点 p_1 为三叉点。

（3）当 $p_1 = 1$、$c_n(p_1) = 4$ 且 $s_n(p_1) = 4$ 时，细节特征点 p_1 为四叉点。

2）匹配识别

本节采用较为成熟的点匹配算法[116]对提取的关键点序列进行匹配识别。点模式匹配算法是假设通过某些变换（如平移变换、伸缩变换、旋转变换）把两个点集中的对应点匹配起来。设点模式匹配的两个点集 P 和 Q，其中 P 从第一幅图像中抽取，由 k 个点特征构成，$P = \{P_1, P_2, \cdots, P_k\}$；$Q$ 从第二幅图像中抽取，由 l 个点特征构成，$Q = \{Q_1, Q_2, \cdots, Q_l\}$。它们之间的匹配就是找到一个校准函数 $H(t_x, t_y, s, \theta)$，以使两个点集有最大数量点对存在稳定的一一对应关系，即 $H(P_i) = Q_j$。函

数 $H(t_x,t_y,s,\theta)$ 是一个含有四个参数的映射变换，其中 s 是两幅图像的伸缩系数，θ 为偏转角度，t_x 和 t_y 分别是沿 x 方向和 y 方向的位移。下面介绍函数 $H(t_x,t_y,s,\theta)$ 中四个参数的求解过程。

用 x 方向和 y 方向的坐标来描述两个点集中的特征点。即

$$P = \{(x_{Pi},y_{Pi})^{\mathrm{T}} \mid i = 1,2,\cdots,k\} \tag{6.43}$$

$$Q = \{(x_{Qm},y_{Qm})^{\mathrm{T}} \mid m = 1,2,\cdots,l\} \tag{6.44}$$

显然，若 P 和 Q 中存在一对匹配的点 P_i 和 Q_m，则其对应关系为

$$Q_m = H(P_i) \Rightarrow \begin{pmatrix} x_{Qm} \\ y_{Qm} \end{pmatrix} = \begin{pmatrix} t_x \\ t_y \end{pmatrix} + \begin{pmatrix} s\cos\theta & -s\sin\theta \\ s\sin\theta & s\cos\theta \end{pmatrix} \begin{pmatrix} x_{Pi} \\ y_{Qi} \end{pmatrix} \tag{6.45}$$

$$\begin{pmatrix} x_{Qm} \\ y_{Qm} \end{pmatrix} = \begin{pmatrix} t_x \\ t_y \end{pmatrix} + \begin{pmatrix} s\cos\theta & -s\sin\theta \\ s\sin\theta & s\cos\theta \end{pmatrix} \begin{pmatrix} x_{Pi} \\ y_{Qi} \end{pmatrix} \tag{6.46}$$

$$\begin{pmatrix} x_{Qn} \\ y_{Qn} \end{pmatrix} = \begin{pmatrix} t_x \\ t_y \end{pmatrix} + \begin{pmatrix} s\cos\theta & -s\sin\theta \\ s\sin\theta & s\cos\theta \end{pmatrix} \begin{pmatrix} x_{Pj} \\ y_{Qj} \end{pmatrix} \tag{6.47}$$

由以上方程可以得到函数 $H(t_x,t_y,s,\theta)$ 的四个参数变量值为

$$s = \frac{\overline{Q_mQ_n}}{\overline{P_iP_j}} \tag{6.48}$$

$$\theta = \theta_{Q_mQ_n} - \theta_{P_iP_j} \tag{6.49}$$

$$t_x = x_{Qm} - x_{Pi}(s\cos\theta) + y_{Pi}(s\sin\theta) \tag{6.50}$$

$$t_y = x_{Qm} - x_{Pi}(s\cos\theta) + y_{Pi}(s\sin\theta) \tag{6.51}$$

由此，在计算出 $\overline{Q_mQ_n}$、$\overline{P_iP_j}$、$\theta_{Q_mQ_n}$ 和 $\theta_{P_iP_j}$ 的值后，可以求出变量 t_x、t_y、s 和 θ 的值。

具体算法有以下几个步骤：

(1) 初始匹配点对的确定。

点模式匹配算法首先要在两个待匹配点集合 P（P 为该类模板图像的特征点集合）和 Q 中寻找到肯定匹配的两对点，即参考点。采用匹配点支持算法来确定参考点，其核心思想是：假定 P_i 和 Q_m 是可以真正匹配的一对点对，则分别从 P_i 和 Q_m 向点集内其他特征点作矢量线段 $\overline{P_iP_j}$ 和 $\overline{Q_mQ_n}$，$j=1,2,\cdots,k, j\neq i, n=1,2,\cdots,l, n\neq m$。那么在矢量段组成的两个集合中，肯定存在一个转角参数 θ_0，使得大多数矢量段满足参数 $(0,0,\theta_0)$ 下的映射关系。

(2) 映射参数的求取。

计算每对匹配点 P_i 和 Q_m 的支持数 $W_{i,m}$（支持数表示当 P_i 和 Q_m 匹配时还有 $W_{i,m}$ 个点对存在一一匹配的关系）。当 $P_j \leftrightarrow Q_n$ 是一对真正匹配的特征点时，$W_{j,n}$ 可能是 $\{W_{i,m} \mid i=1,2,\cdots,k; m=1,2,\cdots,l\}$ 中的最大值。反过来说，如果 $W_{j,n}$ 是 $\{W_{i,m} \mid i=1,2,\cdots,k; m=1,2,\cdots,l\}$ 中的最大值，则 $P_j \leftrightarrow Q_n$ 一定是成功匹配的一对，同时表明存在另外的匹配特征点对支持 $P_j \leftrightarrow Q_n$ 相匹配。寻找到具有最大支持数的匹

配点，就可以确定两幅图像间转角参数，从而确定 $H(t_x, t_y, s, \theta)$。

(3) 匹配识别。

特征点以具有最大支持数的匹配点为原点，以函数参数为基础，进行旋转坐标变换，求取点集 Q 和模板点集 P 之间匹配的点对数 $S_Q(1 \leqslant S_Q \leqslant \min(k, l))$；然后用 S_Q 除以该类模板图像的总特征点数 k 得到匹配分数 T_Q，$T_Q = S_Q / k$；最后将 T_Q 与预置的匹配阈值 $T(0 < T \leqslant 1)$ 比较，当 $T_Q \geqslant T$ 时，则两幅图像匹配，否则不匹配。

4. 实验

为了对掌脉识别算法进行性能测试和分析，以本教研室师生为被试对象建立一个包含 180 幅掌脉图像的小型掌脉数据库，共采集了 30 个人，每人采集 6 幅掌脉图像。将数据库中每幅掌脉图像与其余的 179 幅掌脉图像进行匹配识别，即总共进行了 $180 \times 179 = 32220$ 次匹配，其中 $180 \times 5 = 900$ 次为类内匹配，$180 \times 174 = 31320$ 次为类间匹配。图 6.51 为掌脉识别算法类内类间分布曲线，可以看出，类内匹配峰值在匹配值为 0.83 处，而类间匹配峰值在匹配值为 0.33 处。这两个峰值分得比较开，同时类内曲线与类间曲线的交叉区域较小，即本节的掌脉识别算法可以较好地区分不同人的掌脉。

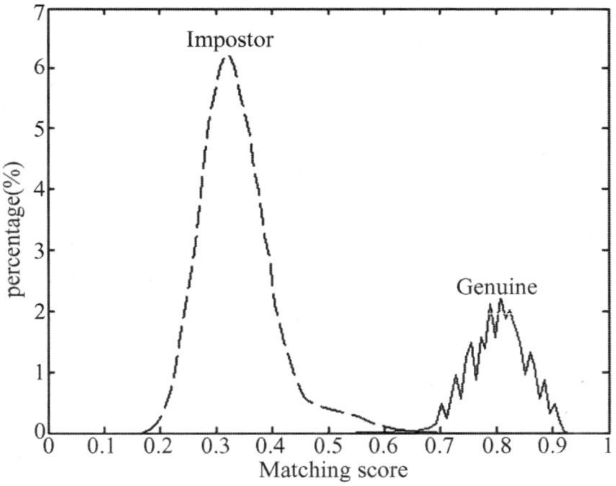

图 6.51　掌脉识别算法类内类间分布曲线

得到 FRR 和 FAR 曲线如图 6.52 所示。由图可知 EER = 1.8%，算法具有比较好的识别性能；但是相较于较为成熟掌纹识别系统而言，识别性能要低。主要原因是由于我们所设计的近红外光源系统还不够完善、不够稳定，所采集到的掌脉图像中的血管纹路并不十分理想，清晰度也比掌纹图像要差很多，且有一些人由于手掌老茧过厚使得近红外光源无法穿透表皮，难以得到掌脉图像，无法进行识别。另外由于掌脉识别属于较新的生物特征识别方式，目前现有的相关技术文档和文献都比较少，国内还处于起步和发展阶段，预处理和特征提取算法都是借鉴较为成熟的视网膜血管预处理和指纹特征提取算法，尚且未发现有非常适合掌脉固有特征的有效算法。相信随着国际国内生物特征识别团队对掌脉识别的不断深入研究，相关的技术和算法不断创新和改进，掌脉识别技术将得到更好的普及和推广，也将会应用于更广阔的领域，从而进一步发挥掌脉识别技术的不易窃取、不易受损等独特优势。

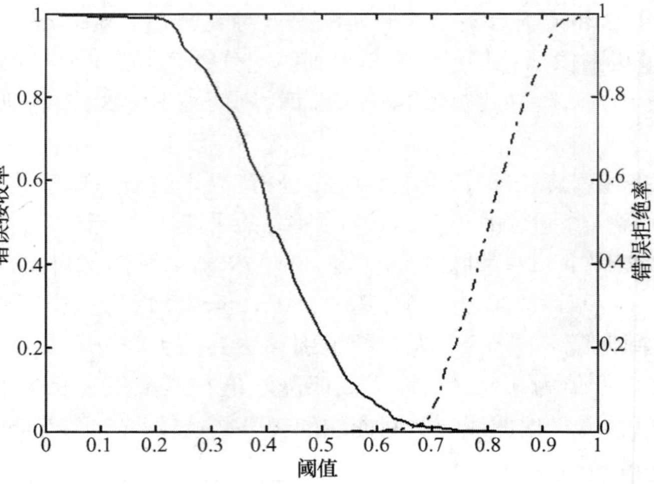

图 6.52　掌脉识别算法的 FRR 和 FAR 曲线

6.5　掌纹掌脉融合识别技术

随着对身份识别、身份鉴定的准确性和可靠性要求越来越高，单一的生物特征识别技术已经远远不能满足要求，多模态生物特征识别技术应运而生，提出了解决问题的某种途径和方法，国际国内研究人员对多模态生物特征识别技术的研究和应用逐渐兴起和深入。每一种生物特征识别方式都有其特定的优缺点和特定应用领域以及应用条件，迄今为止，还没有任何一个单一的生物特征识别系统能够做到在任何情况和应用条件下都保持足够的精确度和可靠性。多模态生物特征识别技术的出现从某种程度来说可以做到取长补短，提高整个生物特征识别系统的准确性和可靠性。多模态生物特征融合是协同利用多种生物特征信息，以获得对同一事物或目标的更客观、更本质认识的信息综合处理技术。

多模态生物特征融合可以分为 3 层，即像素层融合、特征层融合和决策层融合。本节主要研究掌纹掌脉图像在像素层的融合。传统的图像像素层融合通常是将可见光和近红外光下得到的灰度图像融合生成另一种灰度图像。由于观测者（动物或者人类）可能是信息处理链上的最后一环，因此很自然会对生物视觉神经系统的性质产生研究兴趣，并且希望在生理物理学、心理物理学研究的基础上，指导图像处理和机器视觉研究的开展。

香港理工大学张大鹏教授[5]于 2009 年对所设计的在线多光谱掌纹识别系统进行介绍，在可见光与近红外光源下采集手掌图像，即为掌纹图像与掌脉图像融合识别系统，主要融合方式为决策层的融合机制。他于2011年又在该系统下研究掌纹掌脉数据融合和活体检验，对掌纹和掌脉分别进行CompeteCode特征提取后，在决策层进行各自打分而实现融合。

1981年E. A. Newman和P. H. Hartline[123,124]通过特征交叉（Cross-modality Interactions）方法揭示了响尾蛇的生理机理，能够同时接收来自可见光和红外图像的信息输入，并且红外图像能够自动同可见光图像配准。响尾蛇双模式细胞的协同作用使得可见光图像和红外图像共同构成了二者之间的与、或、抑制、增强等6种协同关系。借鉴于响尾蛇视顶盖双模式机理，利用经典感受野的ON-OFF对抗融合模型，本节选取了两种模式实现了掌纹掌脉的图像融合，即得到了掌纹增强掌脉图像和掌脉增强掌纹图像。

本节首先对我们设计的掌纹掌脉融合采集仪进行简述，并通过该采集仪采集若干相同位置、相同时刻的掌纹掌脉图像对。以这些掌纹掌脉图像对为实验对象进行融合性能评价，具体为从信息论的熵值和互信息量角度将所提出的图像融合方法与小波融合方法进行比对，与特征层融合和决策层融合进行识别率的比较。

6.5.1 掌纹掌脉融合识别技术的原理

1. 多模态生物特征识别技术

从目前研究现状来看，单一生物特征受各种各样因素的限制，很难满足个人身份鉴别的需要，将多种生物特征混合增加匹配的特征量成为生物特征识别领域中的一个研究热点。Ross等人于2006年出版了第一本多模态生物特征识别方面的专著[118]。

信息融合技术用于多生物特征融合识别常见有以下五种常见形式：

（1）多种生物识别方式之间的融合；

（2）同种生物识别方式中不同传感器之间的融合；

（3）同种生物识别方式中不同目标实体之间的融合；

（4）同种生物识别技术中相同实体多个采样的融合；

（5）同种生物识别技术中相同实体单个采样的多种表示方法及多种识别方法的融合。

多生物特征融合识别的主要优点在于三个方面：

（1）准确率高。已经证明利用多个生物特征融合可以提高整个身份识别系统的准确性和鲁棒性。每个生物特征的识别准确率各不相同，多生物特征融合可以取长补短，从某种程度上提高整个系统的准确率。

（2）普适性好。每种生物特征识别方式都有其应用的局限性，利用多个生物特征显然可以拓宽生物特征识别系统的应用人群范围，提高系统的普适性。

（3）防伪性强。伪造多个生物特征显然比伪造单一的生物特征更为困难。

除了融合不同的生物特征（Inter-modality Biometrics Fusion），例如人脸和掌纹特征融合，对同一种生物信息的不同特征进行融合（Intra-modality Biometrics

Fusion)也被证明是一种非常有效的手段,例如融合人脸的局部特征和全局特征、融合指纹的细节点特征和图像相关特征。现在的生物特征融合比较热门的方向包括融合2D/3D人脸特征[119]、手形/掌纹特征[120]、人脸/指纹特征[121]和人脸掌纹特征融合[1,3,7]等。

多模态生物特征识别技术和信息融合技术密切相关,可以将许多信息融合的技术融入到多模态生物特征识别技术中去。

根据信息融合层次不同可以把分类器融合方法分为传感器数据层融合、特征层融合、决策层融合和意见层融合。根据融合的体系结构可分为并联融合、级联融合和树形融合。已有的比较常用的融合策略有加权平均、神经网络、贝叶斯融合、基于N-P准则的决策融合、基于线性判别式的融合方法等。

为了实现掌纹和手掌静脉特征融合,主要对基于传感器数据层的融合、基于特征层的融合和基于决策层的融合进行相关的研究和探索。

基于传感器数据层的融合是指把从传感器中传出的未经过加工的样本图像信息直接融合在一起,它大致可以分为空域和频域两种融合方式。对于基于空域的处理方法,可以简单地将经过预处理后的掌纹和掌脉的样本图像物理拼接在一起,也就是说,将预处理后相同位置的掌纹图像和掌脉图像进行旋转平移等操作后进行像素的加权并得到另外一幅融合后的样本图像,对融合后的样本图像进行特征提取和匹配分类等后续工作。而对于基于频域的处理方法,首先将预处理之后的掌纹图像和掌脉图像转换到频域中去,观察二者在频域的联系,将可分性强的掌脉频段和掌纹频段保留,而去除可分性差的频段,通过某种权值参数组合形成一个新的频域图像,然后在此基础上进行提取特征和识别分类的后续工作。

基于特征层的融合是指把不同传感器中传出来的数据描述融合在一起,或者是从相同传感器而使用不同的特征提取技术。基于特征层的融合一般效率比较高,难度也相对比较大,考虑到相同位置所采集的掌纹图像和掌脉图像在纹理特征等信息方面具有极大相似性和内在联系,在特征提取之后建立候选特征集合,在保证不同生物特征识别方式之间兼容性的前提下,通过特征选择来利用掌纹特征、掌脉特征的关联性和互补性挑选出最合适最有效的特征集合,提高多生物特征识别系统的鲁棒性。

基于决策层的融合是将不同的识别系统看作为各个相互独立的单元,每一个单元都作出一个鉴定结果,然后用一个汇总程序综合各个鉴别结果进行权值求和和决策得出最终的识别结果。基于决策层的融合难度较低,算法也比较成熟。得到各个模块的匹配分数后,我们综合现有的组合规则,如基于乘积、和、最小/最大、中值等的规则,对匹配分数进行规则计算从而得到最终的决策。我们将研究基于动态融合策略,通过大规模样本的统计学习策略来设定融合方式的决策阈值。

2. 经典感受野与非经典感受野简介

1906年Charles Sherrington提出了感受野的概念。1953年Stephen Kuffler提出感受野是同心圆结构,后来同心圆结构感受野成为计算机识别图像的理论基础。

工作原理：当同心圆中心区和同心圆外周区接受的刺激一样时，感受野输出设定为零；当同心圆中心区和同心圆外周区接受的刺激不一样时，感受野输出设定为它们的差值，见图 6.53(a)，采用经典感受野模型得到图像边缘点原理图见图 6.53(b)。

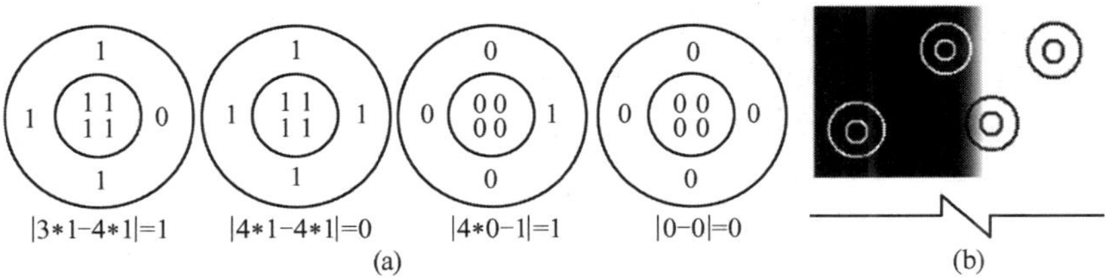

图 6.53　经典感受野提取图像边缘原理图

然而，经典感受野的缺点也很明显，以图 6.53(b)为例，四个感受野中，最左边的在黑色区域，最右边的在白色区域，但是最左边的感受野和最右边的感受野反应曲线都是一样的，即从它们的反应曲线上得不到它们所在的区域差别值。

为了便于讨论，现在人们习惯于将同心圆感受野称为经典感受野。非经典感受野是在 1964 年发现的，在视网膜和外膝体的经典感受野以外的区域中存在一个大范围的对经典感受野具有去抑制作用的区域，称为“大外周去抑制区”。所谓非经典感受野，是指在同心圆感受野外面，发现一个对经典感受野具有调制作用的大外周，即经典感受野 + 大外周 = 非经典感受野。我国学者李朝义[126]、寿天德等人[127]也都对此做了重要工作。

按神经生理学的说法，大脑视觉系统分为三级：视网膜部分，外膝体部分，视皮层部分。三级都存在经典感受野，并且在三级的经典感受野外都发现了能调制经典感受野的大外周。李朝义等发现视皮层上的大外周与视网膜和外膝体上的大外周功能有较大差别，因而将视皮层经典感受野外的大外周定义为“整合野”。

视网膜和外膝体上经典感受野(同心圆结构)分两大类：

ON 型感受野：由中心的兴奋区域和周边的抑制区域构成的同心圆结构。当小光点单独刺激其兴奋区时，细胞有较强的响应，但如果光亮点面积增大到外围，则其相应会受到一定程度的抑制。

OFF 型感受野：由中心抑制和周边兴奋区域构成的同心圆结构。当小光点刺激时，反应正好相反。

ON 型感受野和 OFF 型感受野的模型如图 6.54 所示。

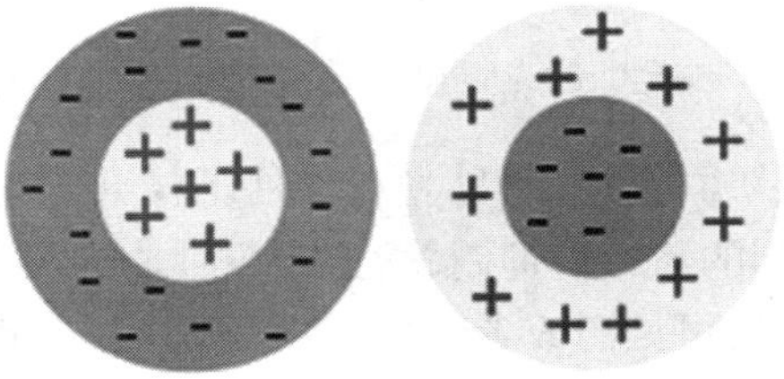

图 6.54　ON 型感受野和 OFF 型感受野的模型

通常情况下，外膝体感受野模型中的两个细胞的感受野大小相同，空间位置完全重叠，它们或者同属于持续型细胞，或者同属于瞬变型细胞。在这两个细胞中，一个是 ON 中心细胞，另一个是 OFF 中心细胞，称这样一对细胞为“互补对”。

3. 响尾蛇双模式生物机理概述

响尾蛇视顶盖(Optic Tectum)是感觉器官的信息集成中心，它除了接收视网膜发射的信息，也接收来自体觉和声音的信息。1981 年 E. A. Newman 和 P. H. Hartline[123,124]通过特征交叉（Cross - Modality Interactions）方法揭示了响尾蛇视顶盖双模式细胞的生理作用，能够同时接收来自可见光和红外图像的信息输入，并且红外图像能够自动同可见光图像配准。响尾蛇的视顶盖将来自凹陷器官的红外脉冲(IR Impulses)和来自眼睛的视觉脉冲(Visual Impulses)进行综合，这给响尾蛇提供了一种图像系统，使得响尾蛇可以比较可见光和红外光图像。在可见光和红外光图像映像系统中，凹陷器官、三叉神经系统(Trigeminal Nerve System，TNS)，(Lateral Descending of the Trigeminal Tract，LDTT)，(Nucleus Reticularis colaris，NRC)和视顶盖之间的连接关系类似。红外光和可见光图像映射都在视顶盖表面生成，且红外图像能够自动同可见光图像配准，响尾蛇的光眼和热眼的双模接收与信息融合如图 6.55 所示。

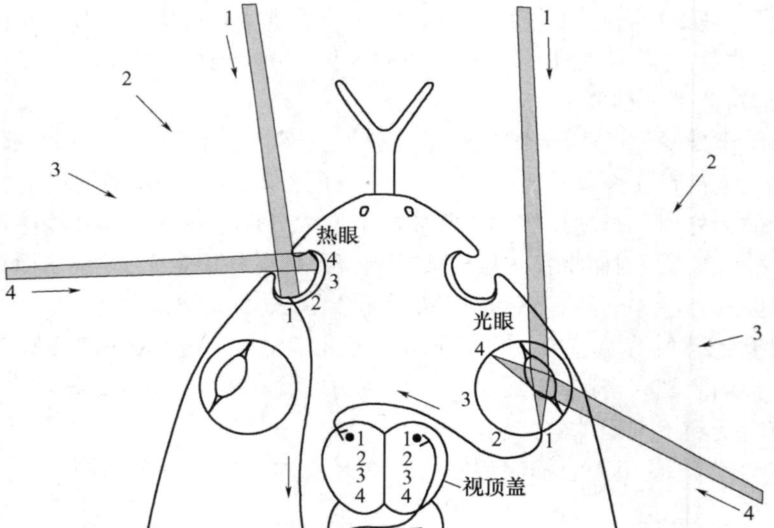

图 6.55 响尾蛇的光眼和热眼的双模接收与信息融合

由于双模式细胞的协同作用，可见光和红外图像共同构成了响尾蛇对外界环境的感知，包括两者之间的与、或、抑制、增强的 6 种协同关系。

(1) 或(OR)细胞：对可见光或者红外光中的任何一种刺激产生响应，对两种信号刺激同时存在的情况也产生响应。

（2）红外增强可见（IR Enhanced Visual）细胞：仅对可见光刺激（主刺激）产生响应，单独的红外信号（次刺激）不起作用，一旦在可见光信号刺激的同时存在红外信号刺激，细胞响应将明显增强。

（3）可见增强红外（Visual Enhanced IR）细胞：仅对红外信号（主刺激）刺激产生响应，单独的可见光刺激（次刺激）不起作用，一旦在红外信号刺激的同时存在可见光信号，细胞响应将明显增强。

（4）与（AND）细胞：对单独的可见光和红外信号刺激仅具有非常微弱的响应，只有两种信号刺激同时存在，细胞响应才能显著增强。

（5）红外抑制可见（IR Depressed Visual）细胞：仅对可见光刺激（主刺激）产生响应，单独的红外信号（次刺激）不起作用，一旦在可见光信号刺激的同时存在红外信号刺激，细胞将受到抑制，响应将明显减弱。

（6）可见抑制红外（Visual Depressed IR）细胞：仅对红外信号刺激（主刺激）产生响应，单独的可见光刺激（次刺激）不起作用，一旦在红外信号刺激的同时存在可见光信号刺激，细胞将受到抑制，响应将明显减弱。

6 种双模式细胞发挥着不同的作用，相互协作共同构成了响尾蛇视觉系统中可见光与红外双波段融合处理机制。响尾蛇视觉系统中双波段融合处理过程中具有一些特有的功能，包括：

（1）可见光和红外光成像系统可相互独立运行；

（2）两者都可以独立指导进行捕食，即可以在二者间随意切换；

（3）红外系统通常用于捕食过程中目标的扫描和定位，如完全消除可见光信息，捕食成功率将会降低。

借鉴这些功能机理，可发展适合实际应用的可见光与红外图像融合的新理论与新方法体系。针对不同的目标与环境（季节、气候、时相、距离、背景等）条件，利用响尾蛇视顶盖双模式细胞对可见光与红外图像的 6 种处理模式，分别采用不同的图像融合策略，改变传统的图像融合方法。

美国麻省理工学院林肯实验室的 Waxman 小组[125]利用对抗受域（仿响尾蛇双模式细胞工作机理）提出了可见图像和红外图像的对抗融合技术，其提出的可见与红外融合模型如图 6.56 所示。

该模型采用经典感受野的概念在相互独立的可见波段和红外波段分别进行空域增强处理，从而产生 ON－IR（红外增强）和 OFF－IR（红外抑制）图像，这些独立的彩色图像与增强后的可见图像一起成为融合彩色图像的 3 个输入分量。

视网膜经典感受野的神经动力学模型的中心点(i,j)通过以下公式来表达：

$$\frac{\mathrm{d}E_{ij}}{\mathrm{d}t} = -AE_{ij} + (1 - E_{ij})[CI^C]_{ij} - (1 + E_{ij})[G_s \times I^S]_{ij} \tag{6.52}$$

$$E_{ij} = \frac{[CI^C - G_s \times I^S]_{ij}}{A + [CI^C + G_s \times I^S]_{ij}} \tag{6.53}$$

Waxman 小组[125]通过式（6－52）、式（6－53）分别对输入的可见和红外图像

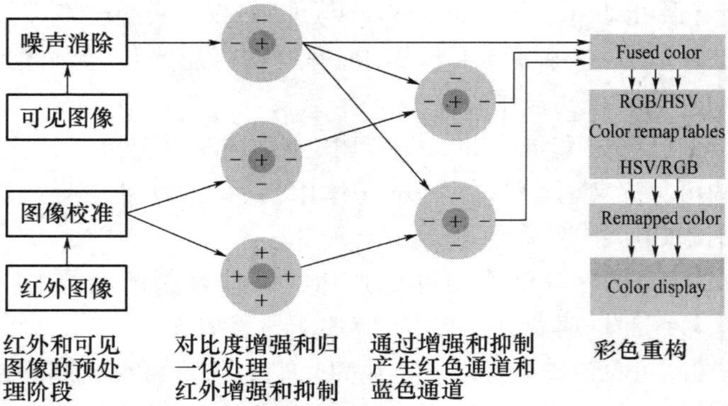

图 6.56　可见图像和红外图像的对抗融合模型图

进行增强和抑制处理,可见图像馈入中心—环绕响应(Center - Surround)对抗神经元的激活中心细胞,红外图像馈入对应神经元的抑制环绕细胞,从而产生 ON - IR(红外增强)和 OFF - IR(红外抑制)信号,这两个信号不仅用来模拟视觉系统中的光谱对抗细胞,产生颜色对比度图像,而且分别用以模拟响尾蛇的红外抑制可见细胞响应和红外增强可见细胞响应。映射单独增强的可见图像到绿色通道,可见抑制红外图像到蓝色通道,可见增强红外图像到红色通道,将 RGB 通道转换为 HSL 通道,对融合结果进行色调、饱和度等调整,以获得更佳的视觉显示,最终又转到 RGB 通道实现了彩色图像的重建和增强。

4. 应用感受野和响尾蛇双模式机理的掌纹掌脉融合技术

传统的图像像素级融合通常只是将掌纹掌脉的灰度图像融合生成另一种灰度图像,由于观测者(动物或人类)可能是信息处理链上的最后一环,因此很自然会对生理视觉神经系统的性质产生研究兴趣,并且希望在生理物理学、心理物理学研究的基础上指导图像处理与机器视觉研究的开展。

视网膜和外膝体感受野的 ON 通道和 OFF 通道对应着中心—环绕响应,中心—环绕响应与光源无关,它与神经元感受野的局部图像区域对比率有关。

ON 通道和 OFF 通道的数学描述如下[128]:

假设输入图像为 I_{ij}、中心位置(i,j)的神经元 ON 响应为 x_{ij}^{+},OFF 响应为 x_{ij}^{-},每个神经元接受中心区域的高斯加权和输入刺激 C 以及周围区域的高斯加权和输入抑制 S,即

$$\frac{\mathrm{d}x_{ij}^{+}}{\mathrm{d}t} = -\alpha_1 x_{ij}^{+} + (U_1 - x_{ij}^{+})C_1 - (x_{ij}^{+} + L_1)S_1 \tag{6.54}$$

$$\frac{\mathrm{d}x_{ij}^{-}}{\mathrm{d}t} = -\alpha_1 x_{ij}^{-} + (U_1 - x_{ij}^{-})S_1 - (x_{ij}^{-} + L_1)C_1 \tag{6.55}$$

$$C_1 = \sum_{(p,q)} C_{pq} I_{i+p,j+q} \tag{6.56}$$

$$S_1 = \sum_{(p,q)} S_{pq} I_{i+p,j+q} \tag{6.57}$$

$$C_{pq} = A_1(2\pi\sigma_c^2)^{-1}\exp\left(-\frac{1}{2}(((p^2+q^2)/\sigma_c^2)\right) \tag{6.58}$$

$$S_{pq} = A_2(2\pi\sigma_s^2)^{-1}\exp\left(-\frac{1}{2}(((p^2+q^2)/\sigma_s^2)\right) \tag{6.59}$$

将神经元的 ON 和 OFF 响应转化为归一化的平衡放射性，即表示为

$$x_{ij}^{+} = \frac{\sum_{(p,q)} U_1 C_{pq} I_{i+p,j+q} - L_1 S_{pq} I_{i+p,j+q}}{\alpha_1 + \sum_{(p,q)} (C_{pq} + S_{pq}) I_{i+p,j+q}} \tag{6.60}$$

$$x_{ij}^{-} = \frac{\sum_{(p,q)} U_1 S_{pq} I_{i+p,j+q} - L_1 C_{pq} I_{i+p,j+q}}{\alpha_1 + \sum_{(p,q)} (C_{pq} + S_{pq}) I_{i+p,j+q}} \tag{6.61}$$

神经元的 ON 和 OFF 响应的对应差值产生了感受野的输出信号，即

$$X_{ij}^{+} = [x_{ij}^{+} - x_{ij}^{-}]^{+} = \frac{[(U_1 + L_1)(\sum_{(p,q)} C_{pq} - S_{pq}) I_{i+p,j+q}]^{+}}{\alpha_1 + \sum_{(p,q)} (C_{pq} + S_{pq}) I_{i+p,j+q}} \tag{6.62}$$

$$X_{ij}^{-} = [x_{ij}^{-} - x_{ij}^{+}]^{+} = \frac{[(U_1 + L_1)(\sum_{(p,q)} S_{pq} - C_{pq}) I_{i+p,j+q}]^{+}}{\alpha_1 + \sum_{(p,q)} (C_{pq} + S_{pq}) I_{i+p,j+q}} \tag{6.63}$$

感受野的输出信号主要取决于类似 DOG 滤波器的 $C-S$ 分量，它还与核函数扩展后的局部图像区域的对比度 $(C+S)(C+S)^{-1}$ 有关。

我们这里应用了两种经典感受野的模型（图 6.54），对于可见图像和红外图像分别作为输入信号端计算其增强图像 +Vis 和 +Infra，以增强可见部分 +Vis 为感受野刺激中心，以增强红外部分 +Infra 为感受野外周抑制部分，分别得到红外增强可见图像 +Vis+Infra 和红外抑制可见图像 +Vis−Infra。

对于感受野模型公式（6−62）和式（6−63）得到的红外增强可见图像 +Vis+Infra 和红外抑制可见图像 +Vis−Infra，还需要进行进一步的处理。首先去除它们的负值响应只保留正值响应，其次还需要将其归一化映射到统一的[0,255]区间，归一化公式为

$$\boldsymbol{I}_{out} = \frac{I_{\text{in}} - \min(I_{\text{in}})}{\max(I_{\text{in}}) - \min(I_{\text{in}})} \times 255 \tag{6.64}$$

一般而言，由于成像设备等实际因素和条件的制约，红外图像的分辨率和图像质量要比可见图像低，一个独立的红外图像像素点有时可以看做它所对应的可见图像像素点的小范围感受野周边区。感受野模型公式（6−62）和式（6−63）对可见图像和红外图像进行处理的效果是使得它们的目标信息得到增强，处理后得到的图像分辨率为二者中较大的那个（通常是可见图像的分辨率）。

将其应用于掌纹掌脉融合技术，掌纹图像即为可见图像而掌脉图像为红外图像，分别将其作为感受野模型的输入端。以掌纹图像为经典感受野主刺激，得到单独增强掌纹图像、掌脉增强掌纹图像、掌脉抑制掌纹图像；以掌脉图像为经典感受野主刺激，得到单独增强掌脉图像、掌纹增强掌脉图像、掌纹抑制掌脉图像。最后应用 Waxman 的对抗融合颜色重构方法重构出手掌彩色图像，得到的掌纹掌脉融合效果示意图如图 6.57 所示。

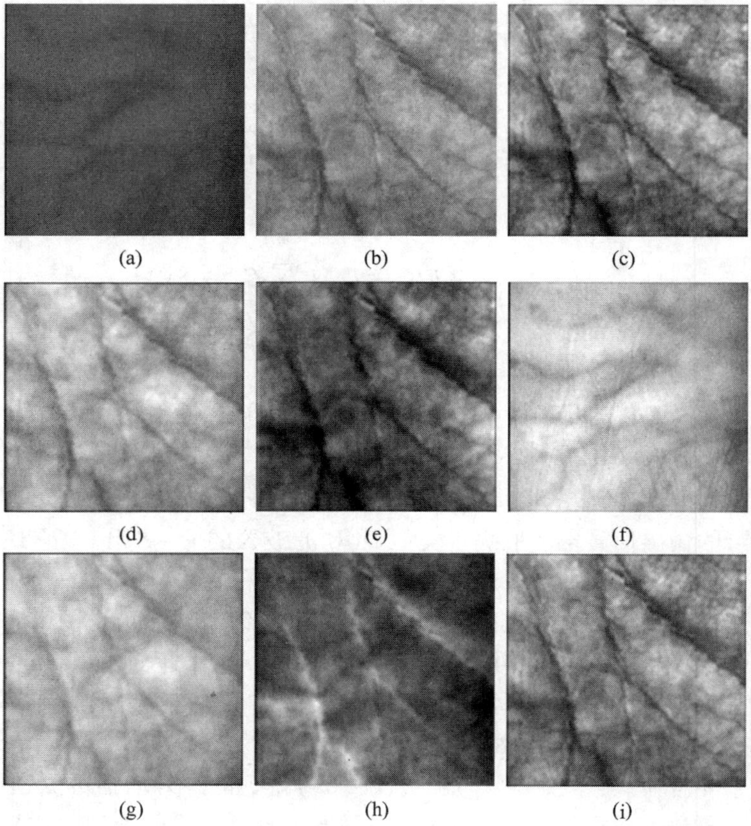

图 6.57　掌纹掌脉融合效果示意图

（a）原始掌脉图像；（b）原始掌纹图像；（c）单独增强掌纹图像；
（d）掌脉增强掌纹图像；（e）掌脉抑制掌纹图像；（f）单独增强掌脉图像；
（g）掌纹增强掌脉图像；（h）掌纹抑制掌脉图像；（i）重构的手掌彩色图像。

由图 6.57 可见，单独增强掌纹图像和单独增强掌脉图像能够较好地增强我们所关心的细节特征，可以视为掌纹图像预处理和掌脉图像预处理中图像增强的一种新型途径，而掌纹增强掌脉图像和掌脉增强掌纹图像则可以视为应用响尾蛇双模式机理的新型融合方法。

6.5.2 掌纹掌脉融合采集仪

掌纹与掌脉图像的采集过程非常相似,可以看做是由不同波长的光源照射手掌而分别采集所得到,可以比较容易设计出符合预期要求的掌纹掌脉融合采集仪,采集到相同时刻、相同位置的掌纹掌脉样本图像。

人体手掌皮肤主要可以分为3层:表皮、真皮和皮下组织,如图6.58所示[5],每一层都含有不同比例的脂肪和血液,表皮中含有黑色素,手掌静脉血管主要位于皮下组织处。不同波长的入射光会穿透不同的皮肤层面,从而反射回成像设备而产生不同结构的图像。近红外光穿透手掌皮肤组织要比可见光深,而静脉血管中的血红蛋白吸收近红外光比周围组织要多很多,这样就呈现出较为清晰的血管纹路。近红外光照射手掌反射回成像设备而得到掌脉图像;可见光照射手掌表面反射回成像设备得到掌纹图像。

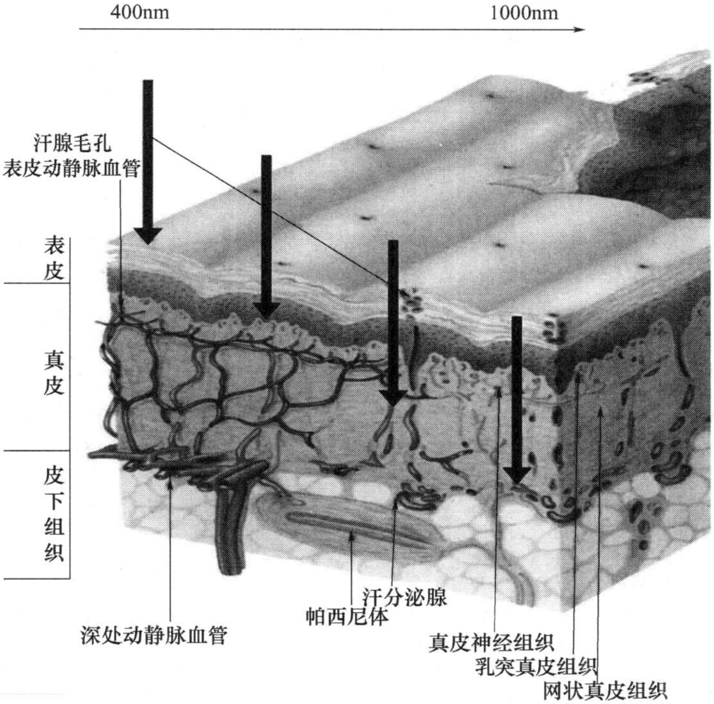

图6.58 手掌皮肤结构剖面图[5]

根据掌纹掌脉图像采集过程的相似性,设计了掌纹掌脉融合采集仪,原理图如图6.59所示,已经申请了相关专利“在线掌纹图像和手掌静脉图像采集仪”,对其进行保护。

与掌脉采集系统的设计类似,实验所用光源依旧选取环形结构均匀分布的发光二极管阵列,其中可见光发光二极管选取为市面上较为普通的额定电压为1.2~

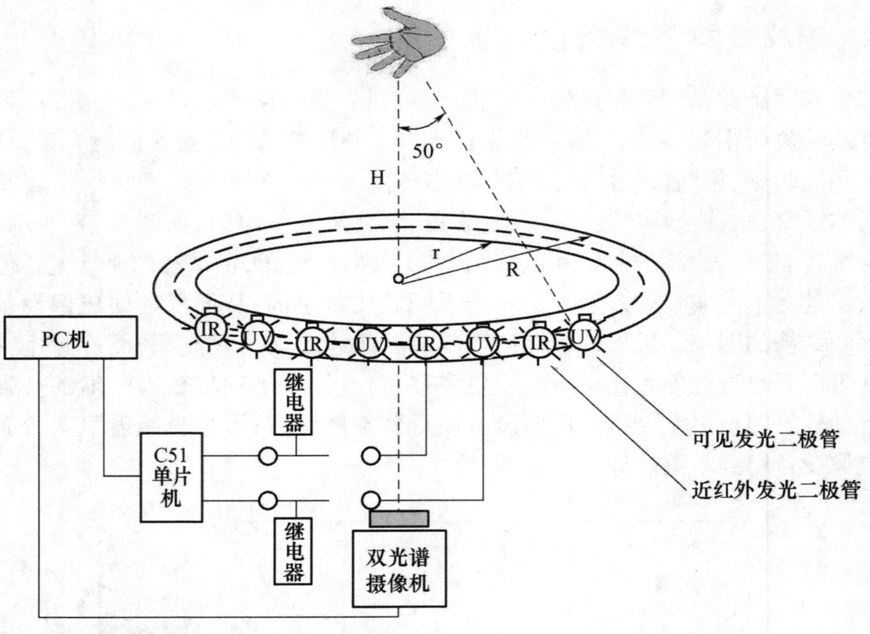

图 6.59　掌纹掌脉融合采集仪原理图

1.5V 的白光二极管,近红外发光二极管选取为欧思朗公司的型号 SFH4231 的大功率近红外发光二极管。可见光二极管和近红外发光二极管交叉且均匀放置,每个发光二极管之间并联放置。由于所有二极管的额定电压都是 1.5V,因此二极管的电源输入为单片机电路板通过稳压芯片提供的 1.5V 稳压电源(最大输出电流为 10A),组成环形结构的双光谱发光二极管阵列。由于二极管为电流驱动型元件,环形结构中的内径 r、外径 R 与手掌距离 H 之间满足如下关系:

$$\frac{R+r}{2} = h \times \tan 50° \tag{6.65}$$

C51 单片机通过两个继电器分别控制可见光二极管和近红外发光二极管的亮与灭,通过稳压电源芯片输出 1.5V 的直流稳压电源。双光谱摄像机选取为 JAI 公司的 AD080CL 型号的双 CCD 多光谱摄像机,可以实现可见光 CCD 和近红外 CCD 的同时采集,具体参数见 6.4.2 节。

在具体的掌纹掌脉实时采集过程中,用户手掌放置到双光谱摄像机前方之后,首先通过单片机控制发光二极管阵列只发射可见光,此时双光谱摄像机切换至可见光 CCD 采集模式,所采集到的图像为用户的掌纹图像;然后单片机控制发光二极管阵列只发射近红外光,此时双光谱摄像机切换至近红外 CCD 采集模式,所采集到的图像为用户的掌脉图像,从而实现了相同位置、相同时刻的掌纹掌脉图像实时采集。采集到的相同位置、相同时刻的样本掌纹、掌脉图像如图 6.60 所示。

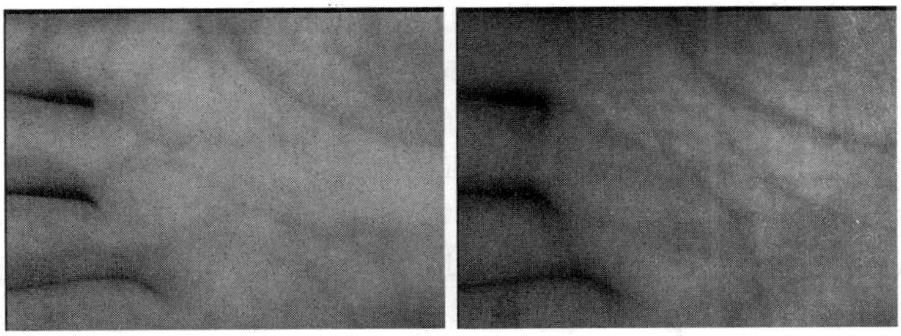

图 6.60 相同位置相同时刻的样本掌纹掌脉图像

从采集到的样本掌纹掌脉图像可以看出，手掌的静脉血管纹路和掌纹纹路都比较清晰，而且二者的纹路结构具有较好的互补性，通过 6.5.1 节所述的掌纹掌脉融合技术对其进行基于像素层的图像融合，期望获得更好的识别效果。

6.5.3 掌纹掌脉融合技术的性能评价

基于响尾蛇双模式生物机理的掌纹掌脉融合技术是一种基于生物学的方法，同时结合了经典感受野的相关原理，符合人类的视觉认知机理。作为一种信息融合技术，从信息论的角度对它进行融合效果的参数评测，主要使用的评测参数为信息熵和互信息量。

信息论中的信息熵用来衡量一个随机变量出现的期望值，它用来衡量信息被接收之前在信号传输过程中损失的信息量，融合后的图像信息熵反映了融合图像所包含的平均信息量的多少，熵值越大表明融合效果越好，熵值越小则表明融合效果越差。图像的信息熵定义为

$$H = -\sum_{i=0}^{L-1} P_i \lg P_i \tag{6.66}$$

式中，H 为图像的信息熵；L 为图像的最大灰度等级；P_i 表示灰度值为 i 的像素点个数与图像总像素个数的比值。

互信息量是信息论中另外一种信息度量，它用来表示两个事件集合之间的相关性，互信息量越大表明融合之后的图像从原始图像中保留的信息越多，即融合效果较好，反之则说明融合效果不够理想。互信息量定义为

$$H(A) = -\sum_{i=0}^{L-1} P_i(a) \lg P_i(a) \tag{6.67}$$

$$H(B) = -\sum_{i=0}^{L-1} P_i(b) \lg P_i(b) \tag{6.68}$$

$$H(A,B) = -\sum_{i=0}^{L-1} P_i(a,b) \lg P_i(a,b) \tag{6.69}$$

$$MI(A,B) = H(A) + H(B) - H(A,B) \tag{6.70}$$

目前图像融合领域中效果较高也较为常用的融合方法是基于小波的图像融合

方法,小波图像融合方法实际上是通过频域变换实现图像的信息融合。为了不失一般性,将我们所提出的基于响尾蛇双模式生物机理的图像融合方法与之进行信息论角度的参数比较和评价。为了简单起见,这里采用的小波融合方法为经典的离散小波变化(Discrete Wavelet Transform,DWT),即 Mallat 小波。此处简要介绍一下小波图像融合的基本流程:首先对原始的掌纹掌脉图像分别进行小波变换得到每一层的小波系数;对分解后的小波系数进行对应的融合处理,掌纹图像和掌脉图像的低频小波部分进行参数加权,权值由所采集的掌纹掌脉图像包含的信息来经验取值,本节实验中掌纹图像的权值取 0.6,掌脉图像的权值取 0.4。由于另外 3 个高频部分反映的是掌纹和掌脉的纹线细节特征,因此直接取二者中绝对值较大的小波系数;最终对融合处理之后的小波系数进行 DWT 反变换即可得到掌纹掌脉融合图像。

从信息论的角度,对响尾蛇双模式生物机理融合与小波融合方法进行性能评价,即考虑用熵和互信息量两个标准来评价融合效果,对于一组示例待融合的掌纹掌脉图像,若采用某种融合方法产生的融合图像的熵值越大、互信息量越大,则表明其融合效果越好。

对我们掌纹、掌脉融合采集(6.5.2 节)所得到的 40 组掌纹、掌脉图像对分别计算 3 种融合方式(掌纹增强掌脉,掌脉增强掌纹,DWT)下的熵值和与原始图像互信息量,计算其平均值,统计得到图像融合方式的评价对比如表 6.6 所列。

表 6.6　图像融合方式的评价对比

融合方式 / 评价参数	掌纹增强掌脉	掌脉增强掌纹	DWT
熵值	6.43	6.52	6.23
与掌纹图像互信息量	1.55	2.06	1.47
与掌脉图像互信息量	0.83	0.78	0.74

由表 6.6 分析可知,基于响尾蛇双模式生物机理的融合方式的熵值和互信息量要比小波融合方式的大一些,即从信息论角度来说,基于响尾蛇双模式生物机理的融合方式要优于小波融合方式。

仅从信息论的角度评价图像融合算法是不够的,还需要与其他几种常见融合方法进行识别率等关键性能参数的对比。根据信息融合层次不同,可以把多模态生物特征融合方法分为传感器数据层融合、特征层融合、决策层融合。基于响尾蛇双模式生物机理和小波的图像融合方式都属于初级的图像像素层融合,即属于传感器数据层融合。

特征层图像融合的常见方法[7]为将待融合的两幅图像对进行特征提取降维处理,得到两个特征向量,然后将两个特征向量连接到一起形成一个新的特征向量,对此新特征向量进行子空间降维,例如 PCA、ICA、LPP 等,最后设计分类器进行匹配判别。决策层图像融合方法通过对两幅图像各自独立进行相应的特征提取和特征匹配后得到匹配分数，在最终的决策层通过统计分析确定出决策准则和加权值，对两个匹配分数进行加权后得到最终匹配分数从而进行判别，常见的决策准则有基于贝叶斯融合、基于 N－P 准则的决策融合机制。

以自行设计的掌纹掌脉融合采集仪为采集设备，以实验室的同学和教员为采集对象，共采集了 40 名用户，每个用户采集相同时间、相同位置的掌纹、掌脉图像各 5 张，建立一个 400 幅图像的小规模掌纹掌脉数据库。由于采集的是相同时间、相同位置的掌纹掌脉图像，因此只需要提取一次 ROI，使用张大鹏教授的基于矩形块的方法[4]提取出掌纹图像的 ROI 后，也同时提取出了掌脉图像的 ROI，示例掌纹掌脉图像 ROI 如图 6.57(a)、(b)所示。

为便于比较，特征提取算法统一采取定序测量算法[48]，它是一种基于纹理编码的特征提取算法，主要采用 OLOF 滤波器对掌纹图像进行滤波和编码，对两个垂直方向的纹线区域进行排序测量并且进行相应的编码。对两幅待匹配图像进行排序编码，计算出二者编码之间的 Hamming 距离，并根据归一化之后的距离进行判别分类。

OLOF 滤波器的实现如下所示：

$$f(x,y,\theta) = \exp\left[-\left(\frac{x\cos\theta + y\sin\theta}{\delta_x}\right)^2 - \left(\frac{-x\sin\theta + y\sin\theta}{\delta_y}\right)^2\right] \tag{6.71}$$

$$OF(\theta) = f(x,y,\theta) - f(x,y,\theta + \pi/2) \tag{6.72}$$

式中，θ 表示二维高斯二维高斯滤波器的方向；参数 δ_x 和 δ_y 分别为滤波器在水平方向和竖直方向的尺度特征，在具体实验中分别选取为 6.7 和 1.5。

对 ROI 图像进行 3 种尺度滤波处理，即 $OF(0)$、$OF(\pi/6)$ 和 $OF(\pi/3)$，得到的滤波器响应为 3 个定序测量编码，最终得到的掌纹掌脉图像排序编码如图 6.61 所示。

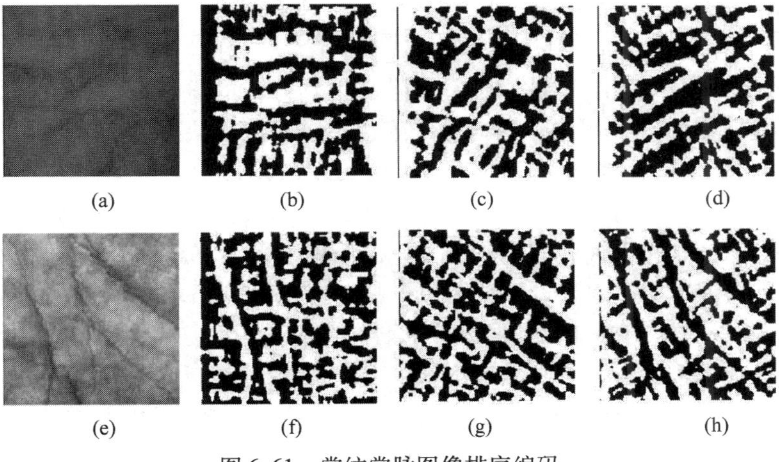

图 6.61　掌纹掌脉图像排序编码

(a) 掌脉 ROI；(b) 掌脉 OF(0)；(c) 掌脉 OF(π/6)；(d) 掌脉 OF(π/3)；
(e) 掌脉 ROI；(f) 掌脉 OF(0)；(g) 掌脉 OF(π/6)；(h) 掌脉 OF(π/3)。

在已建立的小规模掌纹掌脉图像数据库中应用上述定序测量匹配判别算法，每幅掌纹(掌脉)图像都与其余的199幅掌纹(掌脉)图像进行匹配判别，掌纹图像和掌脉图像分别进行 $200 \times 199 = 39800$ 次判别，将误判和误识都统一视为识别错误，从而得到对应的单独掌纹识别率和单独掌脉识别率。

识别率计算公式为

$$Recog = 1 - (NFA + NFR) / 39800 \tag{6.73}$$

式中，Recog 为识别率；NFA(Number of False Accept)为错误接收的个数；NFR(Number of False Reject)为错误拒绝的个数。

利用响尾蛇双模态生物机理对掌纹掌脉图像对进行图像融合，得到200幅掌纹增强掌脉图像和200幅掌脉增强掌纹图像，每幅融合图像都与其余的199幅融合图像进行排序编码的匹配判别，得到对应的像素层融合识别率。

特征层融合的具体实现：直接将掌纹排序编码和掌脉排序编码进行向量连接，形成一个高维向量，然后使用PCA进行降维处理，对降维后的向量进行归一化的Hamming距离匹配判别。每个掌纹、掌脉图像对与其余的199个掌纹、掌脉图像对进行上述匹配判别，从而得到对应的特征层融合识别率。

决策层融合的具体实现：将掌纹匹配分数和掌脉匹配分数进行加权和，权值通过对训练样本进行贝叶斯判据统计得到，通过对加权之后的匹配分数进行判别分类。同样，每个掌纹掌脉图像对与其余的199个掌纹掌脉图像对进行匹配判别，得到对应的决策层融合识别率。

将上述几种识别方式得到的识别率列表比较，如表6.7所列。

表6.7 不同识别方式的识别率对比

识别方式	掌纹识别	掌脉识别	掌纹增强掌脉	掌脉增强掌纹	特征层融合	决策层融合
识别率	99.17%	98.2%	99.5%	99.7%	99.1%	99.23%

由表6.7可以看出，掌脉增强掌纹融合识别方式的识别率最高。应用响尾蛇双模态生物机理的图像融合方式效果较为明显，而特征层融合和决策层融合与融合之前相比识别率提高不大。

响尾蛇双模式生物机理的掌纹、掌脉融合技术是基于经典感受野的一种视觉认知技术，从数学角度而言它利用的是双高斯模型的运算思想，因此可能会导致图像细节丢失。响尾蛇双模式细胞的协同关系包括两者之间的与、或、抑制和增强，本节仅对两者之间的抑制和增强进行了研究和探讨，尚且未对与和或这两种协同关系进行研究。

本节的掌纹、掌脉融合技术仅应用了经典感受野思想，以后考虑进一步研究经典感受野的大外周即整合野区域，深入研究三高斯模型和颜色恒长性等相关方法，以期提高掌纹、掌脉图像融合效果。

参考文献

[1] Zhang D. Palmprint Authentication [M]. Kluwer Academic Publishers, Boston, 2004.

[2] Kong A, Zhang D, Kamel M. A survey of palmprint recognition [J]. Pattern Recognition, 2009, 42: 1408 - 1418.

[3] Wong M, Zhang D, Kong W, Lu G. Real - time palmprint acquisition system design [J]. IEEE Proceeding on Vision and Image Signal Processing, 2005, 152(5): 527 - 534.

[4] Zhang D, Kong W, You J, Wong M. Online palmprint identification [J]. IEEE Transactions on. Pattern Analysis and. Machine Intelligence, 2003, 25(9): 1041 - 1050.

[5] Zhang D, Guo Z, Lu G, Zhang L, Zuo W. An Online System of Multispectral Palmprint Verification [J]. IEEE Transaction on Instrumentation and Measurement, 2010, 59 (2): 480 - 490.

[6] Chu R, Liao S, Han Y, Sun Z, Li S, Tan T. Fusion of Face and Palmprint for Personal Identification Based on Ordinal Features [C]. IEEE Conference on Computer Vision and Pattern Recognition. 2007: 1 - 2.

[7] Feng G, Dong F, Hu D, Zhang D. When Faces Are Combined with Palmprints: A Novel Biometric Fusion Strategy [C]. In Proceedings of ICBA. 2004: 701 - 707.

[8] Li W, Zhang D, Xu Z. Image alignment based on invariant features for palmprint identification [J]. Signal Processing: Image Communication, 2003, 18: 373 - 379.

[9] Zhang D, Shu W. Two novel characteristics in palmprint verification: datum point invariance and line feature matching [J]. Pattern Recognition, 1999, 33(4): 691 - 702.

[10] You J, Li W, Zhang D. Hierarchical palmprint identification via multiple feature extraction [J]. Pattern Recognition, 2002, 35(4): 847 - 859.

[11] Lu G, Zhang D, Wang K. Palmprint Recognition Using Eigenpalms Features [J]. Pattern Recognition Letters, 2003, 24: 1463 - 1467.

[12] Wu X, Zhang D, Wang K. Fisherpalms based palmprint recognition [J]. Pattern Recognition Letters, 2003, 24: 2829 - 2838.

[13] Li W, Zhang D, Xu Z. Palmprint Identification by Fourier Transform [J]. International Journal of Pattern Recognition and Artificial Intelligence, 2002, 16(4): 417 - 432.

[14] You J, Kong W, Zhang D, Cheung K. On Hierarchical Palmprint Coding with Multi - features for Personal Identification in Large Databases [J]. IEEE Transactions on Circuit Systems for Video Technology, 2004, 14 (2): 234 - 243.

[15] Zhang L, Zhang D. Characterization of Palmprints by Wavelet Signatures via Directional Context Modeling [J]. IEEE Transactions on SMC - B, 2003, 34(3): 1335 - 1347.

[16] Shu W, Rong G, Bian Z, Zhang D. Automatic Palmprint Verification [J]. Intrenational Journal of Image and Graphics, 2001, 1: 135 - 151.

[17] Kong W, Zhang D, Li W. Palmprint feature extraction using 2 - D Gabor Filters [J], Pattern Recognition 2003, 36: 2339 - 2347.

[18] Zhang D, Lu G, Kong A, Wong M. Online Palmprint Identification System for Civil Application [J]. Journal of Computer Science and Technology, 2005, 20(1): 1 - 8.

[19] Zhang D, Lu G, Kong W, Wong M. Palmprint Authentication Technologies, Systems and Applications [C]. The 5th Chinese Conference on Biometrics Recognition. Lecture Notes in Computer Science, Springer - Verlag Heidelberg. 2004: 78 - 89.

[20] Zhang D, Lu G, Kong W, Wong M. Palmprint Authentication System for Civil Applications [C]. ECCV 2004 International Workshop, Lecture Notes in Computer Science, Springer - Verlag Heidelberg. 2004: 217 - 228.
[21] Duta N, Jain A, Mardia K. Matching of Palmprint [J]. Pattern Recognition Letters, 2001. 23(4): 477 - 485.
[22] Jain A, Feng J. Latent Palmprint Matching [J]. IEEE Transactions on Pattern Analysis and Machine Intelligence. 2009, 31(6): 1032 - 1047.
[23] Kumar A, Wong D, Shen H, Jain A. Personal Verification using Palmprint and Hand Geometry Biometric [C]. Lecture Notes in Computer Science, 2003, 2688: 668 - 678.
[24] Tee C, Jin A, Ong M, Ling D. An automated palmprint recognition system [J]. Image and Vision Computing, 2005, 23(5): 501 - 515.
[25] Tee C, Andrew T, Michael G, David N. PalmHashing: A Novel Approach for Dual Factor Authentication [J]. Pattern Analysis and Applications. Springer - Verlag, 2003, 7(3): 255 - 268.
[26] Tee C, Andrew T, Michael G, David N. Palmprint Recognition with PCA and ICA [C]. Conference of Image and Vision Computing New Zealand 2003 (IVCNZ'03), 2003: 227 - 232.
[27] Han C, Cheng H, Lin C, Fan K. Personal authentication using palmprint features [J]. Pattern Recognition, 2003, 36(2): 371 - 381.
[28] Han C. A hand - based personal authentication using a coarse - to - fine strategy [J]. Image and Vision Computing, 2004, 22: 909 - 918.
[29] Lin C, Chuang T, Fan K. Palmprint verification using hierarchical decomposition [J]. Pattern Recognition, 38(10): 2639 - 2652.
[30] Wu X, Wang K, Zhang D. Wavelet Energy Feature Extraction and Matching for Palmprint Recognition [J]. Journal of Computer Science and Technology, 2005, 20(3): 411 - 418.
[31] Wu X, Zhang D, Wang K, Huang B. Palmprint Classification using Principal Lines [J]. Pattern Recognition, 2004, 37(10): 1987 - 1998.
[32] 邬向前,王宽全,张大鹏. 一种用于掌纹识别的线特征表示和匹配方法 [J]. 软件学报, 2004, 15(6): 869 - 880.
[33] 吴双元,王宽全. 基于改进的广义 K - L 变换的掌纹识别 [J]. 哈尔滨商业大学学报(自然科学版), 2004, 20(6): 659 - 662.
[34] Lu G, Wang K. Wavelet Based Independent Component Analysis for Palmprint Identification [C]. Proceedings of the Third International Conference on Machine Learning and Cybernetics, Shanghai, China, 2004: 3547 - 3550.
[35] Lu G, Wang K, Zhang D. Wavelet Based Feature Extraction for Palmprint Identification [C]. Proceedings of SPIE - The International Society for Optical Engineering. Hefei, China, 2002: 780 - 784.
[36] Poon C, Wong C, Shen H. A New Method in Locating and Segmenting Palmprint into Region - of - Interest [C]. ICPR2004, 2004: 533 - 536.
[37] 束为,荣钢,边肇祺. 基于方向投影的自动掌纹基准点检测 [J]. 清华大学学报(自然科学版), 1999, 39(1): 98 - 100.
[38] 束为,荣钢,边肇祺. 利用掌纹进行身份自动鉴别方法的研究 [J]. 清华大学学报(自然科学版), 1999, 39(1): 95 - 97.
[39] 张泽,束为,荣钢. 基于乳突纹方向特性的掌纹自动分类方法 [J]. 清华大学学报(自然科学版), 2002, 42(9): 1222 - 1224.
[40] 苏晓生,林喜荣,丁天怀,等. 基于小波变换的掌纹特征提取 [J]. 清华大学学报(自然科学版), 2003, 43(8): 1049 - 1051.
[41] 李文新,夏胜雄,张大鹏,等. 基于主线特征的双向匹配的掌纹识别新方法 [J]. 计算机研究与发展,

2004,41(6): 996 - 1002.

[42] Li W,Zhang D,Xu Z. Palmprint identification by Fourier transform [J]. International Journal of Pattern Recognition and Artificial Intelligence. 2002,16(4): 417 - 432.

[43] Li W,Zhang D,Xu Z,You J. Texture - based approach to palmprint retrieval for personal identification. Proceedings of SPIE [C]. 2000,4315:415 - 420.

[44] You J,Li W,Zhang D. Hierarchical palmprint identification via multiple feature extraction [J]. Pattern Recognition,2002,35(4): 847 - 859.

[45] Li W,You J,Zhang D. Texture - Based Palmprint Retrieval Using a Layered Search Scheme for Personal Identification[J]. IEEE Transactions on Multimedia,2005,7(5): 891 - 898.

[46] 戴青云,余英林. 一种基于形态小波的在线掌纹的线特征提取方法 [J]. 计算机学报,2005,26(2): 1 - 5.

[47] 戴青云,余英林,张大鹏. 掌纹身份识别系统中的定位分割技术 [J]. 广东工业大学学报,2002,19(1): 1 - 6.

[48] Sun Z,Tan T,Wang Y,Li S. Ordinal Palmprint Representation for Personal Identification [C]. CVPR2005, 2005: 279 - 284.

[49] Hu D,Feng G,Zhou Z. Two - dimensional locality preserving projections (2DLPP) with its application to palmprint recognition [J]. Pattern Recognition,2007,40(1): 339 - 342.

[50] Feng G,Hu D,Li M,Zhou Z. Palmprint Recognition Based on Unsupervised Subspace Analysis [C]. Lecture Notes in Computer Science,2005: 675 - 678.

[51] Dong K,Feng G,Hu D. Digital Curvelet Transform for Palmprint Recognition [C]. Lecture Notes in Computer Science,2004: 639 - 645.

[52] 张磊,冯贵玉,胡德文. 一种新的掌纹图像感兴趣区域提取算法[J]. 计算机工程与应用,2007,43(8): 40 - 42.

[53] Wu X,Wang K,Zhang D. A Novel Approach of Line Feature Representation and Matching for Palmprint Recognition [J]. Journal of Software,2004,15(6): 869 - 880.

[54] Wu X,Wang K,Zhang D. Line Feature Extraction and Matching in Palmprint [C]. The 2nd International Conference on Image and Graphics (ICIG2002),Proceedings of SPIE,2002,4875(1): 583 - 590.

[55] http://www. necsam. com.

[56] http://www. motorola. com.

[57] K. Shimizu. Optical trans - body imaging:feasibility of CT and functional imaging of living body [J]. Japanese Journal of Medicine Philosophic,1992,11: 620 - 629.

[58] Zharov V,Ferguson S,Eidt J,Howard P,Fink L,Waner M. Infrared imaging of subcutaneous veins [J]. Lasers in Surgery and Medicine,2004,34(1): 56 - 61.

[59] Cross J,Smith C. Thermographic Imaging of the Subcutaneous Vascular Network of the Back of the Hand for Biometric Identification [C]. International Carnahan Conference on Security Technology,1995: 20 - 35.

[60] Taka Y,Kato Y,Shimizu K. Transillumination Imaging of Physiological Functions by NIR Light [C]. World Congress on Medical Physics and Biomedical Engineering,2000: 4982 - 14105.

[61] Kono M,Ueki H,Umemura S. A new method for identification of individuals by using of vein pattern of a finger [C]. Proceedings of the 5th Symposium on Measurement,2000: 9 - 12.

[62] Kono M,Ueki H,Umemura S. Near - infrared finger vein patterns for personal identification [J]. Applied Optics,2002,41(35): 7429 - 7436.

[63] http://www. hitachi. com/mico/IFG/products/ss/fvas/index. html.

[64] Naoto M,Akio N,Takafumi M. Feature extraction of finger - vein patterns based on repeated line tracking and its application to personal identification [J]. Machine Vision and Applications. Digital Object Identifer,

2004,15: 194 -203.
[65] Im S,Park H. A Biometric Identification System by Extracting Hand Vein Patterns [J]. Journal of the Korean Physical Society,2003,38(3): 268 -272.
[66] Im S,Choi H,Kim S. Design for an Application Specific Processor to Implement a Filter Bank Algorithm for Hand Vascular Pattern Verification [J]. Journal of Korean Physics Society,2002,41: 461 -467.
[67] Im S,Choi H. A Filter Bank Algorithm for Hand Vascular Pattern Biometrics [C]. Proceedings of ICCARV'02,2002: 776 -781.
[68] Im S,Choi H,Kim S. A Direction - based Vascular Pattern Extraction Algorithm for Hand Vascular Pattern Verification [J]. ETRI Journal,2003,2: 101 -108.
[69] Shahin M,Badawi A,Kamel M. Biometric Authentication Using Fast Correlation of Near Infrared Hand Vein Patterns [J]. International Journal of Biological and Medical Sciences,2007,2(3): 141 -148.
[70] Khan M,Subramanian R,Khan N. Low Dimensional Representation of Dorsal Hand Vein Features Using Principle Component Analysis (PCA) [C]. World Academy of Science,Engineering and Technology,2009,49:1001 -1007.
[71] Wang L,Leedhamb G,Cho D. Minutiae feature analysis for infrared hand vein pattern biometrics [J]. Pattern Recognition,2008,41: 920 -929.
[72] Kumar A,Venkata P. Personal Authentication using Hand Vein Triangulation and Knuckle Shape [J]. IEEE Transactions on Image Processing,2009,38: 2127 -2136.
[73] Lin C,Fan K. Biometric Verification Using Thermal Images of Palm - Dorsa Vein Patterns [J]. IEEE Transactions on Circuits and Systems for Video Technology. 2004,14(2): 199 -213.
[74] Watanabe M,Endoh T,Shiohara M,Sasaki S. Palm vein authentication technology and its applications [C]. Proceedings of the Biometric Consortium Conference,Hyatt Regency Crystal City,USA,2005: 37 -38.
[75] http://palmsecure. fujitsu. com/pss/index. php.
[76] 林喜荣,庄波,苏晓生,周云龙,包桂秋. 人体手背静脉血管图像的特征提取及匹配 [J]. 清华大学学报(自然科学版),2003,43(2): 164 -167.
[77] 张会林,简献忠. 人体手背静脉血管图像增强处理算法研究 [J]. 仪器仪表学报,2005,8: 729 -731.
[78] 王科俊,丁宇航,庄大燕,等. 手背静脉图像阈值分割 [J]. 自动化技术与应用,2005,24(8): 19 -22.
[79] 王科俊,丁宇航,王大振. 基于静脉识别的身份认证方法研究 [J]. 科技导报,2005,35 -37.
[80] 王玉成,胡德文,等,基于频谱特征的脑皮层动静脉分离 [J],电子学报,2007,14(1): 44 -48.
[81] 左铁东,张环,胡德文. 手掌静脉识别系统的研究与设计 [J]. 计算机测量与控制,2009,17 (11): 2243 -2245.
[82] Guo Z,Zhang D,Zhang L,Zuo W,Lu G. Empirical study of light source selection for palmprint recognition [J]. Pattern Recogniton Letters,32: 120 -126.
[83] Doublet J,Revenu M,Lepetit O. Robust grayscale distribution estimation for contactless palmprint recognition [C]. Proceedings of the First IEEE International Conference on Biometrics: Theory,Applications,and Systems,2007: 1 -6.
[84] Qt/Embedded. http://www. trolltech. com.
[85] Jasmin B. ,Mark S. C + + GUI Programming with Qt 4 [M]. Prentice Hall,2006.
[86] Xteam(中国)软件技术公司. Qt 程序设计 [M]. 北京:清华大学出版社,2002.
[87] 任善全,吕强,钱培德,杨季文. 一种基于 Qt/Embedded 的嵌入式 Linux 应用程序的实现 [J]. 计算机应用与软件,2007,23(2): 105 -107.
[88] SmartQ V5 MID. http://en. smartdevies. com. cn/Products/V5.
[89] SANE. http://www. sane - project. org.
[90] Scott C. Introduction to Optics and Optical Imaging [M]. IEEE Press. 1994.

[91] Patorski K. Handbook of the Moiré Fringe Technique [Z]. Elsevier,1993.
[92] Post D. Developments in Moiré Interferometry [J]. Optical Engineering,1982,21(3): 458 -467.
[93] Chiang C. Moiré Topography [J]. Applied Optics,1975,14(1): 177 -179.
[94] Ritter R,Meyer H,Vibration Analysis of Plates by a Timer - Averaged Projection Moiré Method [J]. Applied Optics,1980,19(10): 1630 -1633.
[95] Theocaris P. Moiré Fringers in Strain Analysis [M]. Pergamon Press,Oxford,1969.
[96] Carlos C. Fingerprint Identification by Moment Invariants of Computer Moiré Patterns [D]. University of Massachusetts Lowell,2000.
[97] 陈新建,田捷,何余良. 基于频域滤波的低质量指纹增强算法[C]. 第四届生物特征识别研讨会论文集.2003: 12.
[98] Otsu N. A threshold selection method from gray - level histograms [J]. IEEE Transactions on Systems,Man, and Cybernetics,1979,9(1): 919 -926.
[99] Brown L G. A Survey of Image Registration Techniques [J]. ACM Computing Surveys,1992,24(4): 325 -376.
[100] Lowe D G. Object recognition from local scale - invariant features [C]. ICCV1999,1999: 1150 -1157.
[101] Zhang A,Cheng B,Acharya R. A fractal - based clustering approach in large visual database systems [J]. The International Journal of Multimedia Tools and Applications,1996,3(3): 225 -244.
[102] 李强,张钹. 一种基于图像灰度的快速匹配算法[J]. 软件学报,2006,17(2): 216 -222.
[103] Badrinath G S,Gupta P. Palmprint Verification using SIFT features [C]. IEEE,First Workshops on Image Processing Theory,Tools and Applications,IPTA2008,2008: 1 -8.
[104] Chen J,Moon Y. Using SIFT features in palmprint authentication [C]. 19th International Conference on Pattern Recognition,Dec. 2008: 1 -4.
[105] 雷鸣,张广军. 一种新颖的基于像素跳跃加速的匹配算法 [J]. 光电工程,2007,34(10): 93 -97.
[106] PolyU 掌纹数据库. http://www4. comp. polyu. edu. hk/ - biometrics.
[107] Kong A,Zhang D. Feature - Level Fusion for Effective Palmprint Authentication [C]. ICBA 2004,LNCS 3072,2004: 761 -767.
[108] Naoto M,Akio N,Takafumi M. Feature extraction of finger - vein patterns based on repeated line tracking and its application to personal identification [J]. MachineVision and Applications,2004,15: 194 -203.
[109] Aliaa Y,Atef Z,Amr S. Comparative Study of Contrast Enhancement and Illumination Equalization Methods for Retinal Vasculature Segmentation [C]. International Biomedical Engineering Conference,CIBEC'06, 2006: 21 -24.
[110] Liambas C,Tsouros C. An algorithm for detecting hand orientation and palmprint location from a highly noisy image [C]. Proceedings of IEEE International Symposium on Intelligent Signal Processing. Alcala De Henares,Spain,2007: 1 -6.
[111] Chanjira S,James F B,Helen L C,Tom H W. Automated localisation of the optic disc,fovea,and retinal blood vessels from digital colour fundus images [J]. NECTEC Technical Journal,2000,1(6): 207 -218.
[112] Niblack W. An introduction to digital image processing [M],Prentice (Hall) Englewood Cliffs NJ. 1986, 115 -116.
[113] Sanvola J,Pietaksinen M. Adaptive document image binarization[J]. Pattern Recognition,2000,33: 225 -236.
[114] 丁明跃,彭家雄. 基于内点保留的二值图像细化算法 [J]. 华中理工大学学报,1994,1: 79 -83.
[115] Baruch O. Line Thinning by line following [J]. Pattern Recognition Letters,1988,8: 271 -276.
[116] Zhu E,Yin J,Zhang G. Fingerprint matching based on global alignment of multiple reference minutiae [J]. Pattern Recognition,2005,38 (10): 1685 -1694.

[117] Zhang D, Guo Z, Lu G, Zhang L, Liu Y, Zuo W. Online joint palmprint and palmvein verification [J]. Expert Systems with Applications, 2011, 38: 2621 - 2631.

[118] Ross A, Nandakumar K, Jain A. Handbook of Multibiometrics [M], Springer Verlag, 2006.

[119] Kevin W. Bowyer, Kyong Chang, Patrick Flynn. An Evaluation of Multimodal 2D + 3D Face Biometrics [J]. IEEE Transactions on Pattern Analysis and Machine Intelligence, 2005, 27 (4): 619 - 624.

[120] Kumar A, Zhang D. Personal recognition using hand shape and texture [J]. IEEE Transactions on Image Processing, 2006, 15 (8): 2454 - 2461.

[121] Snelick R, Uludag U, Mink A, Indovina M, Jain A. Large Scale Evaluation of Multimodal Biometric Authentication Using State - of - the - Art Systems [J]. IEEE Transactions on Pattern Analysis and Machine Intelligence, 2005, 27 (3): 450 - 455.

[122] 倪国强, 戴文, 李勇量, 等. 基于响尾蛇双模式细胞机理的可见光/红外图像彩色融合技术的优势和前景展望 [J]. 北京理工大学学报, 2004, 24 (2): 95 - 100.

[123] Newman E A, Hartline P H. Integration of visual and infrared information in bimodal neurons of the rattlesnake optic tectum [J]. Science, 1981, 213: 789 - 791.

[124] Newman E A, Hartline P H. The infrared "vision" of snakes [J]. Scientific American, 1982, 246 (3): 116 - 125.

[125] Waxman et al. Solid - State Color Night Vision: Fusion of Low - Light Visible and Thermal Infrared Imagery [J]. Lincoln laboratory Journal, 1998, 11 (1): 41 - 60.

[126] 李武, 李朝义. 视觉感受野外整合野研究的进展 [J]. 神经科学, 1994, 1(2): 1 - 6.

[127] Shou T, Wang W, Yu H. Orientation biased extended surround of the receptive field of cat retinal ganglion cells [J]. Neuroscience, 2000, 98: 207 - 212.

[128] Stephen G, Niall P. Cortical Dynamics of Three - Dimensional Surface Perception: Binocular and Half - Occluded Scenic Images [J]. Neural Networks, 1997, 10 (9): 1583 - 1605.

[129] Land E H. Recent Advances in Retinex Theory and Some Implications for Cortical Computations: Color Vision and the Natural Image [J]. Proceedings of the National Academy of Sciences, 1983, 80(16): 5163 - 5169.

第7章　人脸与掌纹识别的子空间特征提取方法

7.1　直接局部保持投影算法及其在人脸与掌纹识别中的应用

在实际应用中，一幅 $m \times n$ 大小的图像向量化后的表示维数太高而不能进行快速和准确的识别，因此，进行数据降维就显得特别重要。降维方法可以分为线性和非线性两大类。线性方法由于计算简洁、易于解释而得到了很好的研究。两种非常流行的线性降维方法是主成分分析[1]和线性鉴别分析方法[2]。最近，有的学者提出了局部保持投影方法[3~5]。

主成分分析方法[1]是通过最大化数据协方差的迹的方式来寻找保持整体方差的线性投影方向。在类别信息已知的情况下，线性鉴别分析[2]寻找鉴别信息最大化的投影方向，投影方向通过最大化类间方差与类内方差的比值得到，因而，线性鉴别分析方法对于分类是最优的。在样本足够的情况下，线性鉴别分析方法性能比主成分分析方法要好。但是对于样本非常有限的问题，主成分分析可能比线性鉴别分析要好，因为线性鉴别分析方法对训练数据集敏感[6]。

与此同时，为了考察图像流形的非线性结构，学者们提出了几种非线性的方法，比如局部线性嵌入[6]、等度规映射[8]和拉普拉斯特征映射[9]。这些非线性方法在一些人工数据和实际应用中都取得了引人注目的效果，但是它们仅提供训练集上数据的映射，却没有对新的未知数据样本的映射给出显式的函数关系[10]，而这种映射关系在实际的图像识别应用中是必不可少的。

最近另一类非线性方法：在求解和计算特征值问题时使用了“核”技巧的核方法也得到了越来越多的关注，比如核主成分分析[24]、核线性鉴别分析[25,44]、核独立成分分析[46,47]与核局部保持投影[26]。

非线性方法和核方法在追求更高的识别率的同时增大了计算的开销。在图像识别中，由于线性方法计算和分析上的优点，通常把图像用线性子空间表示来降低数据维数和揭示数据的本质特性。主成分分析和线性鉴别分析方法是线性的而且计算复杂性低。但是它们只能看到图像空间的全局结构，局部保持投影算法能够寻找一个保持局部结构信息的线性嵌入，因而更具适于图像识别的性质[3~5]。

然而，在应用局部保持投影算法于图像识别时，一个最大的困难在于图像空间的维数特别高，比如典型的人脸图像尺寸 92×112，在这样的空间里，处理大规模

的矩阵 $\boldsymbol{XLX}^{\mathrm{T}}$ 和 $\boldsymbol{XDX}^{\mathrm{T}}$ 非常困难，更加重要的是矩阵 $\boldsymbol{XDX}^{\mathrm{T}}$ 总是奇异的，这就使得不能直接使用局部保持投影算法。

在文献[4]中，He 等人利用主成分分析的方法作为预处理步骤来降低向量空间的维数，这种方法称为拉普拉斯脸算法并且被成功地应用于人脸表示和识别[3~5]。然而，在目前的拉普拉斯脸算法(PCA + LPP)中，局部保持投影不能得到它的目标函数的完整解：

$$f(\boldsymbol{\phi}) = \underset{\boldsymbol{\phi}}{\arg\min}(\boldsymbol{\phi}^{\mathrm{T}}\mathrm{XLX}^{\mathrm{T}}\boldsymbol{\phi}) \tag{7.1}$$

事实上，在文献[4]中已经证明 XLX^{T} 同样是奇异的，这就意味着 $\boldsymbol{XLX}^{\mathrm{T}}$ 的零空间中包含着局部保持投影算法中的重要信息，然而，拉普拉斯脸算法中的主成分分析降维的步骤可能丢失了这样的投影方向：$f(\boldsymbol{\phi}) = \boldsymbol{\phi}^{\mathrm{T}}\boldsymbol{XLX}^{\mathrm{T}}\boldsymbol{\phi} = 0$，所以拉普拉斯脸算法不能找到式(7.1)的完整解。而且，怎样确定主成分分析步骤中主成分的个数也是个困难的问题。因此，大规模推广局部保持投影算法面临理论和实际的难题。

Yu 和 Yang 在文献[36]中提出了一种直接线性鉴别分析算法，它采用小规模矩阵，通过同时对角化分解的方法避免了矩阵的奇异性。受这种思想启发，本节研究了通过同时对角化的方法求解局部保持投影算法，叫做直接局部保持投影算法(Direct Locality Preserving Projections, DLPP)。这个算法对高维的图像数据是一个直接和完全的求解方案。它以高维原始图像数据作为输入直接优化局部保持投影准则，没有任何维数削减的中间步骤。在 ORL 人脸库[123]和香港理工大学(其采集系统如图 7.1 所示)PolyU 掌纹库[121]上的实验证明了这种方法的有效性。

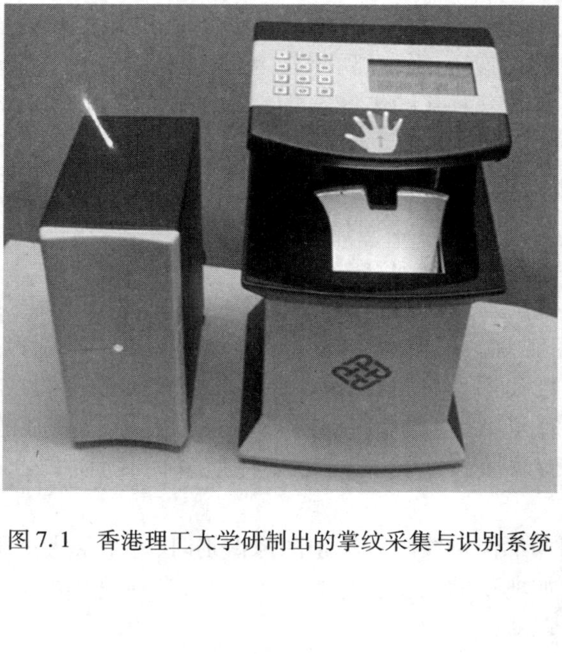

图 7.1　香港理工大学研制出的掌纹采集与识别系统

7.1.1 线性鉴别分析和直接线性鉴别分析

1. 线性鉴别分析[2]

假设 n 维空间里有 M 个图像样本 $\{x_1, x_2, \cdots, x_M\}$，假定每个图像来自于 c 个类别 $\{X_1, X_2, \cdots, X_c\}$ 之一，第 $X_i(i=1,2,\cdots,c)$ 类样本的数目是 M_i。线性鉴别分析(LDA) 试图寻找一个线性变换 $\boldsymbol{W}_{\mathrm{opt}}$ 来最大化 Fisher 指标：

$$J(W) = \frac{|W^{\mathrm{T}} S_B W|}{|W^{\mathrm{T}} S_W W|} \tag{7.2}$$

式中，$\boldsymbol{S}_B$ 和 $\boldsymbol{S}_W$ 分别是类间方差矩阵和类内方差矩阵：

$$\boldsymbol{S}_B = \sum_{i=1}^{c} M_i(\boldsymbol{\mu}_i - \boldsymbol{\mu})(\boldsymbol{\mu}_i - \boldsymbol{\mu})^{\mathrm{T}} \tag{7.3}$$

$$\boldsymbol{S}_W = \sum_{i=1}^{c} \sum_{x_k \in X_i} M_i(\boldsymbol{\mu}_i - \boldsymbol{\mu})(\boldsymbol{\mu}_i - \boldsymbol{\mu})^{\mathrm{T}} \tag{7.4}$$

$$\boldsymbol{\mu}_i = \frac{1}{\boldsymbol{M}_i} \sum_{x_l \in X_i} x_l \tag{7.5}$$

$$\boldsymbol{\mu} = \frac{1}{M} \sum_{j=1}^{M} x_j \tag{7.6}$$

最优的线性变换 W_{opt} 可以从下式得到：

$$J(W) = \arg\max_{W} \frac{|W^{\mathrm{T}} S_B W|}{|W^{\mathrm{T}} S_W W|} = [w_1, w_2, \cdots, w_m] \tag{7.7}$$

式中，$\{w_i | i=1,2,\cdots,m\}$ 是 $\boldsymbol{S}_B$ 和 $\boldsymbol{S}_W$ 的 m 个非零广义特征值 $\{\lambda_i | i=1,2,\cdots,m\}$ 对应的广义特征向量的集合，即

$$\boldsymbol{S}_B w_i = \lambda_i \boldsymbol{S}_W w_i (i = 1,2,\cdots,m) \tag{7.8}$$

LDA 变换依赖于类别的个数 c、训练样本个数 M 和原始数据空间维数 n。可以证明最多可以得到 $c-1$ 个非零特征向量，因而 $c-1$ 是鉴别空间维数的上界。一般需要一个中间步骤(比如主成分分析)来降低原始图像空间的维数[2]。

2. 直接线性鉴别分析[36]

直接线性鉴别分析[36]接受高维的数据作为输入，直接最优化 Fisher 指标，中间没有特征提取或者维数削减的步骤。

直接线性鉴别分析算法的核心在于同时对角化的思想。正如名字指出的那样，它要寻找一个矩阵来同时对角化 $\boldsymbol{S}_B$ 和 $\boldsymbol{S}_W$：

$$\boldsymbol{A}\boldsymbol{S}_W\boldsymbol{A}^{\mathrm{T}} = \boldsymbol{I}, \boldsymbol{A}\boldsymbol{S}_B\boldsymbol{A}^{\mathrm{T}} = \boldsymbol{\Lambda} \tag{7.9}$$

式中：$\boldsymbol{\Lambda}$ 是一个对角矩阵，且对角元素以降序排列。为了把维数降低到 m，可以取矩阵 $\boldsymbol{A}$ 的前 m 行，它们相对应于 $\boldsymbol{\Lambda}$ 中 m 个较大的对角元素。

直接线性鉴别分析方法的核心思想是去除 $\boldsymbol{S}_B$ 的零空间(这个零空间不包含

分类的有用信息)，保留 S_W 的零空间，因为 S_W 的零空间的信息包含了大量的鉴别信息，所以可以通过先对角化 S_B 然后对角化 S_W 的方式来完成。一般传统的方法是采取相反的顺序，即先对角化 S_W 然后对角化 S_B。当然在 S_W 非奇异的情况下，两种方式得到的结果一样。但是如果 S_W 奇异时，对于高维数据空间里的样本数据，结果将大不相同，因为这种情况下 S_W 一般总是奇异的。直接线性鉴别算法的流程如图 7.2 所示，详情请参考文献[36]。

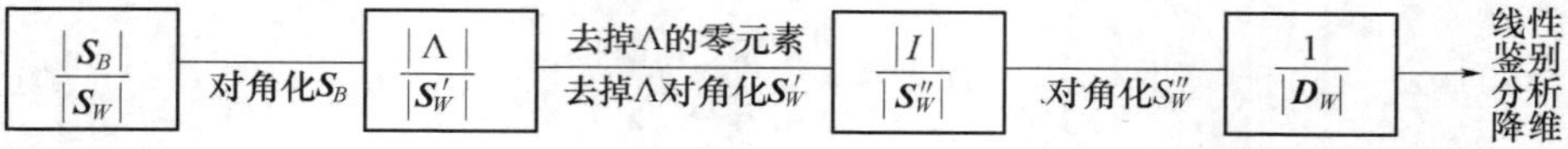

图 7.2　直接线性鉴别分析算法的流程

7.1.2　流形学习的概念与局部保持投影算法

1. 流形学习的概念

流形可以说是欧氏空间的推广。不严格来讲，流形在其每一点的近旁和欧氏空间的一个开集是同胚的，因此在每一点的近旁可以引进局部坐标系加以描述其特性。流形正是一块块"欧氏空间"粘起来的结果。流形及流形学习的相关定义如下[142,143]：

定义 7.1　设 M 是 Hausdorff 空间，若对任意一点 $\boldsymbol{x} \in M$，则有 x 在 M 中的一个邻域同胚于 m 维欧氏空间$\mathbb{R}^m$的一个开集，则称 M 是一个 m 维(拓扑)流形。

定义 7.2　假定 m 维流形 M 为一 n 维空间的光滑嵌入，即

$$f: M \to \mathbb{R}^n, m < n \tag{7.10}$$

给定数据集$\{\tau_1, \tau_2, \cdots, \tau_N\} \in M$，其中 $\tau_i \in \mathbb{R}^M$，则有

$$x_i = f(\tau_i) + \varepsilon_i, i = 1, 2, \cdots, N \tag{7.11}$$

式中，ε_i 表示噪声。流形学习则是指由数据集$\{x_i\}$重构 f 和$\{\tau_i\}$。

定义 7.3 微分结构　设 M 是一个 m 维流形，如果在 M 上定义了一个坐标卡集 $\xi = \{(U, \varphi_u), (V, \varphi_v), (W, \varphi_w), \cdots\}$，满足以下条件：

(1) $\{U, V, W, \cdots\}$ 是 M 的一个开覆面；

(2) 属于 ξ 的任意两个坐标卡是 C^r - 相容的；

(3) ξ 是极大的，即对于 M 的任意一个坐标卡，若与属于 ξ 的每一个坐标卡都是 C^r - 相容的，则它自身必属于 ξ。

则称 ξ 是 M 的一个 C^r 微分结构。设 U 是$\mathbb{R}^n$的一个开集，r 为正数。如果 U 上的实函数 $f: U \to \mathbb{R}$ 具有直到 r 阶的各阶连续偏导数，则称 f 为 U 上的一个 r 次可微函数。U 上 r 次可微函数的集合记为 $C^r(U)$。

定义 7.4 光滑流形　若在 M 上确定了一个 C^∞ - 微分结构，则称 M 为光滑流形。

定义 7.5 切空间　设 $F = C_p^\infty / \sim = \{[f] f \in C_p^\infty\}$ 和 H 为点 p 关于局部坐标的一

阶偏导数都是零的光滑函数的芽所构成的线性空间，称商空间 F_p/H_p 为流形 M 在点 p 的余切空间，记作 T_p^*。T_p^* 的对偶空间 T_p 叫做 M 在点 p 的切空间。

定义 7.6 子流形 设 M 和 N 为两个光滑流形。若有光滑映射 $\varphi: M \to N$，使得

(1) φ 是单一的；

(2) 对任意 $p \in M$，切映射 $T_p(M) \to T_{\varphi(p)}(N)$ 都是非退化的。

则称(φ, M)是 N 的一个光滑子流形。如果 φ 只满足(2)，则称(φ, M)是 N 的一个侵入子流形。

其他重要概念：测地线、保距映射、黎曼度量、开覆盖、同胚和 Laplacian - Beltrami 算子等，请参考文献[142,143]。

2. 局部保持投影算法

局部保持投影算法是一种典型的流形学习算法——拉普拉斯特征映射[53]的线性近似，它同样可以用谱图理论来阐述。假设 n 维的数据集$\{x_1, x_2, \cdots, x_N\}$分布在一个低维的子流形上。我们希望找到一组 d 维($d \ll n$)的数据点$\{y_1, y_2, \cdots, y_N\}$，这组数据点局部的邻域结构跟数据$\{x_1, x_2, \cdots, x_N\}$一样。为了达到这个目的，可以构建一个加权的图 $G = (X, W)$，这里 X 是所有数据点的集合，$\boldsymbol{W}$ 是一个刻画任意两个数据点的相似性的相似度矩阵。在给定了这些定义的基础上，局部保持投影算法的目标函数定义为[3~5]：

$$\min \sum_{i,j} (y_i - y_j)^2 W_{ij} \tag{7.12}$$

式中，$y_i = \boldsymbol{\phi}^{\mathrm{T}} x_i$ 且 $\boldsymbol{\phi} \in [\phi_0, \phi_1, \cdots, \phi_{d-1}]$。经过一些简单的代数计算后，可以得到

$$\frac{1}{2}\min \sum_{i,j} (y_i - y_j)^2 W_{ij} = \boldsymbol{\phi}^{\mathrm{T}} \boldsymbol{X}(\boldsymbol{D} - \boldsymbol{W})\boldsymbol{X}^{\mathrm{T}} \boldsymbol{\phi} = \boldsymbol{\phi}^{\mathrm{T}} \boldsymbol{X}\boldsymbol{L}\boldsymbol{X}^{\mathrm{T}} \boldsymbol{\phi} \tag{7.13}$$

式中，$\boldsymbol{X} = [\boldsymbol{x}_1, \boldsymbol{x}_2, \cdots, \boldsymbol{x}_N]$；$\boldsymbol{D}$ 是一个对角矩阵，它的元素定义为 $\boldsymbol{D}_{ii} = \sum_j W_{ij}$ 或者 $\boldsymbol{D}_{ii} = \sum_i \boldsymbol{W}_{ij}$，因为 $\boldsymbol{W}$ 是一个对称矩阵；$\boldsymbol{L} = \boldsymbol{D} - \boldsymbol{W}$ 是拉普拉斯矩阵。需要指出的是，拉普拉斯矩阵可以看作 Laplacian - Beltrami 算子在紧凑黎曼流形上的离散近似[9]。为了消除在嵌入过程中尺度因子任意变化的影响，局部保持投影增加了一个约束：

$$\boldsymbol{y}\boldsymbol{D}\boldsymbol{y}^{\mathrm{T}} = 1 \Rightarrow \boldsymbol{\phi}^{\mathrm{T}} \boldsymbol{x}\boldsymbol{D}\boldsymbol{x}^{\mathrm{T}} \boldsymbol{\phi} = 1 \tag{7.14}$$

这个约束给定了嵌入的尺度，还使得具有高相似度的数据点更近地映射到原点附近。最后，式(7.13)中的最小化问题简化为

$$\underset{a}{\arg\min}\ \boldsymbol{\phi}^{\mathrm{T}} \boldsymbol{X}\boldsymbol{L}\boldsymbol{X}^{\mathrm{T}} \boldsymbol{\phi} \text{ Subject to}: \boldsymbol{\phi}^{\mathrm{T}} \boldsymbol{X}\boldsymbol{D}\boldsymbol{X}^{\mathrm{T}} \boldsymbol{\phi} = 1 \tag{7.15}$$

这个最小化目标函数的变换矩阵可以通过求解如下的广义特征值问题得到：

$$\boldsymbol{X}\boldsymbol{L}\boldsymbol{X}^{\mathrm{T}} \boldsymbol{\phi} = \boldsymbol{\lambda} \boldsymbol{X}\boldsymbol{D}\boldsymbol{X}^{\mathrm{T}} \boldsymbol{\phi} \tag{7.16}$$

设式(7.16)中的解是列向量 $\boldsymbol{\phi}_0, \boldsymbol{\phi}_1, \cdots, \boldsymbol{\phi}_{d-1}$，这些列向量以相对应的特征值递增的顺序排列。最终的低维嵌入定义为

$$\boldsymbol{y}_i = \boldsymbol{A}^{\mathrm{T}}\boldsymbol{x}_i, \boldsymbol{A} = (\phi_0, \phi_1, \cdots, \phi_{d-1}) \tag{7.17}$$

式中,$\boldsymbol{x}_i$被降维成 d 维的向量 $\boldsymbol{y}_i$;$\boldsymbol{y}_i$ 保持了它和近邻点的局部结构关系。

7.1.3 直接局部保持投影算法及其计算

1. 直接局部保持投影算法

在线性代数中,求解广义特征值问题的一种方法是采用同时对角化的方法。受直接线性鉴别分析方法思想的启发,直接局部保持投影算法也利用了这种方法。实际上,从式(7.15)和式(7.16)可以得到

$$g(\phi^*) = \arg\min_{\phi}\left(\frac{\phi^{\mathrm{T}}XLX^{\mathrm{T}}\phi}{\phi^{\mathrm{T}}XDX^{\mathrm{T}}\phi}\right) \tag{7.18}$$

利用公式(7.18),可以得到以下的引理:

引理 7.1 对局部保持投影准则而言,$\boldsymbol{XDX}^{\mathrm{T}}$ 的零空间不包含任何有用的信息。

证明:在 $\boldsymbol{XDX}^{\mathrm{T}}$ 的零空间内,存在 $\boldsymbol{XDX}^{\mathrm{T}}\boldsymbol{\phi}=0$,有 $\boldsymbol{\phi}^{\mathrm{T}}\boldsymbol{XDX}^{\mathrm{T}}\boldsymbol{\phi}=0$。在这种情况下,不但不能得到最小值,式(7.16)中的目标函数的将会变得无穷大。

如果 $\boldsymbol{XDX}^{\mathrm{T}}\boldsymbol{\phi}\neq 0$ 且 $\boldsymbol{XLX}^{\mathrm{T}}\boldsymbol{\phi}=0$,$(\boldsymbol{\phi}^{\mathrm{T}}\boldsymbol{XLX}^{\mathrm{T}}\boldsymbol{\phi})/(\boldsymbol{\phi}^{\mathrm{T}}\boldsymbol{XDX}^{\mathrm{T}}\phi)$将取得最小值 0。这个直观的解释说明,当我们把数据投影到 ϕ 这样的方向时,即它是 $\boldsymbol{XLX}^{\mathrm{T}}$ 的零空间内的向量而不是 $\boldsymbol{XDX}^{\mathrm{T}}$ 零空间的向量,将会取得局部保持投影意义上的最优分类效果。

考虑公式(7.18)和引理 7.1,我们的算法试图寻找一个投影矩阵,这个投影矩阵同时对角化 $\boldsymbol{XLX}^{\mathrm{T}}$ 和 $\boldsymbol{XDX}^{\mathrm{T}}$,使得

$$\boldsymbol{WXDX}^{\mathrm{T}}\boldsymbol{W}^{\mathrm{T}} = \boldsymbol{I}, \boldsymbol{WXLX}^{\mathrm{T}}\boldsymbol{W}^{\mathrm{T}} = \boldsymbol{\Lambda} \tag{7.19}$$

式中,$\boldsymbol{\Lambda}$ 是一个对角矩阵,它的对角元素以升序排列。为了降低维数到 $d(d\ll n)$,我们可以简单地挑选 $\boldsymbol{W}$ 的前 d 行,它们相对应于 $\boldsymbol{\Lambda}$ 中最小的 d 个对角元素。

这种新方法的主要思想是通过对角化 $\boldsymbol{XDX}^{\mathrm{T}}$ 来丢掉它的零空间,然后通过投影和对角化 $\boldsymbol{XLX}^{\mathrm{T}}$ 来寻找局部保持投影向量。

直接局部保持投影算法具体步骤如下:

1) 用特征值分析的方法对角化 $\boldsymbol{XDX}^{\mathrm{T}}$

寻找矩阵 $\boldsymbol{V}$ 使得 $\boldsymbol{VXDX}^{\mathrm{T}}\boldsymbol{V}^{\mathrm{T}}=\boldsymbol{\Lambda}_1$,这里 $\boldsymbol{VV}^{\mathrm{T}}=\boldsymbol{I}$($\boldsymbol{I}$ 代表单位阵),$\boldsymbol{\Lambda}_1$ 是一个对角矩阵,且对角元素以降序排列。

这可以通过传统的特征值分解方法得到,即 $\boldsymbol{V}$ 的每一行是 $\boldsymbol{XDX}^{\mathrm{T}}$ 的一个特征向量,$\boldsymbol{\Lambda}_1$ 包含了所有的特征值。因为 $\boldsymbol{XDX}^{\mathrm{T}}$ 一般是奇异的,因此可能一些特征值是零(或者很接近零)。这时需要剔除这些特征值和特征向量,因为在这些方向的投影对局部保持投影而言没有任何有用的鉴别信息。

仅仅保留 $\boldsymbol{V}$ 中特征值非零的主成分,即取 $\boldsymbol{V}$ 的前 m 行,令 $\boldsymbol{Y}$(一个 $m\times n$ 的矩阵,n 为特征空间的维数)为新的基,并且 $\boldsymbol{D}_d$ 为对应于非零特征值的对角矩阵,那

么可以得到 $YXDX^{\mathrm{T}}Y^{\mathrm{T}}=D_d>0$，$D_d$ 是一个 $m\times m$ 的矩阵。

在这里，m 的个数可以通过检验非零特征值的个数自动确定，而不像 PCA + LDA 和 PCA + LPP 中那样，需要确定 PCA 步骤中主成分的个数，这也体现了直接局部保持投影算法的优点。

2）投影和对角化 XLX^{T}

令 $Z=D_d^{-\frac{1}{2}}Y$，那么 $ZXDX^{\mathrm{T}}Z^{\mathrm{T}}=D_d^{-\frac{1}{2}}YXDX^{\mathrm{T}}Y^{\mathrm{T}}D_d^{-\frac{1}{2}}=I$，这就使得 XDX^{T} 白化。利用另一个特征值分析 $U(ZXLX^{\mathrm{T}}Z^{\mathrm{T}})U^{\mathrm{T}}=D_l$ 来因式分解 $ZXLX^{\mathrm{T}}Z^{\mathrm{T}}$，这里 $UU^{\mathrm{T}}=I$，D_l 是一个对角矩阵。保留 $ZXLX^{\mathrm{T}}Z^{\mathrm{T}}$ 的对应于那些最小特征值的特征向量，并将这些特征值按升序排列。

从式(7.18)可以看出，我们的目标是最小化$(\boldsymbol{\phi}^{\mathrm{T}}XLX^{\mathrm{T}}\boldsymbol{\phi})/(\boldsymbol{\phi}^{\mathrm{T}}XDX^{\mathrm{T}}\boldsymbol{\phi})$，因此我们可以把 D_l 的对角元素进行排序，剔除那些在高端的特征值和对应的特征向量。保留较小的特征值(特别是零)对应的投影方向至关重要。这也是我们为什么从对角化 XDX^{T} 开始然后再对角化 XLX^{T} 的原因。

3）计算投影矩阵 A

令 $W=UZ$，那么很容易验证 W 满足式(7.19)。我们仅仅选取 W 的前 d 行，记为矩阵 A，它们对应于 D_l 中 d 个最小的对角元素。

对于一个给定的 n 维输入 x，它在特征空间的局部保持投影向量为 $y=Ax$，这时 y 的维数降为 d 维，且 $d\ll n$。直接局部保持投影算法的流程如图 7.3 所示。

图 7.3 直接局部保持投影算法的流程

2. 直接局部保持投影算法与拉普拉斯脸算法的关系

在 He 等人提出的两步拉普拉斯脸算法(PCA + LPP)[4]中，首先使用 PCA 对原始数据进行降维，这实际上是对 XLX^{T} 和 XDX^{T} 同时进行降维。通过前面的分析可以看出，XDX^{T} 的零空间不存在对局部保持投影算法有用的信息，但是 XLX^{T} 零空间的信息对局部保持投影算法至关重要。如果同时对 XLX^{T} 和 XDX^{T} 进行降维，可能在剔除 XDX^{T} 零空间的同时，也丢失了 XLX^{T} 零空间的信息，这是我们不希望看到的。

本节提出的直接局部保持投影算法，认真地考察了 XLX^{T} 和 XDX^{T} 的零空间对于局部保持投影算法的不同意义。我们先剔除 XDX^{T} 的零空间，因为它对于局部保持投影准则没有任何意义，在此基础上，我们再考察 XLX^{T} 的特征值分解的情况，尽可能保留对分类有意义的 XLX^{T} 的零空间，从而得到更有表示能力的局部保持投影方向，因而我们的算法是局部保持投影准则的目标函数公式(7.18)的一个完全的实现。

相对拉普拉斯脸算法(PCA + LPP)而言，所提直接局部保持投影算法没有一个单独的 PCA 步骤，不但描述更加清楚，而且执行起来效率也会提高。

3. 直接局部保持投影算法的计算

虽然本节给出了局部保持投影算法的直接实现，但是它计算方面的困难在于

矩阵 $\boldsymbol{XDX}^{\mathrm{T}}$ 和 $\boldsymbol{XLX}^{\mathrm{T}}$ 的规模太大,对它们直接进行特征值分析是不现实的。下面通过两个引理使得直接局部保持投影算法的计算变得可行。

引理 7.2 如果对称矩阵 $\boldsymbol{C}$ 是半正定的,那么存在一个分解 $\boldsymbol{C}=\boldsymbol{RR}^{\mathrm{T}}$,这里 $\boldsymbol{R}$ 是一个实矩阵。

很多文献都给出了证明,这里为了本节内容的完整性,给出一个简单的证明。

证明:既然对称矩阵 $\boldsymbol{C}$ 是半正定的,那么令 $\boldsymbol{CV}=\boldsymbol{V\Lambda}$ 作为矩阵 $\boldsymbol{C}$ 的特征值分解,这里 $\boldsymbol{VV}^{\mathrm{T}}=\boldsymbol{I}$。然后令 $\boldsymbol{R}=\boldsymbol{V\Lambda}^{\frac{1}{2}}$,这里 $\boldsymbol{\Lambda}^{\frac{1}{2}}$ 是一个对角矩阵且对角元素值为 $(\boldsymbol{\Lambda}^{\frac{1}{2}})_{ii}$。因为半正定矩阵 $\boldsymbol{C}$ 的特征值是非负的,所以 $\boldsymbol{\Lambda}^{\frac{1}{2}}$ 存在。那么

$$\boldsymbol{RR}^{\mathrm{T}}=\boldsymbol{V\Lambda}^{\frac{1}{2}}\boldsymbol{\Lambda}^{\frac{1}{2}}\boldsymbol{V}^{\mathrm{T}}=\boldsymbol{V\Lambda V}^{\mathrm{T}}=\boldsymbol{CVV}^{\mathrm{T}}=\boldsymbol{C} \tag{7.20}$$

这样就证明了引理 7.2。

既然对称矩阵 $\boldsymbol{D}$ 和矩阵 $\boldsymbol{L}$ 都是半正定的[4],利用引理 7.2,可以得到如下两个矩阵分解:

$$\boldsymbol{XDX}^{\mathrm{T}}=\boldsymbol{XR}_1\boldsymbol{R}_1^{\mathrm{T}}\boldsymbol{X}^{\mathrm{T}}=(\boldsymbol{XR}_1)(\boldsymbol{XR}_1)^{\mathrm{T}} \tag{7.21}$$

$$\boldsymbol{XLX}^{\mathrm{T}}=\boldsymbol{XR}_2\boldsymbol{R}_2^{\mathrm{T}}\boldsymbol{X}^{\mathrm{T}}=(\boldsymbol{XR}_2)(\boldsymbol{XR}_2)^{\mathrm{T}} \tag{7.22}$$

事实上,$\boldsymbol{R}_1$ 可以直接选为

$$\boldsymbol{R}_1=\boldsymbol{D}^{\frac{1}{2}} \tag{7.23}$$

因为矩阵 $\boldsymbol{D}$ 是一个对角的半正定矩阵。

引理 7.3 对任意 $n\times m(n\gg m)$ 的矩阵 $\boldsymbol{B}$,映射 $\boldsymbol{u}\to\boldsymbol{Bu}$ 是一个一对一的映射,这个映射使得把矩阵 $\boldsymbol{B}^{\mathrm{T}}\boldsymbol{B}(m\times m)$ 的特征向量 $\boldsymbol{u}$ 映射成矩阵 $\boldsymbol{BB}^{\mathrm{T}}(n\times n)$ 的特征向量 $\boldsymbol{Bu}$。

证明:假设矩阵 $\boldsymbol{B}^{\mathrm{T}}\boldsymbol{B}(m\times m)$ 的特征值分解为

$$\boldsymbol{B}^{\mathrm{T}}\boldsymbol{B\mu}=\boldsymbol{\lambda\mu} \tag{7.24}$$

式中,$\boldsymbol{\mu}$ 是矩阵 $\boldsymbol{B}^{\mathrm{T}}\boldsymbol{B}$ 的特征向量,相对应的特征值为 λ。

在等式(7.24)两边同时乘以 $\boldsymbol{B}$,有

$$\boldsymbol{BB}^{\mathrm{T}}(\boldsymbol{B\mu})=\lambda(\boldsymbol{B\mu}) \tag{7.25}$$

我们可以看到映射 $\boldsymbol{u}\to\boldsymbol{Bu}$ 是一个一一映射,这个映射使得把矩阵 $\boldsymbol{B}^{\mathrm{T}}\boldsymbol{B}(m\times m)$ 的特征向量 $\boldsymbol{u}$ 映射成矩阵 $\boldsymbol{BB}^{\mathrm{T}}(n\times n)$ 的特征向量 $\boldsymbol{Bu}$。

利用式(7.21)、式(7.23)以及引理 7.3,矩阵 $\boldsymbol{XDX}^{\mathrm{T}}(n\times n)$ 的特征值分解可以通过求解规模较小的矩阵 $(\boldsymbol{R}_1^{\mathrm{T}}\boldsymbol{X}^{\mathrm{T}})(\boldsymbol{XR}_1)(m\times m)$ 的特征值分解得到;利用式(7.22)和引理 7.3,对于矩阵 $\boldsymbol{XLX}^{\mathrm{T}}(n\times n)$,我们仅需要在内存里处理矩阵 $\boldsymbol{XR}_2(n\times m)$。现在矩阵 $\boldsymbol{XDX}^{\mathrm{T}}$ 的特征值分解和矩阵 $\boldsymbol{XLX}^{\mathrm{T}}$ 的处理都变为可行。

7.1.4 实验和结果

1. 数据库介绍

我们在香港理工大学掌纹库[121]和 ORL 人脸库[123]上测试了本文提出的直接

局部保持投影算法。

(1) 香港理工大学掌纹库。在 2004 年 3 月公布的香港理工大学掌纹库中,有 100 个不同人的手掌,每一个手掌在两个不同的时间段采集了 6 幅掌纹图像,两次各采集 3 张图像。由于采集到的掌纹图像不但包括掌纹区域,还包括人手的其他部分,比如手指和背景,本文采用了文献[78]中定义的掌纹感兴趣区域提取算法来校正不同的掌纹图像,具体步骤如图 7.4 所示。图 7.5 给出了一个手掌校正后的 6 幅掌纹图像,图像尺寸为 128 × 128。

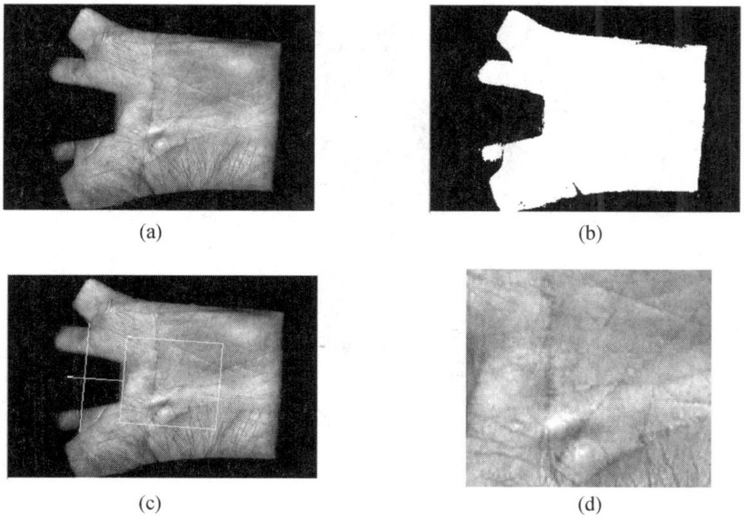

图 7.4　掌纹图像预处理的主要步骤

(a) 原始掌纹图像;(b) 二值化图像;(c) 建立一个坐标系统;(d) 提取的掌纹图像感兴趣区域。

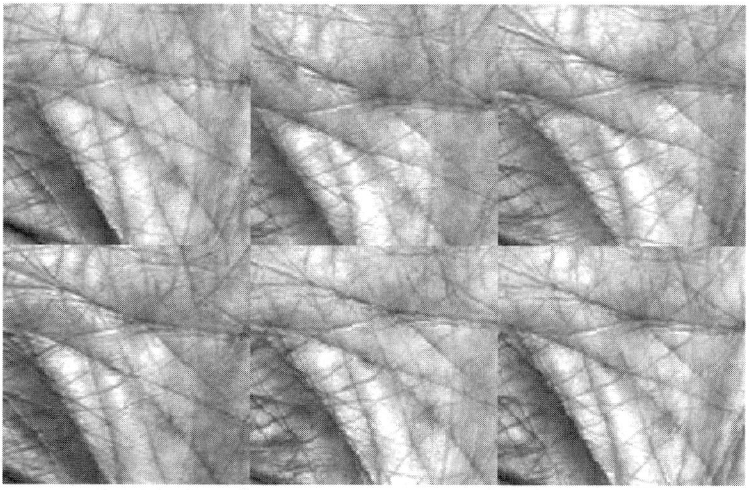

图 7.5　对一个手掌采集的校正后的六幅掌纹图像

(2) ORL 人脸库。这个数据库由位于英国剑桥的 Olivetti 研究实验室提供。这个数据库包含 400 幅不同的图像,40 个不同的人,每人 10 幅图像。图像是 92 × 112 的 256 级灰度图像。图 7.6 给出了一个人的 6 幅人脸图像。

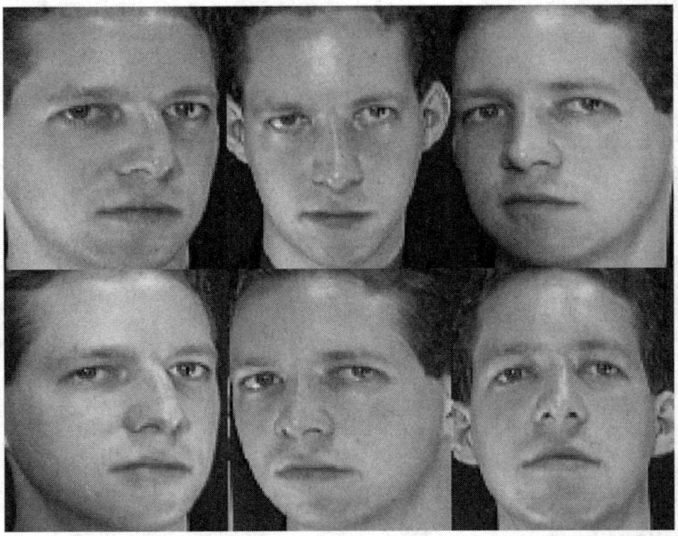

图 7.6　ORL 人脸库中一个人的 6 幅图像

2. 实验结果和分析

在掌纹识别实验中,所有的图像被压缩成 64 ×64 的尺寸并且分为两组,一组是训练集,包括第一个时间段采集的每一个手掌的 3 幅图像共 300 幅掌纹图像;另一组是测试集,包括第二个时间段采集的每一个手掌的 3 幅图像共 300 幅掌纹图像。在人脸识别实验中,每个人任选 5 幅图像作为训练集,其余的人脸图像作为测试集。这样在训练集和测试集中都有 200 幅人脸图像,所有的人脸图像被压缩为 46 ×56 的尺寸。

在两个实验中,采用 PCA[1,79]、PCA + LDA[2,80]、DLDA[36] 和 PCA + LPP[4] 和我们提出的 DLPP 算法作特征提取,用欧氏距离意义下的最近邻分类器来分类。对于 PCA + LPP 和 DLPP 算法,如果节点 i 和节点 j 相邻,即 x_i 是 x_j 的 k 个近邻之一,或者 x_j 是 x_i 的 k 个近邻之一,令 $W_{ij}=1$,否则 $W_{ij}=0$。根据实验的效果,常参数 k 在掌纹和人脸实验中被分别设为 3 和 5。对于 PCA + LDA 和 PCA + LPP,在 PCA 步骤中把原始数据降为多少维是个困难的问题,合适的维数需要通过实验确定。对此我们采用了参考文献[4]中的做法,对于 PCA + LDA 方法,在 PCA 步骤中保留$(M-c)$个主成分,这里 M 是训练样本的个数,c 是类别的个数;对于 PCA + LPP 在 PCA 步骤中我们保留了 98% 重建误差来确定主成分的个数。这里所有的实验使用的是 2.22GHz Celeron CPU 和 512MB 内存的台式电脑。

上述五种算法的识别结果在掌纹和人脸实验中的性能如表 7.1 和表 7.2 所列。从上述结果可以看出,在掌纹和人脸识别实验中,相比其他四种特征提取方法而言，我们提出的直接局部保持投影算法识别率更高。在两个实验中，PCA + LPP 方法性能比直接局部保持投影算法 DLPP 都要差，一方面说明了两步骤方法的缺陷，另一方面也验证了我们对公式(7.1)理论分析的结果。

表 7.1 在香港理工大学掌纹库上进行测试的实验结果

方法	训练时间/s	特征维数	识别率/%
PCA	3.0160	186	62.00%
PCA + LDA	18.5790	98	91.67%
DLDA	15.5940	93	90.67%
PCA + LPP	161.8590	113	88.00%
DLPP	52.8750	268	93.00%

表 7.2 在 ORL 人脸库上进行测试的实验结果

方法	训练时间/s	特征维数	识别率/%
PCA	2.8590	74	91.00%
PCA + LDA	4.8910	39	90.00%
DLDA	2.5160	39	92.50%
PCA + LPP	73.3750	71	92.00%
DLPP	33.0780	198	95.00%

另外，为了比较算法的效率，在表 7.1 和表 7.2 中我们还分别记录了这五种算法的时间和空间消耗情况。我们提出的直接局部保持投影算法得到的特征向量需要占用更多的存储空间；由于测试时间各种算法差别不大，所以我们仅仅比较了训练时间。在这五种算法中，主成分分析方法的训练时间较短；由于 PCA + LDA 方法前面有一个 PCA 步骤，因此耗费的时间比主成分分析要长；而直接局部保持投影算法耗费的时间比 PCA + LPP 要短；对于局部保持投影算法，它不但涉及一个主成分分析的降维步骤，而且在主成分分析降维后还要对所有的样本进行搜索来构建一个加权图矩阵，这个过程非常耗费时间，因此它耗费的总的训练时间最长。对于我们提出的直接局部保持投影算法，像直接线性鉴别分析一样，相对它们的非直接算法，在很大程度上节省了时间。这些实验结果跟理论分析是一致的。

应该指出的是，本节的工作研究重点放在特征表示上，因此，在这里所有的分类器都使用的是简单的欧氏最近邻分类器。使用更加复杂的分类器（比如支持向量机[141]）可以提高这里比较的所有方法的识别效果。

7.2 二维局部保持投影算法及其在人脸与掌纹识别中的应用

在图像表示、识别和检索的任务中，向量空间模型是最流行的模型之一。现有的完成这些任务的方法绝大部分采用的都是这一模型。这种模型下，原来的二维矩阵形式的图像数据被串接成一维的长向量,然后被表示成一个高维向量空间中的一个样本点。这使得大量的基于向量空间模型的模式分析和识别技术可以很方便地用于图像领域,而且在这些应用领域内取得了很大的成功。然而这样做可能导致以下问题出现:①图像矩阵本质的二维结构被丢弃了,图像矩阵内保存的空间信息因被丢弃而没有得到充分应用;②每个图像样本被建模为一个高维向量空间里的一个点,这样通常需要大量的训练样本才能得到数据分布特性的可靠和鲁棒的估计,这就是所谓的“维数灾难”问题,这个问题在实际应用中经常可以遇到,因为现存的很多算法都需要根据数据的分布特性来估计一些统计量;③一般来讲,在人脸识别、掌纹识别、图像检索和图像分类等实际应用中,能够获得的样本数量非常有限,因此,在实际应用中,小子样问题[124]会经常出现。小子样问题可以这样描述:在一个 n 维的向量空间里如果仅能获得 t 个样本($t<n$),样本的协方差矩阵 $\hat{\boldsymbol{C}}$定义为

$$\hat{\boldsymbol{C}} = \frac{1}{t}\sum_{i=1}^{t}(\boldsymbol{x}_i - m)(\boldsymbol{x}_i - m)^{\mathrm{T}} \tag{7.26}$$

式中,m 是所有样本的均值。$(\boldsymbol{x}_i-m)$不是线性不相关的,因为 $\sum_{i=1}^{t}(\boldsymbol{x}_i - m) = 0$。实际上,$\hat{\boldsymbol{C}}$ 是$(t-1)$ 或更少个线性独立向量的函数,因此,$\hat{\boldsymbol{C}}$ 的秩小于或等于$(t-1)$,这时$\hat{\boldsymbol{C}}$ 的准确估计就特别困难。这个问题在人脸识别、图像检索和数据挖掘中经常遇到,因为在这些任务中,t 很小而 n 却很大,因此,在满足某种约束下寻求已知数据集的低维表示的领域中,数据的降维问题显得特别重要。

最近提出的局部保持投影算法[3]是在图像识别中用于特征提取和数据降维的一种新方法。局部保持投影的目标函数是通过显式地考虑图像空间的流形结构来保持图像空间的局部结构,实际上,它是求解一个广义特征值问题:

$$\boldsymbol{XLX}^{\mathrm{T}}a = \boldsymbol{\lambda XDX}^{\mathrm{T}}\boldsymbol{a} \tag{7.27}$$

在实际的图像识别中,应用局部保持投影算法的一个困难来自于图像空间的高维数,在这样的空间里,矩阵 $\boldsymbol{XDX}^{\mathrm{T}}$ 总是奇异的,这使得直接实现局部保持投影算法变得不可能。

解决这个问题的一个可能的办法是使用主成分分析作为预处理步骤来降低向量空间的维数,这个方法被称为拉普拉斯脸(PCA + LPP)算法并且已经成功地用于人脸表示和人脸识别[3~5]。然而,在目前的拉普拉斯脸算法中,存在以下缺点:

(1) 二维的图像矩阵首先要先串接成一维的图像向量。这样得到的图像向量往往导致一个高维的图像向量空间,在这样的高维图像向量空间里,很难准确计算图像基来表示原始图像,这也被称为“维数灾难”问题。这个问题在图像识别的小子样问题下更为突出。

(2) 这样一个矩阵—向量的变换可能导致原来二维图像中一些结构信息的丢失,因为这样的变换破坏了原始图像行或列的空间结构。

(3) 在拉普拉斯脸算法中,需要首先使用主成分分析来降低数据的维数,但是如何确定主成分的个数是一个困难的问题。

(4) 在拉普拉斯脸算法中,在所有的图像向量被投影到主成分张成的子空间后,再使用局部保持投影算法。然而,因为主成分分析和局部保持投影算法的目标函数在本质上不同,使用主成分分析方法作为预处理步骤来进行维数降低可能导致主成分分析后的局部保持投影算法的重要信息的丢失。为了阐明这个问题,这里给出了一个简单的证明。

在文献[125]中,定义了一个如下形式的局部保持函数f:

$$f(a) = \frac{\boldsymbol{a}^{\mathrm{T}}\boldsymbol{XLX}^{\mathrm{T}}\boldsymbol{a}}{\boldsymbol{a}^{\mathrm{T}}\boldsymbol{XDX}^{\mathrm{T}}\boldsymbol{a}} \tag{7.28}$$

这里局部保持投影函数$f(a)$评估了投影影射a的局部保持能力。实际上,在局部保持投影算法中$\boldsymbol{a}^{\mathrm{T}}\boldsymbol{XDX}^{\mathrm{T}}\boldsymbol{a}=1$,那么公式(7.28)简化为

$$f(a) = \boldsymbol{a}^{\mathrm{T}}\boldsymbol{XLX}^{\mathrm{T}}\boldsymbol{a} \tag{7.29}$$

事实上,$\boldsymbol{XLX}^{\mathrm{T}}$同样是奇异的[4],这就意味着$\boldsymbol{XLX}^{\mathrm{T}}$的零空间包含重要的鉴别信息。然而,主成分分析这一步骤可能丢失了满足$f(a)=0$的投影方向,现在我们可以看到第二步的局部保持投影算法的一些重要信息可能在主成分分析这一步中已经丢失。

受文献[27]中的二维主成分分析算法思想的启发,在本节中,我们利用一个新的思路来解决上述问题。这个思路是按一个特定的投影标准直接处理图像矩阵,而不是用展开的图像向量,因而是一个直接基于局部保持标准和图像矩阵投影的方法。应该指出的是,在文献[48,49]中,作者认为二维主成分分析方法和传统的分块主成分分析是等价的,但是最近 Gao 对此结论提出了质疑[50],并指出基于矩阵的分析方法是一种全新的思想。我们在 Yale 人脸库[127]和香港理工大学掌纹库[121]上的实验结果证明我们提出的二维局部保持投影算法在识别能力上比 PCA、PCA + LPP 和 2DPCA 方法更加有效,我们的二维局部保持投影算法丰富了局部保持投影的图像识别理论。

7.2.1 二维主成分分析的思想

为了更好地理解二维主成分分析[27],在这里先介绍一维主成分分析[1]。

设人脸(掌纹)灰度图像的分辨率为$m \times n$,则该图像构成一个$m \times n$的图像矩阵$\boldsymbol{A}$。首先将图像矩阵$\boldsymbol{A}$转化为$\boldsymbol{N} = m \times n$维的图像列向量$\xi$,根据训练样本集构造$\boldsymbol{N} \times \boldsymbol{N}$的总体散布矩阵$\boldsymbol{S}_t$

$$\boldsymbol{S}_t = \boldsymbol{E}(\boldsymbol{\xi} - \boldsymbol{E\xi})(\boldsymbol{\xi} - \boldsymbol{E\xi})^{\mathrm{T}} \tag{7.30}$$

选取一组标准正交且使得以下准则函数达到极值的向量$\boldsymbol{X}_1, \boldsymbol{X}_2, \cdots, \boldsymbol{X}_d$作为投影轴

$$\boldsymbol{J}_t(X) = \boldsymbol{X}^{\mathrm{T}}\boldsymbol{S}_t\boldsymbol{X} \tag{7.31}$$

其物理意义是使投影后所得特征的总体散布量(类间散布量与类内散布量之和)最大。事实上,这一组最优投影轴应取为 $\boldsymbol{S}_t$ 的 d 个最大的特征值所对应的标准正交的特征向量。由于训练样本的总数 M 一般远远小于训练样本的维数 N,故为了提高效率,常常借助于奇异值分解定理来间接求解 $\boldsymbol{S}_t$ 的特征向量。尽管奇异值分解定理可在一定程度上加速 $\boldsymbol{S}_t$ 特征向量的求解速度,但整个特征抽取过程所耗费的计算量还是相当大。

下面介绍二维主成分分析的思想[27]。

设 X 表示 n 维单位化的列向量,二维主成分分析的思想是将 $m \times n$ 的图像矩阵 A 通过以下线性变换直接投影到 $\boldsymbol{X}$ 上:

$$\boldsymbol{Y} = \boldsymbol{AX} \tag{7.32}$$

于是,得到一个 m 维列向量 $\boldsymbol{Y}$,称为图像 $\boldsymbol{A}$ 的投影特征向量。那么,究竟往哪个方向投影呢? 事实上,可以通过投影特征 $\boldsymbol{Y}$ 的散布情况来决定投影方向 $\boldsymbol{X}$。在这里,二维主成分分析采用以下准则:

$$\boldsymbol{J}_p(\boldsymbol{X}) = \mathrm{tr}(\boldsymbol{TS}_x) \tag{7.33}$$

式中,$\boldsymbol{TS}_x$ 表示投影特征 $\boldsymbol{Y}$ 的总体散布矩阵;tr 表示取矩阵的迹。

最大化准则式(7.33)的直观意义是,将寻找这样的投影方向 $\boldsymbol{X}$,使得投影后所得特征向量的总体散布量最大。$\boldsymbol{TS}_x$ 可以表示为

$$\begin{aligned}\boldsymbol{TS}_x &= E(\boldsymbol{Y} - \boldsymbol{EY})(\boldsymbol{Y} - \boldsymbol{EY})^{\mathrm{T}} \\ &= E[\boldsymbol{AX} - E(\boldsymbol{AX})][\boldsymbol{AX} - E(\boldsymbol{AX})]^{\mathrm{T}} \\ &= E[(\boldsymbol{A} - \boldsymbol{EA})\boldsymbol{X}][(\boldsymbol{A} - \boldsymbol{EA})\boldsymbol{X}]^{\mathrm{T}}\end{aligned} \tag{7.34}$$

则总体散布量为

$$\mathrm{tr}(\boldsymbol{TS}_x) = \boldsymbol{X}^{\mathrm{T}}[E(\boldsymbol{A} - \boldsymbol{EA})^{\mathrm{T}}(\boldsymbol{A} - \boldsymbol{EA})]\boldsymbol{X} \tag{7.35}$$

定义如下的图像总体散布矩阵:

$$\boldsymbol{G}_t = E(\boldsymbol{A} - \boldsymbol{EA})^{\mathrm{T}}(\boldsymbol{A} - \boldsymbol{EA}) \tag{7.36}$$

有此定义,易证明 $\boldsymbol{G}_t$ 为 $n \times n$ 的非负矩阵。

故式(7.33)中的准则函数即为

$$\boldsymbol{J}_p(\boldsymbol{X}) = \boldsymbol{X}^{\mathrm{T}}\boldsymbol{G}_t\boldsymbol{X} \tag{7.37}$$

该准则函数称为广义总体散布量准则。最大化该准则的单位向量 X 称为最优投影轴,其物理意义是:图像矩阵在 X 方向上投影所得的特征向量的总体分散程度最大。事实上,该最优投影轴即为图像总体散布矩阵 $\boldsymbol{G}_t$ 的最大特征值所对应的单位特征向量。

一般来说,在样本类别较多的情况下,单一的最优投影方向是不够的,因此希望寻找一组满足标准正交条件且极大化准则函数(7.37)的最优投影轴 X_1,X_2,$\cdots$,X_d。

由于准则函数(7.37)等价于

$$J_p(\boldsymbol{X}) = \frac{\boldsymbol{X}^{\mathrm{T}}\boldsymbol{G}_t\boldsymbol{X}}{\boldsymbol{X}^{\mathrm{T}}\boldsymbol{X}} \tag{7.38}$$

式(7.38)即为矩阵 $\boldsymbol{G}_t$ 的瑞利(Rayleigh)商,由瑞利(Rayleigh)商的性质,最优投影轴 $X_1, X_2, \cdots, X_d$ 可取为 $\boldsymbol{G}_t$ 的 d 个最大特征值所对应的标准正交的特征向量。具体地讲,设 $\boldsymbol{G}_t$ 的特征值满足 $\boldsymbol{\lambda}_1 \geqslant \boldsymbol{\lambda}_2 \geqslant \cdots \geqslant \boldsymbol{\lambda}_n$,且对应的标准正交的特征向量为 $\boldsymbol{\xi}_1, \boldsymbol{\xi}_2, \cdots, \boldsymbol{\xi}_n$,则最优投影轴取为 $\boldsymbol{\xi}_1, \boldsymbol{\xi}_2, \cdots \boldsymbol{\xi}_n$。

7.2.2 二维局部保持投影算法

1. 二维局部保持投影算法

基于向量的局部保持投影算法[3]是一个求解如何最优地保持数据集的近邻结构问题的变种。当高维数据集位于低维流形上,而这个低维流形是嵌入在一个周围空间时,局部保持投影算法是通过寻找流形上的 Laplacian - Beltrmi 算子的特征方程的最优线性近似得到。

对于一个给定的数据集,我们可以构建一个加权图 $\boldsymbol{G} = (\boldsymbol{X}, \boldsymbol{E})$,这个连接图利用连线把邻近的点连接起来。局部保持投影要考虑的问题是把加权图 $\boldsymbol{G}$ 上数据集中的近邻点映射得尽可能的接近。假设 $\{y_1, y_2, \cdots, y_N\}$ 是满足这样要求的映射后的结果,一个选择"好"映射的合理的指标是最小化满足某种约束的下述指标[3]:

$$\min \sum_{i,j} (y_i - y_j)^2 \boldsymbol{S}_{ij} \tag{7.39}$$

如果两个近邻点的数据 x_i、x_j 被映射得很远的话,这个目标函数中我们选择的 S_{ij}将会给予一个严厉的惩罚。因此,最小化式(7.39)实际上是确保当 x_i、x_j 是近邻关系时,映射后 y_i、y_j 也足够近。

通过一些简单步骤的推导,可以得到基于向量的局部保持投影的算法是求解一个广义特征值问题[3],即公式(7.27)。

像基于向量的(一维)局部保持投影算法的目标函数那样,二维局部保持投影同样追求相邻样本的局部空间结构的保持,不过这里图像样本以矩阵的形式出现,它的目标函数定义如下[34]:

$$\min \sum_{i,j} \| \boldsymbol{Y}_i - \boldsymbol{Y}_j \|^2 \boldsymbol{S}_{ij} \tag{7.40}$$

式中,$\boldsymbol{Y}_i$ 是 $m \times n$ 维矩阵 $\boldsymbol{X}_i$ 的 n 维表示;矩阵 $\boldsymbol{S}$ 是一个相似度矩阵;$\| \cdot \|$ 是 L_2 范数。矩阵 $\boldsymbol{S}$ 的一个可能的定义如下:$\boldsymbol{S}_{ij} = \exp(-\| \boldsymbol{X}_i - \boldsymbol{X}_j \|^2 / t)$,如果矩阵 $\boldsymbol{X}_i$ 是矩阵 $\boldsymbol{X}_j$ 的 k 个近邻之一,或者矩阵 $\boldsymbol{X}_j$ 是矩阵 $\boldsymbol{X}_i$ 的 k 个近邻之一,否则,$\boldsymbol{S}_{ij} = 0$。这里 k 定义了局部近邻的关系。如果近邻的两点 $\boldsymbol{X}_i$ 和 $\boldsymbol{X}_j$ 映射的很远的话,即 $\| \boldsymbol{Y}_i - \boldsymbol{Y}_j \|^2$很大的话,目标函数选择的对称的 $\boldsymbol{S}_{ij}$将会加一个很重的惩罚,因此,最小化式(7.40)意味着试图保证如果 $\boldsymbol{X}_i$ 和 $\boldsymbol{X}_j$"近"的话 ,$\boldsymbol{Y}_i$ 和 $\boldsymbol{Y}_j$ 应该也很近,否则就加以一个很重的惩罚。经过一些矩阵计算的步骤,可以得到

$$
\begin{aligned}
&\frac{1}{2}\min\sum_{i,j}\|\boldsymbol{Y}_i-\boldsymbol{Y}_j\|^2\boldsymbol{S}_{ij}\\
&=\frac{1}{2}\sum_{ij}\|\boldsymbol{a}^{\mathrm{T}}\boldsymbol{X}_i-\boldsymbol{a}^{\mathrm{T}}\boldsymbol{X}_j\|^2S_{ij}\\
&=\frac{1}{2}\sum_{ij}(\boldsymbol{a}^{\mathrm{T}}\boldsymbol{X}_i-\boldsymbol{a}^{\mathrm{T}}\boldsymbol{X}_j)(\boldsymbol{a}^{\mathrm{T}}\boldsymbol{X}_i-\boldsymbol{a}^{\mathrm{T}}\boldsymbol{X}_j)^{\mathrm{T}}\boldsymbol{S}_{ij}\\
&=\frac{1}{2}\sum_{ij}\boldsymbol{a}^{\mathrm{T}}(\boldsymbol{X}_i-\boldsymbol{X}_j)(\boldsymbol{X}_i^{\mathrm{T}}-\boldsymbol{X}_j^{\mathrm{T}})\boldsymbol{a}\boldsymbol{S}_{ij}\\
&=\frac{1}{2}\sum_{ij}\boldsymbol{a}^{\mathrm{T}}(\boldsymbol{X}_i\boldsymbol{X}_i^{\mathrm{T}}+\boldsymbol{X}_j\boldsymbol{X}_j^{\mathrm{T}}-\boldsymbol{X}_j\boldsymbol{X}_i^{\mathrm{T}}-\boldsymbol{X}_i\boldsymbol{X}_j^{\mathrm{T}})\boldsymbol{a}\boldsymbol{S}_{ij}\\
&=\sum_{ij}\boldsymbol{a}^{\mathrm{T}}\boldsymbol{X}_i\boldsymbol{S}_{ij}\boldsymbol{X}_i^{\mathrm{T}}\boldsymbol{a}-\sum_{ij}\boldsymbol{a}^{\mathrm{T}}\boldsymbol{X}_i\boldsymbol{S}_{ij}\boldsymbol{X}_j^{\mathrm{T}}\boldsymbol{a}\\
&=\boldsymbol{a}^{\mathrm{T}}\boldsymbol{X}(\boldsymbol{D}\otimes\boldsymbol{I}_n)\boldsymbol{X}^{\mathrm{T}}\boldsymbol{a}-\boldsymbol{a}^{\mathrm{T}}\boldsymbol{X}(\boldsymbol{S}\otimes\boldsymbol{I}_n)\boldsymbol{X}^{\mathrm{T}}\boldsymbol{a}\\
&=\boldsymbol{a}^{\mathrm{T}}\boldsymbol{X}(\boldsymbol{D}\otimes\boldsymbol{I}_n-\boldsymbol{S}\otimes\boldsymbol{I}_n)\boldsymbol{X}^{\mathrm{T}}\boldsymbol{a}\\
&=\boldsymbol{a}^{\mathrm{T}}\left(\sum_{i,j=1}^{k}\boldsymbol{X}_i\boldsymbol{X}_j^{\mathrm{T}}\boldsymbol{L}_{ij}\right)\boldsymbol{a}\\
&=\boldsymbol{a}^{\mathrm{T}}\boldsymbol{X}(\boldsymbol{L}\otimes\boldsymbol{I}_n)\boldsymbol{X}^{\mathrm{T}}\boldsymbol{a}
\end{aligned}
\tag{7.41}
$$

式中,$\boldsymbol{X}=[X_1,X_2,\cdots,X_k]$,$\boldsymbol{I}_n$ 是一个 $n\times n$ 的单位阵;$\otimes$代表矩阵的 Kronecher 积($m\times n$ 的矩阵 $\boldsymbol{A}$ 与 $N\times N$ 的单位矩阵 $\boldsymbol{I}$ 的 Kronecher 积定义为 $\boldsymbol{A}\otimes\boldsymbol{I}_N=\begin{pmatrix}A_{11}\boldsymbol{I}_N,A_{12}\boldsymbol{I}_N,\cdots,A_{1n}\boldsymbol{I}_N\\ \cdots\cdots\cdots\cdots\cdots\cdots\\ A_{m1}\boldsymbol{I}_N,A_{m2}\boldsymbol{I}_N,\cdots,A_{mn}\boldsymbol{I}_N\end{pmatrix}$,结果是 $mN\times nN$ 规模的矩阵);$\boldsymbol{D}$ 是一个对角矩阵,它的元素是矩阵 S 的行或者列的和;$\boldsymbol{L}=\boldsymbol{D}-\boldsymbol{S}$ 是拉普拉斯矩阵。

显然,一个干扰解存在 $\boldsymbol{a}=0$。因此需要解一个约束 $\boldsymbol{a}^{\mathrm{T}}\boldsymbol{X}(\boldsymbol{D}\otimes\boldsymbol{I}_n)\boldsymbol{X}^{\mathrm{T}}\boldsymbol{a}=1$。那么最小化问题变为:

$$
\underset{a}{\operatorname{argmin}}\quad \boldsymbol{a}^{\mathrm{T}}\boldsymbol{X}(\boldsymbol{L}\otimes\boldsymbol{I}_n)\boldsymbol{X}^{\mathrm{T}}a\quad 满足\quad \boldsymbol{a}^{\mathrm{T}}\boldsymbol{X}(\boldsymbol{D}\otimes\boldsymbol{I}_n)\boldsymbol{X}^{\mathrm{T}}\boldsymbol{a}=1 \tag{7.42}
$$

拉格朗日乘子法(Lagrange multiplier)可以用来把上述约束加入到目标函数中:

$$
g(a,\lambda)=\boldsymbol{a}^{\mathrm{T}}\boldsymbol{X}(\boldsymbol{L}\otimes\boldsymbol{I}_n)\boldsymbol{X}^{\mathrm{T}}\boldsymbol{a}+\boldsymbol{\lambda}(1-\boldsymbol{a}^{\mathrm{T}}\boldsymbol{X}(\boldsymbol{D}\otimes\boldsymbol{I}_n)\boldsymbol{X}^{\mathrm{T}}\boldsymbol{a}) \tag{7.43}
$$

公式(7.42)的解可以通过令$\partial g/\partial a=0$ 得到。

因此可以得到

$$
\boldsymbol{X}(\boldsymbol{L}\otimes\boldsymbol{I}_n)\boldsymbol{X}^{\mathrm{T}}\boldsymbol{a}=\lambda\boldsymbol{X}(\boldsymbol{D}\otimes\boldsymbol{I}_n)\boldsymbol{X}^{\mathrm{T}}\boldsymbol{a} \tag{7.44}
$$

现在最小化目标函数的变换矩阵 $\boldsymbol{a}$ 可以通过求解广义特征值问题的最小特征值解的问题得到。

应该指出的是公式(7.44)和公式(7.27)看起来很相似,因为 $\boldsymbol{S}$、$\boldsymbol{D}$ 和 $\boldsymbol{L}$ 的计算方式相同,然而,它们在本质上不同,公式(7.44)中 $\boldsymbol{X}$ 是基于矩阵的,而公式

(7.27)中 $\boldsymbol{X}$ 是基于向量的。

2. 特征提取

令列向量 $\boldsymbol{a}_0,\boldsymbol{a}_1,\cdots,\boldsymbol{a}_{l-1}$ 是公式(7.44)的解,按照特征值由小到大的顺序排列 $\lambda_0 \leqslant \lambda_1 \leqslant,\cdots,\leqslant \lambda_{l-1}$. 因此第 i 个嵌入是

$$\boldsymbol{Y}_i = \boldsymbol{a}_i^{\mathrm{T}} \boldsymbol{X}_i \tag{7.45}$$

式中,$\boldsymbol{Y}_i$ 是一个 n 维的行向量;$\boldsymbol{X}_i$ 是一个 $m \times n$ 维的矩阵。如果用 d 个投影方向,最后嵌入 $\boldsymbol{Y}_i = [\boldsymbol{Y}_i^1, \boldsymbol{Y}_i^2, \cdots, \boldsymbol{Y}_i^d]^{\mathrm{T}}$ 是一个 $d \times n$ 维的,这就是图像矩阵 X_i 的特征矩阵。

3. 分类方法

给定两个图像 $\boldsymbol{X}_1$、$\boldsymbol{X}_2$,它们的二维局部保持投影(2DLPP)矩阵是 $\boldsymbol{Y}_1 = [\boldsymbol{Y}_1^1, \boldsymbol{Y}_1^2, \cdots, \boldsymbol{Y}_1^d]^{\mathrm{T}}$和 $\boldsymbol{Y}_2 = [\boldsymbol{Y}_2^1, \boldsymbol{Y}_2^2, \cdots, \boldsymbol{Y}_2^d]^{\mathrm{T}}$,那么相似性度量 $d(\boldsymbol{Y}_1, \boldsymbol{Y}_2)$ 定义为

$$d(\boldsymbol{Y}_1, \boldsymbol{Y}_2) = \sum_{k=1}^{d} \| \boldsymbol{Y}_1^k - \boldsymbol{Y}_2^k \| \tag{7.46}$$

式中,$\| \cdot \|$ 是 L_2范数。

如果训练图像的特征矩阵为 $\boldsymbol{Y}_1, \boldsymbol{Y}_2, \cdots, \boldsymbol{Y}_M$($M$ 是训练图像的总个数),每个图像的类别是 C_i。对于一个给定的测试图像 Y,如果 $d(\boldsymbol{Y}, \boldsymbol{Y}_l) = \min_j d(\boldsymbol{Y}, \boldsymbol{Y}_j)$ 且 $\boldsymbol{Y}_l \in \boldsymbol{C}_i$,那么最后的分类结果是 $\boldsymbol{Y} \in \boldsymbol{C}_i$。

7.2.3 二维局部保持投影算法跟二维主成分分析的关系

二维局部保持投影算法考虑的是如何保持样本的矩阵空间的近邻(局部)结构,而二维主成分分析需要考察的是样本矩阵空间的整体结构,下面我们来看它们之间的关系。

假设训练样本的个数为 N,对于所有的训练样本,我们把它们看作处于同一个近邻结构当中,也就是说,令 $\boldsymbol{S}_{ij} = \frac{1}{N^2}$,对 $\forall i,j$, 那么 $\boldsymbol{D}_{ii} = \sum_j \boldsymbol{S}_{ij} = \frac{1}{N}$,因此,由此得到的拉普拉斯矩阵 $\boldsymbol{L} = \boldsymbol{D} - \boldsymbol{S} = \frac{1}{N}\boldsymbol{I} - \frac{1}{N^2}\boldsymbol{e}\boldsymbol{e}^{\mathrm{T}}$,这里 $\boldsymbol{I}$ 为单位阵,$\boldsymbol{e}$ 为每个元素为1的列向量。令 m 代表样本的均值,即 $m = \frac{1}{N}\sum_i \boldsymbol{X}_i$, 在定义这些变量后,可以得到

$$\begin{aligned}
&\frac{1}{2}\min \sum_{i,j} \| \boldsymbol{Y}_i - \boldsymbol{Y}_j \|^2 \boldsymbol{S}_{ij} \\
&= \frac{1}{2}\sum_{ij} \| \boldsymbol{a}^{\mathrm{T}}\boldsymbol{X}_i - \boldsymbol{a}^{\mathrm{T}}\boldsymbol{X}_j \|^2 \boldsymbol{S}_{ij} \\
&= \frac{1}{2}\sum_{ij} \boldsymbol{a}^{\mathrm{T}}(\boldsymbol{X}_i\boldsymbol{X}_i^{\mathrm{T}} + \boldsymbol{X}_j\boldsymbol{X}_j^{\mathrm{T}} - \boldsymbol{X}_j\boldsymbol{X}_i^{\mathrm{T}} - \boldsymbol{X}_i\boldsymbol{X}_j^{\mathrm{T}})\boldsymbol{a}\frac{1}{N^2} \\
&= \sum_{ij} \boldsymbol{a}^{\mathrm{T}}\boldsymbol{X}_i \frac{1}{N^2}\boldsymbol{X}_i^{\mathrm{T}}\boldsymbol{a} - \sum_{ij} \boldsymbol{a}^{\mathrm{T}}\boldsymbol{X}_i \frac{1}{N^2}\boldsymbol{X}_j^{\mathrm{T}}\boldsymbol{a}
\end{aligned}$$

$$= \boldsymbol{a}^{\mathrm{T}}\left(\sum_{ij}\boldsymbol{X}_i\frac{1}{N^2}\boldsymbol{X}_i^{\mathrm{T}} - \sum_{ij}\boldsymbol{X}_i\frac{1}{N^2}\boldsymbol{X}_j^{\mathrm{T}}\right)\boldsymbol{a}$$

$$= \boldsymbol{a}^{\mathrm{T}}\left(\frac{1}{N^2}\sum_{ij}\boldsymbol{X}_i\boldsymbol{X}_i^{\mathrm{T}} - \boldsymbol{m}\boldsymbol{m}^{\mathrm{T}}\right)\boldsymbol{a}$$

$$= \boldsymbol{a}^{\mathrm{T}}\left[\frac{1}{N}\sum_{i}(\boldsymbol{X}_i - \boldsymbol{m})(\boldsymbol{X}_i - \boldsymbol{m})^{\mathrm{T}} + \frac{1}{N}\sum_{i}\boldsymbol{X}_i\boldsymbol{m}^{\mathrm{T}} + \frac{1}{N}\sum_{i}\boldsymbol{m}\boldsymbol{X}_i^{\mathrm{T}} - 2\boldsymbol{m}\boldsymbol{m}^{\mathrm{T}})\right]\boldsymbol{a}$$

$$= \boldsymbol{a}^{\mathrm{T}}\left[\frac{1}{N}\sum_{i}(\boldsymbol{X}_i - \boldsymbol{m})(\boldsymbol{X}_i - \boldsymbol{m})^{\mathrm{T}}\right]\boldsymbol{a} \tag{7.47}$$

式中，$\frac{1}{N}\sum_{i}(\boldsymbol{X}_i - \boldsymbol{m})(\boldsymbol{X}_i - \boldsymbol{m})^{\mathrm{T}}$ 正好是数据集的协方差矩阵。

在上面的分析中，我们可以看到跟一维的局部保持投影算法一样，权值矩阵 $\boldsymbol{S}$ 在二维局部保持投影算法中起到关键的作用。如果我们的目标是保留全局结构，可以把 k 取得很大以至无穷大，并且选取 $\boldsymbol{XLX}^{\mathrm{T}}$ 较大的特征值相对应的特征向量，这样数据点的投影方向是最大方差的方向。当我们的目标是保持局部结构时，把 k 取得很小并且选取较小的特征值相对应的特征向量，这样的投影方向保持了数据空间结构的局部性。显然，当 k 很小时，拉普拉斯矩阵不再和数据的协方差矩阵有关系，因此，局部保持的方向并不是方差最小的方向。总之，主成分分析是一种全局的算法，而二维局部保持投影算法则是一种局部的算法，二者通过最近邻参数 k 相联系。

7.2.4 对二维局部保持投影算法的进一步分析

进一步分析会发现，我们这里提出的二维局部保持投影算法实际上是对图像矩阵的每一列进行处理，$\boldsymbol{Y}_{\mathrm{col}} = \boldsymbol{a}^{\mathrm{T}}\boldsymbol{X}$，它每次投影得到的是一个行向量；同理，我们可以每次对图像矩阵的行进行处理，$\boldsymbol{Y}_{\mathrm{row}} = \boldsymbol{Xb}$，它的投影每次得到的是一个列向量。实际上，我们可以对矩阵的行和列同时处理，$\boldsymbol{Y} = \boldsymbol{a}^{\mathrm{T}}\boldsymbol{Xb}$，这样得到的是一个标量点，这样处理的结果可以进一步降低特征空间的维数，有利于下一步的分类器设计，因为这两种新的处理方式在原理上和我们 7.2.2 节介绍的二维局部保持投影算法没有什么不同，因此我们在后面的实验中没有涉及到它们的性能测试，感兴趣的读者可以自己进行实验对比。这三种二维局部保持投影算法如图 7.7 所示。

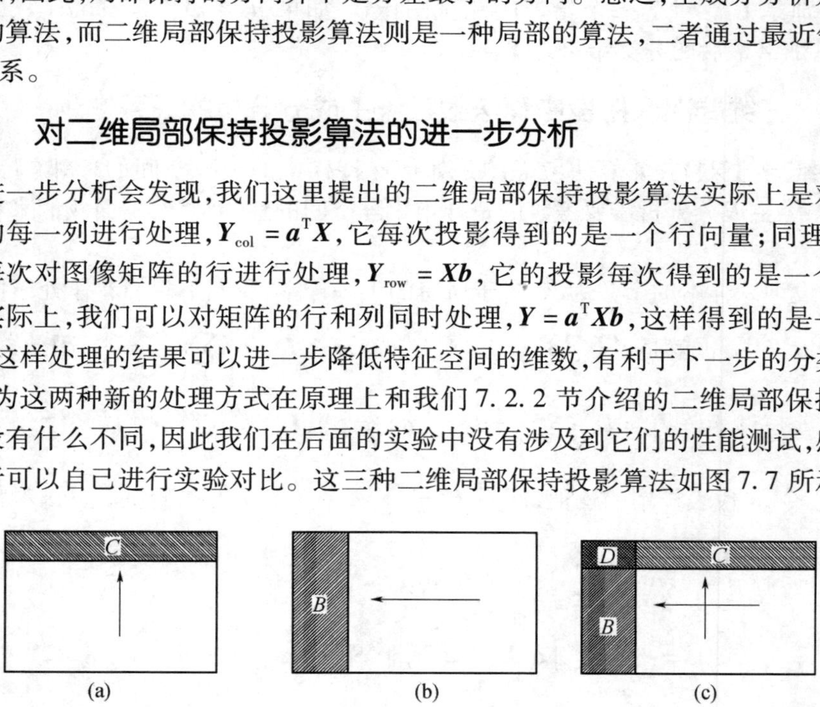

图 7.7　三种不同处理方式的二维局部保持投影算法
（a）对列投影；（b）对行投影；（c）对行列分别投影。

7.2.5 实验与结果

1. 在 Yale 人脸数据库[127]上的实验与结果

Yale 人脸库包括了 15 个人 165 幅灰度人脸图像,每个人由 11 幅照片构成,这些照片在不同的表情和光照条件下拍摄获得。在我们的实验中,图像被预处理成 32×32 维的形式,图 7.8 给出了 Yale 人脸库两个人共 22 幅预处理后的人脸图像。

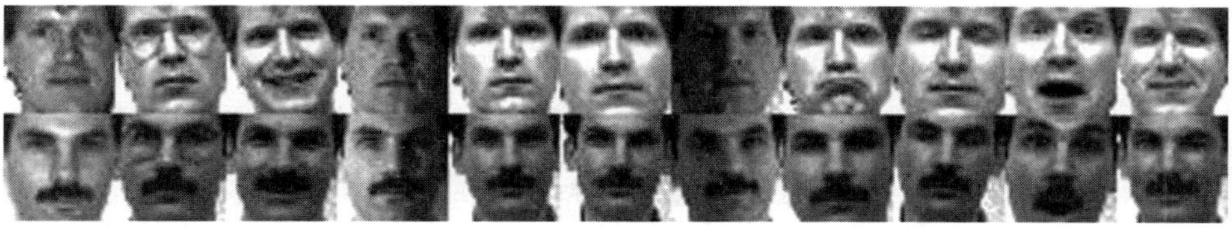

图 7.8 Yale 人脸库部分样本示意图

在实验中,我们选取每个人的前 6 幅图像来训练,后 5 幅图像用来做测试。我们分别用 PCA[1]、PCA + LPP[4]、2DPCA[27]和 2DLPP 作特征提取,欧氏距离意义下的最近邻作分类器。对于 PCA + LPP,在 PCA 步骤中我们保留了 98% 重建误差来确定主成分的个数,这和文献[4]中的做法一致。对于局部保持投影 LPP 和二维局部保持投影 2DLPP,如果节点 $\boldsymbol{X}_i$ 和 $\boldsymbol{X}_j$ 相连($\boldsymbol{X}_i$ 是 $\boldsymbol{X}_j$ 的 k 个近邻之一或者 $\boldsymbol{X}_j$ 是 $\boldsymbol{X}_i$ 的 k 个近邻之一),令 $\boldsymbol{S}_{ij} = \exp(-\|\boldsymbol{X}_i - \boldsymbol{X}_j\|^2/t)$,否则 $S_{ij}=0$;对于 LPP,参数 $k=5, t=10^{-2}$;对于 2DLPP,参数 $k=5, t=10^{-2}$,识别实验的结果如表 7.3 所列。

表 7.3 Yale 人脸库 6 个样本训练 5 个样本测试的实验结果

方法	训练时间/s	特征维数	识别率/%
PCA	0.2190	50	66.67
PCA + LPP	3.2030	44	58.67
2DPCA	0.0790	3×32	68.00
2DLPP	2.9380	3×32	74.67

在表 7.3 中可以看出,在这次实验中比较的四种方法中,我们提出的 2DLPP 方法的识别率最高,为 74.67%,2DLPP 方法的性能比 PCA + LPP 方法的性能有了显著地提高,而且在训练阶段 2DLPP 花费的时间要比 PCA + LPP 方法要少,但是 2DLPP 和 PCA + LPP 方法训练时间比 PCA 和 2DPCA 方法要多,因为它们都要涉及一个空间结构图的构建,这个过程耗时较长。

在图 7.9 中我们给出了 2DLPP 和 PCA + LPP 方法最终得到的广义特征值的对比情况。在图 7.9 中可以看出 2DLPP 的第一个特征值要比 LPP 的小,但是第二个及以后的特征值 LPP 的更小一些。由本节前面分析可知,广义特征值越小,表明该特征值对应的特征向量的局部保持能力要强,越有利于分类。但是,在这里由于 2DLPP 和 LPP 分别是基于图像矩阵和图像连接成的向量,得到的特征值可能不再具有可比性。

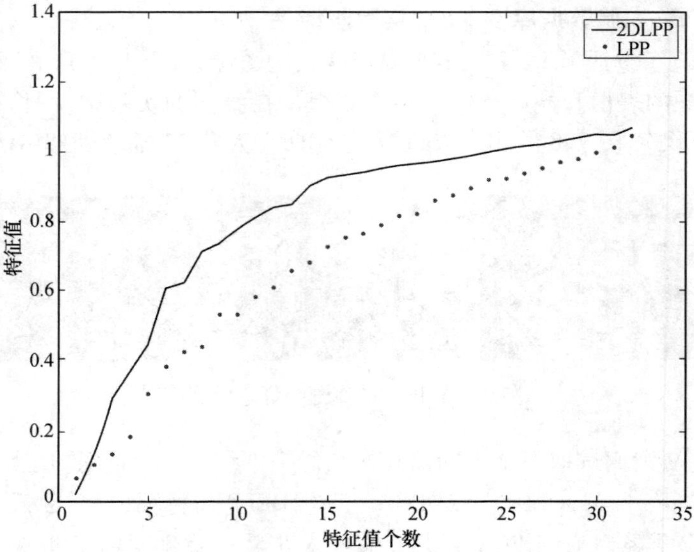

图 7.9　Yale 人脸库实验中 2DLPP 和 LPP 广义特征值的对比情况

在图 7.10 中,我们给出了参数 t 对识别结果的影响。可以看出,参数 t 的取值大小对识别结果有着很大的影响,这也是这一类算法的一个不尽如人意的地方,因为这个参数需要人为设定,这可能需要人的经验,也可能需要相关领域的专门知识。对于我们这个实验中使用的 Yale 人脸库,LPP 和 2DLPP 方法在 $t=10^2$ 附近算法的性能最好,这也是我们选择这个参数值的理由。

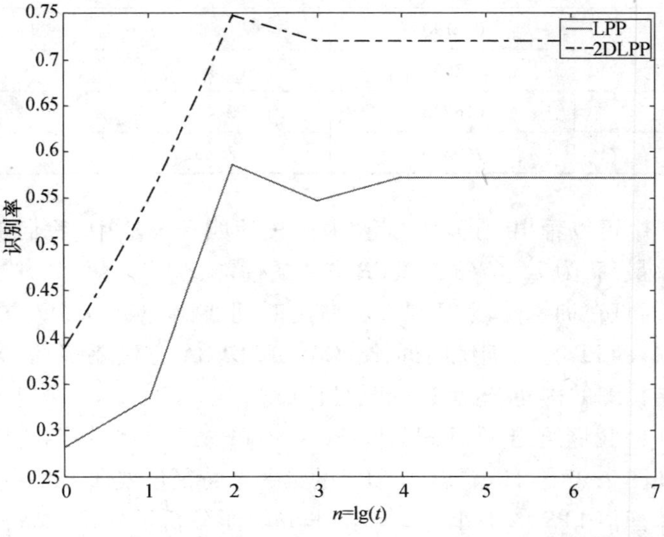

图 7.10　Yale 人脸库实验中 2DLPP 和 LPP 中参数 t 对识别结果的影响

2. 在香港理工大学掌纹数据库[121]上的实验与结果

所有的掌纹图像别分为两组:一组来自于第一个时间段采集的每个手掌的总共300幅图像;另一组来自于第二个时间段采集的每个手掌的总共300幅图像。在实验中,第一个时间段采集的300幅掌纹图像作为训练集,第二个时间段采集的300幅图像作为测试集。在两个实验中采用PCA[79]、PCA+LPP[4]、2DPCA[27]和我们提出的二维局部保持投影(2DLPP)方法用于特征提取,L_2范数意义下的最近邻分类器作分类。对于局部保持投影LPP和二维局部保持投影2DLPP,如果节点$\boldsymbol{X}_i$和$\boldsymbol{X}_j$相连($\boldsymbol{X}_i$是$\boldsymbol{X}_j$的k个近邻之一,或者相反),令$\boldsymbol{S}_{ij}=\exp(-\|\boldsymbol{X}_i-\boldsymbol{X}_j\|^2/t)$,否则$\boldsymbol{S}_{ij}=0$。根据实验性能,常数$k$和$t$分别被设为2和$10^2$。对于PCA+LPP方法,在PCA步骤中我们保留了98%重建误差来确定主成分的个数,就像参考文献[4]中那样。

表7.4给出了我们在香港理工大学掌纹库上进行掌纹识别实验的结果。可以看出在掌纹识别中二维局部保持投影算法的正确识别率是90.67%;PCA+LPP方法的正确识别率是87.00%;PCA方法的正确识别率是62.00%;2DPCA的正确识别率为85.00%。结果表明在掌纹识别实验中我们提出的二维局部保持投影算法同样取得了基于向量的LPP方法更高的识别率,这证明了基于向量的LPP方法的不足。在实验中,2DPCA和2DLPP方法在训练阶段所花费的时间都比它们分别对应的基于向量的PCA和LPP要少,因为它们直接处理矩阵对像,计算的规模要小。我们掌纹识别的结果可以跟文献[128]中取得的结果相类比。

表7.4 香港理工大学掌纹库上测试的实验结果

方法	训练时间/s	特征维数	识别率/%
PCA	3.0160	186	62.00
PCA+LPP	161.8590	163	87.00
2DPCA	2.0630	36×64	85.00
2DLPP	81.8120	31×64	90.67

在图7.11中,我们给出了掌纹识别实验中$k=2$和$t=10^{-2}$时的2DLPP广义特征值的分布情况。从图7.11中可以看出,我们的2DLPP算法的广义特征值都小于1,而且第一个特征值的值跟0非常接近。根据式(7.28)和式(7.29)分析的结果,特征值越小,这个投影方向的局部保持能力越强,越有利于分类,这从另一个方便说明了我们的2DLPP方法的优越性。

在图7.12中,我们给出了参数t对掌纹识别结果的影响。可以看出在$t=10^{-2}$附近这两种算法识别率最高,2DLPP算法对参数t的变化不如LPP敏感,这也是2DLPP算法的另外一个优点。

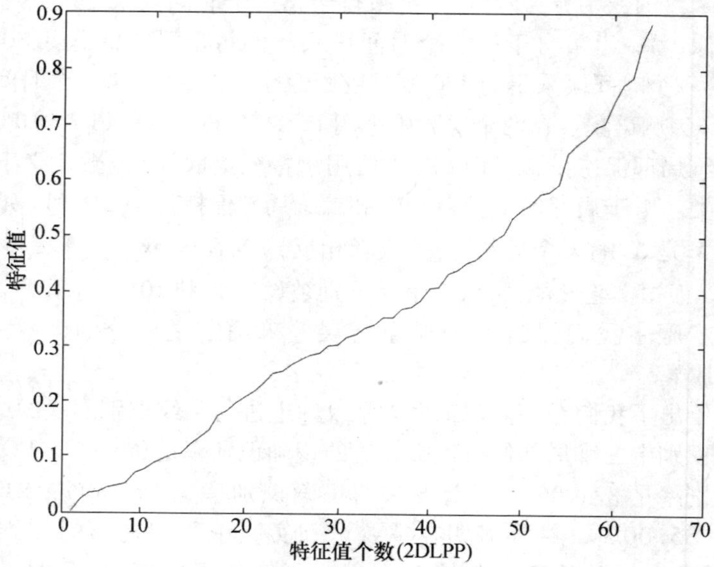

图 7.11　香港理工大学掌纹库实验中 2DLPP 广义特征值的分布情况

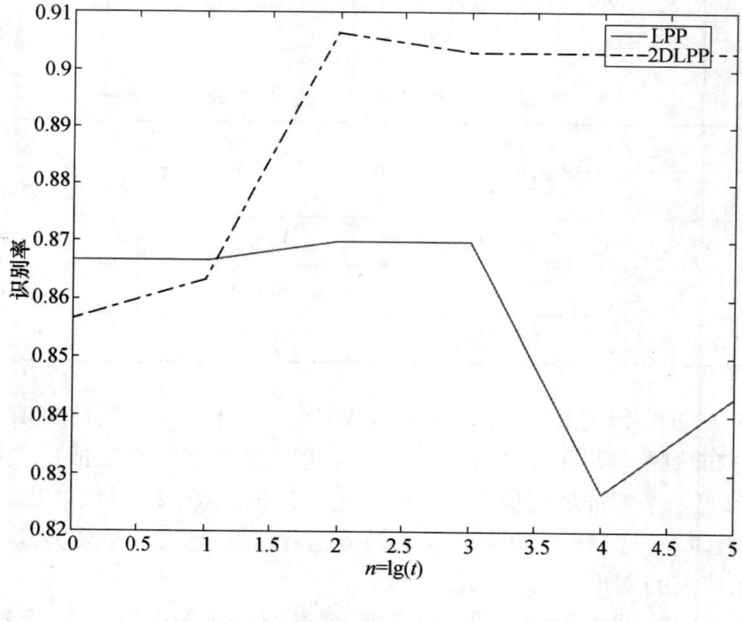

图 7.12　香港理工大学掌纹库实验中 2DLPP 和
LPP 中参数 t 对识别结果的影响

7.3 新的核局部保持投影算法及其在人脸与掌纹识别中的应用

大量的模式识别问题在本质上是非线性的,甚至是高度的非线性。单纯的线性子空间的方法已经不能满足实际的需要。为了适应非线性的模式识别的问题,将数据从非线性的空间中变换到线性空间中再利用子空间的各种方法,是一个非常直接的想法。核方法[42]正是这样一种方法,它采取的策略是,把数据嵌入到一个可以发现线性关系的空间。一般这类方法有两个步骤组成,第一步是初始映射,由所谓的核函数(kernel function)隐式定义,核函数依赖于具体的数据类型和关于模式的领域知识,人们可以在特定的数据源中找到这些模式;第二个步骤是线性的模式分析算法,它们是通用的也是健壮的,因为线性方法是几十年来许多统计学和机器学习研究的焦点,其运行效率也很高。

Yang 等人在文献[25]中对核方法进行了深入的研究,他们构建了一个核 Fisher 鉴别分析的一个严格的理论框架,这个框架非常重要,因为它对核 Fisher 鉴别分析的本质进行了剖析,给出了一个核主成分分析加 Fisher 鉴别分析(KPCA + LDA)的核 Fisher 鉴别分析的简洁理论框架(图 7.13),在此基础上提出了一种完全的核 Fisher 鉴别分析算法,该算法对类内方差矩阵 S_W 的零空间和非零空间分别进行分析,利用了规则和非规则两种特征,这个算法的原理框图如图 7.13 所示。利用同样的思想,Yang 等人在文献[47]中给出了一种新的核独立成分分析的算法。受这些工作的启发[25,47],本节采用的思想也是首先把数据非线性地映射到一个特征空间,在这个特征空间里,数据具有一个线性的结构或者尽可能线性可分的结构,然后在特征空间里实施局部保持投影算法来寻找局部保持投影向量,完成最终的分类任务。核技巧被用于在高维的特征空间内求解局部保持投影向量的计算问题,最终把在特征空间里实施局部保持投影算法的问题变成一个在核主成分分析方法变换后的空间里执行局部保持投影算法的问题。

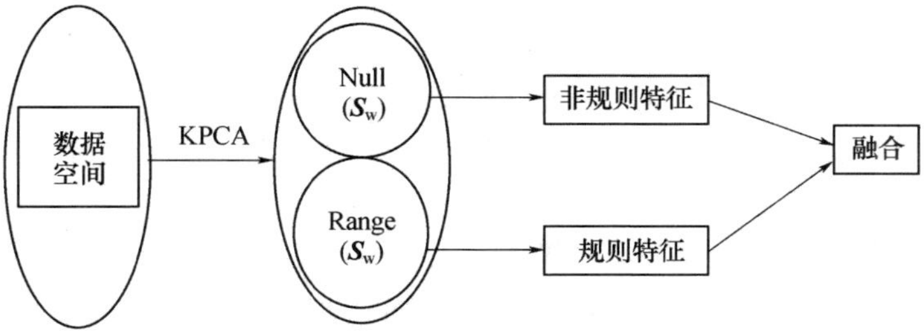

图 7.13 完全核 Fisher 鉴别分析的理论框架

我们的算法具有两个优点,一方面它降低了噪声的影响,另一方面它使得数据在特征空间里尽量线性可分,使局部保持投影算法更容易地寻找有代表性的局部保持投影方向来完成后续的处理。在两个公开的图像数据库上的实验结果验证了这个方法的有效性,这表明我们的方法能够得到一个非线性子空间,这个子空间能够更好地近似图像流形的非线性几何结构。这里的工作进一步完善了局部保持投影算法用于图像识别的理论内容。

在文献[3]中,作者提出的核局部保持投影算法中核技巧是被定义为计算和求解一个特征值问题,它的工作是一种核方法的典型应用,即利用核技巧把线性方法推广成非线性方法。本节的工作与此不同的是,“核”被用于实现一个隐式的非线性映射,这个非线性映射使得在特征空间里数据的结构线性化。而且在文献[3]中的连接图是在观测空间里产生的,这样可能受存在的噪声的影响。在我们的算法中,这个问题可望得到解决:因为连接图是在核主成分变换后的空间内生成的,因此,这里给出的新方法与目前已经存在的核局部保持投影算法有着明显的不同。

7.3.1 核方法的理论基础

1995 年,Vapnik 给出了一个小样本情况下的统计学习规律的理论——统计学习理论[42],它是传统统计学的重要发展和补充,为研究有限样本情况下机器学习的理论和方法提供了理论框架。在这理论中发展出了一种新的通用机器学习算法——支持向量机(Support Vector Machines,SVM),支持向量机较以往方法表现出很多理论和实践上的优势。SVM 最初用来解决模式识别问题,目的是发现泛化性能好的决策规则,Support Vectors 实际上是训练集的子集,对 Support Vectors 的最优分类等价于对训练集的分类。目前,统计学习理论和 SVM 已成为国内外机器学习领域的一个新的研究热点。

定义 7.7[42] 对于原始输入空间中的任意两样本 $\boldsymbol{X},\boldsymbol{Y}\in\Theta$,假设 $\Psi:\Theta\to F$ 是一个从非线性可分的原始空间 Θ 到线性可分的高维特征空间 F 的映射,若有函数满足

$$k(x,y) = (\phi(x),\phi(y)) \tag{7.48}$$

则称函数 k 为内积函数或核函数。

一般而言,核函数具有以下两个特征:

(1) 对称性

$$k(x,y) = k(y,x) \tag{7.49}$$

(2) 满足 Cauchy – Schwarz 不等式

$$k(x,y)^2 \leqslant k(x,x)k(y,y) \tag{7.50}$$

下面的两个引理给出了作为核函数的重要条件。

首先我们看到核函数是对称的,另外,对任意的实矢量 $\boldsymbol{V}=(v_1,v_2,\cdots,v_N)^{\mathrm{T}}$,有

$$\boldsymbol{V}^{\mathrm{T}}\boldsymbol{K}\boldsymbol{V} = \left\| \sum_{i=1}^{N} \boldsymbol{V}_i^{\mathrm{T}}\phi(x_i) \right\|_2^2 \geqslant 0 \tag{7.51}$$

式中，$\boldsymbol{K}=(k(x_i,x_j))_{i,j=1,\cdots,N}$是一个元素为 $k(x_i,x_j)$ 的 $N\times N$ 矩阵；$\boldsymbol{X}_i\in\Theta$，$i=1,\cdots,N$，$N$ 为样本的个数。由此可以得到下面的引理 7.4 成立。

引理 7.4[42] 设 $k(x,y)$ 是一个有限维空间的实对称函数，$k(x,y)$ 是核函数当且仅当矩阵 $\boldsymbol{K}=(k(x_i,x_j))_{i,j=1,\cdots,N}$是半正定阵。

更一般的，根据 Hibert - Schmidtl 理论，$k(x,y)$ 可以是满足下面一般条件的任意对称函数：

引理 7.5[42] （Mercer 定理）要保证 L_2 下的对称函数 $k(x,y)$ 能以正的系数 $a_k>0$展开成 $k(x,y)=\sum_{k=1}^{\infty}a_k\phi_k(x)\phi_k(y)$（即 $k(x,y)$ 描述了在某个特征空间中的一个内积），充分必要条件是：对使得$\int g^2(u)\mathrm{d}u<\infty$ 的所有 $g\neq 0$，下面条件必须成立：

$$\iint k(u,v)g(u)g(v)\mathrm{d}u\mathrm{d}v>0 \tag{7.52}$$

当前，研究最多的核函数主要有三类：

采用多项式形式的内积函数，即

$$k(x,y)=((x\cdot y)+c)^q \tag{7.53}$$

采用径向基内积函数（RBF），即

$$k(x,y)=\exp\left(-\frac{\|x-y\|^2}{2\sigma^2}\right) \tag{7.54}$$

采用 Sigmoid 内积函数，如

$$k(x,y)=\tanh(v(x\cdot y)+c) \tag{7.55}$$

在以上三类常用的函数中，参数 q、σ、v、c 皆为常数。对这些参数的选择一般是经验地进行，目前对这些参数的选择还缺乏一个有效的通用标准。我们知道，选择合适的参数对问题的结果起着很重要的作用，模型选择技术为核函数的选择提供了一个原则，通常用一些启发式规则给出最佳核参数的候选，然后在其中通过最小化一个给定准则选择出最佳核参数。目前，有三种典型的模型选择方法[42,43]：贝叶斯证据构架、PAC（Probably Approximately Correct）学习法和交叉验证法。其中交叉验证法是一种最为简单有效的方法，但其缺点是计算代价大。

由上述分析可见，如果要简单地叙述核函数方法（kernel trick）的实质，那就是：核函数方法通过定义特征变换后样本在特征空间中的内积来实现一种特征变换。它关心的是结果，而不是实现结果所采用的具体形式。为了更好地理解核方法，下面给出一个简单的例子。

如图 7.14 所示，已知的两类样本在二维空间里需要一个非常复杂的非线性分界面来划分不同的类别，然而通过一个二阶多项式变换

$$\phi:\mathbb{R}^2\rightarrow\mathbb{R}^3$$

$$(\boldsymbol{x}_1,\boldsymbol{x}_2)\rightarrow(z_1,z_2,z_3):=(\boldsymbol{x}_1^2,\sqrt{2}\boldsymbol{x}_1\boldsymbol{x}_2,\boldsymbol{x}_2^2) \tag{7.56}$$

后,我们只需要一个线性的平面就可以把这两类分得很好。在这个简单的例子中,我们可以同时控制两方面:统计复杂性(使用一个线性分类面)和学习机器的算法复杂性,因为特征空间只是三维的。然而,在现实的应用中,控制学习机器的复杂性很难做到。比如,考虑一个 16×16 像素的图像模式,用 5 阶多项式作为映射函数 ϕ,然后数据被映射到一个包含所有 256 个像素的 5 阶乘积,即这个特征空间的维数为 $C_{5+256-1}^{5}\approx10^{10}$。因此,即便我们能够控制分类函数的统计复杂性,我们仍然在这样的高维空间里无法求解类似的问题。幸运的是,对某些特征空间 H 和相应的映射函数 ϕ,在特征空间里利用核函数可以非常有效地计算标量内积。回到公式(7.56),特征空间里两个向量的标量内积可以利用核函数 k 计算为

$$\begin{aligned}
&(\phi(x)\cdot\phi(y))\\
&=(\boldsymbol{x}_1^2,\sqrt{2}\boldsymbol{x}_1\boldsymbol{x}_2,\boldsymbol{x}_2^2)(\boldsymbol{y}_1^2,\sqrt{2}\boldsymbol{y}_1\boldsymbol{y}_2,\boldsymbol{y}_2^2)^{\mathrm{T}}\\
&=((\boldsymbol{x}_1,\boldsymbol{x}_2)(\boldsymbol{y}_1,\boldsymbol{y}_2)^{\mathrm{T}})^2\\
&=(\boldsymbol{x}\cdot\boldsymbol{y})^2\\
&=:k(\boldsymbol{x},\boldsymbol{y})
\end{aligned} \tag{7.57}$$

这样借助核函数 $k(\boldsymbol{x},\boldsymbol{y})=(\boldsymbol{x}\cdot\boldsymbol{y})^2$,在三维空间两个向量的内积无需直接计算,虽然在三维空间里这样做的优势并不明显,但是当把数据映射到高维或者无穷维时,优势就显而易见了。这个例子的示意图如图 7.14 所示。

$$\Phi:\mathbb{R}^2\rightarrow\mathbb{R}^3$$

$$(\boldsymbol{x}_1,\boldsymbol{x}_2)\rightarrow(z_1,z_2,z_3):=(\boldsymbol{x}_1^2,\sqrt{2}\boldsymbol{x}_1\boldsymbol{x}_2,\boldsymbol{x}_2^2)$$

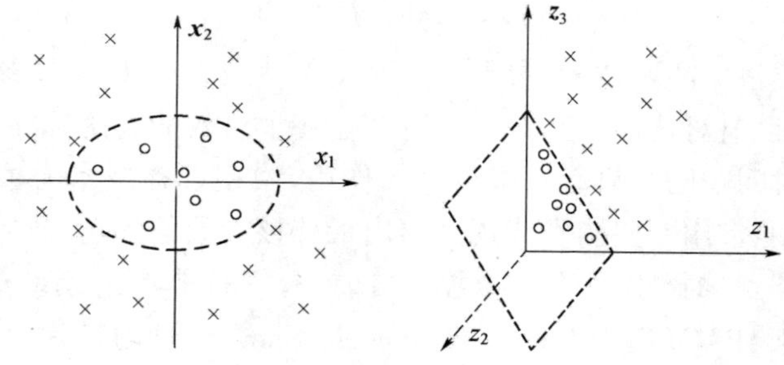

图 7.14　一个核方法例子的示意图

核函数的出现,使得相关的非线性技术无需显式地通过非线性函数的变换,这个发现的一个直接的结果就是:任何一个仅仅使用标量内积的线性方法可以在特征空间 H 内用核函数隐式地实现,也就是说我们可以得到一个线性方法的非线性形式。事实上,核方法在相关线性方法推广到非线性空间得到了广泛的应用,比较经典的例子有:用核函数实现非线性主成分分析即核主分量分析(KPCA)[24],用核函数实现非线性鉴别分析即核 Fisher 鉴别分析(KFDA)[25,44]用核函数实现非线

性独立成分分析即核独立成分分析(KICA)[46,47],它们分别是传统主成分分析(PCA)方法、经典的 Fisher 线性鉴别分析(FDA)和独立成分分析(ICA)的推广。目前,KPCA、KFDA 和 KICA 已成为基于核技术的特征抽取的三种基本方法,对它们的理论探讨和应用研究已在国内外逐步开展,并取得很多的成果。

7.3.2 已有的核局部保持投影算法

有关线性局部保持投影的算法,请参见第 7.1.2 节。下面我们介绍文献[3]提出的核局部保持投影算法。

假定欧氏空间 R^n 被一个非线性映射方程 $\phi:R^n\rightarrow H$ 映射到一个 Hilbert 空间 H,设 $\boldsymbol{\phi}(\boldsymbol{x})$ 代表 Hilbert 空间的数据矩阵 $\boldsymbol{\phi}(\boldsymbol{x})=[\boldsymbol{\phi}(\boldsymbol{x}_1),\boldsymbol{\phi}(\boldsymbol{x}_2),\cdots,\boldsymbol{\phi}(\boldsymbol{x}_m)]$。现在,在 Hilbert 空间里的特征值分解问题可以重写为

$$[\boldsymbol{\phi}(\boldsymbol{x})\boldsymbol{L}\boldsymbol{\phi}^{\mathrm{T}}(\boldsymbol{x})]\boldsymbol{v}=\lambda[\boldsymbol{\phi}(\boldsymbol{x})\boldsymbol{D}\boldsymbol{\phi}^{\mathrm{T}}(\boldsymbol{x})]\boldsymbol{v} \tag{7.58}$$

为了把 LPP 推广到非线性的形式,我们使用专门的内积操作来描述它。因此,我们在 Hilbert 空间 H 中考察一个内积的表示,这种表示用以下核函数表示:

$$k(x_i,x_j)=\boldsymbol{\phi}(\boldsymbol{x}_i)\cdot\boldsymbol{\phi}(\boldsymbol{x}_j)=\boldsymbol{\phi}^{\mathrm{T}}(\boldsymbol{x}_i)\boldsymbol{\phi}(\boldsymbol{x}_j) \tag{7.59}$$

因为公式(7.58)的特征向量是 $\boldsymbol{\phi}(\boldsymbol{x}_1),\boldsymbol{\phi}(\boldsymbol{x}_2),\cdots,\boldsymbol{\phi}(\boldsymbol{x}_m)$ 的线性组合,因此存在系数 $a_i(i=1,2,\cdots,m)$ 使得

$$v=\sum_{i=1}^{m}a_i\phi(x_i)=\phi(x_i)a \tag{7.60}$$

式中,$\boldsymbol{a}_i=[a_1,a_2,\cdots,a_m]^{\mathrm{T}}\in\boldsymbol{R}^m(i=1,2,\cdots,m)$。

通过一些简单的代数表示,可以得到以下特征值问题:

$$\boldsymbol{KLKa}=\lambda\boldsymbol{KDKa} \tag{7.61}$$

令列向量 $\boldsymbol{a}^1,\boldsymbol{a}^2,\cdots,\boldsymbol{a}^m$ 代表式(7.61)的解,对于一个新的测试样本 x,可以根据下式计算向特征向量 $\boldsymbol{v}^k$ 的投影:

$$\boldsymbol{v}^k\cdot\boldsymbol{\phi}(\boldsymbol{x})=\sum_{i=1}^{m}\boldsymbol{a}_i^k(\boldsymbol{\phi}(\boldsymbol{x})\cdot\boldsymbol{\phi}(\boldsymbol{x}_i))=\sum_{i=1}^{m}\boldsymbol{a}_i^k\boldsymbol{k}(\boldsymbol{x},\boldsymbol{x}_i) \tag{7.62}$$

式中,$\boldsymbol{a}_i^k$ 是 $\boldsymbol{a}^k$ 的第 i 个元素。对于原始的训练样本点,这个映射可以通过 $y=Ka$ 得到,这里 y 的第 i 个元素是 x_i 的一维表示。进一步,公式(7.61)可以进一步简化为

$$\boldsymbol{L}y=\lambda\boldsymbol{D}y \tag{7.63}$$

这和拉普拉斯特征映射的特征值问题是一样的,这也证明了对于训练样本点核局部保持投影算法可以得到和拉普拉斯特征映射一样的计算结果。

7.3.3 新的核局部保持投影算法框架

1. 特征空间里的局部保持投影模型

对于一个给定的随机向量 x,x 采样于一个未知的概率密度函数的分布,我们

利用下式把它映射到特征空间 H 中它的“图像”上：

$$\phi: R^n \to H, x \to \Psi(x) \tag{7.64}$$

因此，一个在原始观测空间 R^n 中的样本被映射到一个特征空间 H 中可能很高维的特征向量。

假定在非线性映射后特征空间 H 中数据具有一个线性可分的结构。那么后面的任务就是寻找在特征空间 H 中一个线性投影 $\boldsymbol{W}^{\Psi}$ 来获得 $\phi(x)$ 的局部保持投影：

$$\boldsymbol{A} = \boldsymbol{W}^{\Psi}\boldsymbol{\phi}(\boldsymbol{x}) \tag{7.65}$$

值得引起注意的是：对于实际问题，特征空间通常是有限维数，在这种情况下，算子 $\boldsymbol{W}^{\Psi}$ 是一个矩阵[24]。最后，问题变为如何在高维的特征空间里确定公式(7.65)中的线性变换。

2. KPCA + LPP：一种新的核局部保持投影算法

首先，让我们来考查在样本观测空间里 LPP 的实现问题。在把 LPP 应用于数据之前，一般需要做一些预处理工作，比如在拉普拉斯脸算法[4]中使用 PCA 做预处理。这个预处理不但能够抑制噪声，更重要的是可以克服矩阵奇异的问题。

同样地，我们可以在特征空间中首先使用 PCA 来降维数据和抑制噪声。从核主成分分析的推导过程[24]可以看到，在特征空间使用 PCA 等价于在输入空间里使用 KPCA，这个性质可以通过在原始空间里使用核函数来计算特征空间里的内积得到。基于这点认识，我们提出了一个简洁的两步骤核局部保持投影算法来在特征空间里实施局部保持投影算法，即如图 7.15 所示的 KPCA 加 LPP 算法。

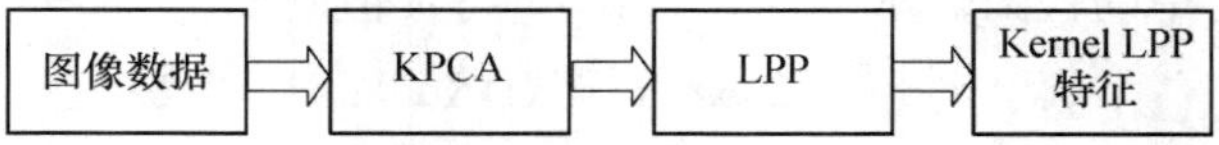

图 7.15　新的核局部保持投影算法的框架

在这个新的算法中，我们假设在经过一个适当的非线性函数映射后的高维特征空间里，来考察使用局部保持投影算法的问题。那么，在这个高维特征空间里，参照拉普拉斯脸算法的做法，我们需要先用一种算法比如 PCA 对数据进行预处理，来避免矩阵奇异的问题和降低噪声的影响，这个预处理过程等价于在原始数据空间里使用核主成分分析算法，然后再使用局部保持投算法来对数据进行处理。

7.3.4　核局部保持投影算法

1. 利用 KPCA[24] 进行观测数据预处理

对于一个给定的观测数据集 $\boldsymbol{x}_k \in R^n, k = 1, 2, \cdots, M$，利用一个可能的非线性映射把输入空间映射到特征空间 H：

$$\phi: R^N \to H, \boldsymbol{x} \to \boldsymbol{\phi}(\boldsymbol{x}) \tag{7.66}$$

值得指出的是，特征空间 H 可能有无穷的维数。在特征空间 H 中，相应的特

征值问题是

$$\boldsymbol{C}^{\phi}\boldsymbol{\mu}_k^{\phi} = \boldsymbol{\lambda}_k^{\phi}\boldsymbol{\mu}_k^{\phi}(k = 1,2,\cdots,M) \tag{7.67}$$

式中，$\boldsymbol{C}^{\phi} = \dfrac{1}{M}\sum_{i=1}^{M}\boldsymbol{\phi}(\boldsymbol{x}_i)(\boldsymbol{\phi}(\boldsymbol{x}_i))^{\mathrm{T}}$ 是一个协方差矩阵。在公式(7.67)中，如果 $\boldsymbol{\lambda}_k^{\phi}\neq 0$,那么

$$\begin{aligned}
\boldsymbol{\mu}_k^{\phi} &= \frac{1}{\boldsymbol{\lambda}_k^{\phi}}\boldsymbol{C}^{\phi}\boldsymbol{\mu}_k^{\phi} \\
&= \frac{1}{\boldsymbol{\lambda}_k^{\phi}\boldsymbol{M}}\sum_{i=1}^{M}\boldsymbol{\phi}(\boldsymbol{x}_i)\ (\boldsymbol{\phi}(\boldsymbol{x}_i))^{\mathrm{T}}\boldsymbol{\mu}_k^{\phi} \\
&= \sum_{i=1}^{M}\left(\frac{1}{\boldsymbol{\lambda}_k^{\phi}\boldsymbol{M}}(\boldsymbol{\phi}(\boldsymbol{x}_i)\right)^{\mathrm{T}}\boldsymbol{\mu}_k^{\phi})\boldsymbol{\phi}(x_i)
\end{aligned} \tag{7.68}$$

现在可以看到所有的 $\boldsymbol{\lambda}_k^{\phi}\neq 0$ 对应的解 $\boldsymbol{\mu}_k^{\phi}$ 都位于 $\boldsymbol{\phi}(\boldsymbol{x}_1),\boldsymbol{\phi}(\boldsymbol{x}_2),\cdots,\boldsymbol{\phi}(\boldsymbol{x}_M)$ 张成的空间里,而且存在系数 $\alpha_i = \dfrac{1}{\boldsymbol{\lambda}_k^{\phi}\boldsymbol{M}}(\boldsymbol{\phi}(\boldsymbol{x}_i))^{\mathrm{T}}\boldsymbol{\mu}_k^{\phi}(i=1,2,\cdots,M)$ 使得

$$\boldsymbol{\mu}_k^{\phi} = \sum_{i=1}^{M}\boldsymbol{\alpha}_i\boldsymbol{\phi}(\boldsymbol{x}_i) \tag{7.69}$$

把 $M\times M$ 的矩阵 $\boldsymbol{K}$ 的元素表示为

$$\boldsymbol{K}_{ij} = k(x_i,x_j) = \boldsymbol{\phi}(\boldsymbol{x}_i)\cdot\boldsymbol{\phi}(\boldsymbol{x}_j) \tag{7.70}$$

那么 KPCA 问题变为

$$M\lambda K\boldsymbol{\alpha} = K^2\boldsymbol{\alpha} \tag{7.71}$$

可以简化为

$$M\boldsymbol{\lambda}\boldsymbol{\alpha} = K\boldsymbol{\alpha} \tag{7.72}$$

式中,α 表示一个列向量,这个列向量的元素为 $\alpha_1,\alpha_2,\cdots,\alpha_M$。上述推导过程假设所有的投影样本在特征空间 H 中均值为零。对于如何在特征空间 H 中对向量 $\phi(x)$ 去均值,一个可行的方法可参考文献[24]。

设 $\boldsymbol{\lambda}_1\leqslant\boldsymbol{\lambda}_2\leqslant\cdots\leqslant\boldsymbol{\lambda}_M$ 代表 K 的特征值(即式(7.72)中的 $M\boldsymbol{\lambda}$),$a^1,a^2,\cdots,a^M$ 是相对应的特征向量的完整集合,而且 $\boldsymbol{\lambda}_p$ 是第一个非零特征值(假定 $\phi\neq 0$)。我们为了使特征空间 H 中 $a^1,a^2,\cdots a^M$ 相对应的特征向量标准化,即

$$(V^k\cdot V^k) = 1,\text{对所有 } k = p,\cdots,M \tag{7.73}$$

利用式(7.69)和式(7.72),这就转变成一个 $\boldsymbol{a}^p,\cdots\boldsymbol{a}^M$ 的归一化约束条件:

$$\begin{aligned}
1 &= \sum_{i,j=1}^{M}a_i^k a_j^k(\phi(x_i)\cdot\phi(x_j)) \\
&= \sum_{i,j=1}^{M}a_i^k a_j^k\boldsymbol{K}_{ij} \\
&= (a^k\cdot\boldsymbol{K}a^k)
\end{aligned}$$

$$= \lambda_k(\boldsymbol{a}^k \cdot \boldsymbol{a}^k) \tag{7.74}$$

为了抽取主成分,我们需要计算在特征空间 H 中 $\mu_k^\phi(k=p,\cdots M)$ 的投影,设 x 是一个测试样本,在特征空间 H 中它的图像为 $\phi(x)$,那么

$$(\boldsymbol{\mu}^\phi \cdot \boldsymbol{\phi}(\boldsymbol{x})) = \sum_{i=1}^{M} \boldsymbol{\alpha}_i(\boldsymbol{\phi}(\boldsymbol{x}_i) \cdot \boldsymbol{\phi}(\boldsymbol{x})) = \sum_{i=1}^{M} \boldsymbol{\alpha}_i \boldsymbol{k}(x_i, x) \tag{7.75}$$

由式(7.75),可以利用核函数 k 抽取$(M-p+1)(1\leqslant p\leqslant M)$个非线性主成分,这样我们并没有利用任何显式的操作把样本投影到一个高维的特征空间 H 中。

2. 在 KPCA 变换后的空间里进行局部保持投影

在输入空间里的数据被 KPCA 变换到一个过渡空间后,局部保持投影被用来作进一步分析数据。为了简单起见,我们仍然利用 x 来表示 KPCA 变换后的空间里的数据。为了使本节的内容更加具有自含性,下面给出了局部保持投影的流程。

(1) 建立连结图。设 G 表示一个包含 n 个节点的图。第 i 个节点相对应于数据 $\boldsymbol{x}_i$。如果 $\boldsymbol{x}_i$ 是 $\boldsymbol{x}_j$的 k 近邻之一,或者 $\boldsymbol{x}_j$ 是 $\boldsymbol{x}_i$的 k 近邻之一,节点 i 和 j 之间用权值 $\boldsymbol{W}_{ij}$连接起来。

(2) 确定连接权值。$\boldsymbol{W}$ 是一个 $m\times m$ 的对称矩阵,$\boldsymbol{W}_{ij}$代表了节点 i 和 j 的连接权重。

在本节中,如果节点 i 和 j 相连,根据算法的性能令 $\boldsymbol{W}_{ij}=1$ 或者 $\boldsymbol{W}_{ij}=\exp(-\|x_i-x_j\|^2/t)$,否则 $\boldsymbol{W}_{ij}=0$,这里 $\|\cdot\|$ 是 L_2 范数,t 是一个合适的参数。

(3) 特征映射。求解广义特征值问题

$$\boldsymbol{XLX}^{\mathrm{T}}\boldsymbol{a} = \lambda \boldsymbol{XDX}^{\mathrm{T}}\boldsymbol{a} \tag{7.76}$$

式中,$\boldsymbol{D}$ 是一个对角矩阵,它的元素是 $\boldsymbol{W}$ 的行或者列求和,而且 $\boldsymbol{L}=\boldsymbol{D}-\boldsymbol{W}$。矩阵 $\boldsymbol{X}$ 的第 i 列是 x_i。设公式(7.76)的解是列向量 $\boldsymbol{a}_0,\boldsymbol{a}_1,\cdots,\boldsymbol{a}_{l-1}$,这些特征值根据特征值降序排列。最终的嵌入按下式进行:

$$y_i = \boldsymbol{A}^{\mathrm{T}}x_i, \boldsymbol{A} = (\boldsymbol{a}_0, \boldsymbol{a}_1, \cdots, \boldsymbol{a}_{l-1}) \tag{7.77}$$

这里 x_i 被降维成 l 维向量 y_i,保持了它和近邻点之间的局部结构。

现在我们已经证明了特征空间里公式(7.65)中的 LPP 变换可以被分解成两个相连的步骤:输入空间里公式(7.72)中的 KPCA 变换和 KPCA 变换空间里公式(7.77)中的普通 LPP 嵌入。

7.3.5 实验和结果

1. 数据库

我们在 ORL 人脸库[123]和香港理工大学掌纹库[121]上测试了本文提出的新的核局部保持投影算法。

(1) ORL 人脸库[123]。这个数据库由位于英国剑桥的 Olivetti 研究实验室提供。这个数据库包含 400 幅不同的图像,40 个不同的人每人 10 幅图像。图像是 92×112 的 256 级灰度图像。图 7.16 给出了一个人的 6 幅人脸图像。

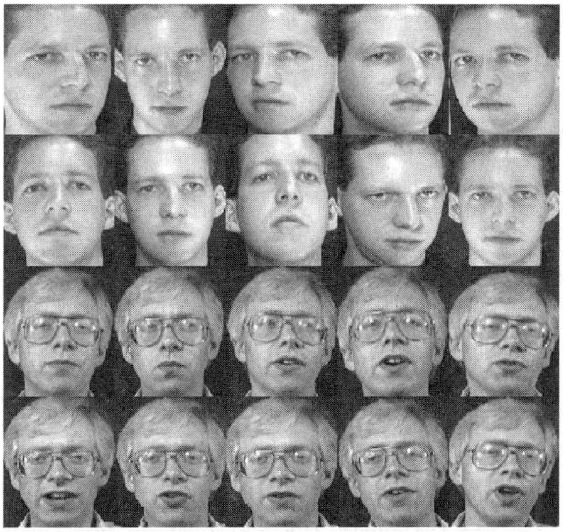

图 7.16 ORL 人脸库中两个人的 20 幅图像

（2）香港理工大学掌纹库[121]。在 2004 年 3 月公布的香港理工大学掌纹库中，有 100 个不同人的手掌，每一个手掌在两个不同的时间段采集了 6 张掌纹图像，两次各采集 3 幅图像。由于采集到的掌纹图像不但包括掌纹区域，还包括人手的其他部分，比如手指和背景，本文采用了文献[78]中定义的掌纹感兴趣区域提取算法来校正不同的掌纹图像。图 7.17 给出了一个手掌校正后的 6 幅掌纹图像，图像尺寸为 128×128。

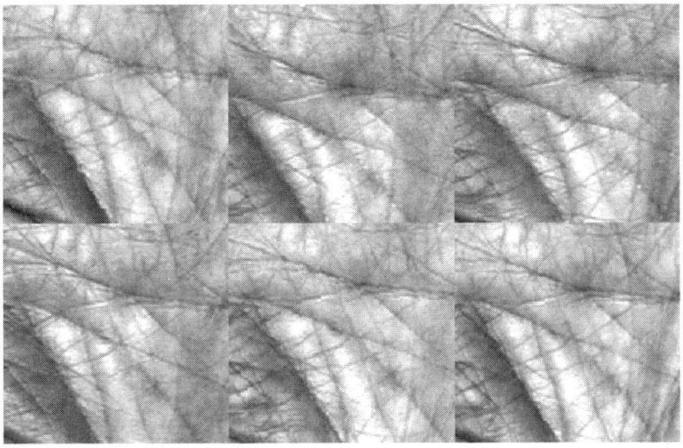

图 7.17 一个手掌采集的 6 幅掌纹图像

2. 实验结果和分析

在人脸识别实验中，每个人任选 5 幅图像作为训练集，其余的人脸图像作为测试集。这样在训练集和测试集中都有 200 幅人脸图像。所有的人脸图像被压缩为

46×56 的尺寸。

在掌纹识别实验中，所有的图像被压缩成 64×64 的尺寸并且分为两组，一组是训练集，包括第一个时间段采集的每一个手掌的 3 幅图像共 300 幅掌纹图像；另一组是测试集，包括第二个时间段采集的每一个手掌的 3 幅图像共 300 幅掌纹图像。

在两个实验中，采用 PCA[1,79]、PCA + LDA[2,80]、PCA + LPP[4] 和我们提出的 KLPP 算法作特征提取，欧氏距离意义下的最近邻分类器来分类。对 KPCA 算法，为了简单化和一致性，使用的多项式核；对 LPP 算法，如果节点 i 和节点 j 相邻，即 $\boldsymbol{x}_i$ 是 $\boldsymbol{x}_j$ 的 k 个近邻之一，或者 $\boldsymbol{x}_j$ 是 $\boldsymbol{x}_i$ 的 k 个近邻之一，令 $\boldsymbol{W}_{ij}=1$，否则 $\boldsymbol{W}_{ij}=0$；对于 KPCA 变换空间后的 LPP 算法，如果节点 i 和节点 j 相邻，在人脸识别和掌纹识别中令 $\boldsymbol{W}_{ij}=1$，否则 $\boldsymbol{W}_{ij}=0$；k 在掌纹和人脸实验中被分别设为 2 和 3。

上述四种算法的识别结果在人脸和掌纹实验中的性能如表 7.5 和表 7.6 所列。可以看出，在人脸和掌纹识别实验中，相比其他三种特征提取方法而言，我们提出的核局部保持投影算法识别率更高。在两个实验中，局部保持投影方法性能都比核局部保持投影算法 KLPP 差，这说明了线性方法本质上的缺陷。图 7.18 和图 7.19 分别给出了人脸掌纹识别实验中核局部保持投影算法与局部保持投影算法的广义特征值的比较，通过比较发现，核局部保持投影算法取得的广义特征值较小，通过第 7.1 节中式(7.16)的分析可知，广义特征值越小，对应的广义特征向量的鉴别能力越强，因而，在人脸和掌纹实验中，我们的方法的性能更好。

表 7.5　ORL 人脸库上的识别实验结果

方法	特征维数	识别率
Eigenfaces	74	91.00
Fisherfaces	38	90.00
Laplacianfaces	71	92.00
KPCA + LPP	38	93.50

表 7.6　在香港理工大学掌纹库上的识别实验结果

方法	特征维数	识别率
Eigenpalms	186	62.00
Fisherpalms	98	91.67
Laplacianpalms	113	88.00
KPCA + LPP	44	92.67

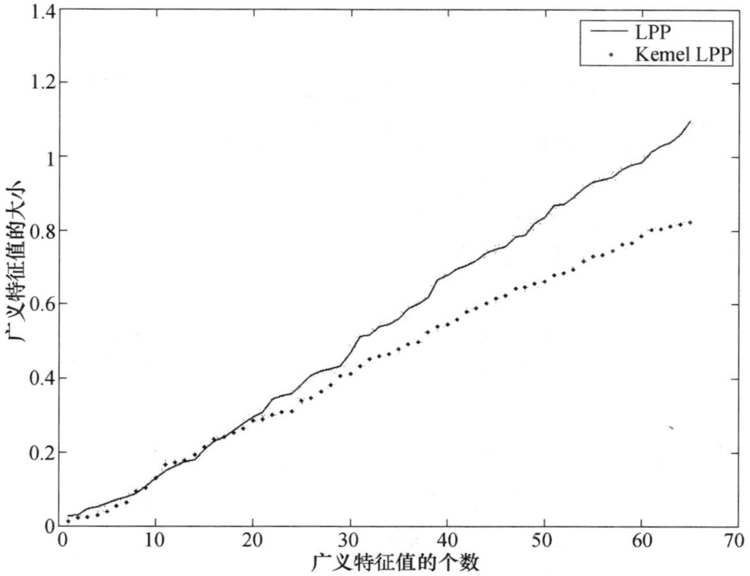

图 7.18　人脸识别实验中核局部保持投影算法与局部保持投影算法的广义特征值的比较

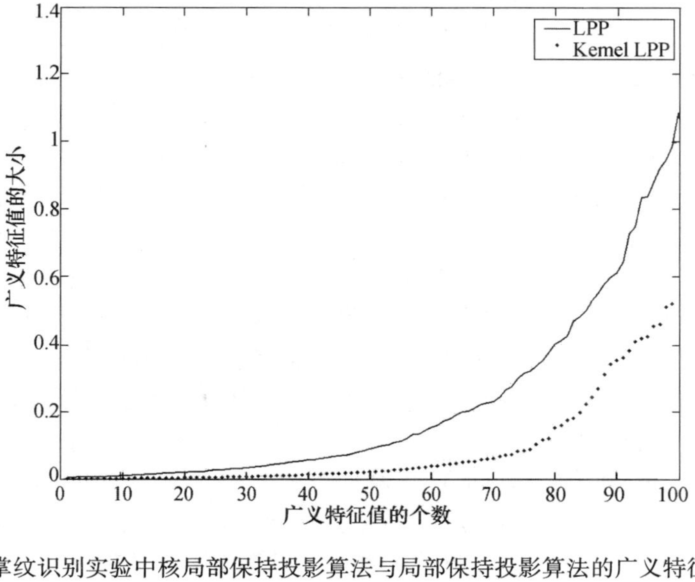

图 7.19　掌纹识别实验中核局部保持投影算法与局部保持投影算法的广义特征值的比较

应该指出，当使用 Fisher 脸（Fisher 掌）方法、局部保持投影方法和我们提出的核局部保持投影方法时，图像数据的维数必须降低来避免奇异化矩阵。把原始的图像数据映射到多少维是个困难的问题，合适的维数一般是通过试验来确定。对于 PCA + LDA 方法，在 PCA 步骤中保留（$M-c$）个主成分，这里 M 是训练样本的个数，c 是类别的个数；对于 PCA + LPP 在 PCA 步骤中我们保留了 98% 重建误差来确定主成分的个数，这里参照了文献[4]中的做法。

7.4 基于矩阵的图像特征提取方法的图嵌入理论框架及其应用

最近提出的基于矩阵的方法，例如二维主成分分析(2DPCA)[27]、二维线性鉴别分析(2DLDA)[29]和二维局部保持投影算法(2DLPP)[34]已经被证明是解决基于向量方法的高维和小子样问题的有效方法。基于矩阵的方法直接处理二维的图像矩阵，而不用把图像矩阵先向量化。2DPCA[27]和2DLDA[29]分别是经典的PCA和LDA的推广。这两种方法的思想在于利用原始的图像矩阵提出图像协方差矩阵和图像方差矩阵。第三种方法是2DLPP[34]，它来源于LPP，根据向量的近邻关系建立连接图。与之不同的是，2DLPP建立的是基于图像矩阵的近邻连接图。基于矩阵的方法的主要优点在于它们能够显著地降低计算消耗和避免矩阵的奇异性问题。这是因为它们使用的矩阵的规模更小。

在文献[126,129]中，作者发现二维的方法和基于块图像的提取方法等价，也就是说，二维主成分分析方法(2DPCA)等价于基于线的主成分分析(PCA)算法，二维线性鉴别分析方法(2DLDA)等价于基于线、列或者更复杂的基于图像块的线性鉴别分析(LDA)算法，后者的等价性取决于降维的需要。

在本节中，我们从图嵌入的角度提出了一个基于矩阵的特征提取方法的理论框架。我们证明现有的基于矩阵的方法都可以用基于矩阵的图嵌入框架来解释，既包括文献[129]中讨论的2DPCA和2DLDA方法，又包括文献[34]中最近提出的2DLPP方法。我们的结果比[129]中的结果更具一般性和富有启发性，因为它可以用于把最近提出的两种基于向量的方法(非监督鉴别投影UDP，Unsupervised Discriminant Projection[19,20]和边界Fisher分析MFA，Marginal Fisher Analysis)[21,22]扩展成基于矩阵的形式。我们本节的工作跟文献[21,22]的框架有以下不同：首先文献[21]没有考虑他们的思想对于基于矩阵算法的适用性；其次我们得到的框架形式与文献[21,22]不同；第三是文献[21,22]中的框架没有考虑样本点和样本点自己本身的连接权值 $\boldsymbol{W}_{ii}(i=1,2,\cdots,N)$，在本节。我们考虑了 $\boldsymbol{W}_{ii}(i=1,2,\cdots,N)$，这样使得这个理论框架更加直观和易于理解。

研究还发现，我们的基于图嵌入的理论框架可以导出新的有意义的基于矩阵的算法。基于这点认识，我们提出了一种新的基于矩阵的算法：二维鉴别嵌入分析(two－dimensional Discriminant Embedding Analysis，2DDEA)，它通过结合局部类内紧凑信息和非局部类间分离信息显式地考虑了基于矩阵的类内子流形和类间子流形。2DDEA方法在保持图像矩阵空间的类内几何特性的同时使得不同类的样本的投影矩阵足够远。2DDEA方法跟LDA/2DLDA方法在以下两点类似：①它们都是瑞利(Rayleigh)算子的形式；②它们都是利用线性空间寻找鉴别信息的有监督方法。然而，LDA/2DLDA假定数据集服从高斯分布，我们这里提出的2DDEA方法不需要对数据的分布进行任何假设,因而是一个简单的数据驱动的方法。

7.4.1 基于矩阵特征提取算法的图嵌入理论框架

对于一个一般的模式识别问题,训练集中样本的集合一般记为 $\boldsymbol{X}=[\boldsymbol{x}_1,\boldsymbol{x}_2,\cdots,\boldsymbol{x}_N]$,其中 $\boldsymbol{x}_i\in\mathbb{R}^m$,这里 N 是样本的个数,m 是数据空间的维数;对于有监督学习的情况,样本 x_i 的类别 $c_i\in\{1,2,\cdots,N_{\mathrm{c}}\}$,这里 N_c 是样本类别的总数。

实际上,样本空间的维数 m 通常情况下很大,这就需要通过某种变换把高维的数据空间降到一个低维的空间来避免维数灾难问题。实际上降维问题是要寻找一个映射函数 $F:x\to x'$,这个映射函数把 $x\in\mathbb{R}^m$降维到一个低维表示 $x'\in\mathbb{R}^{m'}$,这里,一般地讲,$m\gg m'$。

以上考查的是向量空间,下面我们考察对图像矩阵直接降维的理论框架。记图像的矩阵样本为 $\boldsymbol{X}=[\boldsymbol{X}_1,\boldsymbol{X}_2,\cdots,\boldsymbol{X}_N]$,这里 $\boldsymbol{X}_i(i=1,2,\cdots,N)\in\boldsymbol{R}^{N1\times N2}$。令 $\boldsymbol{G}=\{\boldsymbol{X},\boldsymbol{W}\}$ 是一个没有方向的加权图,样本节点为 X,样本点间相似性矩阵为 $\boldsymbol{W}\in\boldsymbol{R}^{N\times N}$。实对称矩阵 $\boldsymbol{W}$ 的元素度量任意两个对节点的相似性,可以用不同的方法得到。

利用对角矩阵 $\boldsymbol{D}(\boldsymbol{D}_{ii}=\sum_j\boldsymbol{W}_{ij}$ 或者 $\boldsymbol{D}_{ii}=\sum_j\boldsymbol{W}_{ji}$ 因为 $\boldsymbol{D}$ 是对称的),图 $\boldsymbol{G}$ 的拉普拉斯(Laplacian)矩阵[53] $\boldsymbol{L}$ 定义为

$$\boldsymbol{L}=\boldsymbol{D}-\boldsymbol{W} \tag{7.78}$$

在这个统一的框架里,图嵌入首先要构建一个连接图 G,这个图很好地代表了矩阵形式的数据流形的几何特性或者样本点之间的类别关系,然后投影通过保持这样的图结构来完成。应该指出这种图的数量可能多于一个,它取决于特定算法给定的目标函数,就像表 7.7 中给出的那样。图 7.20 给出了基于矩阵特征提取算法的图嵌入理论框架。

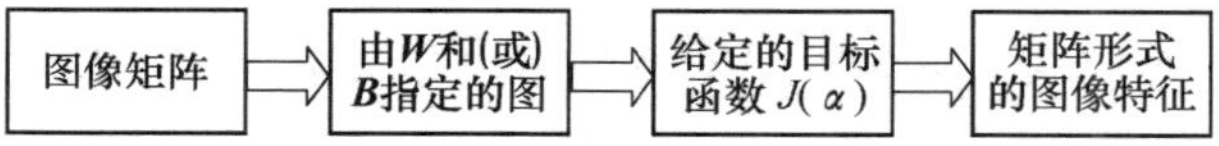

图 7.20 基于矩阵特征提取算法的图嵌入理论框架

基于矩阵方法的统一的图嵌入模型可以通过最大化下述指标函数得到:

$$J(\alpha)=\boldsymbol{\alpha}^{\mathrm{T}}\boldsymbol{X}(\boldsymbol{L}\otimes\boldsymbol{I}_{N2})\boldsymbol{X}^{\mathrm{T}}\boldsymbol{\alpha}\text{ 或者 }\frac{\boldsymbol{\alpha}^{\mathrm{T}}\boldsymbol{X}(\boldsymbol{L}_1\otimes\boldsymbol{I}_{N2})\boldsymbol{X}^{\mathrm{T}}\boldsymbol{\alpha}}{\boldsymbol{\alpha}^{\mathrm{T}}\boldsymbol{X}(\boldsymbol{L}_2\otimes\boldsymbol{I}_{N2})\boldsymbol{X}^{\mathrm{T}}\boldsymbol{\alpha}} \tag{7.79}$$

式中,$\boldsymbol{\alpha}$ 是投影向量;$\boldsymbol{X}=[\boldsymbol{X}_1,\boldsymbol{X}_2,\cdots,\boldsymbol{X}_N]$;$\boldsymbol{I}_{N2}$是一个 $N2\times N2$ 的单位阵;$\otimes$代表矩阵的 Kronecher 积;L 和 $\boldsymbol{L}_2$ 是拉普拉斯矩阵,$\boldsymbol{L}_1$ 是一个拉普拉斯矩阵或者是一个对角矩阵;即 $\boldsymbol{L}_1=\boldsymbol{D}_1$。

对于符号 Kronecher 积$\otimes$,$m\times n$ 的矩阵 $\boldsymbol{A}$ 与 $N\times N$ 的单位矩阵 $\boldsymbol{I}$ 的 Kronecher 积定义为 $\boldsymbol{A}\otimes\boldsymbol{I}_N=\begin{pmatrix}\boldsymbol{A}_{11}\boldsymbol{I}_N,\boldsymbol{A}_{12}\boldsymbol{I}_N,\cdots,\boldsymbol{A}_{1n}\boldsymbol{I}_N\\ \vdots\\ \boldsymbol{A}_{m1}\boldsymbol{I}_N,\boldsymbol{A}_{m2}\boldsymbol{I}_N,\cdots,\boldsymbol{A}_{mn}\boldsymbol{I}_N\end{pmatrix}$,结果是 $mN\times nN$ 规模的矩阵。

7.4.2 2DPCA、2DLDA 和 2DLPP 算法的基于图嵌入理论框架解释

为了节省篇幅,我们在这里没有给出 2DPCA,2DLDA 和 2DLPP 算法的原始推导过程,对于这些推导过程的细节,读者可以参见文献[27,29,34]。在这一节中,我们给出了 2DPCA、2DLDA 和 2DLPP 算法基于图嵌入理论框架的解释。

1. 二维主成分分析(2DPCA)的图嵌入框架解释

对 2DPCA 我们构建了一个图 $\boldsymbol{G}=\{\boldsymbol{X},\boldsymbol{W}\}$,这里 $\boldsymbol{X}=[\boldsymbol{X}_1,\boldsymbol{X}_2,\cdots,\boldsymbol{X}_N]$($\boldsymbol{X}_i\in\boldsymbol{R}^{N1\times N2}$),$\boldsymbol{W}_{ij}=\dfrac{1}{N}(i=1,2,\cdots,N;j=1,2,\cdots,N)$ 且对角矩阵的对角元素为 $\boldsymbol{D}_{ii}=\sum_j \boldsymbol{W}_{ij}(i=1,2,\cdots,N)$。考虑到样本的均值为 $m=\left(\dfrac{1}{N}\right)\sum_{j=1}^{N}\boldsymbol{X}_j$,可以把图像的协方差矩阵记为

$$
\begin{aligned}
\boldsymbol{C}&=\frac{1}{N}\sum_{i=1}^{N}(\boldsymbol{X}_i-\boldsymbol{m})(\boldsymbol{X}_i-\boldsymbol{m})^{\mathrm{T}}\\
&=\frac{1}{N}\sum_{i=1}^{N}\{\boldsymbol{X}_i(\boldsymbol{X}_i)^{\mathrm{T}}-\boldsymbol{m}(\boldsymbol{X}_i)^{\mathrm{T}}-\boldsymbol{X}_i\boldsymbol{m}^{\mathrm{T}}+\boldsymbol{m}\boldsymbol{m}^{\mathrm{T}}\}\\
&=\frac{1}{N}\sum_{i=1}^{N}\boldsymbol{X}_i(\boldsymbol{X}_i)^{\mathrm{T}}-N\boldsymbol{m}\boldsymbol{m}^{\mathrm{T}}\\
&=\frac{1}{N^2}\left\{\sum_{i=1}^{N}N\boldsymbol{X}_i(\boldsymbol{X}_i)^{\mathrm{T}}-\sum_{i=1}^{N}\boldsymbol{X}_i\sum_{j=1}^{N}(\boldsymbol{X}_j)^{\mathrm{T}}\right\}\\
&=\frac{1}{2N}\sum_{i,j=1}^{N}(\|\boldsymbol{X}_i-\boldsymbol{X}_j\|^2\boldsymbol{W}_{ij})\\
&=\frac{1}{2N}\sum_{i,j=1}^{N}(\boldsymbol{X}_i\boldsymbol{X}_i^{\mathrm{T}}+\boldsymbol{X}_j\boldsymbol{X}_j^{\mathrm{T}}-\boldsymbol{X}_j\boldsymbol{X}_i^{\mathrm{T}}-\boldsymbol{X}_i\boldsymbol{X}_j^{\mathrm{T}})\boldsymbol{W}_{ij}\\
&=\frac{1}{N}\left(\sum_{i,j=1}^{N}\boldsymbol{X}_i\boldsymbol{X}_i^{\mathrm{T}}\boldsymbol{W}_{ij}-\sum_{i,j=1}^{N}\boldsymbol{X}_i\boldsymbol{X}_j^{\mathrm{T}}\boldsymbol{W}_{ij}\right)\\
&=\frac{1}{N}\boldsymbol{X}(\boldsymbol{D}\otimes\boldsymbol{I}_{N2}-\boldsymbol{W}\otimes\boldsymbol{I}_{N2})\boldsymbol{X}^{\mathrm{T}}\\
&=\frac{1}{N}\left(\sum_{i,j=1}^{N}\boldsymbol{X}_i\boldsymbol{X}_j^{\mathrm{T}}\boldsymbol{L}_{ij}\right)\\
&=\frac{1}{N}\boldsymbol{X}(\boldsymbol{L}\otimes\boldsymbol{I}_{N2})\boldsymbol{X}^{\mathrm{T}}
\end{aligned}
\tag{7.80}
$$

现在可以看出,从图嵌入的角度来看,二维主成分分析算法是要最大化下述指标函数:

$$
J(\boldsymbol{\alpha})=\boldsymbol{\alpha}^{\mathrm{T}}\boldsymbol{X}(\boldsymbol{L}\otimes\boldsymbol{I}_{N2})\boldsymbol{X}^{\mathrm{T}}\boldsymbol{\alpha}\tag{7.81}
$$

式中,$\boldsymbol{\alpha}$ 是投影向量;$\boldsymbol{X}=[\boldsymbol{X}_1,\boldsymbol{X}_2,\cdots,\boldsymbol{X}_N]$;$\boldsymbol{I}_{N2}$ 是一个 $N2\times N2$ 的单位阵;$\otimes$代表矩阵的 Kronecher 积;$\boldsymbol{L}$ 是拉普拉斯矩阵。从而,二维主成分分析算法实质上是在图 $\boldsymbol{G}=\{\boldsymbol{X},\boldsymbol{W}\}\ (\boldsymbol{X}=[\boldsymbol{X}_1,\boldsymbol{X}_2,\cdots,\boldsymbol{X}_N],\boldsymbol{X}_i\in\boldsymbol{R}^{N1\times N2}),\boldsymbol{W}_{ij}=\dfrac{1}{N}(i=1,2,\cdots,N;j=1,2,\cdots,N))$ 上最大化指标函数公式(7.81)。

2. 二维线性鉴别分析(2DLDA)的图嵌入框架解释(表7.7)

表7.7 在不同的图中 $\boldsymbol{W}$ 和(或)$\boldsymbol{B}$ 的定义

二维算法	$\boldsymbol{W}$ 和(或)$\boldsymbol{B}$ 的定义
2DPCA	$\boldsymbol{W}_{ij}=\dfrac{1}{N}(i=1,2,\cdots,N;j=1,2,\cdots,N)$
2DLDA	$\boldsymbol{W}_{ij}=1(i=1,2,\cdots,N;j=1,2,\cdots,N)$,如果 $\boldsymbol{X}_i\in\boldsymbol{c}_i$ 和 $\boldsymbol{X}_j\in\boldsymbol{c}_i$; $\boldsymbol{B}_{ij}=1(i=1,2,\cdots,N;j=1,2,\cdots,N)$,如果 $\boldsymbol{X}_i\in\boldsymbol{c}_i$ 且 $\boldsymbol{X}_j\in\boldsymbol{c}_j(i\neq j)$
2DLPP	$\boldsymbol{W}_{ij}=\exp(-\Vert\boldsymbol{X}_i-\boldsymbol{X}_j\Vert^2/t)(i=1,2,\cdots,N;j=1,2,\cdots,N)$,如果 $\boldsymbol{X}_i(\boldsymbol{X}_j)$ 是 $\boldsymbol{X}_j(X_i)$ 的 k 个近邻之一
2DUDP	$\boldsymbol{W}_{ij}=1(i=1,2,\cdots,N;j=1,2,\cdots,N)$,如果 $\boldsymbol{X}_i(\boldsymbol{X}_j)$ 是 $\boldsymbol{X}_j(\boldsymbol{X}_i)$ 的 k 个近邻之一;$\boldsymbol{B}_{ij}=1-\boldsymbol{W}_{ij}(i=1,2,\cdots,N;j=1,2,\cdots,N)$
2DMFA	$\boldsymbol{W}_{ij}=1(i=1,2,\cdots,N;j=1,2,\cdots,N)$,如果 $\boldsymbol{X}_i(\boldsymbol{X}_j)$ 是 $\boldsymbol{X}_j(\boldsymbol{X}_i)$ 的 k 个近邻之一且 $\boldsymbol{X}_i\in\boldsymbol{c}_i$ 和 $\boldsymbol{X}_j\in\boldsymbol{c}_i$;$\boldsymbol{B}_{ij}=1(i=1,2,\cdots,N;j=1,2,\cdots,N)$,如果 $\boldsymbol{X}_i(\boldsymbol{X}_j)$ 是 $\boldsymbol{X}_j(\boldsymbol{X}_i)$ 的 k 个近邻之一且 $\boldsymbol{X}_i\in\boldsymbol{c}_i$ 和 $\boldsymbol{X}_j\in\boldsymbol{c}_j(i\neq j)$
2DDEA	$\boldsymbol{W}_{ij}=\exp(-\Vert\boldsymbol{X}_i-\boldsymbol{X}_j\Vert^2/t_1)(i=1,2,\cdots,N;j=1,2,\cdots,N)$ 如果 $\boldsymbol{X}_i\in\boldsymbol{c}_i$ 和 $\boldsymbol{X}_j\in\boldsymbol{c}_i$; $\boldsymbol{B}_{ij}=\exp(-\Vert\boldsymbol{X}_i-\boldsymbol{X}_j\Vert^2/t_2)(i=1,2,\cdots,N;j=1,2,\cdots,N)$ 如果 $\boldsymbol{X}_i\in\boldsymbol{c}_i$ 且 $\boldsymbol{X}_j\in\boldsymbol{c}_j(i\neq j)$

对于2DLDA算法,我们需要构建两个图 $\boldsymbol{G}_1=\{\boldsymbol{X},\boldsymbol{W}\}$ 和 $\boldsymbol{G}_2=\{\boldsymbol{X},\boldsymbol{B}\}$,这里 $\boldsymbol{X}=[\boldsymbol{X}_1,\boldsymbol{X}_2,\cdots,\boldsymbol{X}_N](\boldsymbol{X}_i\in\boldsymbol{R}^{N1\times N2})$ 属于 c 个不同的类别,且第 $k(k=1,2,\cdots,c)$ 类有 l 个样本。如果样本 $\boldsymbol{X}_i$和 $\boldsymbol{X}_j$来自于同一类 $\boldsymbol{c}_i$ 则定义 $\boldsymbol{W}_{ij}=1(i=1,2,\cdots,N;j=1,2,\cdots,N)$,如果样本 $\boldsymbol{X}_i$和 $\boldsymbol{X}_j$来自于不同类别 $\boldsymbol{c}_i$ 和 $\boldsymbol{c}_j$ 则定义 $\boldsymbol{B}_{ij}=1(i=1,2,\cdots,N;j=1,2,\cdots,N)$,现在我们可以得到两个对角矩阵$(\boldsymbol{D}_B)_{ii}=\sum_j\boldsymbol{B}_{ij}$、$(\boldsymbol{D}_W)_{ii}=\sum_j\boldsymbol{W}_{ij}$,它们相应的拉普拉斯矩阵分别定义为 $\boldsymbol{L}_1=\boldsymbol{D}_B-\boldsymbol{B}$ 和 $\boldsymbol{L}_2=\boldsymbol{D}_W-\boldsymbol{W}$。

考虑到 $\boldsymbol{m}^{(k)}=(1/l)\sum_{j=1}^{l}\boldsymbol{X}_j^{(k)}(k=1,2,\cdots,c)$,第 k 类样本的类内图像方差矩阵 $\boldsymbol{S}_W^{(k)}$ 定义为

$$\begin{aligned}\boldsymbol{S}_W^{(k)}&=(1/l)\sum_{i=1}^{l}(\boldsymbol{X}_i^{(k)}-\boldsymbol{m}^k)(\boldsymbol{X}_i^{(k)}-\boldsymbol{m}^k)^{\mathrm{T}}\\&=(1/l)\sum_{i=1}^{l}\{\boldsymbol{X}_i^{(k)}(\boldsymbol{X}_i^{(k)})^{\mathrm{T}}-\boldsymbol{m}^k(\boldsymbol{X}_i^{(k)})^{\mathrm{T}}-\boldsymbol{X}_i^{(k)}(\boldsymbol{m}^k)^{\mathrm{T}}+\boldsymbol{m}^k(\boldsymbol{m}^k)^{\mathrm{T}}\}\end{aligned}$$

$$= (1/l)\sum_{i=1}^{l}\{\boldsymbol{X}_i^{(k)}(\boldsymbol{X}_i^{(k)})^{\mathrm{T}}\} - l\boldsymbol{m}^k(\boldsymbol{m}^k)^{\mathrm{T}}$$

$$= (1/l^2)\left\{\sum_{i=1}^{l} l\boldsymbol{X}_i^{(k)}(\boldsymbol{X}_i^{(k)})^{\mathrm{T}} - (\sum_{i=1}^{l}\boldsymbol{X}_i^{(k)})(\sum_{j=1}^{l}(\boldsymbol{X}_j^{(k)})^{\mathrm{T}})\right\}$$

$$= (1/(2l^2))\left\{\sum_{i,j=1}^{l}(\boldsymbol{X}_i^{(k)} - \boldsymbol{X}_j^{(k)})(\boldsymbol{X}_i^{(k)} - \boldsymbol{X}_j^{(k)})^{\mathrm{T}}\right\} \tag{7.82}$$

然后我们可以得到样本的类内图像方差矩阵 $\boldsymbol{S}_W$：

$$\boldsymbol{S}_W = \sum_{k=1}^{c}\boldsymbol{S}_W^{(k)}$$

$$= \sum_{k=1}^{c}\frac{1}{2}\frac{1}{l^2}\sum_{i,j=1}^{l}(\boldsymbol{X}_i^{(k)} - \boldsymbol{X}_j^{(k)})(\boldsymbol{X}_i^{(k)} - \boldsymbol{X}_j^{(k)})^{\mathrm{T}}$$

$$= (1/(2l^2))\{\sum_{i,j=1}^{N}\|\boldsymbol{X}_i - \boldsymbol{X}_j\|^2\boldsymbol{W}_{ij}\} \propto \boldsymbol{X}(\boldsymbol{L}_2 \otimes \boldsymbol{I}_{N2})\boldsymbol{X}^{\mathrm{T}} \tag{7.83}$$

考虑到 $\boldsymbol{B}_{ij} = 1 - \boldsymbol{W}_{ij}$，可以得到类间方差矩阵 S_B 为

$$\boldsymbol{S}_B = (\boldsymbol{S}_T - \boldsymbol{S}_W)$$

$$\propto \{\sum_{i,j=1}^{N}\|\boldsymbol{X}_i - \boldsymbol{X}_j\|^2 - \sum_{i,j=1}^{N}\|\boldsymbol{X}_i - \boldsymbol{X}_j\|^2\boldsymbol{W}_{ij}\}$$

$$\propto \{\sum_{i,j=1}^{N}\|\boldsymbol{X}_i - \boldsymbol{X}_j\|^2(1 - \boldsymbol{W}_{ij})\}$$

$$= \{\sum_{i,j=1}^{N}\|\boldsymbol{X}_i - \boldsymbol{X}_j\|^2\boldsymbol{B}_{ij}\}$$

$$= \boldsymbol{X}(\boldsymbol{L}_1 \otimes \boldsymbol{I}_{N2})\boldsymbol{X}^{\mathrm{T}} \tag{7.84}$$

现在可以看出，从图嵌入的角度来看，二维线性鉴别分析算法是要最大化下述指标函数：

$$J(\alpha) = \frac{\boldsymbol{\alpha}^{\mathrm{T}}\boldsymbol{X}(\boldsymbol{L}_1 \otimes \boldsymbol{I}_{N2})\boldsymbol{X}^{\mathrm{T}}\boldsymbol{\alpha}}{\boldsymbol{\alpha}^{\mathrm{T}}\boldsymbol{X}(\boldsymbol{L}_2 \otimes \boldsymbol{I}_{N2})\boldsymbol{X}^{\mathrm{T}}\boldsymbol{\alpha}} \tag{7.85}$$

式中，$\boldsymbol{\alpha}$ 是投影向量，$\boldsymbol{X} = [\boldsymbol{X}_1, \boldsymbol{X}_2, \cdots, \boldsymbol{X}_N]$；$\boldsymbol{I}_{N2}$ 是一个 $N2 \times N2$ 的单位阵；$\otimes$ 代表矩阵的 Kronecher 积；$\boldsymbol{L}_1$ 和 $\boldsymbol{L}_2$ 分别是类间图和类内图上的拉普拉斯矩阵。可见二维线性鉴别分析算法实质上是在图 $\boldsymbol{G}_1 = \{\boldsymbol{X}, \boldsymbol{W}\}$ 和图 $\boldsymbol{G}_2 = \{\boldsymbol{X}, \boldsymbol{B}\}$ 上最大化指标函数式(7.85)。

3. 二维局部保持投影算法(2DLPP) 的图嵌入框架解释

对于 2DLPP，我们构建图 $\boldsymbol{G} = \{\boldsymbol{X}, \boldsymbol{W}\}$，这里 $\boldsymbol{X} = [\boldsymbol{X}_1, \boldsymbol{X}_2, \cdots, \boldsymbol{X}_N]$ ($\boldsymbol{X}_i \in \boldsymbol{R}^{N1 \times N2}$)，$\boldsymbol{W}_{ij} = \exp(-\|\boldsymbol{X}_i - \boldsymbol{X}_j\|^2/t)$ ($i = 1, 2, \cdots, N; j = 1, 2, \cdots, N$)，如果 $\boldsymbol{X}_i(\boldsymbol{X}_j)$ 是 $\boldsymbol{X}_j(\boldsymbol{X}_i)$ 的 k 个近邻之一，否则 $\boldsymbol{W}_{ij} = 0$。二维局部保持投影的目标函数定义为

$$\min\sum_{i,j}\|\boldsymbol{Y}_i - \boldsymbol{Y}_j\|^2\boldsymbol{W}_{ij} \tag{7.86}$$

式中，Y_i是 $N1 \times N2$ 矩阵 X_i 的 $N2$ 维表示。从而可以得到：

$$
\begin{aligned}
&\frac{1}{2}\min \sum_{i,j} \| Y_i - Y_j \|^2 W_{ij} \\
&= \frac{1}{2}\sum_{ij} \| \boldsymbol{\alpha}^{\mathrm{T}} X_i - \boldsymbol{\alpha}^{\mathrm{T}} X_j \|^2 W_{ij} \\
&= \frac{1}{2}\sum_{ij} (\boldsymbol{\alpha}^{\mathrm{T}} X_i - \boldsymbol{\alpha}^{\mathrm{T}} X_j)(\boldsymbol{\alpha}^{\mathrm{T}} X_i - \boldsymbol{\alpha}^{\mathrm{T}} X_j)^{\mathrm{T}} W_{ij} \\
&= \frac{1}{2}\sum_{ij} \boldsymbol{\alpha}^{\mathrm{T}} (\| X_i - X_j \|^2 W_{ij}) \alpha \\
&= \boldsymbol{\alpha}^{\mathrm{T}} X(D \otimes I_{N2}) X^{\mathrm{T}} \boldsymbol{\alpha} - \boldsymbol{\alpha}^{\mathrm{T}} X(W \otimes I_{N2}) X^{\mathrm{T}} \alpha \\
&= \boldsymbol{\alpha}^{\mathrm{T}} X(D \otimes I_{N2} - W \otimes I_{N2}) X^{\mathrm{T}} \boldsymbol{\alpha} \\
&= \boldsymbol{\alpha}^{\mathrm{T}} \left(\sum_{i,j=1}^{k} X_i X_j^{\mathrm{T}} L_{2ij} \right) \alpha \\
&= \boldsymbol{\alpha}^{\mathrm{T}} X(L_2 \otimes I_{N2}) X^{\mathrm{T}} \alpha
\end{aligned} \tag{7.87}
$$

式中，$X = [X_1, X_2, \cdots, X_k]$；$I_{N2}$是一个 $N2 \times N2$ 的单位阵；$\otimes$代表矩阵的 Kronecher 积；D 是一个对角元素为的对角矩阵；$L_2 = D - W$ 是拉普拉斯矩阵。显然，存在一个最小解 $a = 0$，为我们增加了一个约束 $\boldsymbol{\alpha}^{\mathrm{T}} \sum_{i=1}^{N} X_i X_i^{\mathrm{T}} D_{ii} \boldsymbol{\alpha} = \boldsymbol{\alpha}^{\mathrm{T}} X(D \otimes I_{N2}) X^{\mathrm{T}} \boldsymbol{\alpha} = 1$。

2DLPP 实际上是最小化下述指标：

$$
J'(\alpha) = \frac{\boldsymbol{\alpha}^{\mathrm{T}} X(L_2 \otimes I_{N2}) X^{\mathrm{T}} \boldsymbol{\alpha}}{\boldsymbol{\alpha}^{\mathrm{T}} X(D \otimes I_{N2}) X^{\mathrm{T}} \boldsymbol{\alpha}} \tag{7.88}
$$

现在令 $L_1 = D$，从图嵌入的角度来看，2DLPP 算法等价于最大化下述指标：

$$
J(a) = \frac{\boldsymbol{\alpha}^{\mathrm{T}} X(L_1 \otimes I_{N2}) X^{\mathrm{T}} \boldsymbol{\alpha}}{\boldsymbol{\alpha}^{\mathrm{T}} X(L_2 \otimes I_{N2}) X^{\mathrm{T}} \boldsymbol{\alpha}} \tag{7.89}
$$

式中，$\boldsymbol{\alpha}$ 是投影向量；$X = [X_1, X_2, \cdots, X_N]$；$I_{N2}$是一个 $N2 \times N2$ 的单位阵；$\otimes$代表矩阵的 Kronecher 积；L_2 是一个拉普拉斯矩阵；L_1 是一个对角矩阵。

现在我们已经证明基于矩阵的算法 2DPCA、2DLDA 和 2DLPP 都能够归入我们的图嵌入理论框架，它们的不同之处在于在构建图的过程中图的结构不同。图的结构是为了建模各个不同算法的目标函数。比如对于 2DPCA，它考察的是整个样本集的全局结构，因此图连接的权值相等；对于 2DLDA，它考察的是类内样本与类间样本的两种约束关系，因此需要两个不同的连接图来分别建模；对于 2DLPP，需要在降维中保持局部结构，因此在图的建模中考虑了这个特点。

我们注意到有些学者提出了一些和 2DPCA/2DLDA 本质上类似的算法[28,30~33]，在这些工作中，除了考虑行或者列投影外，他们同时考虑矩阵的行和列的投影。可以看出我们的框架稍加改动同样可以解释这些工作，也就是首先考虑行投影然后考虑列投影，反之亦然。

7.4.3 非监督鉴别投影和边界 Fisher 分析算法的矩阵形式推广

非监督鉴别投影[20]（Unsupervised Discriminant Analysis，UDP）和边界 Fisher 分析[21]（Marginal Fisher Analysis，MFA）是两种最近提出来的基于向量的人脸识别方法。在这一节中，我们将证明我们的框架可以用把这两种算法推广到基于矩阵的形式。

1. 二维非监督鉴别投影（2DUDP）

基于向量的非监督鉴别投影（UDP）算法[20]同时考虑局部分布方差和非局部分布方差，目标是寻找一个同时最大化非局部方差和最小化局部方差的投影，这可通过设计最大化非局部方差和局部方差的投影的比值来实现。

二维非监督鉴别投影（two - dimensional Unsupervised Discriminant Analysis，2DUDP）算法遵循同样的准则，不过它直接处理图像的矩阵，即 2DUDP 不需要一个矩阵到向量的变换步骤。为了得到 2DUDP 算法，我们需要构建两个图 $\boldsymbol{G}_1 = \{\boldsymbol{X},\boldsymbol{W}\}$ 和 $\boldsymbol{G}_2 = \{\boldsymbol{X},\boldsymbol{B}\}$，这里 $\boldsymbol{X} = [\boldsymbol{X}_1,\boldsymbol{X}_2,\cdots,\boldsymbol{X}_N]$（$\boldsymbol{X}_i \in \boldsymbol{R}^{N1\times N2}$），如果 $\boldsymbol{X}_i(\boldsymbol{X}_j)$ 是 $\boldsymbol{X}_j(\boldsymbol{X}_i)$ 的 k 个近邻之一，$\boldsymbol{W}_{ij} = 1(i = 1,2,\cdots,N;j = 1,2,\cdots,N)$；否则 $\boldsymbol{W}_{ij} = 0$。为了描述非局部性，令 $\boldsymbol{B}_{ij} = 1 - \boldsymbol{W}_{ij}(i = 1,2,\cdots,N;j = 1,2,\cdots,N)$。现在我们有 $(\boldsymbol{D}_W)_{ii} = \sum_j \boldsymbol{W}_{ij}$、$(\boldsymbol{D}_B)_{ii} = \sum_j \boldsymbol{B}_{ij}$，它们相对应的拉普拉斯矩阵分别为 $\boldsymbol{L}_1 = \boldsymbol{D}_B - \boldsymbol{B}$ 和 $\boldsymbol{L}_2 = \boldsymbol{D}_W - \boldsymbol{W}$。

局部方差矩阵定义为

$$\begin{aligned}
\boldsymbol{S}_L &= \frac{1}{2}\frac{2}{N^2}\sum_{i=1}^{M}\sum_{j=1}^{M}(\boldsymbol{X}_i - \boldsymbol{X}_j)(\boldsymbol{X}_i - \boldsymbol{X}_j)^{\mathrm{T}}\boldsymbol{W}_{ij} \\
&= \frac{1}{2}\frac{2}{N^2}\sum_{i=1}^{M}\sum_{j=1}^{M}\|\boldsymbol{X}_i - \boldsymbol{X}_j\|^2\boldsymbol{W}_{ij} \\
&= \frac{2}{N^2}\{\boldsymbol{X}(\boldsymbol{D}_W \otimes \boldsymbol{I}_{N2})\boldsymbol{X}^{\mathrm{T}} - \boldsymbol{X}(\boldsymbol{W} \otimes \boldsymbol{I}_{N2})\boldsymbol{X}^{\mathrm{T}}\} \\
&= \frac{2}{N^2}\boldsymbol{X}(\boldsymbol{D}_W \otimes \boldsymbol{I}_{N2} - \boldsymbol{W} \otimes \boldsymbol{I}_{N2})\boldsymbol{X}^{\mathrm{T}} \\
&= \frac{2}{N^2}\sum_{i,j=1}^{k}\boldsymbol{X}_i\boldsymbol{X}_j^{\mathrm{T}}(\boldsymbol{L}_2)_{ij} \\
&= \frac{2}{N^2}\boldsymbol{X}(\boldsymbol{L}_2 \otimes \boldsymbol{I}_{N2})\boldsymbol{X}^{\mathrm{T}}
\end{aligned} \tag{7.90}$$

非局部方差矩阵定义为

$$\begin{aligned}
\boldsymbol{S}_N &= \frac{1}{2}\frac{2}{N^2}\sum_{i=1}^{M}\sum_{j=1}^{M}(\boldsymbol{X}_i - \boldsymbol{X}_j)(\boldsymbol{X}_i - \boldsymbol{X}_j)^{\mathrm{T}}\boldsymbol{B}_{ij} \\
&= \frac{1}{2}\frac{2}{N^2}\sum_{i=1}^{M}\sum_{j=1}^{M}\|\boldsymbol{X}_i - \boldsymbol{X}_j\|^2\boldsymbol{B}_{ij}
\end{aligned}$$

$$= \frac{2}{N^2}\{\boldsymbol{X}(\boldsymbol{D}_B \otimes \boldsymbol{I}_{N2})\boldsymbol{X}^{\mathrm{T}} - \boldsymbol{X}(\boldsymbol{B} \otimes \boldsymbol{I}_{N2})\boldsymbol{X}^{\mathrm{T}}\}$$

$$= \frac{2}{N^2}\boldsymbol{X}(\boldsymbol{D}_B \otimes \boldsymbol{I}_{N2} - \boldsymbol{B} \otimes \boldsymbol{I}_{N2})\boldsymbol{X}^{\mathrm{T}}$$

$$= \frac{2}{N^2}\sum_{i,j=1}^{k}\boldsymbol{X}_i\boldsymbol{X}_j^{\mathrm{T}}(\boldsymbol{L}_1)_{ij}$$

$$= \frac{2}{N^2}\boldsymbol{X}(\boldsymbol{L}_1 \otimes \boldsymbol{I}_{N2})\boldsymbol{X}^{\mathrm{T}} \tag{7.91}$$

现在可以看出 2DUDP 可以通过最大化下述指标函数得到：

$$J(\alpha) = \frac{\boldsymbol{\alpha}^{\mathrm{T}}\boldsymbol{S}_N\boldsymbol{\alpha}}{\boldsymbol{\alpha}^{\mathrm{T}}\boldsymbol{S}_L\boldsymbol{\alpha}} = \frac{\boldsymbol{\alpha}^{\mathrm{T}}\boldsymbol{X}(\boldsymbol{L}_1 \otimes \boldsymbol{I}_{N2})\boldsymbol{X}^{\mathrm{T}}\boldsymbol{\alpha}}{\boldsymbol{\alpha}^{\mathrm{T}}\boldsymbol{X}(\boldsymbol{L}_2 \otimes \boldsymbol{I}_{N2})\boldsymbol{X}^{\mathrm{T}}\boldsymbol{\alpha}} \tag{7.92}$$

2. 二维边界 Fisher 分析(2DMFA)

为了克服传统的线性鉴别分析(LDA)算法因为数据分布的假设和可得到的投影方向有限的缺陷,文献[21]提出了基于向量的边界 Fisher 分析算法(MFA)。MFA 方法能够通过考察边界点来考虑类内紧凑性和类间分离度。

对 2DMFA(two - dimensional Marginal Fisher Analysis,2DMFA)算法需要构建两个图 $\boldsymbol{G}_1 = \{\boldsymbol{X},\boldsymbol{W}\}$ 和 $\boldsymbol{G}_2 = \{\boldsymbol{X},\boldsymbol{B}\}$,这里 $\boldsymbol{X} = [\boldsymbol{X}_1,\boldsymbol{X}_2,\cdots,\boldsymbol{X}_N]$ $(\boldsymbol{X}_i \in \boldsymbol{R}^{N1\times N2})$,如果 $\boldsymbol{X}_i(\boldsymbol{X}_j)$ 是 $\boldsymbol{X}_j(\boldsymbol{X}_i)$ 的 k 个近邻之一且样本 $\boldsymbol{X}_i$ 和 $\boldsymbol{X}_j$ 来自于同一类 $\boldsymbol{c}_i$,$\boldsymbol{W}_{ij} = 1(i = 1, 2,\cdots,N; j = 1,2,\cdots,N)$,否则 $\boldsymbol{W}_{ij} = 0$。如果 $\boldsymbol{X}_i(\boldsymbol{X}_j)$ 是 $\boldsymbol{X}_j(\boldsymbol{X}_i)$ 的 k 个近邻之一且样本 $\boldsymbol{X}_i$ 和 $\boldsymbol{X}_j$ 来自于不同类别 $\boldsymbol{c}_i$ 和 $\boldsymbol{c}_j$,$\boldsymbol{B}_{ij} = 1(i = 12,\cdots,N; J = 1,2,\cdots,N)$ 。现在可以得到 $(\boldsymbol{D}_W)_{ii} = \sum_j \boldsymbol{W}_{ij}$,$(\boldsymbol{D}_B)_{ii} = \sum_j \boldsymbol{B}_{ij}$,而且它们相对应的拉普拉斯矩阵分别为:$\boldsymbol{L}_1 = \boldsymbol{D}_B - \boldsymbol{B}$ 和 $\boldsymbol{L}_2 = \boldsymbol{D}_W - \boldsymbol{W}$。

基于矩阵的类内边界紧凑性可以刻画为

$$\boldsymbol{S}_c = \boldsymbol{\alpha}^{\mathrm{T}}(\sum_{i=1}^{N}\sum_{j=1}^{N}\|\boldsymbol{X}_i - \boldsymbol{X}_j\|^2\boldsymbol{W}_{ij})\boldsymbol{\alpha}$$

$$= \boldsymbol{\alpha}^{\mathrm{T}}\{\boldsymbol{X}(\boldsymbol{D}_W \otimes \boldsymbol{I}_{N2})\boldsymbol{X}^{\mathrm{T}} - \boldsymbol{X}(\boldsymbol{W} \otimes \boldsymbol{I}_{N2})\boldsymbol{X}^{\mathrm{T}}\}\boldsymbol{\alpha}$$

$$= \boldsymbol{\alpha}^{\mathrm{T}}\boldsymbol{X}(\boldsymbol{D}_W \otimes \boldsymbol{I}_{N2} - \boldsymbol{W} \otimes \boldsymbol{I}_{N2})\boldsymbol{X}^{\mathrm{T}}\boldsymbol{\alpha}$$

$$= \boldsymbol{\alpha}^{\mathrm{T}}\left(\sum_{i,j=1}^{N}\boldsymbol{X}_i\boldsymbol{X}_j^{\mathrm{T}}(\boldsymbol{L}_2)_{ij}\right)\boldsymbol{\alpha}$$

$$= \boldsymbol{\alpha}^{\mathrm{T}}\boldsymbol{X}(\boldsymbol{L}_2 \otimes \boldsymbol{I}_{N2})\boldsymbol{X}^{\mathrm{T}}\boldsymbol{\alpha} \tag{7.93}$$

基于矩阵的类间边界分离度可以刻画为

$$\boldsymbol{S}_s = \boldsymbol{\alpha}^{\mathrm{T}}\left(\sum_{i=1}^{N}\sum_{j=1}^{N}\|\boldsymbol{X}_i - \boldsymbol{X}_j\|^2\boldsymbol{B}_{ij}\right)\boldsymbol{\alpha}$$

$$= \boldsymbol{\alpha}^{\mathrm{T}}\{\boldsymbol{X}(\boldsymbol{D}_B \otimes \boldsymbol{I}_{N2})\boldsymbol{X}^{\mathrm{T}} - \boldsymbol{X}(\boldsymbol{B} \otimes \boldsymbol{I}_{N2})\boldsymbol{X}^{\mathrm{T}}\}\boldsymbol{\alpha}$$

$$= \boldsymbol{\alpha}^{\mathrm{T}}\boldsymbol{X}(\boldsymbol{D}_B \otimes \boldsymbol{I}_{N2} - \boldsymbol{B} \otimes \boldsymbol{I}_{N2})\boldsymbol{X}^{\mathrm{T}}\alpha$$

$$= \boldsymbol{\alpha}^{\mathrm{T}} \left(\sum_{i,j=1}^{N} \boldsymbol{X}_i \boldsymbol{X}_j^{\mathrm{T}} (\boldsymbol{L}_1)_{ij} \right) \boldsymbol{\alpha}$$

$$= \boldsymbol{\alpha}^{\mathrm{T}} \boldsymbol{X} (\boldsymbol{L}_1 \otimes \boldsymbol{I}_{N2}) \boldsymbol{X}^{\mathrm{T}} \boldsymbol{\alpha} \tag{7.94}$$

现在可以看到从图嵌入的观点来看,2DMFA 算法可以通过最大化下述指标函数得到:

$$J(\alpha) = \frac{\boldsymbol{\alpha}^{\mathrm{T}} \boldsymbol{S}_s \boldsymbol{\alpha}}{\boldsymbol{\alpha}^{\mathrm{T}} \boldsymbol{S}_c \boldsymbol{\alpha}} = \frac{\boldsymbol{\alpha}^{\mathrm{T}} \boldsymbol{X} (\boldsymbol{L}_1 \otimes \boldsymbol{I}_{N2}) \boldsymbol{X}^{\mathrm{T}} \boldsymbol{\alpha}}{\boldsymbol{\alpha}^{\mathrm{T}} \boldsymbol{X} (\boldsymbol{L}_2 \otimes \boldsymbol{I}_{N2}) \boldsymbol{X}^{\mathrm{T}} \boldsymbol{\alpha}} \tag{7.95}$$

7.4.4 二维鉴别嵌入分析(2DDEA)算法

在这一节中,我们给出了二维鉴别嵌入分析算法的推导过程。首先,我们给出了基于矩阵的类内紧凑性子流形的建模;然后给出了基于矩阵的类间分离性子流形的建模;最后利用二维鉴别嵌入分析来得到 2DDEA 算法。

1. 基于矩阵的类内紧凑性子流形的建模

假设样本$\{\boldsymbol{X}_i | \boldsymbol{X}_i \in \boldsymbol{R}^{N1 \times N2}\}_{i=1}^{N}$属于 $\boldsymbol{c}$ 个不同的类别。为了保持类内近邻的几何特性,2DDEA 中基于矩阵的类内紧凑性的子流形建模为

$$\min \sum_{ij} \| \boldsymbol{Y}_i - \boldsymbol{Y}_j \|^2 \boldsymbol{S}_{ij} \tag{7.96}$$

式中,$\boldsymbol{Y}_i$ 是 $N1 \times N2$ 矩阵 $\boldsymbol{X}_i$ 的 $N2$ 维表示,矩阵 $\boldsymbol{S}$ 是一个刻画类内子流形结构的相似性矩阵,$\| \cdot \|$ 代表 L_2 范数。在我们的 2DDEA 算法中,$\boldsymbol{S}_{ij}$定义如下:

$$S_{ij} = \begin{cases} \exp(-\| \boldsymbol{X}_i - \boldsymbol{X}_j \|^2 / t_1), & \boldsymbol{X}_i \in \boldsymbol{c}_i \text{ 且 } \boldsymbol{X}_j \in \boldsymbol{c}_i \\ 0, & \text{其他} \end{cases} \tag{7.97}$$

式中,t_1 是一个适当的常数。不像 LPP/2DLPP 中那样使用 k 近邻的关系,在 2DDEA 算法中,类别的符号定义了局部性。我们选择的对称矩阵 $\boldsymbol{S}_{ij}$代表的类内几何特性描述算子,对来自同一类 $\boldsymbol{c}_i$的样本点 $\boldsymbol{X}_i$和 $\boldsymbol{X}_j$,如果它们映射得很远的话(即$\| \boldsymbol{Y}_i - \boldsymbol{Y}_j \|^2$ 很大的话),将会施加一个很重的惩罚。因此,最小化它将意味着如果 $\boldsymbol{X}_i$ 和 $\boldsymbol{X}_j$ 来自同一类别 $\boldsymbol{c}_i$ 的话,$\boldsymbol{Y}_i$ 和 $\boldsymbol{Y}_j$ 应该被映射得越近越好。在经过一些代数运算步骤后,可以得到

$$J_{\min}(a) = \frac{1}{2} \min \sum_{i,j} \| \boldsymbol{Y}_i - \boldsymbol{Y}_j \|^2 \boldsymbol{S}_{ij}$$

$$= \frac{1}{2} \sum_{ij} \| \boldsymbol{a}^{\mathrm{T}} \boldsymbol{X}_i - \boldsymbol{a}^{\mathrm{T}} \boldsymbol{X}_j \|^2 \boldsymbol{S}_{ij}$$

$$= \frac{1}{2} \sum_{ij} (\boldsymbol{a}^{\mathrm{T}} \boldsymbol{X}_i - \boldsymbol{a}^{\mathrm{T}} \boldsymbol{X}_j)(\boldsymbol{a}^{\mathrm{T}} \boldsymbol{X}_i - \boldsymbol{a}^{\mathrm{T}} \boldsymbol{X}_j)^{\mathrm{T}} \boldsymbol{S}_{ij}$$

$$= \frac{1}{2} \sum_{ij} \boldsymbol{a}^{\mathrm{T}} (\boldsymbol{X}_i - \boldsymbol{X}_j)(\boldsymbol{X}_i^{\mathrm{T}} - \boldsymbol{X}_j^{\mathrm{T}}) \boldsymbol{a} \boldsymbol{S}_{ij}$$

$$= \frac{1}{2} \sum_{ij} \boldsymbol{a}^{\mathrm{T}} (\boldsymbol{X}_i \boldsymbol{X}_i^{\mathrm{T}} + \boldsymbol{X}_j \boldsymbol{X}_j^{\mathrm{T}} - \boldsymbol{X}_j \boldsymbol{X}_i^{\mathrm{T}} - \boldsymbol{X}_i \boldsymbol{X}_j^{\mathrm{T}}) \boldsymbol{a} \boldsymbol{S}_{ij}$$

$$
\begin{aligned}
&= \sum_{ij} \boldsymbol{a}^{\mathrm{T}}\boldsymbol{X}_i\boldsymbol{S}_{ij}\boldsymbol{X}_i^{\mathrm{T}}\boldsymbol{a} - \sum_{ij} \boldsymbol{a}^{\mathrm{T}}\boldsymbol{X}_i\boldsymbol{S}_{ij}\boldsymbol{X}_j^{\mathrm{T}}\boldsymbol{a} \\
&= \boldsymbol{a}^{\mathrm{T}}\boldsymbol{X}(\boldsymbol{D} \otimes \boldsymbol{I}_{N2})\boldsymbol{X}^{\mathrm{T}}\boldsymbol{a} - \boldsymbol{a}^{\mathrm{T}}\boldsymbol{X}(\boldsymbol{S} \otimes \boldsymbol{I}_{N2})\boldsymbol{X}^{\mathrm{T}}\boldsymbol{a} \\
&= \boldsymbol{a}^{\mathrm{T}}\boldsymbol{X}(\boldsymbol{D} \otimes \boldsymbol{I}_{N2} - \boldsymbol{S} \otimes \boldsymbol{I}_{N2})\boldsymbol{X}^{\mathrm{T}}\boldsymbol{a} \\
&= \boldsymbol{a}^{\mathrm{T}}\left(\sum_{i,j=1}^{N} \boldsymbol{X}_i\boldsymbol{X}_j^{\mathrm{T}}\boldsymbol{L}_{W ij}\right)\boldsymbol{a} \\
&= \boldsymbol{a}^{\mathrm{T}}\boldsymbol{X}(\boldsymbol{L}_W \otimes \boldsymbol{I}_{N2})\boldsymbol{X}^{\mathrm{T}}\boldsymbol{a}
\end{aligned}
\tag{7.98}
$$

式中,$\boldsymbol{X} = [\boldsymbol{X}_1, \boldsymbol{X}_2, \cdots, \boldsymbol{X}_N]$;$\boldsymbol{I}_{N2}$是一个 $N2 \times N2$ 的单位阵;$\otimes$代表矩阵的 Kronecher 积;$\boldsymbol{D}$ 是一个对角矩阵,它的对角元素是 S 的行的和(或列的和,因为 S 是一个对称矩阵);$\boldsymbol{L}_W = \boldsymbol{D} - \boldsymbol{S}$ 是一个拉普拉斯矩阵[53]。

2. 基于矩阵的类间分离度子流形的建模

因为 2DDEA 算法被设计用来解决分类问题,我们应该保证来自不同类别的投影矩阵离的越远越好。令 $\boldsymbol{B}_{ij}$代表来自不同类别 $\boldsymbol{c}_i$ 和 $\boldsymbol{c}_j$ 的样本 $\boldsymbol{X}_i$ 和 $\boldsymbol{X}_j$的非相似性(代表了非局部性)。权值 $\boldsymbol{B}_{ij}$可以定义为

$$
\boldsymbol{B}_{ij} = \begin{cases} \exp(-\|\boldsymbol{X}_i - \boldsymbol{X}_j\|^2/t_2), & \boldsymbol{X}_i \in \boldsymbol{c}_i, \boldsymbol{X}_j \in \boldsymbol{c}_j \text{ 且 } i \neq j \\ 0, \text{其他} \end{cases}
\tag{7.99}
$$

这里 t_2 也是一个合适的常数。显然矩阵 $\boldsymbol{B}$ 是一个稀疏和对称的矩阵。权值 $\boldsymbol{B}_{ij}$可能很小,进一步 $\boldsymbol{B}_{ij} = 0$(如果来自不同类别样本 $\boldsymbol{X}_i$ 和 $\boldsymbol{X}_j$ 距离很远)。如果来自不同类别 $\boldsymbol{c}_i$ 和 $\boldsymbol{c}_j$ 的样本点 $\boldsymbol{X}_i$和 $\boldsymbol{X}_j$ 的被映射得很近,即 $\|\boldsymbol{Y}_i - \boldsymbol{Y}_j\|^2$ 很小,$\boldsymbol{B}_{ij}$将同样会施加一个很重的惩罚。为了保证不同类别的样本的映射矩阵离得越远越好,我们可以最大化基于矩阵的类间分离度的子流形:

$$
\begin{aligned}
J_{\max}(a) &= \frac{1}{2}\max \sum_{i,j} \|\boldsymbol{Y}_i - \boldsymbol{Y}_j\|^2 \boldsymbol{B}_{ij} \\
&= \frac{1}{2}\sum_{ij} \|\boldsymbol{a}^{\mathrm{T}}\boldsymbol{X}_i - \boldsymbol{a}^{\mathrm{T}}\boldsymbol{X}_j\|^2 \boldsymbol{B}_{ij} \\
&= \frac{1}{2}\sum_{ij} (\boldsymbol{a}^{\mathrm{T}}\boldsymbol{X}_i - \boldsymbol{a}^{\mathrm{T}}\boldsymbol{X}_j)(\boldsymbol{a}^{\mathrm{T}}\boldsymbol{X}_i - \boldsymbol{a}^{\mathrm{T}}\boldsymbol{X}_j)^{\mathrm{T}} \boldsymbol{B}_{ij} \\
&= \frac{1}{2}\sum_{ij} \boldsymbol{a}^{\mathrm{T}}(\boldsymbol{X}_i - \boldsymbol{X}_j)(\boldsymbol{X}_i^{\mathrm{T}} - \boldsymbol{X}_j^{\mathrm{T}})\boldsymbol{a}\boldsymbol{B}_{ij} \\
&= \boldsymbol{a}^{\mathrm{T}}\boldsymbol{X}(\boldsymbol{D}_B \otimes \boldsymbol{I}_{N2})\boldsymbol{X}^{\mathrm{T}}\boldsymbol{a} - \boldsymbol{a}^{\mathrm{T}}\boldsymbol{X}(\boldsymbol{B} \otimes \boldsymbol{I}_{N2})\boldsymbol{X}^{\mathrm{T}}a \\
&= \boldsymbol{a}^{\mathrm{T}}\boldsymbol{X}(\boldsymbol{D}_B \otimes \boldsymbol{I}_{N2} - \boldsymbol{B} \otimes \boldsymbol{I}_{N2})\boldsymbol{X}^{\mathrm{T}}\boldsymbol{a} \\
&= \boldsymbol{a}^{\mathrm{T}}\left(\sum_{i,j=1}^{N} \boldsymbol{X}_i\boldsymbol{X}_j^{\mathrm{T}}\boldsymbol{L}_{B ij}\right)\boldsymbol{a} \\
&= \boldsymbol{a}^{\mathrm{T}}\boldsymbol{X}(\boldsymbol{L}_B \otimes \boldsymbol{I}_{N2})\boldsymbol{X}^{\mathrm{T}}\boldsymbol{a}
\end{aligned}
\tag{7.100}
$$

式中,$\boldsymbol{X} = [\boldsymbol{X}_1, \boldsymbol{X}_2, \cdots, \boldsymbol{X}_N]$;$\boldsymbol{I}_{N2}$是一个 $N2 \times N2$ 的单位阵;$\otimes$代表矩阵的 Kronecher 积;$\boldsymbol{D}_B$ 是一个对角矩阵,它的元素是 $\boldsymbol{B}$ 的行或列的和(因为 $\boldsymbol{B}$ 是对称的),而且

$L_B = D_B - B$ 也是一个拉普拉斯矩阵。

3. 二维鉴别嵌入分析标准

为了实现分类的目的，一个直观的方法是寻找这样一个嵌入，它使得相同类别的样本映射得足够近，同时使得不同类别的样本映射得更加远。这就建议我们不但应该最大化 $J_{\max}(a)$ 而且同时应该最小化 $J_{\min}(a)$。实际上，这样一个标准可以通过最大化以下指标得到：

$$J(a) = \boldsymbol{J}_{\max}(a)/\boldsymbol{J}_{\min}(a) = \boldsymbol{a}^{\mathrm{T}}\boldsymbol{X}(\boldsymbol{L}_B \otimes \boldsymbol{I}_{N2})\boldsymbol{X}^{\mathrm{T}}\boldsymbol{a}/\boldsymbol{a}^{\mathrm{T}}\boldsymbol{X}(\boldsymbol{L}_W \otimes \boldsymbol{I}_{N2})\boldsymbol{X}^{\mathrm{T}}\boldsymbol{a} \tag{7.101}$$

尽管矩阵 $\boldsymbol{X}\boldsymbol{L}_B\boldsymbol{X}^{\mathrm{T}}$ 和 $\boldsymbol{X}\boldsymbol{L}_W\boldsymbol{X}^{\mathrm{T}}$ 的推导过程跟 Fisher 标准一样都需要样本的类别信息，我们这里提出的方法不需要数据集的分布的任何假设，因此仅是一种数据驱动的方法。而 Fisher 标准假定每一类数据都服从高斯分布，在基于高斯分布的基础上，类内和类间方差矩阵才被估计出来。我们的方法也能够避免其他两步骤方法（比如 Fisherfaces 和 Laplacianfaces 方法）不直接和次优的缺陷[25,34]，在这些两步的方法中，PCA 首先被使用然后再在 PCA 变换后的空间内使用 LDA/LPP。

令 $\partial J(a)/\partial a = 0$，式（7.101）中的标准的最大化可以通过计算以下广义特征值问题得到：

$$\boldsymbol{X}(\boldsymbol{L}_B \otimes \boldsymbol{I}_{N2})\boldsymbol{X}^{\mathrm{T}}\boldsymbol{a} = \lambda\boldsymbol{X}(\boldsymbol{L}_W \otimes \boldsymbol{I}_{N2})\boldsymbol{X}^{\mathrm{T}}\boldsymbol{a} \tag{7.102}$$

2DDEA 的投影方向可以通过选择相对应于式（7.102）中的 k 个最大的正特征值 $\lambda_1 \geqslant \lambda_2 \geqslant, \cdots, \geqslant \lambda_k \geqslant 0$ 相对应的广义特征向量 $\boldsymbol{A} = \{\boldsymbol{a}_1, \boldsymbol{a}_2, \cdots, \boldsymbol{a}_k\}$ 得到。

现在最大化目标函数公式（7.101）的变换向量 a 可以通过求解式（7.102）中的最大广义特征值问题得到。

7.4.5 2DDEA 与 2DLDA 的关系

在这一部分中，我们进一步证明 2DLDA[29] 方法实际上是我们提出的 2DDEA 方法的一个特例。为了给出它跟 2DLDA 的关系，我们做以下处理：当样本 $\boldsymbol{X}_i$ 和 $\boldsymbol{X}_j$ 来自于同一类别 c_i 时，假定 $\boldsymbol{S}_{ij} = 1$（在式（7.97）令 $t_1 = +\infty$）；当样本 $\boldsymbol{X}_i$ 和 $\boldsymbol{X}_j$ 来自于不同类别 $\boldsymbol{c}_i$ 和 $\boldsymbol{c}_j$ 时假定 $\boldsymbol{B}_{ij} = 1$（在式（7.99）令 $t_2 = +\infty$）。假定类别 $k(k = 1, 2, \cdots, c)$ 有 l 个样本，考虑到 $\boldsymbol{m}_0^{(k)} = (1/l)\sum_{j=1}^{l}\boldsymbol{X}_j^{(k)}$，那么在 k 类中样本的类内方差矩阵为

$$\begin{aligned}
\boldsymbol{S}_W^{(k)} &= (1/l)\sum_{i=1}^{l}(\boldsymbol{X}_i^{(k)} - \boldsymbol{m}_0^k)(\boldsymbol{X}_i^{(k)} - \boldsymbol{m}_0^k)^{\mathrm{T}} \\
&= (1/l)\sum_{i=1}^{l}\{\boldsymbol{X}_i^{(k)}(\boldsymbol{X}_i^{(k)})^{\mathrm{T}} - \boldsymbol{m}_0^k(\boldsymbol{X}_i^{(k)})^{\mathrm{T}} - \boldsymbol{X}_i^{(k)}(\boldsymbol{m}_0^k)^{\mathrm{T}} + \boldsymbol{m}_0^k(\boldsymbol{m}_0^k)^{\mathrm{T}}\} \\
&= (1/l)\sum_{i=1}^{l}\{\boldsymbol{X}_i^{(k)}(\boldsymbol{X}_i^{(k)})^{\mathrm{T}}\} - l\boldsymbol{m}_0^k(\boldsymbol{m}_0^k)^{\mathrm{T}}
\end{aligned}$$

$$= (1/l^2)\left\{\sum_{i=1}^{l} l\boldsymbol{X}_i^{(k)}(\boldsymbol{X}_i^{(k)})^{\mathrm{T}} - \left(\sum_{i=1}^{l}\boldsymbol{X}_i^{(k)}\right)\left(\sum_{j=1}^{l}(\boldsymbol{X}_j^{(k)})^{\mathrm{T}}\right)\right\}$$

$$= (1/(2l^2))\left\{\sum_{i,j=1}^{l}(\boldsymbol{X}_i^{(k)} - \boldsymbol{X}_j^{(k)})(\boldsymbol{X}_i^{(k)} - \boldsymbol{X}_j^{(k)})^{\mathrm{T}}\right\} \tag{7.103}$$

那么我们得到

$$\begin{aligned}\boldsymbol{a}^{\mathrm{T}}\boldsymbol{S}_W\boldsymbol{a} &= \boldsymbol{a}^{\mathrm{T}}\left\{\sum_{k=1}^{c}\boldsymbol{S}_W^{(k)}\right\}\boldsymbol{a}\\ &= \boldsymbol{a}^{\mathrm{T}}\left\{\sum_{k=1}^{c}\frac{1}{2}\frac{1}{l^2}\sum_{i,j=1}^{l}(\boldsymbol{X}_i^{(k)} - \boldsymbol{X}_j^{(k)})(\boldsymbol{X}_i^{(k)} - \boldsymbol{X}_j^{(k)})^{\mathrm{T}}\right\}\boldsymbol{a}\\ &= (1/(2l^2))\boldsymbol{a}^{\mathrm{T}}\left\{\sum_{i,j=1}^{N}(\boldsymbol{X}_i - \boldsymbol{X}_j)(\boldsymbol{X}_i - \boldsymbol{X}_j)^{\mathrm{T}}\boldsymbol{S}_{ij}\right\}\boldsymbol{a} \propto \boldsymbol{J}_{\min}(a)\end{aligned} \tag{7.104}$$

考虑到 $\boldsymbol{B}_{ij} = 1 - \boldsymbol{S}_{ij}$,可以得到

$$\begin{aligned}\boldsymbol{a}^{\mathrm{T}}\boldsymbol{S}_B\boldsymbol{a} &= \boldsymbol{a}^{\mathrm{T}}(\boldsymbol{S}_T - \boldsymbol{S}_W)\boldsymbol{a}\\ &\propto \boldsymbol{a}^{\mathrm{T}}\left\{\sum_{i,j=1}^{N}(\boldsymbol{X}_i - \boldsymbol{X}_j)(\boldsymbol{X}_i - \boldsymbol{X}_j)^{\mathrm{T}} - \sum_{i,j=1}^{N}(\boldsymbol{X}_i - \boldsymbol{X}_j)(\boldsymbol{X}_i - \boldsymbol{X}_j)^{\mathrm{T}}\boldsymbol{S}_{ij}\right\}\boldsymbol{a}\\ &\propto \boldsymbol{a}^{\mathrm{T}}\left\{\sum_{i,j=1}^{N}(\boldsymbol{X}_i - \boldsymbol{X}_j)(\boldsymbol{X}_i - \boldsymbol{X}_j)^{\mathrm{T}}(1 - \boldsymbol{S}_{ij})\right\}\boldsymbol{a}\\ &= \boldsymbol{a}^{\mathrm{T}}\left\{\sum_{i,j=1}^{N}(\boldsymbol{X}_i - \boldsymbol{X}_j)(\boldsymbol{X}_i - \boldsymbol{X}_j)^{\mathrm{T}}\boldsymbol{B}_{ij}\right\}\boldsymbol{a}\\ &= \boldsymbol{J}_{\max}(a)\end{aligned} \tag{7.105}$$

进一步,可以得到下述等价关系成立:

$$\boldsymbol{J}_{\mathrm{2DLDA}}(a) = (\boldsymbol{a}^{\mathrm{T}}\boldsymbol{S}_B\boldsymbol{a})/(\boldsymbol{a}^{\mathrm{T}}\boldsymbol{S}_W\boldsymbol{a}) \Leftrightarrow \boldsymbol{J}_{\max}(\boldsymbol{a})/\boldsymbol{J}_{\min}(\boldsymbol{a}) = J(\boldsymbol{a}) \tag{7.106}$$

因此,当样本 $\boldsymbol{X}_i$ 和 $\boldsymbol{X}_j$ 来自于同一类别 $\boldsymbol{c}_i$ 时定义 $\boldsymbol{S}_{ij} = 1$,当样本 $\boldsymbol{X}_i$ 和 $\boldsymbol{X}_j$ 来自于不同类别 $\boldsymbol{c}_i$ 和 $\boldsymbol{c}_j$ 时定义 $\boldsymbol{B}_{ij} = 1$ 时,2DDEA 方法实际上就是 2DLDA 方法。

这样我们证明了 2DLDA 方法[29]实际上是 2DDEA 方法的一个特例。

7.4.6 基于 2DDEA 的图像识别方法

1. 图像特征提取

令列向量 $\boldsymbol{a}_1, \boldsymbol{a}_2, \cdots, \boldsymbol{a}_k$ 是式(7.102)的解,按照特征值由小到大的顺序排列 $\lambda_1 \geqslant \lambda_2 \geqslant, \cdots, \geqslant \lambda_k \geqslant 0$。因此第 i 个嵌入是

$$\boldsymbol{Y}_i^1 = \boldsymbol{a}_i^{\mathrm{T}}\boldsymbol{X}_i \tag{7.107}$$

式中,$\boldsymbol{Y}_i^1$ 是一个 $N2$ 维的行向量;$\boldsymbol{X}_i$ 是一个 $N1 \times N2$ 维的矩阵。如果用 d 个投影方向,最后嵌入 $\boldsymbol{Y}_i = [\boldsymbol{Y}_i^1, \boldsymbol{Y}_i^2, \cdots, \boldsymbol{Y}_i^d]^{\mathrm{T}}$ 是一个 $d \times N2$ 维的,这就是图像矩阵 X_i 的特征矩阵。

2. 分类方法

给定两个图像 $\boldsymbol{X}_1$ 和 $\boldsymbol{X}_2$,它们的二维鉴别嵌入分析(2DDEA)矩阵是 $\boldsymbol{Y}_1 = [\boldsymbol{Y}_1^1,$

$\boldsymbol{Y}_1^2,\cdots,\boldsymbol{Y}_1^d]^{\mathrm{T}}$和 $\boldsymbol{Y}_2=[\boldsymbol{Y}_2^1,\boldsymbol{Y}_2^2,\cdots,\boldsymbol{Y}_2^d]^{\mathrm{T}}$,那么相似性度量 $d(Y_1,Y_2)$ 定义为

$$d(\boldsymbol{Y}_1,\boldsymbol{Y}_2)=\sum_{k=1}^{d}\|\boldsymbol{Y}_1^k-\boldsymbol{Y}_2^k\| \tag{7.108}$$

式中,$\|\cdot\|$是 L_2范数。

如果训练图像的特征矩阵为 $\boldsymbol{Y}_1,\boldsymbol{Y}_2,\cdots,\boldsymbol{Y}_M$($M$ 是训练图像的总个数),每个图像的类别是 $\boldsymbol{C}_i$。那么对于一个给定的测试图像 $\boldsymbol{Y}$,如果 $d(\boldsymbol{Y},\boldsymbol{Y}_l)=\min_j d(\boldsymbol{Y},\boldsymbol{Y}_j)$ 且 $\boldsymbol{Y}_l\in\boldsymbol{C}_i$,那么最后的分类结果是 $\boldsymbol{Y}\in\boldsymbol{C}_i$。

7.4.7 实验

1. 数据库

我们的实验在 ORL 人脸库[123]、香港理工大学掌纹库[121]和 FERET 人脸库[130]的一个子集上上进行。

(1) ORL 人脸数据库建于英国剑桥大学的 Olivetti 研究实验室。数据库包含 40 个人每个人 10 幅图像一共 400 幅图像。每个图像是 92×112 大小的灰度图。图 7.21 给出了第一个人的 6 幅图像。在 ORL 人脸库的实验中,每个人任选 5 幅图像作为训练集,其余的图像作为测试集。因此在训练集和测试集中都有 200 幅图像。图像的尺寸重新变为 46×56。

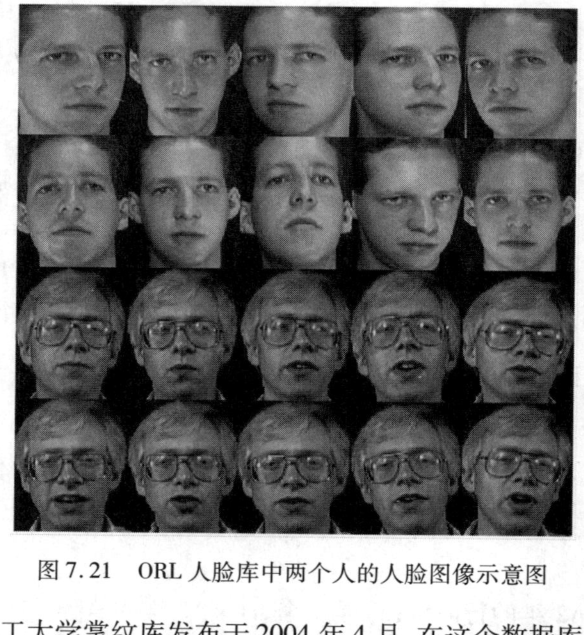

图 7.21 ORL 人脸库中两个人的人脸图像示意图

(2) 香港理工大学掌纹库发布于 2004 年 4 月,在这个数据库中包含 100 个不同手掌的图像。每一个手掌在两个不同的时间段采集了 6 幅掌纹图像,两次各采 3 幅图像。由于采集到的掌纹图像不但包括掌纹区域,还包括人手的其他部分,比如手指和背景,本文采用了文献[78]中定义的掌纹感兴趣区域提取算法来校正不同

的掌纹图像。图 7.22 给出了一个手掌的 6 幅 128 ×128 的掌纹图像。在掌纹识别实验中,所有的掌纹图像被压缩到 64 ×64 的大小。所有的掌纹图像别分为两组:一组来自于第一个时间段采集的每个手掌的总共 300 幅图像;另一组来自于第二个时间段采集的每个手掌的总共 300 幅图像,其中第一组作为训练集,第二组作为测试集。

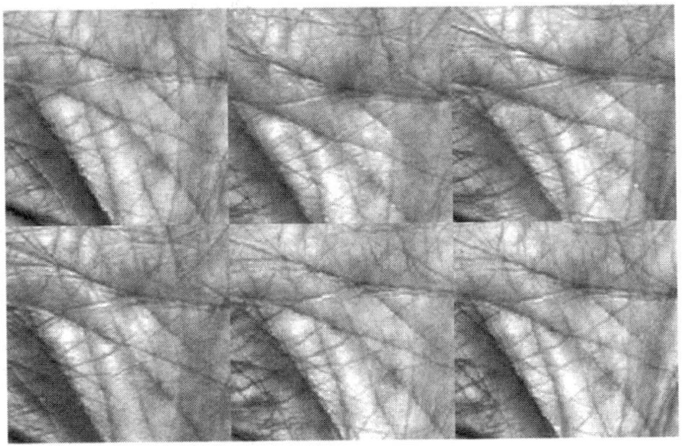

图 7.22　香港理工大学掌纹库中一个手掌采集的六幅掌纹图像

(3) FERET 人脸库。我们还用 FERET 人脸库的一个子集测试了我们提出的算法。这个子集包括 150 个人 750 幅人脸图像,每个人 5 幅图像。每幅人脸图像用两个字母的字符串命名:"*ba*","*bj*","*bk*","*be*","*bf*"。这个子集识别难度更大因为它包含表情、光照和姿态的更多的变化。在 FERET 人脸识别实验中,每幅原始图像的人脸部分被根据眼睛的嘴巴的位置自动切割出来,大小被定义为 80 × 80,这个人脸库的 16 幅图像如图 7.23 所示。在这个实验中,我们用每个人的两幅图像"*ba*" 和 "*bj*"一共 300 幅图像作为训练集,剩下的每个人的三幅图像"*bk*","*be*" 和 "*bf*"共 450 幅图像作为训练集。

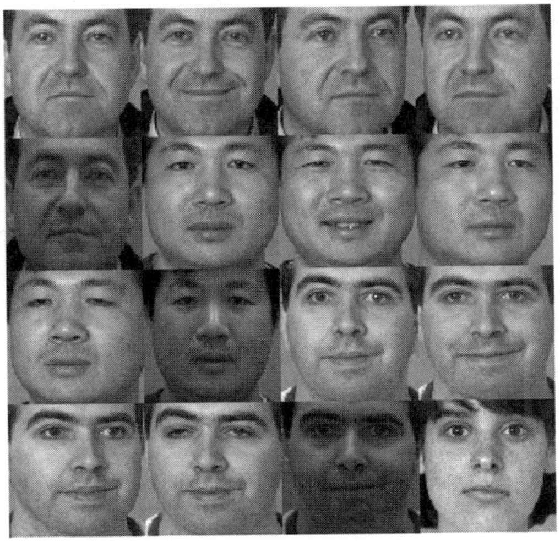

图 7.23　FERET 人脸库中部分人脸图像示意图

在以上实验中,用 PCA[1,79]、PCA + LDA[2,80]、PCA + LPP[4]、2DPCA[27]、2DLDA[29]、2DLPP[34]和我们提出的2DDEA作特征提取,对基于向量的方法采用欧氏距离意义下的最近邻分类器,对基于矩阵的方法采用公式(7.108)中定义的度量标准意义下的最近邻分类器。对于2DDEA,如果样本$\boldsymbol{X}_i$和$\boldsymbol{X}_j$来自于相同的类别,令$\boldsymbol{S}_{ij}=\exp(-\|\boldsymbol{X}_i-\boldsymbol{X}_j\|^2/t_1)$,否则$\boldsymbol{B}_{ij}=\exp(-\|\boldsymbol{X}_i-\boldsymbol{X}_j\|^2/t_2)$,对于ORL库人脸识别,这里常数$t_1$和$t_2$分别设为$t_1=1.2\times10^3$和$t_2=7\times10^2$;对于掌纹识别,常数$t_1$和$t_2$分别设为$10^5$和$10^5$;对于FERET人脸库,常数$t_1$和$t_2$分别设为$t_1=10^5$和$t_2=10^5$,对于LPP和2DLPP,如果样本$\boldsymbol{X}_i$和$\boldsymbol{X}_j$相连($\boldsymbol{X}_i$是$\boldsymbol{X}_j$的$k$个近邻之一,或者反之),令$\boldsymbol{S}_{ij}=\exp(-\|\boldsymbol{X}_i-\boldsymbol{X}_j\|^2/t)$,否则$\boldsymbol{S}_{ij}=0$。根据实验中的实际性能,这里常数$k$和$t$分别被设为$(l-1)$($l$是每一类样本的个数)和$10^5$。对于PCA + LDA,在PCA步骤中$(M-c)$个主成分被保留,这里$M$是训练样本的个数,$c$是类别的个数;对于PCA + LPP,在PCA步骤中我们保留重建误差意义上98%的信息来确定主成分的个数,正如文献[4]中做的那样。

2. 结果

表7.8给出了在ORL人脸库上我们提出的2DDEA和其他六种方法的识别结果以及实验中相关参数的取值。2DDEA方法很容易地超过了其他方法,它取得了96.50%的识别率;表7.9给出了在香港理工大学掌纹库上我们提出的2DDEA和其他六种方法的识别结果和实验中相关参数的取值,同样地,2DDEA方法的识别性能最突出,它取得了95.00%的识别率;表7.10给出了在FERET人脸库中一个150个人的子集上各种方法的实验结果和实验中相关参数的取值。在这个实验中,2DDEA方法的识别率为58.00%,这个识别率虽然和2DLDA(57.33%)的识别率比较接近,但是相对其他方法而言,优势仍然很明显。三个实验结果都表明在人脸和掌纹识别实验中,2DDEA方法的识别结果比其他六种方法更加准确。这些实验证明,相对于2DDEA方法而言,基于向量的方法(如PCA,PCA + LDA和PCA + LPP方法)、基于矩阵的仅考虑全局结构的方法(如2DPCA和2DLDA方法)和仅考虑局部结构方法(如2DLPP方法)的不足。

表7.8 在ORL人脸库上各种方法的识别结果

方法	特征维数	识别率/%
PCA	74	91.00
PCA + LDA	39	90.00
PCA + LPP($t=10^5$)	21	91.50
2DPCA	6×56	94.00
2DLDA	5×56	95.50
2DLPP($t=10^5$)	9×56	93.50
2DDEA($t_1=1.2\times10^3$, $t_2=7\times10^2$)	4×56	96.50

表 7.9 在香港理工大学掌纹库上各种方法的识别结果

方法	特征维数	识别率/%
PCA	186	62.00
PCA + LDA	98	91.67
PCA + LPP($t=10^5$)	153	84.33
2DPCA	36 × 64	85.00
2DLDA	24 × 64	93.00
2DLPP($t=10^5$)	22 × 64	90.33
2DDEA($t_1=10^5, t_2=10^5$)	23 × 64	95.00

表 7.10 在 FERET 人脸库的一个子集上各种方法的实验结果

方法	特征维数	识别率/%
PCA	46	45.33
PCA + LDA	73	42.00
PCA + LPP($t=10^5$)	187	37.11
2DPCA	11 × 80	48.22
2DLDA	8 × 80	57.33
2DLPP($t=10^5$)	14 × 80	50.44
2DDEA($t_1=10^3, t_2=10^3$)	7 × 80	58.00%

7.5 一种基于 PCA/ICA 的人脸和掌纹特征层融合策略

研究两个或两个以上生物特征的融合问题、设计多模态生物特征识别系统，对提高整个生物特征识别系统的性能和普适性具有特别重要的意义。本节的主要贡献在于我们考察了一种新的利用人脸和掌纹的多生物特征融合策略来进行身份鉴别，我们的工作不同于文献[138]，在文献[138]中作者们在决策层结合这两种生物特征，利用神经网络来处理身份验证的问题，而我们的工作是考察这两种生物特征在特征层的融合问题。

在本节中，对人脸和掌纹在特征层融合的性能和它们单独作为分类器的结果进行了比较和分析。考虑到子空间特征的广泛适用性，我们对人脸和掌纹的特征提取使用了两种常用的子空间方法：主成分分析方法（PCA）和独立成分分析方法（ICA）。由于目前学术界尚没有人脸和掌纹的双生物特征数据库，我们利用不同生物特征之间的独立性[132]，利用 ORL 人脸库和香港理工大学掌纹库中的部分图像人工合成了一个双生物特征数据库。实验结果发现，在两种情况下，人脸和掌纹在特征层融合后系统的性能都有了很大的提升，尤其是在使用独立成分分析方法作特征提取的情况下。在 40 个人规模的测试集上，我们取得了 99.17% 的识别准确率,结果令人鼓舞。我们的结果有力地证明利用人脸和掌纹的多生物特征识别系统的性能要比单个的人脸或掌纹系统好得多。

7.5.1 使用主成分分析和独立成分分析进行特征提取

1. 使用主成分分析[1]进行特征提取

设生物特征图像的训练样本的列向量为 $\boldsymbol{x}_1,\boldsymbol{x}_2,\cdots,\boldsymbol{x}_M$，这里 M 是训练集中图像的个数。训练集中所有图像值的平均可以定义为 $\mu = \frac{1}{M}\sum_{i=1}^{M}\boldsymbol{x}_i$。任一图像跟平均图像的差值定义为 $\boldsymbol{\varphi}_i = \boldsymbol{x}_i - \boldsymbol{u}$。然后,我们可以得到数据集 $\{x_i\}$ 的协方差矩阵为

$$\boldsymbol{C} = \frac{1}{M}\sum_{i=1}^{M}(\boldsymbol{x}_i - \boldsymbol{\mu})(\boldsymbol{x}_i - \boldsymbol{\mu})^{\mathrm{T}} = \frac{1}{M}\boldsymbol{X}\boldsymbol{X}^{\mathrm{T}} \tag{7.109}$$

式中,矩阵 $\boldsymbol{X} = [\varphi_1,\varphi_2,\cdots,\varphi_M]$。

显然矩阵 $\boldsymbol{C}$ 可以张成一个代数特征空间,这个特征空间可以提供训练样本最小均方误差意义上的最优近似。对于矩阵 $\boldsymbol{C}$ 显然下式成立:

$$\boldsymbol{C}\boldsymbol{\mu}_k = \lambda_k\boldsymbol{\mu}_k(k = 1,2,\cdots,M) \tag{7.110}$$

式中,$\boldsymbol{\mu}_k$ 是矩阵 $\boldsymbol{C}$ 的特征向量,相对应的特征值为 $\boldsymbol{\lambda}_k$。

主成分分析的理论表明没有必要选择所有的特征向量作为基向量。相对应于最大特征值的那些特征向量可以很好地表示训练集的数据。对应较大特征值的 M'个特征向量 $(\boldsymbol{\mu}'_k)$ 因此可以被选作特征脸或者特征掌 $(\boldsymbol{U}' = \{\boldsymbol{\mu}'_k, k=1,2,\cdots,M'\})$,这些特征向量可以为所有可能的图像张成一个 M' 维的子空间。一个新的图像可以通过以下操作算子变换到它的特征空间里:

$$\boldsymbol{p}_i = \boldsymbol{U}'(\boldsymbol{x}_i - \boldsymbol{\mu})(i = 1,2,\cdots,M) \tag{7.111}$$

需要指出的是,$\boldsymbol{C} = \frac{1}{M}\boldsymbol{X}\boldsymbol{X}^{\mathrm{T}}$ 的维数空间一般很高,直接进行特征值分解不现实,对于这个问题,我们可以通过如下方法解决。

假设矩阵 $\boldsymbol{X}^{\mathrm{T}}\boldsymbol{X}$ 的特征值分解为

$$\boldsymbol{X}^{\mathrm{T}}\boldsymbol{X}\boldsymbol{\mu} = \lambda\boldsymbol{\mu} \tag{7.112}$$

式中,$\boldsymbol{\mu}$ 是矩阵 $\boldsymbol{X}^{\mathrm{T}}\boldsymbol{X}$ 的特征向量,相对应的特征值为 λ。

在等式(7.112)两边同时乘以 $\boldsymbol{X}$,有

$$\boldsymbol{X}\boldsymbol{X}^{\mathrm{T}}(\boldsymbol{X}\boldsymbol{\mu}) = \lambda(\boldsymbol{X}\boldsymbol{\mu}) \tag{7.113}$$

可以看到映射 $\boldsymbol{u}\rightarrow\boldsymbol{X}\boldsymbol{u}$ 是一个一对一的映射,这个映射使得把矩阵 $X^{\mathrm{T}}X$ 的特征向量 u 映射成矩阵 $\boldsymbol{X}\boldsymbol{X}^{\mathrm{T}}$ 的特征向量 $\boldsymbol{X}\boldsymbol{u}$,高维特征值分解的问题这样可以得到解决。

2. 使用独立成分分析方法(ICA)进行特征提取

1) 独立成分分析(ICA)模型与假设

独立成分分析(ICA)是20世纪80年代末发展起来的一种基于高阶统计量的

信号处理和分析方法[38,39]。ICA 最早用于分离混合在一起但相互独立的源信号，例如“鸡尾酒会”问题，即存在若干个独立的语音源信号，而我们只能通过麦克风得到混合信号。如果不考虑外部和设备本身的噪声，并且假设语音信号不存在非线性畸变，则观测信号是语音源信号的线性混合。ICA 的目标就是从观测信号中估计出语音源信号。

假设观察到了 m 个随机变量 $\boldsymbol{x}_1,\boldsymbol{x}_2,\cdots,\boldsymbol{x}_m$，它们可以表示为 n 个随机变量 $\boldsymbol{s}_1,\boldsymbol{s}_2,\cdots,\boldsymbol{s}_n$ 的线性组合：

$$\boldsymbol{x}_i = \boldsymbol{a}_{i1}s_1 + \boldsymbol{a}_{i2}\boldsymbol{s}_2 + \cdots + \boldsymbol{a}_{in}\boldsymbol{s}_n, i = 1,2,\cdots,m \tag{7.114}$$

其中，$\boldsymbol{a}_{ij}, i=1,2,\cdots,m, j=1,2,\cdots,n$ 是实系数。定义中，假设 $\boldsymbol{s}_i(i=1,2,\cdots,n)$ 是统计独立的。这是基本的 ICA 模型或称经典 ICA 模型，描述了独立源信号 $\boldsymbol{s}_i(i=1,2,\cdots,n)$ 是如何组合成观测信号的。除了基本模型外，还有噪声 ICA 模型[139]，从 ICA 理论研究的发展现状来看，绝大多数工作都以无噪声 ICA 模型为基础，本节使用 ICA 方法也是基于这一模型。

方程(7.114)的矩阵形式是

$$\boldsymbol{X} = \boldsymbol{AS} \tag{7.115}$$

ICA 模型的基本假设是[39]：①所有独立成分服从非高斯随机变量（或者至多只有一个成分服从高斯分布）；②观测混合向量的数目 m 不小于独立成分的个数 n，即满足 $m \geqslant n$；③混合矩阵 $\boldsymbol{A}$ 为满秩矩阵。

2）独立成分分析（ICA）模型的求解算法

独立成分 $\boldsymbol{s}_i(i=1,2,\cdots,n)$ 是不能直接观测的潜在变量，混合系数 $\boldsymbol{a}_{ij}$ 也是未知的。我们只能通过观测到随机变量 $\boldsymbol{x}_1,\boldsymbol{x}_2,\cdots,\boldsymbol{x}_m$，并且必须由这些随机变量来估计 $\boldsymbol{a}_{ij}$ 和 $\boldsymbol{s}_i$。图 7.24 给出了 ICA 模型混合和分离过程示意图。下面我们简单介绍 ICA 的求解方法。

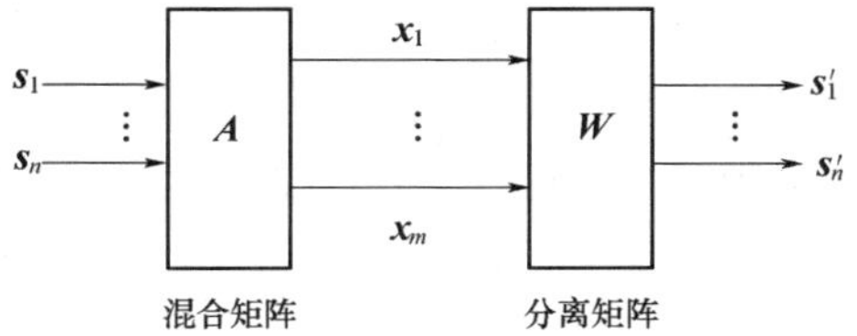

图 7.24　ICA 模型混合和分离过程示意图

两个随机变量 $\boldsymbol{s}_i$ 和 $\boldsymbol{s}_j$ 相互独立是指 $\boldsymbol{P}(\boldsymbol{s}_i,\boldsymbol{s}_j)=\boldsymbol{P}(\boldsymbol{s}_i)\boldsymbol{P}(\boldsymbol{s}_j)$。如果 $\boldsymbol{s}_i$ 和 $\boldsymbol{s}_j$ 相互独立，则它们必然不相关；反之则不然。在独立成分分析理论中，为了阐述独立性强于不相关的特点，将独立表述为非线性不相关：如果两个随机变量 $\boldsymbol{s}_i$ 和 $\boldsymbol{s}_j$ 相互独立，则对于任何非线性变换 $g(\cdot)$ 和 $h(\cdot)$，$g(s_i)$ 和 $h(s_j)$ 线性不相关（即满足协方差为零）。根据这样的表述方式，进行独立成分分析的求解就具备了可操作性。最常采用的求解方法是依据非线性去相关原理寻找矩阵 $\boldsymbol{A}^{-1}$，使得对于任

何 $i \neq j$,分量 s_i 和 s_j 不相关,而且它们的非线性变换 $g_0(s_i)$ 和 $h_0(s_j)$ 也不相关,其中 $g_0(\cdot)$ 和 $h_0(\cdot)$ 为选定的某种合适的非线性函数。只要非线性函数选择得当,通过非线性去相关能够实现独立分量的估计。常用的非线性函数有

$$g_1(u) = \tan(a_1 u) \tag{7.116}$$

$$g_2(u) = u\exp(-a_2 u^2/2) \tag{7.117}$$

$$g_3(u) = u^3 \tag{7.118}$$

其中,常量 $1 \leqslant a_1 \leqslant 2, a_2 \approx 1$。

ICA 理论中还有许多估计独立成分及其混合矩阵的方法,例如最大非高斯性法、极大似然估计法、最小互信息法、张量法等[39]。在这里不再一一赘述,详情请参见文献[39]。其基本思想都是利用某种指标作为对独立性的近似,通过迭代方法优化指标,得到独立成分和混合矩阵的估计,这也说明了独立成分分析算法可以看作是目标函数和其优化算法的结合。在目标函数明确的情况下,可以用任何经典的优化算法来优化目标函数,如(随机)梯度方法、类牛顿法等等。本节使用的 ICA 算法是快速定点算法[40],算法流程如图 7.25 所示。

1. 对数据进行中心化使其均值为 0;
2. 然后进行白化,得到 $\mathbf{z}$;
3. 选择一个具有单位范数的初始化(可随机选取)向量 $\boldsymbol{w}$;
4. 更新 $\boldsymbol{w}$,$\boldsymbol{w} \leftarrow E\{zg(\boldsymbol{w}^{\mathrm{T}}z)\} - E\{g'(\boldsymbol{w}^{\mathrm{T}}z)\}\boldsymbol{w}$,函数 g 的定义如公式(7.116 - 7.118);
5. 规范化 $\boldsymbol{w}$,$\boldsymbol{w} \leftarrow \boldsymbol{w}/\|\boldsymbol{w}\|$;
6. 如果尚未收敛转回步骤 4

图 7.25 FastICA 算法流程示意图

3)人脸与掌纹图像的 ICA 特征表示

在生物特征识别的背景下,训练图像是变量 $\boldsymbol{X}$。令 $\boldsymbol{x}'_i$ 是一个生物特征图像,我们可以构建一个训练图像集 $\{\boldsymbol{x}'_1, \boldsymbol{x}'_2, \cdots, \boldsymbol{x}'_m\}$,这个训练图像集有 m 个随机变量,这些随机变量假定为 n 个未知的独立成分(ICs)的线性组合,这些独立成分记为 $\boldsymbol{s}'_1, \boldsymbol{s}'_2, \cdots, \boldsymbol{s}'_n$。对任意 $i, i = 1, 2, \cdots, m$,图像 $\boldsymbol{x}'_i$ 和独立成分 $\boldsymbol{s}'_i$ 以行连接的形式被变换成向量 $\boldsymbol{x}_i$ 和 $\boldsymbol{s}_i$ 并且分别表示为 $\boldsymbol{X} = (\boldsymbol{x}_1, \boldsymbol{x}_2, \cdots, \boldsymbol{x}_m)^{\mathrm{T}}$ 和 $\boldsymbol{S} = (\boldsymbol{s}_1, \boldsymbol{s}_2, \cdots, \boldsymbol{s}_n)^{\mathrm{T}}$。应该指出 $\boldsymbol{X}$ 和 $\boldsymbol{S}$ 的关系可以建模为 $\boldsymbol{X} = \boldsymbol{AS}$。然后 $\boldsymbol{S} = (\boldsymbol{s}_1, \boldsymbol{s}_2, \cdots, \boldsymbol{s}_n)^{\mathrm{T}}$ 能够为每一个人脸或掌纹图像构建一个线性但不一定正交的坐标系统。矩阵 $\boldsymbol{A}$ 的行代表特征,$\boldsymbol{s}_i$ 是在观测数据向量 $\boldsymbol{X}$ 第 i 个特征的系数,这里我们使用和文献[11]同样的方法。

主成分分析 PCA 中可以利用特征值的大小对主成分进行排序,ICA 没有提供一个独立成分(ICs)的固有的有意义的顺序。我们采用最小化类间与类内数据方差的比值 $r = \sigma_{\text{between}}/\sigma_{\text{within}}$ 的方法[11]来确定独立成分 ICs 的顺序,这里 $\sigma_{\text{between}} = \sum_j (\bar{\boldsymbol{x}}_j - \bar{\boldsymbol{x}})^2$ 是 j 类均值的方差,$\sigma_{\text{within}} = \sum_j \sum_i (\boldsymbol{x}_{ij} - \bar{\boldsymbol{x}})^2$ 是所有类内方差的和,r 的

值越大，说明这个 r 相对应的独立成分对不同类别的鉴别能力越强，在对图像进行表示时应该优先选用。

7.5.2 利用 PCA、ICA 进行特征层融合

在各种人脸识别算法中，基于外观的方法是最流行的，比如主成分分析[1]、线性鉴别分析[2]、独立成分分析[11]、奇异值分解[140]和支持向量机[141]；掌纹识别是一个比较新的生物特征识别技术的分支，流行的特征提取方法一般是基于结构特征[68]、统计特征[69,77,89]和代数特征[79,80]。

根据特征提取层的融合理论[132]，每个传感器得到的数据被用于计算一个特征向量，不同的生物通道的特征是相互独立的，因此可以把两个不同的特征向量连接起来得到一个新的特征向量。这个新的特征向量维数更高，它在一个不同的、很有希望更容易分类的超空间里来表示一个人的身份。特征降维技术可以用来从这些高维数据里提取有用的特征。图 7.26 给出了我们的特征层融合的双通道生物特征识别系统。

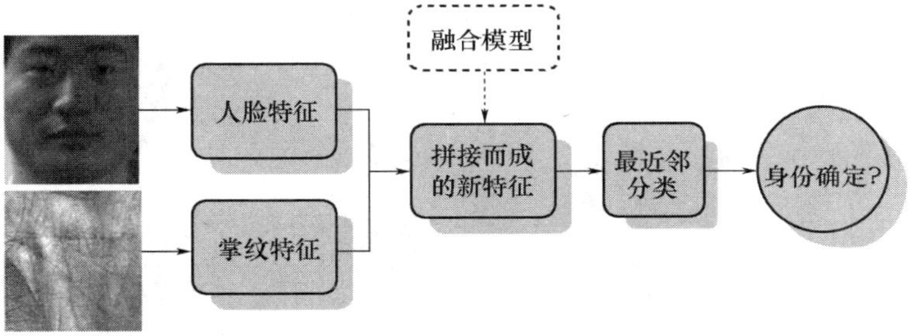

图 7.26　特征层融合的双通道生物特征识别系统

这里我们研究主成分分析 PCA 和独立成分分析 ICA 来完成特征层的融合任务。令 $\boldsymbol{a}_i = \{\boldsymbol{a}_{i1}, \boldsymbol{a}_{i2}, \cdots, \boldsymbol{a}_{iK}\}$ 为 PCA 抽取的第 i 个人的人脸特征，$\boldsymbol{p}_i = \{\boldsymbol{p}_{i1}, \boldsymbol{p}_{i2}, \cdots, \boldsymbol{p}_{iL}\}$ 是 PCA 抽取的第 i 个人的掌纹特征。现在我们把人脸特征向量和掌纹特征向量串结起来得到一个联合的特征向量 $\boldsymbol{f}_i = \{\boldsymbol{a}_{i1}, \boldsymbol{a}_{i2}, \cdots, \boldsymbol{a}_{iK}, \boldsymbol{p}_{i1}, \boldsymbol{p}_{i2}, \cdots, \boldsymbol{p}_{iL}\}$，然后身份识别在 $(K+L)$ 维的特征空间里进行，分类器是 L_2 范数意义下的最近邻分类器。

同样，令 $\boldsymbol{b}_i = \{\boldsymbol{b}_{i1}, \boldsymbol{b}_{i2}, \cdots, \boldsymbol{b}_{iK}\}$ 为 ICA 抽取的第 i 个人的人脸特征，$\boldsymbol{q}_i = \{\boldsymbol{q}_{i1}, \boldsymbol{q}_{i2}, \cdots, q_{iL}\}$ 是 ICA 抽取的第 i 个人的掌纹特征。现在我们把人脸特征向量和掌纹特征向量串结起来得到一个联合的特征向量 $f'_i = \{b_{i1}, b_{ii}, \cdots, b_{ik}, q_{i1}, q_{i2}, \cdots, q_{iL}\}$，然后身份识别在 $(K+L)$ 维的 ICA 特征空间里进行，分类器同样是 L_2 范数意义下的最近邻分类器。

7.5.3 实验结果

1. 数据库

本实验采用的人脸图像来自于 ORL 人脸库[123]，ORL 数据库包含 40 个人的 400 张人脸图像。在我们的实验中为每个人随机选择 6 张人脸图像。图 7.27(a)

给出了第一个人的3幅图像。

这个实验中使用的掌纹图像由香港理工大学张大鹏教授提供。掌纹图像采集于40个人的手掌,这些人都是香港理工大学的职员或者学生,每个人被要求提供左手的6幅掌纹图像,因此掌纹数据库里有240幅掌纹图像。图7.27(d)给出了三张预处理后的掌纹图像示意图(预处理的主要过程请参见文献[78])。

显然,ORL人脸库没有提供相应的掌纹图像,因此对于每一张人脸图像,我们指定了一个随意(但是固定,一经指定就不再变动)的掌纹图像类,这样我们得到了一个40个人的双通道生物特征数据库,每个人有6张人脸和6幅掌纹图像。我们可以这样做的根据是不同的生物特征之间的具有独立性[132]。

2. 融合数据上的实验结果与分析

人脸和掌纹图像的融合数据被分为两部分:每个人的三张人脸图像和相应的掌纹图像被用来做训练集,剩下的图像数据用来做测试集。识别准确率定义为正确识别的人数和测试集中所有人数量比值的百分比。我们先用主成分分析(PCA)来提取人脸和掌纹的特征,然后用独立成分分析(ICA)方法来提取人脸和掌纹图像的特征。图7.27(b)给出了三张特征脸的图像,图7.27(c)给出了三张人脸的独立元(ICs)图像,图7.27(e)给出了三幅特征掌纹的图像,图7.27(f)给出了三幅掌纹图像的独立元(ICs)图像。

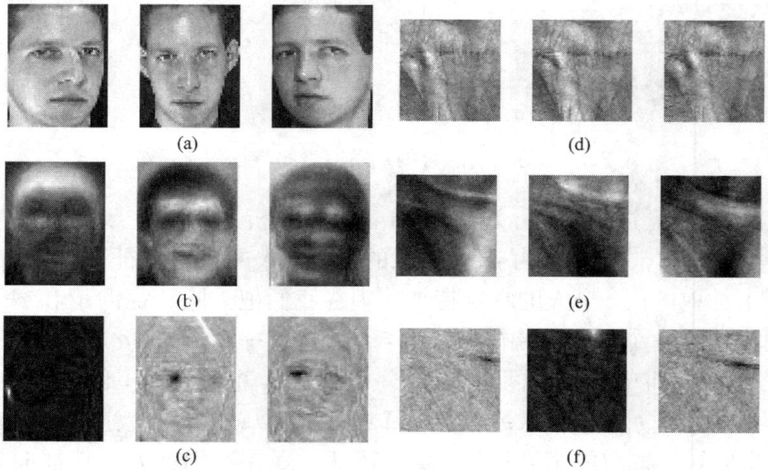

图7.27

(a)第一个人的三幅人脸图像;(b)三幅特征脸图像;(c)三幅人脸的独立元图像;
(d)这个人相应的三幅掌纹图像;(e)三幅特征掌图像;(f)三幅掌纹的独立元图像。

图7.28给出了利用PCA作特征抽取的人脸分类器、掌纹分类器和特征层融合的识别率的情况。可以看出PCA提取特征的人脸分类器的识别率是70.83%(这可能是因为训练集和测试集相对较大的差异造成的,因为在每个人10幅图像中任选了6幅而且被随机分成训练和测试集两部分);PCA提取特征的掌纹分类

器的识别率稍微高一些，是 85.83%，而 PCA 提取特征的人脸和掌纹特征层融合取得了识别率上的很大提高，达到了 95.83%，这说明对于人脸和掌纹图像，PCA 特征融合后信息量得到了更大的丰富，相对于人脸或者掌纹的单种 PCA 特征，融合特征具有更好的区分和鉴别能力。

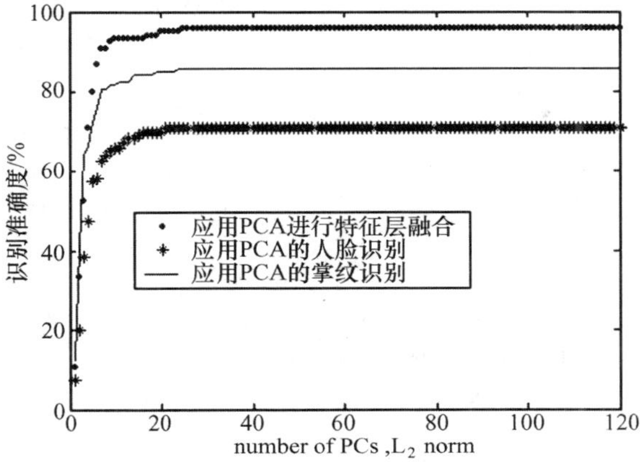

图 7.28　主成分分析提取特征的人脸分类器、掌纹分类器和特征层融合的结果比较

图 7.29 给出了利用 ICA 作特征抽取的人脸分类器、掌纹分类器和特征层融合的识别率的情况。可以看出 ICA 提取特征的人脸分类器、掌纹分类器的识别率分别是 85.00% 和 92.50%，当把这两种生物特征结合起来在特征层进行融合时，融合系统取得了几乎完美的结果，识别率高达 99.17%，这个结果非常令人鼓舞。这说明对于人脸和掌纹图像，ICA 特征融合后信息量得到了更大的丰富，相对于人脸或者掌纹的单种 ICA 特征，融合特征具有更好地区分和鉴别能力。我们同样可以看出当单个系统的识别率可以比较的时候，整个融合系统的性能会得到很大的提升，如果参加融合的单个系统的性能几乎一样的话，提升的幅度应该更大。

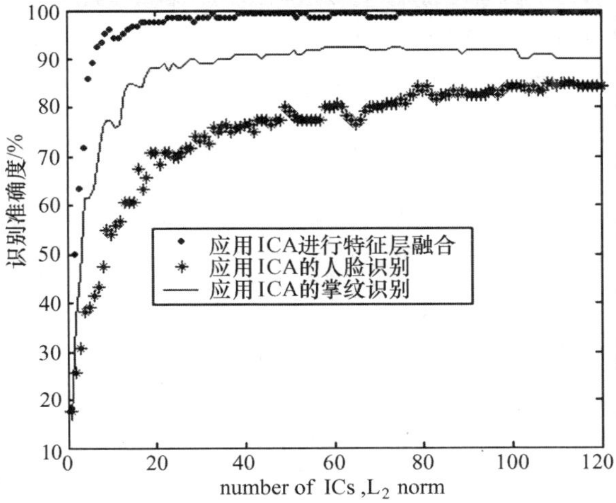

图 7.29　独立成分分析提取特征的人脸分类器、掌纹分类器和特征层融合的结果比较

参考文献

[1] Turk M, Pentland A. Eigenfaces for recognition. J. of Cognitive Neuroscience ,1991,3 (1):71 – 86.

[2] Belhumeur P, Hespanha J, Kriegman D. Eigenfaces vs. fisherfaces: recognition using class specific linear projection, IEEE Trans. on PAMI, 1997, 19 (7): 711 – 720.

[3] X, Niyogi P. Locality preserving projections, In: Proc. of Advance in Neural Information Processing System 16, Vancouver, Canada, December 2003.

[4] He X., Yan S., Hu Y., Niyogi P., Zhang H J, Face recognition using Laplacianfaces, IEEE Trans. on PAMI, 2005, 27 (3): 328 – 340.

[5] He X, Yan S, Hu Y, Zhang H J, Learning a locality preserving subspace for visual recognition, In: Proc. of International Conference on Computer Vision, Rice, France, October 2003, pp. 385 – 392.

[6] Martinez A M, Kak A C. PCA versus LDA. IEEE Trans. on PAMI, 2001, 23 (2): 228 – 233.

[7] Hjelmas E, Low B K. Face detection: a survey, Computer Vision and image Understanding, 2001, 83 (3):236 – 274.

[8] 梁路宏,艾海舟,徐光佑,等.人脸检测研究综述.计算机学报,2002,25(5):449 – 458.

[9] Kanada T. Computer recognition of human faces. Birkhuser Verlag, Stuttgart, 1997.

[10] Lai J H, Yuen P C, Feng G C. Face recognition using holistic Fourier invariant features, Pattern Recognition, 2001, 34(1): 95 – 109.

[11] Bartlett M S, Movellan J R, Sejnowski T J. Face recognition by independent component analysis. IEEE Trans. on Neural Networks, 2002, 13(6): 1450 – 1464.

[12] Yuen P C, Lai J H. Face representation using independent component analysis. Pattern Recognition, 2002, 35: 1247 – 1257.

[13] 杨竹青,李勇,胡德文.独立成分分析方法综述.自动化学报,2002,28(5):762 – 772.

[14] Lee D D, Seung H S. Learning the parts of objects by non – negative matrix factorization, Nature, 1999, 401: 788 – 791.

[15] Lee D D., Seung H S. Algorithms for non – negative matrix factorization, In: Proc. of Advance in Neural Information Processing System, 2000, 13: 556 – 562.

[16] Li S Z, Hou X W, Zhang H J, Cheng Q S. Learning spatially localized, parts – based representation, Proc. ICCV 2001: 207 – 212.

[17] Yu W, Teng X, Liu C. Face recognition using discriminant locality preserving projections. Image and Vision Computing, 2006, 24(3): 239 – 248.

[18] He X, Cai D, Yan S, Zhang H J. Neighborhood preserving embedding. In: Proc. of International Conference on Computer Vision, Beijing, China, 2005, pp. 1208 – 1213.

[19] Yang J, Zhang D, Jin Z, Yang J Y. Unsupervised discriminant projection analysis for feature extraction. In Proc. of ICPR, 2006, 1:904 – 907.

[20] Yang J, Zhang D, Yang J, Niu B., Globally maximizing, locally minimizing: unsupervised discriminant projection with applications to face and palm biometrics. IEEE Trans. on PAMI, 2007, 29 (4): 650 – 664.

[21] Yan S, Xu D, Zhang B, Zhang H J. Graph embedding: a general framework for dimension reduction. in Proc. of CVPR, pp. 830 – 837, San Diego, CA, USA, 2005.

[22] Yan S, Xu D, Zhang B, Zhang H J, Yang Q, Lin S. Graph embedding and extensions: a general framework for dimensionality reduction. IEEE Trans. on PAMI, 2007, 29 (1): 40 – 51.

[23] Liu W, Zheng N. Non – negative matrix factorization based methods for object recognition. Pattern Recognition Letters, 2004, 25(8): 893 – 897.

[24] Schölkopf B, Smola A, Muller K R. Nonlinear component analysis as a kernel eigenvalue problem. Neural Computation, 1998, 10 (5): 1299 – 1319.

[25] Yang J, Frangi A F, Yang J, Zhang D, Jin Z. Kernel PCA plus LDA: a complete kernel Fisher discriminant framework for feature extraction and representation. IEEE Trans. on PAMI, 2005, 27(2): 230 – 244.

[26] Feng G, Hu D, Zhang D, Zhou Z. An alternative formulation of kernel LPP with application to image recognition. Neurocomputing, 2006, 69(13 – 15): 1733 – 1738.

[27] Yang J, Zhang D, Frangi A F, Yang J. Two – dimensional PCA: a new approach to appearance – based face representation and recognition. IEEE Trans. on PAMI, 2004, 26(1): 131 – 137.

[28] Zhang D Q, Zhou Z H. (2D)2PCA: two – directional two – dimensional PCA for efficient face representation and recognition. Neurocomputing, 2005, 69(1 – 3): 224 – 231.

[29] Li M, Yuan B. 2D – LDA: A statistical linear discriminant analysis for image matrix. Pattern Recognition Letters, 2005, 26(5): 527 – 532.

[30] Yang J, Zhang D, Xu Y, Yang J. Two – dimensional discriminant transform for face recognition. Pattern Recognition, 2005, 38(7): 1125 – 1129.

[31] Ye J, Janardan R, Li Q. Two – dimensional linear discriminant analysis, in Proc. Neural Information Processing Systems (NIPS), pp. 1569 – 1576, Vancouver, Canada, Dec. 2004.

[32] Noushath S, Kumar G, Shivakumara P. (2D)2LDA: An efficient approach for face recognition. Pattern Recognition, 2006, 39(7): 1396 – 1400.

[33] Nagabhushan P, Guru D S, Shekar B H. (2D)2FLD: An efficient approach for appearance based object recognition. Neurocomputing, 2006, 69(7 – 9): 934 – 940.

[34] Hu D, Feng G, Zhou Z. Two – dimensional locality preserving projections (2DLPP) with its application to palmprint recognition. Pattern Recognition, 2007, 40(1): 339 – 342.

[35] Swets D L, Weng J. Using discriminant eigenfeatures for image retrieval. IEEE Trans. on PAMI, 1996, 18 (8): 831 – 836.

[36] Yu H, Yang J. A direct LDA algorithm for high – dimensional data – with application to face recognition. Pattern Recognition, 2001, 34(10): 2067 – 2070.

[37] Chen L F, Liao H, Li J C, et al. A LDA – based face recognition system which can solve small sample size problem. Pattern Recognition, 2000, 33(10): 1713 – 1726.

[38] Comon P. Independent component analysis: a new concept? Signal Processing, 1994, 36: 287 – 314.

[39] 杨福生,洪波,著.独立成分分析的原理与应用.北京:清华大学出版社,2006 年 1 月第一版.

[40] Hyvarinen A. Fast and robust fixed – point algorithm for independent component analysis. IEEE Trans. on Neural Networks, 1999, 10(3): 626 – 634.

[41] Bell A J, Sejnowski T J. The "independent components" of natural scene are edge filters. Vision Research, 1997, 37(23): 3327 – 3328.

[42] V. N. Vapnik. 统计学习理论的本质. 张学工译. 北京: 清华大学出版社,2000 年 9 月.

[43] Muler K R. Mika S, et al. An introduction to kernel – based learning methods. IEEE Trans. on Neural Network, 2000, 12(2): 181 – 202.

[44] Mika S, et al. Fisher discriminant analysis with kernels. In IEEE Neural Networks for Signal Processing Workshop, 1994.

[45] Yang M H. Kernel eigenfaces vs. kernel fisherfaces: face recognition using kernel methods. In: Proc. of the Fifth IEEE International Conference on Automatic Face and Gesture Recognition, pp. 215 – 220, Washington D. C., USA, May 2002.

[46] Bach F R, Jordan M I., Kernel independent component analysis. J. Mach. Learn. Res., 2002, 3:1 - 48.
[47] Yang J, Gao X, Zhang D, Yang J, Kernel ICA: an alternative formulation and its application to face recognition. Pattern Recognition, 2005, 38 (10): 1784 - 1787.
[48] Wang L, Wang X, Chang M, Feng J. Is two - dimensional PCA a new technique?. Acta Automatica, 2005, 31 (5):782 - 787.
[49] Kong H, Wang L, Teph E, et al. Generalized 2D principal component analysis for face image representation and recognition. Neural Networks, 2005, 18(5 - 6): 585 - 594.
[50] Gao Q X. Is two - dimensional PCA equivalent to a special case of modular PCA? Pattern Recognition Letters, 2007, 28 (10): 1250 - 1251.
[51] Tenenbaum J, Silva V, Langford J. A global geometric framework for nonlinear dimensionality reduction. Science, 2000, 290:2319 - 2323.
[52] Roweis S, Saul L. Nonlinear dimensionality reduction by locally linear embedding. Science, 2000, 290: 2323 - 2326.
[53] Belkin M, Niyogi P. Laplacian eigenmaps and spectral techniques for embedding and clustering. In: Proc. of Advance in Neural Information Processing System 14, pp. 585 - 591, Vancouver, Canada, December 2001.
[54] Cai D, He X, Han J, Zhang H - J, Orthogonal Laplacianfaces for face recognition. IEEE Trans. on Image Processing, 2006, 15(11): 3608 - 3614.
[55] Chen S, Zhao H, Kong M, Luo B. 2DLPP: a two - dimensional extension of locality preserving projections. Neurocomputing, 2007, 70(4 - 6): 922 - 931.
[56] Samaria F S. Face recognition using hidden Markov models. PhD dissertation. University of Cambridge, Cambridge, U. K., 1994.
[57] Joo E, Wu S, Lu J, et al. Face recognition with radial basis function (RBF) neural networks. IEEE Trans. on Neural Networks, 2002, 13(3): 697 - 710.
[58] Ying D, Yasuaki N. Recognition of facial images with low resolution using a Hop field memory model. Pattern Recognition, 1998, 31(2): 159 - 167.
[59] Cheng J, Liu Q, Lu H, Chen Y W. Supervised kernel locality preserving projections for face recognition. Neurocomputing, 2005, 67:443 - 449.
[60] You Q, Zheng N, Du S, Wu Y. Neighborhood discriminant projection for face recognition. Pattern Recognition Letters, 2007, 28(10): 1156 - 1163.
[61] Marcialis G L, Roli F. Fusion of LDA and PCA for face verification. Lecture Notes in Computer Science, 2002, 2359:30 - 37.
[62] Zhang W, Shan S, Gao W, Cao B. Information fusion in face identification. Proceedings of ICPR2004, 1:950 - 953.
[63] Bronstein A M, Bronstein M M, Kimmel R. Three - dimensional face recognition. Int'l J. Computer Vision, 2005, 64(1): 5 - 30.
[64] Samir C, Srivastava A, Daoudi M. Three - dimensional face recognition using shapes of facial curves. IEEE Trans. on PAMI, 2006, 28(11): 1858 - 1863.
[65] Torres L, Vilà J. Automatic face recognition for video indexing applications. Pattern Recognition, 2002, 35 (3): 615 - 625.
[66] Zhao W, Chellappa R, Rosenfeld A, Phillips P J. Face recognition: a literature survey. ACM Computing Surveys, 2003, 35(4): 399 - 458.
[67] 周杰,卢春雨,张长水,等.人脸自动识别方法综述.电子学报,2000,28(4):102 - 106.
[68] Zhang D, Shu W. Two novel characteristics in palmprint verification: datum point invariance and line feature matching. Pattern Recognition, 1999, 32: 691 - 702.

[69] You J, Li W, Zhang D. Hierarchical palmprint identification via multiple feature extraction. Pattern Recognition, 2002, 35 (4): 847 - 859.
[70] Duta N, Jain A, Mardia K. Matching of palmprint. Pattern Recognition Letters, 2001, 23(4): 477 - 485.
[71] Han C C, Cheng H L, Lin C L, Fan K C. Personal authentication using palmprint features. Pattern Recognition, 2003, 36(2): 371 - 381.
[72] Lin C L, Chuang T C, Fan K C. Palmprint verification using hierarchical decomposition. Pattern Recognition, 2005, 38(10): 2639 - 2652.
[73] Connie T, Teoh A, Goh M, Ngo D. PalmHashing: a novel approach for cancelable biometrics. Information Processing Letters, 2005, 93: 1 - 5.
[74] Connie T, Jin A, Ong M, Ling D. An automated palmprint recognition system, Image and Vision Computing, 2005, 23(5): 501 - 515.
[75] Kumar A, Zhang D. Personal authentication using multiple palmprint representation. Pattern Recognition, 2005, 38: 1695 - 1704.
[76] Kumar A, Wong D C M, Shen H C, Jain A K. Personal verification using palmprint and hand geometry biometric. AVBPA 2003: 668 - 678.
[77] Kong W, Zhang D, Li W. Palmprint feature extraction using 2 - D Gabor filters. Pattern Recognition, 2003, 36: 2339 - 2347.
[78] Zhang D, Kong W K, You J, Wong M. Online palmprint identification. IEEE Trans. on PAMI, 2003, 25 (9): 1041 - 1050.
[79] Lu G., Zhang D, Wang K. Palmprint recognition using eigenpalms features. Pattern Recognition Letters, 2003, 24(9 - 10): 1463 - 1467.
[80] Wu X, Zhang D, Wang K. Fisherpalms based palmprint recognition. Pattern Recognition Letters, 2003, 24: 2829 - 2838.
[81] 邬向前,王宽全,张大鹏. 一种用于掌纹识别的线特征表示和匹配方法. 软件学报, 2004, 15(6): 869 - 880.
[82] 李文新,夏胜雄,张大鹏,等. 基于主线特征的双向匹配的掌纹识别新方法. 计算机研究与发展, 2004, 41(6): 996 - 1002.
[83] Funada J, etc. Feature extraction method for palmprint considering elimination of creases. ICPR1998: 1849 - 1854.
[84] Dong K, Feng G, Hu D. Digital curvelet transform for palmprint recognition. Sinobiometrics2004, Lecture Notes in Computer Science, 2004, 3338: 639 - 645.
[85] Feng G, Li M, Hu D, Zhou Z. Palmprint recognition based on unsupervised subspace analysis. ICNC2005, Lecture Notes in Computer Science, 2005, 3610: 675 - 678.
[86] Shang L, Huang D S, Du J, Zheng C. Palmprint recognition using FastICA algorithm and radial basis probabilistic neural network. Neurocomputing, 2006, 69(13 - 15): 1782 - 1786.
[87] Wong M, Zhang D, Kong W - K, Lu G. Real - time palmprint acquisition system design. IEE Proc. - Vis. Image Signal Process., 2005, 152(5): 527 - 534.
[88] Han C - C. A hand - based personal authentication using a coarse - to - fine strategy. Image and Vision Computing, 2004, 22: 909 - 918.
[89] Li W, Zhang D, Xu Z. Palmprint identification by Fourier transform. International Journal of Pattern Recognition and Artificial Intelligence, 2002, 16(4): 417 - 432.
[90] You J, Kong W K, Zhang D, Cheung K. On hierarchical palmprint coding with multi - features for personal identification in large databases. IEEE Trans. on Circuit Systems for Video Technology, 2004, 14(2): 234 - 243.

[91] Zhang L, Zhang D. Characterization of palmprints by wavelet signatures via directional context modeling. IEEE Trans. on SMC - B, 2004, 34(3): 1335 - 1347.
[92] Shu W, Rong G, Bian Z, Zhang D. Automatic palmprint verification. Intrenational Journal of Image and Graphics, 2001, 1(1): 135 - 151.
[93] Ribaric S, Fratric I. A biometric identification system based on eigenpalm and eigenfinger features. IEEE Trans. on PAMI., 2005, 27 (11): 1698 - 1709.
[94] Li W, Zhang D, Xu Z. Image alignment based on invariant features for palmprint identification. Signal Processing: Image Communication, 2003, 18: 373 - 379.
[95] Zhang D, Lu G, Kong A, Wong M. Online palmprint identification system for civil application. Journal of Computer Science and Technology, 2005, 20(1): 70 - 76.
[96] Wu X, Wang K, Zhang D. Wavelet energy feature extraction and matching for palmprint recognition. Journal of Computer Science and Technology, 2005, 20(3): 411 - 418.
[97] Wu X, Zhang D, Wang K, B Huang. Palmprint classification using principal lines. Pattern Recognition, 2004, 37(10): 1987 - 1998.
[98] Kong A, Zhang D, Kamel M. Palmprint identification using feature - level fusion. Pattern Recognition, 2006, 39(3): 478 - 487.
[99] Jing X, Zhang D. A face and palmprint recognition approach based on discriminant DCT feature extraction. IEEE Trans. on SMC - B, 2004, 34(6): 2405 - 2415.
[100] Chen J, Zhang C, Rong G. Palmprint recognition using crease. ICIP2001, 3: 234 - 237.
[101] Kong W K, Zhang D. Palmprint texture analysis based on low - resolution images for personal authentication. ICPR2002, 3: 807 - 810.
[102] Wu X, Wang K, Zhang D. Fuzzy directional element energy feature (FDEEF) based palmprint identification. ICPR2002, 1: 95 - 98.
[103] Kong W K, Zhang D. Competitive coding scheme for palmprint verification. ICPR2004, 1: 520 - 523.
[104] Shu W, Zhang D. Palmprint verification: an implementation of biometric technology. ICPR, 1998, pp. 219 - 221.
[105] Wu X, Wang K Q, Zhang D. Palmprint recognition using directional line energy feature. ICPR, 2004, 4: 475 - 478.
[106] Poon C, Wong D C M, Shen H C. A new method in locating and segmenting palmprint into region - of - interest. ICPR, 2004, 4: 533 - 536.
[107] Sun Z, Tan T, Wang Y, Li S Z. Ordinal palmprint represention for personal identification. CVPR, 2005, 1: 279 - 284 .
[108] Kong A, Zhang D, Lu G. A study of identical twins' palmprints for personal verification. Pattern Recognition, 2006, 39(11): 2149 - 2156.
[109] Kumar A, Wong D C M. Shen H C, Jain A K, Personal authentication using hand images. Pattern Recognition Letters, 2006, 27(13): 1478 - 1486.
[110] Zuo W, Zhang D, Wang K. An assembled matrix distance metric for 2DPCA - based image recognition. Pattern Recognition Letters, 2006, 27(3): 210 - 216.
[111] Feng G, Dong K, Hu D, Zhang D. When faces are combined with palmprints: a novel biometric fusion strategy. ICBA2004, Lecture Notes in Computer Science, 2004, 3072: 701 - 707.
[112] 张泽,束为,荣钢. 基于乳突纹方向特性的掌纹自动分类方法. 清华大学学报 - 自然科学版, 2002, 42(9): 1222 - 1224.
[113] 戴青云,余英林. 一种基于形态小波的在线掌纹的线特征提取方法. 计算机学报, 2003, 26(2): 1 - 5.
[114] 苏晓生,林喜荣,丁天怀,等. 基于小波变换的掌纹特征提取. 清华大学学报(自然科学版), 2003, 43

(8):1049 - 1051,1055.
[115] 戴青云,余英林,张大鹏. 掌纹身份识别系统中的定位分割技术. 广东工业大学学报,2002,19(1):1 - 6.
[116] 吴双元,王宽全. 基于改进的广义 K - L 变换的掌纹识别. 哈尔滨商业大学学报(自然科学版),2004,20(6):659 - 662.
[117] 黎明,严超华,刘高航. 基于掌纹图像分析的身份识别系统. 中国图像图形学报,2000,5(2):134 - 137.
[118] Zhao W,Li W,Wang T,Xu Z. A palmprint acquisition device with time - sharing light source used in personal verification. ICBA2004,Lecture Notes in Computer Science,2004,3072:768 - 774.
[119] Ong M G K,Connie T,Jin A,Ling D N C. A single - sensor hand geometry and palmprint verification system. WBMA03,November 2003,Berkeley,California,USA,pp. 100 - 106.
[120] 邬向前,张大鹏,王宽全. 掌纹识别技术. 北京:科学出版社,2006.
[121] The PolyU palmprint database. http://www. comp. polyu. edu. hk / biometrics/.
[122] 田捷,杨鑫. 生物特征识别技术理论与应用. 北京:电子工业出版社,2005 年 9 月.
[123] The ORL face database. http://www. cam_orl. co. uk/facedatabase. html.
[124] Fukunnaga K. Introduction to statistical pattern recognition. Academic Press,1991 (pp. 38 - 40).
[125] Cai D,He X. Orthogonal locality preserving indexing. In: Proc. of SIGIR'05,Salvador,Brazil,15 - 19 August 2005.
[126] Wang L,Wang X,Zhang X,Feng J. The equivalence of two - dimensional PCA to line - based PCA. Pattern Recognition Letters,2005,26 (1):57 - 60.
[127] The Yale face database. http://cvc. yale. edu/projects/yalefaces/yalefaces. html.
[128] Jing X Y,Tang Y Y,Zhang D. A Fourier - LDA approach for image recognition. Pattern Recognition,2005,38 (3):453 - 457.
[129] Wang L,Wang X,Feng J. On image matrix based feature extraction algorithms. IEEE Trans. on SMC - B,2006,36(1):194 - 197.
[130] Phillips P J,Wechsler H,Huang J,Rauss P. The FERET database and evaluation procedure for face recognition algorithms. Image and Vision Computing,1998,16 (5):295 - 306.
[131] Bengio Y,Monperrus M,Larochelle H. Nonlocal estimation of manifold structure. Neural Computation,2006,18 (10):2509 - 2528.
[132] Ross A, Jain A K. Information fusion in biometrics. Pattern Recognition Letters, 2003, 24 (13):2115 - 2125.
[133] Hong L,Jain A K. Integrating faces and fingerprints for personal identification. Proc. 3rd Asian Conf. Computer Vision,Hong Kong,Jan. 1998.
[134] Wang Y H,Tan T N,Jain A K. Combining face and iris biometrics for identity verification. Proc. of 4th Int'l Conf. on Audio - and Video - Based Biometric Person Authentication (AVBPA),Guildford,UK,June 9 - 11,2003.
[135] Jain A K,Hong L,Kulkarni Y. A multimodal biometric system using fingerprint,face and speech. Proc. Second Int'l. Conf. on Audio and Video - based Biometric Person Authentication,Washington,D. C.,March 1999.
[136] Chang K,Bowyer K W,Sarkar S,Victor B. Comparison and combination of ear and face images in appearance - based biometrics. IEEE Trans. on PAMI,2003,25 (9):1160 - 1165.
[137] Verlinde P,Matre G,Mayoraz E. Decision fusion using a multi - linear classifier. Proc. Int'l Conf. Multisource - Multisensor Information Fusion,Vol. 1,pp. 47 - 53,July 1998.
[138] Kumar A,Zhang D. Integrating palmprint with face for user Authentication. Proc. of Multi Modal User Au-

thentication Workshop, Santa Barbara, CA, USA, Dec. (2003) 107 – 112.
[139] Hyarinen A,等著. 独立成分分析. 周宗潭,董国华,徐昕,等译. 北京:电子工业出版社,2007 年 6 月.
[140] Hong Z. Algebraic feature extraction of image for face recognition. Pattern Recognition, 1991, 24: 211 – 219.
[141] Guo GD, Li S Z, Chan K L. Support vector machines for face recognition. Image and Vision Computing, 2001, 19: 631 – 638.
[142] 陈维恒,李兴校. 黎曼几何引论(上册). 北京:北京大学出版社,2002 年 12 月.
[143] 张军平. 流形学习理论与应用. 博士学位论文,北京:中国科学院研究生院,2003.
[144] Seung H S, Lee D D. The manifold ways of perception. Science, 2000, 290: 2268 – 2269.
[145] 李强,裘正定,孙冬梅,等. 基于改进的二维主成分分析的在线掌纹识别. 电子学报,2005,33(10):1886 – 1889.
[146] 吴介,裘正定,李强. 一种新的掌纹特征提取算法. 北京交通大学学报(自然科学版),2006,30(2):89 – 92,100.

内 容 简 介

本书从模式识别的角度进行生物特征识别的方法学研究,主要探讨应用最广泛的人脸、指纹、掌纹等相关的检测、识别、融合技术与方法。本书着力于介绍生物特征识别领域目前正在发展的一些新理论和新技术,研究的方法均属于目前模式识别领域十分活跃的方法,包括支持向量机、AdaBoost、流行学习理论、非线性降维、增量学习、松弛标注、摩尔(moiré)特征提取与识别、以及子空间学习等机器学习方法。

This book studies the biometric methodology in the view of pattern recognition; it mainly investigates the widely used face, fingerprint and palmprint recognition technique, including detection, recognition, fusion technology and method. The book exerts itself to introduce the developing new theory and technique in biometrics. All the methods are very active in biometric area, including support vector machine, AdaBoost, manifold learning, nonlinear dimension reduction, incremental learning, relaxation labeling, moiré feature extraction and recognition, subspace analysis, etc.